国际农业研究报告

2010

牛盾　主编

中国农业出版社

图书在版编目（CIP）数据

国际农业研究报告．2010／牛盾主编．—北京：中国农业出版社，2011.12
ISBN 978-7-109-16302-7

Ⅰ.①国… Ⅱ.①牛… Ⅲ.①农业经济-研究报告-世界-2010 Ⅳ.①F31

中国版本图书馆CIP数据核字（2011）第239281号

中国农业出版社出版
（北京市朝阳区农展馆北路2号）
（邮政编码 100125）
责任编辑 姚 红

中国农业出版社印刷厂印刷　　新华书店北京发行所发行
2011年12月第1版　　2011年12月北京第1次印刷

开本：720mm×960mm 1/16　　印张：29.75
字数：480千字　　印数：1～2 000册
定价：50.00元

编 辑 委 员 会

序　言

改革开放以来，中国经济快速增长，对外贸易迅猛发展，已成为全球第二大经济体、第二大进口国、第一大出口国。中国政府高度重视开放形势下的农业发展问题，采取了一系列有力有效的政策措施，充分利用国际国内两种资源、两个市场，积极应对来自国际市场的竞争压力和挑战，促进了农业农村经济持续健康发展，实现了粮食生产和农民收入双双“八连增”，为经济社会又好又快发展提供了有力支撑。

目前，我国已进入工业化、城镇化深入发展，同步推进农业现代化的关键时期。随着国内国际两个市场的相互影响进一步深化，农业与国民经济其他产业的联系日趋紧密，农业发展面临的国内外环境更加复杂，农业的支撑保障任务更加艰巨。在开放条件下发展现代农业，必须顺应世界农业发展的普遍规律，借鉴其他国家的先进经验，统筹利用好两个市场、两种资源，探索一条中国特色农业现代化道路。

温家宝总理曾指出，加入世贸组织对我国农业结构调整、农产品对外贸易，以至某些农村政策将产生深远影响，需要坚持不断地研究新情况，提出新对策，以趋利避害，巩固农业基础，保护农民利益；要有一支力量，专门对这些问题进行经常的、系统的、实际的、具体的研究。近年来，农业部组织专门力量着手开展了大量国外农业问题研究，加强国际农产品市场研判，跟踪世界现代农业发展方向，取得了一批研究成果，为建立我国农业支持保护体系、促进农业健康稳定发展发挥了积极作用。特别是2009年以来，农业部正式启动了国际农业研究体系建设，组织国内相关领域专家分产业、分国别、分专题开展持续系统研究。本书是根据国际农业研究体系2010年度部分课题成果整理加工的第一个年度研究报告，由综合研究、产业研究以及国别研究三大部分组成。希望本书能够为研究探讨开放条件下我国农业发展问题提供借鉴。

国际农业研究体系建设工作影响深远、意义重大。今后，农业部将再接再厉，不断提高研究的广度和深度，多出一些研究成果，为推动我国农业持续健康发展做出更大贡献。

农业部

2011年10月

目　录

综　合　篇

产　业　篇

国别篇

综 合 篇

2010

全球农业贸易自由化研究

全球贸易自由化主要是通过成员间多双边谈判来实现的，从谈判进程来看，农业问题越来越成为谈判的核心议题和关键因素。WTO 新一轮农业谈判自 2001 年启动以来，进程曲折，各主要成员存在重大分歧，谈判前景不容乐观。本研究在对农业多边谈判进程进行系统梳理的基础上，深入剖析现阶段农业谈判的特点、主要成员的谈判立场及最新模式草案的影响，并提出应对贸易自由化的策略。

一、全球农业开放历程回顾

本部分回顾关贸总协定（GATT）和世贸组织（WTO）农业多边贸易谈判的历程。

（一）GATT 中的农业谈判回顾

由于农业问题的特殊和敏感性，农业贸易长期作为一个特殊领域游离于国际贸易规则的有效约束之外。关贸总协定多边贸易谈判试图把农业贸易问题纳入总协定的管理框架，但在实际中未能如愿。

肯尼迪回合曾把农业贸易问题列为该轮多边贸易谈判的议题之一，缔结了谷物协定，同时还通过了对发展中国家的粮食援助协定，但该轮谈判未能就抑制农业保护主义取得实质性成果。1973—1979 年，在东京回合谈判上，因美欧两大农产品贸易国严重对立，在众多农产品议案中，最后仅就小麦、牛肉和奶制品达成了协定，农业贸易自由化进展甚微。

20 世纪 80 年代初，国际农产品贸易冲突不断升级，农产品市场严重扭曲，高额出口补贴也对发达国家的宏观经济产生了严重不利影响。1982 年 11 月，日内瓦部长级会议上，发达国家主张坚决制止农产品贸易保护主义的蔓延，并制定了未来农产品贸易计划，为乌拉圭回合谈判打下良好基础。

乌拉圭回合谈判首次将农业贸易问题纳入到多边贸易体制中，谈判主要在美国、欧共体[①]和凯恩斯集团三大利益集团之间展开，最尖锐对立的问题是处理出口补贴。1988 年乌拉圭回合中期评审会议上，各国提出了热带产品清单，制定了热带产品市场准入方案，但未达成一致。由于农业谈判进展缓慢，1989 年日内瓦部长级会议上各方达成分阶段实施方案，把相当程度的削减农业支持作为长期目标。此后，又经过多次艰苦谈判，各方于 1992 年 11 月 20 日达成了《布莱尔大厦协定》，在此基础上，1993 年 12 月 15 日签署了《乌拉圭回合农业协定》（简称 URAA）（表 1）。

表 1　GATT 农业谈判进程

谈判回合/部长级会议	时间	阶段成果
肯尼迪回合	1964—1967	谷物协定，通过了对发展中国家的粮食援助协定
东京回合	1973—1979	达成小麦、牛肉和奶制品贸易协定
日内瓦	1982	—
乌拉圭	1986	部长宣言中首次把农产品贸易纳入到国际贸易管理体制中
蒙特利尔	1988	各国提出了热带产品清单，制定了热带产品市场准入方案
日内瓦	1989	长期削减农业支持，短期维持现状约束
布鲁塞尔	1990	—
马拉喀什	1994	签署《农业协定》

资料来源：WTO，经作者整理。

（二）WTO 新一轮农业谈判进展

尽管乌拉圭回合在一定程度上改善了国际农产品贸易环境，但国际农产品市场仍然面临严重的政策性扭曲。URAA 规定于 2000 年展开农产品贸易新一轮谈判，因 1999 年西雅图会议分歧严重而推迟至 2001 年 11 月。新一轮谈判（也称多哈回合）启动以来，一直处于艰难的推进中（表 2）。

表 2　WTO 谈判进程

地　点	时间	级别	阶段性成果
西雅图	1999	部长级全会	各方对谈判内容分歧过大
多　哈	2001	部长级全会	谈判正式启动，通过多哈宣言

① 欧共体于 1993 年 11 月 1 日正式易名为欧洲联盟。

（续）

地　点	时间	级别	阶段性成果
坎　昆	2003	部长级全会	欧美与巴西等分歧严重
日内瓦	2004	高官	各方达成框架协议
香　港	2005	部长级全会	达成香港部长宣言
日内瓦	2006	小型部长级	美国与印度分歧，谈判失败
日内瓦	2007	高官	主席提交模式草案第一稿
日内瓦	2008	小型部长级	达成模式草案
日内瓦	2009	部长级全会	未涉及实质性内容

资料来源：WTO，经作者整理。

2003 年 9 月，在坎昆会议上各成员分歧很大，难以妥协，农业谈判陷入低谷。2004 年 3 月谈判再度启动，并于同年 8 月 1 日在日内瓦达成了框架协议，即“7 月框架协议”，取得了阶段性成果。随后又历经一年多的谈判，于 2005 年 10 月相继提交了市场准入、国内支持和出口竞争三大支柱的具体提案，同年 12 月在中国香港召开的 WTO 第六届部长级会议上，就部分内容进一步细化达成一致：同意在 2013 年前取消出口补贴；“黄箱”政策支持量低于微量允许水平的发展中成员免予国内支持削减；给予最不发达成员免关税免配额市场准入待遇。

2006 年，农业谈判再次陷入困境。市场准入问题难以取得进展，各成员在敏感产品、特殊产品和特殊保障机制方面存在分歧。因美国在国内支持上未显示灵活性，导致发达成员和发展中成员无法对发达成员扭曲贸易的国内支持总量削减达成一致。

2007 年 7 月，谈判重新启动，仍然以三大支柱为谈判重点。2008 年 2 月、5 月、7 月和 12 月分别就农业模式草案提出了 4 份修订稿，其中 2008 年 12 月农业模式草案是截至目前最全面、最新的农业谈判成果。经过 8 年多的谈判后，多哈农业谈判在诸多关键问题上都已具备较稳定的解决方案，而遗留未决议题中基本没有太多重要问题。2009 年 9 月再次启动多边谈判以来，美国认为模式案文未能使其获得足够的市场准入机会，企图推翻模式，重点讨论减让承诺表设计。

二、WTO 农业谈判中主要利益集团谈判立场分析

在 WTO 农业谈判中，为了追求多边贸易体制的公平和更好地维护各

自的国家利益，一些成员基于相似的利益和目标，结成各种利益共同体来增强他们在农业谈判中的谈判力量和地位。有些成员还同时参加了多个谈判集团，这就形成了错综复杂的谈判格局。在谈判进程中逐步形成的利益集团包括二十国集团（G20）、十国集团（G10）、凯恩斯集团、三十三国协调组织（G33）等。

（一）美国

美国农产品竞争力较强，关税水平低，但农业补贴水平较高，希望通过本轮谈判进一步推动农产品贸易自由化。在谈判中，美国一方面要求实质性扩大市场准入水平，另一方面试图维持自身的高额补贴，增强其农产品竞争力，扩大农产品出口。美国在削减扭曲贸易的国内支持和加严出口竞争措施纪律的谈判中较为保守。就具体的谈判而言，美国在三大支柱中有非常明确的立场。

在市场准入方面，美国主张本轮谈判要大幅度开放市场，实质性提高市场准入机会，减少各种灵活性。美国在谈判初期曾提出了削减效果最为明显的瑞士公式，在遭到欧盟等成员的反对后，对于巴西等提出的线性削减公式勉强表示认同，同时提出了削减幅度较大的公式。美国提出发展中成员也要实质性扩大市场准入，其特殊和差别待遇只能体现在较长的实施期和略低于发达成员的削减幅度；特殊产品数量控制在 5 个税目，且均须进行关税削减或关税配额扩大；特殊保障机制仅适用于有限范围的产品，严格触发条件且数量和价格同时触发。

在国内支持方面，美国主要目标是维护其国内政策不受新规则的限制，同时削弱其主要竞争对手欧盟的潜在能力。提出美国和欧盟在农业支持上的差距要从目前的 1∶4 缩小到 1∶2，要求欧盟进行大幅度削减，而自身尽量少减。对于 OTDS 削减，美国提出的削减幅度对其自身而言仅仅是削减一点水分。美国坚持“新蓝箱”要保留一定的灵活性；反对实质性修改“绿箱”标准。坚持保留“和平条款”，以确保其扭曲贸易的国内支持措施不受到其他成员挑战。

在出口竞争方面，主张尽快取消出口补贴和出口国营贸易企业的垄断地位，但反对在其有利益关注的出口信贷和粮食援助方面加严纪律。

总体而言，美国在本轮农业谈判中攻守利益并存。就防守而言，其核心利益是确保其扭曲贸易的国内支持水平（OTDS、“黄箱”水平、AMS 特定产品封顶、“蓝箱”特定产品封顶、棉花、和平条款）不受影响，在出口信贷、粮食援助的政策上不受约束，其重点产品如糖、乳制品及部分蔬菜水果等尽量降低市场开放水平。就进攻而言，美国的核心关注在于开放成员的市场，特别是印度、中国等发展中成员的市场。

就在谈判中的地位而言，由于美国强大的经济实力和在国际政治上的影响力，其在多哈谈判中的牵头作用无可替代。美国在谈判每个关键阶段，都发挥着决定性的作用。乌拉圭回合于2000年结束后，各方就新一轮谈判的议题各持已见，争议不下，导致谈判迟迟未能启动。2001年底多哈谈判能够正式启动，动因是2001年“911”事件后，美国利用反恐巩固其世界霸主地位，提出启动新一轮谈判重振世界经济。在2002—2004谈判前期阶段，各方在谈判的利益交换上分歧巨大，美国贸易谈判代表佐利克力推各方达成了框架协议，使谈判取得阶段性成果；为推动香港部长会有所进展，美国率先提交了涵盖本轮谈判所有主要议题的提案，为香港部长会取得成功奠定基础。在模式谈判阶段，美国不如前期积极，后期甚至成为阻挠谈判早日完成的唯一障碍。2006—2008年，由于美国在其OTDS削减及发展中成员市场准入上保持高要价，使得几次部长会无功而返，减缓了谈判进程，增加了谈判的不确定性。在谈判后期，由于美国政府更迭、金融危机引发经济危机蔓延及美国国内贸易保护主义抬头，多哈谈判几经停滞。主要起因就是美国国内的产业界对于各方在2008年初步达成共识的模式草案持否定态度，美国产业界认为其在国内支持上的出价（OTDS削减水分）不足以换来在市场准入上其他成员特别是新兴经济体的出价，美国做了“亏本买卖”。多哈谈判迟迟不能完成，不但有损于世界经济的复苏，同时也有损于多边贸易体制的威信。虽然各方从包括最高政治层面在内的各种途径不断施加压力，但美国无动于衷，拖延谈判进展，并坚持其在市场准入上的要价。多哈谈判能否早日完成，美国是一个决定性因素。

（二）欧盟

欧盟农业总体上缺乏竞争优势，在谈判中以农业多功能性为由强调其农业在环保、乡村社区生活方式、动物福利、文化传承等方面发挥着重要作用，主张维持对农业的保护和支持。

市场准入方面，欧盟强调市场适度开放的同时要有适当的灵活性。不仅要求较小幅度的关税削减，还要求通过敏感产品、特殊保障措施等灵活性待遇保护其重点农产品。为扩大防守同盟，欧盟同意给予发展中成员特殊差别待遇。在关税削减公式上，欧盟提出发展中成员可以适用较高的分界点和较低的削减幅度；在特殊产品上，欧盟提出特殊产品可以进行象征性减让。为确保其继续使用特殊保障措施（SSG），提出发展中成员的特殊保障机制（SSM）可以更加灵活。

国内支持方面，由于欧盟已先期进行了共同农业政策改革，大部分扭曲贸易的国内支持已从"黄箱"转入"绿箱"，其在国内支持上削减压力不大。但出于谈判策略考虑，欧盟要求美国进行实质性削减，针对美国将使用"新蓝箱"，欧盟提出严格"蓝箱"纪律以确保"蓝箱"扭曲作用小于"黄箱"。同时，为确保其"绿箱"政策不受影响，反对实质性修改"绿箱"纪律。

出口竞争方面，欧盟同意2013年前完全取消出口补贴，但前提是其他成员平行削减其他扭曲贸易的出口补贴、取消出口国营贸易企业的垄断权、严格出口信贷纪律、严格粮食援助纪律。

总体而言，欧盟在本轮谈判中以防守为主，其核心关注基本上是以欧盟共同农业政策（CAP）改革为框架设定的。欧盟核心关注主要在降低本身的市场开放水平，包括弱化糖、乳制品、肉类、水果蔬菜等重点产品的开放，保留部分产品的复杂税制，维持一定数量的国内支持水平（OTDS、"黄箱"及"蓝箱"），维持现有的"绿箱"政策，维持棉花支持水平、保留一定数量的SSG、按照CAP改革的时间表取消出口补贴、扩大地理标示（GI）范围等。目前，欧盟的大部分关注已基本得到体现，未明确的议题包括敏感产品（可能的产品包括乙醇、部分水果蔬菜）新建配额、关税简化（保留15%的复杂税制，其中5%保留复合税）、扩大地理标示的产品范围及棉花保持一定水平的"蓝箱"支持等。同时，欧盟力图扩大其对新兴市场的出口。欧盟在谈判中的作用仅次于美国，但由于欧盟内部利益差别明显，其内部协调难度较大，影响欧盟发挥更大的作用。欧盟在维护自身利益的基础上，对于推动谈判早日完成持积极态度。

（三）二十国集团（G20）

二十国集团（G20）由主要的发展中成员组成。2003年9月坎昆会议召开前后成立，成员包括巴西、印度、中国、阿根廷、南非、印度尼西亚、埃及等亚、非、拉发展中大国，其农业人口占全球的65%以上，农产品贸易量占全球的一半以上，巴西和印度为协调员，中国是主要成员之一。目前，G20已成为一支重要的谈判力量。坎昆会议上G20与欧美针锋相对，彻底粉碎了美欧先私下达成交易再迫使发展中成员接受的企图。坎昆会议失败后，美欧指责 G20 搞南北对抗，并拒绝重开谈判。G20 主动出击，积极组织与欧盟对话，对打破谈判僵局，使谈判各方重回谈判桌发挥了重要作用。在框架协议谈判阶段，G20 及时研究、讨论谈判中出现的新情况、新问题，积极组织对不同谈判案文的技术分析，并提出了有关农业谈判模式的提案。该提案中的许多内容最终被反映在 7 月农业谈判框架协议中，有力地保障了发展中成员的利益。

G20 在谈判中主张兼顾出口成员和进口成员的利益，在维护发展中成员特殊和差别待遇、大幅度削减发达成员扭曲贸易的国内支持和取消出口补贴方面具有共同的目标和利益。

在市场准入方面，G20 提出发达成员关税削减幅度要大，对灵活性严格限制。在国内支持方面，G20 提出发达成员应实质性削减扭曲贸易的国内支持，强化对于 AMS 及“蓝箱”的特定产品封顶等纪律，严格“绿箱”纪律。在出口竞争方面，G20 提出发达成员应尽快取消出口补贴，支持平行削减所有出口竞争措施中的出口补贴成分，加严出口信贷纪律，取消粮食援助中的扭曲贸易行为，同时提出发展中成员可以保留出口国营贸易企业的垄断权。

由于 G20 组成比较复杂，既有巴西、阿根廷、南非、泰国、智利等主张农产品贸易自由化的凯恩斯集团成员，也有反对进一步开放、要求保护国内市场的印度、墨西哥等成员，在市场准入尤其是关税减让问题上 G20 内部存在显著分歧，但在大幅度削减发达国家扭曲贸易的国内支持和取消出口补贴方面，具有共同的目标和利益。只有成员各方较好地求同存异，保持团结，才能更好地发挥积极作用。

（四）十国集团（G10）①

十国集团成员的农业竞争力普遍较弱，对农业实行高保护政策。在本轮谈判中强调农业的特殊性和多功能性，立场比欧盟更为保守。该集团由瑞士牵头，要求在关税削减公式和敏感产品方面享有较大的灵活性，反对关税封顶和扩大关税配额，要求继续保留特殊保障措施。

在市场准入方面，G10 主张发达成员适当削减，并要求较大的灵活

① G10 的主要成员为保加利亚、中国台北、韩国、冰岛、以色列、日本、列支敦士登、毛里求斯、挪威和瑞士。

性。基于谈判策略，在发展中成员的特殊差别待遇上，同意发展中成员可以适用较高的分界点和较低的削减幅度，同时为确保自身能继续使用特殊保障措施，也同意发展中成员可适用更加灵活的特殊保障机制。

在国内支持方面，G10 部分成员同欧盟一样，已进行了农业改革，进行了“转箱”，自身面临的压力不大，只是出于谈判策略考虑，在部分议题上对美国施加压力，确保“绿箱”不受影响，反对实质性修改“绿箱”标准。

在出口竞争方面，基于谈判策略，为对美国和澳大利亚等形成压力，G10 强调约束出口信贷、粮食援助纪律，并取消出口国营贸易垄断权。

总体而言，G10 在本轮谈判中也以防守为主，其核心关注在市场准入的议题上，主要包括降低市场开放水平、争取更多数量的敏感产品、高关税不封顶和保留 SSG 等。此外，日本还强烈要求取消出口限制措施。目前，日本未解决的主要关注包括敏感产品的数量（要求 8%）、关税封顶（敏感及非敏感产品均不进行封顶）及出口限制（严格出口限制措施）等。

（五）凯恩斯集团①

凯恩斯集团成员大多自然资源丰富，农产品出口具有竞争力，农产品关税及国内支持水平较低，力主彻底的农业贸易政策改革，推崇贸易自由化。澳大利亚是凯恩斯集团牵头国，主张大幅度提高市场准入，实质性削减关税，削减扭曲贸易的国内支持，取消出口补贴。澳大利亚、新西兰、加拿大等成员在出口国营贸易上处于防守态势。

在市场准入方面，凯恩斯集团提出要尽量限制关税削减之外的灵活性，要严格限制敏感产品的数量，并以国内消费量为基础扩大关税配额，反对新建关税配额产品，特殊产品的数量应限制在一定范围内，并且实质性提高市场准入，特殊保障机制仅适用于有限范围的产品。

在国内支持和出口竞争方面，凯恩斯集团要求美欧等成员实质性削减扭曲贸易的国内支持，取消所有形式的出口补贴。

总体而言，该集团农业竞争力强、补贴措施有限，在农业谈判中以进攻为主，要求开放市场、大幅度削减扭曲贸易的支持、取消出口补贴并加

---

① 凯恩斯集团的主要成员为阿根廷、澳大利亚、玻利维亚、巴西、加拿大、智利、哥伦比亚、哥斯达黎加、斐济、危地马拉、印度尼西亚、马来西亚、新西兰、巴拉圭、菲律宾、南非、泰国和乌拉圭等。

严纪律等。由于在农业谈判上存在实质性利益，凯恩斯集团比任何成员都想早日完成谈判。因此，在谈判后期多次受挫时，凯恩斯集团加大与主要成员沟通、斡旋，数次召开部长级会议，维持谈判中政治层面上的活跃，积极推动谈判技术层的进展。

（六）三十三国协调组织（G33）①

三十三国协调组织也是坎昆会议以来在农业谈判领域逐步发展形成的一个利益集体，由印度尼西亚牵头，中国是主要成员之一。G33主要由发展中成员组成，构成复杂，各自立场差异明显，但在市场准入上强调发展中成员的特殊和差别待遇，防止在市场开放过程中对农业产生冲击，强调要在特殊产品和特殊保障机制方面享有灵活性，以便实现其发展关注。

关于特殊产品，G33 提出发展中成员按照粮食安全、生计安全和农村发展等三个因素自主指定一定数量的产品作为特殊产品，其待遇包括部分免减、部分少减，所有特殊产品免于关税配额扩大和关税封顶并自动适用特殊保障机制。关于特殊保障机制，G33 强调发展中成员的所有产品都可适用，按照进口数量和价格都可进行触发。为争取更多的灵活性，G33 提出发展中成员可以比发达成员使用更多数量的敏感产品，如果发展中成员放弃使用敏感产品，则可换取相同数量的特殊产品。

该集团谈判利益相对集中，谈判力量逐步壮大，谈判后期起着举足轻重的作用，特别是对特殊保障机制立场坚定，在这个争议较大的议题上与美国及凯恩斯集团对峙，这也是谈判悬而未决的关键议题之一。

除上述几个主要谈判集团外，谈判中还活跃着部分发展中成员组成的谈判集团，如非洲集团、加勒比及太平洋集团（ACP）、新成员集团(RAMS)、最不发达成员（LDC）、棉花四国及弱小经济体（SVE），这些成员在谈判中后期也发挥了非常重要的作用。

---

① G33 目前有 46 个成员国，包括：阿提瓜岛和巴布达岛、巴巴多斯岛、伯里兹城、贝宁湾、博茨瓦纳、中国、刚果、古巴、科特迪瓦、多米尼加共和国、格林纳达、圭亚那、海地、洪都拉斯、印度、印度尼西亚、牙买加、肯尼亚、韩国、哥斯达黎加、毛里求斯、圣文森特和格林纳丁斯、圣基茨岛和尼维斯、蒙古、莫桑比克、尼加拉瓜、尼日利亚、巴基斯坦、巴拿马、秘鲁、菲律宾、圣路易、塞内加尔、斯里兰卡、苏里南、坦桑尼亚、特立尼达和多巴哥、土耳其、乌干达、委内瑞拉、赞比亚和津巴布韦等。

三、2008 年 12 月农业模式草案对关键议题的影响分析

2008 年 12 月农业模式草案是目前最新最全面的农业谈判成果。本部分基于 12 月模式草案的谈判成果，分析其实施对中国市场准入和国内支持中关键议题的影响。同时，汇总了主要谈判成员的分析结果。

（一）分层公式、敏感产品和特殊产品对中国农产品关税的削减效果

就中国情况而言，掌握分层公式的削减结果需要关注灵活性和参数选择。我们基于 2008 年 12 月的模式草案，将分析中国关税削减情况的主要参数因子列在表 3 中。为了使公式的严格规则与国内政治目标相适应，WTO 各成员有权利设置有限数量的产品，它们可以部分免于自由化。除新成员条款之外，灵活性条款的重要组成是敏感产品。发达成员和发展中成员都可以设置敏感产品，但需要通过建立或者扩展关税配额对分层公式削减的偏离进行补偿。2008 年 12 月的模式草案给发展中成员提供了三个方案，以获得比使用分层公式更少的关税削减。由于中国现行的关税配额数量大，国内商品性消费比例相对较低，最后一个选择方案具有一定的吸引力。在这种情况下，关税的削减幅度相对较小，更容易保留关税保护。我们假定，中国方案将指定 5.3%的 HS6 位税目作为敏感产品（根据 2008 年 12 月模式草案第 71 和 72 段），其关税削减幅度是公式的 1/3。在此将 SP 税目分为两层：SP－Ⅰ，5%的 HS 六位税目，不进行关税削减；SP－Ⅱ，8%的 HS 六位税目，每个税目削减 16.6%，以保证 10%的平均削减幅度。

表 3　用于关税削减分析的关键因子

分　层	0/30/80/130
削减比例	25.3（税率低于 10%的不用削减）/30.0/—/—
平均削减幅度	不超过 36%
敏感产品	4%的 HS6 产品税率削减幅度是分层公式的 1/3
特殊产品Ⅰ	5%的 HS6 产品税率不削减
特殊产品Ⅱ	8%的 HS6 产品税率削减 16.6%

尽管特殊产品与敏感产品待遇不同，设置的动机在一定程度上也不

同，但是它们都满足了政策制定者的需要。无论是对发展中成员还是发达成员，纯粹利用公式削减关税的方法是不可行的。为了与国内政策（再分配、农村发展、食物安全、政治因素）相一致，一些产品不能承受完全按照WTO模式草案构思的公式进行关税削减。此外，发展中成员受资源限制很难适应贸易自由化带来的结构调整，因此发展中成员可以参照特殊与差别待遇条款，以SP形式享有额外的灵活性。

就中国而言，由于处于第二层的关税税目有限，且关税税率很低，争取灵活性处理较关税削减更有意义，尤其对于一些已经明确的重要产品（孙政才，2008）。因此，按层次使用灵活性，首先考虑不进行关税削减的SP（SP－Ⅰ），其次是进行关税削减的SP（SP－Ⅱ），然后是尽可能按规则少减关税的SE。

表4是特殊产品和敏感产品选择的汇总。最重要的产品设置为SP－Ⅰ，占农产品进口总额的22%（48.25亿美元，33个HS6位税目），主要包括HS第52章（棉花）、第10章（谷物）、第17章（糖）和第51章（羊毛）。剩下来的重点产品列入SP－Ⅱ，包括HS第05章（其他畜产品）和第11章（谷物粉与淀粉），共有55个HS6位税目。SE更适合于其他关税税率比较高的产品，包括36个HS6位税目。

表4　敏感产品和特殊产品的分布情况

税号	名　称	敏感产品		特殊产品Ⅰ		特殊产品Ⅱ	
		数目	百万美元	数目	百万美元	数目	百万美元
02	肉类及杂碎	0		4	0.1	38	8.7
04	乳品	0		2	0.5	4	4.0
05	其他动物产品	0		0		1	127.5
08	水果和坚果	8	28.0	0		0	
10	谷物	0		7	1 004.9	0	
11	制粉工业产品，淀粉	0		8	11.8	10	19.8
15	动、植物油、脂	1	6.7	0		0	
17	糖	0		4	277.7	0	
20	蔬菜制品	9	11.6	0		1	0.4
21	杂项食品	5	237.1	0		0	
22	饮料和酒	9	60.6	0		0	

（续）

税号	名　称	敏感产品		特殊产品Ⅰ		特殊产品Ⅱ	
		数目	百万美元	数目	百万美元	数目	百万美元
24	烟草	4	54.6	0		0	
51	羊毛	0		6	1 016.1	1	01
52	棉花	0		2	2 514.1	0	
全部	农产品总体	36	398.5	33	4 825.0	55	160.5

在后面的关税削减模拟分析中，使用约束关税税率和 2003—2005 年的中国海关数据库进口数据。主要数据包括：美国普查局国际资料库（IDB）和《中国入世议定书》中的约束税率，实施税率源自《中华人民共和国关税税则》。为了便于国际比较，在 HS6 位税目层次上进行分析。

表 5 给出了分层公式每一层的产品分布情况。中国农产品只覆盖了分层公式的第一层和第二层，其中，处于第一层（关税税率小于 30%）的产品包含了 94.6%的税目和 78.1%的进口额，只有 5.3%的税目和 22%的进口额处于第二层。2008 年 12 月模式草案指出，新成员所有小于或者等于 10%的税率免于削减，因此，可以把处于第一层的税目分为两部分。中国农产品关税分布特点决定了在分析中能够将处于第二层的大部分产品设置为 SP 和 SE。

表 5　使用分层公式的产品分布

单位：%

项　　目	第一层 a	第一层 b	第二层	第三层	第四层
HS6 的税目比例	39.1	55.5	5.3	0	0
占进口额的比重	68.2	9.9	22.0	0	0

注：a 指的是新成员产品税率小于等于 10%的产品，不需削减；b 指的是位于第一层的其他产品。

资料来源：根据《中华人民共和国关税税则 2008》计算整理得出。

表 6、7、8 是分层公式的模拟结果。表 6、7 中给出了平均关税和关税差异（用标准差计量）的分布情况，表 8 给出了按贸易额加权的关税水平和各层的结果。在这些表中，首先是直接来源于分层公式的结果，其次是考虑到 RAMs 以及 SE 和 SP 的模拟结果。表 6、7 的最后 5 行是包含

SE和SP不同产品类型的关税平均值。

表6 使用分层公式的中国农产品关税削减效果（平均税率）

2位目税号	名　称	平均税率（%）			
		初始值	发展中成员	发展中成员+新成员	分层公式+SE+SP
01	活动物	2.5	1.7	2.5	2.5
02	肉类及杂碎	13.0	8.6	9.8	11.0
04	乳品	10.1	6.8	8.2	8.7
05	其他动物产品	4.5	3.0	3.6	3.7
06	活树	6.2	4.1	5.4	5.4
07	蔬菜	6.7	4.5	5.3	5.3
08	水果和坚果	13.1	8.8	10.2	10.5
09	咖啡，茶和调味品	10.3	6.9	8.0	8.0
10	谷物	18.9	11.8	13.6	18.9
11	制粉工业产品，淀粉	25.4	16.3	18.8	23.5
12	含油籽仁	3.5	2.3	2.9	2.9
13	树胶和树脂	7.0	4.7	5.8	5.8
14	编结用植物材料	8.8	5.8	7.3	7.3
15	动、植物油、脂	12.2	8.1	10.4	10.5
16	肉制品	10.1	6.8	7.6	7.6
17	糖	24.3	15.7	18.3	21.6
18	可可及可可制品	11.0	7.3	10.1	10.1
19	谷物制品	16.5	11.0	12.4	12.4
20	蔬菜制品	11.4	7.6	8.7	9.0
21	杂项制品	17.2	11.2	12.7	13.4
22	饮料和酒	20.5	13.2	15.7	17.2
23	食物残渣	4.4	2.9	4.3	4.3
24	烟草	27.3	17.4	20.2	22.4
29	有机化学品	12.0	8.0	9.6	9.6
33	精油/香料	11.9	7.9	8.9	8.9
35	蛋白质	9.1	6.1	8.2	8.2
38	杂项化学产品	14.4	9.6	11.1	11.1

（续）

2位目税号	名　称	平均税率（%）			
		初始值	发展中成员	发展中成员＋新成员	分层公式＋SE＋SP
41	生皮	5.7	3.8	5.7	5.7
43	毛皮	17.5	11.7	13.1	13.1
50	蚕丝	3.3	2.2	3.3	3.3
51	羊毛	16.8	10.6	12.4	16.7
52	棉花	22.0	13.9	17.2	22.0
53	其他植物纤维	6.0	4.0	6.0	6.0
全部	总体	15.76	10.38	12.34	13.30
	非敏感和非特定品	12.54	8.36	10.22	10.22
	敏感产品	33.60	21.70	24.39	27.65
	被削减的特殊产品	18.67	12.45	13.94	15.64
	未被削减的特殊产品	45.41	28.39	32.02	45.41

表7　使用分层公式的中国农产品关税削减效果（标准差）

2位目税号	名　称	标准差（%）			
		初始值	发展中成员	发展中成员＋新成员	分层公式＋SE＋SP
01	活动物	3.4	2.2	3.4	3.4
02	肉类及杂碎	4.6	3.0	3.3	4.3
04	乳品	4.3	2.9	2.4	3.3
05	其他动物产品	5.7	3.8	4.0	4.1
06	活树	7.3	4.9	5.3	5.3
07	蔬菜	3.6	2.4	2.4	2.4
08	食用水果和坚果	7.5	5.0	5.0	5.7
09	咖啡，茶和调味品	5.0	3.3	3.3	3.3
10	谷物	30.7	18.9	21.1	30.7
11	制粉工业产品，淀粉	20.2	12.3	13.5	20.9
12	含油籽仁	6.8	4.5	5.1	5.1
13	树胶和树脂	5.4	3.6	3.9	3.9

（续）

2位目税号	名　　称	标准差（%）			
		初始值	发展中成员	发展中成员＋新成员	分层公式＋SE＋SP
14	编结用植物材料	4.3	2.9	2.7	2.7
15	动、植物油、脂	5.9	3.9	3.5	3.7
16	肉制品	0.9	0.6	0.7	0.7
17	糖	16.3	10.0	10.5	16.4
18	可可及可可制品	4.1	2.7	2.3	2.3
19	谷物制品	5.8	3.9	4.1	4.1
20	蔬菜制品	7.0	4.7	4.8	5.3
21	杂项制品	7.1	4.4	4.6	5.8
22	饮料和酒	17.5	10.7	11.5	13.8
23	食物残渣	2.1	1.4	1.4	1.4
24	烟草	24.6	15.0	16.0	19.4
29	有机化学品	3.5	2.3	1.4	1.4
33	精油/香料	1.4	0.9	1.0	1.0
35	蛋白质	3.6	2.4	2.3	2.3
38	杂项化学产品	2.3	1.5	1.0	1.0
41	生皮	1.9	1.2	1.9	1.9
43	毛皮	1.7	1.1	1.2	1.2
50	蚕丝	1.5	1.0	1.5	1.5
51	羊毛	14.2	8.6	8.8	14.4
52	棉花	16.4	9.9	9.9	16.4
53	其他植物纤维	0.0	0.0	0.0	0.0
全部	总体	11.44	7.19	7.70	10.39
	非敏感和非特定产品	6.65	4.43	4.54	4.54
	敏感产品	13.95	8.30	9.42	11.12
	被削减的特殊产品	3.57	2.38	2.67	2.99
	未被削减的特殊产品	17.55	10.54	11.95	17.55

表 8　使用分层公式在不同层的削减效果

项　　目		初始水平	发展中成员	发展中成员＋新加入成员	削减公式＋SE＋SP
简单平均税率	第一层 a（%）	7.08	4.72	—	—
	第一层 a（%）	18.42	12.28	13.75	14.27
	第二层（%）	51.83	32.14	36.28	49.00
	总计	15.76	10.38	12.34	13.30
贸易加权税率	第一层 a（%）	3.64	2.42	—	—
	第一层 a（%）	1.71	1.14	1.28	1.32
	第二层（%）	9.98	6.19	6.98	9.97
	总计	15.33	9.75	11.90	14.93
标准差	第一层 a（%）	3.22	2.15	—	—
	第一层 a（%）	5.16	3.44	3.85	4.36
	第二层（%）	13.33	8.27	9.33	13.78
	总计	11.44	7.19	7.70	10.39

从表 8 分层使用关税削减公式的结果来看，全部产品的平均约束税率从 15.76%削减到 10.38%，降幅为 34.1%；按贸易额加权的平均约束税率从 15.33%削减到 9.75%，降幅为 36.4%。使用新成员条款的平均约束税率降幅为 21.7%，按贸易额加权的平均约束税率降幅为 22.4%。敏感产品的约束税率从 33.6%削减至 21.70%，削减幅度为 35.4%；SP－Ⅰ（不进行削减的特殊产品）和 SP－Ⅱ（进行削减的特殊产品）的平均税率分别从 45.41%和 18.69%削减为 28.39%和 12.45%。使用分层公式后，除了 SE 和 SP 的其他产品的平均税率从 12.54%削减到 8.36%。

就中国的市场准入问题而言，敏感产品和特殊产品条款的灵活性效果是非常明显的。削减后的简单算术平均税率为 13.30%，相应的削减幅度为 15.6%；削减后按贸易额加权的平均约束税率变为 14.93%，削减幅度仅为 2.6%。如果没有上述灵活性条款，所有 HS 分章产品的平均削减幅度相对均匀，分布在 32%与 38%之间。RAMs 条款使得各章产品的平均削减幅度降低，且变化很大，第 01、41、50 和 53 章基本没有削减，第 18、23 和 35 章的削减幅度小于 10%，其余各章的削减幅度介于 14%与 25%之间。此外，SE 和 SP 的设置使得灵活性集中在若干部门。

表7是用标准差表示的关税差异性，初始的平均税率的标准差是11.44%，相应的变异系数为72.6%。但是，使用公式削减后，平均税率的标准差下降了34%，变异系数的变化很小，几乎可以忽略。由于中国的关税仅仅分布在两层当中，且面对着相似的削减，分层公式的协调性目标受到抑制。与预期的结果一致，相对直接使用公式的结果来说，灵活性产生的保护增大了各章税率的不一致性，平均税率的标准差增大到10.39%，相应的变异系数达到78.1%。

（二）农业模式草案对主要谈判成员的影响分析

本部分基于主要谈判成员向国际贸易与可持续发展研究中心（ICTSD）提交的研究报告，汇总了12月农业模式草案对各成员方的影响。

1. 美国

国内支持方面，接受WTO的额外约束是美国面临的主要问题。近年来，主要出口商品具有较高的国际价格，政府减少了对农民的支持，但新农业法案反映了农业持续的政治重要性。对模式草案中的重要条款的分析表明如果一个相对较高的价格环境能够持续，美国通过对国内政策进行微调就能够满足新的WTO国内支持承诺，只有个别商品存在问题，对棉花的特定产品AMS和“蓝箱”支持面临约束，食糖面临特定产品AMS约束，这些问题可以通过对支持方案的改革来减少通报的支持水平。

模式草案中加强国内支持的纪律约束将会使美国挤出大量的提供给农民支持量的水分。一些商品，特别是棉花和食糖，在满足特定产品承诺方面存在问题。为解决此问题，可通过改变食糖支持计划，也可选择改变支持结构如增加“绿箱”支持、充分利用微量允许和总的OTDS允许的非特定产品支持上限。然而，OTDS和AMS的大幅削减严重限制了与价格相关的支持空间的机动性。另外，以上预测分析的假定条件是美国农作物处于相对较高的价格环境。如果价格大幅度下降，主要的价格支持将会触发，以上预测与实际国内支持满足WTO承诺的可能性将有很大差异。

市场准入方面，美国农产品关税相对较低，平均约束税率为8%，实施优惠税率为6.3%。但在某些发展中国家关注的产品上设置了高关税，如食糖、肉类、奶制品、饮料和烟草。一半以上的保护通过相对不透明的方式如从量税和混合税提供，且这些非从价方式主要用于关税相对较高的产品。关税配额覆盖了进口的20%，对这些产品的保护税率是其他农产品的4倍。

美国农产品相对较低的平均税率及其税率分布意味着约 90%的税目处于新的 WTO 协议关税削减公式的第一层，适用最低削减。使用关税升级公式对平均关税几乎没有影响，使用热带产品公式将使削减后关税从 3.5%下降到 3.2%。该公式将给食糖、奶制品和烟草等高保护产品带来最大幅度的削减。如果基于一种产品在国内消费中的份额、最初的关税税率、按公式需要削减的幅度以及按照敏感产品待遇可以在多大程度上减小削减的幅度等指标选择敏感产品，发现敏感产品的选择对美国关税的影响相对较小。

出口补贴方面，美国需要取消奶制品的出口补贴计划（DEIP）。奶牛场集团仍将 DEIP 看作国内价格支持的重要组成部分，而大多数成员认为有关成员扩大市场准入将使美国奶业获利，所以如果在新的 WTO 协定中有关成员能够扩大市场准入，那么取消 DEIP 是可被奶农接受的。

模式草案规定出口融资的最长还款期不超过 180 天。由于美国已经取消了中期融资计划，现行的六个月融资期为最长融资期，融资利息率已被调整为与商业银行贷款利率更加一致的水平。但从目前可获得的数据来看，计算美国出口融资计划的总成本是困难的，所以在多大程度上提高利息或费用来满足自主融资条件无法确定。

2. 欧盟

近年来，欧盟对农业政策进行了大幅调整，2003 年起实施的单一农场支付体系日益得到推广，并且计入“绿箱”。在“蓝箱”和总 AMS 降低的情况下，“绿箱”支持量显著上升。假定实施期最后一年为 2014/15 年，在此之前，欧盟可维持其现行的大部分政策。因此，欧盟可相对容易地承受对扭曲贸易的支持总量进行削减，这一事实也给了欧盟空间使其可坚持要求其他成员大幅度削减

农业模式草案将对欧盟市场准入产生显著影响，削减幅度逐层增加的关税削减公式意味着大量的高保护部门的平均约束关税面临较多的削减，尤其对欧盟农业生产者产生显著影响。敏感产品的灵活性条款在某种程度上减轻了影响，但是对糖和肉类等高保护产品的影响仍非常显著。

对欧盟来说，执行模式草案中的出口竞争条款并非难事。当价格跌到接近于国际市场水平时，补贴需求也会削弱。实际上所有其他成员都希望取消这些补贴政策，在这样的大环境中，欧盟能否继续维持这一不受欢迎的补贴还有很大的不确定性。

3. 印度

印度是发展中国家农产品市场保护度较高的国家之一，其农产品关税以从价税为主，2004年简单平均约束税率达115%，按贸易额加权的平均约束税率为159%。然而，平均实施税率为59%，因此关税水分（约束税率和实施税率之差）很大。关税水分的分布不均需要运用灵活性解决，因为政策制定者希望保护某些具有低关税水分的产品免于贸易自由化的影响。植物油是印度进口最多的农产品，其次是蔬菜、水果和坚果，以及纺织投入品（棉花、羊毛和蚕丝）。

特殊和差别待遇条款对印度来说至关重要。假定设置5.3%的六位税目作为敏感产品，与公式削减幅度相差25%且无需关税配额承诺。另一部分的敏感产品为2.7%的税目，按公式的50%削减但需扩大关税配额。此外，将特殊产品分为两类：5.6%的六位税目无需关税削减，另外的8.4%削减15%。运用分层公式的结果是，按贸易额加权的平均约束关税从159%降到99%，降幅38%。然而，灵活性的运用使约束税率上升到126%，削减净幅度为21%。不考虑灵活性，平均实施税率（MFN）从59%下降到54%（降幅为8%）。灵活性将完全抵消公式对实施税率的削减效果。

整体来看，带有灵活性的公式削减并没有提高印度市场准入条件，也没有改善结构保护的效率（较小的差异性）。后者没有变化是由于印度谈判中的防守立场，充分运用灵活性条款保护农业并避免对实施税率的实质性削减。

对于印度出口商来说，自由化影响印度30%的出口，主要是对发达国家的出口，特殊和差别待遇条款使得印度从发展中国家获得新的市场准入机会很少。

国内支持对印度来说，WTO约束主要影响到两种政策，特定产品AMS的最低支持价格（MSP）和非特定产品AMS的投入品补贴。印度在乌拉圭回合没有总AMS的承诺，因此，免于削减的微量允许水平就是这两类国内支持。现有官方通报1995—1997年的数据，显示特定产品的AMS支持为负，因为MSP低于外部参考价（1986—1988年平均）。此外，投入品补贴从非特定产品的AMS支持转移到特殊和差别待遇的支持，使得前者占农业总产值的比重下降到1%。基于官方通报数据，微量允许水平（10%）相对富裕。近期一组估算通报数据表明，由于外部参考价（ERP）和最低支持价格（MSP）之间存在较大差额，到 2005 年印度特定产品的 AMS 始终为负。由于 80%的投入品补贴被分配到特殊和差别待遇支持下，非特定产品的 AMS 仅占农业总产值的 1%。对特殊和差别待遇条款更有力的运用，可能使这一比重上升到 3%或 4%。

印度非特定产品的 AMS 不太可能超过多哈回合的限制，即农业总产值的 10%。非特定产品的微量允许水平还有很大的富余空间。然而，2007 年的支持价格高于 2006 年 10%～25%，对特定产品的 AMS 计算造成困难。随着卢比的升值，部分产品外部参考价与管理价格的差额开始缩小。例如，2007 年大米特定产品的 AMS 为正数。预计印度农业总产值以近 3.5%的速度增长，到 2015 年达到约 1600 亿美元。预计特定产品 AMS 和非特定产品 AMS 的微量允许水平都为 160 亿美元左右，将给予印度丰富的灵活性来制定和实施国内支持政策。

4. 日本

修订模式草案对日本国内支持政策的影响并不显著。“蓝箱”支付的上限为 1995—2000 年间农业生产总值的 2.5%，接近 2 460 亿日元，2005 年“蓝箱”支付为 650 亿日元。特定产品 AMS 的上限是 1995—2005 年间平均农业生产总值，自 2005 年起这一数值一直未有变化。

市场准入方面，对于日本农业来说，市场准入比国内支持更重要。日本市场准入的自由化是多哈回合的绊脚石。由于日本通过关税保护本国农业，特定产品的国内价格远高于国际价格。近几年，由高关税带来的价格支持或者消费者负担相当于 PSE 的 90%。由于这个价格差异，如果没有关税，像大米这样重要的国内农产品的高价格就不能维持。关税升级或热带产品的模式不会大幅改变分层公式应用后的关税水平，只会影响个别产品。

5. 巴西

巴西约束税率水分较大，微量允许水平中也有充足的水分，扭曲贸易的国内补贴非常少，因此，在 2008 年农业模式草案下，巴西无需对自己的关税和补贴做出重大改变。因此巴西在农业谈判各个议题中的立场都是进攻性的。多边谈判为巴西带来的收益是本国农产品出口的增长和出口市场扭曲贸易的国内支持的减少。特定产品支持规定是为了避免国内支持对世界市场的负面影响，有助于减少对国际价格的抑制，支持上限对国际价格影响幅度的大小与巴西的利益尤为相关。此外，还有两个议题是会影响到巴西利益，即不会创造新的市场准入机会的新关税配额以及高于多哈回合开始之前保护水平的特殊保障机制。

就发展中成员而言，特殊保障机制（SSM）是核心关注议题。目前存在一个潜在的风险，即将保护水平增加到超过乌拉圭回合的约束关税水平会导致现行市场准入机会的恶化。巴西在发达成员市场准入的收益很可能受到SSG的继续沿用和某种程度的有效的关税配额扩张的限制。SSG的沿用寻求保护特定部门的国家来说是一个免责条款。因此，SSG为本身是保护措施的关税配额系统提供了额外的保护。比如说欧盟的牛肉、鸡肉和糖，将这些产品设置为敏感产品时的补偿水平不足以创造新的贸易。关税配额扩张最多能将配额外贸易内部化，因为进口关税的削减没有任何意义时，进口不会增加。配额外关税的降低是创造新贸易最有效的办法。

四、农业多边谈判的特点及趋势研究

WTO多哈回合农业谈判虽然尚未成功，但在一些关键议题上取得了基本共识，2008年12月形成的模式草案第四修订版是各方利益平衡的结果，也是各成员继续开展谈判的基础。

（一）农业谈判中的市场准入规则及其变化

市场准入议题是WTO农业谈判的核心议题之一，主要包括关税削减、关税配额（TRQ）、敏感产品（SE）、特殊产品（SP）以及特殊保障机制（SSM）等内容。

1. 关税削减

在多哈回合农业谈判初期，谈判的主要内容是关税削减模式的确定。在历次谈判中各成员提出的农产品关税减让模式包括乌拉圭公式、协调公式、瑞士公式、“鸡尾酒”公式、Harbinson公式和分层公式等。随着谈判的深入，各成员就采用分层公式进行关税削减达成一致，并在2004年8月达成的《框架协议》中得以明确。分层公式的基本原则是将关税分层，不同水平范围的关税适用不同的削减幅度，高税高减，低税低减。《框架协议》达成后，关税削减公式谈判确定了分层公式中层数、各层分界点以及各层削减幅度等要素。2008年12月农业模式草案中关税削减公式的具体数字已经明确（表9），谈判各方没有再就此提出异议，基本达成一致。

表 9　2008 年农业模式草案关税减让公式对比

最终约束税率/从价税等值（%）	关税削减比例（%）			
	2 月模式草案第 1 稿	5 月模式草案第 2 稿	7 月模式草案第 3 稿	12 月模式草案第 4 稿
发达成员				
0～20	48～52	50	50	50
>20～50	55～60	57	57	57
>50～70	62～65	64	64	64
>75	66～73	[66] [73]	[66] [73]	70
发展中成员				
0～30	32～35	33.3	33.3	33.3
>30～80	37～40	38.0	38.0	38.0
>80～130	41～43	42.7	42.7	42.7
>130	44～49	[44.0] [48.7]	[44.0] [48.7]	46.7
新加入成员				
0～30	24.5～27.5	28.3	25.3	25.3
>30～80	29.5～32.5	32.0	30	30.0
>80～130	33.5～35.5	32.7	34.7	34.7
>130	34.5～41.5	[34] [39]	[36] [41]	38.7

注：发展中新成员的第一层不完全，没有表达出 10%及 10%以下税率不削减。

资料来源：REVISEDDRAFTMODALITIESFORAGRICULTURE（TN/AG/W/4）. WTO，2008.

2. 关税配额

2004 年《框架协议》对关税配额（TRQ）的具体表述很少，主要限于原则性问题：一是关税配额的扩大方法还有待进一步讨论，发展中成员要享受特殊和差别待遇；二是配额内税率的降低或取消及配额管理办法的改进要全局考虑。2007 年 7 月的模式草案对配额内约束税率提出方向性建议：降低配额内关税来确保贸易能有效实现现实的水平；配额内关税削减幅度不能低于相关层的削减幅度；关税配额管理应受到纪律约束。

2008 年 2 月模式草案第一稿的内容主要涉及配额内关税削减方法以及对敏感产品采取不同待遇。5 月、7 月模式草案第 2、3 稿，新增加的内容包括在一个简化的削减公式下，发达成员配额内关税应削减 50%～70%或削减到 0～15%，低于 5%的在一年内免于削减；发展中成员除关税高峰外削减一半；新加入成员将享有更低的削减幅度。配额管理方面增加了关税配额的监督，若某产品的进口持续低于配额完成率，将采取行动改善市场准入。12 月模式草案第 4 稿，调整了发展中成员配额内关税的削减幅度，发展中成员削减 15%，弱小经济体削减 7.5%，新加入成员削减幅度更小。对于特殊产品，配额外不削减的产品其配额内关税也不作削减。

3. 敏感产品

敏感产品（Sensitive Products，SE）议题从提出到发展共经历了四个阶段（表 10）。敏感产品问题的焦点主要集中在产品数量和待遇上。2007 年上半年，对敏感产品的数量范围以及配额扩大的基础已经基本明确。2007 年 7 月农业特会主席模式案文草案进一步缩小了数量范围，并进一步明确国内消费量不包括生计型产品的国内自给消费。2008 年 12 月主席模式草案中，关于敏感产品数量问题，将敏感产品数量确定为 4%，除日本和加拿大仍分别要求敏感产品数量为 8%和 6%外，其他成员未提出异议。关于配额扩大幅度问题，为确保在"部分扩大"方式下敏感产品的配额扩大到一定水平，出口方提出了配额量下限（floor）的建议，即每个敏感产品的配额扩大量都应确保不低于一定水平，进口成员基本接受这一建议。关于 TRQ 如何列入减让表问题，模式草案规定原则上一个产品类别或子类只能建立一个配额（TRQ），个别情况下，可将扩大的 TRQ 数量分配到两个 TRQ 中（简称"次级分配"，Sub - allocation），成员对此没有再次提出异议。关于配额内关税的削减幅度问题，在公式削减偏离幅度分别为 2/3、1/2、1/3 的情况下，规定发达成员削减幅度分别为 4%、3.5%、3%，发展中成员削减幅度仍为发达成员 2/3。除此之外，针对敏感产品谈判还涉及一些技术问题，包括：数据处理问题，如约束税目来源、国内消费数据计算、关税配额、优惠贸易和零关税、低关税税目处理等。

表 10　敏感产品谈判进程

阶　段	谈判成果
2004 年框架协议—2005 年 7 月部长会议	敏感产品原则和框架，没有确定敏感产品的具体数字。
2005 年 10 月—2006 年 6 月日内瓦小型部长会	焦点集中在敏感产品数量和待遇上，各成员方敏感产品具体数量和待遇的建议案差异较大。

（续）

阶　段	谈判成果
2006 年 6 月日内瓦部长会议—2007 年 7 月农业特会主席模式案文草案出台	尽管在敏感产品数量、待遇和配额扩大基础等基本问题上还存在一定分歧，但处理敏感产品的框架已基本被接受。数量范围已明确到税目数的一定比例，削减幅度限制在 1/3 或 2/3 两种对公式的背离，确定以国内消费量作为扩大配额的基础，并基本界定了扩大幅度范围。给予发展中成员的特殊差别待遇是：敏感产品的数量比发达成员多 1/3；偏离幅度最小是 1/3，最大是 2/3；关税配额的扩大幅度为发达成员数量的 2/3，国内消费量不包括生计型产品的国内自给消费。
2007 年 7 月农业特会主席模式案文草案出台—2008 年 12 月农业特会主席模式案文修改稿出台	敏感产品例外于一般产品的关税减让公式，数量范围确定为 4%，削减幅度增加了 1/2 对公式的背离。

资料来源：WTO，经作者整理。

4. 特殊产品

特殊产品（Special Products，SP）是指关系“粮食安全、农村发展或生计安全”的战略性农产品，可以享受较低的关税削减等特殊待遇。从新一轮农业谈判开始，到目前共经历了四个阶段（表 11）。特殊产品谈判的主要内容包括特殊产品的指标、数量和待遇，指标用于明确哪些产品可以指定为特殊产品，数量为可以指定为特殊产品的税目比例，待遇是指在关税少减（免减）上的优惠程度，其中数量和待遇是该议题的核心问题。

表 11　特殊产品谈判进程

阶　段	谈判成果
2002 年 12 月—2003 年 3 月农业特会主席模式案文草案修改稿出台	明确提出发展中国家可以自主提出一些 6 位目的农产品作为战略性特殊产品，它们是关系到食品安全、农村发展和生计安全。特殊产品的简单平均关税削减幅度是 10%，单个最小削减幅度为 5%；特殊产品可以免于扩大关税配额量；特殊产品可以标注为 SSM，标注了 SSM 以及目前标注了 SSG 的产品可适用农业协定的第 5 条。
2004 年框架协议—2005 年香港部长会议	谈判由围绕具体指标转移到特殊产品数量和待遇方面讨论。

（续）

阶　段	谈判成果
2006年6月日内瓦部长会—2007年7月农业特会主席模式案文草案出台	没有对特殊产品提出更为具体的建议。但提出两种思路，一是将特殊产品与敏感产品比较，即特殊产品的数量比敏感产品多，待遇比敏感产品优惠；二是引入了平均削减的概念和分段处理的方式。各方没有达到共识。
2007年7月农业特会主席模式案文草案出台—2008年12月农业特会主席模式案文修改稿出台	特殊产品的谈判框架基本确定，将会有一定比例的特殊产品可免减，所有特殊产品将要达到一定的平均削减幅度，税目比例及免减比例和平均削减幅度的具体数字范围也有了一定的共识基础，但最终没有明确具体的数字。

2008年12月主席模式草案中，明确了特殊产品数量和削减幅度的具体数字，即发展中成员可自主指定12%的特殊产品，5%可免于削减，平均削减幅度11%；新成员自主指定的数量多1%，平均削减幅度少1%。对此，尽管各方并没有明确提出反对意见，但美国等成员在多种场合表示，要求发展中成员尤其是新兴经济体要实质性改善市场准入，并提出了一些关注产品。按照美国的想法，自主指定特殊产品将失去意义。

5. 特殊保障机制

针对乌拉圭《农业协定》规定的特殊保障措施（SSG）主要为少数发达国家所利用的不公平情况，在新一轮谈判中，广大发展中国家联合提议建立一种专门为发展中国家使用的、在进口数量激增和进口价格下跌时可通过征收附加关税缓解进口冲击的救济机制，即特殊保障机制（SSM）。2008年12月主席模式草案中，针对SSM议题中的焦点问题，即救济关税超过多哈前约束水平的情况下实施数量触发的条件提出了单独的建议案。主要涉及到触发门坎、救济关税、预先比率（Pro－rating）等多个要素。

触发门坎和救济关税是SSM议题的焦点问题，2008年12月SSM建议案同时考虑了攻守双方的立场，提出当累计进口量大于基期进口量120%小于等于140%时，附加关税为约束税率的1/3或8个百分点（取高者）；当累计进口量大于基期进口量140%时，附加关税为约束税率的1/2或12个百分点（取高者）。

预先比率的目的是对触发基础进行调整，提高触发基础水平，使得数量触发变得困难。2008 年 12 月 SSM 建议案考虑到预先比率因素，提出在计算触发基础时（即前三年年均进口量），需要扣除发生触发月份进口量，并以其他月份的月平均进口量替代触发月份进口量，从而对触发基础进行调整。

交叉检验是指在国内价格没有发生实质性下降时，通常不应采取救济措施，考虑到出口方关注，建议案中考虑到了这一因素。实施频率指 SSM 的实施要间断进行，进攻方最初提出实施一年、终止一年，遭到防守方反对，主席在建议案中提出实施 4 或 8 个月、终止 4 或 8 个月。

此外，在征收关税可超过多哈前约束水平的税目占农产品税目总数的比例上，2008 年 12 月 SSM 建议案提出 2.5%，该数字高于进攻方开始提出的 1%的比例，但低于防守方在让步基础上提出的 4%～7%的要求。关于季节性易腐烂产品，建议案主要提出三点：一是在连续两个年度触发、实施期超过 12 个月及以上的情况下，下年度不能继续实施；二是实施两年后需进行审议；三是连续实施三年需组织专家评定 SSM 的有效性。这部分内容仍存在很大分歧。

6. 市场准入的发展趋势

通过上面的分析，可以看出农业市场准入谈判的发展趋势有以下几个特点：

（1）随着 WTO 新一轮农业谈判的推进，关税减让公式的削减幅度已基本确定下来，其削减幅度的选择范围在逐渐缩小，从范围变化到确切的削减比例。这体现出各成员在市场准入的谈判焦点已不再是分层公式，而是转移到敏感产品、特殊产品、关税配额、特殊保障机制等议题。

（2）由于各国产业结构、关税水平、国内政策不同，各成员的谈判焦点集中在各自关注的重点农产品上。敏感产品对发达成员和发展中成员的生产者影响很大，特殊产品对发展中成员的粮食安全、生计安全和农村发展起到保障作用。两者的谈判重心不再是指标的选择上，而是趋向于一些技术性问题的处理上，如敏感产品扩大配额量的方法、特殊产品待遇等。

（3）对发展中成员、新加入成员和弱小经济体在关税削减、特殊产品的待遇及新的特殊保障机制等方面给予了更大的灵活性。

（4）出于保护本国产业的目的，发达成员试图保留 SSG 条款。而对于大部分发展中成员来说，由于国际农产品的价格波动幅度增加，不可预见性增强，为了保护国内重点产业，提出建立一个新的保障机制。

（二）国内支持谈判进展及发展趋势

国内支持方面的焦点主要集中在对所有扭曲贸易的国内支持削减以及对各种补贴进行约束的纪律制订上，主要内容包括扭曲贸易总体支持削减、综合支持总量削减、微量允许削减、“蓝箱”削减和纪律以及“绿箱”审议和澄清等。

1. 扭曲贸易总体支持削减

扭曲贸易总体支持（over all trade - distorting support，OTDS），指所有对贸易有扭曲作用的国内支持的总体基础水平，即综合支持总量的最终约束水平、微量允许水平和“蓝箱”支持水平之和。根据2004年达成的“7月框架协议”，该议题谈判的内容是使用分层公式对成员的扭曲贸易总体支持进行削减，支持水平越高，削减幅度越大，综合支持总量为零的发展中成员免于OTDS削减。

2008年12月主席模式草案中，各方成员就以下内容达成一致：对于发达成员，OTDS在600亿美元以上、居于公式第一层成员的OTDS削减80%（欧盟），100亿～600亿美元之间、居于公式第二层成员削减70%（美国）或75%（日本），100亿美元以下、居于公式第三层成员削减55%；有削减义务的发展中成员削减37%；包括中国在内的综合支持总量为零的发展中成员、粮食净进口发展中成员、新加入成员、低收入转型小经济体OTDS免于削减。

2. 综合支持总量削减

综合支持总量（TAMS）指对农业生产者提供的所有国内支持的总和，是用来计算或表示“黄箱”支持政策的指标。根据“7月框架协议”，该议题的内容是通过分层公式实质性削减综合支持总量，TAMS支持总量越高，削减幅度越大，并对使用于某一产品的综合支持量进行封顶限制。

2008年12月模式草案中明确，对于发达成员，居于公式第一层成员削减70%（欧盟），第二层成员削减60%（美国）或70%（日本），第三层其他发达成员削减45%；有削减义务的发展中成员削减30%；综合支持总量低于1亿美元的发展中成员、粮食净进口发展中成员、新加入成员、低收入转型小经济体免于削减。发达成员实施期为5年，欧盟、美国和日本在实施期初第一天将TAMS约束水平削减25%；发展中成员实施期为8年，自实施期初第一天起每年按均等幅度进行削减；发展中成员对低收入、资源匮乏农民的投资补贴和投入品补贴不计入TAMS，免于削减（见《农业协定》6.2条款，根据我国入世承诺无法使用该条款）。

在特定产品综合支持量（PSAMS）封顶方面，除美国外，一般发达成员特定产品综合支持量封顶在1995—2000各年度平均使用。美国封顶水平等于1995—2004各年度PSAMS占当年所有产品PSAMS总量比重的平均值与1995—2000年所有产品PSAMS平均值的乘积。发展中成员可以从三种灵活性方案中进行选择，方案一封顶在1995—2000年或1995—2004年平均PSAMS使用水平；方案二封顶在1995—2000年或1995—2004年均微量允许的2倍；方案三封顶在多哈回合实施期各年度TAMS约束水平的20%。各成员需要在实施期第一天立即将PSAMS削减完毕。

3. 微量允许削减

微量允许，指当某一成员特定产品综合支持量和非特定产品综合支持量维持在农业产值的一定比例以下水平时，该项支持不计入综合支持总量且无需进行削减。根据2004年“7月框架协议”，微量允许议题谈判的主要内容是确定微量允许削减幅度，并根据扭曲贸易总体支持削减公式结果进行调整。

12月模式草案规定发达成员特定产品和非特定产品微量允许水平均削减50%，发展中成员削减幅度是发达成员的2/3。这些成员需要在实施期第一天立即将微量允许削减完毕。包括中国在内的综合支持总量为零的发展中成员以及大部分新成员免于微量允许削减。

4. “蓝箱”

“蓝箱”是扭曲贸易程度介于“黄箱”和“绿箱”之间的限产支持措施，需要通过数量削减和纪律加严来防止发达成员利用转箱行为规避国内支持减让承诺，涉及的主要问题是对现有和将要制定的“蓝箱”标准进行审议和澄清，谈判包括“蓝箱”封顶和纪律两个要素，其中焦点是特定产品“蓝箱”封顶等纪律。

各成员在2008年12月草案中就以下问题达成一致：“蓝箱”分为限产直接支付和与产量脱钩支付两类，成员在选定使用一种“蓝箱”支付后不得随意进行变更。“蓝箱”的附加纪律包括：①总量封顶。发达成员在实施期初第一天将“蓝箱”总量封顶在1995—2000年平均农业总产值2.5%水平上，发展中成员为1995—2000年或1995—2004年平均农业产值的5%；②特定产品封顶。发达成员用于某一产品的“蓝箱”支持不得超过该产品1995—2000年平均实际支持水平（美国按其《2002农业法》规定的产品“蓝箱”占“蓝箱”总量比例乘以产值的2.5%再乘以110%或120%进行封顶）；③部分发展中成员既没有使用过“蓝箱”也没有使用过TAMS的产品，所有这些产品的“蓝箱”不得超过“蓝箱”总量上限的30%，且单个产品“蓝箱”不得超过“蓝箱”总量上限的10%。其中，美国特定产品“蓝箱”封顶的参数还需进一步谈判。

5. “绿箱”

根据2004年“7月框架协议”的要求，“绿箱”议题的主要内容是对“绿箱”标准进行审议和澄清，以确保其对贸易和生产的扭曲作用最小。“绿箱”谈判的主要分歧和焦点是发达成员的纪律如何加严（直接支付的基期是否保持固定不变）及发展中成员能否享受更多的灵活性。

2008年12月模式草案中明确，适用于发达成员和发展中成员的“绿箱”条款包括：①用于农民安置、土地改革、乡村发展和生计安全方面的行政管理和法律服务支出可以计入“绿箱”的政府一般性服务。②发达成员自然灾害救助支持、结构调整援助支付和地区援助计划支付等各类脱钩收入支持的基期必须保持固定不变，但在特殊例外情况下可以变更。没有使用过此类支持措施的成员可以建立一个固定不变的适当基期，发展中成员有限时间段内的农业改革试点项目执行期可不作为此类支持的基期。单独适用于发展中成员的“绿箱”条款包括，发展中成员以粮食安全为目的的粮食储备支持可以计入“绿箱”的粮食安全公共储备，前提是储备粮食的采购价格和外部参考价格之差计入TAMS，用于支持低收入或资源匮乏型生产者的储备粮食采购支出部分可以不计入TAMS。

6. 国内支持的发展趋势

在保留乌拉圭回合将国内支持措施根据对贸易的扭曲程度和是否需要削减分为“黄箱”、“蓝箱”和“绿箱”的结构基础上，模式草案在国内支持削减措施的改变之处体现在四方面：新增OTDS的削减、扩大“蓝箱”政策的范围、对“绿箱”的范围进行审议和澄清，并提出了对优先实行自由化的棉花国内支持削减公式。

未来国内支持谈判将呈现以下两个特点：①谈判将基于现有的框架和结构，具体削减参数仍是谈判的重点。扭曲贸易的总体国内支持（OTDS）的削减、最终约束总AMS的削减、特定产品AMS限制、微量许可、“蓝箱”、“绿箱”和棉花的国内支持削减等议题仍是谈判的主要内容；分层削减公式、特定产品和“蓝箱”上限约束等条件也将是主要的约束手段；其中划分层次的标准和削减幅度等削减参数仍将是各方成员争执的焦点。②明确界定“绿箱”支持政策的内容和标准在短期内仍具有一定挑战性。“绿箱”内容比较复杂，各成员农业政策特点不同，找到一个既能明确识别又在各成员通用的政策判别标准较为困难。

（三）出口竞争谈判进展

出口竞争谈判的焦点集中在确定取消出口补贴的具体实施进度，界定和平行取消出口信贷、出口国营贸易企业、粮食援助中的出口补贴成分，严格出口信贷、粮食援助纪律以及国营贸易企业垄断权等方面的纪律。

1. 出口补贴

出口补贴是指根据农产品出口实绩提供的补贴，对贸易的扭曲作用更为直接。根据“7月框架协议”内容，本轮谈判将取消出口补贴，并规定最终取消出口补贴的具体时间表。

2008年12月模式草案中明确，发达成员到2010年底前出口补贴预算支出削减50%，到2013年底前取消所有形式的出口补贴；但使用出口补贴的产品或市场在实施期结束前可保持在2003—2005年数量水平。发展中成员自实施期初开始平均削减出口补贴的预算支出和数量承诺水平，到2016年底前完全取消出口补贴。

2. 出口信贷

制定纪律来规范出口信贷、出口信贷担保或保险行为，有助于防止成员规避取消出口补贴的承诺，剔除出口信贷中扭曲贸易的补贴成分。12月模式草案案文规定：发达成员出口信贷偿还期最长不超过180天，自主融资期限为4年，在实施期第一天或2010年最后一天完成。发展中成员出口信贷偿还期最长不超过180天或360～540天，自主融资期限为6年，在实施期开始后4年内或到2013年底前完成。

3. 粮食援助

粮食援助已日益成为部分发达成员隐蔽出口补贴的一种新形式，完善粮食援助的有关条款规定是十分必要的。

2008年12月模式草案明确粮食援助只能采取捐赠形式，与商业脱钩，取消援粮再出口，一般情况下不允许援粮货币化，最不发达成员在交通不便的情况下可以货币化。

4. 出口国营贸易

国营贸易企业在某种产品的贸易上可能处于一种垄断地位，其经营方式有时可能相当于一种变相的进口关税或者相当于一种变相的出口补贴。由于农产品国营贸易的某些行为可能对世界农产品贸易产生扭曲作用，因此对农产品国营贸易进行进一步的规制被纳入 WTO 谈判的重要日程。谈判的焦点是取消向国营贸易企业提供出口补贴，同时就出口国营贸易企业的垄断问题进行谈判。

在 2008 年 12 月模式草案（第 4 稿）中，各成员同意发达成员在 2013 年底前取消出口国营贸易企业的垄断权。发展中成员可维持出口国营贸易企业的垄断权地位。

开放条件下中国农业发展战略研究

一、引　　言

改革开放以来，中国经济实现了前所未有的高速增长，国内生产总值（GDP）于2007年超越德国跃居世界第三，2010年超越日本成为全球第二大经济体。中国对外贸易也取得了令世人瞩目的成就，2009年中国成为世界第一大出口国和第二大进口国（WTO，2010），第二大外资净流入国，外汇储备也高居世界第一位（World Bank，2010）。这些变化在增强中国国际影响力的同时，也使中国经济发展更加紧密地与世界联系在一起。中国发展战略的选择面临更多的国际约束，国际政治经济环境成为影响中国经济发展的重要因素。

乌拉圭回合后，发展中国家的经济增长和贸易绩效得到明显改善。根据世界银行（2010）发布的世界发展指标，在乌拉圭回合结束之前的1982—1994年期间，世界GDP年均增长2.9%，中低收入国家GDP年均增长3.2%，最不发达国家GDP年均增长2.0%；而在乌拉圭回合后的1995—2008年期间，相应的年均增长率分别为3.1%、5.4%和5.8%。乌拉圭回合后，发展中国家参与贸易的程度也得到明显提高，1990—1994年期间，商品贸易占GDP的平均比例全球为31.8%，中低收入国家为34.1%，最不发达国家为32.0%；在2004—2008年期间，该指标的相应数值分别为48.9%、54.9%和58.0%。数据表明，发展中国家在全球经济和贸易活动中的作用不断提升。

乌拉圭回合以来，全球农产品市场开放取得了实质性进展。尽管WTO“以规则为基础的国际贸易体系”在实际运作中暴露出多方面的问题，特别是未能创造出适合发展中国家实现社会经济发展目标的良好经贸环境，但确实起到推动全球贸易开放和抑制贸易保护主义回潮的作用，并且使发达国家和发展中国家在多边贸易谈判中话语权失衡现象在一定程度上得到纠正。其积极效应是发展中国家的利益要求在多边谈判中得到更为充分的反映，改变了乌拉圭回合中发展中国家被动地全盘接受由少数发达国家制定制度框架的局面。然而，谈判力量格局的变化也带来一个副作用，即多边贸易谈判由于利益分歧多元化而更难以取得进展，这一点在当前多哈回合谈判中已经非常明显地暴露出来。在这一背景下，很多国家试图通过扩大双边或区域性贸易合作，获得贸易开放产生的利益。这种状况在一定程度上使 WTO 多边框架的运作基础受到侵蚀。

在今后一个时期，中国经济和贸易仍可望以较高速度保持增长，中国在全球经济和贸易中的地位将随之提升，这使得中国在未来的国际经济贸易秩序方面有了更大的话语权。然而需要注意的是，中国过去 30 多年的经济增长基本上延续了发达国家早期的发展模式，即依赖大量消耗不可再生资源来维持经济增长和居民消费水平的提高，实施具有重商主义特征的贸易政策，对于社会公平缺乏足够的关注，这种模式难以长期维持。近年来，中国政府已经认识到这一问题，开始强调转变经济发展模式，走可持续发展之路，实现包容性增长。这意味着中国社会经济发展战略的一次根本性转变。

对于中国这样的人口大国来说，农业是国民经济发展的基础，国家发展模式的转变必然要求农业发展模式也相应转变。过去的经验表明，尽管改革开放 30 多年来中国的经济实力和国家财富得到前所未有的提高，但中国农民并没有充分从中受益，农业和农村经济发展仍面临不太有利的市场环境和政策环境。此外，随着农业生产集约化程度提高，很多技术性问题也日益明显地暴露出来，如农业自身发展中造成的水土资源过度利用、农药和化肥流失造成水资源污染等问题，进而影响农业生产力和农产品质量安全。这又进一步涉及到中国农产品在国际市场上的竞争力和贸易格局的演变。

中国于 2001 年加入了 WTO，在达成协议时已经就扩大农产品市场准入和推进其他方面的贸易政策改革做出了广泛的承诺，这使政府干预农产品市场的政策空间受到很大约束。入世后，中国作为二十国集团（G20）和三十三国协调组织（G33）成员全面参与了多哈回合谈判，从发展中国家和入世新成员的立场就建立更适合发展中国家实现发展目标的全球经济贸易秩序提出建议。与此同时，中国也开始积极推进与重要贸易伙伴建立自由贸易区的工作。从未来发展看，我国需要将多边和双边贸易开放、农产品和非农业产品贸易开放、国内政策和外贸政策改革纳入到一个统一的战略框架下考虑，目前尚处于摸索经验的阶段，而实行不同的战略措施势必会对未来农业和农产品贸易发展产生重大影响。因此，探讨开放贸易环境下的中国农业发展战略，必须就国内外环境条件做深入剖析，在此基础上全面提出可能的农业发展战略和具体措施选择。

二、世界农业发展趋势

准确把握未来世界农业发展趋势是科学制定中国农业发展战略的基本前提。本节利用有关国际机构对全球农业发展远景的研究成果，研判未来有可能长期持续的重大趋势性变化，从而为考虑中国的农业发展战略提供必要的背景信息。

（一）农业生产和农产品供给整体呈增长趋势

农业生产能力取决于资源（包括耕地资源、水资源和劳动力资源）、技术水平、气候和生态环境等因素，而市场条件和政策条件影响到生产者的资源利用方式和效率，这些因素的综合作用决定了农产品的供给。

农业资源总体呈减少趋势。从全球范围看，耕地资源变化呈现在经济增长较快的区域减少、在部分经济相对落后且有丰富土地资源的区域增加的格局。从今后发展前景看，发展中国家在社会经济发展进程中会出现较快的城镇扩张，进而也会导致较大规模的基础设施建设，耕地占用情况可能较明显。与耕地资源相类似，水资源的使用结构也发生了变化，水资源用于城镇部门发展所需和维持生态环境功能所需的比例上升，而农业用水比例趋于下降。受生产要素替代和农业比较收益低等因素影响，农业劳动力大量向非农产业转移。

农业生产率整体呈上升趋势。20 世纪中期，以推进高产良种和施用化肥为代表的生产技术引发了所谓的“绿色革命”，作物单产迅速提高，对消除饥饿做出重要贡献。由于各种现代投入品的增加和技术进步，世界农业生产力显著提高。据 FAO 统计，谷物、油料和棉花等主要农作物的单产保持上升趋势，其中玉米单产提高幅度最高，年均近 2%；大豆和棉花的单产提高速度较慢。需要注意的是，不同地理区域的农业生产率水平存在巨大差异。以小麦和玉米两种作物为例。欧盟每公顷小麦单产达到 5 吨，而非洲、巴西、印度和俄罗斯等国家仅为 2 吨左右；玉米单产差距更大，最高的美国每公顷超过 9 吨，最低的非洲尚不到每公顷 2 吨（图 1、图 2）。虽然自然环境条件对农业生产率有着重要的决定作用，但如此大的单产差距主要是由于投入水平和技术水平差异所造成的。因此，技术进步可使全球农业生产实现大幅度增长。

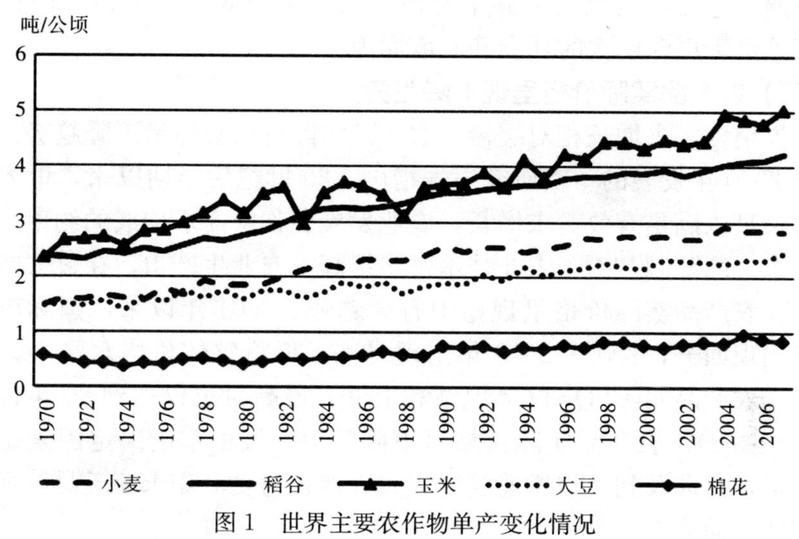

图 1　世界主要农作物单产变化情况

资料来源：FAO（2010）。

图 2　世界典型地区小麦和玉米的平均单产（2005—2007 年平均值）

资料来源：FAO（2010）。

世界主要农产品供需基本平衡。在过去的 40 多年中，耕地扩大和生产效率提高使农业生产力保持了良好的增长势头，农业产出增幅持续高于人口增长率。1970—2007 年期间，全球人口年均增长 1.6%，同期谷物净产出年均增长 2.0%，畜产品净产出年均增长 2.1%，食品净产出年均增长2.3%。从总量上看，世界农业供给增长与需求增长基本上相适应，而农产品分配存在严重的区域间不均等。在一些政局动荡的国家饥饿现象仍相当普遍，这在很大程度上并不是由于缺乏适用农业技术造成的供给不足，而是由于更深层次的社会和制度原因。

（二）农产品实际价格呈现下降趋势

世界粮食需求增长相对缓慢，农产品实际价格总体呈下降趋势。世界银行于2000年发表的一篇研究报告指出，20世纪后半期以来，世界农业供给增长足以满足有效需求增长，农业发展面临由需求构成的约束，而不是供给能力的限制。由于农业技术进步提高了农业生产力，在过去的一段时期里，农产品实际价格呈现稳中有降趋势。2004年以来，国际市场粮油价格出现回升，2007—2008年出现暴涨，但将整体价格水平上升因素消除后，农产品实际价格仅呈现温和上涨，最高时也仅达到80年代前期的水平（图3）。农产品实际价格呈下降趋势，最根本的决定因素是需求增长缓慢，这涉及到人口增速放缓和收入增长对食品需求缺乏足够强的拉动作用两方面因素。

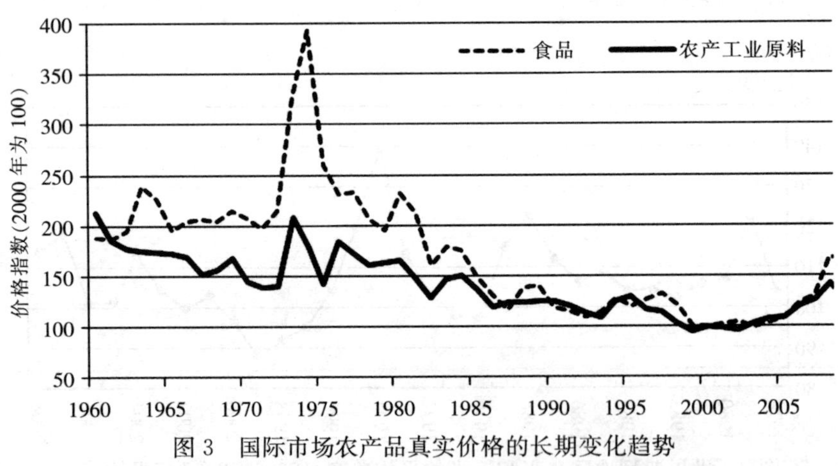

图3　国际市场农产品真实价格的长期变化趋势

注：根据联合国贸易与发展大会（UNCTAD）发布的初级商品价格指数和WTO数据计算得出，此处农产品真实价格指数定义为农产品名义价格指数与制造业产品出口价值指数的比值。

经济发达国家农产品需求增长有限，欠发达国家增长潜力较大。从全球范围看，未来人口增长对食品需求的拉动作用将逐步减弱。然而即使到全球人口出现零增长时，仍有部分地区的人口会继续增长，而其余地区的人口会出现下降。FAO研究结果表明，20世纪70年代以来，人均食物热量摄入变化呈现以下特征：在营养摄入水平已经很高的工业化国家，人均食物热量摄入趋于稳定；在经济形势好、收入增长快的发展中国家，人均食物热量经历了由快速增长转而趋稳的变化；经济欠发达国家人均食物热量摄入水平低，并且增长缓慢，但存在较大增长潜力；转型经济国家在转型过程中均出现程度不等的经济衰退，食物消费受到不利影响，目前仍在恢复之中。因此，未来人均食物营养摄入水平增幅会显著低于过去。欠发达地区的农产品需求会受人口增长和收入提高两个因素的较强拉动，农业仍有较大发展空间。经济发达地区的情况正好相反，依靠区域内市场食品需求增长拉动农业发展的空间有限，拓展农产品利用渠道和扩大海外市场成为农业发展的主要途径。

表1　每日人均食物热量摄入变化情况

单位：卡

时　期	1969/1971	1979/1981	1989/1991	1999/2001	2015	2030	2050
世界	2 411	2 549	2 704	2 789	2 950	3 040	3 130
发展中国家	2 111	2 308	2 520	2 654	2 860	2 960	3 070
撒哈拉以南非洲	2 100	2 078	2 106	2 194	2 420	2 600	2 830
近东和北非	2 382	2 834	3 011	2 974	3 080	3 130	3 190
拉美和加勒比海	2 465	2 698	2 689	2 836	2 990	3 120	3 200
南亚	2 066	2 084	2 329	2 392	2 660	2 790	2 980
东亚	2 012	2 317	2 625	2 872	3 110	3 190	3 230
工业化国家	3 046	3 133	3 292	3 446	3 480	3 520	3 540
转型经济国家	3 323	33 89	3 280	2 900	3 030	3 150	3 270

注：1卡=4.18焦耳。

资料来源：FAO（2006）。

（三）农业和农产品贸易的地位与作用发生转变

农业对国民经济增长的贡献逐步下降。农业对国民经济增长的贡献逐步下降成为一个具有普遍性的长期趋势。国际经验表明，在其他条件不变的情况下，一个国家的农业资源越匮乏、经济增长速度越快，农业对国民经济的贡献下降也就越快。20世纪70年代初以来，农业占GDP增加值的比例在各类国家均呈现下降态势，特别是发展中国家的降幅较大，贡献比例从25%降到10%，其中中国由35%降到12%（图4）。由于在经济发展和结构调整过程中农业部门相对萎缩，各国普遍把如何维持农业发展和保障农民收入作为重要任务。

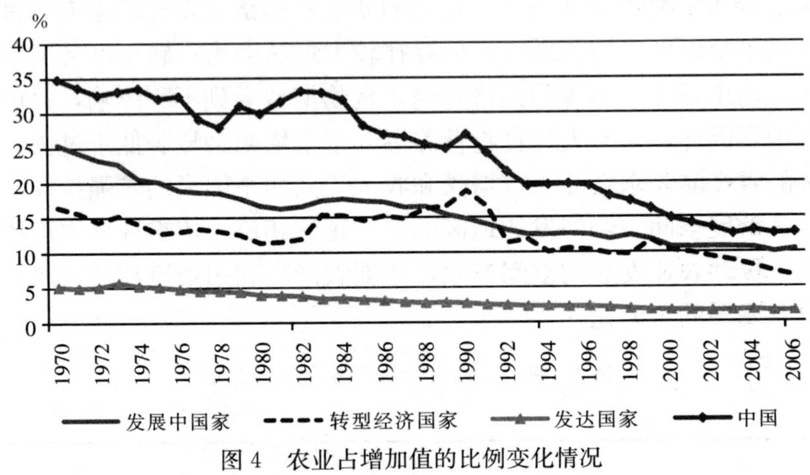

图4　农业占增加值的比例变化情况

农产品出口占商品总出口的比重下降。在经济发展初期，农业不仅是最重要的经济部门，也是出口创汇的主要来源。随着经济发展水平的提高，农业出口占总出口的比例逐步下降，其原因有：在经济发展初期，自身需求通常会较快增长；进口市场需求增长缓慢；经济发展过程中，资源禀赋变化导致农业比较优势下降，这对供给增加构成限制；在经济调整过程中受损的农业利益集团常常要求各国政府提供支持和保护，而在现实中主要是发达国家政府有能力并且也有政治意愿提供高额财政补贴，这种做法扭曲了比较优势，限制了农产品进口。

农业由被剥夺的产业转为被扶持的产业。大多数发展中国家人多地少，在发展过程中对农业的政策取向可划分为两个阶段。第一阶段，在经济起步阶段依赖剥夺农业实现资本的原始积累，并维持政府的基本功能。在这个阶段，农业的社会经济价值未能充分体现在产品价格中，农业、农民面临不利的市场竞争环境。第二阶段，经济起飞后，随着资本的增加（自身积累和引入外资），非农业的比较优势逐步提高，资源加快从农业向非农业流动，经济结构开始调整，居民购买力逐步提高。在第二阶段，农业比较优势下降导致资源外流，影响农业生产力的提高，而居民购买力随经济发展快速提高，对农产品的需求增长，农产品贸易从净出口转变为净进口。一些国家注意到此问题，积极出台扶持农业的政策，力图通过政策干预来影响农业资源的配置，以实现保障粮食安全和社会稳定的政策目标。

出口促进和进口保护成为各国农业贸易政策的核心。发达国家政府面临的主要政策问题是如何在本国消费者需求增长缓慢的情况下拓展市场，进而提高生产者的收入。通过多双边谈判，促使其他国家开放市场，以扩大出口；借助于口岸保护措施和国内支持措施削弱进口产品在国内市场上的竞争力；在国内市场上开拓新的利用途径，从而增大需求；在缺乏内部和外部需求时采取土地休耕等限制供给的措施；通过服务贸易等领域的谈判，为其在资金、技术、信息、管理能力等方面具有突出优势的企业拓展海外经营创造良好条件，充分利用全球市场谋利。少数农业资源丰富的发展中国家努力发挥自身在农业上的比较优势，利用经济全球化提供的机会，大力发展农业和积极拓展海外市场，扩大市场开放和消除扭曲性的补贴政策是其关注的重点政策问题。

（四）农业经营组织形式向规模化和产业化发展

在社会经济发展过程中，随着宏观经济环境和市场环境的变化，农业经营模式也随之不断演变。有关资料表明，农业生产单位数量减少、单个主体经营规模增大和资本密集度提高，无论是在农地资源丰富的美国、澳大利亚还是在农地资源稀缺的日本、韩国等发达国家都已经发生，在包括中国、印度等人口大国在内的发展中国家也存在这种演变态势，只不过进展相对较为缓慢。

农业生产经营规模不断扩大。发达国家在经济结构调整过程中，农村年轻人出于追求较高收入和现代生活的考虑转移到非农就业进入城镇生活，农村保留了一定数量由老龄人口维持的家庭农场，这些农场会随着时间的推移自然消亡，其农用地通过土地市场交易逐步集中到大型商业农场或公司。例如，根据美国 2007 年农业普查数据，占农场总数一半的小型农场只占有 3％的农用土地，而占农场总数大约 3％的大型农场占有超过 50％的农用土地。与上述变化密切相关的情况是，大农场在提供农产品和创造农业产值方面的地位和作用上升，2007 年美国农产品总销售额的 25％是由仅占农场总数 0.2％的超大型农场提供的，另有 25％的农产品总销售额是由占农场总数 94.3％的小农场提供的。小农场通常实行兼业化，主要依赖非农业经营活动获取收入。

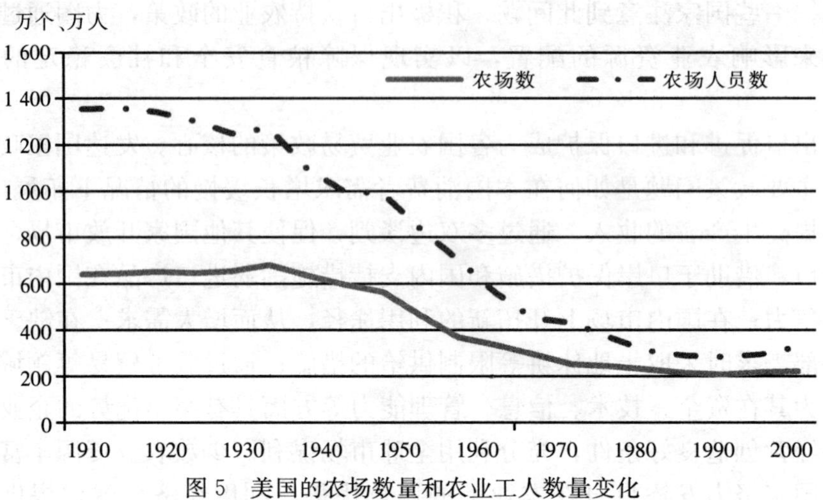

图 5 美国的农场数量和农业工人数量变化

资料来源：美国农业部 2007 年农业普查资料。

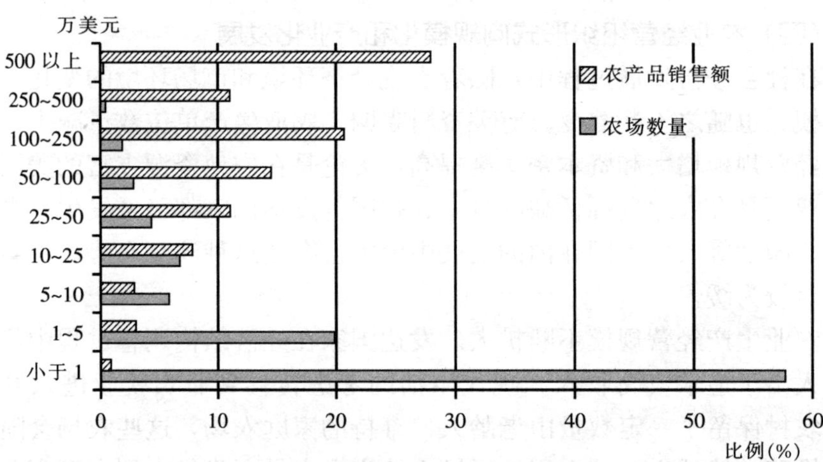

图 6 2007 年美国不同经济规模农场占总农场数量和总销售额的比例

资料来源：美国农业部 2007 年农业普查资料。

大型涉农企业主导农产品市场供给。随着人口向城镇地区集聚，食品消费地与生产地日益分离，这为食品加工业和物流企业发展创造了空间。在发达国家，以大型涉农企业为主导的供应链不断延伸，农业生产成为其中的环节之一，并且常常处于从属地位。从实践经验看，规模较大、技术水平较高、管理能力较强按标准化要求大批量提供产品的农场才能够被整合进入供应链。根据2007年美国农业普查资料，2002—2007年，进入供应链从事订单农业的农场仅占总数的2%，但生产了占全部销售额16%的农产品。在整个供应链中农产品生产者在价值分配中获得的份额趋于下降，价值形成由农业生产阶段更多地转移到非农生产阶段。以日本为例，在涉农的整个供应链中，由农业生产环节创造的GDP仅占12%，而农业投入品、食品制造业、物流业和餐饮业创造的GDP均远高于农业生产环节的份额。

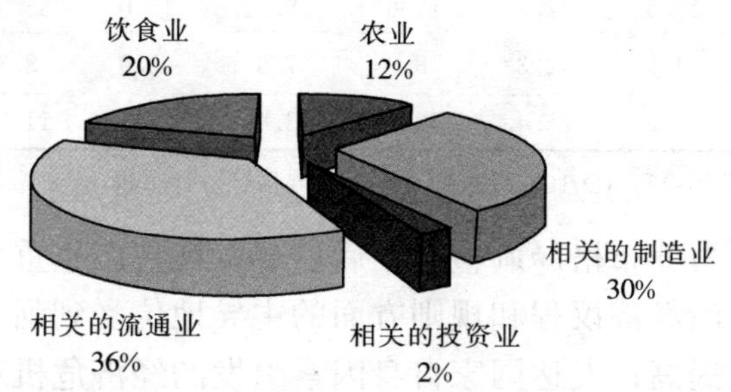

图7　2007年日本农业和食品相关产业创造的GDP构成

三、未来中国农业发展面临的环境

入世以来，中国参与经济全球化和贸易自由化的程度不断加深，国际因素对中国农业发展绩效的影响日益明显。然而，很多国际因素首先影响整个国民经济发展绩效，然后通过国内传导机制间接影响农业部门。

（一）国际环境

1. 全球经济力量分布发生改变

尽管发达国家在全球经济中仍占据着主导地位，但这一情况正在发生变化。过去20多年，以中国、印度、巴西等为代表的发展中国家实现持续性高速经济增长，改变了全球经济实力的分布。据世界银行统计，1990年中、印、巴三国合计占全球GDP的5%（以汇率法计算），2000年这一份额上升到7.1%，2009年达11.8%；而欧元区和日本的份额持续下降，美国的份额近年也开始降低。同样的情况也发生在全球商品贸易上，1990—2009年中、印、巴三国合计份额由3.2%上升到12.0%，同期欧元区的份额下降了7.3个百分点，日本的份额下降了3.6个百分点，美国的份额下降了2.8个百分点。

表 2　全球经济实力分布格局的变化

国家/地区	汇率法计算的 2000 年不变价格 GDP 份额（%）			PPP 法计算的 2005 年国际美元 GDP 份额（%）			商品出口份额（%）		
	1990	2000	2009	1990	2000	2009	1990	2000	2009
中国	1.8	3.7	7.4	3.5	7.0	12.8	1.8	3.9	9.6
印度	1.1	1.4	2.2	2.9	3.8	5.3	0.5	0.7	1.2
巴西	2.1	2.0	2.2	3.0	2.9	2.8	0.9	0.9	1.2
欧元区	20.8	19.5	17.4	19.6	18.3	15.0	35.9	29.7	28.6
日本	17.0	14.6	12.3	8.9	7.6	5.9	8.3	7.4	4.7
美国	29.1	30.5	28.4	22.5	23.4	20.1	11.3	12.1	8.5

资料来源：根据世界银行（2010）发布的《世界发展指标》计算得出。

全球经济实力分布格局调整对今后世界发展将产生重大影响。发达国家在制定世界政治经济议程和规则方面的主导地位受到削弱，新兴经济国家的话语权明显提高；发达国家自身因素引发的经济危机对世界经济发展的影响趋于减弱，而新兴经济国家对世界经济的拉动作用显著增强；新兴经济国家的发展模式开始产生越来越大的全球影响；无论是新兴经济国家还是主要发达国家，都存在能否在心理上适应这种国际政治经济力量分布的快速调整，双方很容易因为认识分歧而发生矛盾冲突，进而影响到双边关系和全球经济体系的运行。

2. 农业发展面临宏观经济波动的冲击

经济全球化和贸易自由化的深入推进使得农业发展在更大程度上受到本国及世界宏观经济的影响，主要影响因素有国民经济增长与就业、总体价格水平、利率和汇率等。

20 世纪 90 年代以来，宏观经济失衡现象日益严重。一方面，以美国为代表的少数发达国家由于居民超前消费和政府过度开支产生高额财政赤字和国际收支赤字，需要通过从国际市场大量借债或借助于增大流动性来支撑本国的消费模式；另一方面，日本、德国等部分发达国家和中国等新兴经济国家居民维持高储蓄，造成国内总供给持续大于总需求，需要通过多种方式将产品出售到海外，其中发展中国家由于市场体制尚未充分发育健全，偏好于采取人为压低劳动成本和资源成本、财政直接或间接补贴出口等方式拓展出口市场，并通过增加流动性来持续性的买入外汇，以抑制本国货币升值和保持价格竞争力，这导致被动性货币增发，买入的外汇又以购买赤字国家债券的形式回流。在这一相互依赖的结构下，债务国政府和居民得以维持其高消费，债权国则保证了经济增长和就业，两类国家中都出现过分充斥的流动性。资本供给过多降低了投机者的融资成本，鼓励了盲目投资和投机行为，这一情况与缺乏对银行体系的有效监管结合在一起形成经济泡沫，最终爆发了2008年全球金融危机。

随着经济全球化的推进，全球食品市场运行越来越多地受到国际投机资本的影响。金融一体化使得农产品期货在一定程度上转化为金融衍生品，投机活动越来越强地影响到农产品期货价格走势，进而引起现货价格同步变化。在2008年的全球金融危机之前，尽管全球农产品供求平衡处于相对稳定状态，但个别重要出口国发生自然灾害、一些国家为应对粮食价格暴涨而采取限制出口措施、全球粮食储备量下降、生物能源发展、原油价格急剧上涨等因素都成为投机资本炒作的题材，大量热钱投入农产品市场抬高了期现货价格。金融危机爆发后，银行紧缩银根使投机资金数量受到抑制，农产品价格又随之下跌。这些情况表明，农业发展和农产品贸易已经越来越强地受宏观经济影响。

今后一个时期，国际社会面临着消除全球经济失衡现象的艰巨任务。美国等一些深陷债务负担的国家必须削减财政赤字，而这势必会影响到宏观经济增长和就业前景。中国及其他一些国家面临本国货币升值压力，而大幅升值则会通过抑制出口和鼓励进口对本国经济的短期增长产生不利影响。目前的情况表明，各方尚缺乏携手采取行动的基础和意愿，这种情况在今后仍有可能持续。一个潜在风险是，宏观经济严重失衡加大了主要经济体发生冲突的可能性，而任何一方采取重大措施都会使全球经济体系受到冲击，从而增大农业发展面临的不确定性。

3. 全球农产品供给和需求分布变化

根据OECD、FAO等国际机构及IFPRI、FAPRI等学术研究机构所做的长期预测，未来世界食物供给数量仍可以得到保障，但经济的非均衡增长和气候变化会引起粮食生产和贸易的地理分布格局调整，农产品供给出现异常波动的可能性增大（OECD、FAO，2010；IFPRI，2010；FAPRI，2010）。生物能源发展则是一个新的冲击因素，在短短的十几年中已经显著改变了全球粮、油、糖的需求平衡。未来生物能源发展前景在很大程度上取决于石油价格变化和各国的相关政策，也具有较大的不确定性。

在今后一个时期，有可能改变全球农产品供给和需求地理分布的主要因素有：一是人口增长，突出表现为南亚、非洲等地区的人口继续以较快速度增长，而欧洲、东亚等地区的人口增长趋于停滞甚至出现下降，这引起农产品需求在区域间不平衡增长；二是收入提高，突出表现为发展中国家的居民收入增长较快，这一变化在人多地少的东亚、东南亚和南亚地区最容易造成需求增长快于供给增长的局面，在拉美和非洲则更可能出现需求和供给均增长的局面；三是农业资源开发和生产力提高，目前拉美和非洲地区无论在开垦耕地还是提高现有土地的生产力方面都存在潜力，在适当的市场和制度环境下，农业生产力可望得到显著提高，从而改变全球农产品供给格局；四是生物能源发展，美国等一些发达国家对生物能源生产给予了很大的政策支持，这会增大其对粮食和油料的需求，并引起出口减少；五是全球气候变化，温室效应预期使高纬度地区的气候变得更有利于农业生产，俄罗斯、加拿大、美国等高纬度区域土地资源丰富的大国最有可能从中受益，但处于低纬度的国家农业生产则可能受到不利影响，非洲和南亚两个地区受到的不利影响可能最为突出。

4. 农产品出口国粮油商品储备量下降

乌拉圭回合之前，发达国家实行高强度的农业支持政策导致农产品生产过剩，全球农产品库存持续增加，库存消费比上升到历史高峰。乌拉圭回合之所以将农产品贸易改革作为主要谈判议题在很大程度上是由于美国等重要出口国想要解决其农产品市场销路问题。乌拉圭回合协议反映了美国等主要谈判方的利益要求，尽管为了使协议能够被各方接受，不得不在某些方面做出妥协。乌拉圭回合后开始实施的政策改革在一定程度上实现了预定目标，农产品价格从 20 世纪 80 年代中后期的低谷回升，这使得主要发达国家可以允许市场机制发挥更大作用，从而减少对农业的财政补贴。在这一背景下，主要出口国普遍减少了谷物库存，世界谷物储备与消费的比值于 21 世纪初下降到非常低的水平。这一变化削弱了平抑国际市场价格波动的能力。

农产品出口国减少粮油商品储备是一个理性的政策选择。维持粮油储备需要支付高昂的财务成本，对于这些本身供给有充分保障的国家来说，只有在预期未来能以更高价格出售相关产品的情况下才有理由储备，而维护国际市场价格稳定对其纯属外部性。反过来看，保障粮食安全对于进口国来说有重要的社会经济意义，而这种责任并没有理由要求出口国承担。

根据这种情况可以认为，近年来出现的世界谷物储备量回升缺乏稳固的经济基础。进口国家要想保障自身粮食安全，除了积极推动在责任分担基础上建立维护全球粮油价格稳定的多边制度安排外，必须将自身维持适当的储备作为风险管理措施之一。

全球谷物储备量下降引发了国际社会对世界粮食安全保障的担忧，在一些国家这也成为政府对农业贸易实行干预的理由之一。然而，当前世界粮食供给实际上远超过食品消费需求，正是在粮食过剩的背景下才出现了生物能源生产的大发展。这意味着，当前及今后国际社会面临的粮食安全问题本质上是分配问题，而不是供给问题。在很多时候，国内因素是导致某些国家发生粮食安全危机的真正原因，如灾害、社会动乱、政权腐败等。虽然中国在可预见的未来发生严重粮食安全危机的可能性很低，但作为一个经济实力正在不断增强的大国，有必要针对如何防范全球或局部性粮食安全危机提出自己的立场和对策建议，并本着人道主义致力于帮助发生危机的国家克服灾难，这是中国展示影响力的机会。

5. 全球农产品供应链控制不断加强

根据联合国贸易与发展大会发布的资料，以发达国家为基地的大型跨国公司在全球农产品供应链上早已形成主导地位。实际上，农产品市场上的国际竞争发生在整个供应链上，而不是仅仅局限于生产环节。大型跨国公司的国际竞争力不仅得益于雄厚的资金实力和先进的生产加工技术，而且得益于其强大的信息获取能力。由于大型公司特别是跨国公司在特定行业或产业链的特殊环节常常形成强有力的控制，这使得其能够将价格风险向上游或下游有关主体传递，在损害其他参与方利益的同时确保自身的利润。

目前全球食品供应链仍在继续由发达国家向发展中国家延伸，由城镇地区向农村地区延伸，由经济中心向边缘地区延伸。无论是发达国家的大农场还是发展中国家的小农户，整合到供应链当中是进入全球市场的前提条件。然而，发展中国家的小农户在这种市场联系中常常处于弱势地位，特别是在缺乏有效组织的情况下，这使得供应链上不同主体间的利益分配格局极不利于小农户。此外，大型跨国公司对供应链的控制有可能影响到所在国政府政策目标的实现，或对本国企业发育产生抑制作用。因而对于发展中国家来说，政府必须权衡跨国公司在带来资金、技术、管理经验方面的积极作用和其谋取自身利益行为可能产生的消极影响，建立有效的监管制度，规范跨国公司的行为，保障自身产业安全。

6. 未来全球农业贸易改革的前景不容乐观

尽管WTO各成员领导人在很多场合都表示要推进多哈回合谈判，但迄今为止并没有取得实质性的进展。全球金融危机在一定程度上动摇了公众对于当前全球经济和贸易治理制度的信心，美国在危机前后的所作所为也使其国际信誉和在全球事务上的领导力受到严重削弱，因而在今后一个时期，不仅WTO多边贸易谈判可能会继续停滞，而且多边框架运作的有效性也会受到消极影响。就农产品贸易制度改革而言，今后一个时期面临的主要问题有：一是出口限制措施等一些严重扰动国际农产品市场运行的行为难以受到约束；二是WTO成员在FTA框架下有选择地开放农产品市场，造成不同程度的贸易转向，对已经形成的贸易格局造成冲击；三是对如政府补贴生物能源发展这样的影响全球农产品供求格局的新因素缺乏明确的管理思路。这种局面对于农业贸易发展可能产生不利影响。

（二）国内因素

1. 国民经济快速增长和继续调整结构

入世以来，中国已经全面参与了经济全球化进程。未来一段时期，中国的国民经济仍有望继续保持高速增长，但增速势必会逐步回落。当前中国政府正致力于调整国民收入分配结构，加强内需对国民经济增长的拉动作用。可以预期，今后中国居民的收入会以较快速度增长，但改善城乡居民之间的收入分配格局则需要更为深刻的制度改革，这方面的前景尚不够明朗。

国民经济快速增长和居民收入提高从供给和需求两个方面影响农产品市场。需求方面的变化表现为收入增长将拉动农产品总需求增长，特别是收入弹性高的商品，但其增幅与非农业产品需求相比要小得多。在供给方面，国民经济增长伴随着物质资本和人力资本的不断积累，这种资源禀赋结构变化会削弱农产品的比较优势，进而引起耕地和劳动资源向非农业转移。农业技术进步能够在多大程度上补偿资源数量减少对农业生产力的不利影响取决于相应的政策。总体上看，我国的农产品供求平衡非常可能向紧缺态势演变，然而这一变化实际上是由动态比较优势所决定的。

需要注意的情况是，尽管我国的GDP从改革开放以来持续增长，但未来不排除出现由于国际经济环境和政治环境急剧变化而引发的短期增速显著下滑甚至衰退局面。此外，中国在过去发展过程中积累了很多严重的社会矛盾，这也有可能影响到今后的经济增长前景。因此，中国的农业发展战略虽然应该以国民经济持续增长为基石，但也需要考虑出现经济景气低迷情况时的应对策略。

2. 人民币呈现持续性升值

在今后一段时期，中国政府仍需要将扩大出口作为拉动经济增长的重要措施，以解决就业问题，因而目前的外贸盈余局面仍可能继续维持。另一方面，中国良好的经济前景将继续吸引外资大量流入，而对外投资则会由于面临发达国家设置的某些制度性壁垒及本国企业缺乏开拓能力等问题而难以扩大。考虑到上述情况，中国的国际收支在可预见的未来仍可能出现持续性盈余，但年度盈余规模会由于政策调控而下降，人民币对主要国际货币将保持全面和稳定的升值，尽管速度和幅度会受到相关政策调控的影响。人民币升值势必影响到农产品贸易，进口加工型产品受到的冲击较小，而粮、油、糖等主要供直接消费的土地密集型农产品受到的冲击较大。虽然人民币升值会导致中国扩大农产品进口，但这也会抑制通货膨胀，从而对国民经济发展产生积极作用。从长期看，汇率升值将使缺乏竞争力的产品和生产者被淘汰，从而提高资源的利用效率，对经济发展产生积极作用。

3. 城镇化将改变农产品需求的地理分布

目前中国城镇居民的食品消费水平足以满足营养需要，未来收入增长主要引起食品消费结构变化，其中水果、肉类、奶及各种加工食品的人均消费量会有所增加，粮食、蔬菜等消费则可能稳定在目前的水平，植物油和糖的消费量预期主要受加工食品消费增加间接拉动。相比之下，农村居民的果、油、糖、肉、蛋、奶等食品消费仍有较大的增长空间，其变化前景一方面取决于农村居民收入水平的提高，另一方面也取决于农村食品市场体系的发育。非常可能出现的情况是，今后农村居民的人均食品消费水平将逐步提高，但农村地区需求总量的增加幅度会由于人口向城镇迁移而受到抑制，城乡食品消费量的地理分布结构变化呈现逐步向城镇市场集中的态势。在农村地区，居民将越来越多地从商业渠道购买食品，从而拉动农产品加工业和物流业的发展，农产品的流向预期会发生较大变化，初级产品更多地先流向城镇加工区，生产的最终消费品再销售到城镇和农村市场。

4. 国家扶持农业发展的财政能力增强

入世以后，中国政府显著加大了对农业的扶持力度。在今后一个时期，延续当前的强农惠农政策仍将是农村政策的主调。随着政府财政收入能力不断提高，对农业发展的支持力度预期也将继续增加。实践表明，扭曲性的扶持政策有助于实现产出目标，但经济效率低，并且在国内市场与国际市场联系趋于密切的情况下，利用这种政策影响农业生产和贸易的空间受到越来越强的约束。从未来发展看，新增支农财政支出的重点应逐步转向农村公共服务方面，同时加强对产业结构调整的引导和在异常市场环境下对弱势群体的救济措施。

（三）中国农业发展面临的重大挑战

1. 国家粮食安全

鉴于从长期看农业的比较优势趋于下降，在市场机制配置要素的条件下，农业资源将在比较利益驱动下逐步向非农业部门转移。这一发展将使中国持续面临如何保障国家粮食安全的挑战。由于中国已经形成足够强的非农业创汇能力，在和平的环境下，从国际市场大量进口农产品并不会出现支付困难。中国作为一个大国，大量进口农产品势必会导致国际市场价格上升，而价格上升无论是在国内市场还是在国际市场都会起到刺激供给和抑制需求的作用，因而使进口增长受到经济合理性的制约。从这一角度看，中国在大多数农产品上不会出现高度依赖进口的局面，特别是谷物。另一方面，中国大量进口抬高国际价格势必影响到那些购买力弱的发展中国家，使中国面临道义上的压力。因而中国的粮食安全保障需要纳入全球粮食安全框架下加以考虑。

2. 小规模经营

目前世界上的重要农产品出口国中，无论是如美国、加拿大、澳大利亚等发达国家还是如巴西、阿根廷等发展中国家，农业生产都以大型商业化农场作为主体，而在中国和其他发展中国家，农业生产活动仍基于小农户经营模式。在已经高度全球化的世界农产品市场上，小农户由于在生产和流通中缺乏规模经济、在商品交易中缺乏议价能力、在国家政治活动中缺乏参与能力而处于不利地位。更重要的是，发展中国家的农业生产者和小企业在全球供应链中通常处于低端和从属地位，产品营销渠道掌握在大企业手中，专利、技术标准、专门知识等也多由大企业掌控。面对这一局面，小农户可以选择孤立在全球市场之外维持生存，但这不可能使其实现发展；融入全球市场虽然会拓展小农户的发展空间，但也不能保证其一定成为受益者。在市场出现动荡的情况下，商业企业常常将风险转移给小农户，造成农户收入和生计大幅波动。由于中国目前尚缺乏针对农村居民的有效安全网，市场风险在一定条件下有可能转变为社会风险，因而需要采取相应的预防措施。此外，对于在产业链上具有强大控制力的不同类型企业如何规范其经营行为也是政府面临的重大挑战。

3. 农民老龄化

无论是在发达国家还是在中国，都可以观察到农民日益老龄化的现象。发达国家政府实行的高强度扶持仅仅能够使这种走向衰落的家庭农场在一定时期维持生存，却没有能够使其焕发新的生机。这一现象实际上是农业比较优势下降、农村生活对年轻一代缺乏吸引力的必然结果。这揭示出一个重大挑战，即如何顺利的实现家庭农场代际接替或家庭农场向其他经营模式转型。不解决此问题，农业不可能实现可持续发展。由于城乡差距在发展中国家更为明显，农村劳动力老龄化常常更迅速也更为严重。虽然中国农村目前存在大量过剩劳动力在一定程度上掩盖了农户代际接替问题，但这种演变态势的潜在后果会逐步显露出来，成为影响农业发展的根本性问题。从长期看，中国必须解决农业经营模式转型的难题。

4. 农产品价格

在未来的发展中，中国将面临耕地数量减少和质量下降、农用水资源价格上升和劳动力成本上升等问题，化肥、能源等投入品的价格也可能出现较快上升。农业生产成本增加势必会传导到农产品价格上，进而影响到整体价格水平。这意味着，在不扩大农产品进口规模的情况下，中国将面临持久性的农产品价格上升压力，加大政府控制通货膨胀的难度。人民币升值和增加农产品进口有助于抑制国内市场价格上涨，但代价是影响农民收入的提高和加大城乡收入差距。因而政府需要在两难之中做出权衡。在开放的贸易环境下，农产品的国内市场价格与国际市场价格形成密切的内在联系，这使得政府扶持农业的政策空间受到制约。根据已有的研究，虽然过去持续多年的世界农产品真实价格下降趋势预期将逆转，但不大可能出现持续大幅上升局面。另一方面，人民币则可能呈现稳定升值的态势。基于上述预期可以得出，在没有贸易限制措施的情况下，用人民币表示的进口农产品国内市场真实价格不会显著上升。在这一背景下，中国政府难以在不违背 WTO 国内支持承诺的前提下做到逐步提高农产品最低收购价格，因此在制定政策时必须考虑新的市场环境，避免做出不具有可行性的承诺，束缚了政策选择的空间，加大政治成本。在出口鼓励政策方面，虽然这类措施有助于扩大中国农产品的海外销路，但同时降低了本国要素的收益，此外还可能激化与进口方的矛盾冲突。近年的实践表明，国内支持政策的成效也没有如同预想的那样令人满意。从根本上说，如果农民无法通过规范的途径参与涉及其自身利益的决策，用心再好的政策也难以取得实效。因此，通过制度改革给予农民行使其“话语权”机会是一项亟待解决的任务。

在新的环境下，中国也面临一些有利的机遇。首先，中国在国际事务中的话语权增大，为发挥中国的影响力、形成有利于自身发展的国际经贸环境提供了机会。第二，中国日益壮大的国内市场和资金储备对其他国家具有较强的吸引力，中国对外投资的机会改善，这也为农业走出去提供了有利的机会。第三，全球农产品供应紧缺使中国对外输出农业技术有了广阔的市场，而发达国家削减农业补贴有助于提高农业投资的回报率。

四、开放环境下的中国农业发展战略选择

根据中国今后的政治经济发展方向和国际政治经济格局演变前景，未来的中国农业发展战略应建立在世界和平继续得到维持、国际政治经济秩序逐步演变这一基础上。其含意是，虽然中国经济的快速发展势必逐步改变全球经济实力分布格局，但这是一个渐变过程；中国的发展是在现有的国际经济体系中实现自身利益，同时推动对这一体系进行改革和完善，而不是对现有体系提出挑战。接受这一基点意味着，未来全球农产品贸易不会面临由于国际冲突而造成的重大风险，中国仍具备充分利用国内外两个市场和两种资源实现粮食安全保障的良好条件。需要强调的是，基于和平发展形成农业发展战略并不排除未来世界上发生局部和短期冲突的可能性，只是认为这种冲突不会使我国面临的外部环境持续性严重恶化，从而不对发展模式做出重大调整。

（一）战略目标

在开放的贸易环境下，中国农业发展战略目标为：①基于我国农业比较优势，在充分参与国际贸易的条件下以可持续发展的方式提高农业生产力，确保国家粮食安全；②在国民经济范围全面完善要素市场运行机制，消除扭曲农业资源合理配置的政策和制度因素，从而提高各类农业资源的

回报率；③推动全球扩大农产品贸易开放，拓展中国优势农产品的市场销路，为农业生产结构向高附加值产品调整创造条件；④创造有利的市场环境和政策环境，培育有能力全面参与国际竞争的新型农业经营组织；⑤建立和完善农业和农村安全保障体系，防范内部和外部风险对农业和农村发展造成严重冲击，维护农村经济社会稳定健康发展。

（二）战略措施

1. 农业资源保护与合理利用

农业生产力高低取决于农业生产要素的数量、质量和结构。从国家层次看，中国目前已经不存在资本短缺问题，但资本流入农业仍面临多种障碍，突出表现在小农户和涉农中小企业融资渠道不畅，而大型企业从事农业生产面临地权限制。此外，农业经营的比较效益低、自然风险和市场风险大，仍是影响投资者决策的重要因素。经过两次农业普查，中国的农用土地资源情况已经基本清晰，为国家加强土地管理奠定了基础。从发展前景看，尽管中央政府制定了非常严格的农用地保护制度，但由于农用土地转用于非农业可以产生巨大的升值，地方政府和开发商利用各种方式突破中央政府的限制，这使得靠行政命令保护耕地难以取得满意的效果。在城市不断向农村扩张从而导致农用土地面积不断下降的同时，农村人口向城镇的迁移面临制度性障碍。

实现包容性发展，关键是要在有效配置生产要素的同时使要素所有者得到公平的收入。就此而言，培育生产要素市场仍应作为未来的改革方向。由于我国农业生产的比较优势逐步下降，农业资源向非农业转移符合要素最优配置的要求，要素市场化可能将使这一过程进一步加快。这一过程的另一个表现是，农业要素的机会成本逐步提高，进而抬升农产品的国内价格。在开放的贸易环境下，这必然意味着中国从国际市场进口的农产品数量增加，进而拉动国际市场价格上涨，而价格的这种变化反过来会抑制中国进口规模的增大。从理论上说，这一调整要达到国内和国际市场价格趋同、农业生产要素无论是用于农业还是非农业都获得相同收益时为止。这一调整过程是消除农业收益低的必要条件之一。在目前要素市场尚不够健全、对要素所有者权益的法律保护软弱的情况下，中央政府应采取强有力的措施防止地方政府和企业大量占用耕地，避免农业资源的不合理流失。农村居民丧失耕地等生产资料和生活资料是一种潜在危害非常大的社会风险，必须加以防止。

2. 农业经营模式转变

从技术、经济和社会各个层面看，目前的小农户经营模式都缺乏可持续性，更谈不上具有国际竞争力。因而我国需要在保持当前的农村基本经营制度基本稳定的同时，妥善规划其未来的发展方向，并创造适合的社会政治环境引导其循序渐进地调整。

参照已有的国外实践，中国农业经营组织未来发展方向包括规模化的家庭农场、基于合作制的联合经营和公司制农场。从我国实际情况看，家庭农场规模化具有现实可行性，但依赖于农村居民向城镇迁移的速度，并且即使得到有效推进，家庭农场的规模仍然很小，不足以根本改变目前的格局。合作制联合经营可以将农户组织在一起，提高生产和流通效率，但要素产权不清晰、商业环境不良、农民缺乏民主决策的文化、改革开放前多年实行集体经济给人们留下的惨痛记忆、政府对于农民组织的疑虑等限制了合作经营模式的发展。虽然“订单农业”在国内外都已经作为将农民与市场连接起来的一种有效方式，但其经营绩效和利益分配格局在很大程度上取决于双方能否在利益共享的基础上形成合作关系。在发达国家及巴西、阿根廷等一些大量出口农产品的发展中国家，公司制农场得到较快发展。在我国，由于耕地主要为集体所有，并且不存在土地交易市场，这使得商业企业只能通过租赁土地的方式介入生产，或通过订单生产获取所需要的农产品，因而公司制农场缺乏发展的条件。迄今国营农场在整体上也尚未转向公司制经营模式。

从今后发展看，我国在转变农业经营模式方面应鼓励自发性制度创新，而不要人为强制推行某种模式。政府应从加强法制及加强对农业和农村的公共服务着手，为经营制度创新提供宽松的环境和良好的条件。在这方面，提高农村居民自身的发展能力和权利意识具有重要意义，为此需要大力改善农村教育、培训、卫生保健等公共服务和推进乡村民主制度建设。

3. 农业科技开发和应用

加强农业科技开放和应用不仅有助于抵消我国农业资源数量下降对农业生产力的不利影响，而且是提高农业国际竞争力的必由之路。近年来，国家在农业科技开发上的财政投入持续增加，使研究工作的技术条件得到显著改善，研究队伍也不断加强。然而，在市场化的环境下，农业科技开发日益为短期经济利益所驱动，研究者热衷于从事有良好商业应用前景的技术研究，并将用公共投资获得的成果转化为能够给个人带来经济利益的科技商品，而公益性强的科研则难以吸引足够的资金和人力投入。这些问题在一定程度上影响到科研资金的使用效率，需要通过科研体制改革来解决这些问题。

中国作为WTO成员，在农业科技开发和农产品贸易上都面临WTO有关知识产权保护的规则约束，而这种规则更多地体现了发达国家的利益要求和制度特点。与此相类似，动植物检疫措施和技术标准也越来越多地被用作限制农产品进口的措施，而相关标准的制定也由发达国家所主导。中国的农业科技开发要力争在技术标准制定、自主知识产权开发等方面突破目前面临的束缚。

4. 农产品流通

农产品流通效率是影响国际竞争力的一个重要方面。在历史上，我国农产品流通体制改革过分偏重于保障供给和稳定价格的考虑，实质上体现的是城镇和非农业部门的利益要求，在措施上偏好于国有企业占据主渠道和在特殊情况下对市场价格进行行政干预。这些做法在一定程度上抑制了我国民营农产品流通企业的发育，助长了国有企业的寻租行为，降低了流通效率，无论是农民还是消费者，其利益都未能得到很好的保障。

20世纪90年代以来，我国对吸引外资采取了非常积极的态度，实行了多种形式的政策优惠。在这一背景下，很多涉及农产品加工和物流的跨国公司开始涉足国内市场。中国加入WTO时就扩大服务领域开放做出了新的承诺，为外资企业在中国市场上全面参与竞争创造了有利条件。外资企业进入中国农产品市场起到了强化竞争和提高流通效率的作用，但同时也产生了如何对外资企业进行监管的问题。

在市场经济条件下，不管是外资企业、民营企业还是国有企业，都必然以盈利作为其最主要的经营目标。在规范的市场环境下，企业之间的竞争是改善流通效率的最基本的推动力。然而，由于中国的市场经济体制建立时间不长，并且在推进市场化改革方面存在很多与意识形态相关的障碍，这使得我国的农产品市场发育迟缓，突出表现在不同类型的企业在不同起点上竞争，经营绩效好坏与竞争力高低在一定程度上脱节。对于消费者而言，其选择商品和服务的供应者主要基于价格和质量因素，因而不管何种企业获得较大市场份额，这种自愿选择结果都具有增进国内居民福利的作用。

近年来，我国农产品市场上频发的涉及各类企业的食品安全风险、政策性国有农产品企业从事违规商业经营活动、企业用抹黑对手的方式进行恶性竞争等情况暴露出目前我国的商业环境仍不健全，政府在企业治理方面也缺乏适当的措施。这种状况对于农业生产者和消费者都会产生消极影响，进而影响到农业产业的健康发展。从今后发展看，政府急需解决市场信息和企业资信信息的收集和发布工作，规范竞争环境，强化企业的社会责任要求，建立健全对整个产业链的管理。就此而言，目前由不同政府机构在产业链不同环节上分段管理的模式明显不适合开放的商业环境，亟待加以改革。

5. 跨区域农业协调发展

中国农村和农业存在严重的地区间发展不平衡现象。考虑到这一情况，农业发展战略有必要考虑不同地区的条件和优势，因地制宜地制定和实施符合地区特点的政策措施。

沿海地区已经与国际市场形成密切联系，农业生产结构逐步向高附加值产品调整，目前该地区无论是在农产品进口还是出口上都占据了全国的绝大部分，农户家庭收入大部分来自非农业，与城镇居民的收入差距较小。今后该地区的农业发展面临农业耕地资源和水资源日益紧缺、劳动力成本持续上升、农业比较优势逐步下降等主要问题。由于该地区的非农业部门较发达，城镇化水平高，促进农村居民向城镇迁移有较好的实施条件，因而应通过实施农业经营结构调整政策，鼓励土地有序地向专业务农的家庭集中，加快农业经营模式的转变。

中部地区的农业资源相对丰富，劳动成本较低，但资本积累能力较弱，农业科技水平也较低。在适当的政策环境下，中部地区具有提高农业生产力的较大潜力。中部地区发展农业需要增大资本投入和提高农业技术水平，以促进产业结构升级。由于中部地区的经济实力远比东部地区弱，加强对该地区的财政扶持并创造条件吸引外部民营资本投入有重要的意义。中部地区的农业经营模式调整面临的限制因素较多，主要是非农业就业机会较少，因而农业仍是农户收入的主要来源。由于中部地区预期将成为商品农产品的主要产区，因而在政策上应关注农产品产量和价格急剧变化对农户收入和生计的影响，如扩大农业灾害保险，实施农户收入稳定计划等。

西部地区的耕地面积大，但农业生产面临的限制因素多，如水资源短缺、气候条件恶劣、生态环境脆弱等，不适合进一步强化农业生产活动。该地区经济和农业发展面临的最大制约因素是人力资本和物质资本匮乏，而这一状况很难得到根本性扭转。鉴于中国的农村贫困人口大量集中在该地区，政策重点应着眼于克服长期发展面临的主要障碍，通过加强基础教育和技能培训、改进政府公共服务、保护农村地区生态环境等，逐步改善农业和农村发展的条件。在近期，该地区的农业生产发展需要特别注意避免以牺牲环境为代价来保证经济增长，这种短期行为会严重损害长期增长前景。从长远看，由于西部仍有很多地区从未受到化肥、农药等现代投入的污染，在适合的地区可以鼓励发展面向高收入市场的优质安全食品生产，如有机农业产品。

6. 农业贸易发展

从长期看，中国农产品净进口规模将逐步扩大，但蔬菜、水果等劳动密集型产品和高附加值加工食品仍可以保持竞争优势。中国农产品贸易应立足于发挥动态比较优势，从侧重于劳动密集产品逐步向侧重于高价值产品转变，以适应国内外市场需求的长期变化。此外，中国需要从依赖生产环节的低成本竞争优势向形成在整个产业链上的竞争优势转变，这涉及到培育涉农企业的问题。

在WTO多哈回合，中国作为由发展中国家组成的G20和G33两个集团的成员全面参与了谈判，在很多议题上表达了自己的关切。然而，中国在谈判中并没有努力争取在设立议题上的主导权，这在一定程度上限制了中国在谈判中的影响力。从长远看，中国需要充分利用WTO多边谈判推进国际经济秩序和贸易规则的完善，以改善中国农业发展的外部环境，为此需要就解决当前重大贸易问题的思路形成具有前瞻性的见解和内在协调的立场建议。就我国的情况看，通过多边贸易谈判促使日本、韩国等扩大农产品市场开放、美国和欧盟削减国内支持，都有利于中国农业的发展。相比之下，由于中国农产品关税水平已经较低，国内支持也远未达到难以逆转的高水平，在谈判中处于相对有利的地位，因而应努力推动多边谈判，争取实现多哈回合的预定目标。在多边政策改革方面，中国需要关注农产品出口国限制出口数量的做法、对生物能源发展的补贴政策、对国际投机资金的监管等新情况。

近年，中国积极推进自由贸易区（FTA）谈判，迄今已经与东盟等9个重要贸易伙伴达成FTA协议，目前还有一些双边谈判仍在进行之中，谈判对象既涉及到发展中国家，也涉及到发达国家；既有农产品贸易小国，也有农产品贸易大国；既有重要农产品出口国，也有重要农产品进口国。然而迄今为止，中国政府还没有正式发布 FTA 发展战略，更没有将 FTA 谈判与多边贸易谈判纳入到统一的框架下考虑。中国从事 FTA 谈判应关注两方面目标，一是通过 FTA 建设，为中国劳动密集型农产品拓展出口市场，从而改善农业发展的外部市场环境；二是通过 FTA 建设，为中国从海外获取土地密集型农产品提供更好的保障，进而改善国民经济的发展绩效。

在农业贸易战略方面，需要关注的一项任务是建立贸易风险防范和救济机制。未来的农产品贸易面临的不确定性因素较多，最常出现的风险是市场价格波动和汇率波动，其他可能的情况还有政治原因对正常贸易的干扰等。此外，对于农业贸易企业也应建立必要的资格门槛，减少由于个别企业不当作为损害国家声誉的情况。

7. 加强海外农业资源开发利用

在国内农业资源日趋紧缺的背景下，中国政府近年来对于农业企业“走出去”开发利用海外资源给予高度重视，并采取了一些鼓励措施。然而从实践看，由于多方面的原因，这一举措迄今取得的成效非常有限。在全球粮食安全状况恶化的背景下，外资开发和掌控本国农业资源在很多国家成为一个具有政治敏感性的问题，诸如“新殖民主义”的媒体宣传对公众态度有很大影响。考虑到从长期看中国在土地密集型农产品上的净进口规模会逐步扩大这一前景，农业“走出去”应针对具有较大出口潜力、外资政策宽松、法制相对健全的国家。从短期看，优先考虑的对象有巴西、阿根廷、智利等拉美重要农产品出口国。在中长期，俄罗斯、乌克兰及部分非洲国家应作为关注的对象。

俄罗斯和乌克兰有较为丰富的农业土地资源，中国则有丰富的劳动资源、资本和适用的农业技能，发展农业投资合作具有经济上的合理性，但需要克服政治和心理上的障碍。该地区之所以应该作为中国海外农业开发关注的重点，全球气温变暖使该地区适合农业生产的区域扩大也是考虑的因素之一。

目前中国已经通过中非合作框架推进双边的经贸关系。非洲不仅仍有待开发的农业资源，而且现有资源的生产力也有巨大的提高潜力，而中国的资金和技术恰好是非洲国家短缺的资源。需要注意的是，鉴于非洲地区贫困和饥饿现象仍然非常严重，在非洲的农业开发不应将保障中国获取农产品作为目标，而是应利用中国的资金、技术提高非洲国家的农业生产能力，帮助其解决粮食安全和农业发展问题。非洲农业生产力的提高有助于改善非洲国家的粮食安全，从而在道义上可以使中国得分。当非洲国家依靠自己的资源保障了粮食安全后，其在国际市场上的进口需求会相应减少，出口能力会增大，而在一体化的全球市场上，这意味着中国可以购买的农产品数量增多和价格下降，这可以间接地增进中国自身的粮食安全。

在农业“走出去”这一问题上，过去国内的相关宣传及一些实际开发活动都表现出过分关注从投资地将农产品运回本国的倾向，这是一个危害极大的认识误区。中国加强海外农业资源开发，不应定位于从投资国获取粮食和其他农产品，而应着眼于增加当地供给和提高其农民的收入，促进投资地经济发展。这样一种做法不仅有利于巩固双方的合作基础，而且可以间接提高本国的粮食安全水平。在海外农业投资上应注意以下原则：以民间投资为主，政府援助为辅；重视长远经济利益，兼顾政治利益和短期商业利益；以扩大当地供给为主，兼顾向本国市场输出；遵守投资地的法律，认真履行投资者的社会责任，发展与投资地农民、企业和国家的合作共赢关系。

8. 农业风险管理

今后中国农业发展面临自然灾害和气候变化、非农业部门对农业生产的偶发影响（如环境污染事件、食品安全事件等）、国内外政治和经济因素导致的农产品市场动荡、国内外政治和经济因素导致的农业投入品市场动荡等风险。

管理自然灾害造成的风险，最通常的做法是建立农业生产保险制度或实施农户收入稳定计划，在这方面已经有很多可供借鉴的国际经验。从中国的情况看，由于农户经济规模小，这使得商业性保险运行成本过高，在竞争性市场环境中缺乏可持续性。近年来，政府通过补贴措施推进农业保险取得了一定成效，但覆盖面仍较小，对农民损失补偿的力度有限，对农民和保险机构都缺乏足够的吸引力。在可持续的基础上扩大农业保险，一方面需要探索更适合当前国情的制度安排，另一方面也需要逐步推进农业经营模式转变。

对于全球气候变化如何影响中国和世界农业目前仍缺乏共识。这一因素在短期并不会影响到农业发展，但鉴于气候变化会产生全球范围的持久性影响，我国有必要加强对有关问题的研究，对可能的演变趋势及潜在影响尽早做出研判，从而将未来的农业发展建立在正确认识形势的基础上。

影响我国农业生产的环境问题已经非常严重，很多地区存在废水、废气和固体废物对农产品产量和质量造成的危害，甚至危及农民的健康。由于很多污染源是多年积累的产物，这导致污染的责任归属不明，治理的主体不清，发生环境灾害时受害者投诉无门。针对影响农业的环境问题，政府应首先采取法律和行政措施强化企业的责任，防止新污染源的产生。全面检查各类具有潜在危害的污染源，利用国家财政资金分步骤地进行治理，避免出现相互推诿现象。中央政府也应建立相应的公共基金，及时对受害者的损失进行弥补，以维护农业生产和农村社会的稳定。

由于多种因素的综合作用，今后国际市场农产品价格可能频繁发生大幅度波动。在开放的贸易环境下，这种波动会迅速传导到国内，影响农业生产和居民生活。利用限价抑制波动只能是一种临时措施，要从根本上解决问题，一是消除波动的根源，二是要抑制波动的幅度，三是控制波动产生的消极效应。由于农产品消费需求很少出现急剧变化，需要关注的主要是供给方面的波动。

（三）保障条件

1. 完善国内支持政策体系

近年来，中国政府采取了一系列促进农业生产发展的政策，对于增加食物供给和保障国家粮食安全产生了积极的效果，农民收入也得到明显提高。然而需要注意的是，加强对农业的财政支持并不是一种保障农业持续增长的长效机制。中国实施惠农财政政策的力度受到 WTO 规则的约束，人民币升值会使增大“黄箱”政策补贴的空间进一步被压缩。此外，对国际上农业政策实践的大量研究表明，扭曲性的农业支持措施虽然有助于实现产出目标，但造成的国民经济福利损失通常较大；非扭曲性的扶持政策虽然有助于提高农民收入，但对于实现产出目标往往并无直接帮助，在面对大量小农户时执行成本也极为高昂。近年我国实行的强农惠农政策仅仅在一定程度上缓和了由于城乡收入差距过大而造成的社会矛盾，并没有提高农户的经济活力和竞争力。从世界范围的农业政策改革方向看，今后中国政府应将政策关注的重点从激励农业生产转向改善农村民生，加强在农村人力资本开发上的投资，加强对农业和农村的公共服务。与此同时，我国应在完善国内支农政策体系的同时，积极推动多边框架下的农业政策改革，形成有利于发展中国家实现发展目标的国际经贸规则。

2. 改善对农业和农村发展的治理能力

近年来，中国政府提出了转变经济发展方式、建立和谐社会、实现包容性增长等一系列新的口号，这体现了中国社会经济发展目标正在发生重大转变。改善政府对农业和农村的治理能力是我国亟待解决的一项重要任务。目前国民经济和农村都处于急剧调整期，不同群体之间的利益冲突日益显露，最突出的问题有农村居民的迁移、农村土地和其他资源的用途调整、农村基层管理制度建设等。在这一调整过程中，农业和农村仍具有使那些不适应城镇工作需要或生活模式的农村人口维持生计，从而具有在社会经济急剧调整过程中保障社会稳定的缓冲功能。

从根本上说，良性的发展模式应该建立在各主体充分行使自愿选择权的基础之上，这要求允许农民自由选择留在乡下务农还是进城务工或从商，允许农民自主决定包括土地（使用权）在内的家庭资产如何利用，而有效行使自由选择权依赖行为主体自身的能力和相关制度的保障。从这一角度看，今后农业发展需要关注的任务有：通过多种措施提高农村居民自身的发展能力，这包括识别自身利益的能力、实现自身利益的能力、保护自身权益的能力、参与公共事物管理的能力等，这些方面均涉及到培育农村居民的人力资本；建立农村居民参与决策的规范化制度，这涉及到农村基层民主制度建设问题，也涉及到农民利益组织形成和规范化运作问题；转型期农村地区特殊社会风险的制度化管理，突出的情况有产权纠纷、失业农民工和失地农民的生活保障、恶性环境事故处置等；推进涉农政策的法制化，将农村工作从传统的原则性政策指导加行政指令方式转变到依法行政的轨道，从而增强农业政策的透明度和可预见性。

3. 加强市场信息的透明度

中国加强本国农业政策信息和统计信息发布工作有重要的意义，不仅关系到自身决策的科学性，也关系到在国际上的声誉。在这方面，迫切的工作是完善统计制度和信息披露制度，避免政治因素对信息的屏蔽或扭曲。与此同时，中国也应针对重要农产品贸易伙伴建立稳定规范的信息收集和分析制度，为政府和公众决策提供全面、准确和及时的参考依据。中国作为世界上最大的农产品生产国和消费国，国内市场变化具有潜在的国际影响，因而信息透明度和准确性成为受到国际社会关注的问题。入世以来，中国的农产品国内市场已经与国际市场紧密地整合在一起，国际市场变化对中国的农业生产和贸易也具有直接的影响。然而无论是中国国内统计信息的收集和披露，还是国际信息的获取和分析，都远未能适应新形势的要求。

尽管中国已经成为农产品贸易大国，但并没有建立自己的全球和重点贸易伙伴市场监测分析体系，大多数时候只能利用 FAO 等国际机构甚至美国农业部发布的信息作为决策参考依据。这使得对海外市场形势的分析判断严重滞后和失真，多次出现决策严重失误的情况，如 2004 年我国大豆企业根据美国农业部发布的信息在高价位大量订货从而造成严重经济损失的事件。

4. 改善涉农企业经营的商业环境

在开放的贸易环境下，企业是连接生产者和消费者、国内市场和国际市场的桥梁，培育有国际竞争力的涉农企业是农业部门有效参与全球竞争的必要条件。从我国的实际情况看，目前除了中粮、中储粮等少数几个具有政策执行职能的大型国有企业外，大多数涉农企业为中小民营企业，其发展受到国内商业环境不佳的束缚。在这方面的突出问题有：对国有企业和外资企业的优惠在一定程度上构成对民营企业的歧视；中小型涉农企业在融资方面常常面临由于风险大、有效抵押资产少、管理成本高等因素而被商业银行拒之门外，而资金不足限制了企业的发展；企业与农户之间的交易缺乏法律保障，交易地位不对称，影响到双方合作的意愿；政府服务不到位或越位，干扰企业的正常经营；现行法律体系不健全和执法能力弱在一定程度上导致对企业不当行为的纵容，如生产伪劣食品、企业间开展恶性竞争、忽视对劳工权益的保护、避免保护环境的责任等。因而，形成良好的商业环境也是农业实现良性发展的重要条件之一。这既涉及到对企业合法权益的保护，也涉及到强化企业的社会责任。

中国农业产业安全研究

经济全球化加剧了全球农业产业的竞争，改变了传统的国际分工格局，使各国的内部分工模式、产业链以及相应的产业生态环境发生了革命性变化。很多国家在经济全球化的冲击下，不仅农业产业链和农业生态受到损害，而且还丧失了事关国计民生的农业产业控制权。农业产业安全已经成为制约这些国家经济发展的核心问题。我国是发展中大国，也是农业大国，考虑到农业的敏感性和特殊性，农业产业安全不仅涉及到国内产业的控制力，而且关系到粮食安全这一战略问题，关系到国民经济的持续、健康和协调发展。本研究梳理了现有产业安全相关理论，分析了现阶段我国农业产业安全需关注的几个重点问题，探讨了农业产业安全定性、定量评估的分析框架，并就我国农业产业整体及分产业的安全水平进行了判断，在分析我国农业产业安全的现状和借鉴他国外资利用、维护产业安全实践的基础上，提出维护农业产业安全的政策建议。

一、农业产业安全概念的界定

（一）农业产业安全的含义

产业安全（Industrial Security）原本是国际贸易领域提出的，指在开放的经济体系中，一个国家或地区的特定产业如何在国际竞争中保持独立的产业地位和产业竞争优势。目前，学术界对产业安全的含义尚未形成共识，但基本上相对集中于四类：

1. 产业控制力说

核心内容是强调本国资本对本国产业的控制力。一种观点认为，国家产业安全问题最主要是针对外商直接投资，指的是外商利用其资本、技术、管理、营销等方面的优势，通过合资、直接收购等方式控制国内企业，甚至控制某些重要产业，由此对国家经济构成威胁。另一种观点认为，一国对某一产业的创始、调整和发展，如果拥有相应的自主权或称控制权的话，即可认定该产业在该国是安全的。还有一种观点认为，产业安全是指本国资本对影响国计民生的国内重要经济部门掌握控制权。国民经济各行业的发展主要依赖于本国的资金、技术和品牌，支柱产业具有较强的国际控制力。

2. 产业竞争力说

当今世界，国际竞争表现为以经济实力为核心的综合国力之争，经济安全成为关系国家安全的战略问题。其中，产业安全是这一问题的核心。产业安全是指一国对国内重要产业的控制能力及该产业抵御外部威胁的能力，主要体现为产业的国际竞争力。另一种认为，产业安全是指一国产业对来自国内外不利因素具有足够的抵御和抗衡能力，能够保持各产业部门的均衡协调发展。还有的认为，宏观层次的产业安全就是一国制度安排能够引致较合理的市场结构及市场行为，经济保持活力，在开放竞争中本国重要产业具有竞争力；中观层次上的产业安全定义为本国国民所控制的企业达到生存规模，在开放竞争中具有一定优势。

3. 产业发展说

此观点认为产业安全的内涵一般是指一国拥有对涉及国家安全的产业和战略性产业的控制力及这些产业在国际比较意义上的发展力。控制力是对产业安全的静态描述，发展力是对产业安全的动态刻画，是产业安全的本质特征。宏观层次的产业安全就是一国制度安排能够引致较合理的市场结构及市场行为，经济保持活力，多数产业能够生存并持续发展；中观层次上的产业安全定义为：本国国民所控制的企业达到生存规模，具有持续发展的能力及较大的产业影响力。

4. 产业权益说

这类观点认为，国民产业安全是指一国的国民产业在国际产业竞争中达到这样一个状态。即，该国国民在得到既有的或潜在的由对外开放带来的产业权益总量的条件下，所让渡的产业权益份额最小；或在让渡一定国民产业权益份额的条件下，其由对外开放引致的国民产业权益总量最大。简单地说，就是要在国际竞争中达成国民产业权益总量和其在国内份额的最佳组合。国民作为产业安全中的权益主体，在国界之内有明确的排他性经济主权。外国国民在东道国内取得的任何产业权益，都是对东道国国民权益在机会成本意义上的侵占，应该得到东道国国民根据其自身利益的需要而做出权益让渡的许可。研究产业安全，归根结底是要使国民为主体的产业权益在国际竞争中得到保证并不受侵害。

综上所述，本研究将农业产业安全定义为：采取有效国家行动，避免内部和外在因素的变化危及我国农业在国民经济中的基础产业地位，使得我国农业产业整体上基础稳固、健康增长、持续发展，在国际经济上具有一定的自主性、自卫力和竞争力，不至于因为某些问题的演化而使整个农业产业受到大的打击或者损失过多的农业和国民经济利益，能够避免或者化解可能发生的局部性或者全局性的农业产业危机。

（二）农业产业安全的目标

中国农业安全相应地可分解为食物安全、收入安全和就业安全，其具体表现为农业生产不受外来资本控制和农产品具有国际竞争力，其核心是粮食安全，重点是农民收入安全。当前，我国的农业产业安全研究需要关注以下几个方面：

首先，要关注部分农产品进口快速增长及外资进入可能给国内产业造成的影响。跟踪近几年进口增长较快农产品的国内生产情况、价格变动情况、生产者的收入变动情况，分析与衡量外国资本进入我国农业产业的形势及未来发展趋势，分析外资进入我国农业的动机、经营策略，研究外资进入对我国农业产业安全问题造成何种影响。当本国产品和本国资本在本国市场上比较有竞争力时，不必担心产业安全问题，否则，如果本国生产者竞争力不太强，外国产品和资本表现出比较强的竞争力，政府就有必要采取一定措施来增强本国产品或资本的竞争力。另外，如果短期内本国竞争力难以提升，外国产品或资本存在不可避免，那么需要将外国产品或资本的存在控制在政府能掌控市场秩序的程度内。

其次，要关注对国际市场依赖程度较高农产品的进口市场稳定性。是否会因外国市场的失控而带来我国生产者的产业安全问题。从保障农产品平稳供应的角度而言，需要关注农产品的供应安全。从本国政府对产品供给控制方便的程度来看，农产品的完全自给是最方便的。当然，由于我国人均资源有限，不可能实现所有农产品完全自给，必须考虑按比较优势参与国际分工，进口某些产品既是不可避免的，也是符合国家利益最大化的原则的。在进口不可避免的情况下，从产品安全的角度，需要关注进口来源市场的可控程度。

二、农业产业安全衡量的原则

产业安全是个综合的系统概念，需要通过选择一些评价产业安全的指标进行评价分析。产业安全评价指标体系设计的基本出发点是，要尽可能利用现有统计资料提供的数据，客观、准确反映影响产业安全的主要因素。为了科学、全面、准确地构建产业安全评价的指标体系，我们认为以下原则是需要认真加以考虑并遵守的。

（一）重点和准确相结合的原则

在构建产业安全评价指标时，可供选用的指标很多，多选择一些指标，虽然在一定程度上可以提高评价的准确性，但是会影响关键因素的作用体现。因此，产业安全评价指标的选择与设置必须抓住产业安全的主要方面和本质特征，从反映同一个影响因素的众多指标中挑选出具有代表性的指标，剔除那些与代表性指标相关度过高的指标。如有必要，增加一些指标以全面反映产业安全的影响因素，尽可能用少而准确的指标把要评价的内容表达出来。

（二）科学性和可行性相结合原则

产业安全评价指标的可行性是指建立的产业安全指标体系的数据必须有现实的收集渠道。指标体系的科学性是确保评价结果准确合理的基础，建立评价指标体系要考虑可行性，同时又要确保所选取的指标科学地反映产业安全的特点。

（三）过程指标和状态指标相结合原则

所谓过程指标是指那些反应产业安全长期的稳定的发展趋势的指标，比如技术创新能力、劳动力素质等。状态指标指那些反映产业安全状态的指标，如国内外市场份额、市场集中度等。过去人们比较注重状态指标，实际上过程指标也是影响产业安全程度的重要方面，它们的改善或提高过程实际上是产业安全的提高过程，能够反映出产业安全的动态变化。因此，产业安全评价指标体系设计，一定要将状态指标与过程指标相结合。

（四）系统性与层次性相结合原则

影响产业安全的因素很多，在构造评价指标体系时，应注意各方面之间的系统平衡和各指标自身内部的系统结构，尽力做到评价指标体系在逻辑与评价内容上具有一致性和系统性。同时，根据所研究产业的具体特点，运用层次分析法将评价指标体系分解为不同层次，并依次设立一级指标、二级指标和三级指标等，以便对产业安全的影响因素作更具体的描述。

（五）定量与定性分析相结合原则

根据所分析的对象，产业安全评价指标可以区分为量化与非量化指标。能够量化的指标将根据若干不同经济时期的数据资料进行统计、计量，不能量化的指标则进行分析比较，通过定性分析进行补充说明。

三、我国农业产业安全整体态势判断

入世以来，我国农业充分利用了国内外两种资源，参与了国内外两个市场竞争，按照比较优势原则进行了广泛而深刻的调整，农业和农村经济发生了巨大变化。我国政府认真履行了入世承诺，修改和完善了相关法律法规。影响我国农业产业安全水平的因素在某些方面得到改善，但在另一些方面不确定性增加。总体而言，在入世后农业产业发展所面临的国际环境更为严峻的情况下，主要农产品进口得到有效控制，国内生产得到保障，基本实现了主要农产品自给。整体来看，我国农业产业安全状况较好，但我们也应该看到，大豆、棕榈油、棉花和畜产品等对进口依赖程度较高，蔬菜、水果、花卉、水产品等优势产品的出口市场也比较集中。此外我国农业产业链条各个环节的企业规模偏小、竞争力偏弱，极易为外资控制，我国农业产业安全仍然存在很大风险。

（一）主要粮食作物国内生产稳定、自给率高，粮食产业安全状况较好

2004 年起，我国粮食播种面积和产量呈稳中有升态势。2001 年到 2009 年，稻谷的播种面积由 2 881.2 万公顷增至 2 962.7 万公顷，产量由 1.78 亿吨增至 1.95 亿吨；小麦的播种面积在 2 200 万公顷与 2 450 万公顷之间小幅波动，整体呈现出稳定性，产量由 2001 年的 9 387.3 万吨增长至 2009 年的 1.15 亿吨，增长趋势明显；玉米的播种面积由 2 305.6 万公顷增长到 3 118.3 万公顷，产量由 1.06 亿吨增长到 1.64 亿吨，2009 年比 2001 年分别增长了 35.2％和 54.7％，增长幅度较大。在过去几年中，我国粮食基本处在净出口的状态，自给率始终保持在较高的水平。2001—2009 年的 9 年时间里，稻谷一直处于净出口状态，自给率始终高于 100％，但净出口数量相对消费量来讲基本低于 1％；小麦的进出口在年间呈现波动，除 2004 年自给率为 94.1％，其余年份均高于 95％，且有 5 年处于净出口状态；玉米的自给率均保持在 100％以上，但出口量逐年减少，由 2000 年的 1 048.5 万吨减少至 2009 年的 12.9 万吨。

（二）蔬菜自给率较高，但存在市场风险意义上的产业安全问题

我国蔬菜出口相对集中，主要出口国家和地区是日本（占出口总额比重 21.8%）、美国（占出口总额比重 8.2%）、马来西亚（6.6%）、韩国（6.0%）、俄罗斯（4.5%）、印度尼西亚（4.2%）、泰国（3.8%）、中国香港（2.9%）、德国（2.8%）、越南（2.8%）。从自给率角度来讲，我国蔬菜产业的安全程度较高。但是，目前蔬菜出口相对集中，一些区域的蔬菜生产对国际市场的依赖程度较大，不仅继续受主要的进口国高关税等传统贸易壁垒的限制，而且越来越受其卫生检疫措施、技术性贸易措施等的影响，因此，对我国生产者来讲，可能存在市场风险意义上的产业安全问题。

（三）食用植物油产业品种间差异较大，棕榈油进口极易受到主要国际市场波动的影响

我国食用植物油产业安全状况在品种间的差异较大，大豆油净进口从 2002 年波动升至 2009 年的 241.1 万吨，自给率由 2001 年的 91.5%降至 2009 年的 74.6%，豆油自给率的下降一方面对国内的生产具有挤出效应，另一方面也增加了国内产业的风险；菜籽油净进口占消费量的比重始终在 10%以内，且消费量相对稳定，自给率始终保持在 90%以上；花生油的净进口非常少，自给率 99%以上；棕榈油完全依靠进口，进口量逐年增大，随着我国棕榈油消费量逐年增加，对国际市场的依赖程度将不断提高，产业安全状况令人担忧。

（四）棉花对外依存度逐年提高，对我国棉花产业安全构成严峻挑战

入世后，我国传统的纺织和服装业得到快速发展，大幅拉动了对棉花的需求，为满足这一需求，我国在承诺关税配额 89.4 万吨的基础上，又主动对关税配额外进口一定数量的棉花实行滑准税，进一步提高了棉花市场的准入程度。入世前我国棉花进口量很小，但入世后棉花进口快速增长，2006 年达到 364 万吨，年均增长 77.3%。我国已于 2003 年成为世界第一大棉花进口国。目前，棉花已成为我国继大豆和食用油之后的第三大进口农产品。相应地，我国棉花进口依存度较入世前也显著上升，由 2000 年的 2%上升到 2006 年的 36%（图 1）。过高的进口依存度使我国纺织原料供给过度依赖国际市场，国际市场风险能轻易转嫁到国内，造成国内棉花市场价格和供给的波动，对我国棉花产业安全构成严峻挑战。大量低价棉花的进口严重冲击了国内生产。与快速增长的棉花需求形成强烈反

差的是，近年来我国棉花产量和播种面积徘徊不前，棉花自给率较入世前明显下降。

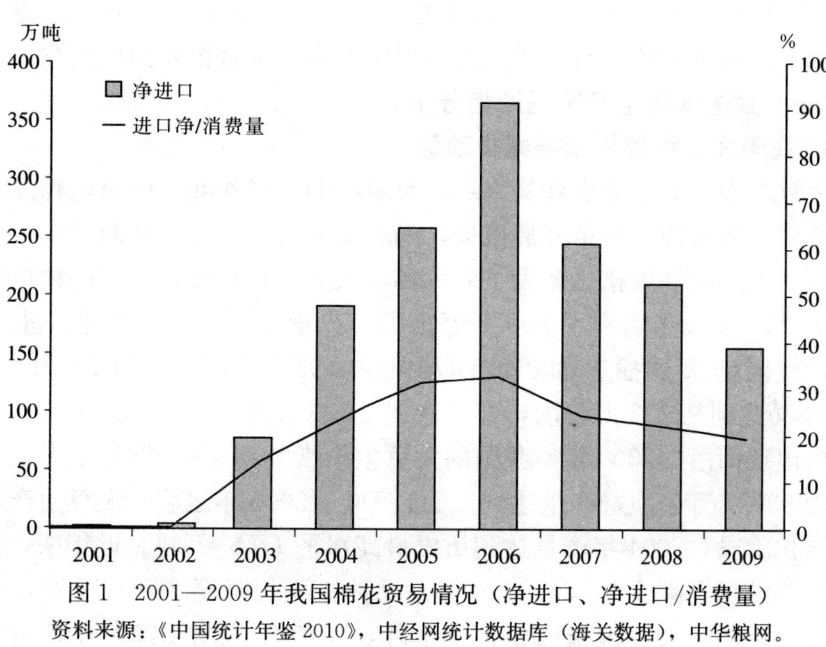

图 1　2001—2009 年我国棉花贸易情况（净进口、净进口/消费量）

资料来源：《中国统计年鉴 2010》，中经网统计数据库（海关数据），中华粮网。

四、我国农业产业安全问题的典型案例：大豆产业

入世标志着我国对外开放已由政策性开放阶段转向制度性开放阶段，在我国加入 WTO 之后，"三农"问题包括粮食安全、农民收入、农村贫困等问题，始终是人们关注的焦点。在分析 WTO 贸易政策对我国农业产业的影响时，大豆产业为我们提供了一个较好的案例研究素材。主要体现在：大豆产业是我国农产品市场化程度较高和开放相对较早的农产品之一，贸易政策对其影响时间跨度比较长，而且我国大豆市场与国际市场整合较好，贸易政策的效果能够较好地传递到国内甚至广大农村；大豆种植业集中在东北地区和中原部分省区，贸易政策的影响相对集中，使得我们更容易聚焦贸易政策的影响。我们注意到，近些年来我国大豆产业进口激增，从 2000 年以来，每年进口 1 000 万吨，2003 年超过 2 000 万吨，2007 年高达 3 130 万吨，2009 年更是高达 4 255 万吨，同比增长 13.7%，而中国 2009 年国产大豆产量在 1 600 万吨左右，进口量是国内产量的

2.66 倍。主要原因是，大豆产业的下游压榨业已经基本被外资所控制，国际大豆产业五大巨头 ADM、邦吉、嘉吉、路易达孚（简称 ABCD）和丰益国际控制了我国 80％的进口大豆货源，其压榨能力占国内总能力的 60％以上。从这个角度看，研究大豆现象本身就具有重要的现实意义。

（一）我国大豆生产贸易形势分析

1. 我国大豆种植面积呈减少趋势

大豆是中国的主要农作物之一，是重要的油料作物，也是植物油脂和蛋白质的主要来源。改革开放以来，随着家庭联产承包责任制的实行，政府提高了大豆收购价格，激发了农民种植大豆的积极性，大豆的种植面积不断扩大，1989 年达到了 805.7 万公顷，产量达到 1 023 万吨。进入 90 年代，我国的大豆播种面积波动加剧，1991 年骤降至 704.1 万公顷，1994 年又达到 922.2 万公顷，产量达到 1 600 万吨，此后，播种面积和产量又再出现回落。2000 年，我国的大豆生产恢复到 1994 年的水平，种植面积为 930.7 万公顷，产量达到 1 541 万吨。2000 年之后，大豆生产进入稳定增长阶段，2004 年产量达到历史最高水平 1 740 万吨。近年来，我国大豆种植面积呈减少趋势，2009 年大豆种植面积降至 880 万公顷，其中主产区东北地区大豆种植面积持续下降，2010 年黑龙江省大豆种植面积在 2009 年减少 20％的基础上再次减少，下降到 433 万公顷，减少 37 万公顷（图 2）。

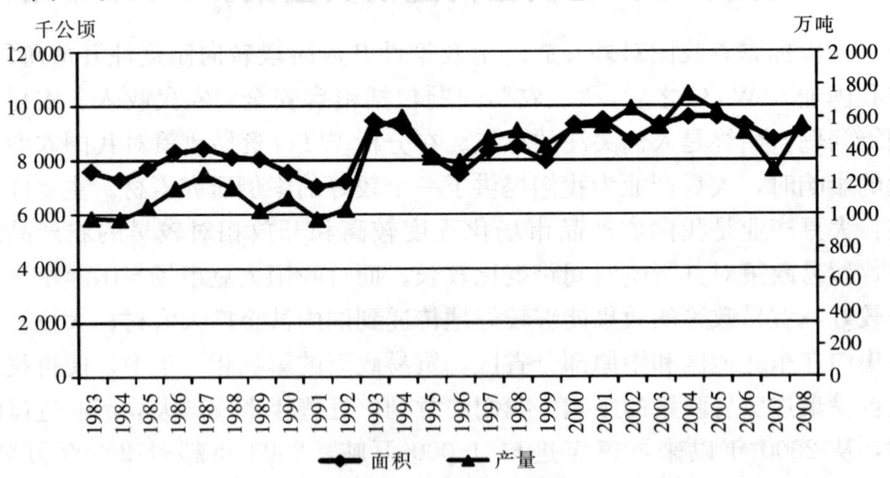

图 2　1983—2008 年中国大豆种植面积和产量

资料来源：《中国农村统计年鉴》（2009）。

2. 中国大豆消费近年来持续稳定增长

随着我国居民生活水平的提高，对植物蛋白摄入量的需求增长，食用大豆需求量逐年增加，同时对肉、蛋类食品的需求不断增强，极大地促进了我国畜牧养殖业的发展进程。总的来看，中国的大豆国内消费量呈现出明显的递增趋势，从2000年的2 711万吨，上升到2009年的5 570万吨，消费量翻了一倍。同时由于2000年以来，中国的大豆出口量较小，并且数量稳定在20万～50万吨之间，所以中国国内的大豆消费量，也呈现出同样的递增趋势。大豆消费可分为榨油消费和非油消费。榨油消费主要用于豆油和豆粕的生产，非油消费则主要为制作豆腐、豆浆和豆芽等豆制品的消费。从总量上看，榨油消费量占据了大豆消费的大部分份额，在消费总量中的比例从2000年的24.6%提高到2009年的86.2%，呈现出明显的上升趋势。而食用及工业消费虽然从量上看有所增加，但在消费总量中的比重持续下降。可以看到，大豆榨油消费将是未来中国大豆的主要需求增长点。作为饲料主要配料之一的豆粕消费量迅速上升，从而导致我国对大豆的需求量逐年增加。同时，食用油消费量的增长，使得大豆压榨的需求得到了进一步的加强。

表1　2000—2009年中国大豆供需分析

单位：万吨

项　　目	2000	2001	2002	2003	2004	2005	2006	2007	2008	2009
种用量	84	87	70	102	95	91	87	82	71	72
食用及工业消费	650	672	696	727	767	807	848	895	870	900
榨油消费量	1 977	1 956	2 735	2 525	3 350	3 470	3 580	3 720	4 100	4 800
其中：国产大豆	677	806	888	780	770	740	630	620	200	400
进口大豆	1 300	1 150	1 848	1 745	2 580	2 730	2 950	3 100	3 900	4 400
年度国内消费量	2 711	2 715	3 502	3 353	4 212	4 368	4 515	4 747	5 041	5 570
出口量	21	30	27	32	39	35	40	50	45	35
年度需求总量	2 732	2 745	3 528	3 385	4 251	4 403	4 555	4 797	5 086	5 605
年度结余量	134	－166	264	－152	70	64	42	－47	464	100

资料来源：王恩惠（2010）。

3. 我国大豆进口快速增长

从出口量来看，中国的大豆出口可以分为两个阶段：1987年之前是大豆出口快速增长阶段，在这个阶段我国畜牧业和压榨业发展较为缓慢，大豆年均出口量超过 100 万吨；1987 年以后，大豆出口量进入快速减少阶段，最少时年出口不足 20 万吨，而近年来年出口量一直稳定在 30 万～50 万吨之间。从进口量来看，1996 年之前大豆进口量较小，维持在 30 万吨以下，从 1996 年开始，中国大豆进口进入高速增长阶段，1996—1999 年之间保持在 100 万～400 万吨，自 2000 年突破 1 000 万吨以来，2003 超过了 2 000 万吨，2007 年突破 3 000 万吨，2009 年已达惊人的 4 255 万吨。

综合来看，中国的大豆进出口也可以分为两个阶段：以 1996 年为界，中国由一个传统的大豆出口国转变成为一个对大豆、豆粕和豆油全面进口的净进口大国，中国大豆在农产品贸易中的地位发生了根本性变化。如表 2所示，在 1995 年以前，我国一直是大豆的净出口国，其中 1987 年大豆的净出口量最高，达到 143.7 万吨，从 1996 年起，大豆出现净进口，达到 92.1 万吨。随后几年，中国大豆进口量迅速增长，2000 年超过了 1 000万吨，2009 年创纪录的达到了 4 220 万吨。而根据海关总署最新发布的数据，截至 2010 年 10 月，我国大豆进口额累计已达 4 390 万吨，已经超过了 2009 年的进口总额，同比增加 28%，大豆的净进口量必将进一步增大。

表 2　中国大豆产品贸易量变化

单位：万吨

年　份	大豆进口量	大豆出口量	净出口量
1983	0	35	35
1984	0	84	84
1985	0.1	114	113.9
1986	29.1	137	107.9
1987	27.3	171	143.7
1988	15.2	148	132.8
1989	0.1	117	116.9
1990	0.1	94	93.9
1991	0.1	111	110.9
1992	12.1	66	53.9
1993	9.9	37.3	27.4

（续）

年　份	大豆进口量	大豆出口量	净出口量
1994	5.2	83.3	78.1
1995	29.8	37.6	7.8
1996	111.4	19.3	−92.1
1997	288.6	18.8	−269.8
1998	320.1	17.2	−302.9
1999	432	20.7	−411.3
2000	1 041.9	21.5	−1 020.4
2001	1 394	26.2	−1 367.8
2002	1 131.5	30.5	−1 101
2003	2 074.1	29.5	−2 044.6
2004	2 023	34.9	−1 988.1
2005	2 659.1	41.3	−2 617.8
2006	2 827	39.5	−2 787.5
2007	3 082	46	−3 036
2008	3 744	47	−3 697
2009	4 255	35	−4 220

资料来源：中经数据库（海关数据）。

从进口来源来看，中国大豆的主要进口国是美国、巴西和阿根廷。大多数年份中国从美国、巴西、阿根廷三国进口大豆占进口总量的比例在98%以上。由此可见，中国大豆进口集中度非常高。进口最多是来自美国，2006年巴西首次超过美国达到1 164万吨，占大豆进口总量的40%左右。由于巴西与阿根廷在大豆国际市场上异军突起，中国从美国进口大豆的比重从2000年的51.96%下降到2007年的37.54%。进口地的相对集中，加大了中国大豆进口的风险，美国、巴西和阿根廷的天气、政策以及各种非常规因素，都可能对中国的大豆进口产生影响。

表3　2000年以来大豆进口数量

单位：万吨

	2000	2001	2002	2003	2004	2005	2006	2007	2008	2009
总量	1 041.94	1 393.99	1 131.53	2 074.11	2 022.99	2 659.06	2 827.00	3 082.14	3 743.51	4 254.57

（续）

	2000	2001	2002	2003	2004	2005	2006	2007	2008	2009
美国	541.38	572.64	461.88	829.30	1 019.77	1 104.78	988.38	1 157.11	1 543.06	2 180.50
巴西	278.43	502.04	390.95	647.01	561.59	795.20	1 164.26	1 058.25	1 165.33	1 599.34
阿根廷	211.95	316.03	277.45	596.41	440.27	739.63	622.69	827.82	984.85	374.42
加总的比重	99.02%	99.76%	99.89%	99.93%	99.93%	99.27%	98.17%	98.74%	98.66%	97.64%

资料来源：根据农业部数据库整理。

（二）我国大豆产业安全分析

目前虽然无法对外资进入压榨业是否存在垄断，做出确定性的结论，但从上述分析可以看到，外资在市场控制力、产品竞争力、原料可获得性等方面占据了有利位置，对中国的大豆压榨业安全已经构成了威胁。多家外资企业并没有形成互相竞争的市场格局，而是通过将业务与目标定位在不同市场或者产业链的不同环节，来全面控制中国的大豆产业。他们彼此之间的股份或股权关系也为日后形成寡头或者垄断组织埋下了伏笔。

外资企业通过多种形式并购国内压榨企业。由于外资企业已经控制了大豆的生产和大豆的定价方式，使得外资在大豆贸易中具有绝对的优势，在这种情形下，外资再通过并购我国的大豆压榨企业就可以达到控制我国大豆产业链的目的。外资并购我国大豆压榨企业的第一步就是对我国大豆市场进行疯狂打压，造成国内大豆压榨行业出现全行业亏损的局面，然后外资再大举收购国内的大豆压榨企业。同时，合资公司中的外资方通过恶意亏损使得中资资本减少，再通过资金优势来扩大股份，从而进一步抢占国内大豆压榨业市场。跨国公司之间存在紧密的业务联系，尤其在中国大豆压榨、豆油和饲料加工等业务方面。丰益国际通过把嘉里粮油和益海集团收归旗下，对业务和产品、渠道等多方面进行整合，有效控制了中国一、二、三线城市的植物油市场。ADM 是最大的大豆压榨企业和供货商，但是 ADM 主要通过控股丰益国际开展在华油脂业务。由此可见，AMD、丰益国际（包括嘉里粮油和益海集团）之间不可能是竞争关系，更多是战略合作伙伴关系，另外他们与邦吉分别圈住国内和国外市场，彼此之间也不太可能是竞争关系。丰益国际有很强的市场影响力。仅从其经营的植物油品种而言，丰益国际控制了我国棕榈油供给，成功经营“金龙鱼”等众多消费者耳熟能详的豆油品牌，同时涵盖了调和油、色拉油、花生油、葵花油、粟米油、芝麻油等多个品种，根据消费者的需求进行较为完整的市场细分，产品遍及不同的需求层次，从而其在小包装植物油供给方面占有绝对的市场份额；在营销网络方面，积极并成功开拓一、二、三线城市植物油供给，随着2007年的合并与重组的完成，目前已成为中国最大的油脂集团，其市场影响力可见一斑。

外资压榨企业的市场占有率日益提高。中国近年来大豆进口量不断提升，外资通过并购或是参股等手段大举进入我国，ABCD四家外资企业控制了我国大豆的进口权并控制了食用油市场。2007年中国食用油对外依存度高达59%，外资企业数目虽然仅占全国食用油加工企业的6.2%，却占据了国内产量的45.6%，分别占到国内产值和利润46.8%和56.3%。在十大食用油加工企业中，年产量达到150万吨以上的有3家，分别是“益海”、“嘉里”、“中粮”，前2家企业均同属马来西亚丰益国际集团，“嘉里”生产金龙鱼、胡姬花、花旗食用油等品牌，“益海”参股生产鲁花等品牌。从这方面看，有理由去怀疑跨国公司的企业并购和市场经营行为。在我国的大豆压榨业市场，益海嘉里占有28%的市场份额，嘉吉集团、中粮集团、九三油脂各自占有的市场份额超过10%。在植物油精炼业市场，益海嘉里占有的市场份额最大，高达37.60%，其次是中粮集团、九三油脂和来宝集团，各自所占的比例分别在9%左右，如图3所示，仅这四家企业就占到了植物油精炼业63.3%的市场份额。在我国的大豆压榨业市场和植物油精炼市场中，外资企业都已占有近50%的市场份额。就单个企业而言，从占有市场份额的角度看，外资企业较之于内资企业有更大的优势，内资企业中只有九三油脂和中粮集团占有的市场份额相对较高，而根据中粮集团2007年的年报披露的信息，中粮集团有相当部分的油脂压榨厂是与外资企业有股权关系的，据目前所掌握的信息，九三油脂集团没有外资背景。

外资企业控制大豆原料供应与定价方式。以大豆产业的“南美模式”为例，跨国粮商控制大豆生产的手段比较简单，首先是跨国粮商在豆农播种大豆时通过易货贸易的方式向豆农提供化肥和种子，在大豆收获时，豆农再以大豆来偿还。各大跨国粮商除了控制大豆的生产外，还在大豆主要原产国建立了自己的仓储和码头等设施，以便于在全球内进行大豆贸易，然后再通过自己的农产品贸易公司来进行大豆贸易，各大跨国粮商正是通

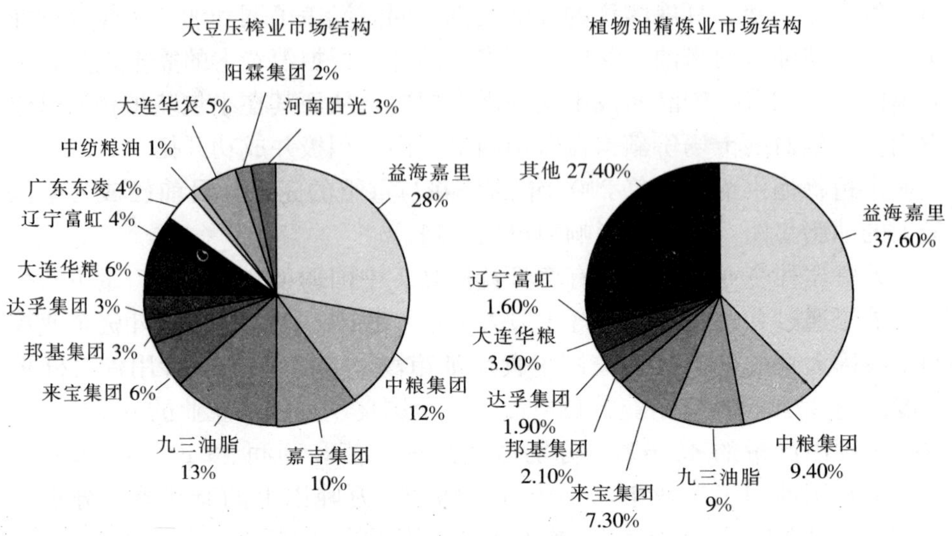

图 3　中国大豆压榨业和植物油精炼业的市场结构

资料来源：郭清保（2008）。

过这种手段控制了大豆的生产和供应。当前的国际贸易价格大多以期货价格为基准，商品的这种定价方式使美国玉米、小麦和大豆等品种的期货价格不仅成为美国农业生产和贸易的重要参考价格，还成为了国际农产品贸易的参考价格。然而，美国芝加哥期货交易所（CBOT）的农产品价格并不完全是市场供求机制作用的结果，美国相关部门定期发布的研究报告在很大程度上影响着农产品期货价格，进而影响国际农产品贸易价格。从我国而言，由于我国大豆市场开放较早，也较早的融入的国际市场，使得国际上大豆市场价格能够传递到国内市场，从而形成 CBOT 期货市场价格引导大连商品交易所大豆期货价格的局面，外资正是通过这种方式控制了大豆的定价方式。

五、启示及建议

维护我国农业产业安全要处理好保护与开放的关系。从本质上说，使民族产业完全回避国际竞争是不适当的保护；而为民族企业创造能同强大的外国公司进行公平（平等）竞争的环境则是适当的保护。也就是说，保护民族产业绝不是不实行对外开放，绝不是回避国际竞争，而是要使民族产业在非常弱小的时候能够在一种比较公平的环境中参与国际竞争，而不至于因为在发展初期因竞争能力不强而丧失生存的机会。比如现在的粮食加工市场中，由于我国没有像四大粮商这样大规模的全产业链粮食企业，因此，国家在引入四大粮商竞争的同时，也需要创造使民族粮食企业得以发展、壮大的市场条件。

基于以上考虑，本研究针对我国农业产业安全问题提出以下政策建议：

（一）继续合理使用贸易政策手段，保障粮食安全

粮食安全处于农业产业安全的核心，现有的国内支持政策和进口配额政策比较有效，因此，应继续合理用足用好 WTO 允许的政策空间，有效保护国内农业产业安全。

（二）加强对大宗产品的调控和管理

一是全面评估国际市场结构，对于跨国公司市场经营行为加以跟踪与监管，尤其是对在国内有经营行为的跨国公司。二是要建立农产品进口监测与产业损害预警系统和快速反应机制，充分运用反倾销、反补贴、保障措施等贸易救济措施，建立产业健康发展应对机制。三是针对部分大型涉贸国有企业进出口行为加以监管，利用国际市场实现国内市场供需平衡。

（三）增强本国产品或资本的竞争力

加大科技研究力度，为提高单产和加工业发展提供核心技术。培育有市场竞争力的涉农企业集团。一要为涉农企业创造良好的发展环境，包括税收、贷款支持、贸易促进等方面；二是鼓励内资企业与农户建立良好的生产销售契约，稳定农产品供给，扩大国内市场的份额，促进企业返利与民，既有利于农业结构调整和农民增收，也有利于企业锁定货源、降低企业采购成本；三是在市场逐渐开放中，引导企业重组，培育大规模跨国企业。

（四）合理利用外资

政府需要密切监管企业的垄断行为，加强市场秩序的控制，加快相关法律、法规的研究和制定，尽快出台适合农产品特点的反垄断法具体条则，并做好反垄断的调查工作。要合理利用外资，进一步细化外资进入的涉农行业，有针对性引导外资投向，管理部门研究制定外资外商并购投资项目导向政策和核准管理办法，建立多部门联合审查机制。要全面评估外资垄断对就业、市场和产业安全的影响，管理部门对外资投向、跨国企业并购、价格异常行为等做出跟踪与审查。最后，要规范与监督政府招商引

资行为，防止地方政府为片面追求经济增长，忽视产业安全。

（五）加强全产业链建设

维护农业产业安全应该从产业链的视角切入，即从农产品原料到终端消费品，包含种植、采购、贸易和物流、食品原料和饲料生产、养殖与肉类加工、食品加工、食品营销等产业链的多个环节，寻找出基于农业产业安全视角的市场风险，对关键控制点进行控制。

日本农户收入补贴新政及启示

2010年日本开始对大米实施农户收入补贴和价格变动补贴制度，在取得经验的基础上决定于2011年4月起全面实行"农户收入补贴制度"（日文名称为"农业者户别所得补偿制度"），将补贴范围进一步扩展到大米之外的战略作物。这一制度的全面实施将对日本农产品自给率的提高以及激发农村地区活力起到重要的推动作用，也将对国际农产品市场产生一定影响，值得我们高度关注。

一、新政实施的背景

农业人口大量流失，从业人员老龄化问题突出。日本农林水产省2010年公布的农林业普查结果显示，日本农业就业人口为260万，仅为20世纪60年代的20%，比2005年的调查减少了75万人，下降22.4%，创下1985年以来的最大降幅。另外，日本农业经营者平均年龄高达66岁，年轻人不愿从事农业，后继无人现象已严重威胁到日本农协的基层运行。

农业生产逐年萎缩，食品自给率直线下滑。随着城市化的推进，日本耕地面积大幅减少，农业生产逐年萎缩，目前日本农业用地面积为467万公顷，比40年前减少133万公顷（其中大量已经荒废）。国内农业生产的萎缩导致农产品自给率下降，如果按热量计算仅为40%，除大米自给率达到95%外，谷物整体自给率仅为28%。在世界范围内异常气候频发、生物能源需求激增、发展中国家农产品需求快速增长的背景下，国际农产品市场能否像以往那样继续为日本提供稳定可靠的食物原料，引起日本政府和国民的普遍担心。为改善粮食自给率低的局面，日本内阁于2010年3月30日通过了新的《食粮农业农村基本计划》，确立了到2020年将农产品自给率提高到50%的目标，并围绕这一目标开始进行一系列政策调整。

价格补贴严重扭曲市场，WTO谈判要求政策调整。日本对农业的支持力度和保护程度是发达国家中最高的，而其中价格补贴占相当大的比重，此类措施在扭曲农产品市场的同时也造成了国内生产的低效。世界贸易组织近期曾发表报告称日本农业生产效率明显过低，要求日本政府改善这一局面。随着 WTO 农业谈判的不断推进，以价格支持政策为主的传统农业保护措施将被进一步削减，日本政府不得不在 WTO 框架下寻找新的农业保护手段，2011 年 4 月全面推行的农户收入补贴制度是落实政策调整的关键之一。

二、农户收入补贴制度的设计

为提高战略作物的自给率，政府事先制定产量目标，再将产量换算成种植面积后分摊至每个农户，以指导农户进行生产。政府补贴对象是自愿参加该制度的销售农户（即经营面积在 0.3 公顷以上或农产品年销售额在 50 万日元以上的农户）。补贴项目主要包括旱田作物补贴、水田活用补贴、大米种植收入补贴、大米价格变动补贴、附加补贴和农村经营组织法人化支援等六个方面，2011 年度总预算为 8 003 亿日元（约合人民币 622 亿元）。

（一）旱田作物补贴

对种植麦类、大豆、淀粉原料用马铃薯、荞麦和油菜籽等战略作物且达到一定产量目标的农户，政府发放直接补贴。

直接补贴分两步进行。先是支付面积补贴，即对那些参加“营农继续计划”（即承诺今后继续从事作物种植）的农户，在每年 8 月和 9 月份，先按照农户承诺的种植面积给予 2 万日元/10 公亩（约合人民币 1 036 元/亩）的面积补贴，其目的是为那些参与“营农继续计划”的农户提前提供一些生产经营所需要的资金。然后是数量补贴，即每年 11 月开始至次年 3 月农产品销售后，按照销售量给予一定金额的补贴，即标准生产成本[①]高于标准销售价格的部分（图 1）。

---

① 标准生产成本是指近三年的生产成本平均值；标准销售价格是指近五年销售价格中去掉最高最低价之后的三年平均值。标准生产成本和标准销售价格由政府统一制定。

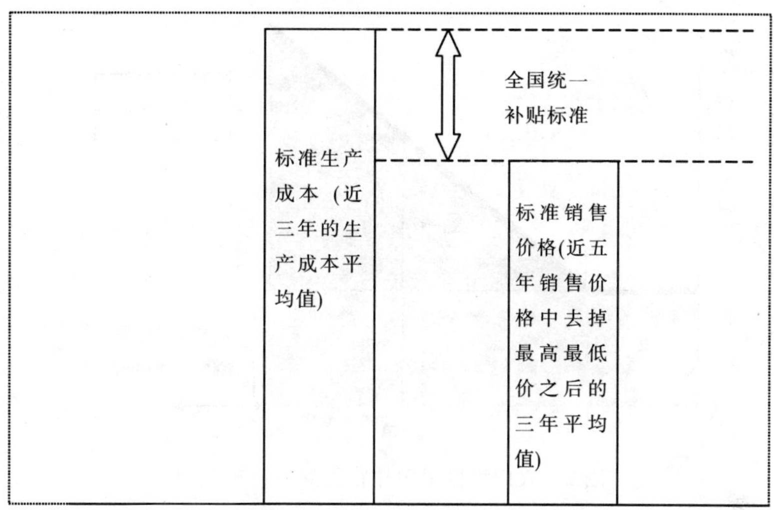

图1　旱田作物全国补贴标准的制定方法

2011年旱田作物补贴总预算2 123亿日元（约合人民币165亿元）。数量补贴与面积补贴不重复发放，也就是说已经获得面积补贴的农户，在领取数量补贴时需要将已经领取的面积补贴额扣除。具体数量补贴标准如下表1所示：

表1　新补贴制度旱田作物数量补贴一览表

（2011年4月执行）

	数量补贴		换算成面积补贴	
	日元	折合人民币（元/吨）	日元（日元/10公亩）	折合人民币（元/亩）
小麦	6 360日元/60千克	8 236.21	43 700	2 263.66
二棱大麦	5 330日元/50千克	8 282.30	37 600	1 947.68
六棱大麦	5 510日元/50千克	8 562.55	34 200	1 771.56
裸小麦	7 620日元/60千克	9 867.91	40 000	2 072.00
大豆	11 310日元/60千克	14 646.46	38 300	1 983.94
甜菜	6 410日元/吨	498.06	40 300	2 087.54
淀粉原料用马铃薯	11 600日元/吨	901.32	51 500	2 667.70
荞麦	15 200日元/45千克	26 245.36	22 600	1 170.68
油菜籽	8 470日元/60千克	10 968.66	32 000	1 657.60

注：换算成面积补贴＝数量补贴×标准单产，即根据数量补贴大致折算的每亩地得到的补贴数量，仅作参考使用。

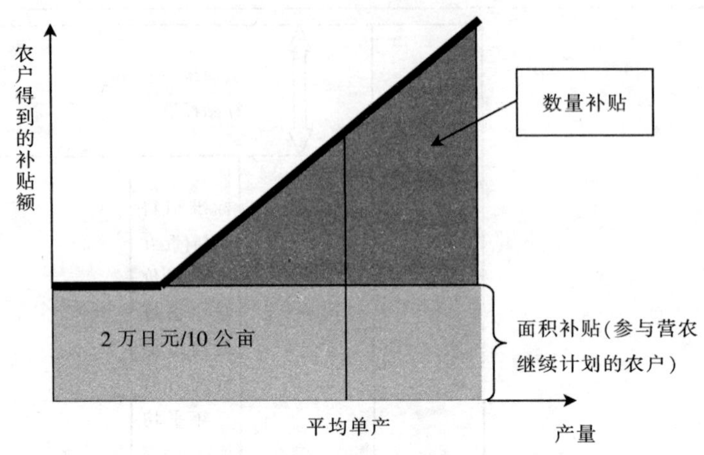

图 2　农户种植旱田作物得到的补贴金额

(二) 水田活用补贴

为了鼓励在原来种植稻谷的水田上种植麦类、大豆、饲料用稻谷等战略作物，政府向这些农户支付补贴以确保他们获得与种植食用大米相同的收入。2011 年水田活用补贴总预算为 2 284 亿日元（约合人民币 177 亿元），具体补贴方式有四个方面：

一是战略作物生产补贴。麦类、大豆和饲料作物，补贴 3.5 万日元/10 公亩（约合人民币 1 813 元/亩）；米粉用大米和饲料用大米，补贴 8 万日元/10 公亩（约合人民币 4 144 元/亩）；荞麦、油菜籽和加工用大米，补贴 2 万日元/10 公亩（约合人民币 1 036 元/亩）。

二是两熟制生产补贴。为了鼓励农民恢复两熟制、提高复种指数，对于那些采用“主食用大米＋战略作物”或“战略作物＋战略作物”耕作制度的农户额外再给予 1.5 万日元/10 公亩（约合人民币 777 元/亩）的补贴。

三是农牧结合生产补贴。对于那些把饲料用稻谷秸秆用于饲养牲畜、在水田放牧，实现种植业与养殖业资源循环利用的农户，再补贴 1.3 万日元/10 公亩（约合人民币 673 元/亩）。

四是产地资金。即对于那些根据地区实际情况采取各种措施来促进麦类和大豆等战略作物生产率提高、促进生产储备米、促进地区作物种植的行动给予支持，2011 年总预算为 481 亿日元（约合人民币 37 亿元）。

表2 新补贴制度水田活用补贴一览表

水田活用补贴项目	补贴标准	
战略作物生产补贴	（万日元/10公亩）	折合人民币（元/亩）
麦类、大豆和饲料作物	3.5	1 813.00
米粉用大米和饲料用大米	8.0	4 144.00
荞麦、油菜籽和加工用大米	2.0	1 036.00
两熟制生产补贴	1.5	777.00
农牧结合生产补贴	1.3	673.40
产地资金（2011年总预算）	481亿日元	37.37亿元人民币

（三）大米种植收入补贴

对种植大米且达到一定产量目标的农户，政府发放相当于标准生产成本与标准销售价格之间差额的直接补贴，该制度已经于2010年开始实行。大米标准生产成本按过去7年内处于中间水平的5年平均值计算，大米标准售价按过去三年平均值计算。全国采取统一的补贴标准，即补贴1.5万日元/10公亩（约合人民币777元/亩），2011年度总预算为1 929亿日元（约合人民币150亿元）。

（四）大米价格变动补贴

在市场价格低于标准销售价格的情况下，仅仅靠上述按面积发放的大米收入补贴不足以弥补农户生产成本，所以日本同时实施了大米价格变动补贴制度。当大米市场价格（按当年3月份之前平均价格计算）低于标准售价时，政府进一步按两者之间差额于来年5月和6月向农户提供差价补贴，该项措施2011年预算为1 391亿日元（约合人民币108亿元）。

（五）附加补贴

为了促进战略作物发展、提高农产品自给率，在上述各项收入补贴基础上进一步设置了附加补贴，2011年预算额度为150亿日元（约合人民币12亿元）。对以下四方面行为给予额外的鼓励性补贴：

一是品质附加补贴。即对农户生产的旱田作物，根据其产品质量差异进行补贴调整，优质产品获得更多的补贴。

二是经营规模扩大附加补贴。为了促进农业经营规模的扩大，在市町村或农协等中介帮助下，对于在农地使用权上实现了地块连片集中、扩大经营规模的土地进一步给予 2 万日元/10 公亩的补贴（约合人民币 1 036 元/亩）。

表 3　旱田作物品质附加补贴调整标准

产品		品质区分								
		1 等				2 等				3 等
		A	B	C	D	A	B	C	D	
小麦	日元/60 千克	6 450	5 950	5 800	5 740	5 290	4 790	4 640	4 580	—
	折合人民币（元/吨）	8 353	7 705	7 511	7 433	6 851	6 203	6 009	5 931	
大麦和裸小麦										
二棱大麦	日元/50 千克	5 390	4 970	4 850	4 800	4 530	4 110	3 980	3 930	—
	折合人民币（元/吨）	8 376	7 723	7 537	7 459	7 040	6 387	6 185	6 107	
六棱大麦	日元/50 千克	5 880	5 460	5 330	5 280	4 850	4 430	4 310	4 260	—
	折合人民币（元/吨）	9 138	8 485	8 283	8 205	7 537	6 884	6 698	6 620	
裸大麦	日元/60 千克	7 890	7 390	7 240	7 150	6 320	5 820	5 670	5 590	—
	折合人民币（元/吨）	10 218	9 570	9 376	9 259	8 184	7 537	7 343	7 239	
一般大豆（日元/60 千克）		12 170				11 480				10 800
折合人民币（元/吨）		15 760				14 867				13 986
特定加工大豆（日元/千克）		10 120								
折合人民币（元/吨）		13 105								

三是再生利用附加补贴。为了鼓励农民重新利用撂荒地、种植豆麦类战略作物，日本各地的地域农业再生协议会都制定了撂荒地再生利用计划。对于参加这些计划并确认继续在这些撂荒地上种植麦类、大豆、荞麦和油菜籽等作物的农户，进一步按平原地区 2 万日元/10 公亩（约合人民币 1 036 元/亩）、山地等条件不利地区 3 万日元/10 公亩（约合人民币 1 553元/亩）给予直接补贴。补贴最长年限为五年。

四是绿肥轮作附加补贴。在北海道沿海一些旱田地区，由于无法种植豆类而且需要三年轮作，为了鼓励农民在轮作期间的休闲地上种植青贮玉米等绿肥作物从而提高地力、实现合理的轮作，给予 1 万日元/10 公亩（约合人民币 518 元/亩）的绿肥轮作补贴。

（六）农业经营组织法人化支援

在山区和小规模农户为主的地区，农业经营组织是当地农业经营的支柱。为了进一步发挥这些组织在提高麦类和大豆自给率、促进地区农业可持续发展等方面的作用，对于这些组织法人化后所需要的办公费和经理培育经费，政府补贴 40 万日元/法人（约合人民币 3 万元），该项计划 2011 年总预算为 116 亿日元（约合人民币 9 亿元）。

三、启示与建议

我国和日本同为东亚小规模农业，人多地少的资源禀赋共性决定了两国农业存在相似的问题。日本农业发展中出现的人口老龄化、农产品自给率降低等问题为我们提供了警示。作为应对这些问题的战略举措，日本实施的以农户收入补贴制度为代表的农业政策调整对于我国未来农业发展和农业政策调整具有重要的借鉴意义。

（一）为确保我国粮食安全，必须坚持立足国内实现粮食基本自给方针

在国际市场越来越受到各种不确定性事件冲击的背景下，即使日本这样一个人口规模相对较小的发达国家也充分意识到过度依靠国际市场存在着严重的粮食安全隐患，开始致力于提高本国粮食自给率。作为一个发展中的人口大国，我们依靠国际市场来解决粮食安全问题的空间更是非常有限。因此，要继续坚持立足国内实现粮食基本自给方针，加大国家对农业的支持和保护力度，加快现代农业建设，实现农业全面稳定发展。

（二）在确定战略作物的基础上积极参与国际农业分工，充分利用国际国内两个市场、两种资源

多年来，日本在农业分工上一直保持有保有放的格局，即确保大米完全自给，而其他饲料作物和加工原料作物完全依靠国际市场，导致食物自给率过低，这正是此次政策调整的重要原因之一。面对迅速扩张的农产品需求，我国有限的耕地和水资源越来越难以完全承担起确保我国粮食安全的重任，必须充分利用国际国内两个市场、两种资源。但是，考虑到我国进口农产品时的大国效应和有限的国际市场空间，我们有必要借鉴日本的经验教训，在统筹考虑国内外资源和市场

状况的基础上确定战略作物，确保战略作物相当水平的自给率，非战略作物则依靠国际市场调节，既确保粮食安全又通过优势农产品出口来增加农民收入。

（三）完善农业补贴方式，提高农业补贴的针对性和有效性

日本农户收入补贴新政具有明确的政策目标，在补贴整体设计、补贴对象的确定、补贴类别的设置等方面都体现了其政策导向。而我国农业补贴政策的目标指向比较模糊，补贴效果不太显著。以粮食直补为例，很多地方都是按照计税面积发放，与粮食生产并无联系，这项政策的目标究竟是促进粮食生产还是增加农民收入，对此并不明确。应借鉴日本的补贴方式完善我国的补贴政策，围绕“转变农业发展方式”这条主线和“确保国家粮食安全”、“提高农民收入”两大目标，统筹兼顾，突出重点，优化结构，寻求最佳的政策组合。在补贴类别上，既要有促进增产的政策，又要有促进增收的政策，既要有“扩大农业生产的量”的政策，又要有“提升农业发展的质”的政策；在补贴方式上，要通过黄箱政策和绿箱政策的组合，最大限度地利用农业政策空间。

（四）在稳定和完善农村基本经营制度的基础上，积极采取措施促进适度规模经营

即使日本这样对农业实行高度保护、国内主要农产品价格远高于国际水平的国家，仍然通过补贴政策促进农业经营规模的扩大，以弥补小规模农业在竞争力和获益水平方面的欠缺，而我国农业已经高度开放且不可逆，在 WTO 规则约束下对农业实行支持和保护的空间非常有限，难以利用高补贴和高价格政策为农业发展提供利益激励，通过扩大经营规模提高农业竞争力和农业经营主体的获益能力将成为必然选择。随着我国工业化和城镇化的发展，大量农业劳动力向非农领域转移，许多地方都出现了各种形式的农业规模经营，农村土地向种田大户流转的趋势非常明显，这种变化符合现代农业的发展方向，应在稳定和完善农村基本经营制度的基础上积极出台鼓励政策加以推动。

（五）在严格保护耕地资源的基础上，进一步提高土地利用率

日本农户收入补贴制度的特点之一就是通过直接补贴方式来鼓励农民恢复多熟耕作制度、提高复种指数。我国地域辽阔，很多地区农作物可以做到一年两熟，甚至三熟四熟。然而，近年来随着我国经济的快速发展，土地和劳动力机会成本不断提升，普遍出现了“三熟变

两熟、两熟变单熟”的耕作制度变化，复种指数由20世纪80年代的1.5逐渐下降到现在的1.2。从确保我国长期粮食安全的角度来看，我们可以借鉴日本经验，必要时采取直接补贴方式来鼓励农民提高复种指数，提高土地利用率，充分利用十分有限的耕地资源。

（六）加强农村基层组织和统计体系建设，为制定和落实农业政策提供有力的组织和制度保障

日本能够采取农户收入直接补贴政策，不仅得益于农产品标准成本和售价的精细核算，更得益于长期的农村基础组织体系建设。市町村和农协是落实日本农业政策、统计农业信息的重要载体。在小规模农业条件下，针对大量分散的小农户的政策扶持措施存在难以瞄准目标和执行成本高昂的问题，应借鉴日本经验，加强农村基层组织和统计体系建设，为科学设计和有效执行农业政策提供有力的组织和制度保障。

附件

日本农户收入补贴制度一览表

补贴名称	补贴对象	具体类别	补贴标准	约合人民币
一、旱田作物补贴	对种植麦类、大豆、淀粉原料用马铃薯、荞麦和油菜籽等战略作物且达到一定产量目标的农户		先支付面积补贴：2万日元/10公亩，农产品销售后再进行数量补贴。二者不重复发放	1 036元/亩
二、水田活用补贴	在原来种植稻谷的水田上种植麦类、大豆、饲料用稻谷等战略作物的农户		麦类、大豆和饲料作物补贴3.5万日元/10公亩	1 813元/亩
			战略作物助成补贴米粉用大米、饲料用大米补贴8万日元/10公亩	4 144元/亩
			荞麦、油菜籽和加工用大米补贴2万日元/10公亩	1 036元/亩

（续）

补贴名称	补贴对象	具体类别	补贴标准	约合人民币
		两熟制助成补贴	为鼓励农民恢复两熟制、提高复种指数，对采用“主食用大米＋战略作物”或“战略作物＋战略作物”耕作制度的农户额外再给予 1.5 万日元/10 公亩	777 元/亩
		耕牧结合助成补贴	把饲料用稻谷秸秆用于饲养牲畜、在水田放牧、实现种植业与养殖业资源循环利用的农户再补贴 1.3 万日元/10 公亩	673 元/亩
		产地资金	对那些根据地区实际情况采取措施促进麦类大豆等战略作物生产率提高、促进生产储备米、促进地区振兴作物发展的行动予以支持，2011 年总预算为 481 亿日元	37 亿元
三、大米种植收入补贴	对种植大米且达到一定产量目标的农户		2011 年度总预算为 1 929 亿日元，全国采取统一的补贴标准，即补贴 1.5 万日元/10 公亩	2011 年总预算为 150 亿元，标准为 777 元/亩
四、大米价格变动补贴	当大米市场价格低于标准销售价时政府按二者之间差额向农户提供差价补贴		当大米市场价格（按当年 3 月之前平均价格计算）低于标准售价时，政府按照两者之间差额于来年 5 月和 6 月向农户提供差价补贴，2011 年预算为 1 391 亿日元	108 亿元
五、附加补贴	对提高产品品质、扩大经营规模、重新利用撂荒地、实行绿肥轮作给予额外的鼓励性补贴	品质附加	对农户生产的旱田作物根据其产品质量差异进行补贴调整，优质产品获得更多的补贴	

（续）

补贴名称	补贴对象	具体类别	补贴标准	约合人民币
		经营规模扩大附加	对在农地使用权上实现了地块连片集中、从而扩大了经营规模的土地进一步给予2万日元/10公亩的补贴	1 036元/亩
		再生利用附加	对参加了撂荒地再生利用计划并确认继续在这些原来的撂荒地上种植麦类、大豆、荞麦和油菜籽等作物的农户按平原地区2万日元/10公亩、山地等条件不利地区3万日元/10公亩给予直接补贴	1 036元/亩 1 553元/亩
		绿肥轮作附加	在北海道沿海一些旱田地区需要三年轮作，为鼓励农民在轮作期间的休闲地上种植青储玉米等绿肥作物，给予1万日元/10公亩的绿肥轮作补贴	518元/亩
六、农业经营组织法人化支援	为发挥农业经营组织在提高麦类和大豆自给率、促进地区农业可持续发展等方面的作用，对农业经营组织法人化进行补贴		对农业经营组织法人化后所需要的办公费和经理培育经费补贴40万日元/法人，2011年总预算为116亿日元	3万元/法人，2011年共9亿元

农产品市场波动性研究

近年来，国际主要农产品价格在供需基本平衡的格局下呈现波动加剧态势。随着我国农产品市场开放程度的提高，国内外农产品市场联动性加强，国际市场农产品价格波动通过各种渠道传导至国内市场，给国内经济带来了一定程度的影响，并引起广泛关注。跟踪研究国内外农产品价格变动，考察国内与国际农产品市场之间的互动关系，全面分析国际金融资本、生物能源等非传统因素对农产品市场价格波动的影响，具有重要的理论意义和现实意义。

一、国内外农产品市场互动关系分析

（一）国际农产品价格波动的阶段特征及规律

1. 国际农产品价格波动的阶段特征

自 20 世纪 90 年代以来，国际农产品价格的波动大致可以分为以下几个阶段：

（1）1990—1996 年持续上升阶段。本阶段国际农产品价格指数上涨 19.5%，年均增速约 3.1%，上涨原因较为复杂。首先，在乌拉圭回合谈判农业协议约束下，各国农业政策进行了相应地调整，削减了价格支持与出口补贴；其次，主要发达国家如美国、欧盟的新经济政策刺激了世界经济的复苏；再次，前苏联、东欧等转轨国家经济状况的好转以及发展中国家经济的迅速发展促进了农产品进口。

（2）1997—2001 年大幅度下降阶段。在这一阶段，国际农产品价格逐年下降，且降幅较大。2001 年国际农产品价格总指数较 1997 年下降 20.7%，年均下跌 5.6%。本阶段国际农产品价格已经跌落至第二次世界大战以来的最低点，最主要的原因是需求下降和供给过剩所造成了供求失衡。

（3）2002—2008 年上涨阶段。国际农产品价格在 2002—2006 年期间振荡上涨，从 2007 年开始迅速攀升。2008 年下半年，国际农产品价格开始下降。在这一阶段，由于全球经济形势发生了巨大的变化，由美国次贷危机引发的“金融海啸”对全球经济的影响不断加大：银行破产、证券价格暴跌、企业大规模裁员等已经从华尔街蔓延到全世界，并开始逐步从金融界波及到各产业界，全球粮食价格也出现大幅度下跌。此次国际农产品价格上涨的原因：第一，生物质能源发展大幅提高了国际农产品需求；第二，中国、巴西、印度等发展中国家经济的快速增长带来了全球农产品需求的增加；第三，石油价格上涨导致农业生产成本的增加；第四，跨国公司控制市场、国际游资投机等因素放大了新需求的影响；第五，自然灾害频发、生产周期性变动等因素使得各国农产品供给减少，国际库存明显下降。

2. 国际农产品价格波动的规律

农产品价格波动受供求基本面的影响较大，与世界粮食库存消费量比走势基本相反。世界粮食库存反映了世界粮食需求与供给的变化，当需求上升、供给减少，或供给上涨幅度小于需求上升幅度时，世界粮食库存下降。随着粮食库存的减少，农产品国际市场价格更容易受到偶然因素的影响，价格波动风险随之增大。当粮食价格上涨时，会带动其他农产品价格上涨；反之，当世界粮食库存增长时，粮食类产品价格下跌，其他农产品价格也会随之下跌。

农产品价格波动与原油价格波动相一致。首先，原油价格的上涨抬高了能源、化肥等农用生产资料价格，使得农产品生产成本提高，进而带动农产品价格上升。其次，当原油价格上涨时，对生物质能源的需求增加，从而引发玉米等相关产品价格的上涨。生物质能源的发展对农产品价格产生长期影响，具体表现为全球生物质能源发展之后，全球石油价格对农产品价格的弹性大幅提高。

农产品价格波动与全球GDP年变化率的走势接近。GDP增长带来需求增长，从而引起农产品价格上涨。随着人们生活水平的提高，收入增长对食品需求的拉动作用逐步减弱，但非食品加工需求则可能出现较快增长。从发展前景看，生物质能源的生产构成一种新的需求，这种需求具有持久性，因而会影响到农产品价格的长期走势。

农产品价格波动与美元指数的波动基本相反。主要原因是全球大宗农产品通常以美元计价，美元汇率的变动直接影响着大宗农产品现货价格和期货价格的走势。当美元贬值时，农产品价格会上涨；当美元升值时，农产品价格会下跌。

（二）国内农产品市场价格波动的阶段特征及规律

1. 国内农产品价格波动的阶段特征

20 世纪 90 年代以来，国内农产品价格波动可以划分为以下 5 个阶段（图 1）。

图 1　1978—2008 年国内农产品价格指数波动情况

资料来源：国家统计局网站，上年价格指数为 100。

（1）1989—1991 年下降阶段。这一阶段农产品价格连续两年下降，与 1989 年相比，1991 年国内农产品价格下降了 4.6%。粮食生产增长较快而消费增长缓慢是本轮农产品价格下降的主要原因。

（2）1992—1996 年急剧上涨阶段。与 1992 年相比，1996 年农产品价格上升了 98.2%，年均上涨达 18.7%。这一方面是由于同期严重的通货膨胀带动了农产品价格全面的上涨；另一方面是由于国家对粮食定购实行"保量放价"，定购粮综合收购价格提高 40%，导致粮食收购价格随之上涨。

（3）1997—2000 年迅速下降阶段。这一阶段国内粮食大幅度增产，1999 年产量达 50 838.6 万吨，粮食供求格局发生根本性变化，全国出现严重的"卖粮难"问题，粮食价格全面下跌。为保护种粮农民利益，国家于 1998 年起实行保护价收购政策，导致粮食库存持续增加，粮价持续低迷。

（4）2001—2006 年恢复上升阶段。国内农产品价格连续几年下降，农民生产积极性下降，粮、棉、油、糖等大宗农产品大幅减产。2001 年后农产品价格恢复性上涨，至 2006 年累计涨幅达 20.7%，年均上涨

3.8%；其中2004年上涨幅度最大，上涨13.1%。

（5）2007年以来快速上升阶段。2007年、2008年和2010年国内农产品价格涨幅均在10%以上，本轮价格上涨是多方面因素综合作用的结果：第一，土地租金和物质费用大幅度上涨，导致农业生产成本增加；第二，城乡居民收入增加，导致农产品消费结构升级加快，农产品需求快速增长；第三，国际农产品价格上涨；第四，货币溢出效应放大了农产品的涨价趋势，货币超量供给，使得货币供给与农产品的比例关系发生了变化，引起了农产品价格上涨。

2. 国内农产品价格波动的规律

农产品价格制度与购销体制改革对价格波动影响显著。在计划经济时期，中国实行政府统购统销制度，农产品价格比较稳定。1978年中国全面启动农村改革；1979年国家决定从夏粮上市起，粮食统购价格提高20%，超购加价由按原统购价加30%调整为按新统购价加50%；1985年国家粮食收购改为合同定购，并且分地区分品种地逐步提高合同收购价格，其中，粮价提高幅度较大的是1989年，达到18%；1994年，国家对粮食定购实行“保量放价”，粮食收购价格随行就市，定购粮的综合收购价格提高40%，粮食购销体制改革促进了粮食价格形成机制的变化，1994年粮食价格比1993年上涨46.6%。

通货膨胀对价格波动的带动作用明显。20世纪80年代和90年代，中国经济发展呈现明显地阶段性波动，经济过热与经济调整交替循环。1987—1989年和1993—1995年两次较为严重的通货膨胀带动了农产品价格全面的上涨，1989年和1994年的粮食价格分别比上一年上涨26.9%和46.6%。

农产品市场供求变化直接影响价格波动。1994年粮食购销体制改革后，由市场供求关系主导的农产品价格机制逐步形成，粮食价格与产量相互影响，蛛网波动特征日趋明显。1994—1999年，中国粮食连续5年大幅增产，产量从1994年的44 510.1万吨增至1999年的50 838.6万吨。由于粮食供求格局发生根本性变化，全国出现严重的“卖粮难”问题，粮食价格全面下跌。为保护种粮农民利益，国家于1998年起实行保护价收购政策，导致粮食库存持续增加，粮价连续5年低迷。2003年中国粮、棉、油、糖等大宗农产品大幅减产，其中粮食产量43 069.5万吨，比1999年减产15.3%；农产品价格转向连续4年恢复性上涨，其中2004年粮价上涨达 28.1%（图 2）。

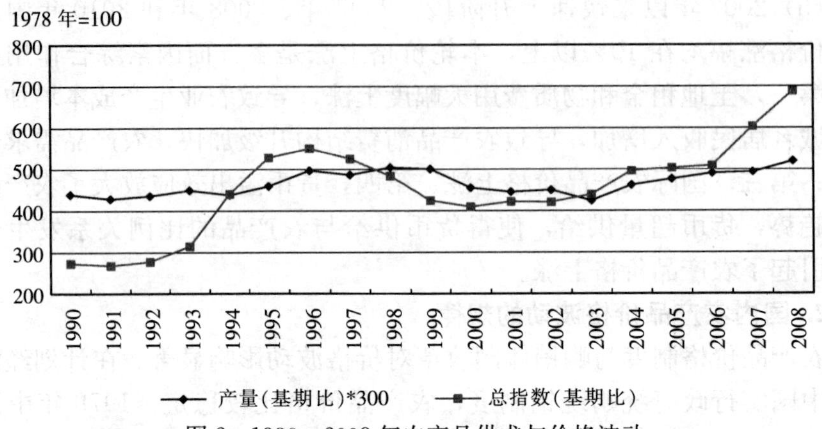

图 2 1990—2008 年农产品供求与价格波动

资料来源：《中国统计年鉴》2009。

国内外农产品价格波动之间的影响日益加深。加入 WTO 后，国内农产品市场与国际农产品市场接轨，国际农产品价格波动对国内农产品价格有着巨大的传导效应。首先，通过进出口影响国内价格。以大豆为例，1996 年，我国大豆进口量首次突破 100 万吨，到 2006 年大豆进口量达到 2 827 万吨，而同年国内大豆的产量仅为 1 635 万吨。大量进口推动了国际价格的上涨，同时带动了国内价格的上涨。其次，通过期货市场影响国内价格。全球三大期货市场中，美国大豆期货市场在全球大豆期货定价中处于主导地位，然后是日本大豆期货市场，这两者都是影响我国大豆期货市场价格变化的因素。

生产成本变化带动国内农产品价格波动。随着农业生产要素价格的上涨，农业生产成本逐年上升，直接推动了农产品价格的上涨。以生猪为例，生猪的生产成本主要包括两部分：一是仔猪成本，二是饲料成本。仔猪和饲料价格的上升都推动了猪肉价格的上涨。猪饲料主要为玉米、豆粕、麦麸、鱼粉等，其中玉米占到饲料总成本的 60%～70%，而玉米价格的上涨则显著推动了下游猪肉产品价格的上涨。

加工需求引起农产品价格波动。农产品精深加工的发展大幅增加了农产品市场需求，使农产品价格逐渐上涨。在 20 世纪末，为了缓解国际石油价格节节攀升的压力和消化玉米、小麦等陈化粮，国家开始推行生物燃料项目。由于我国的玉米消耗量增加，而国内玉米生产供应量却远远低于工业用量的扩张速度，使得国内玉米的价格扶摇直上。2006 年 10 月到 2007 年 6 月期间，玉米价格从 1 324 元/吨涨到 1 617 元/吨，8 个月内价格上涨了 22.1%。

（三）国内外农产品市场互动关系分析

总体来看，改革开放以来，国内外农产品价格走势基本一致，均呈上升趋势，但由于我国经济发展速度较快，国内农产品价格指数的上升幅度远大于国际。从年度间价格波动可以看出，国内外农产品价格波动在 2001 年以前虽总体趋势一致，但偏离较明显，波动方向在个别年份甚至相反，主要原因是国内的农产品价格受农产品价格制度与购销体制改革的影响显著。2001 年中国加入 WTO 以后，国内农产品价格波动与国际价格波动更趋于同步（图 3）。

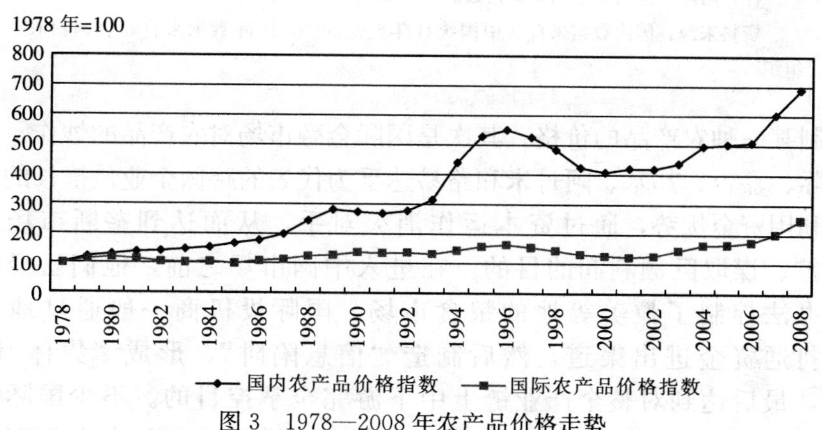

图 3　1978—2008 年农产品价格走势

注：国际、国内农产品价格指数均以 1978 年为基期。

资料来源：国内数据来自《中国统计年鉴》2009，国际数据来自联合国粮农组织。

二、非传统因素对农产品价格波动的影响研究

近年来，农产品市场在年度总需求基本保持平衡的格局下，出现了较大幅度的价格波动，国际游资投机和生物能源发展等非传统因素对农产品价格的影响日益显著。

（一）国际金融资本对农产品价格波动的影响

国际金融资本对农产品市场的影响主要体现在两个方面。首先，跨国企业以及金融机构利用金融资本与产业资本的结合，对行业进行垄断，从

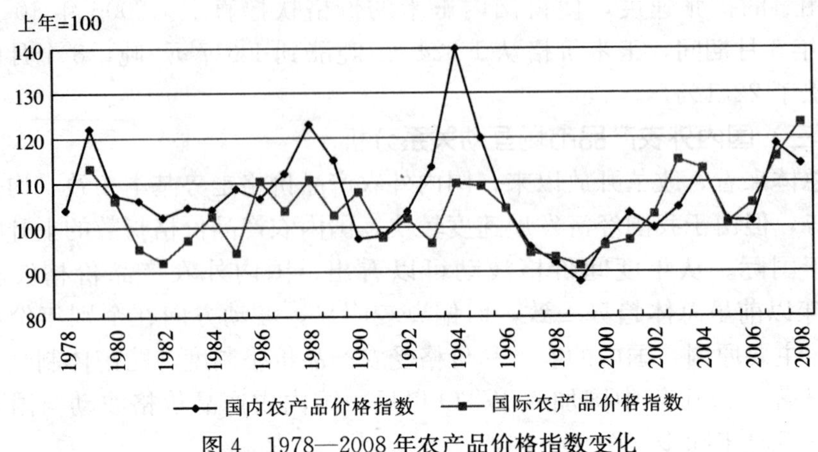

图 4　1978—2008 年农产品价格指数变化

注：国际、国内农产品价格指数的计算以上年＝100。

资料来源：国内数据来自《中国统计年鉴》2009，国际数据来自联合国粮农组织。

而控制某一种农产品的价格；其次是国际金融市场对农产品的炒作。以丰益国际、嘉吉、邦基、阿丹米和路易达孚为代表的跨国企业最擅长的手段就是利用资金优势，通过资本运作消灭对手，从而达到垄断市场、价格操控、谋取巨额利润的目的。在进入中国市场之前，他们已经用这样的办法控制了拉美等地的粮食市场。国际投机商一般通过地方政府，打通资金进出渠道，然后制造"信息陷阱"，形成"集体喊涨"态势，最后达到对整个产业链上中下游完全掌控目的。不少国际游资借着地方"招商引资项目"进入中国内地，然后对有关农产品实施垄断性炒作。同时，当中国民间资金受到诱惑，也进入这些产业炒作时，农产品的价格飞涨将成必然。

近年来，我国农产品市场背后存在着国际金融资本的大量参与，下面分别以大豆、棉花和蔬菜种子为例，说明国际金融资本对我国农产品市场的渗透。

大豆。从海外资本介入中国大豆市场的方式看，主要有以下三种：一是控制期货市场大豆的定价权。随着农产品金融属性的增强，大量国际资本进入期货市场进行投机炒作，导致大宗农产品价格在短期内波动加剧。二是对产业实施"洗牌"，重点消灭龙头企业。目前，能与国际粮食企业匹敌的内资企业仅存中粮集团与九三油脂，而九三油脂赖以生存的优势就是东北地区的产区优势。目前，跨国粮食企业在产区布阵设局，开始清盘国内企业。三是实现转基因大豆的源头输入。由于我国政府对转基因大豆种子流入国内始终采取严格管制的政策，国外大的种子公司，只能通过与其关系甚密的国际粮食企业，通过控制农民，实现转基因大豆种子的强行入侵。如果这种势头不控制，在不久的将来，东北非转基因大豆或将都被转基因大豆所取代。

棉花。目前，几乎所有在华开展棉花经营业务的跨国农产品贸易企业在郑州商品交易所都拥有专门的交易席位。路易·达孚等外资企业通过国内外期货市场影响国内现货价格，同时又通过进口棉花和在国内收购棉花影响国内期货价格，在期货和现货两个市场上均获得巨额收益。相对于仅仅习惯于在现货市场进行交易的国内棉花经营企业来说，他们熟练游走于现货和期货两个市场，并进行全球销售，无论资金、营销手段还是经验，国内企业根本无法与之抗衡。伊卡姆棉花集团等跨国农产品企业巨头已在我国通过注资、入股等手段控制了几家国内棉花企业。外资渗入对国内棉花产业可能造成威胁需要引起职能部门的关注，而不是仅仅关注进口棉花。

蔬菜种子。山东潍坊寿光市是全国最大的蔬菜生产地，但所用的蔬菜种子并非中国生产。寿光蔬菜种子的年交易额在约 6 亿元人民币，其中“洋种子”占了六七成。从 2000 年前后，“洋种子”大举进入寿光蔬菜种子市场，依靠其优势逐步占据了种子市场的统治地位。彩椒、小西红柿、无刺黄瓜等品种已全部为国外种子。附加值高的蔬菜种子已经基本被“洋种子”占领，国产蔬菜种子市场占有率不断下降。一般来说，这些国际资本进入中国种子市场的模式是，一开始以较低价格出售，甚至免费送与菜农种植，等菜农习惯了这些种植之后，再提高价格。这些跨国公司在一些品种上获得了国内蔬菜种子的定价权。

（二）金融衍生品市场对农产品市场的影响

金融衍生品市场是国际金融市场的一种，它对农产品市场的影响最为直接。无论是从整个金融衍生品市场中农产品衍生品所占的比例，还是从期货期权市场中农产品期货期权交易量的变化都可以看出，农产品衍生品市场尤其是期货市场的交易量近年来持续上升。受金融危机影响，大量国际游资从房地产、利率期货中撤出，投入了相对保值的农产品衍生品市场，造成期货市场的农产品价格发生剧烈波动。

1. 农产品综合指数

农产品期货价格和现货价格变化趋势具有较高的一致性（图5），二者的相关系数高达0.93。为进一步检验这两个变量之间在统计上的因果联系，首先对农产品现货价格指数和期货价格指数进行单位根检验和协整检验。结果表明，各序列均为一阶单整，且相互存在协整关系，说明两者存在长期均衡关系；然后再进行格兰杰因果关系分析(Granger Causality Test)，结果表明：当滞后期为2期时，期货市场对现货市场具有价格引导作用，而农产品现货价格对期货价格的引导作用不太明显。

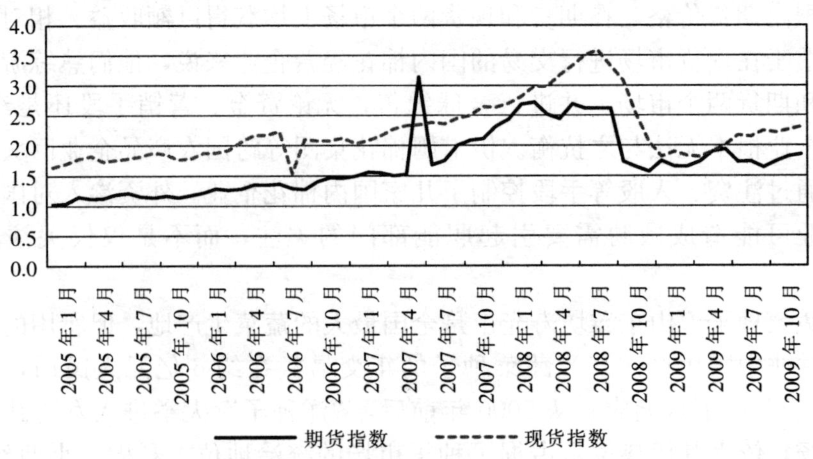

图5　农产品综合期货价格和现货价格走势图

资料来源：中国价格信息网。以2002年价格为基期。

2. 小麦、大豆和玉米

对小麦、大豆和玉米进行相关的计量分析得出：小麦、大豆、玉米的国际期货价格和现货价格均存在高度的相关性，相关系数分别为0.99、0.98和0.87。

进一步通过协整关系检验发现，三种主要农产品的期货价格和现货价格都存在协整关系，即两者处于长期的均衡状态，期货价格和现货价格是互相关联的，表明农产品期货价格能够比较客观地反映市场供求状况。为进一步检验变量之间在统计上的因果联系，格兰杰因果关系分析显示，小麦（滞后8期）、大豆和玉米（滞后2期）期货价格对现货价格有明显的引导作用。

（三）生物能源发展对国际农产品价格的影响

近年来，生物能源作为石油的替代品受到各国的普遍重视。石油价格高涨、极端气候事件增多，以及发达国家迅速增加的能源需求等因素都刺激了生物能源在全球范围内的迅速发展。目前，燃料乙醇和生物柴油主要是以粮食作物为原料，这两类生物能源对农产品市场的影响最大。

1. 生物能源发展对能源作物市场的影响

美国和巴西是世界最大的燃料乙醇生产国，两国燃料乙醇的主要原料为玉米和甘蔗。欧盟、美国、巴西是世界上生物柴油主要生产国，欧盟以油菜籽为原料，美国以大豆为原料，巴西以蓖麻、葵花籽、棕榈油为主要原料。

（1）主要生物能源作物的价格变动趋势。从图 6、图 7 可以看出，无论是燃料乙醇还是生物柴油，其原料作物的价格变化都受到生物燃料产量的支配，走势基本保持一致，原料作物的价格随着生物燃料产量的增加而上涨。当然，影响作物价格的因素很多，价格变化在多大程度是由生物能源的发展而引起的，还有待进一步研究。

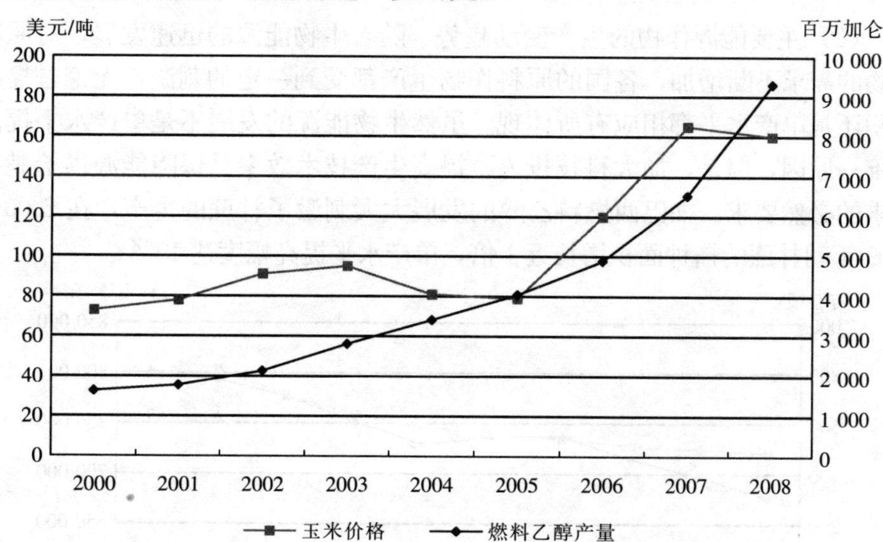

图 6　2000—2008 年美国燃料乙醇产量及玉米价格走势

资料来源：燃料乙醇产量数据（日历年份）来源于美国能源信息署（US Energy Information Administration，Renewable Fuels Association；Ethanol Industry Outlook 2005&2009）；玉米价格（生产者）数据来源于联合国粮农组织。

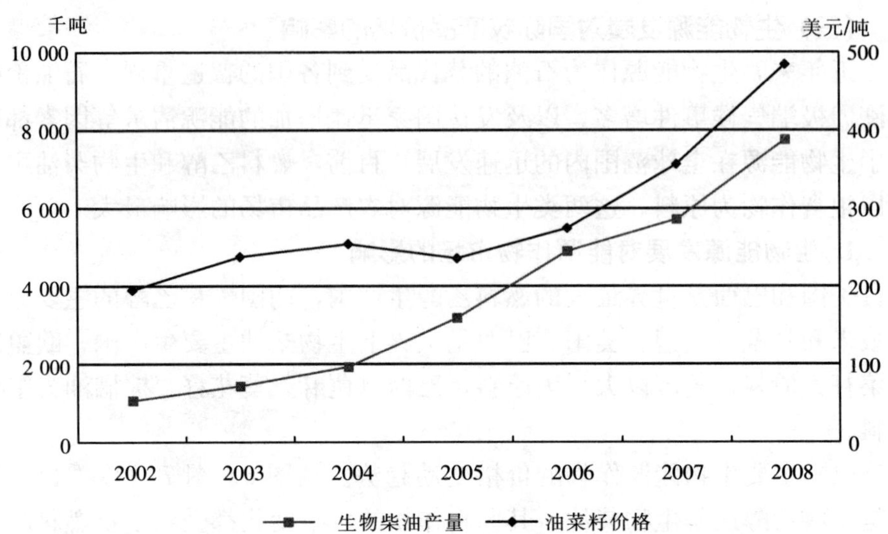

图 7 2002—2008 年欧盟生物柴油产量与菜籽油价格走势

资料来源：欧盟生物柴油产量数据来源于欧盟生物柴油委员会（European Biodiesel Board）；欧盟菜籽油价格（生产者价格）数据来源于联合国粮农组织。

（2）主要能源作物的生产变动趋势。随着生物能源的迅速发展，对原料作物的需求不断增加，各国的原料作物生产都受到一定的刺激，无论是播种面积还是单产水平都相应有所体现。虽然生物能源的发展不是单产水平提高的唯一原因，但是，加大科技投入、提高生产技术效率是保障能源供给满足需求的必然要求。如巴西燃料乙醇的发展大大刺激了甘蔗的生产，在 2000—2009 年间甘蔗的播种面积增长近 1 倍，单产水平提高幅度达 19%。

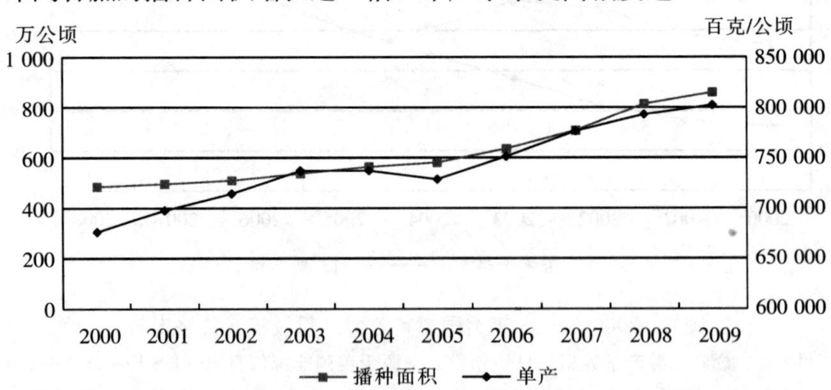

图 8 2000—2009 年巴西甘蔗播种面积及单产变化

资料来源：联合国粮农组织数据库（FAOSTAT）。

（3）主要能源作物的消费变动趋势。生物能源发展对能源作物的消费所产生的影响，主要体现在消费量及消费格局两个方面。近年来，美国玉米的消费格局如图 9 所示。2000—2007 年美国玉米用于口粮、种子及其他用途所占的比重均无明显变化，而饲料粮比重略有下降；与此同时，玉米用于加工的比重却从 19.1％上升至 26.9％，而 2007 年美国燃料乙醇的产量为 65.2 亿加仑，由此可知，增加的工业玉米主要被用于生产燃料乙醇。从图 10 中可见，大豆在美国国内消费中主要用于加工业。2000—2006 年大豆用于加工业的比重均超过了 80％，但 2007 年大豆用于饲料的比重有大幅增加，达到 66.7％，而用于加工业的比例缩减至 26.7％。2007 年美国燃料乙醇产量剧增，大量玉米被用于加工业作为燃料乙醇的生产原料，而玉米同时也是美国最重要的饲料粮，大豆此时便被作为饲料玉米的替代品。由此可见，生物能源的发展对于能源作物的消费格局产生了一定的影响。

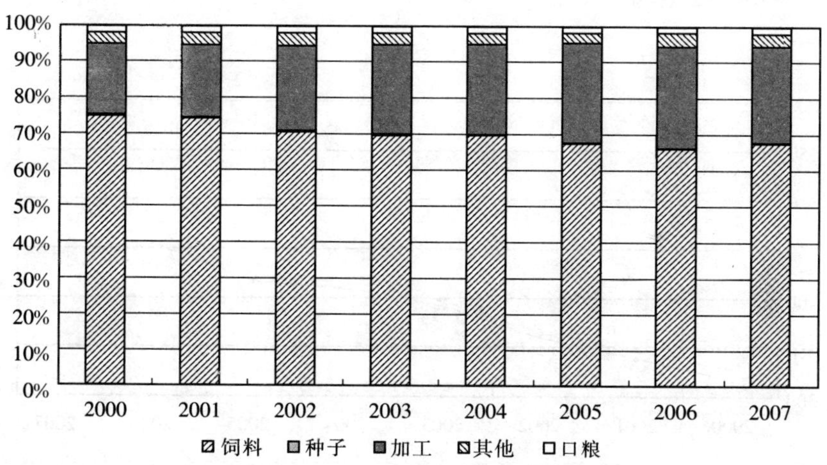

图 9　2000—2007 年美国玉米消费格局

资料来源：联合国粮农组织。

由图 11 可以看出，巴西甘蔗用于加工业的消费量与国内总消费量的曲线基本吻合，这说明，巴西甘蔗绝大部分被用于加工业，而其中最重要的用途便是生产燃料乙醇。此外，从两条曲线的走势可以看出，2000 年以后甘蔗的消费总量与用于加工业的消费量都呈直线上升的趋势，用于加工业的消费量由 2000 年的 31.7 亿吨持续增长至 2007 年的 49.6 亿吨，年均增长 6.6%。与此同时，2000—2007 年间巴西燃料乙醇产量年平均增长率为 4.5%，可见增加的工业用途消费量主要被用作生产燃料乙醇。

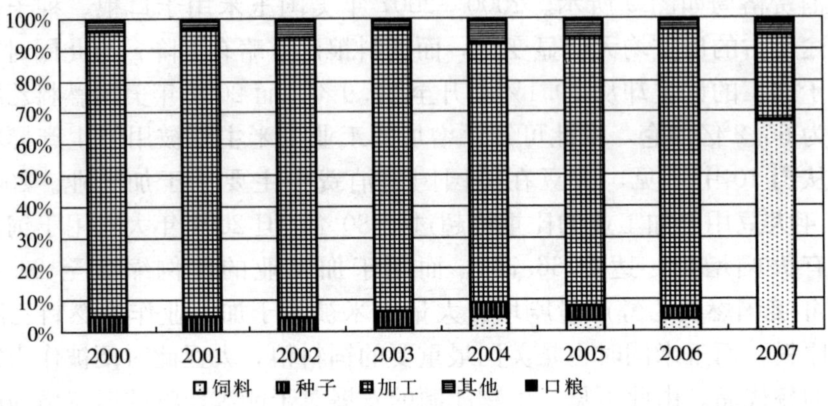

图 10　2000—2007 年美国大豆消费格局

资料来源：联合国粮农组织。

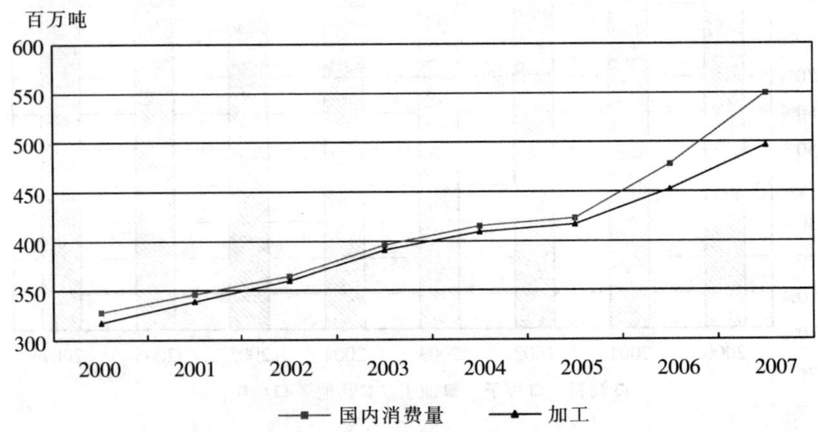

图 11　巴西甘蔗国内需求及加工业消费量

资料来源：联合国粮农组织。

欧盟主要以菜籽油为原料生产生物柴油。2000 年以来，欧盟菜籽油的消费量逐年增加，消费总量由 116 万吨增加到 187 万吨，增长 61%。此外，菜籽油的主要用途是加工业，加工用菜籽油占其总消费量的比重始终保持在 90%左右，2006 年该比例达到 94.3%，同年欧盟生物柴油的产量由 318.4 万吨增加至 489 万吨（图 12）。

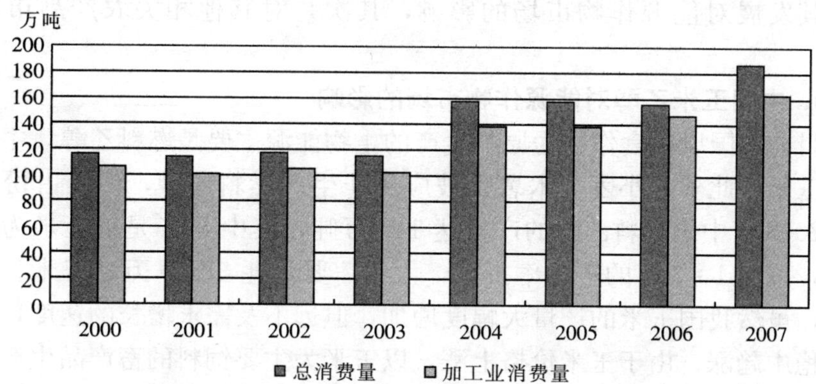

图 12　欧盟菜籽及芥末油消费总量及加工业消费量

资料来源：联合国粮农组织。由于 FAO 数据库中菜籽油消费数据与芥末油合并，芥末油所占份额较小，因此，本研究采用该项数据表示菜籽油的消费变化情况。

通过以上对生物能源原料的消费格局变动趋势分析可以看出，随着生物能源的发展，各生产国对原料作物的消费需求明显增长。此外，美国以国内最主要的饲料玉米为原料生产燃料乙醇，导致对玉米的需求大增。

2. 生物能源发展对其他相关农产品市场的影响

其他相关农产品是指与能源作物种植所需的耕地及配套自然条件相类似、有替代关系的作物。本研究中选取美国的玉米、大豆、棉花以及欧盟的小麦作为研究对象。

（1）生物能源发展对美国棉花市场的影响。随着美国燃料乙醇生产规模的扩大，越来越多的玉米被用于加工业。为满足不断增加的玉米需求，一方面，棉花、大豆等作物的播种面积由于用于种植玉米，而受到抑制；另一方面，随着玉米能源属性的不断增强以及价格的上涨，以玉米为主要饲料的畜牧业成本上升，生产者便寻求价格相对较低的棉花等作物做代用饲料。因此，供给的减少和需求的增加最终导致棉花价格上涨。

（2）生物能源发展对欧盟小麦市场的影响。2000—2009 年，欧盟小麦的种植面积保持在 2 500 万公顷左右，没有太大变化，并没有随着油菜种植面积的不断增加而减少。此外，小麦在消费格局方面没有发生太大变化。因此，以菜籽油为原料生产生物柴油，并未对欧盟的小麦市场产生太大影响，欧盟小麦的生产及消费未发生明显变化。

（四）中国生物能源的发展对国内农产品市场的影响

中国生物能源的发展对农产品市场的影响也将从两方面展开分析，首先是其发展对能源作物市场的影响，其次是对其他相关农产品市场的影响。

1. 中国玉米乙醇对能源作物市场的影响

目前中国以粮食作物为原料生产的生物能源主要是燃料乙醇，主要原料为玉米，此外，小麦、木薯也被应用于生产燃料乙醇，但所占份额不大。2008 年中国燃料乙醇的产量达 146 万吨，其中 80%是以玉米为原料生产，按照 1∶3.2 的转化率折算，大约需要消耗 378.9 万吨玉米。总体来看，虽然我国玉米的产量大幅度增加，但远不及需求增长的速度，玉米价格稳中趋涨；由于玉米价格上涨，以玉米为主要饲料的畜产品生产成本上升，生产者开始寻求玉米饲料的替代品，这表现在玉米饲料粮消费量占比的不断减少。

2. 中国玉米乙醇对其他相关农产品市场的影响

本部分的“其他相关农产品”，除了包括前文所述的种植上有替代关系的作物，还包括用途上有替代关系的农产品。首先，与玉米种植所需耕地及配套自然条件相似的作物主要是大豆；其次是小麦，因为小麦也是中国常用的饲料粮。

（1）中国玉米乙醇对大豆市场的影响。大豆的生产种植面积在 2000—2009 年间经历了过山车式的变化，2002 年种植面积大幅缩减后又迅速增加，2005 年达到最高点 959.3 万公顷后又大幅减少，并逼近 2002 年的最低水平 872.2 万公顷。尽管大豆的播种面积变化剧烈，但占我国粮食总种植面积的比重始终维持在 6%左右，并无太大变化。此外，结合大豆价格的数据可以发现，如果上一期大豆价格上涨，则当期大豆种植面积增加；如果上一期大豆价格下降，则当期种植面积减少，即大豆的种植面积受滞后一期价格影响的特征非常明显。但是对于原料作物玉米来说，尽管价格波动，其种植面积仍在逐年稳步增加。这说明，影响大豆生产的主要因素仍是大豆本身的价格信号，玉米用于乙醇生产导致的玉米种植面积增加也并未对大豆的种植产生太大影响，因为大豆种植面积所占粮食总播种面积的比重没有太大变化。所以，中国大豆价格的持续走高主要是受大豆市场自身因素的影响，受玉米的影响较小。

（2）发展玉米乙醇对国内小麦市场的影响。小麦消费格局未表现出明显变化，其中口粮消费量所占比重最大，保持在 85%左右。近年来用作饲料粮的消费量呈增加趋势，比重由 2000 年的 3.5%增加到 2009 年的

6.4%，这与前文所述玉米用作饲料粮的比重有所下降相一致，小麦替代了部分玉米用作饲料。

小麦的价格自2000年以来呈现出强劲的上涨势头，2009年达到最高水平232.4美元/吨，较2000年上涨102%，这与供给增加、需求小幅下降表现得相互矛盾，主要原因是受国际石油价格持续上涨影响，生产成本上升。

中国以玉米为原料生产燃料乙醇并未对小麦的生产产生明显影响，小麦价格的升高也并非燃料乙醇的生产所致，其影响仅在于略微增加了小麦饲料粮的消费比重。

（五）生物能源发展对国际农产品价格波动影响的实证分析

对相关文献进行回顾可以发现，国内外主流观点都比较一致。学者们普遍认为：生物能源的发展刺激了市场对农产品的需求，引发了市场结构的变化，导致农产品价格上涨。但是同时，人口增长、经济发展、技术进步等结构性原因以及市场的偶发性因素，都会对农产品价格波动产生深远影响。因此，生物质能源的发展与农产品价格波动之间具体的定量关系难以确定，对此的研究也并不充分。本部分将侧重于生物能源发展这个角度，研究国际农产品价格波动的影响因素。

1. 变量选取

影响农产品价格的因素主要有人口数量及人口结构、经济发展、生物能源发展、美元汇率、农产品供求状况等。其中，人口结构以城镇人口所占比重来衡量，考虑到多重共线性，将世界人口数量指标剔除；以世界石油价格和GDP衡量经济发展程度；生物能源的发展用时间虚拟变量来表示；美元汇率对于国际农产品价格的影响用美元指数来衡量；用农产品库存增量占消费量的比重反映供求状况。模型变量选择见表1。

表1　模型变量的选取和描述

变　量	变量描述	单　位
ln（Y）	国际农产品价格指数	2005年平均为100
citili	城镇人口比重	%
ln（oil）	国际石油价格指数	2005年平均为100
ln（GDP）	世界GDP指数	2005年平均为100
D	2005年前=0，后=1	
ln（dollars）	美元指数	
Sto	库存增量占消费量比重	%

2. 数据选取

本研究所采用数据的时间范围为 1992 年 1 月至 2009 年 7 月。国际农产品价格为国际货币基金组织（IMF）的国际食物价格指数的月度数据，该指数为国际粮、油、糖、肉、水果实际价格的加权平均值；城市化水平用城镇人口与世界总人口的比重衡量，数据来源于世界银行；国际石油价格采用国际货币基金组织的石油价格指数月度数据，该指数为迪拜、布伦特、德克萨斯三地价格的平均；GDP 数据来源于世界环境组织；生物能源的发展采用时间虚拟变量表示，根据生物能源在世界的发展历程，本研究以 2005 年 1 月为界限，即 2005 年 1 月后为 1，之前赋值为 0；美元指数数据来源于美国联邦储备委员会；农产品库存增量占消费量的比重数据来源于 FAO 数据库整理所得。

为检验各变量的平稳性，本研究对除了时间虚拟变量 D 以外的其他变量进行 ADF 检验，结果表明，除城镇人口比重为 0 阶平稳外，其他各变量均为 1 阶差分后平稳（表 2）。

表 2 各变量序列及其一阶差分的 ADF 检验结果

变 量	ADF 统计量	临界值	AIC	检验形势	检验结果	DW
Δln（Y）	−9.36***	−4.00	−4.36	（c，t，0）	平稳	1.97
ln（citili）	−4.29***	−4.00	−0.80	（c，t，0）	平稳	2.00
Δln（oil）	−10.97***	−4.00	−2.18	（c，t，0）	平稳	2.00
Δln（GDP）	−6.54***	−4.04	−4.51	（c，t，2）	平稳	2.01
Δln（dollars）	−11.74***	−3.46	−5.15	（c，0，0）	平稳	1.98
ΔSto	−4.56***	−2.59	1.73	（c，0，4）	平稳	2.00

注：依据赤池信息准则（AIC）的最小化原则设定检验形式（c，t，q），其中，c 为截距项，t 为趋势项，q 为滞后阶数，△表示一阶差分。

进行平稳性检验时，要求所有变量均为同阶单整，而 ADF 检验结果表明，城镇人口所占比重不符合该要求，因此，将该变量剔除。

3. 模型结果

表 3 模型估计结果

变 量	系 数.	标准差
ln（oil）	0.079***	0.024

（续）

变　量	系　数.	标准差
ln（GDP）	0.24***	0.054
D	4.101***	1.578
D*ln（oil）	0.157**	0.063
ln（dollars）	−0.001	0.007
D*ln（dollars）	−1.043***	0.064
Sto	−0.013***	0.003
D*Sto	−1.093***	0.302
cons	8.55***	0.329
残差 ADF 检验	−4.00***	

回归结果显示，美元指数对国际农产品价格的影响未能通过显著性检验。在发展生物能源之前，即 2005 年之前，GDP 每增长 1%，国际农产品价格上升 24%；国际石油价格每上升 1%，国际农产品价格上升 8%；库存增量占消费量的比重每增加 1%，国际农产品价格将下降 0.01 个单位。而 2005 年后，即发展生物能源后，国际石油价格每上升 1%，国际农产品价格将上升 23.7%；同样，发展生物能源后，库存增量占消费比重每增加 1%，国际农产品价格将下降 1.1 个单位。由此可见，发展生物能源增强了各因素对国际农产品价格的影响，使得农业生产部门与能源部门的联系更加紧密，能源价格将对农产品价格的影响越来越大。

三、政策建议

（一）缓解农产品价格波动方面

1. 进一步夯实小麦、大米等战略性农产品的国内供给基础，适度利用国际市场调剂余缺

一方面，要从财政、信贷、生产资料价格等方面给农业部门提供帮助，改善粮食生产的基本条件，集中力量支持粮食主产区发展粮食产业，促进种粮农民增加收入，保护和提高农民的种粮积极性，大力发展中国粮食生产；另一方面，在保证农业综合生产能力和农产品品种、品质不断改善的前提下，适时、适度地利用国际农产品市场，通过进口贸易调节国内的农产品供求关系，这也是稳定农产品市场所必需的。

2. 尽快摆脱大豆、玉米等农产品品种在国际贸易体系中的被动局面

一要从粮食安全角度实现准确的产品定位。从大豆和玉米市场来看，这两种产品的产业发展定位模糊，产业发展战略不清晰，这往往给各个经济主体带来不确定预期，既不利于农户种植结构调整，也不利于产业发展，更给国际市场信誉带来不良影响。产品定位是一个重要的课题。二要加强对大宗大豆和玉米进口的调控和管理。扩大和加强贸易伙伴关系，分散进口风险；对跨国公司的市场经营行为加以跟踪和检测，尤其是在国内有经营行为的跨国公司。建立农产品进口监测以及产业损害预警系统和快速反应机制，充分运用反倾销、反补贴、保障措施等贸易救济措施，建立产业健康发展的应对机制。三要合理利用外资。要进一步细化进入涉农行业的外资，有针对性地引导外资投向；要全面评估外资垄断对市场和产业安全的影响，管理部门应对外投向、跨国企业并购、价格异常行为等进行跟踪与审查；要规范和监督地方政府的招商引资行为。四要培育涉农企业集团。要为涉农企业创造良好的税收、贷款支持贸易促进等方面的发展环境；是鼓励内资企业与农户之间建立良好的合作关系，既有利于农业结构调整和农民增收，也有利于企业锁定货源和降低采购成本；要在市场逐渐开放，引导企业重组，培育大规模跨国企业。五要积极引导企业、农户参与和利用期货市场。在完善期货市场交易规则的同时，帮助农户建立强有力中介组织，降低系统风险，提供强大的公共信息服务，以期货市场的风险管理和市场引导机制引导农民和企业发展生产，促进国内农业健康发展。

（二）完善农产品期货市场方面

1. 加快经济发展市场化进程，提高期货市场国际化程度

中国期货市场要想成为全球农产品定价中心，对外开放、引入国外交易者是其必然要走的一步。在芝加哥期货交易所（CBOT）及许多其他的市场中，中国的许多企业已经加入其中，并成为重要的参与者。但在对国外投资者的引入方面，中国农产品期货市场仍是一片空白，这是一种非对称的现象。大量的资金参与国外农产品期货交易，摒弃风险因素不说，资金的外流在不同程度上对中国农产品期货市场产生了弱化的影响。只有加快中国的市场化进程，提升中国的经济发展水平，积极对外开放，引入国外投资者，才能提高中国农产品期货市场的国际影响力。

2. 增加交易品种，扩大交易规模

我国农民在期货交易的品种选择上非常有限，这使得他们一方面无法通过大范围的套期保值来规避风险，另一方面也无法利用期货价格预测来调整种植行为，农民收益得不到保证。因此，我国农产品期货市场要想巩固发展，就必须不断开发新品种，尤其是开发生产量和消费量大的大宗商品。当前农产品期货品种创新的空间十分巨大，应尽快开发和上市那些条件成熟的品种，特别是市场化程度高、在国民经济中作用明显的农产品品种。总的来说，要尽快增加我国农产品期货市场上的交易品种，并完善上市品种的结构。

3. 改善中国投资者结构，加强期货市场与现货市场的结合深度

在不断提高农产品期货市场参与者素质的基础上，积极培育和增加农产品期货市场的交易主体。我国期货市场主体不够成熟，中小散户过多，稳定性较差，易受大户操纵，使价格失真。要加强对投资者的教育，建立相关制度和措施加以引导，防止过度投机；同时，要加快期货投资基金的立法和推出的进程，以壮大机构投资者，增加中国农产品期货市场的活跃度和稳定度。

4. 完善监管机制，促进交易规则的规范化和监管体制的国际化

期货交易的特性决定了监管在期货市场运作中的重要性。西方发达国家的期货市场发展有逾百年历史，在从建立到成熟的发展过程中，积累了许多经验，特别是在尊重市场规律的情况下形成了很多保护投资者利益及维护期货市场正常运转的规则，我们需要认真学习并加以利用。这要求监管部门结合中国国情，学习西方成功的经验，摸索出一套科学的规则和监管体系。我们要不断改进监管方式，逐步减少行政干预的程度，增加科学性，按照市场规律运行，从而摆脱“一管就死，一放就乱”的局面。规则的规范化和监管的科学化是一个成功的期货市场健康发展的重要保证。

（三）应对生物能源影响方面

1. 加强生物能源技术研发，完善机构建设

目前中国主要是以粮食作物为原料生产生物能源，而且转化率不高。为减轻生物能源发展对粮食安全以及环境安全的负面影响，就必须转向非粮食原料的生物能源生产。完善的机构建设以及良好的人力资本是进行生物能源技术开发的必备条件，而且，目前我国生物能源专门的研究机构较少，人才匮乏，研发能力薄弱，这就需要借鉴国外产学研相结合、技术研发与产业发展相结合的成功经验。成立国家级生物能源研究中心，以其为领导，同时创建以企业为主体，研究机构、科研院所等各类组织共同参与的生物能源技术创新体系，以此推进生物能源技术的研发能力，一方面提高粮食作物的转化率，另一方面尽快推进非粮食原料的生物能源的商业化生产，例如纤维乙醇等。

2. 加强国家政策扶持力度

与传统的化石能源相比，由于高昂的生产成本，生物能源完全不具备价格优势，无法与化石能源平等竞争，因此，目前我国生物能源生产企业主要依赖政府的各项政策优惠以及财政补贴维持经营。例如，企业生产燃料乙醇时政府给予财政补贴，同时还享受税收减免等优惠政策。高额的财政补贴也是企业加入该行业的强大动力。而纵观世界生物能源发展较为成功的国家，例如美国、巴西、德国，政府在税收政策以及财政补贴上都给予了大力支持。因此，对于这样一个新兴的行业，政府的各项政策支持是绝对必要的。但是，需要特别注意的是，在政府加强对生物能源生产企业的补贴力度的同时，也应加大对从事生物能源技术开发和设备制造的机构和企业的支持力度。此外，对于开发利用荒地和闲置土地建立能源生产基地的组织应加强政策支持。

3. 完善生物能源标准体系

目前美国、德国、法国等生物能源生产大国均制定了生物能源标准，而我国生物能源的技术标准、产品检测认证、资源评价等各方面都缺乏统一标准。随着生物能源产业及市场的建立与完善，严格的行业标准是产品进入市场的必要条件。因此，我国应及早完善国内的生物能源行业标准，使生物能源产品的生产工艺、流程、质量及安全均有据可依。

新型贸易保护主义的特点及影响

随着多边贸易体制的逐步加强，关税、配额、许可证等传统贸易保护措施的作用大为削弱，但贸易保护主义并未因此而退潮，反而随着国际竞争的日趋激烈而有所加剧。为保有既得利益，许多国家特别是发达国家转向在世贸组织（WTO）框架下寻求保护手段，采取表面与国际贸易规则不直接冲突的各种措施进行保护，这些措施常常以保护人类健康、生态环境和消费者权益以及推进所谓的“公平贸易”的面目出现，其保护动机、政策手段都与传统的贸易保护主义有着显著的区别，因而被冠以“新型贸易保护主义”的称号。近年来，随着金融危机的发生和世界经济增长的放缓，新一轮贸易保护主义加剧，新型贸易保护主义越来越成为国际贸易中的一个重要问题。本文分析了新型贸易保护主义的特点，探讨了其对农产品贸易的影响，并提出了相关政策建议。

一、新型贸易保护主义的特点

与传统的贸易保护主义相比，新型贸易保护主义在保护动机、保护手段和保护主体等方面具有一些新的特点。

（一）新型贸易保护主义的保护动机更具进攻性，保护范围更大

在保护动机方面，传统贸易保护主义倾向于防守，其主要动机是为本国幼稚产业提供发展空间，进而提高本国产业的竞争力，而新型贸易保护主义的动机更具进攻性，往往以削弱他国产品的竞争力或者限制他国企业的进入为目的。在保护范围上，传统贸易保护主义的保护重点是弱势产业，如农业和新兴工业，或者是已经处于衰退期、但与国内就业密切相关的行业，如发达国家中的钢铁业、纺织业等，而新型贸易保护主义的保护对象不仅包括了弱势产业和衰退产业，还包括了本国已经高度发达的产业，其保护范围基本扩大到货物贸易的所有领域，只要某项贸易有影响国内产业权益的危险，就存在对其实施贸易保护措施的可能。另外，除了覆盖货物贸易，新型贸易保护主义还扩大到服务、技术、投资、知识产权等

领域。

（二）新型贸易保护主义的保护手段更加多样化，隐蔽性更强

传统的贸易保护手段主要有关税、配额、许可证等，形式比较单一和透明，而新型贸易保护主义充分利用 WTO 规则的漏洞，不断翻新名目，发展出了各种各样的保护手段。WTO 协议基本上是原则性的规定，其用语有时颇为含糊，并且有许多例外条款和缓冲性设置，给新型贸易保护主义提供了很大的运作空间。例如，WTO 规则允许各成员基于维护地区安全、人类和动植物安全与健康、环境保护等正当理由采取技术性贸易措施，但许多成员滥用这项权利，对进口产品实行苛刻的技术标准和繁杂的检验程序，以达到限制进口的目的。除了技术性贸易措施，新型贸易保护主义常用的手段还有以保护公平贸易为由滥用 WTO 反倾销、反补贴和保障措施条款，以保护人权为理由推行企业社会责任国际标准认证等等。由于采用的措施大部分与 WTO 规则不直接冲突，新型贸易保护主义具有很强的隐蔽性。

（三）新型贸易保护主义的实践方式更具不可预测性，针对性更强

一般说来，各国关税税率制定必须通过立法程序，调整或更改税率也需要一定的法律程序和手续，因此，关税税率具有相对稳定性，而新型贸易保护措施的制定与实施通常采用行政程序，制定起来比较迅速，程序也相对简单，从而较快达到限制进口的目的，具有很强的不可预测性。世贸组织虽然有相关协议对政府的行为进行规范，但因协议本身含有诸多例外，限制效果十分有限，而且世贸组织对新型贸易保护主义行为进行调查和裁决的程序则较为复杂，即便加以限制也为时已晚。另外，关税措施的歧视性也比较低，因为关税税率通常需要以法律形式公布于众，容易受到双边关系和国际多边贸易协定的制约。而新型贸易保护措施由于其隐蔽性和灵活性而能够实行差别待遇，针对某国和某种商品采取或更换相应的措施。例如，韩国对农产品的检验方式主要包括感官检验、抽检和全检三种，一般对来自美国、巴西、泰国等国家的产品实施感官检验，而对从中国进口的农产品一律实施全检。

（四）新型贸易保护主义的保护主体更趋于集团化，区域性更强

传统的贸易保护方式主要是单个国家利用贸易壁垒限制进口，对国内市场进行保护，而新型贸易保护主义却向区域化、集团化方向发展。自由贸易区的建立将国与国之间的贸易壁垒扩展为地区与地区之间的贸易壁

垒。一方面在自由贸易区内取消成员之间的贸易壁垒，实现贸易自由化；另一方面通过自由贸易区对外实行统一协调的外贸政策，建立区域性贸易壁垒。这使得贸易保护不再以国家贸易壁垒为基础，而趋向区域性贸易壁垒，并凭借区域或集团的力量来抗衡和抵制其他国家的报复与竞争。除此之外，世界各国虽然一致反对贸易保护，但明里口诛笔伐，暗中却群起效仿，一国（地区）采取的贸易保护措施往往会引起多国（地区）的效仿或报复，并由此引发贸易保护的“多米诺骨牌”效应，导致全球性的贸易保护主义。

二、新型贸易保护主义对农产品贸易的影响

由于农业的特殊性及敏感性，无论在发达国家还是在发展中国家，农业都是贸易保护的重要对象，在新型贸易保护主义泛滥的背景下，农业也成为重灾区。

（一）新型贸易保护措施对世界农产品贸易的影响

1. 新型贸易保护措施涉及农产品的范围逐年扩大，严重抑制了农产品贸易的发展

近年来，针对农产品领域的新型贸易保护措施逐年增多，农产品领域已成为新型贸易保护主义的重灾区，1995 年至 2010 年上半年，WTO 成员针对农产品领域共发起反倾销调查 168 起、反补贴调查 53 起、保障措施 52 起，分别占各类总量的 4.5%、21.2%、24.1%，涉及农产品和食品的技术性贸易壁垒（TBT）通报占总量的比重也从 2005 年的 24.4%增加到 2010 年的 30.9%。据联合国贸易和发展会议（UNCTAD）测算，新型贸易保护措施目前已覆盖了发达国家 48.4%的农产品税目，远远高于制造业及服务业领域。由于新型贸易保护措施涉及范围较广、机制复杂，对世界农产品贸易的影响较传统措施更为复杂。一是有些新型贸易保护措施，如“两反一保”措施提高了农产品进口关税水平，直接增加了农产品进口成本；二是有些新型贸易保护措施，如技术壁垒及检验检疫措施增加了检验费用，延长了农产品入关时间，间接提高了农产品贸易成本，限制了农产品贸易。据估计，检验、检疫程序分别使得发展中国家对发达国家的农产品出口下降 3%和 9%。此外，新型贸易保护措施使得农产品出口方需要的信息更多、更复杂，信息成本的提高使得农产品贸易受到抑制，据测算，仅信息壁垒就可导致发展中国家农产品出口下降 18%左右。

2. 发达国家是新型贸易保护措施的主要使用者，发展中国家农产品出口受影响较大

由于经济发展水平较高，市场体系、信息体系、标准体系较为完善，国内消费者及涉农产业也拥有一定诉求，发达国家往往倾向于利用新型贸易保护措施保护国内的农产品市场。1995 年至 2010 年上半年，在农产品领域，美国、加拿大、澳大利亚和欧盟共发起反倾销调查 74 起，占 WTO 农产品反倾销调查总数的 44%；美国、澳大利亚、新西兰、加拿大共发起反补贴调查 27 起，占 WTO 农产品反补贴调查总数的 51%；美国、加拿大、欧盟提交的卫生与植物卫生措施（SPS）通报数之和占同期 SPS 通报总量的 38.9%。由于国内市场体系不健全、技术水平低，发展中国家和欠发达国家的农产品出口往往成为新型贸易保护措施的受害者。研究发现，发展中国家出口到发达国家的水产品和果蔬产品中分别有 64.5%和 53.9%的税目涉及到新型贸易保护措施。相对而言，发达国家农产品出口面临的新型贸易保护措施较少，新型贸易保护主义对发展中国家的农产品出口影响较大。

（二）新型贸易保护措施对我国农产品贸易的影响

我国出口的农产品多为鲜活产品，成本和价格相对较低，且出口市场比较集中，容易遭受新型贸易壁垒。由于新型贸易保护措施种类繁多，并且有些措施难以识别，这里仅分析技术性贸易措施、反倾销、保障措施和特殊保障措施等较常见的新型贸易保护措施对我国农产品贸易的影响。

1. 技术性贸易措施已成为我国农产品出口的最大障碍，造成的损失巨大

我国出口的主要农产品是园艺产品、水产品和畜禽产品，这些产品是技术性贸易措施尤其是 SPS 措施重点针对的产品，因我国出口企业多、规模小，出口批次多，受检次数频繁，所以出口费用和风险增加。另外，我国农产品出口市场主要为日本、美国、欧盟等技术性贸易措施比较严格的发达国家，因此，我国农产品出口更易遭受国外技术性贸易措施影响。例如，日本的肯定列表制度下设定了“一律标准”，对没有设定具体标准的药物残留一律执行 0.01ppm 的标准，并且随意扩大检验检疫范围，我国企业深受其苦。根据质检总局的调查，近几年来我国农产品出口企业受国外技术性贸易措施影响的比例保持在 42%以上，技术性贸易措施已经超过汇率因素的影响，成为我国农产品出口的最大障碍。2009 年度贸易伙伴的技术性贸易措施造成我国农产品和食品贸易直接损失达60.4亿美元，企业为应对技术性贸易措施而进行技术改造、新增检验环节、申请认证等产生的新增费用达到14.3亿美元。在国际社会高度重视环境保护、节约资源能源、农产品安全等大趋势下，未来几年，我国农产品出口将继续面临国外现行和新制修订的技术性贸易措施的巨大影响。

2. 我国农产品频繁遭遇反倾销但应对能力薄弱，出口受到压制

我国出口的劳动密集型农产品具有价格优势，但却频繁遭遇反倾销指控和制裁。欧美等发达国家和地区长期以来对我国农产品进行反倾销，涉案产品包括浓缩苹果汁、蘑菇罐头、小龙虾、对虾、大蒜、柑橘罐头等。近年来，除了发达国家，墨西哥、巴西、南非等发展中国家也开始对我国出口农产品进行反倾销。有的产品受到多国的反倾销指控，例如，大蒜曾遭受南非、加拿大、美国的反倾销，蘑菇罐头曾遭受美国、澳大利亚、墨西哥的反倾销。由于对企业应对反倾销的指导和支持不足，企业应诉或上诉的成本很高，应诉效果不理想，在应对反倾销指控方面缺乏积极性。企业遭受反倾销压制的时间长、被裁定征收的反倾销税率高，出口受阻，甚至被迫退出市场，损失惨重。例如，美国对我国蜂蜜产品、浓缩苹果汁、蘑菇罐头、淡水小龙虾、新鲜大蒜的反倾销都持续了十多年，对新鲜大蒜出口企业裁定的倾销幅度高达376.7%，其他产品的反倾销税也大多在50%左右，在高昂的反倾销税下，产品失去市场，企业在漫长的消耗中受到严重的损害，再加上我国农产品出口企业规模小，对风险的承受能力弱，部分企业因为遭受损失而倒闭。

3. 部分优势农产品出口遭受保障措施或特殊保障措施，限制了竞争优势的发挥

我国部分具出口优势农产品如大蒜、大葱、鲜香菇、柑橘罐头等在某些出口市场上有非常高的占有率，这些进口国有时以国内产业受到损害为由实施保障措施，尽管从规则上讲保障措施是针对所有来源国，但由于我国产品在进口国市场上的占有率较高，致使我国企业受影响最大。例如，2000年韩国宣布对进口大蒜采取保障措施，征收315%的高额关税，因韩国进口的大蒜主要来源于我国，此举实质上就是针对我国。又如，2001年日本政府对进口的大葱、鲜香菇和灯心草实施紧急限制进口措施，在实施期内对限制进口量以内的产品征收3%～6%的关税，超过部分则征收106%～266%的关税，上述产品主要从我国进口，此举的针对性显而易见。在特殊保障措施方面，早在1995年，日本就根据WTO《农业协议》中第5条特殊保障条款（SSG）对从中国进口的大蒜和生姜发难，最终以我国实施出口配额管理和日方实施进口商申报管理而告一段落。2003年，欧盟根据西班牙提出的申请，对我国出口的柑橘罐头实施特保调查，尽管经调查判定上述特保申请不成立，但最终仍对柑橘罐头采取保障措施，对销往欧盟的柑橘罐头产品实行为期近四年的配额限制，对配额内的产品实行较低的或优惠税率，对超过配额数量的产品每吨征收101欧元的额外关税，导致我国对欧出口柑橘罐头受到很大影响。

三、政策建议

多哈回合谈判并没有涉及到WTO协议中的缓冲性措施被滥用的问题，在WTO框架下新型贸易保护措施合法化的弊端难以得到克服，对新型贸易保护主义进行规范和约束需要一个较长的过程。鉴于新型贸易保护措施对我国农产品贸易的影响较大以及将长期存在的现实，有必要积极采取措施，促进我国农产品贸易和国内农业的健康发展。

（一）加强对新型贸易保护的系统研究

一是加强对新型贸易保护的理论根源的研究。新型贸易保护的产生和发展有其深厚的理论根源。只有掌握了其理论依据才能更好地把握新型贸易保护的实质。二是加强对WTO相关协议和多双边贸易规则的研究。新型贸易保护的具体实施依据主要是WTO协议和相关多双边条约，只有熟练掌握这些规则才能更好地识别新型贸易保护壁垒和构建我国的贸易调节体系。三是加强对主要贸易伙伴和潜在贸易伙伴的贸易政策、相关法律法规和技术标准的研究。通过对这些政策措施和多双边贸易规则进行对比来确认贸易壁垒。四是加强对各国贸易保护具体措施及WTO贸易纠纷案例的研究。通过对各国贸易保护的具体实践进行总结，探索新型贸易保护措施的运用规律和应对策略。

（二）建立健全新型贸易壁垒应对体系

一是建立和完善信息服务体系。鉴于新型贸易保护壁垒的隐蔽性和复杂性，应建立专门的信息收集和咨询体系，定期收集、整理、分析、发布国外技术性贸易壁垒的最新动态，及时掌握和预警国外针对我国农产品的“两反一保”调查。二是建立农产品外贸纠纷应急处理体系。加强政府、协会、企业、学术界之间的沟通协调，逐步形成官产学有效联动、密切配合的外贸纠纷应对体系。编制农产品贸易突发事件应急预案，在事件发生后迅速做出反应，积极对外交涉。三是加大对企业应对新型贸易保护壁垒的支持。由财政划拨经费作为启动资金建立专项基金，支持农产品出口企业应对外国“两反一保 ”诉讼，对企业或协会的应诉费用进行补贴，对在应对国外“两反一保”和贸易壁垒方面表现突出的企业给予奖励。

（三）强化农业贸易谈判和国际规则制定的参与力度

一是加强贸易政策审议，预先消除我国农产品出口可能面临的障碍。积极参加 WTO 框架下对其他成员的贸易政策审议，组织专门力量，选择重点国家，对其经济背景、发展需要、政策目标、外部环境及贸易政策和实施等进行研究审查，寻找其法律、法规、规章、贸易措施及做法与世贸组织规则相违背的歧视性贸易政策及其他限制措施，并运用多边贸易政策审议机制加以解决。二是积极参与多双边谈判和相关国际标准的制定，为我国农产品出口争取有利环境。积极参加 WTO 新一轮农业谈判、自贸区谈判、农业遗传资源和新品种知识产权谈判、与重点市场国家和地区的双边检疫检验和质量互认谈判；积极参与世界动物卫生组织等国际组织、国际食品法典、禁止生物武器公约等规则和标准制定，在谈判磋商和标准制定中积极争取对我国农产品出口有利的规则。充分发挥与有关国家的双边农业磋商机制的作用，争取与有关国家达成双边反倾销互惠条款或缓冲条款。

气候变化对农业与农村的影响及对策研究

气候变化对人类生存和社会经济发展提出了巨大挑战，引起了全世界广泛关注。农业生产既排放温室气体也具有一定的固碳作用，是最易遭受气候变化影响的产业。分析气候变化对农业生产、农业自然资源、粮食安全、农村发展等产生的影响，研究适应气候变化的政策与行动，已经为世界各国政府与公众所关注的焦点。

一、全球气候变化形势

根据政府间气候变化专门委员会（IPCC）的定义，气候变化是指“气候状态的变化，而这种变化可以通过其特征的平均值或变率的变化予以判别（如：运用统计检验），气候变化具有一段延伸期，通常为几十年或更长时期”。IPCC 认为气候变化的原因可能是“由于自然内部过程或外部强迫，或是由于大气成分和土地利用中持续的人为变化”。《联合国气候变化框架公约》（UNFCCC）所定义的气候变化是指“在可比时期内所观测到的自然气候变率之外的直接或间接归因于人类活动改变全球大气成分所导致的气候变化”。

气候变化主要表现在温度升高、降水变化、海平面上升、极端气候增加、冰雪面积减少等方面。IPCC 第四次评估报告指出，“根据一系列《排放情景特别报告》（SRES）的研究结果，预估未来 20 年全球温度将以每 10 年大约升高 0.2℃的速度变暖。即使所有温室气体和气溶胶的浓度稳定在 2000 年的水平不变，预估也会以大约每 10 年 0.1℃的速度进一步变暖”。此后的温度则根据具体的温室气体排放情况进行预估。全球气候变暖已经是一个不争的事实。

随着全球温度上升，局地降水格局正在发生变化。IPCC 预计高纬度地区的降水量可能增加，而大多数副热带大陆地区的降水量可能减少，在温室气体中等排放情景（A1B）下，到 2100 年降水减幅将高达 20%。预计受干旱影响的地区将有所增加，并有可能对许多行业如农业产生不利影响。除此之外，极端气候事件和气象灾害呈增加趋势。热昼、热夜和热浪的发生频率已经增加，大部分地区的强降水事件发生频率可能有所上升。生态系统面临的压力将进一步加剧，雨林减少、冰盖融化等与之有关的复合碳反馈效应将会进一步加速气候变化。

二、气候变化对农业与农村的影响

（一）对农业自然资源的影响

气候变化将导致水资源短缺。在世界部分区域，降雨量的变化和土壤水分蒸发蒸腾损失总量的增加将会导致水资源短缺。水资源是关系到农业生产的重要因素之一，农业用水几乎占全球用水量的70%，而这一比例在亚洲和西亚地区则高达95%，因此，水资源短缺将严重制约农业发展。降雨量的变化将进一步加剧中亚、非洲北部和南部、中东、地中海地区和澳大利亚发生干旱的频率和强度。许多半干旱地区的水资源将由于气候变化而减少，干旱已严重威胁到发展中国家粮食安全问题。由于气候变化，灌溉用水需求会出现大幅度增加。预计灌溉面积增加大都出现在已面临缺水压力的地区，如亚洲南部、中国北方、近东和非洲北部等。

气候变化将导致发展中国家耕地减少、质量退化。国际应用系统分析研究所的研究表明，因全球气候变化发展中国家可能会失去11%目前靠天生长谷物的耕地面积。随着全球气温升高，预计耕地损失面积还会继续增加。世界气象组织指出，到2020年，全球人口将增长到82亿，但全球只有11%的土地为可耕地，如果因为气候变化而造成可耕地退化，后果将非常严重。对于许多发展中国家而言，生产力低下的土地退化也是一个急需解决的问题，特别是在北非、撒哈拉地区和亚洲部分国家和地区。

（二）对农业生产的影响

影响作物生产。气候在作物生产过程中是一个关键的参数，气候变化可影响作物生产力与产量。IPCC预测，在中高纬度地区，如果局地平均温度增加1～3℃，农作物生产力会略有提高，如果升温超过这一幅度，农作物生产力则会降低；在低纬地区，特别是季节性干燥的区域和热带区域，即使局地温度仅小幅增加（1～2℃），预估农作物生产力也会降低。国际粮食政策研究所（IFPRI）基于大气环流模型与IPCCA2情景（假设温室气体较高排放）下，对气候变化的预测表明，到2050年全球旱地

（非灌溉）小麦产量将减少 28%，水稻产量减少 13%，玉米产量减少 16%。温度升高、农业用水减少与耕地面积下降将导致 2050 年中国粮食总生产水平下降 14%～23%。

农业病虫害加重。大气中二氧化碳、臭氧浓度升高以及气温升高将对农业病害产生影响。二氧化碳水平升高，植物生长加快，冠层密集，透光率降低，从而导致某些疾病滋生，同时空气不流通致使植物湿度加大，有利于植物病原体产孢形成。大气臭氧浓度升高虽会抑制植物生长，导致植物在较短的时间里冠层密度变小，减缓某些病原体生长和繁殖。然而，臭氧也会损害植物组织，使植物病原菌更容易感染植物。温度的升高和降雨模式的变化也将影响植物病害流行的发展。在某些情况下，温度的升高使植物病害提早发生，甚至造成病害流行。另外，温度的升高致使某些原本因低温而无法越冬的病原体能顺利越冬，从而导致某些病害的发生发展。

此外，气候变化还可影响作物品质，降低营养物质含量。

（三）对粮食安全的影响

国际粮食政策研究所的预测结果表明，受气候变化影响，2050 年全球粮食产量将有所下降，粮食价格会被推高，其中玉米价格上涨幅度较大，稻米和小麦价格的涨幅相对较小。非洲撒哈拉以南地区在全球饥饿人口中所占比重将从 24%增至 40%～50%，发展中国家对粮食进口的依赖程度将变得越来越严重。气候变化将造成中国未来粮食生产波动增大，从而使中国粮食安全面临巨大挑战。

有些国家把发展生物燃料作为解决全球气候变化问题的重要途径，但实际上生物燃料的发展对长期粮食安全构成了重大威胁。生物燃料作物的种植占用了发展中国家用于粮食生产的土地，已导致数百万人的饥饿。如在非洲，由于鼓励作物种植模式的变化，生产由外资项目或政府项目投资的生物燃料作物，导致大量耕地被占用。世界银行等组织认为，大量农用土地用于生产生物燃料的作物已经导致粮食价格上涨，迫使数百万贫民陷入饥饿。在粮食匮乏的非洲国家，增加生物燃料生产将对粮食安全构成特别严峻的威胁。

（四）对贫困地区的影响

气候变化给农村带来的影响在不同区域间存在明显差异，而那些经济最薄弱的农村地区往往是易受气候变化影响的最脆弱地区。越来越多的证据表明，不仅在发展中国家而且在发达国家中，农村贫困人口对气候变化表现出更大的脆弱性。气温升高降低了小麦、水稻和玉米的产量，导致粮食价格上涨，使更多的人陷入贫困。虽然许多农民积极采取各种措施应对干旱，但这并不意味着对气候变化的长期可持续适应。气候变化的严重性和复杂性，如暴风、降雨变化、新型病虫害的发生等极端事件将挑战他们的适应能力。中国受到气候变化影响的主要是生态脆弱地带，几乎都集中在贫困人口的所在地，气候灾害已成为中国贫困人口致贫与返贫的重要原因之一。

三、适应气候变化的对策

IPCC 指出，适应是指为降低自然系统和人类系统对实际或预计的气候变化影响的脆弱性而提出的倡议和采取的措施。农业约占目前温室气体排放总量的 14%（68 亿吨二氧化碳），但同时具有每年减缓达 55 亿～60 亿吨二氧化碳的潜力，因此，在适应和缓解气候变化方面农业蕴藏着可资利用的潜力。为降低农业与农村对气候变化的脆弱性，需要采取以下措施。

（一）发展气候友好型农业

基于人口及气候变化带来的日益增长的压力，如何为世界可持续地提供充足的食物是农业需要解决的首要问题。有机农业系统具有缓解和适应气候变化的潜力，利用有机农业系统来满足全球食物需要是一种可行的方法。有机生产管理系统对缓解气候变化的潜在重要贡献主要体现在营养管理及减少土壤中温室气体排放，另一个潜力在于土壤固碳。预计停止使用矿物肥料的减排潜力为 20%，碳隔离的补偿潜力占到目前全世界年度农作物温室气体排放的 40%～72%。在适应气候变化方面，通过农产品多样化以及增加土壤中有机质含量提高土壤肥力，有机农业生产在建立能够适应气候变化的粮食生产系统方面具有极强潜力，尽管仍存在许多不确定性。另外，有机农业可以降低农民对能源密集型生产投入品（如化肥）的依赖。在气候变化的当今，发展中国家的传统耕作方式对农村贫困人口粮食安全及可持续生活影响深远。经认证的有机产品可为农民带来更高收入，可以成为世界范围内气候友好型耕作方式的推动力。

此外，农田适应性管理如作物轮作等将会缓解气候变化的影响。耕地管理和草原管理有着全球最高的农业生物—物理缓解潜力。碳汇作物生产在缓解全球变暖、促进生态系统恢复方面发挥着关键作用。农业生产可以采用减少耕作、多元化作物轮作、提高养分利用效率、调整有机和无机肥料的使用、使用更高效的资源管理方式等做法来缓解和适应气候变化。畜牧生产是温室气体排放的主要来源。牲畜业的碳排放量取决于动物如何喂食。发达国家粮食喂养、工厂化养殖牛的温室气体排放量比发展中国家饲草喂养、农户养殖要高得多。在大多数发展中国家，饲养牛的主要人群为小农户和牧民。小农户使用饲草和普通饲料饲养牛，有时季节性地添加秸秆与作物废弃物。牧民则定期寻找新的水源及草地用以牛的饲养。在大多数发展中国家，畜牧业仍是养畜农户收入的重要和稳定来源。因此，解决畜牧业发展与气候变化矛盾的方法不是放弃畜牧业，而是要找到可持续的养殖方式。为适应气候变化，畜牧业应着眼于畜牧品种的改良，采用以粗饲料喂养为主并辅以高能量饲料的方式，以实现每头牲畜的较高产出。

（二）支持农业科技创新

增加农业科研投资。国际半干旱热带地区作物研究所研究人员表明，创新的农业技术能够应对气候变化对作物生产的挑战。在 2010—2050 年期间，科学家们将帮助贫困农民减轻气候变化的影响。一份由多个国际组织和发展机构（包括世界银行，欧委会及英国国际发展部）资助的研究报告表明，为迎接全球变暖与环境退化的挑战，全球农业研究需要根本性的改变。有必要对支离破碎的全球农业研究和开发体系进行大规模改革，使农业科研更好地面对小规模农户，使其生产体系更能适应未来的气候变化。应增加在发展中国家的农业科研投资，使其达到农业 GDP 的 1.5%，对科研能力与科研机构建设的投资达到现有投资的 2～3 倍。此外，面对全球变暖，国家也需要采用更完善的政策支持农业创新。

培育适应气候变化的作物品种。如何使农作物适应气候变化对于全世界的作物培育者是一个重大任务。育种者可以通过开发适应气候条件变化的作物品种来实现这一目标。保存地方品种可以增加农作物的遗传多样性，也是农作物适应气候变化的重要途径。因此，优质种质资源的收集具有非常重要的意义，包括寻找稀有性状作物，评估及确定新物种，各国之间相互合作以获取用于粮食生产的遗传资源等。通过寻找适合的基因类型，对作物进行遗传改良，培育出适合气候变化的新品种，以应对未来的气候挑战。根据在撒哈拉沙漠以南非洲 13 个国家进行的研究，新型耐旱玉米能够带来价值 15 亿美元的食物和收入，并且可以帮助小农户应对气候变化的影响。为适应气候变化，加快培育抗旱或耐旱作物新品种，以避免旱灾导致灾难性的损失，改善农民生计，提高粮食安全水平，近年来，农业耐旱研究也吸引了私人、公共、学术和慈善部门的诸多关注和投资。

（三）加强农业融资

未来二十年是贫困国家适应气候变化的关键时期。多数农业排放（农业排放的74%）以及主要的农业技术和经济的减缓潜力（70%）都集中在发展中国家。如果没有大量的投资和有效的技术转让，可能难以实现大规模减排。因此，开展为低碳技术的融资是非常重要的。适当的激励机制可促进对气体减排和生产力提高技术的研究和投资，也可促进作物生产的减排潜力。FAO研究表明，发展中国家农业生产、粮食安全、气候变化适应与减缓等方面存在着潜在协同效应及权衡效应。农业融资必须重视协同效应，实现政府投资与新增加的气候融资相结合。结构化和阶段性融资至关重要，可以实现发展中国家农业发展、粮食安全及农业减排的协同效应。

2010—2050年，世界银行对发展中国家农业气候变化适应费用估计为每年25亿～26亿美元。联合国气候变化框架公约估计，到2030年，发展中国家农业部门每年用于减缓措施所需追加投资和资金流量估计为140亿美元。碳市场是减少温室气体排放和向发展中国家转移金融资源和清洁技术的一项强有力的工具。世界银行管理着10个有关的基金，它们通过购买项目减少的排放量（或“碳信用”），为发展中国家减少温室气体排放的项目提供融资，帮助贫困国家在应对气候变化的同时，实现其经济增长、减轻贫困以及取得可持续增长目标。亚洲开发银行为延缓和适应气候变化融资设立了一些专门基金，例如，气候变化基金主要涉及减缓和适应气候变化，清洁能源融资伙伴基金、亚太碳基金及未来碳基金主要集中于减缓措施等。

（四）提高农村社区适应能力

美国农业政策研究所研究表明，农村社区在气候变化中具有很重要的地位，气候变化以及全球、国家、地区等选择实施的气候缓解措施势必将影响到农村社区的发展。农村社区有可能在缓解气候变化以及适应气候变化方面做出重要的经济贡献及环境保护贡献。

1. 利用可再生能源

英国农村土地和商业协会认为，为使农村更好地应对气候变化的威胁，应增加可再生能源的使用。生物质热和生物燃料的使用有助于提供环保电源和促进农村经济发展。作为搞活农村经济的可再生能源项目，不仅可以减少温室气体排放，也为农村企业提供了开拓市场的机会。如果政府认识到这一点，应实施综合政策，给予农村企业参与的机会，使农民有信心投资于这些新能源项目。此外，风力发电也可以在农村适应气候变化中扮演重要角色。再生能源的开发和利用将会减少农村对化石燃料的依赖，并为农村的可持续发展提供契机，政府应向可再生能源提供优先于化石燃料的经济奖励。

很多气候变化缓解政策会增加使用化石燃料的成本，使投资转向可再生能源的生产。农村是可再生资源技术（如风、太阳能、生物燃料、沼气）生产的理想场所。碳隔离也是一项缓解气候变化的重要战略。农村社区居民可以在有效进行碳隔离的同时进行自然环境保护。尤其是农业和森林管理者有较多机会把碳隔离付诸实践。随着新的适用性高的隔离技术的研究及广泛应用，农村社区可以在森林管理方面引领未来发展研究方向。

2. 发展新的农村产业

当前一些农业产业预计将面临气候变化的强烈挑战，发展新的产业是农业应对气候变化措施中不可缺少的组成部分。气候变化也为农业发展带来一系列新契机。在未来更加温暖和干燥的环境中，由于具有耐旱性、耐盐性、水分利用率较高和对低灌溉量的适应力，许多新的农村产业比现有产业具有竞争优势。一系列不同时段收获的作物多样化种植是一种有效减少极端气候事件风险的方法。

3. 利用低碳发展

即使是最贫穷的发展中国家也应该重视低碳发展，因为低碳发展可以通过提供气候友好能源惠及贫困人们，扩大电力网，创造绿色就业机会。有多种方式可以让低碳发展更有利于贫困人口，一种方式是对绿色产业及其他与农民生计息息相关产业的收入再分配，另一个方式是社区层面的小型低碳发展项目（如利用可再生能源实现农村电气化），以期在社区层面上分享低碳发展利润。其他方式包括支持农业和林业等关键部门；实施社会保障措施，以减少对气候变化的脆弱性。

4. 动员地方机构帮助农民

应动员地方机构帮助农民减轻气候变化危害和适应气候变化。对小农户而言，减灾战略包括减少能源排放，通过植树造林或零耕种农业进行碳封存等。适应战略包括以社区为基础对气候变化进行预测，改变农作物种植时间、品种或种植模式等。社区级的机构建设至关重要，因为它们负责农业技术转让，并促进小农户之间的资源管理。例如，一个新抗旱作物的种植、生产和销售需要地方机构的协调与帮助。种植新燃料作物也有赖于地方机构提供培训和推广。此外一些国际项目也将需要地方机构监测碳排放情况，以及协助寻找碳信用额度买方和卖方。地方机构也可以帮助农民应对旱灾或水灾等与气候相关的影响，监测天气和建立地方粮食储备。农民仍然是最需要专业气象服务的群体，许多国家通过组织有关天气、气候的巡回讲习班，向农民提供了保护和支持农作物所需的必要气候信息。此外，为促进农民对气候的了解、提高其适应气候变化的能力，一些国家建立了气候田间学校，培训农民利用气候信息来管理土壤、水分和作物资源，调整作物种类、品种、种植方式等。

5. 改善农业用水管理

降水量变化和蒸发量增加将直接影响旱作农业，并减少灌溉和水力发电所需的水供应。可实施的应对措施包括改进灌溉技术，使用免耕技术以保护土壤水分，改变耕种或放牧时间，实施季节性气候预报等。缺水是影响粮食生产的最关键问题之一。大规模大坝建设对全世界而言是非常有限的，并且地下水抽取是不可持续的，解决缺水问题唯一的选择是提高水资源利用率和小规模蓄水能力，如利用农场收集降水和建设小河流域地坝。国际水管理研究所专家也表示，小规模用水方案是气候变化情况下增加粮食生产力的关键。目前许多发展中国家缺乏足够的蓄水容量来适应气候变化，增加水量存储十分必要。蓄水方案的设计关键要结合不同水量存储类型的特点，同时又要符合当地的具体需求和社会经济条件。有效的存储方式也许非常简单和廉价，例如农民个人的池塘和水塘。

世界主要农产品供求预测及对我国农业的影响

入世以后，随着中国农产品市场的逐步放开，中国与世界主要农产品市场之间的联系日益紧密，对国际市场的依存度也日趋增加。具体表现为：一方面，我国是世界主要的农产品生产国和出口国，农产品出口对我国农民的增收作用越来越显著；另一方面，为了满足国内日益增长的农产品消费需求，我国从国外进口的农产品数量与日俱增，国外市场对弥补我国部分农产品供需缺口方面的作用也愈加明显。总之，中国与世界农产品市场之间在市场和资源方面，既存在竞争关系，又存在互补关系，随着全球化的推进，这种联系更加紧密。在这样的背景下，研究世界农产品供求及其对我国农业的影响，对正确把握国内主要农产品生产、消费形势有十分重要的理论意义。从现实角度看，2007 年下半年开始的全球粮食危机为我们敲响了警钟，全球粮食产品以及其他主要农产品市场之间的联系在这场危机中可见一斑，部分主要农产品市场供求矛盾以及涨价的压力会在世界范围内迅速传递，中国的农产品供求也很难独善其身。因此，在研究中国当前以及今后的农业问题时，将世界主要农产品供求形势纳入分析框架对我国制定合理的农产品政策具有重要的现实意义。

本课题探讨了全球主要农产品（包括大米、小麦、玉米、棉花、大豆、糖料）的供求变动趋势，并对 2009—2012 年世界农产品供求进行预测，探讨世界主要农产品供求变动对我国农产品供求、价格产生的影响，以期对正确的应对国际市场供求变动、制定合理的农业生产、消费以及贸易政策提供决策参考。考虑到大米、小麦等农产品都是关乎国家粮食安全的战略性产品，因此，未来世界粮食市场的不稳定性以及可能存在的风险对我国保障粮食安全的影响也将包含在本课题的研究框架中。

一、谷　物

我国是世界第一人口大国，保障十几亿人口的吃饭问题一直是政府的头等大事，保障粮食安全作为我国一项重要的政策目标被长期关注。改革开放以来，国家一直将粮食自给率达到95%作为实现粮食安全的重要目标之一，国际市场作为平衡我国谷物盈亏的重要途径，其重要性不容忽视。国际市场供求变动引发的价格变动通过影响谷物进出口，进而改变我国国内的谷物供需状况以及相关产品价格，最终对我国的谷物生产、消费行为产生影响。

（一）世界谷物的供求形势分析及预测

1. 供求形势分析

从世界范围看，20世纪80年代以来谷物产量以及消费量基本保持稳中有升的态势。年度间虽略有差别，但差别不大，理论上世界谷物价格变动幅度应有限，但地区间的供需失衡往往会造成主要谷物价格的大幅波动。

谷物产量持续上升，地区结构有所变化。2003—2008年全球谷物产量年均增长2.8%[①]，其中中国、美国、欧盟（EU）、印度、俄罗斯5国（地区）的产量之和占世界总产量的60%以上。受资源约束及技术进步差异影响，各地区产量增速不同，其中美国的份额逐年上升，而中国、欧盟的份额则逐年下降，印度、俄罗斯基本保持稳定（图1）。

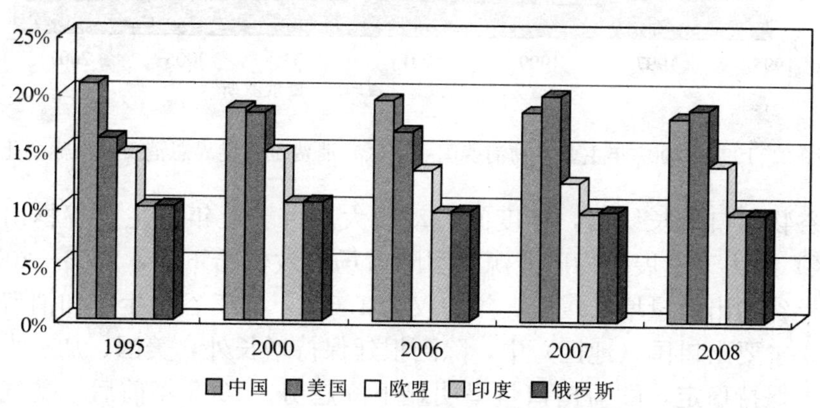

图1 1995—2008年世界谷物主产国（地区）产量占世界总产量的份额

谷物消费总量平缓增长，工业用粮成为新的增长点。2003—2008年

① 本文除特殊说明外，数据均来自联合国粮农组织（FAO）。

全球谷物消费总量年均增长 1.8%。从消费结构来看，口粮消费增长较为平稳，年均增长 1.1%，高收入地区如美国、欧盟的口粮消费基本稳定，中国由于消费结构升级口粮消费较之前有所下降，人口增速较快的低收入国家口粮消费增长较快；饲料粮消费增长缓慢，年均增长 0.9%，饲料粮增长主要来源于消费结构升级较快的地区，如中国。而像美国、欧盟、俄罗斯等消费结构稳定地区的饲料粮消费基本稳定，增长缓慢；其他消费特别是工业用粮增长迅速，年均增长 6.4%，随着农产品深加工行业的发展和生物质能源的兴起，各国的工业用粮增长迅速，其中中国 2000—2008 年间的年均增长率在 5%以上，欧盟 2000—2005 年间年均增长率达 9.2%，美国 2006—2008 年年均增长率高达 20.2%（图 2）。未来世界谷物消费量总体仍会处于刚性增长状态。

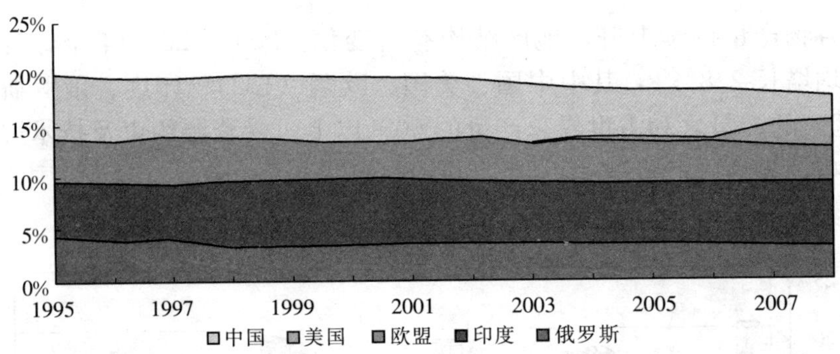

图 2　1995—2007 年主要谷物消费国（地区）消费量占世界总消费量份额变化

谷物出口增长缓慢，年度间波动较大。由于近年来主要谷物出口国（地区）致力于发展生物质能源，国际市场有效供给下降，2003—2008 年间世界谷物出口量增长缓慢，年均仅为 1.6%，低于谷物生产和消费的增长率。主要出口国（地区）中，除阿根廷保持增长外，美国、加拿大出口量基本保持稳定，欧盟出口量呈明显下降趋势。2005 年前后，受气候变化及经济因素影响，欧盟、澳大利亚等主要出口国（地区）出口量大幅下降，加大了世界谷物有效供给的波动。之后受高粮价的刺激，2006—2008 年之间世界出口量又呈现快速增长态势，年均增长率达到 3%左右（图 3）。预计未来在经济形势稳定、自然条件不发生重大改变的前提下，世界谷物出口量仍会保持增长趋势。

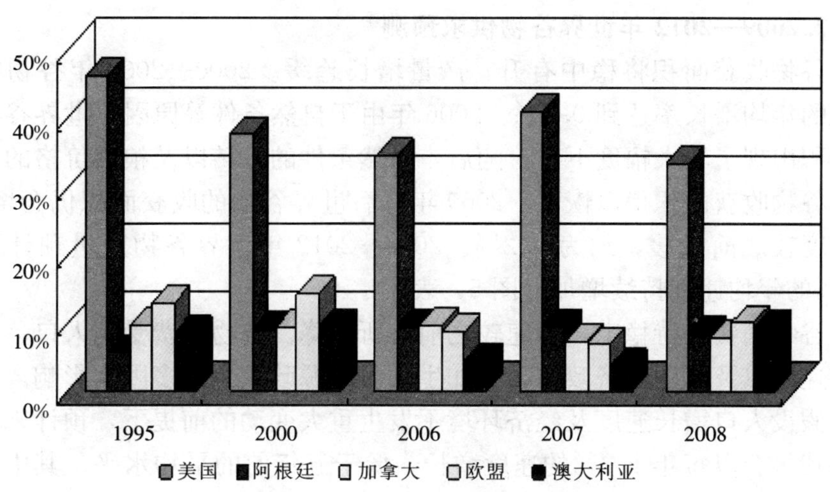

图 3　1995—2008 年主要谷物出口国（地区）出口占世界总出口的比重

谷物进口平稳增长，新兴经济体成为需求增长重要组成部分。由于日本、墨西哥、韩国等传统进口国的需求基本保持稳定，世界谷物进口需求呈平稳增长态势，2003—2008 年间，年均增长 1.8％。新兴经济体的谷物进口量则随人口增长、收入增加呈现明显上升态势。以埃及为例，2000 年以来的谷物进口量明显上升，2006—2008 年期间增速高达 7.7％，今后随着人口的持续增长以及经济发展，埃及的进口量会继续增加（图 4）。未来，受埃及、印度等新兴经济体国家进口增加的影响，世界总进口量将呈现上升趋势，预计 2009—2012 年世界谷物进口会继续增长。

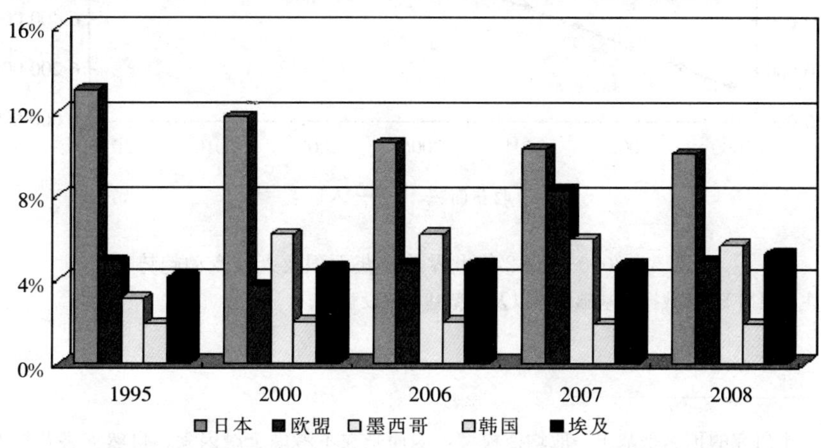

图 4　1995—2008 年主要谷物进口国（地区）进口量占世界总进口的比重

2. 2009—2012 年世界谷物供求预测①

谷物收获面积将稳中有升，产量增长趋缓。2000—2008 年谷物收获面积的年均增长率达到 0.4%。2006 年由于自然条件等原因，世界谷物收获面积出现了较大幅度下滑。随后，自然条件的好转以及粮食价格的上涨使得谷物收获面积得以恢复，2009 年以后世界谷物的收获面积仍会增长，但速度较之前放缓，约为 0.2%。2009—2012 年世界谷物产量预计会以 1.3%的年均速度持续增加（图 5，表 1）。

谷物消费保持稳定，增速较之前有所下降。谷物消费受到人口、经济发展速度以及各国经济政策，比如生物质能源政策等诸多因素影响。本研究在假设人口增长速度及经济环境不发生重大变动的前提下，预计未来谷物消费量会以每年 1.2%的速度增长，低于五年前的平均水平。其中，人口基数的不断增加，导致口粮的增长率未来仍会以 1.1%的速度持续增加，饲料粮的需求量也处于逐年增加的状态，但种用粮以及损耗的谷物消费量将随着科技的发展有所下降。

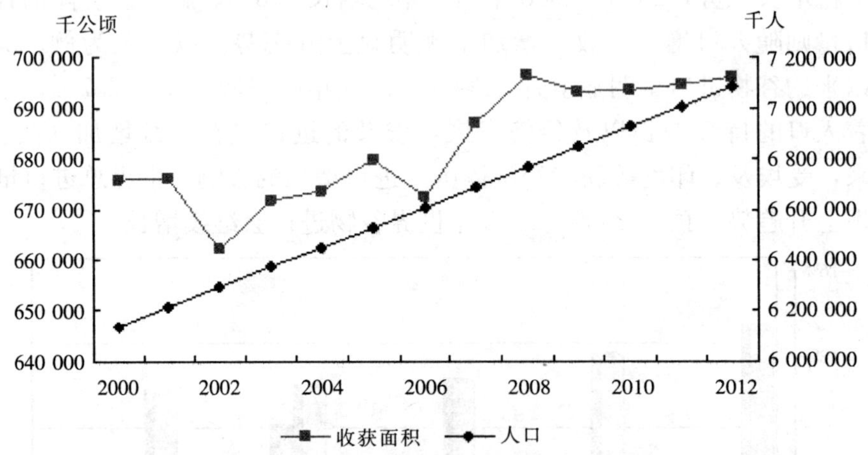

图 5　2000—2012 年世界总收获面积及人口变动趋势

注：根据 FAO 数据库基础资料以及模型基本假设整理。

① 本研究的预测是基于一般均衡模型，因而是在不考虑金融因素、自然灾害及技术进步引致新增需求前提下的预测，预测结果描述的是实际价格变动下的长期均衡状态。

表 1　世界谷物的供求预测

单位：亿吨,%

时间	产量	消费量				进口	出口
		总量	口粮	饲料粮	其他粮食		
2003	18.93	19.72	9.77	7.37	2.58	2.41	2.43
2004	20.68	20.12	9.82	7.66	2.64	2.46	2.51
2005	20.43	20.38	9.91	7.67	2.80	2.41	2.51
2006	20.16	20.69	10.13	7.53	3.03	2.53	2.49
2007	20.93	21.24	10.22	7.71	3.31	2.62	2.59
2008	21.73	21.56	10.31	7.73	3.52	2.64	2.64
2009*	21.83	21.82	10.37	7.77	3.68	2.59	2.59
2010*	22.09	22.10	10.52	7.78	3.80	2.61	2.61
2011*	22.40	22.35	10.63	7.84	3.88	2.65	2.65
2012*	22.67	22.60	10.73	7.92	3.95	2.70	2.70
2009—2012 年均值	22.25	22.22	10.56	7.83	3.83	2.64	2.64
2003—2008 年均值	20.48	20.62	10.03	7.61	2.98	2.51	2.53
2006—2007 年均值	20.55	20.97	10.18	7.62	3.17	2.57	2.54
2003—2008 年均增长	2.8	1.8	1.1	0.9	6.4	1.8	1.6
2009—2012 年均增长	1.3	1.2	1.1	0.7	2.4	1.4	1.4

注：*为模型预测值。

谷物价格相对于粮食危机时期有所下降，但高于之前平均水平。未来几年世界谷物的可供量将有所增加，需求量也会增加，但总体上供略大于需。本研究预测，未来世界谷物的价格相较危机时期有所下降，但仍高于正常时期的平均水平，且其增长率会趋于稳定。2009—2012 年，小麦的价格将维持在 1997 年的 1.4～1.5 倍左右；玉米等粗粮的价格也会达到 1997 年的 1.5～1.6 倍。未来稻谷的价格变动幅度较小，其价格仅相当于 1997 年的 1.2～1.4 倍（图 6）。

（二）未来世界谷物供求变动对我国的影响

1. 我国谷物供需现状及对世界市场的依赖程度

从我国谷物生产情况看，改革开放以后谷物生产经历了几年的快速增长后，从 20 世纪 80 年代后期以来谷物产量趋于平稳，变动较小。近年来，我国的谷物产量总体上处于缓慢上升的趋势，2006 年以后基本保持

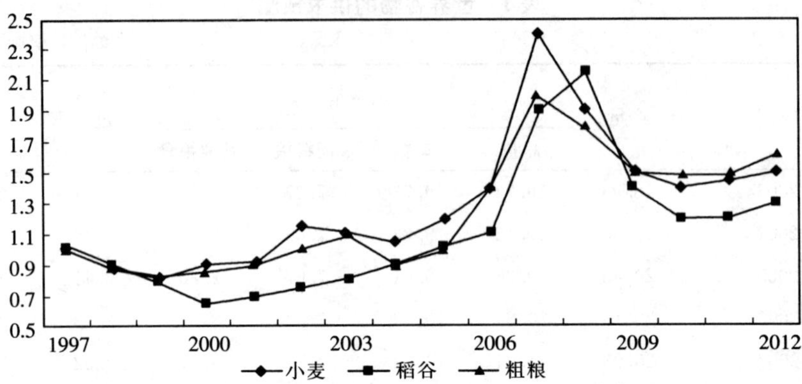

图 6　1997—2012 年世界主要谷物产品价格指数及预测

注：以 1997 年为基期＝1。

在历史最高水平。

谷物消费量上升，饲料及工业消费比重逐年上升。从谷物消费角度看，受人口增长等因素影响，近 30 年来我国谷物消费水平一直呈上升态势（表 2）。从结构上来看，随着居民消费水平的提高，口粮的需求量随之下降，占总需求的比重由 1980 年 80%左右下降到目前的近 50%；取而代之的是饲料粮的消费增加。由于肉类食品消费量的增加，2008 年饲料粮的消费量比 1980 年增加了约 2 倍，约占谷物总消费的 36%。除此之外，用于工业用途，特别是食品以及粮食乙醇生产的谷物数量逐年增加，从 1980 年占全部谷物消费量的 5%增加到目前约占全部谷物消费量的 10%左右（图 7）。

谷物供需总体处于紧平衡状态，供需缺口年度间波动较大。改革开放以后至 2000 年之前，我国的谷物主要表现为生产大于消费，但 2000 年以后供不应求的现象开始出现，到 2003 年这种现象更加恶化，产需缺口甚至达到当年总产量的 15.6%。2006 年以后，随着我国谷物生产稳定增长，产需不平衡的现象逐渐得以缓解，供求基本处于一个紧平衡的状态。

表 2　1983—2008 年中国谷物产消情况

单位：千吨，%

年份	产量 A	消费 B	产消缺口 A－B	缺口/产量 (A－B) /A	缺口/消费 (A－B) /B
1983	288 807	269 560	19 247	6.7	7.1

（续）

年份	产量 A	消费 B	产消缺口 A-B	缺口/产量 (A-B) /A	缺口/消费 (A-B) /B
1988	297 126	303 902	−6 776	−2.3	−2.2
1993	347 958	341 821	6 137	1.8	1.8
1998	392 286	367 788	24 498	6.2	6.7
2000	345 129	373 264	−28 135	−8.2	−7.5
2003	322 905	373 435	−50 530	−15.6	−13.5
2004	355 565	371 552	−15 987	−4.5	−4.3
2005	371 560	374 466	−2 906	−0.8	−0.8
2006	386 310	379 535	6 775	1.8	1.8
2007	383 804	381 533	2 270	0.6	0.6
2008	388 638	382 111	6 526	1.7	1.7

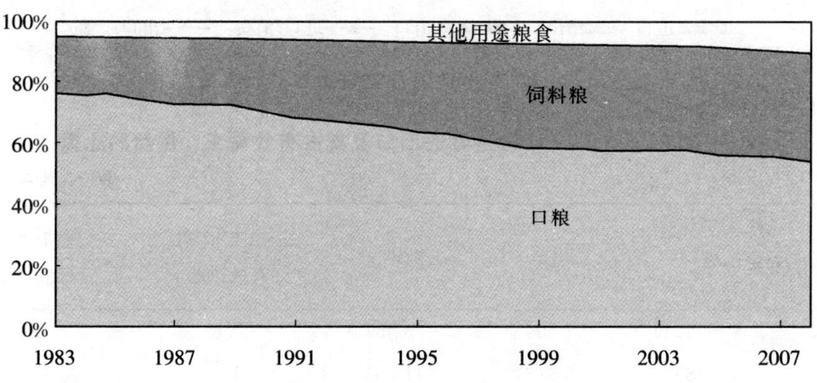

图 7　1983—2007 年中国谷物消费构成

我国谷物贸易占世界份额较小，但世界市场对国内影响不容忽视。从贸易规模角度，虽然我国是世界上最大的谷物生产和消费国之一，但谷物贸易方面影响力相对较小。进口方面，进口量占我国总消费以及世界有效供给的比重都很低；出口方面，我国是谷物的净出口国，近年谷物出口量一直高于进口量，部分年份出口占我国谷物产量的比重甚至达到了 6%，占世界有效需求的比重也很大，2006 年以来一直维持在 2%～5%之间。虽然我国谷物对世界的依赖程度有限，但对调剂余缺方面的作用相当显著，对于我国的影响不容忽视。一旦世界市场上的供求形势发生了变化，势必会引发国际价格变化，进而影响我国的进出口以及国内价格，最终影响我国农民生产行为。另外，虽然目前我国谷物贸易中的“小国”，但对于我国这样生产和消费大国而言，在国际市场供需、价格发生剧烈变动的情况下，我国的进口量很有可能就会发生改变，甚至一跃成为进口“大国”（表 3）。

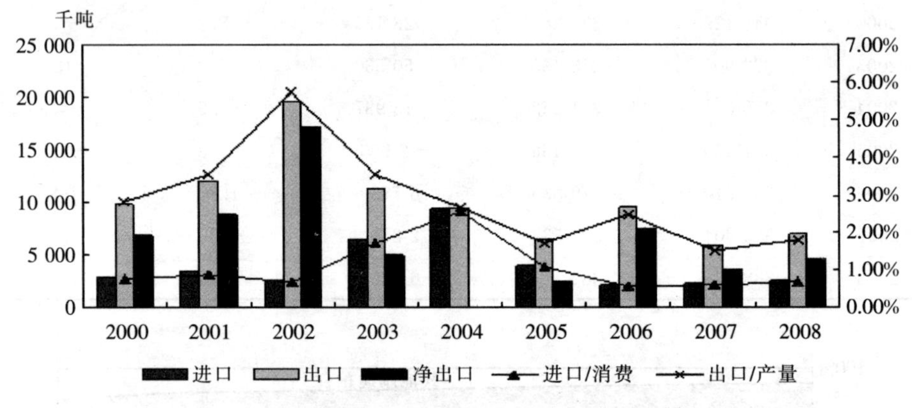

图 8　2000—2008 年中国谷物进出口状况及自给率

表 3　1983—2008 年中国谷物进出口及其占有效需求、供给的比重

单位：千吨，%

年份	进口	出口	净出口	出口/世界有效供给	进口/世界有效需求
1983	9 962	1 505	−8 457	0.8	6.8
1988	16 683	5 478	−11 205	3.3	11.1
1993	6 606	13 988	7 382	8.1	3.5
1998	3 591	6 611	3 020	2.9	1.6
2003	6 404	11 427	5 023	4.7	2.7
2004	9 429	9 444	15	3.8	3.8
2005	3 978	6 369	2 391	2.5	1.7
2006	2 147	9 496	7 349	3.8	0.9
2007	2 229	5 758	3 529	2.2	0.9
2008	2 523	7 023	4 500	2.7	1.0

2. 未来世界谷物供求变动对我国的影响

国内外供需形势好转，世界谷物供给基本可以保证。相对于粮食危机时期的供求状况，未来世界谷物产量将会实现大幅度增长，预计 2012 年谷物产量将较 2006—2007 年增长 11.7%。虽然谷物的需求量在 2009—2012 年期间也会有明显增长，但仍会出现供大于求的局面，与粮食危机时供需缺口相比，净供给将增加 7 000 万吨左右。就我国而言，未来产量的增长率将明显高于需求的增长率，谷物也会供大于求，且相对于 2006—2007 年，我国净供给同样增加了很多。综合世界和我国谷物供需的变化趋势可以推断，在供给形势好转的前提下，未来世界谷物的供给基本可以得到保证（表 4）。

表 4　未来世界及我国谷物供求量的变动预测

单位：千吨，%

年份	谷物产量变动率	谷物需求变动率	净供给变动量 B	B/总产量
世界				
2009	107.6	104.1	68 120.2	3.1
2010	108.9	105.4	66 383.2	3.0
2011	110.4	106.6	72 468.8	3.2
2012	111.7	107.8	73 258.0	3.2
中国				
2009	103.0	102.1	3 429.0	0.9
2010	102.9	102.7	298.0	0.1
2011	103.6	102.4	886.0	0.2
2012	104.0	103.1	2 706.0	0.7

注：谷物产量、需求变动的基准选择是 2005—2007 年的均值。

国内外谷物市场联动程度不高，世界供求变动对我国供给和需求造成的影响有限。由于国际谷物价格对我国价格的传导率仅为 15.6%①，虽然，2009—2010 年世界谷物价格相对于基期 2007 年将变动 0.4%、0.1%、0.3%、1.0%，但对国内价格的影响较小，2009—2010 年国内价格相对于 2007 年下降 0.05%、0.02%，2010—2011 年国内价格将相对于 2007 年上升 0.05%、0.16%。在其他条件不发生变化的前提下，相对于

① 本研究据计量模型测算。

基期2007年，世界市场的供求变动引起的价格变动最终将会使得2009—2010年国内供给下降0.012%、0.004%，2011—2012的国内供给上升0.012%、0.033%；而2009—2010年国内需求将上升0.012%、0.004%，2011—2012年国内需求将下降0.012%、0.034%，世界供求变动对我国造成的影响有限（表5）。

表5　世界谷物供求的变化对我国的影响

单位：千吨，%

	进口量	进口量变化率	世界价格变化率	国内价格变化率	供给变化率	需求变化率
2007	261 863.9					
2009	259 041.4	−1.08	−0.35	−0.06	−0.012	0.012
2010	260 866.6	−0.38	−0.12	−0.02	−0.004	0.004
2011	264 633.7	1.06	0.35	0.05	0.012	−0.012
2012	269 912.9	3.07	1.00	0.16	0.033	−0.034

（三）未来保障我国粮食安全的资源代价

从上文的分析中可以看出，除少数年份外，近年我国的谷物自给率基本上都能维持在95%的政府预定目标。在资源有限性的背景下，未来几年要保证粮食95%或以上自给率，需要为生产粮食投入更多的社会资源。

根据FAO预测，到2012年，中国的谷物需求量预计为39 107万吨，产量预计为39 407万吨。要保持粮食自给率95%以上的目标，到2012年国内市场需要37 152万吨谷物，国内生产能够满足需求（表6）。

表6　中国粮食产销以及自给自足情况预测

单位：千吨

年份	估计消费量	95%自给率所需供给量	估计产量	供需缺口（95%）
2008	382 111	363 005	388 638	−25 633
2009	387 435	368 063	390 387	−22 324
2010	389 560	370 082	389 858	−19 776
2011	388 584	369 155	392 423	−23 268
2012	391 070	371 517	394 073	−22 557

根据国家发展和改革委员会《全国农产品成本收益资料汇编》公布的各种谷物单位面积产量计算，要保证95%的谷物自给率，2012年大约需要耕地8 776万公顷，按照2007年我国生产谷物的耕地为8 577.7万公顷计算，变动不大。根据《全国农产品成本收益资料汇编》统计的我国每亩谷物生产用工量，可以算出2012年需要投入3 233万的劳动力生产粮食。

中国是水资源比较缺乏的国家之一，在保证粮食安全的同时，还要关注水资源的使用情况。根据FAO开发的CROPWAT模型，以多个研究者计算结果的均值作为中国粮食生产的实际需水量，生产每吨谷物的用水量分别是：稻谷1 166立方米、小麦1 106立方米、玉米697立方米。因此若要在2012年保证95%粮食自给率，大概要消耗水资源4 246亿立方米，占中国全部水资源的约14.7%左右（表7）。

表7　达到95%自给率前提下我国粮食生产需要投入的资源情况

年份	达到95%自给率的谷物产量（千吨）	土地（万公顷）	劳动力（万人）	水资源（亿立方米）
2009	368 063	8 695	3 197	4 210
2010	370 082	8 743	3 217	4 232
2011	369 155	8 731	3 216	4 231
2012	371 517	8 776	3 233	4 246

二、大　米

（一）世界大米的供求形势分析及未来预测

1. 世界大米供求形势分析

大米产量在1983—1999年期间呈上升趋势，由1983年的30 634万吨上升到1999年的41 188万吨，年均增长1.87%；2000—2004年期间产量小幅下降，由1999年的41 188万吨减少到2004年的40 875万吨，年均下降0.15%；2004年之后产量有所回升，到2007年达到43 179万吨（图9）。根据2005—2007年三年平均产量排序，大米主要生产国依次是中国（29%）、印度（22%）、印度尼西亚（8%）、孟加拉国（6%）、越南（6%），这5国的大米产量占世界总产量的71%（图10）。该5国也是世界大米主要消费国，因此，5 国的国内生产和消费量变化对国际市场具有举足轻重的影响。在 5 国中，只有印度和越南国内生产大于需求，存在较大盈余，尤其是越南，2001—2007 年平均盈余量在 427 万吨左右，且年际间波动较小；同样作为主要生产国的中国、印度尼西亚以及孟加拉国则由于国内巨大的消费需求，大米市场多数年份出现供不足需，尤其是孟加拉国，国内大米供需缺口逐年增大，2001 年为 55 万吨，2007 年激增至 250 万吨，增加了近 4 倍（表 8）。

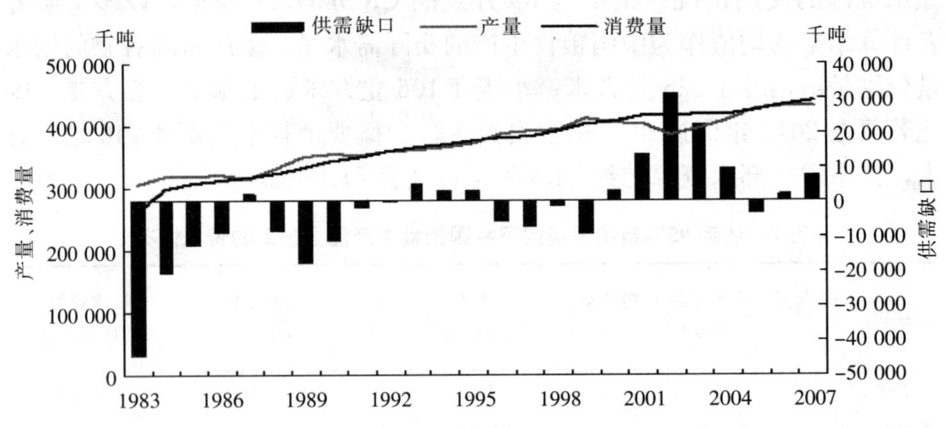

图 9　1983—2007 年世界大米市场供需走势

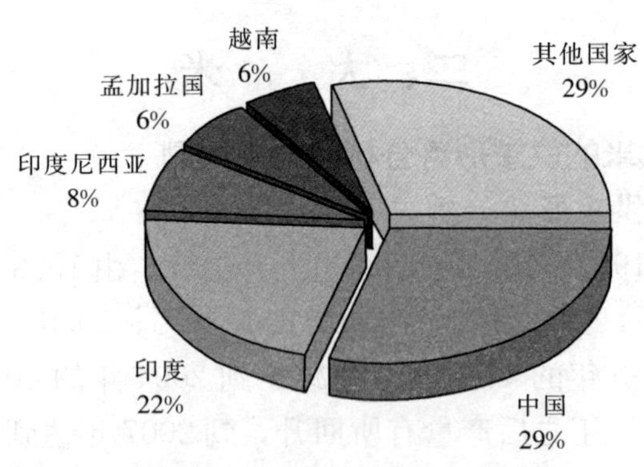

图 10　大米主要生产国及占世界总产量的份额

表 8　世界大米主要生产国生产消费情况

单位：千吨

年份		2001	2002	2003	2004	2005	2006	2007
中国	总产量	124 306	122 180	112 462	125 363	126 414	127 800	127 223
	消费量	136 500	135 700	132 100	130 300	128 000	127 800	129 348
	盈余量	−12 194	−13 520	−19 638	−4 937	−1 586	0	−2 125
印度	总产量	93 338	71 820	88 530	83 130	91 790	92 760	93 338
	消费量	85 148	82 058	83 971	82 139	84 838	87 460	88 988
	盈余量	8 190	−10 238	4 559	991	6 952	5 300	4 350
印度尼西亚	总产量	31 790	32 439	32 847	34 076	34 115	34 307	35 941
	消费量	35 290	35 339	35 346	35 476	35 565	35 457	36 941
	盈余量	−3 500	−2 900	−2 499	−1 400	−1 450	−1 150	−1 000
孟加拉国	总产量	24 300	25 187	26 190	25 157	26 540	26 860	25 997
	消费量	24 851	25 924	26 583	26 751	27 270	28 209	28 496
	盈余量	−551	−737	−393	−1 594	−730	−1 349	−2 499
越南	总产量	21 416	22 976	23 057	24 112	23 901	23 896	23 924
	消费量	17 706	18 693	19 016	19 152	19 352	19 616	19 824
	盈余量	3 710	4 283	4 041	4 960	4 549	4 280	4 100

作为大米主要生产和消费国，国内盈余部分多是通过国际市场消化掉，因而印度和越南又是世界大米主要出口国。此外，世界主要大米出口国还包括泰国、巴基斯坦和美国（图 11）。

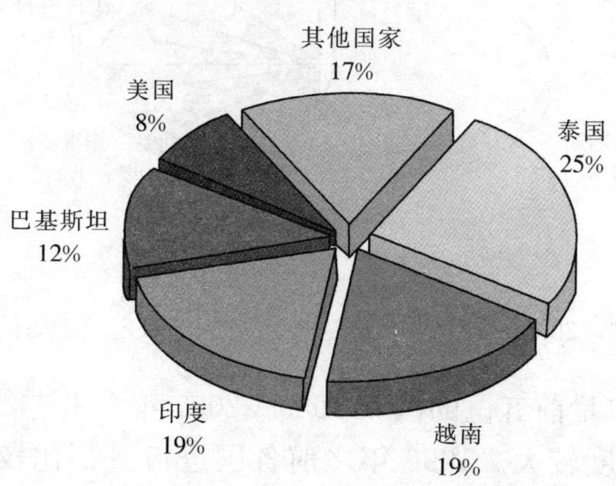

图 11　2005—2007 年大米主要出口国出口量占总出口量的份额

作为国际大米市场的主要出口国，其出口量的变化对国际市场走势至关重要。图 12 为五个主要出口国 1983—2007 年大米出口情况，其中：美国大米出口量在小幅波动中呈下降趋势，但降幅不大，年出口量基本维持在 200 万吨左右；其他四国，包括泰国、越南、印度、巴基斯坦的出口量在波动中呈上升趋势，且波动幅度较大，其中增速最快的是越南，年均增长 17.1%，其次为印度，年均增长 14%。

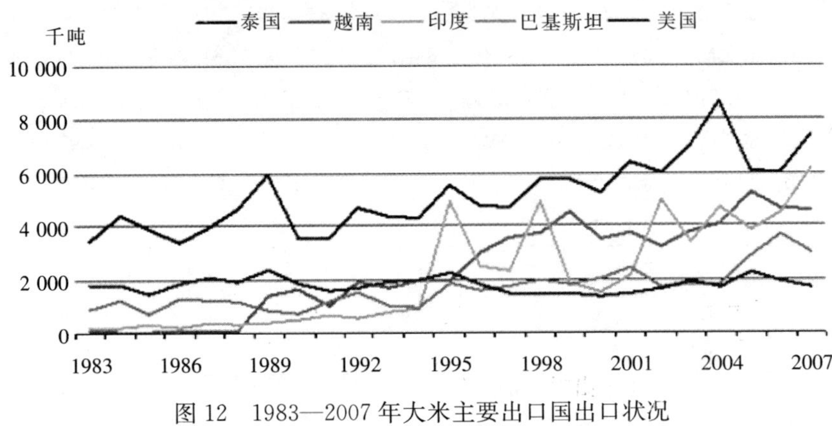

图 12　1983—2007 年大米主要出口国出口状况

大米进口国相对较为分散，各国进口量占国际市场的份额普遍较低。根据 2005—2007 年三年平均进口量排序，进口前十位国家的平均进口数量只有 87 万吨，总进口量仅占世界进口量的 49%。

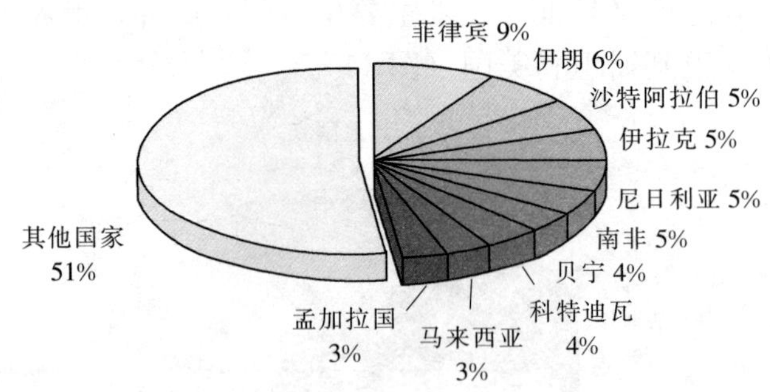

图 13　2005—2007 年大米主要进口国进口占总进口的比重

图 14 为进口量前五位的国家 1983—2007 年大米进口情况走势图，各国进口量波动幅度较大。1996 年之前各国进口量都比较小，基本维持在 50 万吨以内；1996 年之后除伊朗外，其余 4 国进口量迅速攀升，尤其是

菲律宾，1997 年大米进口量为 72.2 万吨，到 1998 年激增至 241.4 万吨，增幅高达 334%。

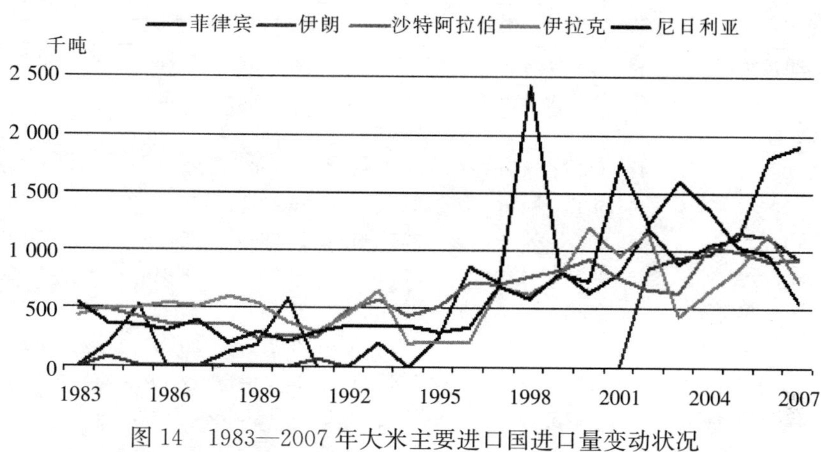

图 14 1983—2007 年大米主要进口国进口量变动状况

2. 世界大米供求及价格预测

综合世界总体以及各生产、消费、贸易大国的供求变动趋势，结合影响世界供给的收获面积、技术水平等因素以及影响需求的经济条件、人口等因素的变动情况，在基本假设的基础上，通过 AGLINK - COSIMO 模型的模拟，可以预测未来世界大米供求形势的变动情况。

在模型的假设前提下，2009—2012 年世界大米产量会以年均 0.5%的速度递增，远高于其 2003 年以来的平均增速以及 2006—2007 年粮食危机时的水平，但增长率呈现逐渐放缓趋势。从消费角度看，未来世界粮食消费量会以每年 0.9%的速度增加，其增长率与 5 年前的平均水平相当。其中，作为口粮消费的大米将会较快增长；而作为饲料粮的大米，受玉米饲料替代的影响，未来会出现下降的趋势，且下降的速度明显高于 2003 年以前的平均水平；其他用途的大米将会缓慢增长，但增长幅度很小（表 9）。

表 9 世界大米市场供求预测

单位：千吨，%

年份	产量	消费量				供需缺口
		总量	口粮	饲料粮	其他粮食	
2003	396 649	418 937	343 888	28 411	22 970	−22 288
2004	408 748	418 556	344 939	27 708	22 952	−9 808
2005	427 710	424 140	349 046	26 759	25 067	3 570

（续）

年份	产量	消费量				供需缺口
		总量	口粮	饲料粮	其他粮食	
2006	431 281	433 572	356 497	26 419	26 856	−2 291
2007	431 786	439 497	359 925	27 737	27 527	−7 711
2008	438 824	437 763	358 780	26 857	28 307	1 061
2009*	446 455	440 767	362 783	26 396	28 392	5 688
2010*	448 688	448 824	370 310	25 907	28 479	−136
2011*	450 908	454 444	376 446	25 096	28 499	−3 535
2012*	455 860	456 920	379 036	24 762	28 615	−1 060
2009—2012 年均值	450 478	450 239	372 144	25 540	28 496	239
2003—2008 年均值	422 499	428 744	352 179	27 315	25 613	−6 245
2006—2007 年均值*	431 533	436 534	358 211	27 078	27 191	−5 001
2009—2012 年均增长率	0.5	0.9	1.1	−1.6	0.2	—
2003—2008 年均增长率	2.0	0.9	0.9	−1.1	4.3	—

注：* 根据模型预测数据整理计算，下同。

综合以上分析，我们可以出以下结论：相对于粮食危机时期，未来几年世界大米的供应量将有所增加，需求量也会增加，但总体上供给增长的速度低于需求。具体来看，受到前一轮世界粮食危机的影响，2009 年大米的产量将增长较快，主要表现为供大于求的局面；但 2010 年以后，供大于求会使得粮价下跌，进而影响大米产量的增长，供不应求的状况又会出现（图 15）。但总体上，在保证经济形势稳定以及自然条件不发生剧烈变动的情况下，世界供求缺口要远远小于粮食危机前后的水平，价格波动的幅度也会相应缩小。

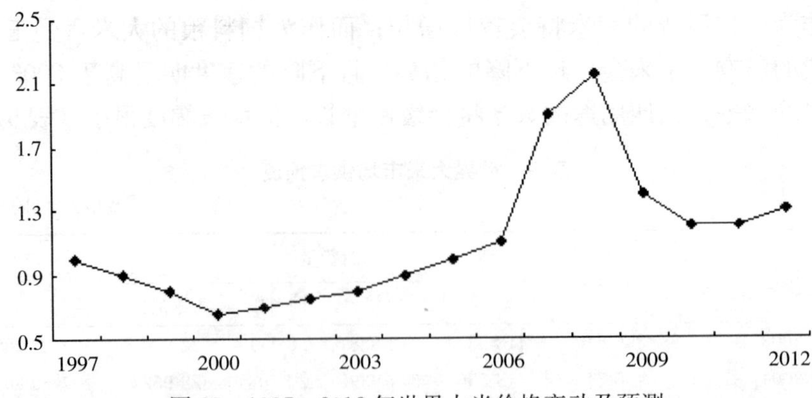

图 15　1997—2012 年世界大米价格变动及预测

注：1997 年为基期＝1。

（二）未来世界大米供求变动对我国的影响

1. 我国大米供求现状以及对世界市场的依赖性

我国是大米的生产大国，作为主要粮食品种之一在全国多数省份都有大规模种植。根据 2005—2007 年平均产量数据计算，我国大米产量为 12 715万吨，约占全世界总产量的 29.6%。改革开放以来，我国大米播种面积在小幅波动中呈现出下降趋势（图 16），1983 年大米播种面积为 3 314万公顷，2003 年下降到 2 651 万公顷，年均下降 33 万公顷；2003 年之后大米价格呈现持续上升态势，受此影响，播种面积开始回升，到 2007 年播种面积增加到 2 969 万公顷。从 1983 年到 2007 年大米播种面积年均下降幅度 13.8 万公顷，年均下降率为 0.44%。播种面积持续下降的同时，大米生产技术有了大幅度提高，每公顷单产由 1983 年的 3.57 吨提高到了 2007 年的 4.28 吨，年均增长 0.73%。正是由于单产的大幅度提升，1997 年之前国内大米产量才能在播种面积不断减少的背景下基本保持持续上涨态势，总产量由 1983 年的 11 821 万吨上升到了 1997 年的 14 049万吨，年均增长 1.24%。但是 1997 年之后大米价格持续低迷，农民种粮积极性不高，播种面积减少，生产投入下降，大米产量持续下降，由 1997 年的 14 049 万吨下降到 2003 年的 11 246 万吨，年均减产幅度达 467 万吨；之后随着大米价格的回升，产量逐年提高，到 2007 年达到 12 722万吨。

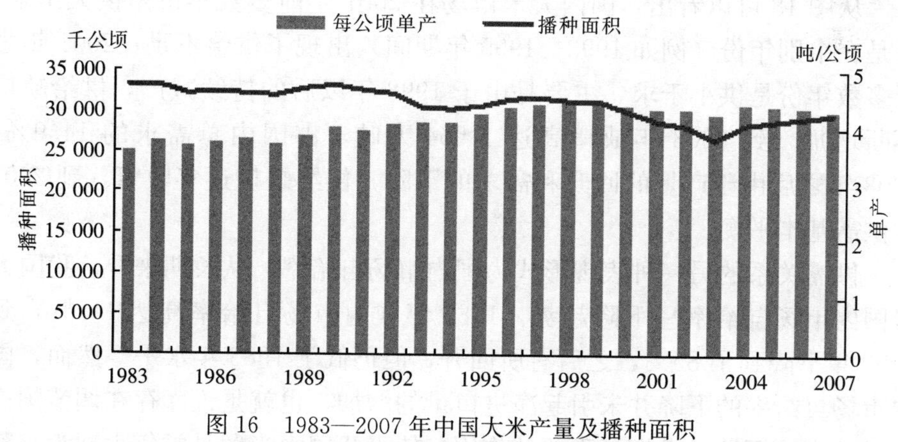

图 16　1983—2007 年中国大米产量及播种面积

从消费角度看，根据 2005—2007 年三年消费数据计算，我国年均消费大米 12 838 万吨，约占世界总消费量的 29.7%。与产量的较大波动相比，大米消费量呈现出先上升后下降的趋势。2001 年之前，大米总消费量呈上升态势，由 1983 年的 10 521 万吨上升到 2001 年的 13 650 万吨，年均增长率为 1.64%；2001 年之后消费量呈下降趋势，到 2007 年下降到了12 935万吨，年均下降率为 0.9%。从消费结构看，我国大米主要被用于口粮和饲料用粮，其中口粮消费量基本维持在 10 000 万～11 000 万吨之间，且绝对量波动较小，但占我国大米总消费量的比重略有下降；饲料用粮从 1983 年的 703 万吨起逐年增加至 2001 年的 2 754 万吨，之后略有下降，但总体上饲料用大米占我国大米消费量的比重逐年上升（图 17）。

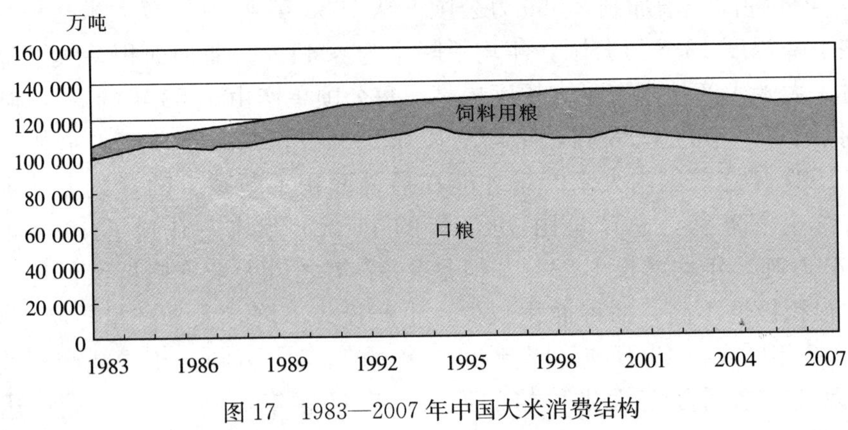

图 17　1983—2007 年中国大米消费结构

从图 18 可以看出，国内大米市场在 2001 年前多数年份是供大于求，只是在个别年份（例如 1993—1995 年期间）出现了供给不足；2001 年之后多数年份是供小于求，主要是由于 1998 年以后的持续减产，供给缺口不断增加，到 2003 年缺口高达 1 964 万吨，占国内总需求的 14.9%；2003 年之后由于产量的回升和需求的下降，供给缺口逐年收窄，到 2007 年供需基本平衡。

供需关系的另一种表现形式为国内市场自给率。从长期来看，我国大米国内市场自给率呈下降趋势，1983 年国内市场自给率高达 112%，到 2003 年下降到了 85%，之后有所回升，但仍低于 1983 年水平。然而，国内市场自给率的下降并未引起净进口量的增加，也就是说库存在调节国内市场的供给短缺时发挥了重要的作用，使得我国大米贸易常年表现为小额顺差，1983—2007 年均净出口 88.3 万吨，仅占总消费量的 0.68%。同时，我国大米进出口总量也常年保持在较低水平，1983—1998 年平均贸

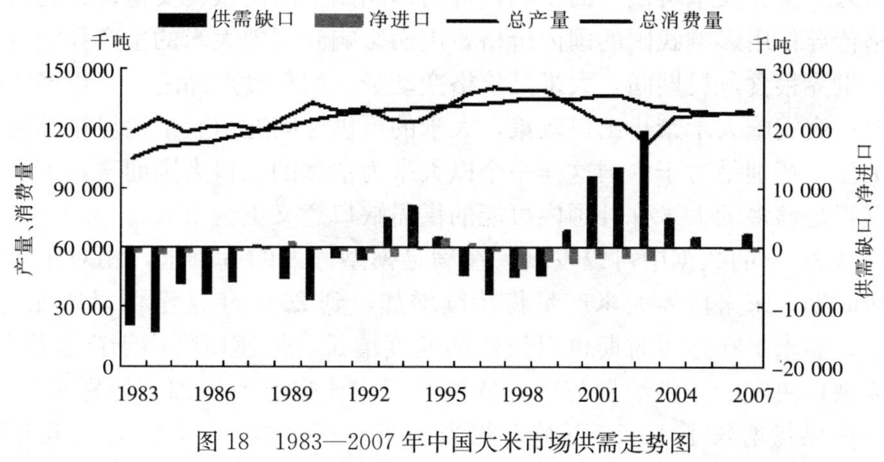

图 18 1983—2007 年中国大米市场供需走势图

易量为 128.6 万吨，仅占国内大米产量的 1%；1998 年在进口基本平稳的同时出口量激增，由 1997 年的 94.3 万激增至 368.2 万吨，增长了近 3 倍；1998 年之后出口又呈逐年下降趋势，到 2007 年跌至 165.9 万吨。我国大米的贸易依存度（进出口/产量）以及我国大米贸易占国际市场的份额也呈现出类似的波动趋势。总体来看，我国大米市场基本能保障自给自足，但考虑到大米自给率的波动性以及大米供给对于粮食安全的重要性，世界大米供求变动对我国的影响仍然值得进一步探究（图 19）。

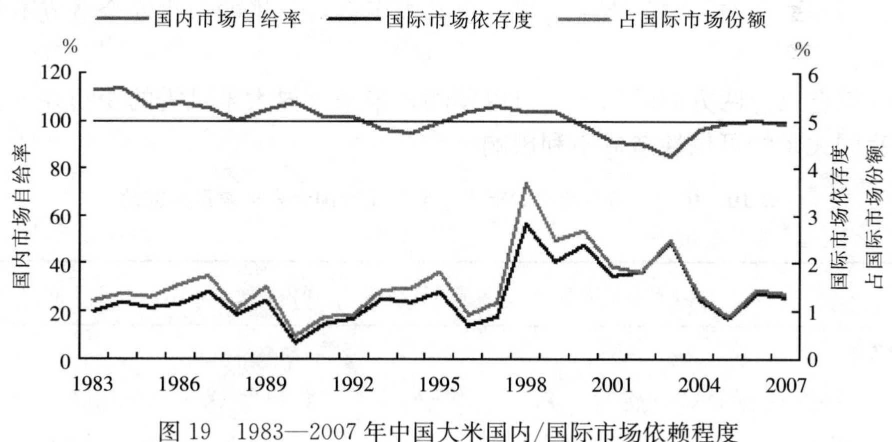

图 19 1983—2007 年中国大米国内/国际市场依赖程度

2. 世界大米供求形势预测及对我国市场的影响

与谷物一样，未来世界大米供求对我国国内影响通过两方面实现，一是对未来世界大米可供性的影响，进而影响到中国的粮食安全；二是通过价格传导作用影响我国的国内价格，进而影响到国内大米的生产和消费。

世界粮食危机期间，大米是价格变动最大的粮食产品之一，很多国家甚至一度实施大米禁止出口政策，大米的可供性问题引起了世界很多国家的关注。特别是对于中国这样一个以大米为主食的人口大国而言，未来能否获得足够多的大米弥补国内可能的供需缺口意义更为重大。

从表 10 的数据中可以发现，在满足模型假设的基础上，相对于粮食危机时期，未来世界大米产量将持续增加，到 2010 年甚至可以增加 5%以上；需求量在这段时期也以较快的速度增长，但速度略小于产量增长。供需缺口决定的净供给量与粮食危机时期相比也有所增加，特别是 2009 年，净供量增长了 1 070 万吨，相当于当年产量的 2.4%。之后几年净供给增加量越来越小，大米供不应求的现象逐渐显现。然而总体上，从 2009—2012 年世界大米供求变动情况看，世界大米的可供性仍可以保证。

从中国的供求情况看，未来中国大米产量的变动不大。在模型假设前提下，2011 年和 2012 年也只比危机时期增长了 0.7%；但需求量减少较多，2009 年甚至减少了 2.5%，净供给增加了 200 万吨以上，相当于当年产量的 2%左右。这说明，如果经济发展形势和自然条件与模型假设的基本相似，未来我国大米的供求形势有所好转，对保障我国粮食安全更为有利，即使未来有一定的大米进口，也基本不会对大米的粮食安全造成不利影响。

综合以上两方面的情况，可以预测，未来世界大米供需的变动并不会给我国大米的可供性造成不利影响。

表 10　相对于粮食危机时期未来世界及我国大米供求量的变动

单位：千吨，%

年份	大米产量变动率	大米需求变动率	净供给变动量 B	B/总产量 * 100
世界				
2009	103.5	102.3	10 688.9	2.4
2010	104.0	102.8	4 864.9	1.1
2011	104.5	103.3	1 465.6	0.3
2012	105.6	104.4	3 941.3	0.9

（续）

年份	大米产量变动率	大米需求变动率	净供给变动量 B	B/总产量*100
中国				
2009	99.7	97.5	2 852	2.2
2010	100.1	98.2	2 435	1.9
2011	100.7	98.9	2 312	1.8
2012	100.7	98.9	2 378	1.9

注：大米产量、需求变动的基准选择是 2006—2007 年的均值。

（三）未来保证我国大米基本自给的资源代价

从以上分析可以看出，中国大米市场的国内自给率一直在高位运行，常年保持几乎 100%的自给率，但是整体呈现出下降趋势。未来是否还能够继续保持较高的自给率？另外，大米作为两大主粮之一，较高的国内市场自给率的确可以有效保证国家的粮食安全，保障经济社会的稳定发展，但是我们在保证高自给率的同时也要考虑社会投入成本。

首先，根据 FAO 的预测，到 2012 年中国大米的需求量约为 127 103 千吨，产量约为 128 419 千吨。根据中国政府的粮食安全标准，国内粮食自给率要保持在 95%以上，照此标准并结合联合国粮农组织的消费量估计，到 2012 年国内市场至少要供应 120 748 千吨大米，因此无论是 95%的自给率还是全部自给，国内生产都能够满足（表 11）。

表 11　中国未来大米自给率

单位：千吨

年份	预计消费量	95%自给率所需供给量	预计产量	供需缺口（100%）	供需缺口（95%）
2008	125 920	119 624	126 683	−763	−7 058
2009	125 297	119 032	127 086	−1 789	−8 054
2010	126 215	119 904	127 588	−1 373	−7 684
2011	127 137	120 780	128 387	−1 250	−7 606
2012	127 103	120 748	128 419	−1 316	−7 670

根据国家发展和改革委员会《全国农产品成本收益资料汇编》（简称农本资料）公布的大米单位面积产量，生产 1 吨大米大约需要 0.14 公顷土地（2007 年），那么依照现有的技术，在 2012 年若要保证 95%的自给

率就要生产 120 748 千吨大米，折合成稻谷 181 576 千吨，大约需要耕地 3 632 万公顷。而 2007 年中国耕地总面积 12 173.52 万公顷，其中稻谷播种 2 969 万公顷。由此可以推断，未来大米的播种面积可能会有所增加。另外，根据农本资料统计，全国每亩稻谷生产需要投入 10.47 个劳动，我国每年生产大米需要劳动力为 1 563 万人。

同样，参考 FAO 的 CROPWAT 模型中修正彭曼公式，本研究以诸多研究者的计算结果的均值作为中国大米生产的实际需水量。根据计算结果，生产 1 吨大米大约用水 1 166 立方米，因此若要在 2012 年保证 95% 大米国内市场自己率，大概要消耗水资源 2 117 亿立方米。2007 年中国水资源储量为 25 255.2 亿立方米，其中作为水稻主产区的南方四区水资源储量为 20 332.5 亿立方米（表 12）。

表 12　达到 95%自给率前提下我国大米生产需要投入的资源状况

年份	达到 95%自给率的产量（千吨）	土地（万公顷）	劳动力（万人）	水资源（亿立方米）
2009	125 297	3 580	1 540	2 087
2010	126 215	3 606	1 552	2 102
2011	127 137	3 632	1 563	2 118
2012	127 103	3 632	1 563	2 117

三、小　　麦

小麦是中国北方的重要主粮，虽然对外依存度不高，但由于国内生产基数较大，近年小麦进口量占世界有效供给的比重基本稳定在 1%～5% 之间，2004 年高达 7%。所以，一旦世界发生普遍的粮食危机，很可能会对中国小麦的可获性造成影响。

（一）世界小麦供求形势分析及预测

1. 世界小麦供求现状

小麦产量稳步增长，但传统小麦生产国所占份额下降。根据 2005—2007 年三年平均产量排序，小麦主要生产国（地区）依次是欧盟（21%）、中国（17%）、印度（12%）、美国（9%）、俄罗斯（8%）。从趋势上看，在 1995—2007 年间，除了俄罗斯所占比重有所上升之外，其他国家（地区）均有所下降或者变动较小，特别是欧盟和美国，比重下降的更为明显（图 20）。预计，在气候正常、经济稳定等前提下，未来美国、欧盟的小麦产量会从自然灾害中恢复并稳定增长，中国、俄罗斯小麦产量波动不大，而印度小麦产量可能会略有增加，世界小麦生产总量可能会缓慢增长，但传统生产国（地区）增长乏力。

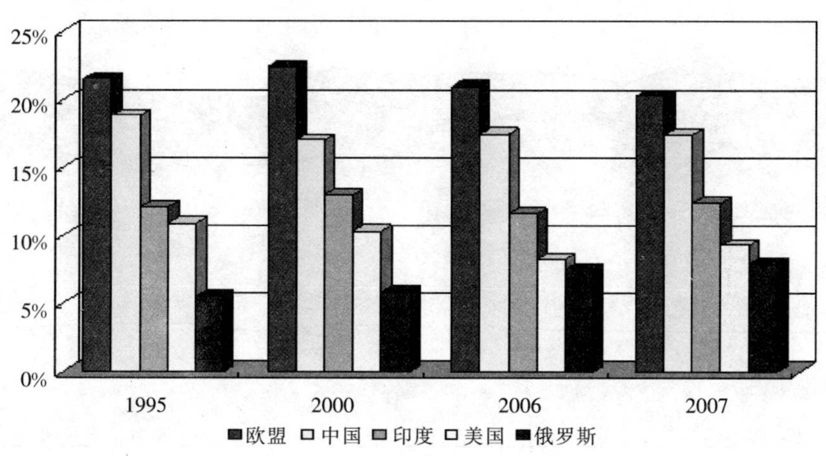

图 20　1995—2007 年世界小麦主产国（地区）的产量占世界总产量的份额

小麦消费平稳增长，新兴经济体增长迅速。中国、美国、欧盟、印度、俄罗斯是世界最主要的小麦消费国（地区），其消费量之和基本达到了世界总消费量的 60%。欧盟是世界上最大的小麦消费经济体，占世界总消费的 20%左右，其口粮消费占 50%左右；其次是饲料用粮，约为 45%左右。未来欧盟小麦总消费的变动幅度不大。中国是第二大小麦消费国，在 2006—2008 年间，受粮价上涨影响，小麦消费量有所下降，口粮占总消费的 80%以上，近年来呈上升趋势；饲料用粮及工业用粮在 2000 年之前稳定增长，此后开始下降，2000—2008 年年均下降 2%。印度小麦消费近些年增长较快，特别是 2005 年以后其消费量的年均增长率达到 2.5%，口粮消费占总消费量的 90%左右，且呈稳中有升的态势，年均增速大于 2%。未来印度小麦消费仍会继续增长。俄罗斯的饲料用粮占了绝大部分，且上升趋势明显，口粮消费约占总消费的 40%左右，近几年呈下降趋势，未来仍可能小幅下降。综合来看，俄罗斯小麦消费在未来将小幅增长。美国小麦消费占世界总消费量的 5%左右，在 2000 年以后明显的下降，2000—2004 年的年均下降 3%，口粮消费所占份额从 2000 年的

71%上升为2007年的82%；饲料消费量从2000年以来持续下降，工业消费的份额从2000年的6%迅速上升为2007年的8%。未来美国小麦消费量仍会有所增长（图21，表15）。

总体而言，未来世界小麦消费量总体仍会处于增长状况，且增速明显高于危机时候的年均增长率。

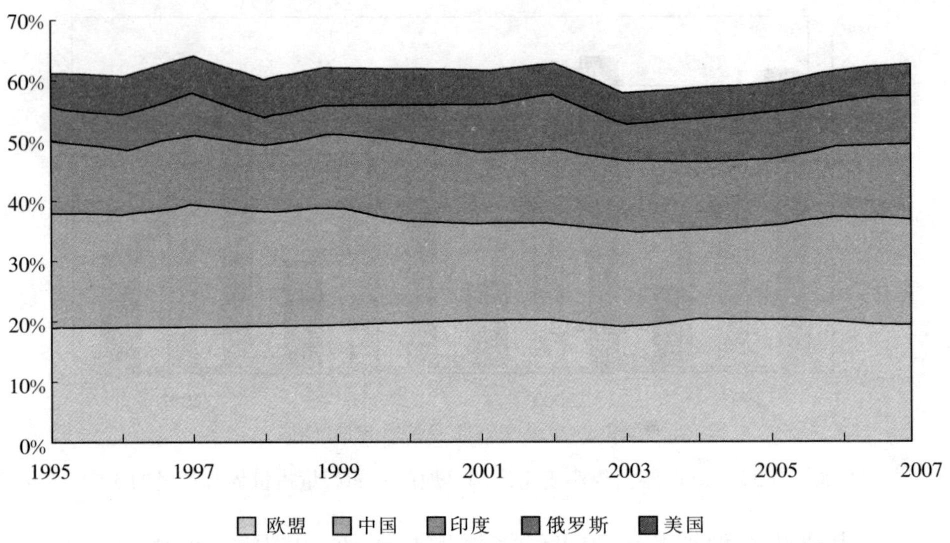

图21　1995—2007年主要小麦消费市场消费量占世界总消费量份额变动

表13　世界主要小麦消费国（地区）消费量及其构成

单位：千吨，%

年份	世界				中国			
	消费量	份额	构成		消费量	份额	构成	
			口粮	饲料粮			口粮	饲料粮
2000	592 504	100	71.5	18.5	110 278	18.6	80.4	9.1
2004	612 999	100	72.0	18.3	102 000	16.6	86.2	3.9
2005	618 646	100	72.3	18.3	101 000	16.3	87.4	3.5
2006	620 377	100	72.9	17.7	101 000	16.3	87.0	4.0
2007	621 496	100	73.3	17.3	100 547	16.2	87.1	4.0
2000—2004年平均增长率	0.9	—	1.0	0.7	−1.9	—	−0.2	−20.5
2005—2007年平均增长率	0.2	—	0.9	−2.4	−0.2	—	−0.4	7.1

（续）

	美国				欧盟			
	消费量	份额	构成		消费量	份额	构成	
			口粮	饲料粮			口粮	饲料粮
2000	36 184	6.1	71.4	22.6	117 835	19.9	50.3	45.0
2004	31 821	5.2	77.8	15.6	124 243	20.3	49.5	46.3
2005	31 358	5.1	79.4	13.9	124 886	20.2	49.4	45.7
2006	31 034	5.0	81.8	11.0	123 665	19.9	49.4	44.4
2007	31 190	5.0	82.0	10.0	120 832	19.4	50.7	43.4
2000—2004 年平均增长率	−3.2	—	−1.1	−11.8	1.3	—	0.9	2.0
2005—2007 年平均增长率	−0.3	—	1.3	−15.1	−1.6	—	−0.4	−4.1

	印度				俄罗斯			
	消费量	份额	构成		消费量	份额	构成	
			口粮	饲料粮			口粮	饲料粮
2000	59 746	11.8	85.7	1.1	35 158	5.9	43.9	32.7
2004	64 160	11.7	89.2	1.1	37 400	6.1	40.7	36.4
2005	65 140	11.7	90.3	0.7	38 400	6.2	39.2	38.8
2006	66 713	11.9	90.5	0.7	36 400	5.9	39.2	38.7
2007	68 000	12.1	90.4	0.7	37 193	6.0	38.4	40.0
2000—2004 年平均增长率	0.8	—	1.8	0.0	1.6	—	−0.4	4.3
2005—2007 年平均增长率	2.1	—	2.2	0.0	−1.6	—	−2.6	0.0

注：构成部分的年均增长率由各种用途的小麦消费实际值计算而得。

小麦出口增长缓慢，年际间波动较大。美国、俄罗斯、加拿大、欧盟、澳大利亚是世界上最重要的出口国（地区）。美国的小麦净出口量居世界首位，占世界总出口的20%～30%，占美国全年产量的30%～50%。加拿大是传统的出口国，近年来的出口量基本保持稳定。澳大利亚的小麦出口比例较高，其生产大半用于出口。近年来澳大利亚小麦出口波动较大，特别是2006、2007年的干旱，使得澳大利亚小麦出口量大幅减少。2008年之后，澳大利亚的出口受高价的刺激迅速恢复到正常水平，预计2009—2012年，澳大利亚出口量会以平稳的速度缓慢增长。俄罗斯具有后发优势，其产量快速提高使得小麦净出口量稳步上升，2000—2008 年其小麦净出口量年均增长率达到 25%，未来在自然条件、经济发展状况稳定等条件下，俄罗斯小麦出口仍将继续增长。欧盟的小麦净出口量在 2000 年之后呈明显的下降趋势，特别是 2007 年跌至 2000 年以来的最低水平，造成了世界市场有效供给的减少（表 14）。

综合各主要出口国的变动趋势，在经济形势稳定、自然条件不会发生重大变化的前提下，未来世界总出口将有可能会继续增长。

进口量总体呈上升趋势，新兴经济体进口需求增速较快。根据 2005—2007 年三年进口量排序，小麦主要进口国（地区）依次为欧盟（23%）、巴西（5%）、埃及（5%）、日本（4%）。其中欧盟常年为净出口，而其他 3 国为净进口国。日本小麦供给的 80%依赖于从国外的进口，其进口量约占世界进口总量的 5%左右。近年来，日本的进口无论是绝对量还是占世界总进口的份额均有所下降，这种趋势可能在未来仍然可能延续。埃及小麦消费 50%左右源自进口，其进口量约占世界总进口的 8%～9%左右。从趋势上看，2006 年以前埃及的小麦进口呈现明显下降趋势，2006 年以后呈现明显上升趋势，2006—2008 年期间增长率达到了 17%。受埃及、巴西等新兴经济体的小麦进口量增长的影响，未来世界总进口量总体将保持上升趋势，预计 2009—2012 年世界小麦进口会继续增长（图 22）。

表 14　主要小麦出口国（地区）净出口量

单位：千吨，%

年份	美国			俄罗斯			加拿大		
	净出口	净出口/产量	净出口/总出口	净出口	净出口/产量	净出口/总出口	净出口	净出口/产量	净出口/总出口
2000	26 458	43.6	30.8	−908	−2.6	−1.1	17 117	64.5	19.9
2004	27 088	46.1	30.3	7 259	16.0	8.1	14 619	59.0	16.3
2005	25 076	43.8	27.3	9 232	19.4	10.0	15 730	61.1	17.1
2006	21 408	43.4	24.3	9 723	21.7	11.1	19 112	75.6	21.7
2007	31 298	55.6	34.6	12 112	25.2	13.4	15 726	78.4	17.4
2008	24 181	37.4	21.4	18 190	37.9	16.1	18 434	74.5	16.3
2000—2004 年均增长率	5.2	—	—	24.7	—	—	−2.8	—	—
2005—2008 年均增长率	−1.2	—	—	25.4	—	—	5.4	—	—

（续）

年份	欧盟			澳大利亚			世界		
	净出口	净出口/产量	净出口/总出口	净出口	净出口/产量	净出口/总出口	净出口	净出口/产量	净出口/总出口
2000	12 139	9.2	14.1	15 858	71.7	18.4	85 976	14.7	100
2004	7 684	5.3	8.6	14 644	66.9	16.4	89 521	14.2	100
2005	8 943	6.7	9.7	15 930	63.5	17.3	91 913	14.7	100
2006	8 679	6.9	9.9	8 634	87.9	9.8	87 949	14.7	100
2007	5 329	4.4	5.9	7 371	58.1	8.1	90 579	15.0	100
2008	17 578	12.2	15.6	14 596	58.8	12.9	112 936	17.1	100
2000—2004年均增长率	24.0	—	—	−3.6	—	—	2.3	—	—
2005—2008年均增长率	25.3	—	—	−2.9	—	—	7.1	—	—

资料来源：根据美国粮食和农业政策研究所（FAPRI）数据库整理计算。

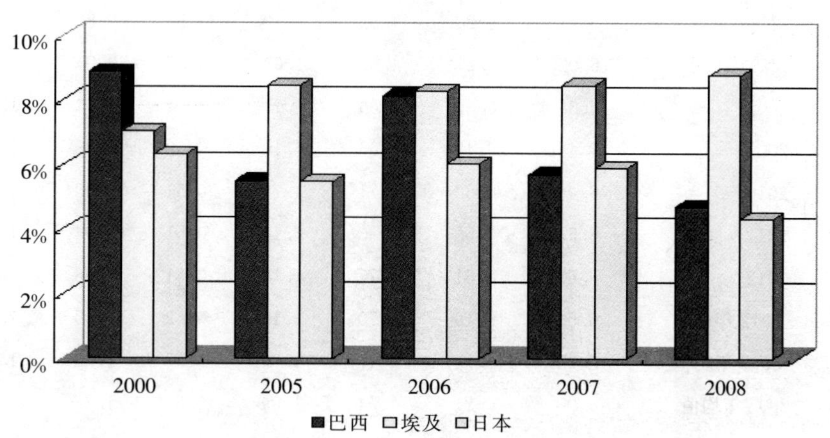

图 22　主要小麦进口国进口量占世界总进口的比重

2. 2009—2012 年世界小麦供求预测

未来小麦生产、消费将继续增长，贸易量略有下降。综合以上分析，再结合模型中原有的关于经济增长、自然条件等方面的假设，通过 AGLINK - COSIMO 模型的模拟，最终可以得出如下结论：2009—2012

年世界小麦产量会以年均 0.65%的速度持续增加，绝对值会高于 2003 年以来的平均水平，更远远高于发生小麦危机的 2006—2007 年的水平，但增长率开始出现趋缓的趋势；从消费角度，未来世界小麦消费量会以每年 0.7%的速度增加，其增长率仍低于 5 年前的平均水平。其中，人口基数的不断增加，导致口粮的增长率未来仍会以 0.57%的速度持续增加，饲料粮的需求量也处于逐年增加的状态，但种用粮以及损耗的小麦消费量将随着科技进步有所下降。随着国际形势逐步趋于稳定，未来几年世界进出口量变动不大，略低于 2008 年的水平（表 15）。

表 15　世界小麦供求及预测

单位：亿吨，%

年份	产量	消费量				进口	出口
		总量	口粮	饲料粮	其他		
2003	5.60	6.00	4.39	1.02	0.58	0.85	0.85
2004	6.28	6.13	4.42	1.12	0.59	0.90	0.90
2005	6.25	6.19	4.47	1.13	0.57	0.92	0.92
2006	5.97	6.20	4.52	1.10	0.57	0.88	0.88
2007	6.02	6.21	4.56	1.08	0.55	0.91	0.91
2008*	6.59	6.36	4.66	1.11	0.54	1.13	1.13
2009*	6.46	6.42	4.66	1.16	0.52	0.98	0.98
2010*	6.48	6.50	4.71	1.18	0.51	1.03	1.03
2011*	6.54	6.55	4.73	1.18	0.51	1.04	1.04
2012*	6.63	6.61	4.77	1.18	0.51	1.06	1.06
2008—2012 年均值	6.54	6.49	4.70	1.16	0.52	1.05	1.05
2003—2007 年均值	6.02	6.15	4.47	1.09	0.57	1.18	1.18
2006—2007 年均值*	6.00	6.21	4.54	1.09	0.56	1.22	1.22
2008—2012 年均增长率	0.65	0.74	0.57	0.36	−0.74	−0.02	−0.02
2003—2007 年均增长率	1.85	0.89	0.92	1.34	−1.55	0.02	0.02

资料来源：根据 AGLINK－COSIMO 的预测结果。

（二）未来世界小麦供求变动对我国的影响

1. 我国小麦供求形势以及对世界小麦市场的依赖性

根据 2005—2007 年的平均产量数据计算，中国小麦产量占全世界总产量的16.8%。从产量的变动趋势看，1997年之前国内小麦产量保持了持续上升态势，1997年总产量达到顶峰；之后，产量持续下降，由1997年的123 290千吨下降到2003年的86 490千吨。2004年以后，随着国家惠农政策的增加，小麦产量逐年回升，到2007年达到103 700千吨（表16）。

表16　1983—2007年中国小麦产消情况

单位：千吨，%

年份	产量	消费量	产消缺口	缺口/产量	缺口/消费量
1983	81 390	82 990	−1 600	−1.97	−1.93
1988	85 430	101 830	−16 390	−19.19	−16.10
1993	106 390	105 340	1 050	0.99	1.00
1998	109 730	108 250	1 480	1.35	1.37
2000	99 640	110 280	−10 640	−10.68	−9.65
2003	86 490	104 500	−18 010	−20.82	−17.23
2004	91 950	102 000	−10 050	−10.93	−9.85
2005	97 450	101 000	−3 550	−3.64	−3.51
2006	104 470	101 000	3 470	3.32	3.44
2007	103 700	100 090	3 610	3.48	3.61

小麦消费量年际间基本平稳，消费结构变化不大。我国小麦消费总体呈现出先上升后下降趋势，最高年份出现在2000年，总消费量约为110 280千吨。小麦主要有三种用途：口粮、饲料用粮以及工业原料。从图23可以看出，我国小麦消费结构变化不大，用于口粮的消费无论是在绝对量还是在整个小麦消费中的比重变动都较小，个别年份的较大幅度波动主要是由于饲料用粮和工业用粮的波动引起。用于口粮消费的小麦由1983年的7 186万吨（占总消费量的86.6%）上升到1988年89 253千吨（占总消费量的87.7%），之后基本维持在这一消费水平。

小麦供求形势变动频繁，近期表现为供过于求。综合我国小麦生产和需求情况可以看出，国内小麦市场在多数年份是供小于求，只是在个别年份（例如1997—1999年期间）出现了供给盈余。特别是1998年以后由于我国小麦生产持续减少，供给缺口不断增加，到2003年达到18 010千

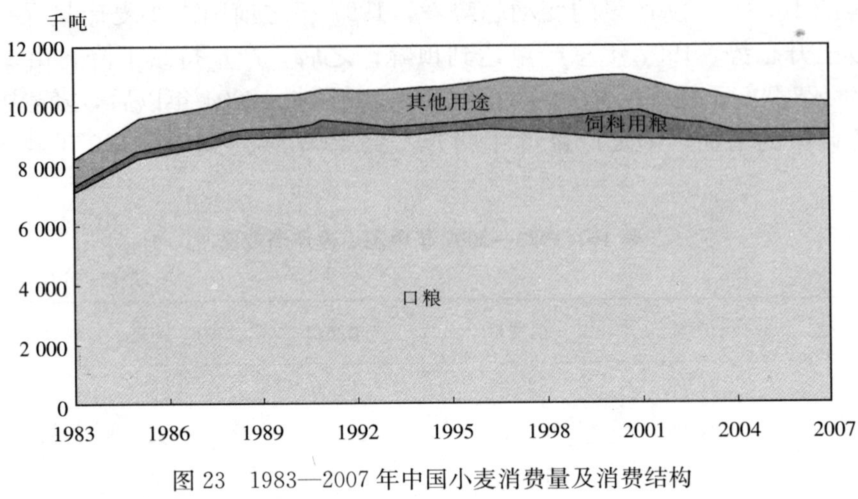

图 23　1983—2007 年中国小麦消费量及消费结构

吨，占国内总需求的 19%。2003 年之后由于产量的上升和需求的下降，供给缺口逐年收窄直至盈余。除了库存之外，小麦的进出口在平衡我国供需缺口时也起到了较大的作用，但主要表现在 1998 年之前（图 24）。

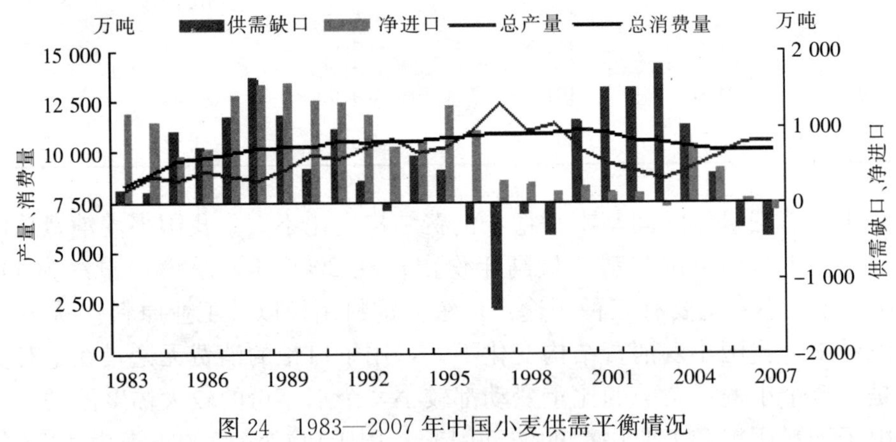

图 24　1983—2007 年中国小麦供需平衡情况

小麦自给率较高，但外贸依存度稳中有升。入世后我国小麦进出口的波动较大。总体来看，入世后的前几年，我国小麦对外贸易的依存度稳中有升，由 2000 年的 2%上升到 2004 年的 10%，2005 年以后，该指标回落至 2%～4%之间，一直处于净进口地位。自给率基本上保持了 95%（表 17）。

表 17　2000—2007 年中国小麦进出口状况及自给率

单位：千吨，%

年份	进口	出口	净进口	（出口＋进口）/产量	进口/需求
2000	2 034	3	2 031	2.0	1.8
2001	1 711	455	1 256	2.3	1.6
2002	1 758	688	1 070	2.7	1.7
2003	1 649	2 237	－589	4.5	1.6
2004	8 324	784	7 540	9.9	8.2
2005	4 792	260	4 532	5.2	4.7
2006	1 570	1 114	456	2.0	1.6
2007	1 428	2 337	－910	3.6	1.4

表 18　1983—2007 年中国小麦进口及其占世界有效供给的比重

单位：千吨，%

年份	进口	净进口	世界有效供给	进口/世界有效供给	净进口/世界有效供给
1983	11 811	11 811	102 884.6	11.5	11.5
1988	15 481	15 475	110 057.6	14.1	14.1
1993	7 332	7 245	107 435.6	6.8	6.7
1998	2 507	2 501	109 449.2	2.3	2.3
2003	1 649	－589	107 354.3	1.5	－0.5
2004	8 324	7 540	118 153.3	7.0	6.4
2005	4 792	4 532	120 213.4	4.0	3.8
2006	1 570	456	125 328.8	1.3	0.4
2007	1 428	－910	130 495.0	1.1	－0.7

2. 未来世界小麦供求变动对我国小麦市场的影响

未来世界小麦市场供给增加，价格稳中有降，对保障中国小麦可获性有利。相对于粮食危机时期世界的供求状况，未来小麦产量会有较大幅度增长；世界小麦的需求量在 2009—2012 年期间相对于基准期而言也会有明显的增长。综合供需两个方面的变动，未来世界小麦市场会出现供求相对平衡的局面。而就我国而言，未来产量的增长率明显高于需求的增长率，我国也会成为供大于需的国家，且相对于 2006—2007 年，我国净供给同样增加了很多。综合世界和我国小麦供需的相对变化趋势可以推断，在我国和世界供给形势均实现好转的前提下，未来世界小麦的可供性基本可以得到保证。

未来国内价格小幅下降引起供给下降，需求上升。相对于 2007 年，2009—2012 年世界价格会使得国内相关价格分别变动－0.9％、－1.6％、－1.8％、－1.9％。小麦的人均消费量取决于人们过去的消费习惯、居民收入水平、小麦价格以及替代品的价格。考虑到小麦的作为主食，需求具有刚性，因此未将替代品的价格引入模型；小麦供给量取决于小麦的生产者价格、生产成本以及种植习惯（上期供给量）。结合国际市场变化，相对于粮食危机时期的 2007 年，在其他条件保持不变的前提下，世界市场的供求变动将会使得 2009—2012 年国内供给下降 0.22％、0.37％、0.40％、0.44％；而需求将上升 0.06％、0.09％、0.10％、0.11％。

（三）未来保证我国小麦基本自给的资源代价

未来我国的小麦安全可以得到保障。根据 FAO 预测，到 2012 年中国的小麦需求量约为 98 110 千吨，产量约为 99 605 千吨。根据中国政府自给率在 95％以上的粮食安全标准，结合 FAO 的消费量估计，到 2012 年国内市场至少要供应 93 204 千吨小麦，因此国内生产能够满足（表 19）。

表 19　中国小麦未来自给率情况

年份	估计消费量	95％自给率所需供给量	估计产量	供给缺口（100％）	供给缺口（95％）
2008	100 092	95 088	103 702	3 610	8 614
2009	99 556	94 578	103 700	4 144	9 122
2010	99 380	94 411	101 420	2 040	7 009
2011	98 273	93 360	99 542	1 269	6 183
2012	98 110	93 204	99 605	1 495	6 401

实现 95％小麦自给率对世界有效供给影响不大，世界价格上升有限。假设国家考虑到消费者福利等各方面条件，将小麦的自给率控制在 95％，相当于我国需要进口约 500 万吨的小麦，占世界有效需求的 5％左右。在其他条件不变的情况下，世界价格会因此上升 3％左右（表 20）。

表 20　在 95%自给率的前提下小麦增加进口对世界市场的影响

单位：千吨，%

年份	估计消费量	需要增加进口	占世界有效需求的比重	对世界价格的影响
2009	99 556	4 978	5.1	3.74
2010	99 380	4 969	4.8	3.55
2011	98 273	4 914	4.7	3.46
2012	98 110	4 906	4.6	3.42

注：世界价格变动＝世界有效需求变动＊进口价格弹性（0.736），由方程组回归而得。

实现 95%小麦自给率会为我国节省大量土地资源、劳动力资源以及水资源。就我国国内生产而言，将小麦自给率从原有的 100%变为 95%，这表示可以减少很多国内资源的使用，包括：在 2012 年若要保证 95%的自给率，我国原有用于生产小麦的土地资源因为进口会节约 110 万公顷，相当于我国全部的茶园面积。另外，根据“农本资料”的统计，全国每亩小麦生产需要投入 6.57 个劳动力（2005—2007 年平均），每年生产小麦的标准劳动力数量将减少 30 万人，节水 55 亿立方米（表 21）。

表 21　保证 95%自给率前提下我国小麦生产所节约的资源

年份	达到 95%自给率的产量（千吨）	土地（万公顷）	劳动力（万人/年）	水资源（亿立方米）
2009	4 978	112	30	55
2010	4 969	111	30	55
2011	4 914	110	30	54
2012	4 905	110	30	54

四、玉　　米

玉米是我国重要的粮食和饲料来源，其地位是仅次于水稻，玉米产业的发展对于保障我国口粮及畜产品有效供给意义重大。近年来，玉米消费结构逐渐由过去的以口粮为主转向以饲料、工业加工为主。随着消费用途的多样化，消费量也快速增长，国内供给压力逐年增大，通过国际市场调剂余缺将成为解决我国玉米供需缺口的重要途径。我国对国际玉米市场的依赖程度将进一步增加，国际市场对国内市场的影响也会愈加明显。因此，分析我国玉米供求现状，预测世界玉米供求形势以及对我国玉米生产和消费的影响，从而制定合理的玉米进口政策，对于保障国内玉米产业健康发展有重大的现实意义。

（一）世界玉米供求形势分析及对未来的预测

1. 世界玉米供求形势

玉米产量增长迅速，美国产量份额持续上升。总体来讲，世界玉米产量呈波动中上升的态势。1998 年之前基本保持在 1.8%增长速度，1998—2002 年期间增速放缓，2002 年之后玉米产量大幅提升，2002—2007 年间年均增长 5.5%，到 2007 年世界玉米产量已达到 7.87 亿吨。根据 2005—2007 年三年平均产量排序，玉米主产国（地区）依次是美国（40%）、中国（20%）、欧盟（8%）、巴西（7%）和印度（2%），这 5 国（或地区）的玉米产量占世界总产量的份额达 77%。从产量的变化趋势看，除欧盟外，其余 4 国玉米产量都有较大幅度上升，2008 年美国、中国、巴西和印度 4 国的玉米总产量达到了 5.4 亿吨，较 2000 年分别增长 22%、57%、21%、60%，年均增长率为 2.5%、5.8%、2.4%、6%，而同期欧盟的年均增长率仅为 0.6%。美国仍是最大的玉米生产国，在世界玉米生产中的作用不容忽视，同时发展中国家在全球玉米供给中也占据了越来越重要的地位（图 25）。

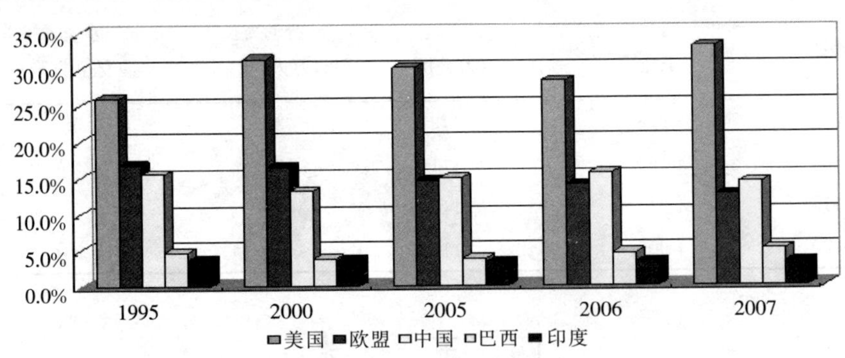

图 25　1995—2007 年玉米主产国（地区）的产量占世界总产量的份额

玉米消费增速较快，工业消费比重显著提高。总体来看，随着人口增长和经济发展，世界玉米消费呈稳步增长的态势，消费量由 1985 年的 4.23 亿吨增至 2007 年的 7.36 亿吨，年均增速为 2.55%。美国、中国、欧盟、印度和巴西是世界最重要的玉米消费国（地区），其消费量占世界总消费量的 60%以上。美国是世界上最大的玉米消费国，其玉米消费占世界总消费的比重在20%以上。美国的玉米消费中，饲用比重最大，其次是工业用粮，而口粮消费仅占其总消费的不到3%。近年来，美国饲用玉米比例下降，工业用粮增幅较快，由2000年的23.2%迅速增加到2007年的40.3%。欧盟居第二，其消费量在2000年以后先减后增，2000—2004年有所下降，年均降幅达到2.5%，2005—2007年恢复增长，年均增长率为1.3%。从结构上看，饲料消费是欧盟玉米消费的最重要的组成部分，占总消费量的70%～80%，口粮消费的比重基本都维持在16%左右，工业消费增长较快，其份额从2000年的3%上升为2007年的7.9%。综合来看，未来欧盟消费总量仍会缓慢增长。中国是第三大玉米消费国，近几年玉米消费量呈稳步增长态势，年均增长率在2%左右。从消费结构来看，口粮消费占10%左右，近年来呈下降趋势，饲料消费是中国玉米消费的主要用途，2000年后消费量年均增长率保持在1.5%左右，其比重也在逐年下降。近年来工业消费无论是绝对量还是相对比重都有大幅增加，2000—2007年年均增长率基本保持在5%以上。未来几年中国玉米消费总量仍会继续增加。巴西玉米消费量远远低于前三位消费大国。其消费结构中，饲料用粮占了绝大部分，且保持增长态势，但其所占的比重自2000年来有所下降，预计巴西玉米总消费在未来变动不会太大。印度是世界玉米消费新的增长点，2005年后消费量年均增长率达到2%。就其结构看，口粮消费仍是印度玉米最主要的消费途径，占总量的70%左右，未来仍有继续增长的可能。饲料用粮在印度比重并不大，约占总消费的1/4，但是近几年增长迅速。未来，随着印度经济发展以及饮食结构的升级，饲料消费仍会以较快的速度增长（图26）。

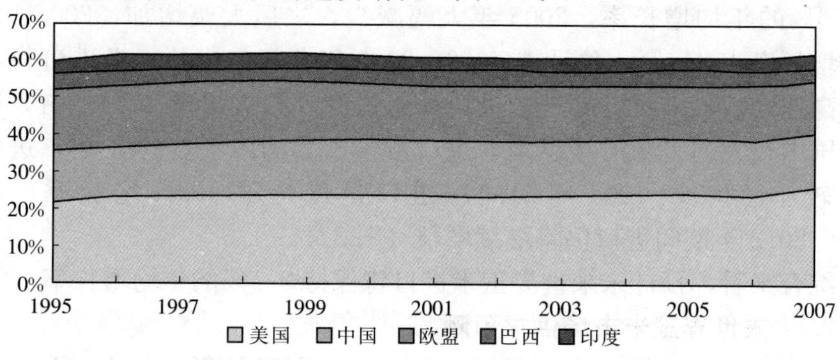

图26　1995—2007年主要玉米消费国（地区）消费量占世界总消费量变化

综上所述，未来世界玉米消费量总体仍将保持增长。

玉米出口稳定增长，中国出口份额迅速下降。世界玉米出口量在波动中呈稳定上升态势，近二十年来保持了年均 1.7%增长速度，到 2008 年世界玉米总出口量已达 10 211 万吨。美国、中国、阿根廷、乌克兰、巴西是世界上最重要的玉米净出口国，是世界粮食有效供给的重要来源。美国的玉米净出口量居世界首位，占世界玉米总出口的 60%以上，但仅占美国年产量的不到 20%以下。阿根廷是传统的玉米出口国，净出口量约占世界总出口量 10%～20%，2006 年之后出口量有所下降。中国是主要出口国中净出口量下降最快的国家，2004 年净出口量约相当于世界出口量的 10.3%，到 2008 年减至 12.5 万吨，仅占世界出口量的 0.2%，年均下降 67.6%。乌克兰与中国相反，2000 年的出口量仅为 37.2 万吨，仅占世界总出口量的 0.5%，到 2008 年已达到 547.2 万吨，占世界的 7.3%。巴西作为玉米净出口国，其净出口量波动较大。受各主要出口国出口状况及趋势的影响，在经济形势稳定、自然条件不会发生重大改变等一系列前提下，受玉米高价的影响，未来世界总出口会稳定增长。

玉米进口高速增长，新兴经济体份额逐渐提高。日本、韩国、墨西哥以及埃及是世界上最重要的玉米净进口国。日本是世界第一大进口国，进口量约占世界总进口量的 20%左右，其国内玉米消费的 90%依赖于进口。近年来，日本的进口量及份额均比较稳定。韩国的玉米进口量约占世界总进口量的 10%左右，韩国玉米消费的 80%以上依赖进口。近年来，韩国的玉米进口数量及进口份额均呈下降趋势。埃及国内玉米需求的 40%来自进口，净进口量约占世界总进口量的 5%～7%。2000—2004 年进口保持 0.6%的年均增长率，2005 年大幅减少，之后大幅增加，2005—2008 年均增长率为 4.4%，预计在 2009—2012 年期间，埃及玉米进口将继续保持高速增长。墨西哥的玉米进口尽管占世界总进口量 10%左右，但是由于国内较大的玉米产量供给，进口量仅占其国内消费的 20%，进口依存度较小，2005—2008 年期间净进口量保持了 4.9%增长率，预计 2009—2012 年期间进口仍将继续增长（图 27）。

综合来看，预计未来世界玉米进口将保持 2.1%的年均增长率。

2. 未来世界玉米市场供求预测

玉米市场可获性基本能保证，但非传统因素的影响值得关注。根据 AGLINK－COSIMO 模型的预测，未来世界玉米产量仍将继续增长，2008—

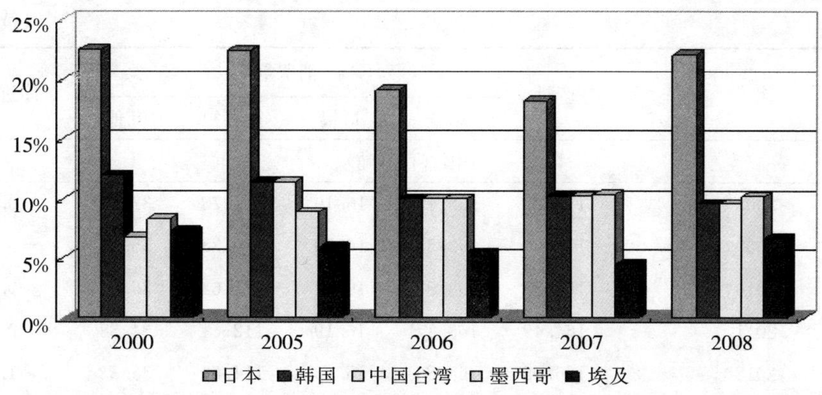

图 27　2000—2008 年主要玉米进口国（地区）进口占世界总进口的比重

2012 年基本维持在 11.12 亿吨左右；玉米需求量相对于基准期而言也会保持稳定增长的态势，玉米供求形势相对宽松，可获性基本能得到保证。对我国而言，未来玉米产量和消费量都将呈上升趋势，但消费量的增速（1.53%）明显高于产量（1.21%），供给缺口将呈扩大趋势（表 22）。

表 22　世界玉米的供求预测结果

年份	产量	消费量				净进口
		总量	口粮	饲料粮	其他	
世界（亿吨）						
2003	9.37	9.53	1.93	6.07	1.53	0.75
2004	10.31	9.81	1.95	6.26	1.60	0.74
2005	9.90	9.95	1.94	6.27	1.74	0.74
2006	9.88	10.15	2.04	6.16	1.95	0.87
2007	10.59	10.63	2.07	6.36	2.21	0.91
2008*	10.75	10.83	2.06	6.34	2.42	0.75
2009*	10.91	10.99	2.09	6.34	2.56	0.78
2010*	11.13	11.11	2.11	6.34	2.66	0.76
2011*	11.35	11.25	2.14	6.41	2.70	0.79
2012*	11.48	11.42	2.17	6.50	2.75	0.81
2008—2012 年均值	11.12	11.12	2.12	6.39	2.62	0.78
2003—2007 年均值	10.01	10.02	1.99	6.22	1.81	0.80
2006—2007 年均值*	10.24	10.39	2.05	6.26	2.08	0.89
2008—2012 年均增长率（%）	1.66	1.35	1.30	0.60	3.28	2.12
2003—2007 年均增长率（%）	3.11	2.77	1.67	1.18	9.57	5.13

（续）

年份	产量	消费量				净进口
		总量	口粮	饲料粮	其他	
中国（百万吨）						
2008*	158.25	156.10	16.19	107.78	32.12	−0.13
2009*	159.60	162.58	16.08	110.88	35.62	−0.45
2010*	160.85	163.97	16.17	111.61	36.18	−0.32
2011*	164.49	163.17	16.19	112.61	34.38	0.67
2012*	166.05	165.86	15.90	114.64	35.32	1.11
2008—2012 年均值	161.85	162.34	16.11	111.50	34.72	0.18
2003—2007 年均值	143.08	144.78	18.16	102.64	23.99	−4.91
2006—2007 年均值*	152.76	151.19	18.09	105.39	27.71	−2.88
2008—2012 年均增长率（%）	1.21	1.53	−0.45	1.55	2.40	—
2003—2007 年均增长率（%）	5.14	2.60	−2.59	1.74	10.69	−49.07

玉米价格较金融危机期间有所下降，价格波动将会趋于减小。AGLINK - COSIMO 模型的预测结果显示，未来几年世界玉米的可供量将有所增加，需求量也会增加，但总体上供给大于需求。在不考虑通货膨胀、突发自然灾害及技术进步带来新增需求的前提下，2009—2012 年世界玉米的价格相较于危机时期会下降 10.09%，11.64%，9.31%，7.76%，但高于 2006 年前的平均水平，将维持在 1997 年的 1.4～1.5 倍左右，且波动减小（图 28）。

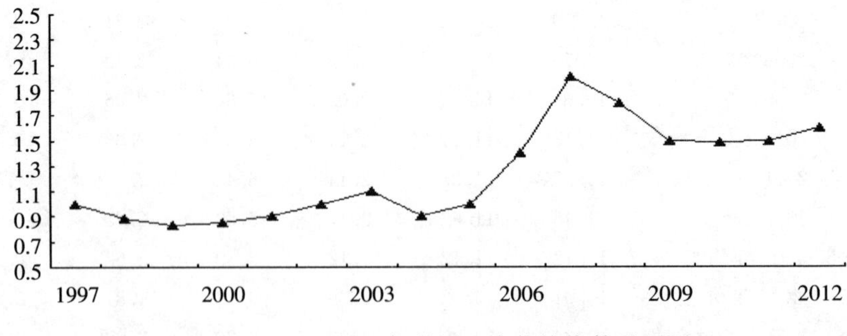

图 28　1997—2012 年世界玉米价格指数及预测

注：以 1997 年为基期=1。

（二）世界玉米供求变动对我国玉米市场的影响

1. 我国玉米供求现状及对世界玉米市场的依赖性

玉米产量持续上升。随着口粮、饲料粮及工业用粮需求的刚性增长，玉米种植收益的逐年提高，我国玉米生产增长较快。2000—2008 年间，我国玉米产量由 1.06 亿吨增长到 1.66 亿吨，增长了 56.6%，年均增速达到了 5.8%（图 29）。

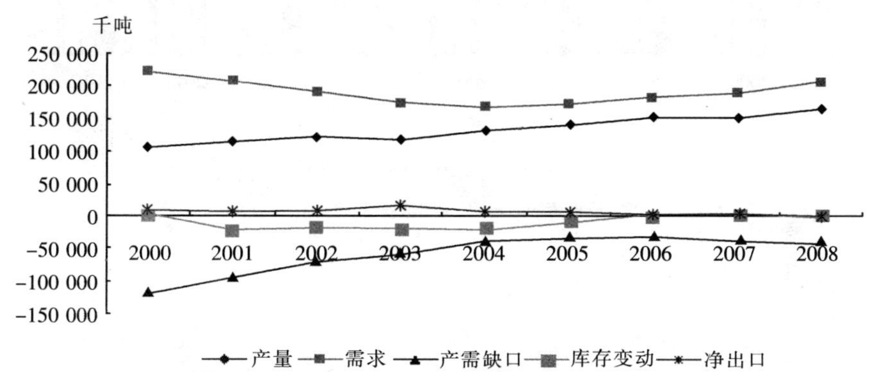

图 29　2000—2008 年中国玉米产销量、净出口量以及库存量的变动

资料来源：根据 FAPRI 数据库（corn）基础数据整理计算。

玉米消费大幅增加，饲料粮消费比例增长较快。2000—2008 年间，我国玉米消费先降后增。2000—2004 年，消费量显著下降，2005 年之后开始回升，且幅度较大，2007 年达到 2.05 亿吨。从消费结构来看，主要有口粮、饲料用粮以及其他消费三种用途。随着经济发展以及居民生活水平的提升，玉米消费结构在不断变化。其中口粮消费占总消费量的比重在不断下降，由 2000 年的 45%下降为 2007 年的 23%；饲料用粮由 2000 年的 51%上升到 2007 年的 56%，无论是绝对量还是相对份额都有所提高（图 30）。

供需缺口长期存在，贸易调节的作用较小。虽然近几年我国玉米生产增速较快，但仍然产不足需。虽然 2000—2007 年间供需缺口逐年缩小，但 2008 年供需缺口又开始放大。库存和进出口是调剂供需余缺非常重要的手段，在我国的玉米市场上，库存显得更为重要。比较而言，进出口在调剂余缺方面的作用相对较弱，2000—2004 年，玉米净出口占产量和消费量的比重较大，2003 年以后逐渐下降，到 2008 年，净出口占总产量及消费量的比重基本接近于 0，说明进出口的调节作用在不断减弱（图 31）。

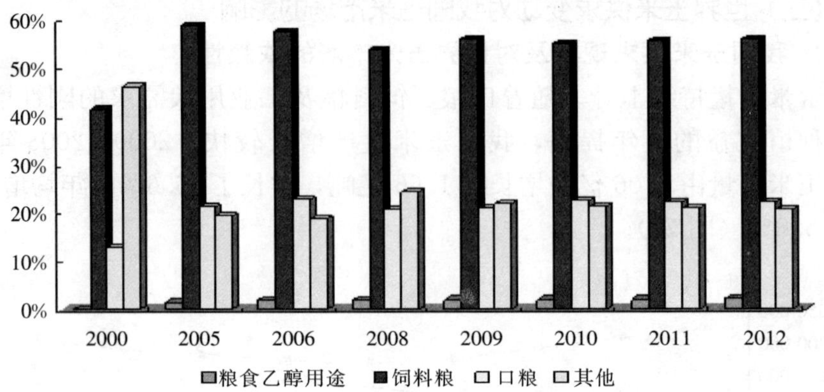

图 30　2000—2012 年中国玉米消费结构变动

资料来源：根据 FAPRI 数据库（corn）基础数据整理计算。

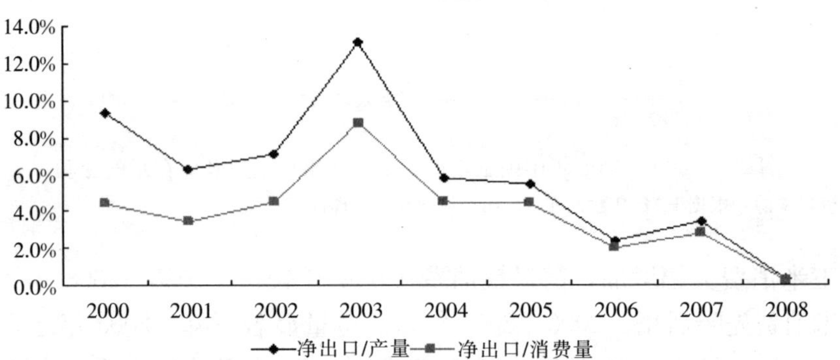

图 31　2000—2008 年我国玉米净出口占产量与消费量的比重

资料来源：根据 FAPRI 数据库（corn）基础数据整理计算。

库存调节空间有限，进出口作用将凸显。虽然目前进出口在平抑我国玉米供需缺口方面的作用有限，但是只要我国玉米供不应求的态势持续出现，库存的调节作用将逐年削弱，进出口的作用会越来越大，世界玉米市场可获性的波动将很有可能威胁到我国的粮食安全。因此，对未来世界玉米供求变动趋势及其对我国供求价格的影响进行研究非常有必要。

2. 世界玉米供求变动对我国玉米市场的影响

在开放体系下，我国的主要农产品市场与全球供求体系整合程度将进一步加深，世界玉米供求变动及价格的波动必然会通过贸易等途径传导至国内，并最终影响国内的供求。

国际玉米价格将拉低国内价格，国内价格仍高于粮食危机前。我国在玉米的贸易政策上实行配额管理，2008 年发放的配额量为 720 万吨，国营贸易量占 60%。2000—2008 年我国一直是玉米净进口国，2008 年的进口量仅为 5 万吨，进口对国内的影响有限。因此，假设我国玉米的国内价格传导率为 15.6%。结合上文对国际价格变动的计算，可以得出相较于基期 2007 年，2009—2012 年国内价格分别下降 1.57%、1.82%、1.45%、1.21%，与世界玉米价格的趋势相似，国内玉米价格虽然较粮食危机期间有所下降，但是仍然高于危机前的水平。

价格下降将抑制国内生产，但刺激国内消费。我们将建立模型预测国际价格变动对国内生产、消费的影响。玉米的消费量取决于过去的消费习惯、居民收入水平、玉米价格以及替代品的价格。考虑到玉米需求具有刚性，因此未将替代品的价格引入模型，玉米供给量去取决于玉米的生产者价格、生产成本以及种植习惯（上期供给量）。结果显示，玉米的消费量与消费者价格呈负相关的关系，即玉米的价格每上升 1%，玉米的人均消费量将下降 0.11%，供给量与上一期的生产者价格正相关，具体来说，上一期价格每上升 1%，供给将增加 0.29%。因此，结合国际市场变化，相对于 2007 年，世界市场的供求变动将会使得 2009—2012 年国内供给下降 0.46%、0.53%、0.42%、0.35%，而需求将增加 0.17%、0.20%、0.16%、0.13%（表 23）。

表 23 世界玉米供求的变化对我国的影响

单位：亿吨，%

年份	进口量	进口量变化率 A	世界价格变化率 B	国内价格变化率 C	供给变化率 D	需求变化率 E
2007	0.91					
2009	0.78	−14.29	10.09	1.57	0.46	0.17
2010	0.76	−16.48	11.64	1.82	0.53	0.20
2011	0.79	−13.19	9.31	1.45	0.42	0.16
2012	0.81	−10.99	7.76	1.21	0.35	0.13

注：A 中基期为 2007 年；B=A＊0.706（进口价格弹性）；C=B＊15.6%（国内外传导率）；D=C＊0.29（国内供给价格弹性）；E=C＊（−0.11）（国内需求价格弹性）。

（三）未来保证我国玉米基本自给的资源代价

玉米虽然主要不用于直接食用，而是用于饲料，其对粮食安全的影响并不如小麦、稻谷一样的直接，但是国家在最新的发展规划中也明确提出，要保持玉米 95%的自给率。特别是在国外普遍发展玉米乙醇的今天，玉米的需求越来越旺盛，过分依赖国外市场，可能会因为国际玉米价格上涨而付出更大的代价。

国内生产将基本可以保障 95%的自给率。根据 FAO 的预测，到 2012 年中国的玉米需求量约为 165 857 千吨，产量约为 166 050 千吨。根据中国政府的粮食安全标准，国内粮食自给率要保持在 95%以上，照此标准并结合 FAO 消费量估计，到 2012 年国内市场至少要供应 157 564 千吨玉米，因此无论是 95%的自给率还是全部自给，国内生产都能够满足（表 24）。

表 24　中国玉米未来自给率情况

单位：千吨

年份	估计消费量	95%自给率所需供给量	估计产量	供需缺口（100%）	供需缺口（95%）
2008	156 099	148 294	158 254	−2 153	−9 960
2009	162 582	154 453	159 601	2 981	−5 148
2010	163 965	155 767	160 850	3 115	−5 083
2011	163 173	155 014	164 493	−1 320	−9 479
2012	165 857	157 564	166 050	−193	−8 486

根据国家发展和改革委员会《全国农产品成本收益资料汇编》公布的玉米单位面积产量，生产 1 吨玉米大约需要 0.194 公顷土地（2005—2007 年平均值）。那么依照现有的技术，在 2012 年若要保证 95%的自给率就要生产 157 564 千吨玉米，大约需要耕地 3 056.7 万公顷。2007 年中国耕地总面积 12 173.52 万公顷，其中玉米播种 2 947.8 万公顷，这就意味着未来需要扩大玉米播种面积。另外，根据“农本资料”的统计，全国每亩玉米生产需要投入 8.82 个劳力（2005—2007 年平均），我国每年生产玉米需要劳动力为 1 107 万人。

关于玉米生产对水资源的消耗情况，参照 FAO 开发的 CROPWAT 模型中的修正彭曼公式，本研究以诸多研究者的计算结果的均值作为中国玉米生产的实际需水量。根据计算结果生产 1 吨玉米大约用水 697 立方米，因此若要在 2012 年保证 95%玉米国内市场自给率，大概要消耗水资源 1 098.4 亿立方米（表 25）。

表 25　达到 95%自给率前提下我国玉米生产需要投入的资源状况

年份	达到 95%自给率的产量（千吨）	土地（万公顷）	劳动力（万人）	水资源（亿立方米）
2009	154 453	2 996	1 085	1 077
2010	155 767	3 022	1 094	1 086
2011	155 014	3 007	1 089	1 080
2012	157 564	3 057	1 107	1 098

五、大　豆

大豆是我国重要的油料作物和植物蛋白的主要来源。近年来，随着我国人民生活水平的提高，城乡居民对大豆产品以及加工品的消费逐渐增加，大豆已成为事关民生的保障性农产品。目前，我国大豆处于持续供不应求的状态，对世界大豆市场的依赖程度也逐年提高，通过国际市场解决我国供给不足的问题也越来越重要。因此，分析我国大豆供求现状，预测世界大豆供求形势以及对我国大豆生产和消费的影响，从而制定合理的大豆进口对策，对于保障大豆安全，保证国内大豆产业健康发展有重大的现实意义。

（一）世界大豆供求形势分析及预测

1. 世界大豆供给现状

大豆产量持续增长，生产主要集中在美国、巴西以及阿根廷等国家。近年来，随着全球对需求的不断增长，大豆产业得到快速发展。美国、巴西和阿根廷是全球最重要的大豆生产国，2007 年三国大豆总产占世界总产量的 81%。1983—2007 年，阿根廷和巴西的大豆生产地位迅速提升，其产量占比从 1983 年的 5% 和 18%上分别涨至 2007 年的 21.6% 和 26.3%。而美国大豆生产地位略有下降，从 1983 年占全球总产量 56%下滑至 2007 年的 33%。中国和印度是传统的大豆种植国，也是亚洲最主要的生产国。然而，两国在全球的地位变化迥异。1983 年，印度大豆生产仅占全球的 0.77%，到 2007 年已位居世界第六位，占全球总产量的 5%；同期，中国大豆产量的全球地位却逐年下降，由 1983 年的 12.3%降至 2007 年的 5.8%。从生产潜力来看，巴西和阿根廷，尤其是巴西仍然有很大的空间，而美国已经没有更多的后备土地种植大豆。因此可以预见，未来巴西将成为全球最大的大豆生产和出口国，而中国的大豆进口也将更多依靠巴西（图 32）。

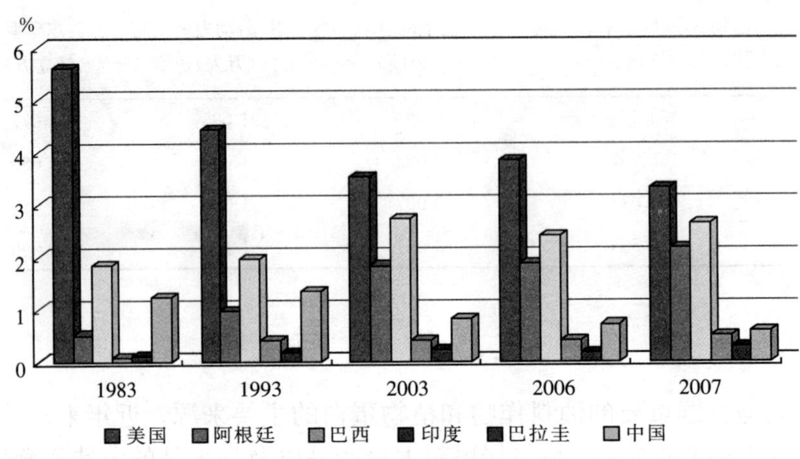

图 32　1983—2007 年大豆主产国产量占世界的份额

资料来源：根据 FAPRI 数据库（soybean）基础数据整理计算。

大豆消费量稳定增长，其中压榨需求是最主要的消费途径。1999—2007 年间全球大豆消费量保持稳定增长，2007 年已经增至 2 亿吨。美国、阿根廷、中国、巴西与欧盟是最重要的大豆消费国（地区），分别占全球总消费量的 22%、21%、20%、14%、6%。从历史趋势来看，中国、阿根廷消费增速较快，所占份额有所提升；巴西增速平稳，份额稳定；美国、欧盟增速较慢，份额下降。除上述 5 国（地区）外，日本、印度的大豆消费量也较大，印度基本保持在全球的 3%上下，而日本则呈逐年下降趋势。从消费结构来看，压榨是最主要的消费途径。2007 年，压榨、食用和饲用分别占大豆总消费量的 75%、5.2%和 5.1%。除日本食用大豆数量较多，且近年在本国消费结构中有增加的趋势外，其他国家大豆消费主要以压榨为主（图 33）。

大豆出口增长迅速，且集中度较高。1983—2007 年全球大豆出口年均增长 4.3%。2007 年，出口量首次超过 7000 万吨，达到 7440 万吨。美国、巴西和阿根廷是最重要的出口国，3 国大豆出口量之和占世界总出口的 85%以上。美国作为最大的出口国，整个产业对出口的依赖性较大，占其总产量的比例约为 40%。近年美国大豆出口增速有所减缓，2000—2007 年的出口增速仅为 1.34%；巴西对大豆出口的依赖也较强，出口量约占其总产量的 40%。由于自然资源丰富，生产和出口增速都较快，

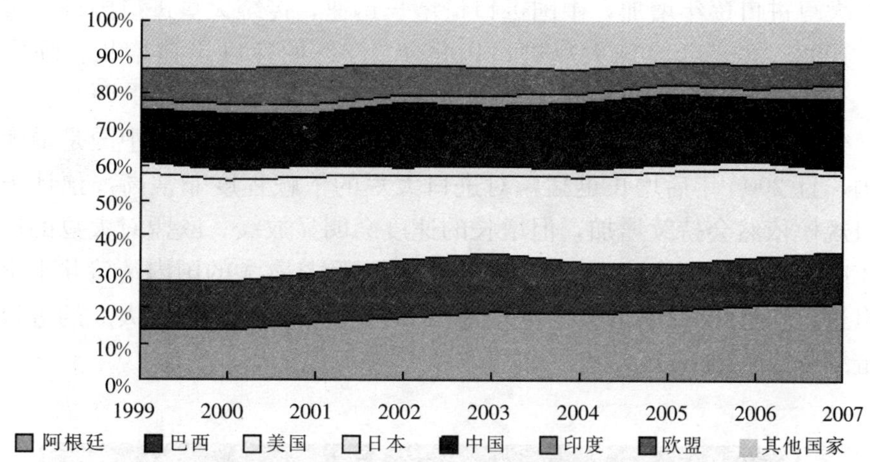

图 33　1999—2007 年主要大豆消费国（地区）占世界总消费量份额的变动

资料来源：根据 FAPRI 数据库（soybean）基础数据整理计算。

2000—2007 年出口年均增速高达 11%。未来巴西出口将依然维持增长趋势。尽管阿根廷大豆对出口的依赖性较小，但增长速度快于巴西和美国，2000—2007 年阿根廷大豆出口年均增长率达到了 16%。经历了 2008 年出口的低潮后，未来阿根廷的大豆出口有望迅速恢复并超越原有水平（图 34）。

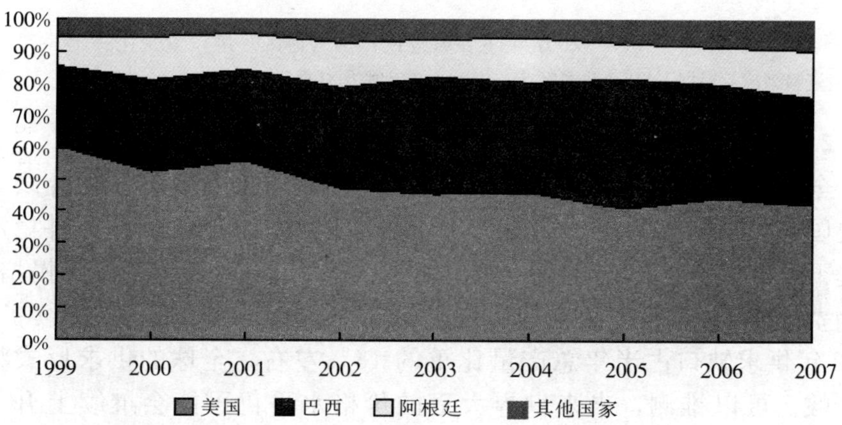

图 34　1999—2007 年大豆主要出口国出口量占世界的比重

资料来源：根据 FAPRI 数据库（soybean）基础数据整理计算。

大豆进口逐年增加，中国进口量增长迅速，传统大豆进口国进口量萎缩。1983—2007 年全球大豆进口以每年 4.3%的速度迅速增长。除中国外，全球主要的大豆进口国（地区）还包括欧盟、日本和墨西哥。2007 年，4 国（地区）大豆进口占全球总量的 80%。具体来看，中国是最大进口国，且 2000 年后增长迅猛，对进口大豆的依赖程度非常高，预计未来进口规模依然会持续增加，但增长的速度会明显放缓；欧盟对大豆的进口逐年减少，进口所占比重较为稳定；墨西哥和日本大的国内消费几乎全部来自进口，近年来两国进口都呈下降趋势，预计未来两国对大豆的进口依然继续下降（图 35）。

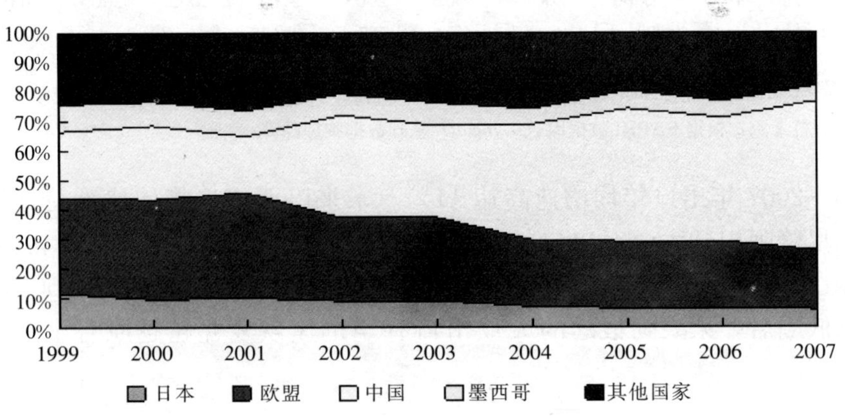

图 35　1999—2007 年主要大豆进口国（地区）进口量变化

资料来源：根据 FAPRI 数据库（soybean）基础数据整理计算。

2. 未来世界大豆市场供求预测

全球大豆供求缺口会持续扩大，大豆价格可能会上升。综合以上各主要国家供求变动情况，根据 Aglink 模型预测，在未来其他条件稳定的前提下，2009—2012 年世界大豆产量会以年均 0.32%的速度缓慢增长，而消费增速远高于产量增速。因此，未来全球供求缺口会持续扩大，2012 年供求缺口占当年总产量比重的 18%左右，全球的供求形式将非常严峻。可以推测，未来世界大豆的价格水平仍可能会继续上升（表 26）。

表 26 世界大豆的供求预测结果

单位：千吨，%

年份	产量	消费量			
		总量	压榨	食用	其他
2003	185 429	216 183	163 556	25 097	27 530
2004	215 080	241 780	176 240	28 508	37 032
2005	218 695	252 044	185 659	28 816	37 569
2006	236 508	275 341	196 061	28 661	50 619
2007	220 159	268 326	201 625	27 745	38 956
2008	211 029	249 409	190 984	26 537	31 888
2009*	253 576	286 555	203 965	33 113	49 477
2010*	251 673	297 444	213 156	33 380	50 908
2011*	252 413	299 615	215 797	33 373	50 445
2012*	259 337	306 076	221 700	33 663	50 713
2009—2012 年均值	254 250	297 422	213 654	33 382	50 386
2003—2008 年均值	214 483	250 514	185 688	27 561	37 266
2006—2007 年均值*	228 334	271 834	198 843	28 203	44 788
2009—2012 年年均增长率	0.75	2.22	2.82	0.55	0.83
2003—2008 年年均增长率	2.62	2.90	3.15	1.12	2.98

资料来源：根据 FAPRI 数据库（soybean）基础数据整理计算。

（二）未来世界大豆供求变动对我国大豆产业的影响

1. 我国大豆供求现状及对世界市场依赖性

大豆生产稳步增长，近年来下降趋势明显。1997 年以前，我国大豆种植面积在 750 万～900 万公顷之间徘徊；1997 年以后，基本稳定在 900 万公顷左右。近年来播种面积有下降趋势。1983—2007 年我国大豆单产总体呈稳步上升趋势，且涨幅较高。2002 年，大豆单产创历史记录，达到每公顷 1.89 吨，比 1983 年增长了 47%。1983 年我国大豆总产量为 977 万吨，2004 年达到历史最高水平 1 740 万吨。2007 年由于播种面积和生产能力的下滑，全国大豆总产量降至 1 272 万吨（图 36）。

大豆需求快速增长，压榨消费增长迅速。1997—2007 年我国大豆消费量年均增长 11%，2007 年全国大豆消费量首次超过 5 000 万吨，达到 5 112万吨。我国大豆主要有 3 种用途：压榨、食用和饲料，其中压榨需

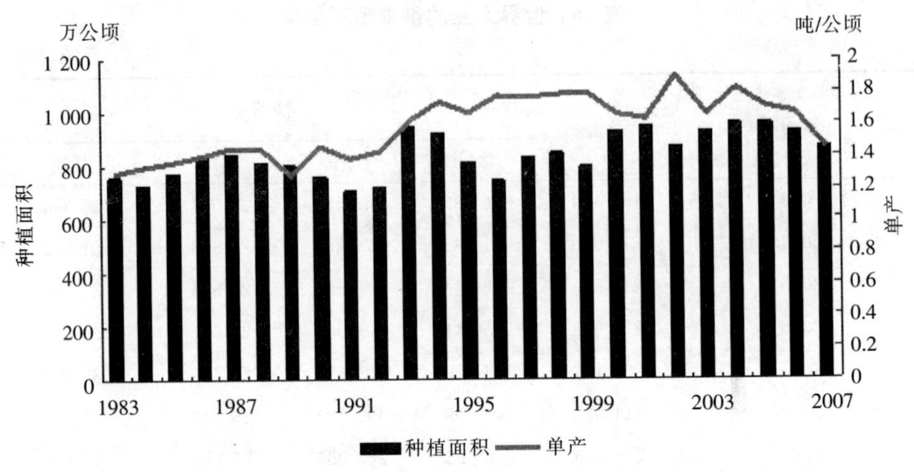

图 36 1983—2007 年我国大豆种植面积和单产

求在总需求中的份额是唯一保持增长的。1997 年压榨大豆占总需求的比重为 45.7%（845 万吨），2007 年已达到 74.5%（3 810 万吨）。食用大豆在总需求中的份额呈大幅下降趋势，从 1997 年的 32%降至 2007 年的 16.7%。饲料用大豆的需求波动最小，但是在总消费中的比重也比 1997 年下降了一半，2007 年仅为 3.3%。当然，尽管我国食用和饲料用大豆的比重有所下降，但其绝对消费量仍有小幅增长。随着我国经济发展水平的提高，未来压榨用大豆仍将是我国大豆需求上升的主要动力（图 37）。

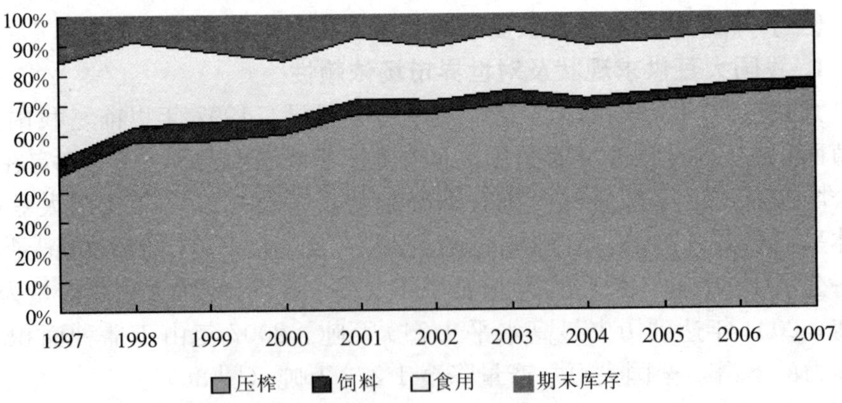

图 37 1997—2007 年我国大豆消费结构变化

资料来源：根据 FAPRI 数据库（soybean）基础数据整理计算。

大豆供需缺口迅速扩大，进口快速增长。1983—2007 年，我国大豆供给和需求呈现迥然不同的走势。1983—1997 年供给与需求基本稳定，供求缺口很小，部分年份还有少量出口。1997 年以后，我国大豆需求进入快速增长期，同期生产增长缓慢，导致我国从大豆出口国转向进口国，供需缺口逐年增长，2007 年进口大豆已经超过 3 000 万吨，占我国产量和需求量的比重分别为 238%和 70%。预期未来我国大豆供求形势依然严峻（表 27）。

表 27　中国大豆生产消费趋势

单位：万吨，%

年份	产量	需求	供需缺口	缺口/供给	缺口/需求
1983	976.86	941.88	34.98	3.58	3.71
1988	1 165.96	1 033.40	132.56	11.37	12.83
1993	1 532.27	1 504.81	27.46	1.79	1.82
1997	1 473.67	1 484.10	−10.42	−0.71	−0.70
1998	1 515.32	1 817.58	−302.26	−19.95	−16.63
1999	1 424.54	1 835.96	−411.42	−28.88	−22.41
2000	1 541.15	2 561.97	−1 020.82	−66.24	−39.85
2004	1 740.43	4 365.97	−2 625.54	−150.86	−60.14
2005	1 635.02	3 618.37	−1 983.35	−121.30	−54.81
2006	1 550.02	4 335.81	−2 785.79	−179.73	−64.25
2007	1 272.51	4 308.52	−3 036.01	−238.58	−70.47

资料来源：根据 FAPRI 数据库（corn）基础数据整理计算。

我国大豆对外依存度越来越高，进口成为弥补国内缺口的重要手段。1995—2007 年，我国大豆进口占全球的份额快速攀升，从 1995 年的 0.88%发展到 2004 年的 46%，几乎为全球总进口量的一半。从国内消费角度来看，1983 年我国进口大豆占大豆总消费量的比重很低，消费几乎全部来自国内。但 1995 年之后，进口大豆所占比重迅速上升，从当年的 21%升至 2007 年的 77%，超过国内大豆消费量的 3/4。我国大豆的进口依赖程度越来越高，世界市场对我国国内供求及价格的影响越来越大（图 38）。

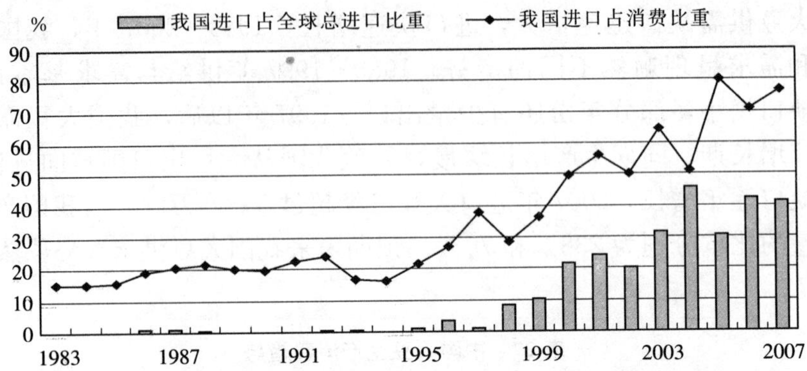

图 38　1983—2007 年我国大豆进口占大豆消费量以及占世界总进口的比重

资料来源：中国进口数据来自《中国统计年鉴》，世界进口数据来自 FAO。由于 FAO 中国大豆进口量数据与我国统计年鉴数据相差很大，因此这里全文中国的进口数据来自《中国统计年鉴》，而其他国家大豆进口数据全来自 FAO。下文世界进口大国比较部分中，出于数据的可比性及对预测数据的需要，我国进口量数据取自 FAPRI。

2. 未来世界大豆供求变化对我国大豆市场的影响

未来世界大豆供求对我国农业的影响主要体现在两个方面：首先，世界大豆供求量的变化会影响我国的可获性；其次，世界大豆供求变化引起的世界价格变化会传导到我国，从而影响我国大豆的供求形势。

世界大豆供求趋紧，未来我国大豆的可获性将面临很大压力。如前所述，未来世界大豆的供给增长速度将低于需求，世界供求形势会有所恶化。与此同时，2009—2012 年我国大豆产量的变化趋势是先降后升，但幅度不大，将来我国仍然面临大量进口的局面，而且进口量有进一步增加的趋势。结合这两方面的情况可以判断，世界大豆供求紧张将使得我国大豆可获得性面临较大压力（表 28）。

表 28　未来世界及我国大豆供求量的变动

单位：%，千吨

	大豆产量变化率	大豆需求变化率	供需缺口增加量 B	B/总产量＊100
世界				
2009	111.05	105.42	32 979	13
2010	99.25	103.80	45 771	18
2011	100.29	100.73	47 202	19
2012	102.74	102.16	46 739	18

（续）

	大豆产量变化率	大豆需求变化率	供需缺口增加量 B	B/总产量＊100
中国				
2009	96.77	126.37	50 508	348
2010	99.90	103.39	52 728	364
2011	100.10	101.26	53 559	369
2012	100.96	103.62	55 882	382

注：大豆产量、需求变动的基准选择是 2006—2007 年的均值。

资料来源：根据 FAPRI 预测的结果计算。

世界贸易量对价格走势影响显著，供求形势偏紧将抬高大豆价格。模型测算结果表明：世界大豆价格通过价格传导使我国国内大豆价格发生变化。目前我国是世界大豆主要进口国，2007 年进口大豆占我国产量的比重高达 260%，可见，我国与世界大豆市场整合程度很高，测算的传导率为 53.7%。由此可以算得，相较于基期 2007 年，2009—2012 年世界价格会使得国内价格分别变动 4.75%、4.39%、4.53%、5.83%。

世界供求变动引起的国内价格变动使得未来我国大豆供给增加，需求减少。通过建立我国大豆的供需函数，经过计算，在 53.7%的价格传导率下，以 2007 年为基准，世界市场的供求变动将会使得 2009—2012 年国内供给上升 1.5%、1.4%、1.4%、1.8%，需求将变动－1.2%、－1.1%、－1.2%、－1.5%（表 29）。

表 29 世界大豆供求的变化对我国的影响

单位：千吨，%

	世界大豆产量	进口量变化率 A	世界价格变化 B	国内价格变化 C	供给变化 D	需求变化 E
2007	228 334					
2009	253 576	11.05	8.84	4.75	1.47	－1.23
2010	251 673	10.22	8.18	4.39	1.36	－1.14
2011	252 413	10.55	8.44	4.53	1.4	－1.18
2012	259 337	13.58	10.86	5.83	1.8	－1.52

注：A 中基期为 2007 年；B＝A＊ 0.8（进口价格弹性）；C＝B＊53.7%（53.7%为国内传导率）；D＝C＊0.31（供给弹性）；E＝C＊（0.26）（需求价格弹性）。

（三）提高我国大豆自给率的资源成本估计

未来我国大豆自给率仍将较低，甚至可能不足30%。不同于其他粮食品种，我国大豆的进口量远远高于生产量，占消费量的比重也基本上达到了一半以上，保障程度较低。到2012年中国的大豆需求将达到7 052.1万吨，产量预计为1 363.9万吨，若维持60%的自给率，供给需增加2 500万吨以上，约是我国预计产量的2倍；即使维持30%的自给率，未来我国供给也需增加至少600万吨左右。也就是说，未来我国大豆无论是60%的自给率还是30%的自给率均很难达到（表30）。

表30　中国大豆未来自给率情况

单位：千吨

年份	估计消费量	估计产量	95%自给率下的供给缺口	60%自给率下的供给缺口	30%自给率下的供给缺口
2009	65 008	14 500	−47 258	−24 505	−5 002
2010	67 214	14 486.04	−49 367	−25 842	−5 678
2011	68 059	14 500.07	−50 156	−26 335	−5 918
2012	70 521	14 639.48	−52 356	−27 673	−6 517

若将我国大豆自给率控制在较高程度，世界供求和价格将会受到较大影响。如果未来将我国大豆自给率提高至60%，则2012年我国会少进口2 500多万吨的大豆，世界大豆的有效需求相对于2008年将减少32%，世界价格也会因此下降26%左右。在保障大豆自给率30%的情境下，未来3年进口只需减少约600万吨，相当于世界有效需求的7%～8%，世界价格会下降6%左右。价格的下降将导致巴西、阿根廷、美国等国家的供给量下降，国际市场大豆的可获性必将受到一定程度的影响（表31）。

表31　保障大豆一定自给率对世界供求及价格的影响

单位：千吨，%

年份	情境1			情境2			情境3		
	95%自给率减少进口量	相对于基期世界有效需求变动	世界价格变动	60%自给率减少进口量	相对于基期世界有效需求变动	世界价格变动	30%自给率减少进口量	相对于基期世界有效需求变动	世界价格变动
2009	47 258	−60	−48	24 505	−31	−25	5 002	−6	−5

（续）

年份	情境 1			情境 2			情境 3		
	95%自给率减少进口量	相对于基期世界有效需求变动	世界价格变动	60%自给率减少进口量	相对于基期世界有效需求变动	世界价格变动	30%自给率减少进口量	相对于基期世界有效需求变动	世界价格变动
2010	49 367	−61	−49	25 842	−32	−26	5 678	−7	−6
2011	50 156	−62	−50	26 335	−33	−26	5 918	−7	−6
2012	52 356	−63	−50	27 673	−33	−27	6 517	−8	−6

注：基期为 2008 年的真实值；世界价格变动＝世界有效需求变动 * 进口价格弹性（0.8）。

维持大豆较高自给率将耗费我国大量农业资源，并对其他粮食作物供给产生不利影响。在保障 60%自给率的情境下，2012 年我国需要在原有的基础上多拿出 1 320 万公顷的土地用于生产大豆，相当于我国 2008 年小麦的播种面积 50%左右，还需额外投入劳动力 211 万人以及 74 亿立方米水；而在保障 30%自给率的情境下，我国需要在原有基础上多拿出 300 万公顷土地用于生产大豆，额外投入劳动力 50 万人以及 17 亿立方米的水。在土地资源紧缺及劳动力成本不断上升的背景下，增加大豆生产、提高大豆自给率的成本较高，必然对其他粮食生产产生不利影响，不利于我国粮食安全总体水平的提高（表 32）。

表 32　保障一定自给率前提下我国大豆生产需要投入的资源状况

年份	需要多生产的产量（千吨）	土地（万公顷）	劳动力（万人）	水资源（亿立方米）
情境 1（95%自给率）				
2009	47 258	2 254	360	127
2010	49 367	2 355	376	132
2011	50 156	2 392	382	134
2012	52 356	2 497	399	140
情境 2（60%自给率）				
2009	24 505	1 169	187	66
2010	25 842	1 233	197	69
2011	26 335	1 256	201	71
2012	27 673	1 320	211	74

（续）

年份	需要多生产的产量（千吨）	土地（万公顷）	劳动力（万人）	水资源（亿立方米）
		情境 3（30%自给率）		
2009	5 002	239	38	13
2010	5 678	271	43	15
2011	5 918	282	45	16
2012	6 517	311	50	17

六、棉　花

棉花是我国最重要的经济作物，也是产业链最长的大田作物。20 世纪 80 年代中期以后，随着国内纺织行业的快速发展，我国成为世界上最大的棉花生产国、消费国和进口国。棉花种植和纺织工业都是典型的劳动密集型产业，全国有 3 000 万农户和 1 800 万职工集中在棉花、棉纺行业中。棉花产业的波动将涉及到国内棉农及纺织工业员工的经济利益，更关系着亿万消费者的消费福利，因此棉花产业是否能够健康成长关系重大。

（一）世界棉花供求形势分析及预测

1. 世界棉花供求现状

受技术进步、人口增长及消费结构改变等因素的影响，国际棉花供给与需求在 1983—2007 年间呈线性增长趋势。除个别年份因波动较大出现供求偏离外，绝大多数年份供需基本呈现小幅波动、交替上升的均衡增长状态（图 39）。

棉花产量持续上升，中国、印度产量增速较快。总体来看，1983—2007 年间，世界棉花产量除 2002 年增幅较大外，其余年份均围绕需求量呈稳定上升的趋势，由 1983 年的 1 472.06 万吨上升到 2007 年的 2 610.78 万吨，年均增长 2.41%。中国、美国、印度、巴基斯坦和巴西 5 国的棉花产量一直居于世界前列，其年产量之和约占世界总产量的 80%左右，其中中国占 30%左右。随着棉花市场和流通体制的改革以及需求的大幅度攀升，中国棉花生产的增长速度也在不断加快，2000—2008 年间，年均增速达到 7.61%，远高于同期 2.64%的世界平均水平。未来，随着土地、劳动力等要素的供给和边际产出逐步接近饱和，以及纺织行业的外贸

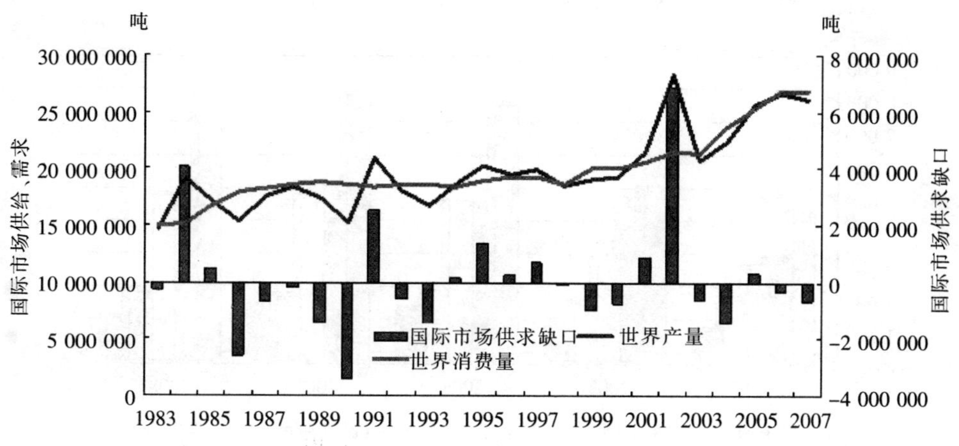

图 39　1983—2007 年世界棉花供给与需求及缺口

资料来源：FAO 数据库及 USDA 数据库。

发展受阻，我国棉花生产的增速将有所放缓。印度是棉花种植面积最大的国家，棉花产量在 2006 年达到 474.64 万吨，一跃超过美国成为仅次于中国的第二大产棉国。虽然从绝对数量看，印度的棉花产量只有中国产量的 60%左右，但作为世界棉花产量新的增长点，在 2000—2008 年间的年均增长率达到 9.73%，高于同期中国的年均增长率。考虑到印度的生产潜力，预计未来印度棉花产量还会继续增长。美国是传统的棉花生产大国，近几年来，由于大量发展生物质能源以及相关作物，占用了大量农业资源，美国的棉花产量在 2000—2008 年呈现先上升后下降的走势。从 2007 年起美国棉花产量开始下降，由原来的第二大产棉国滑落至第三位。巴基斯坦的棉花产量在 2000—2008 年间一直保持在 200 万吨左右的水平，占世界总产量的比重一直维持在 8%左右。巴西的棉花产量在 2000—2008 年间出现快速的增长，年均增长率达 3.75%，未来有望成为棉花生产新的增长点（图 40）。

棉花消费稳定增长，美国、欧盟消费份额不断下降。总体来看，国际市场需求由 1983 年的 1 500.80 万吨增长到 2007 年的 2 677.40 万吨，呈稳定增长态势，年均增长率为 2.44%。分国别来看，中国、印度、巴基斯坦、美国和欧盟是最主要的棉花消费市场，其消费总量基本达到世界总消费量的 75%，除欧盟外的其他 4 国也是世界主要棉花生产大国。中国是世界上最大的棉花消费国。入世以来，随着国内纺织产业的快速发展，

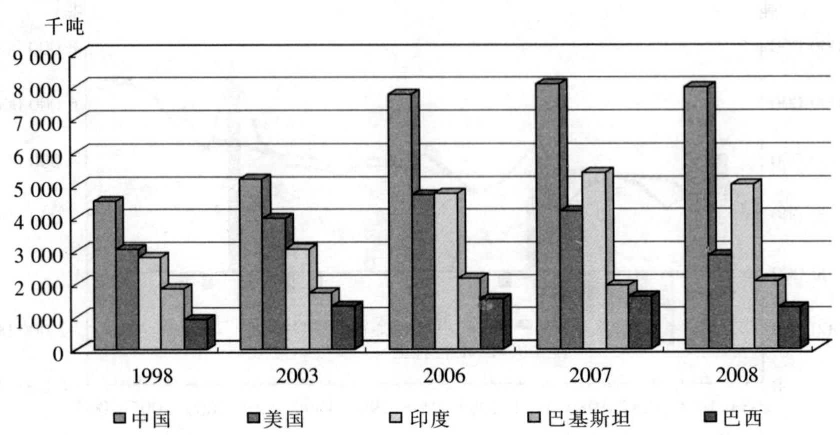

图 40　1998—2008 年棉花主产国产量占世界总产量份额变化

资料来源：FAO 及 FAPRI OUTLOOK 数据库。

其棉花消费量迅速增长，年均增长率达到 9.18%。占世界总消费的比重也迅速递增，从 2000 年的 25%上升到 2008 年的 40%以上。从目前情况看，中国对棉花的消费需求趋于饱和，未来消费量进一步增长的空间有限。印度是世界第二大棉花消费国，在世界市场的份额约为 15%左右。与其棉花产量的迅猛增长相比，印度的消费增速较慢，除 2003—2004 年间出现稍大幅度增长后，其余年份消费基本保持稳定。巴基斯坦的棉花消费量从 2000 年的 176.36 万吨增长到 2008 年的 252.74 万吨，年均增长率达到 4.6%，呈缓慢上升的趋势。从 2005 年起巴基斯坦占世界市场的份额基本在 10%左右。与新兴市场国家消费快速增长相比，美国和欧盟棉花消费的绝对量和市场份额均不断下降。美国棉花消费量由 2000 年的 192.95 万吨下降到 2008 年的 91.97 万吨，年均降幅 8.85%，占世界消费市场份额由 10%的下降至 3.72%；欧盟棉花消费量由 2000 年的 125.52 万吨下降到 2008 年的 35.77 万吨，年均降幅更是达到了 14.52%，占世界消费市场份额也由 2000 年的 6%下降至 2008 年的不足 1.5%（图 41）。

棉花出口呈增长态势，印度、巴西等新兴出口国份额上升。近年来世界棉花出口增长较快。1999—2008 年间，世界棉花净出口由 494.8 万吨增长到 558.1 万吨，上升了 12.8%。美国、印度、乌兹别克斯坦、澳大利亚和巴西是世界棉花主要出口国，同时也是世界棉花有效供给的主要来

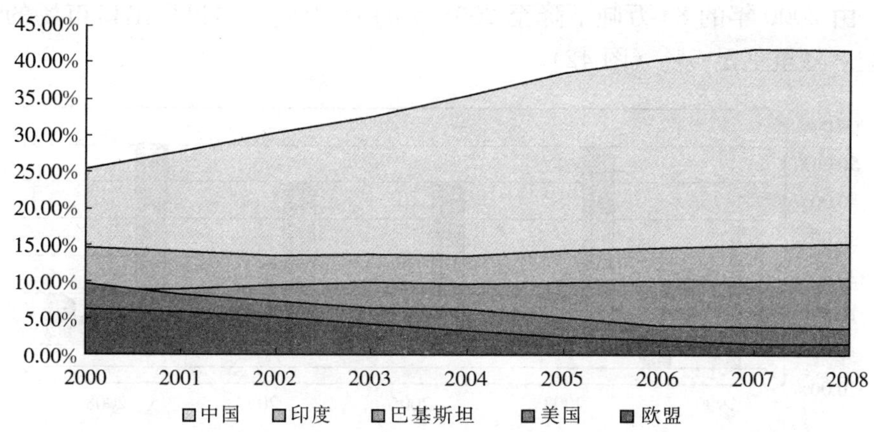

图 41　2000—2008 年棉花主要消费市场消费量占世界总消费量份额变化

资料来源：FAO 及 FAPRI OUTLOOK 数据库。

源。美国是世界棉花第一大输出国，净出口量从 2000 年的 146.40 万吨增长到 2008 年的 289.05 万吨，年均增长 8.88%。受本国棉花生产波动影响，其出口量波动也较大，占世界总净出口量的比例在 30%到 50%之间波动。棉花出口量占美国总产量 60%以上，对外依存度较高。印度在 2004 年前还是棉花的净进口国，随着近几年本国产量的迅速提升，2005 年一跃成为世界主要出口国，当年净出口量就占世界净出口总量的 7.89%。之后逐年递增，在 2007 年净出口达到 140 万吨，占世界总出口量的近 20%，出口量占本国产量也达到了 26.79%。虽然 2008 年由于自然灾害导致印度产量下降，出口份额有所下滑，但未来如果不发生大的自然灾害，印度棉花出口量仍会保持增长态势。巴西在 2003 年之前同样为棉花净进口国，从 2003 年起，随着产量不断增长，出口量也呈现快速上升的态势。2000—2008 年，巴西棉花净出口量年均增速达到 30%以上，占世界市场的份额在 2008 年达到 10%。预计 2009 年之后这种快速增长趋势仍将持续。总体上，印度和巴西稳定的棉花出口量将对世界市场的有效供给提供有力支撑。乌兹别克斯坦和澳大利亚都是传统的棉花出口大国，对世界棉花市场影响较大，出口量占本国产量的比重非常高，对国际棉花市场依存度较高。近年来，两国净出口量呈现下降趋势。其中，乌兹别克斯坦净出口量在 2005 年达到 100 万吨之后开始下降，到 2008 年仅为 65.32 万吨，年均降幅 1.71%。澳大利亚的棉花净出口量下降趋势更加明显，由 2000 年的 85 万吨下降至 2008 年的 26 万吨，占世界出口市场的份额也下降至不足 5%（图 42）。

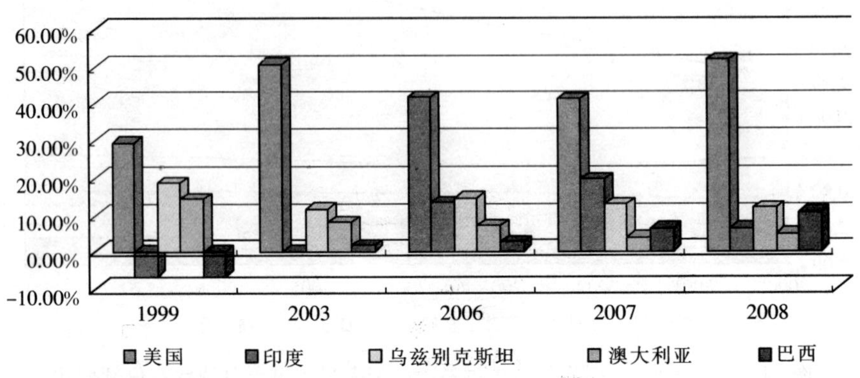

图 42　1999—2008 年主要棉花出口国净出口占世界净出口总量的比重

资料来源：FAO 及 FAPRI OUTLOOK 数据库。

棉花进口增长稳定，新兴国家进口激增。中国、土耳其、印度尼西亚、墨西哥和巴基斯坦为世界棉花重要的进口国。中国是世界上最大的棉花进口国，净进口量由 2000 年的－4.62 万吨上升到 2008 年的 150.49 万吨，年均增速超过 80%。未来几年，若中国棉纺织业的竞争力不发生太大的变化，预计进口也会相对保持稳定。土耳其是世界第二大棉花进口国，进口量占本国消费量的 50%，对外依存度较高。土耳其棉花的净进口约占世界的 10%左右，净进口量由 2000 年的 35.51 万吨增长到 2008 年的近 60 万吨，年均增长率 6.76%。预计未来土耳其棉花进口将继续保持平稳增长态势。巴基斯坦棉花净进口量占世界的 4%～10%左右，占本国消费量的 10%～30%，对外依存度较低。2000—2008 年间巴基斯坦棉花净进口呈现前期大幅增长，后期略有下降的趋势，年均增长率超过 40%。如果其他条件不变，未来巴基斯坦的净进口量将出现明显的上升趋势。印度尼西亚和墨西哥棉花净进口量占本国消费比重较大，对外依存度较高。两国在 2000—2008 年的净进口量都呈下降趋势。印度尼西亚从 2000 年的近 60 万吨下降到 2008 年的 43.11 万吨，年均降幅 3.51%，占世界净进口总量份额约为 6%～7%。墨西哥棉花净进口量从 2000 年的近 40 万吨下降到 2008 年的近 25 万吨，年均降幅 5.45%，占世界净进口总量的份额也由 8.33%下降至 4.45%（图 43）。

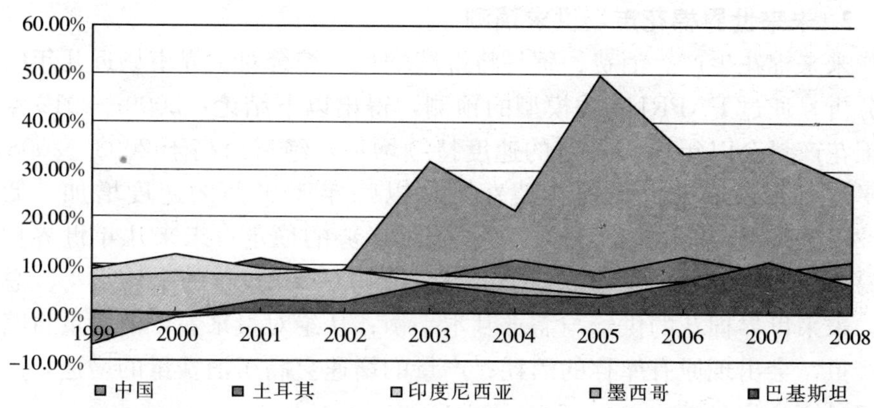

图 43　1999—2008 年主要棉花进口国净进口占世界净进口总量的比重

资料来源：FAO 及 FAPRI OUTLOOK 数据库。

表 33　世界棉花供求预测结果

单位：千吨，%

年份	产量	消费量	净进口
2003	20 740.77	21 354.76	5 917.75
2004	22 293.17	23 693.16	6 443.55
2005	25 624.41	25 323.94	8 412.44
2006	26 560.64	26 878.52	6 807.59
2007	26 107.76	26 774.01	7 225.62
2008	23 401.02	24 195.71	5 581.36
2009*	22 321.47	24 906.28	6 361.60
2010*	24 894.23	25 445.87	6 753.02
2011*	25 544.03	25 928.08	6 788.26
2012*	26 118.12	26 406.51	6 927.03
2009—2012 年均值	24 719.46	25 671.69	6 707.48
2003—2008 年均值	24 121.30	24 703.35	6 731.39
2006—2007 年均值*	26 334.20	26 826.27	7 016.61
2009—2012 年均增长率	5.38	1.97	2.88
2003—2008 年均增长率	2.44	2.53	−1.16

资料来源：FAO 及 FAPRI OUTLOOK 数据库。

2. 未来世界棉花市场供求预测

未来棉花生产、消费、贸易将继续增长。综合对世界市场近几年的趋势分析，通过 FAPRI 有关模型的预测，得出以下结论：2009—2012 年世界棉花产量会以年均 5.38%的速度持续增加，绝对值高于 2003—2008 年的平均水平；未来世界棉花消费量将以每年 1.97%的速度增加，低于 2003—2008 年期间的 2.53%；随着国际形势的稳定，未来几年世界棉花贸易增长速度将达到年均 2.88%，大于 2003—2008 年的平均水平。总体看，未来世界棉花的供给与需求基本平衡；从绝对量来看，消费量将略高于产量，会出现原有库存的消耗；产量的增速会高于消费量的增速，产需缺口可能会逐步缩小。

（二）未来世界棉花供求变动对我国农业的影响

1. 我国棉花供求现状以及对世界棉花市场的依赖性

改革开放后，我国棉花市场经历了统购统销、准统购统销、市场化经营三个阶段，经营体制改革解放了生产力，促进了棉花生产，但供需缺口增大的状况依然没有得到改善，尤其是 2005 年棉花供需缺口甚至达到当年总产量的 71.47%，贸易依存度节节攀升。

棉花生产整体呈增长态势，入世后波动加大。从我国棉花生产情况看，1983—1999 年我国棉花供给除在个别年份出现小幅波动外，总体比较稳定，供给量一直维持在 400 万吨左右。从 2000 年起供给能力明显上升，在 2007 年达到历史最高水平 762.4 万吨。

需求迅速增长，纺织用棉占总需求比重较高。从棉花需求角度看，我国棉花需求量在 1983—1998 年间与供给波动趋势较为吻合，国内供求关系基本平衡。然而从 1998 年起，国内棉花需求量迅速增长，由 1997 年的 452.87 万吨增长到 2007 年的 1 110.41 万吨，年均增长 9.38%，远高于产量增速。需求快速增长的原因主要是因为棉纺行业的发展及纺织行业出口的激增。从需求结构中可以看出，2001 年以来，纺织用棉占总需求的比重已经超过 90%（表 34、表 35）。

表 34　1983—2008 年中国棉花产消情况

单位：千吨，%

	产量	消费	产消缺口	缺口/产量	缺口/消费
1983	4 637	3 484	1 153	24.9	33.1

（续）

	产量	消费	产消缺口	缺口/产量	缺口/消费
1988	4 149	4 463	−314	−7.6	−7.0
1993	3 739	4 616	−877	−23.5	−19.0
1998	4 501	4 180	321	7.1	7.7
2003	4 860	6 967	−2 108	−43.4	−30.3
2004	6 324	8 383	−2 059	−32.6	−24.6
2005	5 714	9 798	−4 084	−71.5	−41.7
2006	6 746	10 886	−4 140	−61.4	−38.0
2007	7 624	11 104	−3 481	−45.7	−31.3
2008	7 500	10 331	−2 831	−37.8	−27.4

资料来源：FAO 数据库及 USDA 数据库。

表 35　中国棉花消费构成

单位：万吨，%

年度	1998/1999	1999/2000	2000/2001	2001/2002	2005/2006
纺织用棉	363	380	450	525	763.9
其他项	101	112	75	57	22.5
总消费	459	468	525	582	786.4
纺织用棉比重	79	81.2	85.7	90.2	97.1

资料来源：中国农业信息网以及《棉花生产经营风险管理研究》。

棉花贸易逆差快速扩大，贸易依存度节节攀升。我国棉花在 20 世纪八九十年代一直处于净进口地位。入世后，随着世界棉花生产和贸易格局的急剧变化和我国纺织业的快速发展，棉花进口大幅增加，直接导致我国棉花贸易逆差由 2000 年的 2.65 万吨增长到 2007 年的 261.71 万吨，并在 2006 年达到创记录的 388.92 万吨。随着进口激增，我国棉花市场对世界市场的依存度也节节攀升，净进口占需求的比重由 2000 年的 0.52%提高到 2006 年 35.72%，棉花贸易量占当年产量的比重由 2000 年的 13.82%上升到 2007 年的 34.87%，尤其在 2006 年达到历史峰值超过 50%（图 44、图 45）。

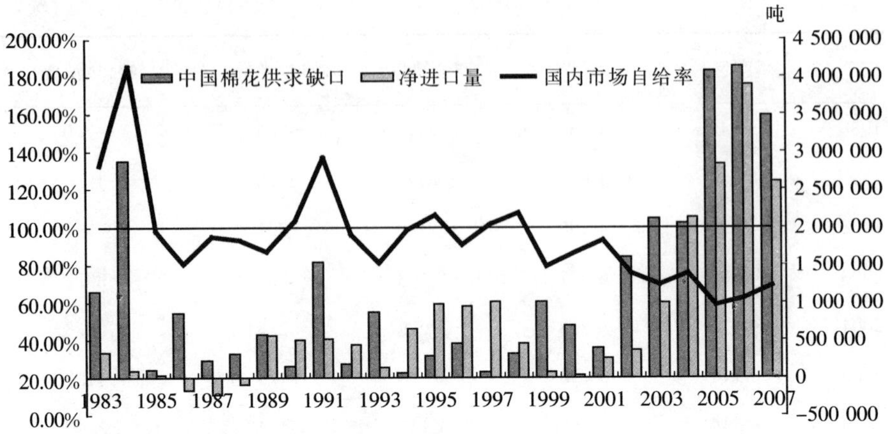

图 44　1983—2007 年我国棉花自给率、供求缺口及净进口量对比

资料来源：FAO 数据库及 USDA 数据库。

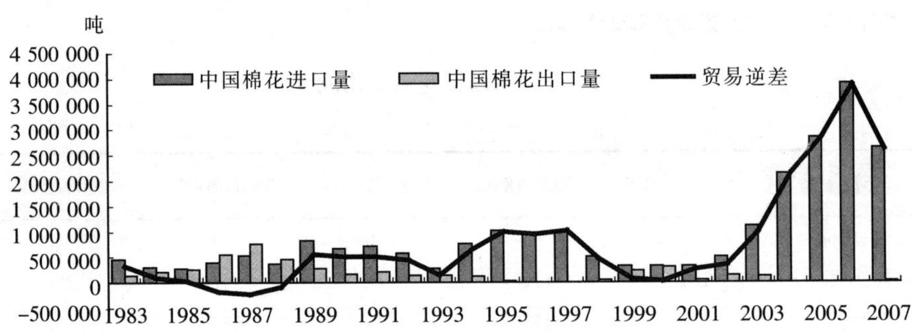

图 45　1983—2007 年我国棉花进出口情况

资料来源：FAO 数据库及 USDA 数据库。

国内外棉花市场整合程度较高，国际市场变动极易对国内市场造成冲击。从自给率角度看，我国棉花自给率已经明显低于 95%并呈现逐年下降的趋势。2007 年棉花自给率只有 68.66%，而同年进口量占世界有效供给量的 30%以上。因此可以看出，我国棉花市场对世界市场的依赖程度处于较高水平，世界棉花供给变动有可能对中国棉花市场产生较大影响。同时，从世界棉花市场有效供给角度看，国内外棉花市场的整合程度偏高，国际市场对满足我国棉花进口的重要性显而易见。一旦世界棉花市场供给发生震荡，就有可能会对中国棉花进口的可获性造成影响，进而影响纺织行业的发展（表 36、表 37）。

表 36 2000—2007 年中国棉花进出口状况及对世界市场依赖程度

单位：千吨，%

年份	出口	进口	净进口	（出口＋进口）/产量	进口/需求	净进口/需求
2000	291.887	318.429	26.542	13.82	6.22	0.52
2001	56.643	314.460	257.817	6.97	5.50	4.51
2002	152.505	512.439	359.934	13.53	7.87	5.53
2003	113.565	1 104.468	990.903	25.06	15.85	14.22
2004	10.387	2 139.812	2 129.425	34.00	25.53	25.40
2005	6.549	2 844.669	2 838.120	49.90	29.03	28.97
2006	14.050	3 903.213	3 889.163	58.07	35.85	35.72
2007	21.258	2 638.361	2 617.103	34.89	23.76	23.57

资料来源：FAO 数据库及 USDA 数据库。

表 37 1983—2007 年中国棉花进出口及其占世界有效供给的比重

单位：千吨，%

年份	进口	净进口	世界有效供给	自给率	进口占有效供给	净进口占有效供给
1983	462.258	331.258	4 140.715	13.27	11.16	8.00
1988	379.227	−88.775	4 311.258	9.14	8.80	−2.06
1993	286.712	135.641	5 005.266	81.00	5.73	2.71
1998	505.085	458.898	5 683.434	107.67	8.89	8.07
2003	1 104.468	990.903	6 657.276	69.75	16.59	14.88
2004	2 139.812	2 129.425	7 364.055	75.44	29.06	28.92
2005	2 844.669	2 838.120	8 797.584	58.32	32.33	32.26
2006	3 903.213	3 889.163	9 095.274	61.97	42.91	42.76
2007	2 638.361	2 617.103	8 654.952	68.66	30.48	30.24

资料来源：FAO 数据库及 USDA 数据库。

2. 世界棉花供求变动对我国棉花产业的影响

鉴于目前我国棉花处于净进口状态且对世界市场的依存程度较高，可以预见，随着我国经济的快速发展，对棉花的消费需求将不断增加，国际棉花供求变动将直接影响我国的可获性。此外，世界市场的供求变动还将通过价格渠道对我国棉花产业产生影响。虽然我国棉花市场与国际市场并不是完全整合，但国际市场价格的变动会通过进出口对国内市价格产生影响，进而影响国内生产和消费。

未来市场供不足需，价格上涨，中国棉花可获性将受不利影响。2009

年世界棉花产量将会有较大幅度的下降，而需求量略有上升，因此，世界净供给会下降很多。而我国棉花产量与消费量将均有所增加，且消费量的增长明显快于产量增长，表现为净供给减少。结合两者的情况可以判断，2009 年，中国棉花的可获性会受到较大的负面影响。除了 2009 年之外，世界棉花的供求形势相对于正常年份会有所好转，但净供给增加量有限；中国相对于正常年份，净需求增加很大。综合两方面影响，相对于 2003—2007 年，未来世界市场可供性仍将受到不利影响。由预测的结果经计算可得，在其他经济条件不变的前提下，相对于基期 2007 年，2009—2012 年世界价格将分别上涨 5.02%、2.75%、2.54%、1.74%（表 38）。

表 38　未来世界我国棉花供求量的变动

单位：千吨，%

年份	棉花产量变动率	棉花需求变动率	净供给变动量 B	B/总产量
世界				
2009	92.54	100.82	−2 002.75	−8.97
2010	103.20	103.01	30.42	0.12
2011	105.90	104.96	198.01	0.78
2012	108.28	106.89	293.67	1.12
中国				
2009	100.23	106.08	−567.04	−8.14
2010	107.83	108.78	−298.78	−3.99
2011	114.39	111.39	−92.59	−1.16
2012	117.24	114.17	−161.65	−1.98

注：棉花产量、需求变动的基准选择是 2003—2007 年的均值。

国际价格对国内市场的传导率较高，国际价格上涨将带动国内价格向上浮动。按照世贸协议，中国对棉花采用关税配额和国营贸易制度。2004 年开始，我国棉花的配额为 89.4 万吨，但之后几年我国频频增发配额。目前我国对关税配额外报关进口的棉花按“有数量限制的暂定关税生产率”征收进口关税，也就是通常所称的滑准税，目前规定税率滑动范围为 5%～40%。受配额管理以及滑准税的限制，世界棉花市场与我国棉花市场并不能完全整合，但整合程度较高。本部分通过建立国内零售价格与国内生产者价格、国际价格以及贸易规模的模型，估计了国际价格对我国价格的传导率。通过 OLS 回归的结果为：国际棉花价格每提高 1%，则国内价格提高 0.44%，即国际棉花价格对国内棉花销售价格的传导率约为 44%。依次计算，相比于 2007 年，2009—2012 年世界棉花价格上涨将带动国内价格上涨 2.20%、1.20%、1.11%、0.76%。

价格上涨将刺激国内生产，需求和贸易将更多取决于国内外经济形势的变化。国际棉花价格变动必然通过价格传导对国内棉花供需形式产生影响。通过建立国内的供需模型，我们就价格变化对我国棉花供需影响进行了估计，通过回归的结果显示，供给的价格弹性是 0.446，需求的价格弹性为−0.208。经计算，相对于 2007 年，世界市场的供求变动将会使得 2009—2012 年国内供给上升 0.98%、0.54%、0.50%、0.34%。

上述预测仅仅考虑了价格对棉花需求的影响，现实中需求不仅受到价格影响，还将受到国内外经济发展速度、居民收入水平、替代品价格变化等多种因素的影响。未来，随着国内纺织业内需的扩大、发达国家市场的复苏，我国棉花需求即使在价格上涨的情况下也会有所上升，如果增速高于国内供给增速，进口将较 2007 年继续增长，棉花进口依存度可能会继续提高（表 39）。

表 39　国际棉花供求变化对我国的影响

单位：千吨，%

年份	净进口量	进口量变化率 A	世界价格变化率 B	国内价格变化率 C	供给变化率 D	需求变化率 E
2007	7 225.62					
2009	6 361.60	−11.96	5.02	2.20	0.98	−0.46
2010	6 753.02	−6.54	2.75	1.20	0.54	−0.25
2011	6 788.26	−6.05	2.54	1.11	0.50	−0.23
2012	6 927.03	−4.13	1.74	0.76	0.34	−0.16

注：A 中基期为 2007 年；B＝A＊（−0.420）；C＝B＊0.438；D＝C＊0.446；E=C＊（−0.208）。

七、糖　　料

食糖是工业消费和居民消费的必需品。中国作为世界上少数几个既生产甘蔗糖，又生产甜菜糖的国家，其产量和产值仅次于油料、棉花居第三位，在我国农业生产中具有不可替代的地位。近年来，随着经济发展，国内糖料需求增长迅速，国内供给相对不足，供需缺口呈扩大趋势，必须依靠进口填补。糖料进口在平衡我国糖料市场供求中扮演着越来越重要的角色。在我国糖料供需缺口不断扩大及对外依赖程度不断提高的严峻形势下，国际糖料市场供求变动会对我国糖料产业造成巨大影响。

（一）世界糖料的供求形势分析及预测

1. 世界糖料的供求形势分析

糖料生产呈上升态势，发展中国家增速较快。世界糖料生产分布在130多个国家和地区。总体来看，全球糖料产量在1995年之前呈平稳上升态势，年均增长率9%左右。之后，随着主要产糖国种植面积扩大，世界糖料产量增长迅速，到2007年全球糖料总产量达到16603.9万吨，是1997年的1.33倍。巴西、印度、中国、欧盟、美国和泰国是世界上最重要的糖料生产国（地区），2007年6国（地区）产量分别占全球总产量的19%、17%、8%、10%、4%、5%。从各国产量的变化趋势看，除欧盟外，其余5国糖料产量都出现了较大幅度的上升。2008年巴西、印度、中国、泰国、美国糖料总产量达到了3 147.5、2 854.7、1 412.3、782.3、777.1万吨，与1996年相比，年均增长率分别达到6.2%、6.1%、6.3%、2.4%、1.5%。而同期欧盟年均下降2.5%。发展中国家在全球糖料供给市场中的地位越来越重要（图46、图47）。

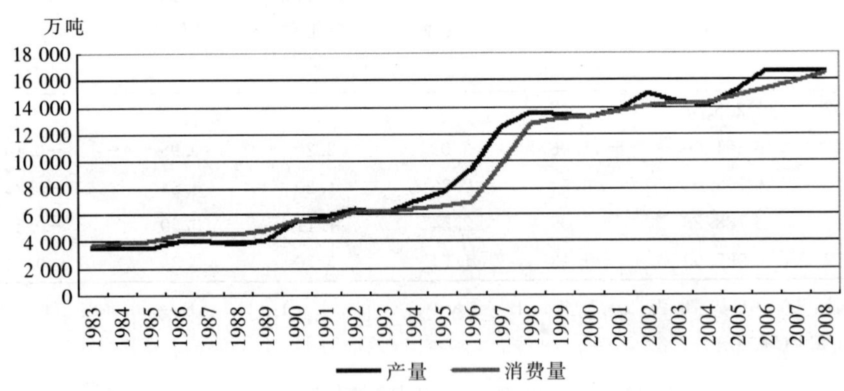

图46 1983—2008年全球糖料生产和消费情况

糖料消费量呈持续上升趋势，发展中国家消费量增长迅速。总体来看，随着人口增长和经济发展，世界糖料消费呈稳步增长的态势，消费量

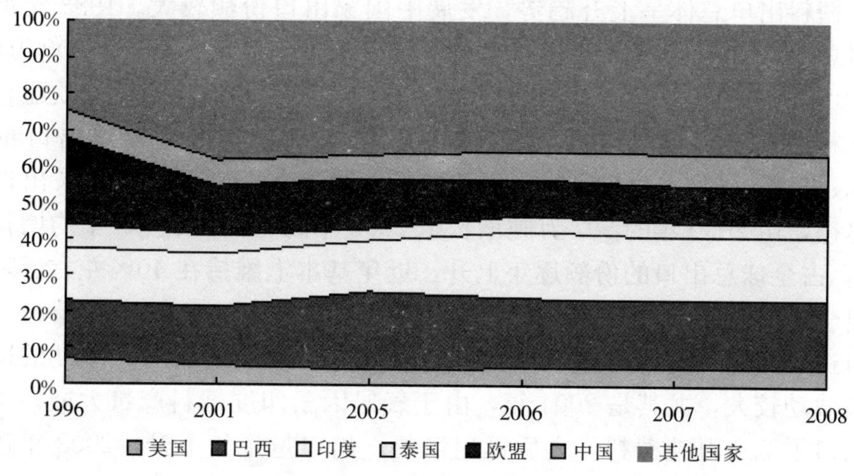

图 47　1996—2008 年糖料主产国（地区）的产量占世界总产量的份额

由 1983 年的 3 725.6 万吨增至 2008 年的 16 472.9 万吨，年均增长 6%。印度、欧盟、中国、巴西、美国和俄罗斯在全球糖料消费中扮演了重要角色，2008 年该 6 国（地区）糖料总消费量分别占全球的 15%、11%、10%、8%、6%、4%。中国、印度以及俄罗斯等国的消费增长较为迅速，尤其是印度，其消费总量由 1983 年的 806.2 万吨增长到 2008 年的 2 549.4万吨，增加了 2.16 倍。近年来欧盟、美国糖料消费增长放缓，占全球总消费的比重分别由 1983 年的 7%和 14%降至 2008 年的 6%和 11%。综合来看，未来世界糖料消费量总体仍会处于增长状况，但增速将趋于平缓（图 48）。

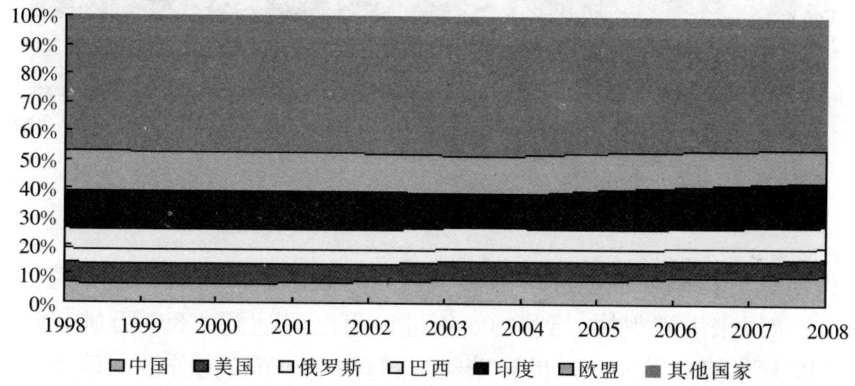

图 48　1998—2008 年主要糖料消费市场消费量占世界总消费量份额的变动

糖料出口总体呈上升趋势，发展中国家出口份额较大。1983 年世界糖料总出口量不足 730 万吨，到 2008 年出口量已经跃升至近 5 000 万吨，年均增长率达到了 8%。其中，巴西、泰国、澳大利亚、印度、欧盟是全球糖料主要出口国（地区），2008 年其出口量分别占世界总出口量的 39%、11%、6%、5%、3%。巴西是第一大糖料出口国，近年来出口增长迅速，由 2000 年的 997 万吨增长至 2008 年的 1 883 万吨，年均增长近 8%，占全球总出口的份额逐年上升，近年基本上维持在 40%左右。随着糖料生产的迅速发展，近年来泰国出口增长迅速，2008 年泰国糖料对外出口达到 526 万吨，约为 2000 年的 1.5 倍。从历史趋势看，印度的糖料出口波动较大，尤其是 2004 年，由于气候因素印度糖料产量大减，当年仅出口了 7.9 万吨糖料。之后迅速恢复，出口量逐年上升，2008 年达到 220 万吨。2006 年以前，欧盟糖料出口占世界比重高达 20%，由于 2005 年 WTO 针对欧盟内部高额的糖料补贴做出了不利于欧盟的裁决结果，2006 年欧盟出口量骤减，2008 年仅出口 134.9 万吨，预计未来几年欧盟糖料出口将继续下滑。澳大利亚是全球糖料出口占本国产量最高的国家，2000—2008 年期间出口量基本维持在 300 万吨以上，占其本国产量均高于 70%，约占世界总出口的 6.5%（图 49）。

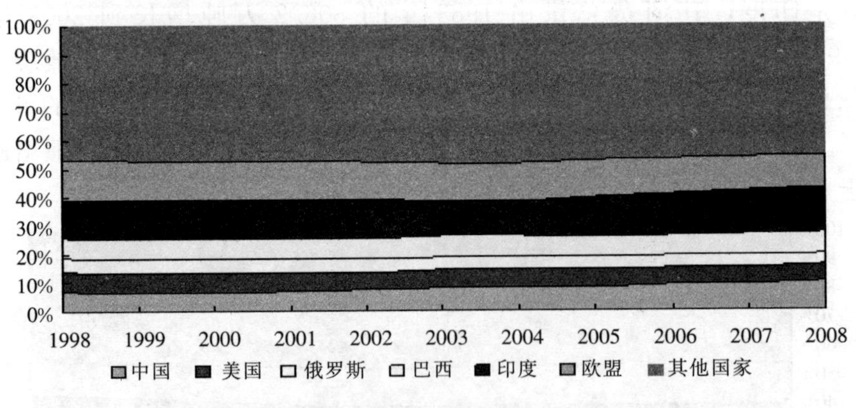

图 49　1998—2008 年全球糖料主要出口国（地区）

糖料进口持续增加，进口国分布较为分散。总体来看，世界糖料进口自 1983 年以来上涨很快，到 2008 年进口量已经达到 4 866 万吨，年均增长 7%以上。相对于出口，世界糖料进口国的分布较为分散。俄罗斯、欧盟、中国、美国、印尼和韩国为全球最重要的糖料进口国（地区），2008

其进口量分别占世界总进口的7%、7%、6%、5%、4%、4%。俄罗斯是世界最大的糖料进口国，2000—2007年间，随着俄罗斯国内产量提高及消费量的缓慢下降，俄罗斯糖料进口占世界总进口的比重由2000年的12%降至2008年的约7%。欧盟作为全球第二大糖料进口地区，其进口占世界的比重也呈逐年下降趋势。2006年，欧盟糖料进口出现了较大幅度的下滑，原因是2005年WTO针对欧盟糖料补贴做出的裁决导致2006年欧盟糖料价格高于世界价格，出口困难进而转向内销。同期其他进口大国的进口地位并未出现显著变化（图50）。

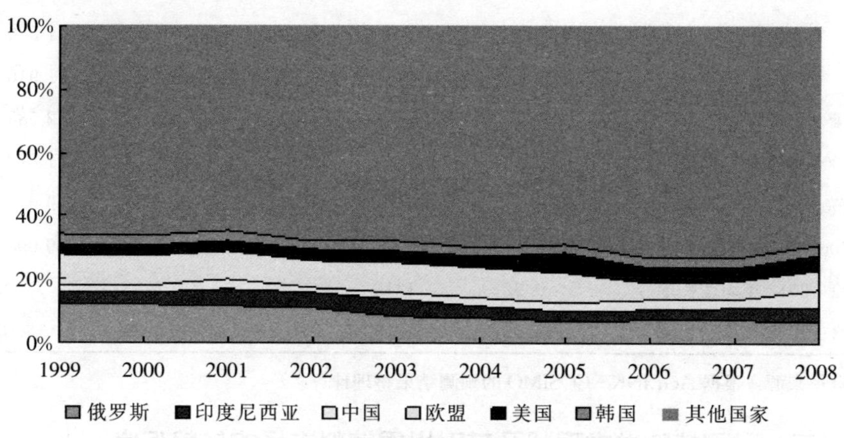

图50　1999—2008年全球糖料主要进口国（地区）

2. 2009—2012年世界糖料供求形势预测

未来糖料生产会继续增长，糖料价格较之前会有所上升。在世界经济稳定发展、自然条件等稳定的条件下，通过FAO的AGLINK模型预测，可以发现：2009—2012年世界糖料产量会以年均1%的速度持续增加，但增长率相较于2003—2005年趋缓；未来世界糖料消费量会以每年1.2%的速度增加，低于2008年前的平均水平。未来的糖料基本仍处于供过于求的状态，但是世界净供给量将逐年降低，到2012年甚至出现了供需缺口。受此影响，预计未来世界糖料的价格将会出现小幅上升（表40）。

表40　世界糖料的供求预测结果

单位：千吨

年份	产量	消费量	产需缺口	进口量	出口量
2003	143 641	142 360	1 281	47 741	48 001

（续）

年份	产量	消费量	产需缺口	进口量	出口量
2004	140 892	142 409	−1 517	48 539	49 977
2005	151 851	148 308	3 543	48 475	49 190
2006	166 803	153 124	13 679	43 429	48 892
2007	166 039	158 385	7 653	44 096	49 287
2008	166 487	164 729	1 758	48 656	48 656
2009*	168 808	167 930	878	50 624	50 624
2010*	170 405	170 126	278	51 560	51 560
2011*	171 922	171 884	38	51 916	51 916
2012*	173 515	173 995	−480	52 588	52 588
2009—2012 年均值	171 162	170 984	179	51 672	51 672
2003—2008 年均值	155 952	151 552	4 400	46 823	49 001
2006—2007 年均值*	166 421	155 755	10 666	43 763	49 090
2009—2012 年均增长率	0.92	1.19	—	1.28	1.28
2003—2008 年均增长率	3.00	2.96	—	0.38	0.27

资料来源：根据 AGLINK－COSIMO 的预测结果整理计算。

（二）我国糖料供求现状及其对世界糖料市场的依赖程度

我国糖料产量呈稳定增长态势，但年度间波动较大。从生产角度看，我国是世界上少数几个具备生产两种糖料作物的国家。甘蔗的种植区域主要分布在南部地区，其中以广西、云南和广东为主；甜菜的种植区域主要集中在东北 3 省、新疆和内蒙古。由于地域和种植条件差异，甘蔗种植规模一直大于甜菜。近年来，我国甘蔗种植规模继续保持稳步增长，甜菜生产则不断萎缩。1983—2007 年我国国内糖料生产量基本处于波动式增长的状况，整体走势与播种面积的波动基本吻合，波动周期约为 2～3 年，这与甘蔗生产中一年种植、三年收获的特点基本相符。近年来，尤其是 2005 年以后，产量有了较大幅度增长，到 2008 年糖料总产量达到1 412.1 万吨，创历史最高记录（图 51）。

糖料消费稳步增长，近年来增速加快。由于经济水平和人民消费水平的提高，我国糖料的国内消费量呈逐年稳步增长态势。2000 年是国内糖料消费的拐点，1983—2000 年，我国糖料的年均消费增长速度仅为

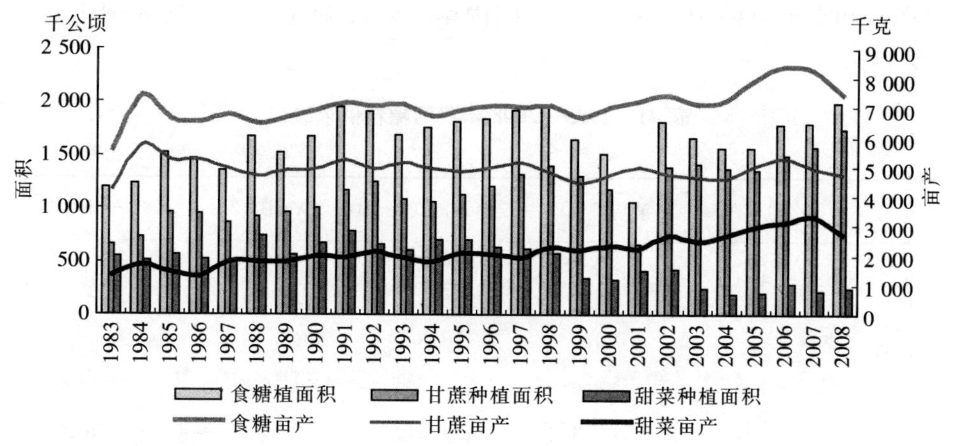

图 51　1983—2008 年我国糖料作物种植面积和生产效率

资料来源：《中国农业统计年鉴》。

3.3%，而 2000—2008 年达到 8.7%。随着我国人口继续增长及居民生活水平的提高，预计未来我国对糖料的需求仍会继续增长（图 52）。

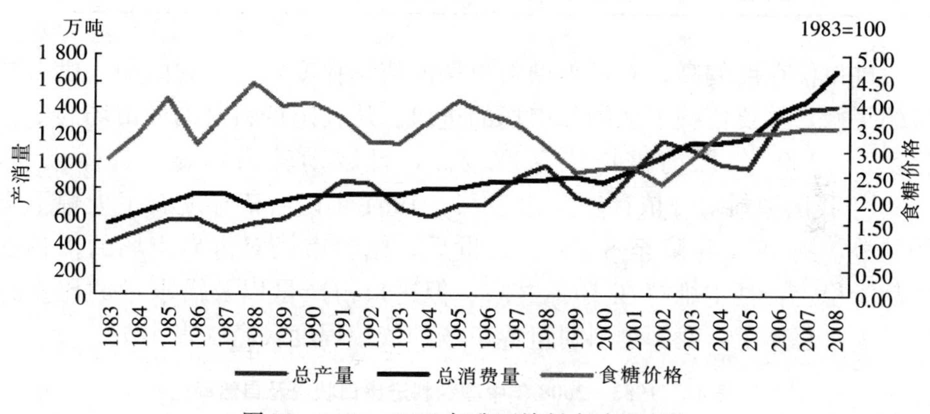

图 52　1983—2008 年我国糖料产消量走势

产需缺口逐渐扩大，国内生产难以满足国内需求。我国糖料供求形势大致可以分为三个阶段：1983—1990 年，消费量大于生产量，但二者差距逐渐减小，且年际间波动不大，对世界糖料市场的依赖逐渐减小；1990—2003 年，我国糖料生产波动明显，消费却稳步上升，糖料的供需缺口在方向上变换频繁；2003—2007 年，由于国内糖料消费增速加快，供需出现缺口，而且缺口逐渐扩大，2008 年达到了 268 万吨，约占当年生产量和需求量的 19%和 16%，国内生产难以满足日益增长的国内需求（表 41）。

表 41　1983—2008 年我国糖料供求缺口

单位：千吨，%

年份	产量（A）	消费量（B）	产消缺口（A－B）	（A－B）/A	（A－B）/B
1983	3 868	5 338	－1 470	－38.00	－27.54
1988	5 357	6 502	－1 145	－21.37	－17.61
1993	6 547	7 450	－903	－13.79	－12.12
1998	9 702	8 673	1 029	10.61	11.87
2003	10 904	11 413	－510	－4.67	－4.46
2004	9 864	11 435	－1 571	－15.93	－13.74
2005	9 584	11 810	－2 225	－23.22	－18.84
2006	13 039	13 680	－641	－4.92	－4.69
2007	13 970	14 607	－637	－4.56	－4.36
2008	14 123	16 803	－2 680	－18.98	－15.95

进口依存度偏高，对世界糖料市场的依赖程度较大。我国糖料供需缺口的平衡，主要依赖于从国际市场的进口。从我国糖料对国外市场的依存程度看，1994 年以前进口依存度较高，且波动较为明显。具体来看，1988 年我国糖料对外依存度高达 59%，1994 年以后依存度有了大幅下降的趋势，到 1997 年降至 8.3%。入世后，糖料市场对世界市场的依赖程度趋于稳定，基本维持在 10%左右，但进口占产量以及需求量的比重越来越大。总体上，我国糖料对世界市场的依赖程度较高（表 42）。

表 42　1983—2008 年中国糖料进出口状况及自给率

单位：千吨，%

年份	进口	出口	净出口	（出口＋进口）/产量	进口/需求
1983	1 149	59	－1 090	31.23	21.52
1988	2 889	272	－2 617	59.01	44.43
1993	1 331	1102	－229	37.15	17.86
1998	512	574	62	11.19	5.90
2000	1 028	94	－934	16.68	12.13

（续）

年份	进口	出口	净出口	（出口+进口）/产量	进口/需求
2001	1 325	442	−883	19.08	14.04
2002	809	102	−707	7.85	7.76
2003	1 198	41	−1 156	11.36	10.49
2004	1 320	324	−996	16.67	11.55
2005	1 205	196	−1 009	14.61	10.20
2006	1 427	116	−1 310	11.83	10.43
2007	1 067	255	−812	9.46	7.30
2008	2 811	128	−2 683	20.81	16.73

糖料贸易占世界市场份额逐年下降，对世界市场的影响较小。1997年以前，我国糖料进出口占世界贸易量的15%以上，最高的年份甚至达到40%；1997年前后我国糖料贸易占全球贸易的比重有了较大幅度缩减，之后进口占世界总进口的比重不足5%，出口所占比重不足1%（图53）。

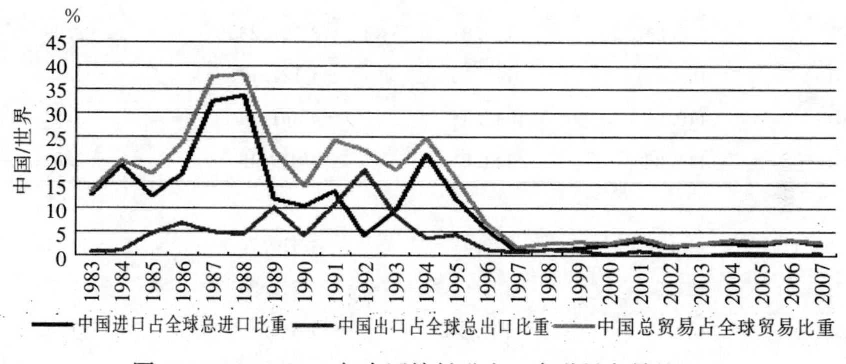

图53　1983—2007年中国糖料进出口占世界贸易的比重

（三）未来世界糖料供求变动对我国农业的影响

鉴于目前我国糖料处于净进口地位且对世界市场的依存程度较高，可以预见随着我国经济的发展，未来的糖料需求将不断增加，国际糖料供求变动将直接影响我国糖料的可获性。此外，世界市场的供需变动还将通过价格渠道对我国糖料产业产生影响。虽然我国糖料市场与国际糖料市场并非完全整合，但国际糖料市场价格的变动会通过进出口影响国内糖料价格，最终影响国内生产和消费。

未来世界糖料可供性将有所下降，我国糖料可获性会受到负面影响。2000 年以来，世界糖料产量呈现稳步上升态势，供需缺口虽波动频繁但并不是很大。本研究利用 AGLINK－COSIMO 模型的预测结果显示：在世界经济稳步发展、自然条件正常等前提下，未来世界的糖料产量与 2003—2008 年相比会有所增长，大概增产 10%；消费量与基期相比有较大幅度的增长，且增速高于产量，由此导致糖料在世界范围内将出现供不应求的状况，供需缺口将达到当年产量的 2.81%。由此可以推断，未来世界糖料市场上的可获性较基期会有所下降。比较而言，我国产量和需求量变动幅度更大，供需缺口将占当年总产量的 11%以上。世界市场可获性下降、糖料价格提高，将对我国糖料的可获性有较大的负面影响，我国将会为从世界市场上获得糖料而付出更多的代价（表 43）。

表 43　相对于 2003—2008 年未来世界及我国糖料供求量的变动

单位：千吨，%

年份	糖料产量变动率	糖料需求变动率	净供给变动量 B	B/总产量
世界				
2009	108.24	110.81	−3 521.23	−2.09
2010	109.27	112.26	−4 121.17	−2.42
2011	110.24	113.42	−4 361.34	−2.54
2012	111.26	114.81	−4 879.49	−2.81
中国				
2009	119.70	129.77	−1 610.70	−11.29
2010	121.95	132.56	−1 712.84	−11.79
2011	124.37	134.24	−1 647.49	−11.12
2012	126.17	136.67	−1 756.52	−11.69

注：糖料产量、需求变动的基准选择是 2003—2008 年的均值。

国际价格对国内的传导率较高，国际糖料价格小幅上升将带动国内价格上涨。通过模型测算发现：影响世界价格的因素包括前一期的价格、世界进口量、前一期主要出口国的产量。其中世界进口量对世界糖料价格的影响在 1%的水平上显著为正，系数是 0.443，表明进口量每增加 1%，价格会上涨 0.443%。由预测的结果经计算可得，相对于基期的 2008 年，2009—2012 年世界糖料价格分别上涨 1.79%、0.82%、0.31%、0.57%。

由于我国市场与国际糖料市场存在一定程度的整合关系，因此世界市场价格变动必然会对国内糖料价格产生影响。模拟测算结果显示，国际糖料价格每提高1%，则国内糖料价格提高0.286 6%，即国际糖料价格对国内糖料销售价格的传导率约为28.66%。据此可以推断，受国际价格影响，2009—2012年我国国内糖料价格将相对2008年上升1.8%、0.8%、0.3%、0.6%。

国内糖料价格上涨将刺激国内生产，需求和贸易将更多取决于国内外经济形势的变化。本研究构建了国内供需模型，模拟国内糖料价格变动对国内糖料供求的影响。模型结果表明，供给与前一期价格正相关，且非常显著，与成本负相关；需求与收入正相关，与价格负相关，价格越高，需求量越低。其中，供给的价格弹性是0.778，需求的价格弹性为－0.203。经计算，如果国际市场与国内市场的传导率为28.66%，则世界市场的供求变动将会使得2009—2012年国内供给相对于2008年分别变动0.4%、0.18%、0.07%、0.13%；而需求因价格上升会有所下降。但是上述模型对需求的预测仅仅考虑了价格对糖料需求的影响，现实中需求不仅受到价格影响，还将受到国内外经济发展速度、居民收入水平、替代品价格变化等多种因素的影响（表44）。

表44　世界糖料供求变化对我国的影响

单位：千吨，%

年份	进口量	进口量变化率 A	世界价格变化 B	国内价格变化 C	供给变化 D	需求变化 E
2008	48 656					
2009	50 624	4.04	1.79	0.51	0.4	－0.1
2010	51 560	1.85	0.82	0.23	0.18	－0.05
2011	51 916	0.69	0.31	0.09	0.07	－0.02
2012	52 588	1.29	0.57	0.16	0.13	－0.03

注：A中基期为2007年；B＝A＊0.443；C＝B＊28.66%；D＝C＊0.778；E＝C＊(－0.203)。

2010年我国化肥市场特点及政策建议

在农业投入中，肥料占物质投入的40%左右，其中化肥用量占肥料的95%以上，化肥也被称为粮食的“粮食”，因而化肥价格备受农民关注。目前，中国已成为全球氮肥、磷肥第一生产大国，稳定化肥市场价格以及保证国内化肥的稳定供给已成为有关部门高度关注的重要问题。本文以国产尿素、磷酸二铵、高浓度复合肥和进口氯化钾等主要化肥品种为对象，以中国咨讯网所监测的出厂价格数据为基础，结合农业部市场司监测的零售价格数据，通过对其国内价格和进出口情况分析，总结2010年我国主要化肥市场的变化特点，分析存在的主要问题，并提出相关政策建议。

一、2010年我国化肥市场特点

总体来看，2010年上半年，我国化肥市场价格稳中有降，对于保障2010年我国粮食生产起到了十分重要的作用；下半年，化肥市场价格止跌回升，呈明显上涨态势。具体有以下特点：

（一）上半年价格稳中有降

工信部统计数据显示，2010年上半年，国内化肥产量3 397.2万吨（折纯量），同比增长6.4%。虽然有雨雪、旱灾、洪涝灾害等极端天气事件的影响，上半年国内化肥价格并没有出现大起大落，甚至稳中有降。中国咨讯网的数据也证明了这一判断。1—7月，尿素出厂价格逐月下降，从1 825元/吨下降到1 600元/吨，降幅达12.3%，出现了少有的连续6个月持续下跌；氯化钾由2 950元/吨下降到2 350元/吨，下降20.3%；复合肥由1月的2 300元/吨下跌到6月的2 050元/吨，降幅达10.9%；国产磷酸二铵出现小幅波动，但总体呈下降趋势。

尿素降价的主要原因是国内产能有较大提高，生产量大，供应相对充足。氯化钾降价是由于国内存储较充裕，国际市场价格涨幅不大，不足以引发国内价格上涨。由于复合肥生产是以尿素、氯化钾为原料，基础肥料价格下降使得复合肥价格出现明显下降。化肥价格的下跌，使化肥企业盈利空间大幅缩小，但对稳定我国夏粮生产起到了十分重要的作用。

表1　2010年4种化肥出厂价格

单位：元/吨

月份	国产尿素	复合肥	氯化钾	国产磷酸二铵
1	1 825	2 300	2 950	2 938
2	1 820	2 350	2 950	3 050
3	1 750	2 250	2 650	2 950
4	1 630	2 150	2 550	2 850
5	1 616	2 100	2 350	2 800
6	1 605	2 050	2 350	2 700
7	1 600	2 100	2 400	2 830
8	1 640	2 150	2 500	2 850
9	1 820	2 250	2 650	2 850
10	1 930	2 650	2 800	3 050
11	1 960	2 700	2 850	3 150
12	1 945	2 700	2 850	3 150

资料来源：中国咨讯网，下同。

（二）下半年价格止跌回涨

2010年7月以后，国内化肥价格陆续开始上涨。其中，国产尿素从7月份的1 600元/吨上涨到12月份的1 945元/吨，上涨21.6%；同期，国产磷酸二铵由2 830元/吨上涨到3 150元/吨，上涨11.3%；复合肥从2 100元/吨上涨到2 700元/吨，上涨28.6%；氯化钾从2 400元/吨上涨到2 850元/吨，上涨18.8%。从总体趋势看，这种上涨还将持续。

下半年化肥价格上涨主要有三方面原因：

一是节能减排减少了生产量。2010年是实现“十一五”节能减排目标的决战之年，各地不得不限制高耗能、高排放产业的生产。例如，山西省晋城市为实现节能减排目标，要求13家煤化工企业停产检修①。根据此项要求，山西天脊中化高平化工公司8月底将年产40万吨合成氨、60

① 晋城市是全国重要的氮肥生产基地，尿素产量占全国的10%，占山西全省的60%。

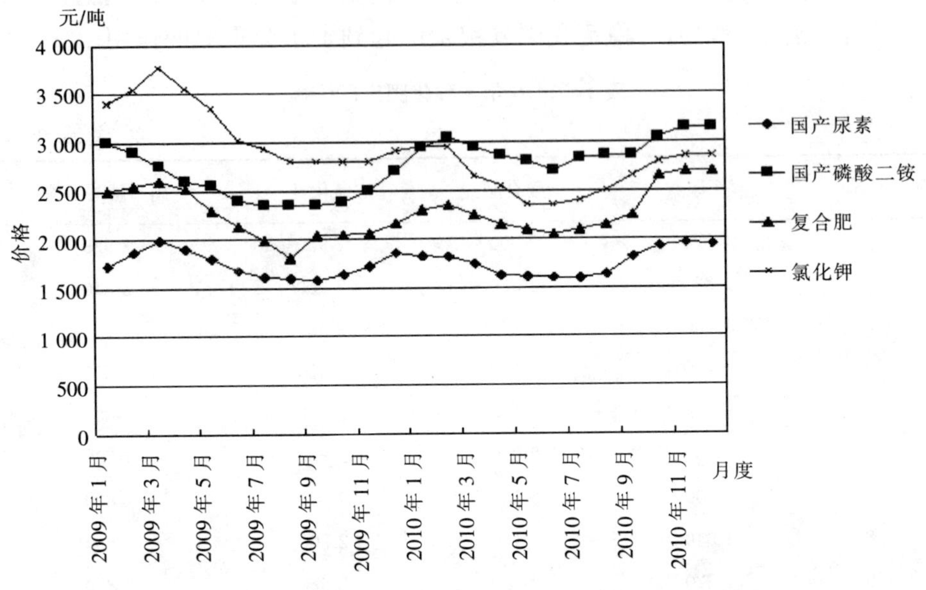

图 1　2009 年 1 月—2010 年 12 月 4 种化肥市场价格变动

万吨尿素生产线停产。正值秋播用肥季节，晋城市对煤化工企业实施停电措施，直接影响了化肥的市场供应。8 月下旬，国务院组成了 6 个督查组，对河北、山西、内蒙古、辽宁、吉林、黑龙江、江苏、浙江、山东、河南等 18 个重点地区进行节能减排专项督查，重点督查淘汰落后产能进展、实施节能减排重点工程和重点领域工作情况等。以上省份都是化肥产量大省，督查势必使这些省份减少产量。

二是出口量大。2010 年，我国尿素出口关税政策是：2—6 月、9 月 16 日—10 月 15 日执行旺季出口关税，出口税率为 110%；1 月、7 月 1 日—9 月 15 日、10 月 16 日—12 月 31 日执行淡季出口关税，出口税率为 7%。下半年执行淡季出口关税的时间长达 5 个月，在淡季关税期内尿素出口量大，国内供应相对减少。

三是经销商的涨价预期。2010 年 8 月 11 日，国务院针对秋粮尤其是晚稻生产，及时出台了在南方八省水稻主产区发放 11 元/亩的肥料补贴政策。政策无论对农民还是化肥生产企业来说都是件好事。但部分经销企业认为这是一个涨价的契机，在补贴尚未发到农民手中就开始提价，对下半年化肥价格上涨起到助推作用。

（三）经销企业盈利空间小

化肥行业的统计显示，该行业一直是“微利”生产，2009 年，中国化肥行业的平均利润率只有 3%～5%。2010 年前 5 个月，磷肥全行业销售利润率不到 5%。在此情况下，如果人民币升值 3%～5%，化肥行业的利润就会化为乌有。从图 2 可以看出，除氯化钾外，尿素、磷酸二铵、复合肥第四季度零售价已低于出厂价，化肥经销企业在国内市场赚取利润非常困难①。

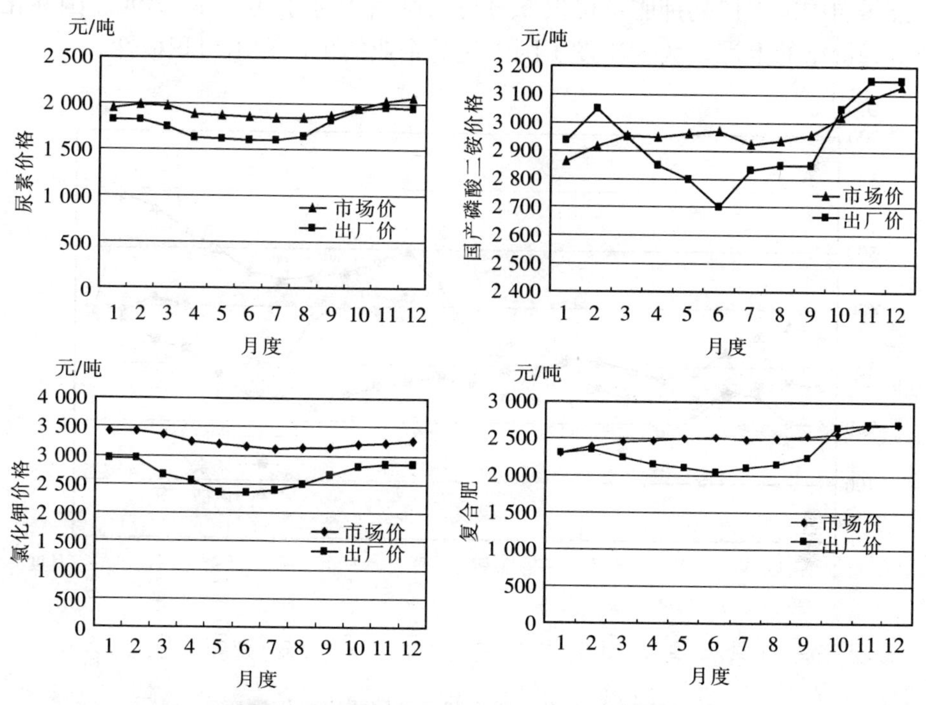

图 2　2010 年 4 种肥料的出厂价和市场价对比

（四）国际市场价格先降后升

随着世界经济复苏，印度等农业大国对化肥需求量明显恢复，国际市场需求不断增加。国际钾肥巨头频繁的合并和收购也使得各种化肥提价的

① 市场零售价格来自农业部市场司监测数据，出厂价格来自中国咨讯网数据，尽管样本选择区域有差异，可能会屏蔽一些信息，但是，仍可以从一个侧面反映化肥企业的经营困难状况。

呼声越来越高。加上俄罗斯、欧盟等国家的自然灾害，使得国际化肥价格上升。根据中国咨讯网监测数据，合成氨尤日内离岸价格从 2010 年 1 月份的 280 美元/吨上升到 12 月份的 395 美元/吨，且价格上涨势头不减。尿素尤日内离岸价虽然从 1 月份的 280 美元/吨下降到 5 月份的 225 美元/吨，但随后持续上涨，到 12 月份已涨至 377 美元/吨，比 1 月份高出 97 美元/吨。磷酸二铵美国离岸价格从 1 月份的 430 美元/吨上涨到 10 月份的 570 美元/吨，上涨了 32.6%，到 12 月份有所回落，降至 380 美元/吨。乌拉尔钾肥公司向中国出口的钾肥价格仅 9 月份每吨就上涨了 10～15 美元。国际化肥市场价格的上涨，大大激发了国内化肥企业的生产和出口积极性。

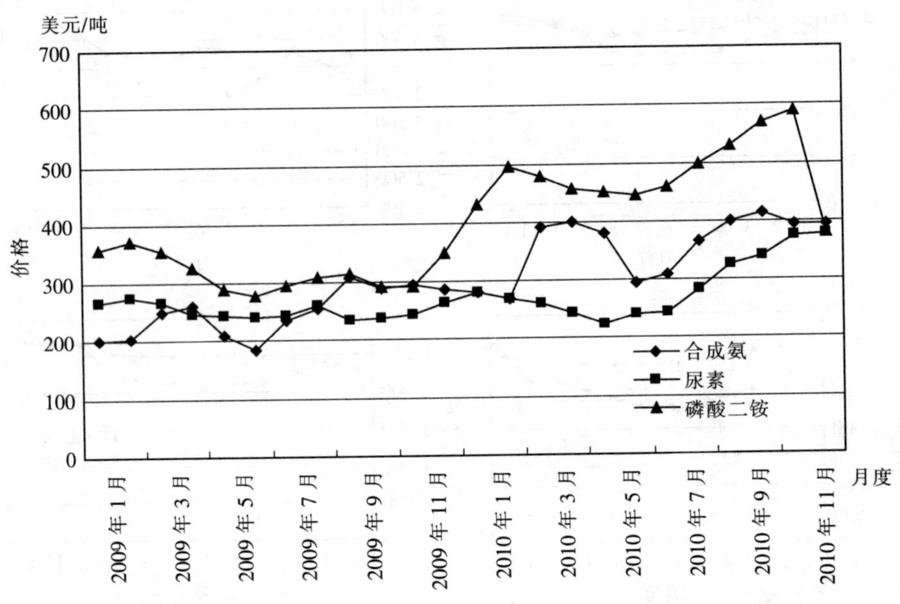

图 3　2009 年 1 月以来主要化肥品种国际市场价格变动情况

（五）进出口同比增加明显

与 2009 年相比，2010 年化肥进出口量明显增加，月度同比增幅明显。从进口量看，除 1—2 月份同比下降外，其他月份进口量明显增加，其中有四个月份的进口量同比增幅超过 100%。其中 4 月份的进口量达 89.1 万吨，同比增加 1.77 倍。从出口看，除 2 月份外，其余月份的出口同比都增加，其中 5 月份出口量同比增加了 2 倍多。出口的增加使得企业的生产积极性明显提高。

表 2　2009 年和 2010 年我国化肥进出口情况对比

单位：万吨

月份	进口量			出口量		
	2009	2010	同比增加（%）	2009	2010	同比增加（%）
1	77.7	72.9	－6.18	44.3	80.8	82.39
2	57.7	49.2	－14.73	98.5	85.6	－13.10
3	36.4	78.5	115.66	40.8	63.3	55.15
4	32.1	89.1	177.57	37.6	61.3	63.03
5	31.3	41.9	33.87	15.7	47.8	204.46
6	36.5	37.7	3.29	37.9	79.4	109.50
7	20.3	31.4	54.68	83.1	175	110.59
8	26.4	57.7	118.56	97.4	193.1	98.25
9	26.4	58.7	122.35	143.4	238.9	66.60
10	8.8	74.5	746.6	84.6	112.7	33.2
11	21.7	54.2	149.8	128.9	252.2	95.7
12	32.1	—	—	87.4	—	—

注：2010 年的数据只监测到 11 月。

（六）化肥国际贸易呈现顺差

据海关统计，2010 年 1—11 月，我国化肥累计出口 1 390.1 万吨，同比增加 71.2%，顺差额 22.17 亿美元。出口增加在缓解国内供给过剩压

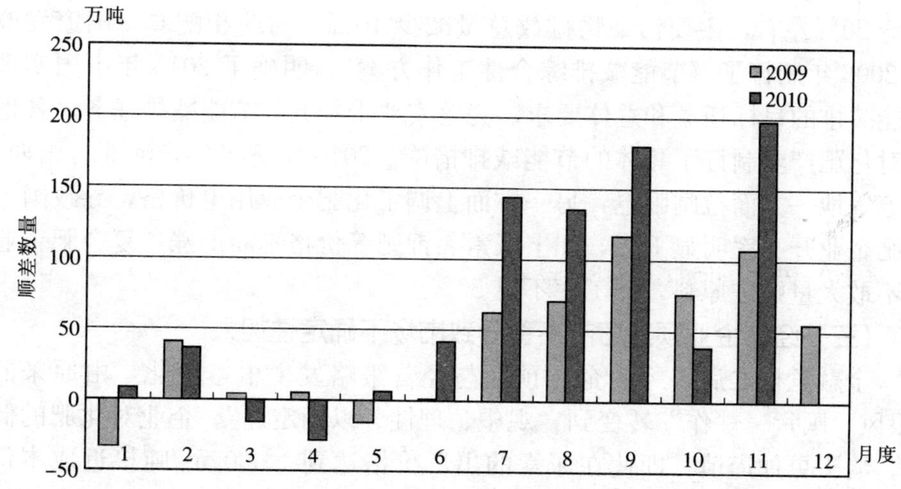

图 4　2009 年和 2010 年化肥贸易顺差情况

注：2010 年的出口数据截至 11 月底。

力的同时，也减少了国内的库存量，由此带来尿素价格的缓慢回升。总体来看，2010 年化肥贸易顺差额远大于 2009 年。

二、市场运行中存在的突出问题

（一）生产成本上升导致化肥价格上涨压力过大

煤炭作为生产化肥的主要原料，其价格和供应直接影响化肥的价格。国务院办公厅 2010 年 10 月转发了国家发改委《关于加快推进煤矿企业兼并重组的若干意见》，煤炭供给向一些寡头企业集中推动了煤炭价格的上涨。2010 年 11 月初，山西无烟块煤运至山东到厂价在 1 350 元/吨左右，11 月底已涨至 1 500 元/吨以上，山东多数尿素厂煤炭库存已降至警戒线以下。另外，硫磺、合成氨等原材料价格也不同程度上涨，部分以天然气为原料的化肥企业也因为“气荒”被迫停产、限产。成本价格的上升，使很多企业都不敢大量储备原料，2010 年下半年的总体开工率不足 60%。

（二）受“十一五”节能减排影响，国内化肥产量减少明显

化肥行业是能源消耗和“三废”排放的重点行业，仅氮肥生产年耗天然气量即占全国天然气总产量的 15%，耗煤占 2.3%，耗电占 2.2%，发展循环经济，化肥生产行业的节能减排压力很大。《关于国民经济和社会发展第十一个五年规划纲要》要求“十一五”期间单位国内生产总值能耗降低 20%左右，主要污染物排放总量减少 10%。与此相配套，国家发改委 2006 年制订了《节能减排综合性工作方案》，明确了 2010 年中国实现节能减排的目标任务和总体要求。为落实“十一五”节能减排任务，各地针对化肥产业制订了具体的节能减排措施。2010 年下半年，河北、山西、江苏等地一方面拉闸限电，另一方面上调了化肥企业用电价格，导致国内化肥企业开工率明显下降，加上尿素、钾肥等价格不断上涨，复合肥企业都不敢大量购进原料，开工率不足 50%。

（三）经销企业预期后市不稳导致市场不确定性加大

金融危机之后，经销企业预期与经营策略发生根本变化，由原来的“跟风、囤货、炒作”转变到“观望、理性、以销定进”。企业对化肥的储备、购买更加谨慎，即使在尿素的出厂价格达到 1 600 元/吨接近成本价时，经销商仍不愿增加储备，下半年价格大涨时，储备成本已大幅提高。时至化肥冬储期间，经销企业储备不足，将会直接影响来年春耕市场供

应。据调查，河北省某农资市场12月初的化肥储备不足往年同期的一半。在化肥市场价格不断上涨的情况下，很多经销企业也不敢增加储备，仍然坚持“现进现卖、快进快出”。通货膨胀的预期也使得经销企业在经营时如履薄冰。在这种情况下，一旦来年农业需求启动，供给严重缺乏就可能导致大幅度涨价。

（四）化肥出口量增加影响国内供应

从国家政策导向看，生产方面，一方面需通过出口激励化肥企业的生产积极性，另一方面又要保证国内供给；出口关税方面，采取淡旺季关税政策调节化肥市场供应。国内消费旺季时，企业的生产首先保证国内供应；消费淡季时，企业可以优先安排出口订单。但是，企业毕竟是营利主体，在执行政策时总会追求自身收益最大化。2010年下半年以来，国内一些地区受极端天气影响，严重的自然灾害导致俄罗斯、哈萨克斯坦、欧盟国家和加拿大粮食减产，进而导致国际化肥市场价格随农产品价格大幅上涨，国内化肥企业纷纷将目光再次转向国际市场，化肥出口量持续上涨。

三、2011年化肥市场展望与政策建议

由于国家不断加强对农业的支持力度以及国内农产品价格持续上涨，农民种粮积极性进一步提高，化肥需求显著增加，国内肥料供求矛盾开始显现。受国内供求关系以及国际市场价格上涨推动，预计2011年初国内农资价格将明显上涨，保春耕生产的任务十分艰巨。为此提出以下建议：

（一）鼓励化肥企业与煤炭企业合作，降低生产成本

鼓励在大型煤炭企业内部建立化肥企业，一方面可以发挥煤炭企业的资源优势，另一方面可以降低化肥企业生产成本；鼓励已有的化肥企业与大型煤炭企业联合，建立长期的合作关系。以此为契机，不断提高化肥产业集中度，淘汰落后产能，加强技术研发，提高资源利用效率，确保市场稳定供应。

（二）强化化肥市场信息分析与发布，提高市场透明度

化肥从原料到加工，再到经销，最后到达消费者，环节并不多，也不复杂，应通过一定渠道使广大农民及时了解化肥涨价的真正原因。如果原料涨价是必然的，那么信息公开以后，即使在产品销售环节适当加价，经销商和农民也都能够理解。与此相配套，国家农资综合补贴政策应及时跟

进，适当提高农资补贴水平，尽量使化肥的涨价控制在农民可接受范围内。经销商心里有底，囤积居奇行为就会大大减少。

（三）加强国际化肥市场跟踪研判，及时采取应对措施

国际化肥市场受天气、原料供应等影响较大，只有加强市场跟踪分析，及时把握国际市场行情，了解国际化肥企业的兼并重组动态，才能做出科学决策。同时，要根据国内外化肥市场形势变化，进一步完善淡旺季出口关税自动调节机制，对执行化肥淡旺季关税的时间和区间做适当调整，以更好保证国内用肥。

（四）坚持化肥淡储制度，发挥市场调控职能

化肥淡储制度已实施 6 年，对保障春耕化肥供应、稳定旺季肥价发挥了重要作用。要继续坚持这项制度，建议有关部门为淡储企业提供资金和运输方面的支持，确保企业按质按量储备。同时应加强对淡储企业的监督，严格查处已拿到淡储指标却不按要求进行储备的企业，及时调整淡储计划，强化淡储的市场调控职能。

（五）加强化肥市场监测与质量监管，维护国内市场秩序

考虑到化肥价格问题较为敏感，政府有关部门应加强对化肥市场价格的适时监测，获得最真实的第一手信息，及时进行分析整理，发现串通涨价、哄抬价格等违法行为，要严厉打击。考虑到化肥产品质量问题牵涉面广，农业、工商、质检、公安等相关部门应对制售假劣农资的不法分子和违法企业进行严厉打击，坚决维护市场秩序。

产 业 篇

2010

对 2010 年下半年以来粮价高涨的分析及建议

2010 年下半年以来，国际粮食价格快速上涨，上涨势头在 2011 年初有所加剧，目前已接近 2008 年粮食危机最高点。国内粮食价格全面上涨，但涨幅明显小于国际市场，总体呈稳中有升态势。在全球经济缓慢复苏以及各国努力抑制通胀的背景下，粮价高涨再次引发全球高度关注。深入分析当前国内外粮价高涨根源，正确判断未来粮食价格走势，对于我国加强粮食生产、做好粮食宏观调控、保障粮食安全具有非常重要的指导意义。

一、当前国内外粮食价格形势分析

（一）国际粮食价格变化

2008 年粮食危机以后，国际粮食价格大幅度回落，2010 年上半年基本维持在危机后最低水平，但仍明显高于危机前水平。自 2010 年 6 月份以后，以小麦和玉米为主的粮食价格开始进入一个强劲反弹阶段。经过半年多的快速上涨，目前国际粮食价格总体已接近 2008 年粮食危机时的最高水平，玉米国际价格在 2011 年 2 月再创历史新高。各品种价格变化情况如下：

国际小麦价格上涨最快，已恢复到粮食危机时的中上水平。金融危机后，国际小麦价格大幅下跌。美国硬红冬麦价格从 2008 年 3 月 481.5 美元/吨的历史高位跌至 2010 年 6 月的 182.8 美元/吨，跌幅达 62%。2010 年 7 月开始，受俄罗斯等主要出口国大幅减产、美元贬值等因素影响全球小麦价格大幅反弹，7—9 月份上涨幅度分别为 12%、24%和 20%，10—11 月份略有回调，12 月之后继续上涨，截至 2011 年 2 月涨至 367.7 美元/吨，已达到粮食危机时最高价格的中上水平。

国际玉米价格快速上涨，再创历史新高。2008 年 6—12 月，受金融危机影响，国际玉米价格从 6 月份的最高点 280.95 美元/吨快速回落，

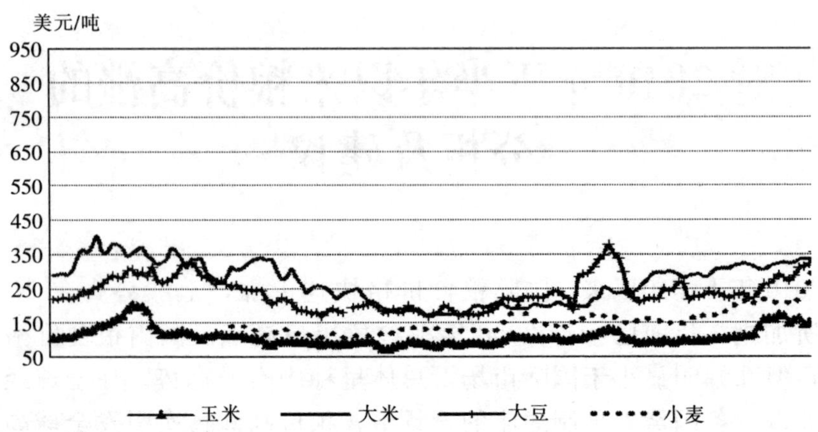

图 1　1995 年以来国际粮食价格走势

注：玉米为美国墨西哥湾 2 号黄玉米平均离岸价，大米为泰国曼谷 100%B 级白米平均离岸价，大豆为美国墨西哥湾 1 号黄豆平均离岸价，小麦为美国墨西哥湾 2 号硬红冬麦平均离岸价。

资料来源：FAO 数据库。

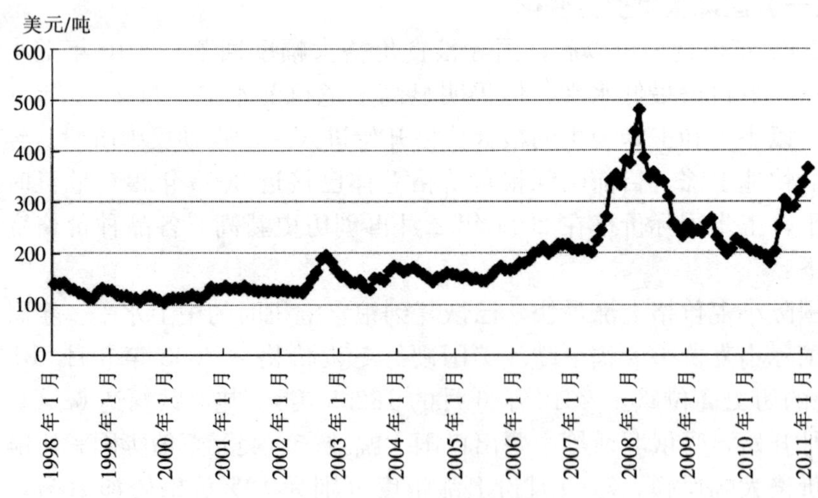

图 2　1998 年以来国际小麦价格走势

注：国际小麦价格为美国墨西哥湾 2 号硬红冬麦平均离岸价。

资料来源：FAO 数据库。

之后在150～180美元/吨之间小幅波动。从2010年7月开始，受库存偏低和小麦价格上涨等因素的影响，国际玉米价格迅速飙升，从2010年6月的154美元/吨升至2011年2月的286美元/吨，8个月上涨了86%。2月份价格已超过2008年粮食危机时的最高水平，再创新的历史高点。

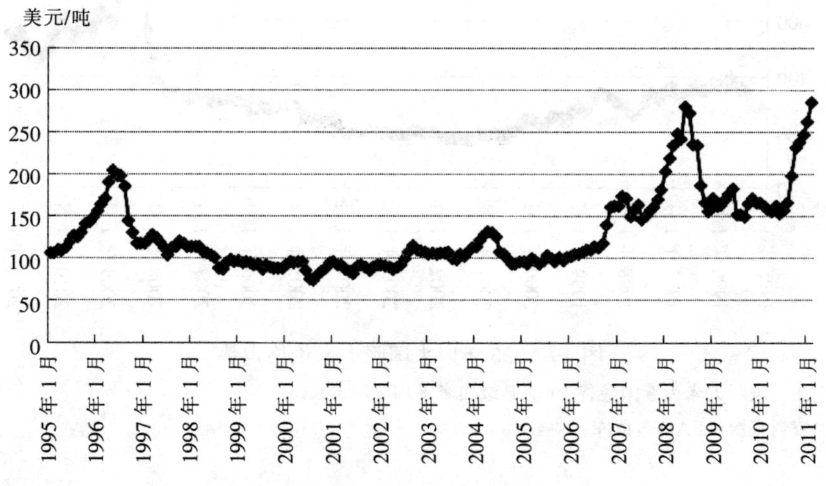

图3　1995年以来国际玉米价格走势

注：国际玉米为美国墨西哥湾2号黄玉米平均离岸价。

资料来源：FAO数据库。

国际大米价格上涨相对缓慢，仅相当于危机时中等水平。金融危机后国际大米价格暴跌，泰国100%B级大米价格由危机时最高点的每吨近千美元下跌到2010年7月的465.8美元/吨，跌幅过半。2010年8月，国际大米价格开始反弹，并持续温和上涨，到12月涨至563.8美元/吨，月均上涨3.9%，涨速低于小麦和玉米。尽管经历了连续5个月的上涨，2010年12月国际大米价格仍远低于粮食危机时水平，仅为危机时最高价格的58.6%。进入2011年，国际大米价格先抑后扬，目前仍低于上年年底水平。

国际大豆价格连续9个月上涨，已达到历史次高水平。金融危机爆发后国际大豆价格大幅下跌，美国墨西哥湾1号黄豆价格由2008年7月的586.2美元/吨的历史高点降至2010年5月的368.0美元/吨，跌幅

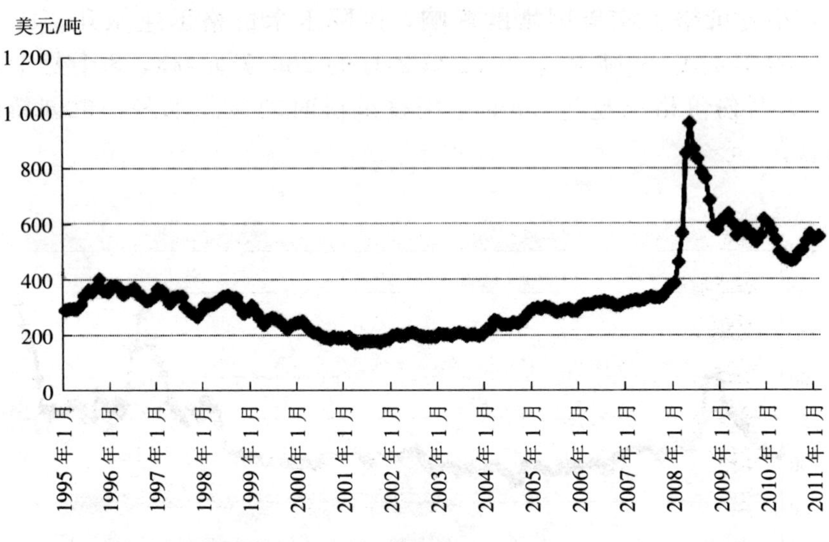

图 4　1995 年以来国际大米价格走势

注：国际大米为泰国曼谷 100%B 级白米平均离岸价。

资料来源：FAO 数据库。

37.2%。2010 年 6 月之后国际大豆价格持续上涨，截至 2011 年 2 月已连续上涨 9 个月，达到 547.8 美元/吨，已接近 2008 年最高点，处于历史次高水平。

（二）国内粮食价格变化

与国际价格剧烈波动相比，国内粮食尤其是口粮价格总体较为平稳，呈稳中有升态势，但实行 3%单一关税的大豆因受国际市场影响较大价格波动明显。各品种国内价格变化情况如下：

口粮价格稳中趋涨，2010 年下半年涨势明显。受关税配额保护、最低收购价等政策的影响，国内口粮价格在粮食危机和金融危机期间都基本呈稳中趋涨态势。普通小麦价格在 2009 年小幅上涨，大米价格在 2008 年和 2009 年基本稳定，到 2010 年上半年略有上涨。2010 年下半年，小麦和大米价格涨势明显。小麦价格从 6 月的 1 942.5 元/吨涨至 11 月的 2 060 元/吨，涨幅达 6.0%，12 月价格有所回调，但仍高于上年同期水平。大米价格逐月攀升，由 6 月的 3 096 元/吨涨至 12 月的 3 460 元/吨，上涨了 11.8%。

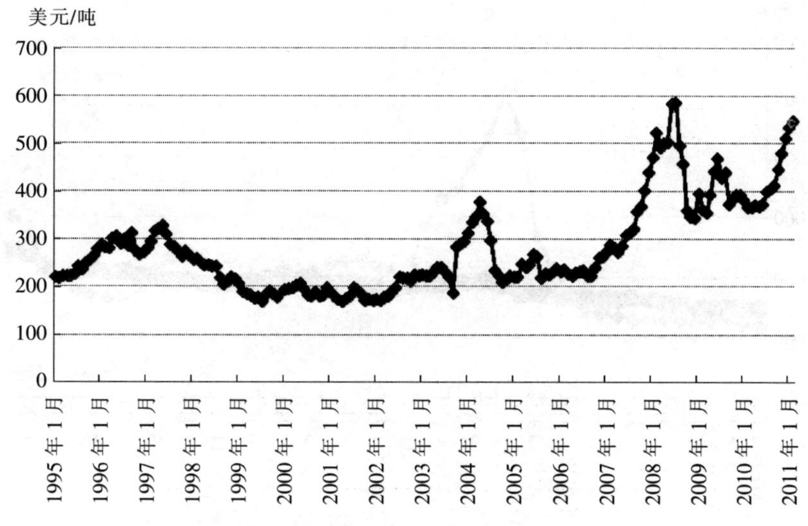

图5 1995年以来国际大豆价格走势

注：国际大豆为美国墨西哥湾1号黄豆平均离岸价。

资料来源：FAO数据库。

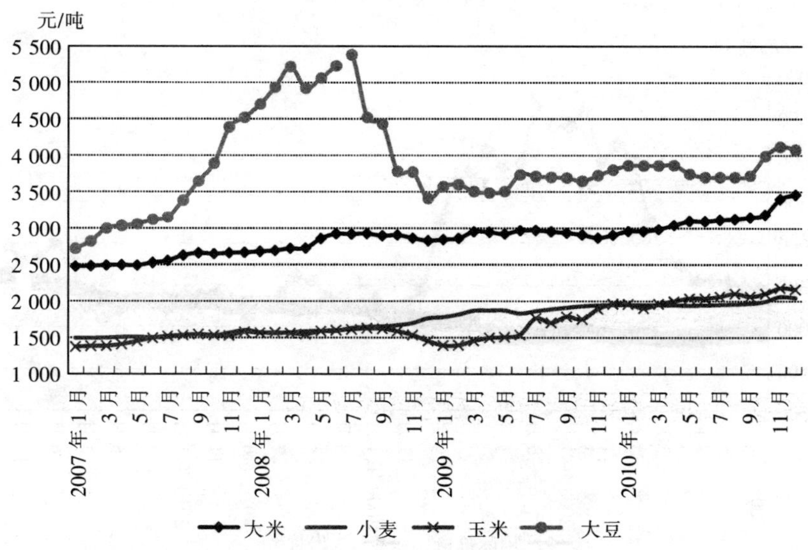

图6 2007年以来国内粮食价格走势

注：大米为中等晚籼稻平均批发价格，小麦为普通三等白小麦平均批发价格，玉米为国内玉米产区平均批发价格，大豆为国内大豆产区平均批发价格。

资料来源：大米价格来自中国大米网，小麦和玉米价格来自中华粮网，大豆价格来自中国粮油信息网。

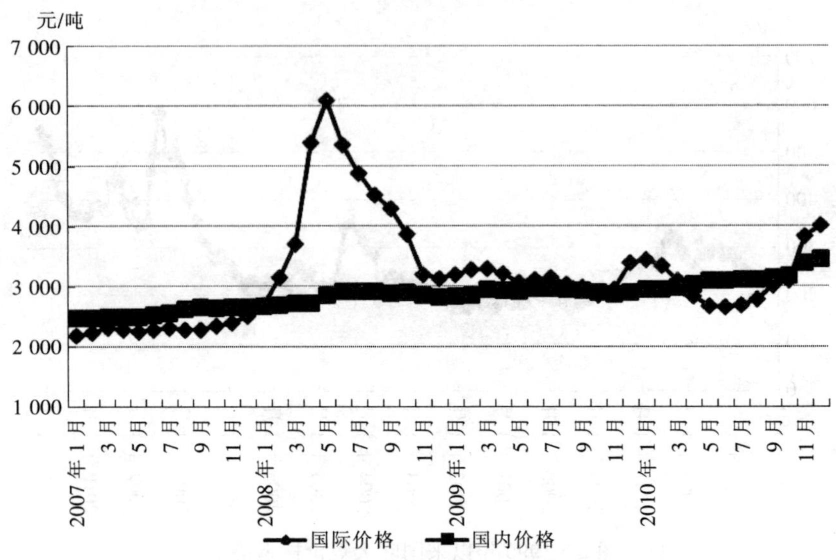

图 7　2007 年以来国内国际大米价格走势

注：国际价格为泰国特级碎米曼谷平均离岸价，国内价格为中等晚籼稻平均批发价格。
资料来源：FAO《粮食展望》数据整理，中国大米网。

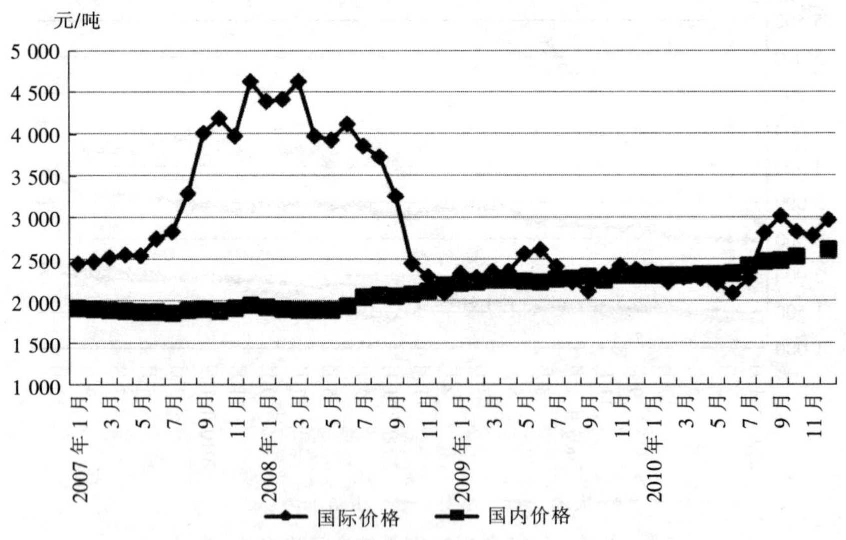

图 8　2007 年以来国内国际小麦价格走势

注：国际价格为美国墨西哥湾 2 号硬红冬麦到岸税后价，国内价格为郑州粮食批发市场优质麦到销区港口价格。
资料来源：FAO 数据整理，中华粮网。

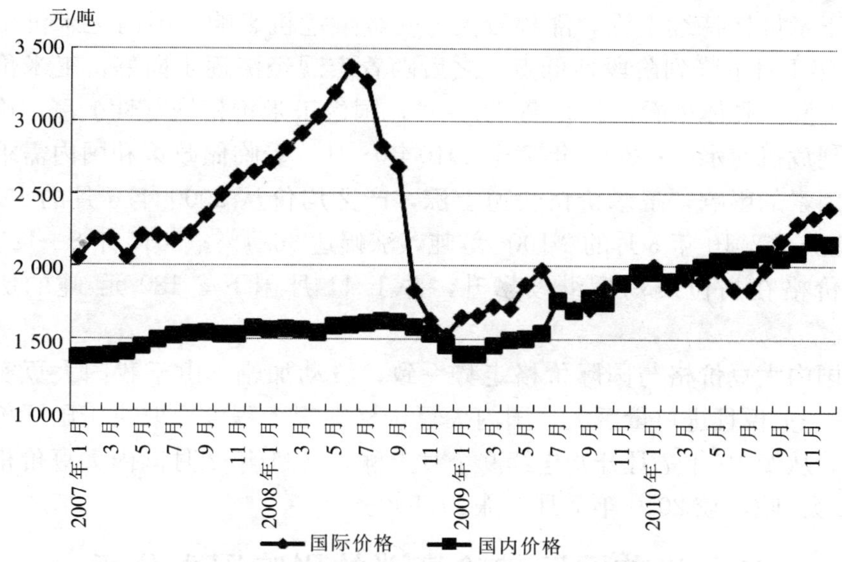

图9　2007年以来国内外玉米价格走势

注：国际价格为美国墨西哥湾2号黄玉米到岸税后价，国内价格为国内玉米产区平均批发价格。

资料来源：FAO《粮食展望》数据整理，中华粮网。

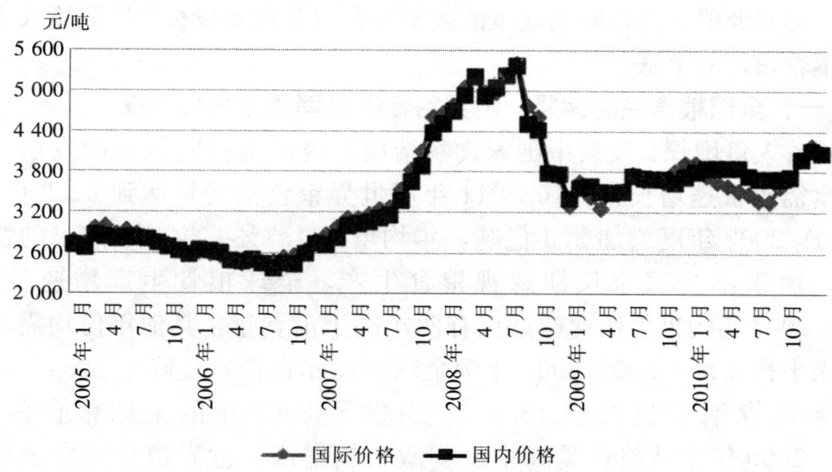

图10　2005年以来国内外大豆价格走势

注：国际价格为美国2号黄豆到岸税后价，国内价格为国内大豆产区平均批发价格。

资料来源：FAO《粮食展望》数据整理，中国粮油信息网。

玉米价格持续上涨，涨幅较大。受金融危机影响，国内玉米价格在2009年1月下降到阶段性低点，之后随着宏观经济逐步向好，玉米价格持续上涨。具体来看，2009年1—6月，国内玉米价格恢复性上涨，价格回归到危机前水平；2009年7至2010年8月，受临储政策和国内需求旺盛等因素的影响，玉米价格快速上涨，产区均价从2009年6月的1 540元/吨涨至2010年8月的2 100元/吨，涨幅达36.4%；2010年8—12月，玉米价格在高位震荡后继续攀升，并于11月创下2 180元/吨的历史新高。

国内大豆价格与国际价格走势一致，波动加剧。由于我国大豆实施3%单一关税且进口量巨大，国内大豆价格在很大程度上取决于国际价格变动，从2010年7月开始连续9个月上涨，2011年2月国内大豆价格为4 360元/吨，较2010年7月上涨17.8%。

二、当前国际粮价高涨的影响因素分析

进入新世纪以来，由于各国特别是发展中国家忽视粮食生产，加上生物质能源快速发展，全球粮食库存消耗严重。全球粮食供需偏紧是造成当前粮价上涨的基础性因素，其中生物质能源发展对供需影响显著，流动性泛滥、美元贬值、出口限制政策的频繁出台以及资本投机等因素则大大加剧了本轮粮价的上涨。

（一）全球粮食供需偏紧，世界谷物库存消费比大幅下降

随着人口增长、发展中国家食物结构升级及生物质能源的发展，全球粮食需求快速增长，2010/2011年度世界粮食消费量达到22.2亿吨，较2001/2002年度增加3.3亿吨，年均增速1.7%。相对于需求的快速增长，由于不少国家长期忽视粮食生产，全球粮食生产增速较慢，1999—2007年间世界粮食产量仅有两年高于消费量，其他年份均需动用库存来平衡需求，2006/2007年度全球粮食库存消费比降至20.1%，其中玉米库存消费比低至15.1%，引发了2008年的全球粮食危机。2008—2009年全球粮食受高粮价刺激大幅增产，世界粮食库存消费比恢复至24.5%。2010年极端气候导致俄罗斯等粮食主要出口国大幅减产，全球粮食生产再次下滑，库存消费比又下降至22.5%，其中玉米库存消费比降至14.6%。库存水平过低和全球粮食供求偏紧是造成本轮粮价上涨的基本因素。

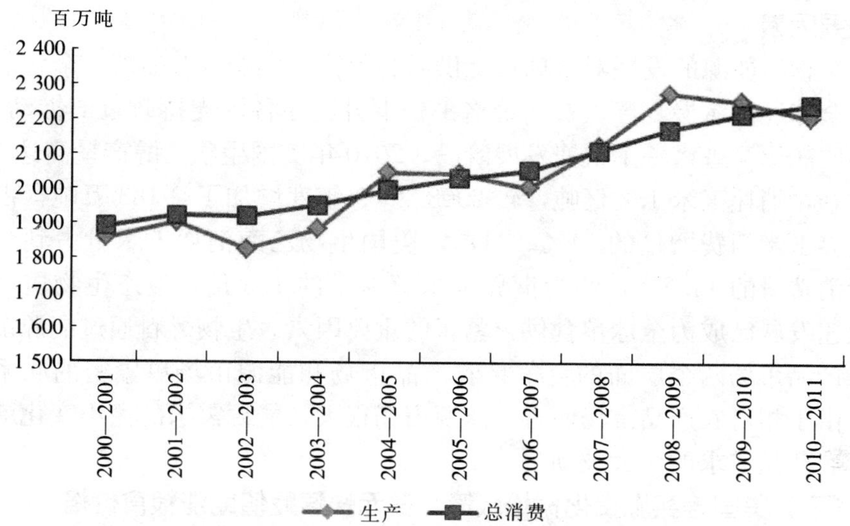

图 11　2000 年以来世界粮食产量及消费量变化

注：联合国粮农组织粮食展望中的 2009/2010 年度数据为估计数据，2010/2011 年度数据为预测数据。

资料来源：FAO《粮食展望》。

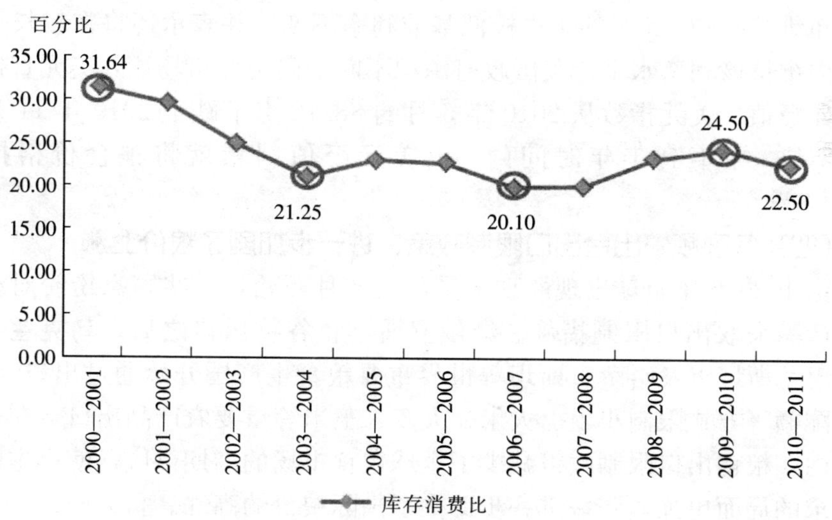

图 12　2000 年以来世界库存消费比变化

资料来源：FAO《粮食展望》。

（二）生物燃料发展增加了全球粮食需求，是造成全球粮食供求趋紧的重要因素

生物质能源的发展对全球粮食供需和价格的影响日益显著。金融危机后，全球经济缓慢复苏，石油价格平稳上升，在各国支持政策的推动下，生物质能源又进入一个快速发展阶段。2010 年美国生物乙醇产量高达 130 亿加仑，消耗玉米 1.2 亿吨，较 2008/2009 年度增加了 2 183 万吨，占同期世界玉米消费增量的 64%。目前，美国生物乙醇消耗玉米量占到全球玉米消费量的 14.2%，约为世界玉米贸易量的 1.3 倍，液态生物质能源的快速发展已成为全球粮食供求紧张的重要因素。生物燃料通过能源市场和农产品市场两个层面的竞争将农产品市场和能源市场更紧密的联系起来。由于相对农产品市场而言，能源市场很大，能源需求的微小变化就会引起农产品需求的巨大波动。

（三）美国等实施量化宽松政策，美元快速贬值助涨粮食价格

美元是国际主要储备货币，粮食等大宗农产品多以美元计价，美元的下跌意味着大宗商品价格的上涨。2008 年国际金融危机爆发后，美国等国家出台大规模财政及货币刺激政策。2010 年 9 月，美国政府再次推出了高达 6 000 亿美元的二次量化宽松政策；9 月 22 日，美联储利率政策会议宣布维持 0～0.25%的历史极低基准利率不变，并表示还将在较长一段时期内维持该利率水平。美国政府源源不断地向全球市场注入美元直接导致美元贬值，美元指数从 2010 年 6 月的 88.72 点下跌至 2010 年 11 月的 75.63 点，在不到半年时间内，仅美元贬值因素就将粮食价格推高了 14.8%。

（四）各国频繁出台出口限制政策，进一步加剧了粮价上涨

由于 2010 年全球出现严重干旱，从 8 月开始，一些国家纷纷对粮食等农产品采取出口限制措施。继俄罗斯禁止谷物出口之后，乌克兰、印度、巴基斯坦以及哈萨克斯坦等世界重要粮食生产国开始通过出口禁令、出口配额等方式限制小麦、大米、大麦、玉米等重要农产品出口。在很短时间内，粮食出口限制政策减少了全球粮食市场的即期供应，使得本已供不应求的局面更加紧张，进一步助推了国际粮价的高涨。

（五）资本参与粮食交易规模迅速扩大，投机对粮价高涨更是推波助澜

由于粮食具有供需弹性低、交易规模小的特点，在不确定因素增加的背景下，更容易受到投机资金的炒作。2010 年，受美元持续贬值及极端

天气等因素影响，全球粮食价格屡攀新高，大量投机资金进入小麦、玉米和大豆等大宗产品期货交易市场。2010 年 7—12 月，芝加哥商品交易所（CBOT）玉米、大豆、小麦期货累计成交 0.40 亿手、0.20 亿手和 0.13 亿手，较上年同期增长 56.6%、9.6%和 47.0%。在国内市场，据证监会统计数据，2010 年 7—12 月，强麦、早籼稻及玉米期货累计交易量达到 2 761.4亿元、11 539.8 亿元和 12 518.3 亿元，较 2010 年 1—6 月增加 10.8 倍、9.3 倍和 3.4 倍，较上年同期增加 4.0 倍、15.8 倍、2.8 倍。

三、启示及建议

综合分析判断当前国内外粮价高涨形势及原因，结合近几次世界粮价高涨的经验，我们得到如下启示：

第一，生物质能源的发展将改变世界粮食供需格局，长期来看世界粮食价格继续呈上涨态势。生物质能源的发展使得粮食市场与能源市场相互联动。相对于粮食市场而言，能源市场无比巨大，当生产生物质能源经济可行时，来自能源需求的微小增加就能引起粮食需求大幅增长。与增长相对稳定、容量相对有限的食用和饲用消费相比，生物质能源对粮食的需求不仅增长迅速，而且潜在需求数量巨大。在部分国家的支持政策下，生物质能源对粮食的潜在消费需求日益成为现实需求，而世界粮食生产受资源环境、农业技术进步缓慢及经济社会条件制约，其增长将是一个较缓慢的过程。因此，生物质能源的快速增长将改变世界粮食的供求格局，加剧世界粮食供求发展不平衡，推动世界粮食价格的上涨。

第二，非传统因素对粮食市场的影响加大，世界粮价波动性将进一步加剧。从理论上讲，粮食价格主要由供求决定，但是，从此次粮价上涨可以看出，粮食价格波动远远超出了实际供求波动。当前世界粮食库存消费比为 22.5%，不仅高于 2008 年粮食危机水平，更明显高于 20 世纪 90 年代中期粮价高涨时的水平，但本次世界粮价上涨非常强劲。除了生物质能源发展这一因素外，非传统因素对世界粮价的影响日益加深。一是极端天气事件增多，加大了粮食产量的不确定性。尽管极端天气对粮食产量的影响在方向上比较清晰，但在影响的程度上比较模糊，增加了粮食产量的不可预见性。二是出口限制事件增多，降低了国际粮食市场的稳定性。限制出口政策降低了国际市场粮食的可获性，容易使进口国产生“有钱也买不到粮”的恐慌而进行抢购，从而加剧粮食市场的供求紧张态势。三是以网络媒体为主要形式的信息化浪潮提高了信息传递的便利化程度，在信息不对称的情况下，极易使市场参与者的预期和行为形成共振。随着互联网的普及，自然灾害的发生、市场信息的披露、出口政策的调整等信息会在极短时间内传递到地球每一个角落，引起众多市场参与者预期和行为的调整，对粮价变化形成“乘数”放大效应。四是金融资本对粮食市场的影响加大，增加了粮价的波动性。全球流动性的充斥降低了融资成本，经济全球化则降低了资本流动的门槛。由于粮食供需弹性低、交易规模小，粮食尤其是粮食期货成为金融资本青睐的投资品选项。而金融资本的流向非常容易受到突发事件等偶然因素的影响而急剧变化，导致粮价大涨大跌。可以预期，在这些非传统因素的共同作用下，世界粮价将呈波动幅度加大、波动频率增加的趋势。

第三，我国成功应对此次粮价高涨再次证明立足国内实现粮食基本自给方针的正确性，今后应继续重视粮食生产。无论在 2008 年的世界粮食危机中还是在此次粮价高涨中，我国粮价基本保持平稳，粮食安全得到有效保障，这主要得益于国内粮食生产的发展。在党中央、国务院的高度重视下，我国战胜了频繁的自然灾害并取得了连续 7 年粮食增产的成绩，国内粮食供给充裕，为成功应对世界粮价高涨奠定了坚实的基础。其他国家的教训也证明，保障我国粮食安全必须立足国内生产。粮食是关系人类生存的特殊而敏感的产品，粮食供给即使出现细小的问题都有可能引起人们不必要的恐慌和过度反应，从而影响社会稳定。我国粮食消费约为世界消费总量的 1/5，远大于世界粮食出口总量，国际市场难以为我国提供充足、稳定的粮源。另外，一些国家将世界粮价高涨归因于我国等新兴国家消费的增长，如果我国大量进口粮食，面临的不仅是巨大的财政压力，还有巨大的政治和道义压力。在当前世界粮食供求趋紧，我国粮食消费需求随工业化和城市化的发展持续增长的背景下，我国应更加重视粮食生产，继续加强粮食综合生产能力建设。

第四，必须加强对我国粮食产业的保护和调控，防止国内粮食生产遭受外部冲击。在相继发生的粮食危机、金融危机以及近期粮价上涨中，由于关税配额政策的保护，以及对外依存度较低，我国小麦、玉米、大米的国内价格保持了相对稳定；但缺乏有效调控手段并且对外依存度高的大豆，国内价格经历了大幅波动，在低价时对国内大豆生产造成了较大冲击，在高价时使消费者遭受了巨大损失。随着劳动力、能源和资源价格的提高，我国粮食生产成本快速上升，粮食竞争力趋于下降。2010 年上半年，国内主要粮食品种的价格普遍高于国际水平，进口动力增大，粮食生产遭遇大豆困境的可能性在增强。在国际粮食市场波动性、不确定性和风险不断增强的形势下，必须加强对粮食产业的合理保护和调控，避免进口对国内产业的打压，确保在开放中保持国内粮食生产和市场的稳定，避免对国际市场形成过度依赖，维护消费者长远利益。考虑到我国农产品市场开放度高，在未来多双边贸易谈判中要特别重视和加强对目前已非常有限的政策空间的保护。

第五，加大对低收入人群的补贴力度，确保粮食产业政策的实施。由于劳动力成本和物质成本的上涨，我国农产品生产成本快速上升。国家发改委成本收益调查数据显示，2004—2009 年，我国粳稻、小麦、玉米、大豆的生产总成本依次由 502 元/亩、356 元/亩、376 元/亩和 253 元/亩增加到 803 元/亩、567 元/亩、551 元/亩和 378 元/亩，分别上涨 60%、59%、47%和 50%。要确保粮食产业健康发展，必须在成本上涨的同时保持粮食价格的合理上涨，确保产业发展必需的合理利润。随着生产成本的上升，我国粮食价格进入了一个上升通道，但粮价的上涨将降低低收入人群的生活质量。为确保粮食产业政策的实施，应加大对低收入脆弱人群的补贴力度。建议建立与粮价水平相适应的补贴动态调整机制，在粮食价格涨幅超过一定限度后，将城市低保标准和对城市低保人口的实际补助水平同上个季度的居民消费价格指数特别是食品消费价格指数挂钩。在加强试点、规范管理的基础上，逐步探索将在城市有稳定工作单位的农民工纳入城市最低生活保障范围的可能性。

近年粮价上涨趋势及影响因素分析

随着全球经济一体化的发展，国内外农产品市场价格联动日趋明显，与资本市场的关联也更为紧密。在影响粮食价格的因素中，除了基础的供给和需求因素外，能源市场和金融投机的作用日益显著。2010 年 6 月中旬，国际小麦价格开始上涨，短短三个月每吨上涨了 100 美元左右，之后继续在震荡中缓慢上升，到 2011 年 1 月达到了 2007 年 9 月全球粮食危机爆发前期的价格水平。除了小麦价格外，玉米、水稻和大豆等其他主要粮食作物的价格也呈现出相同的趋势。由此引出一个问题，继 2007 年的“粮食危机”之后，“新一轮粮食危机”是否会出现？因此，研究粮食价格变动趋势、分析其原因对稳定粮食供求、保障粮食安全意义重大。

一、近年国内外粮价变动趋势

（一）国际农产品价格总体走势①

与 20 世纪 90 年代相比，2000 年以来全球农产品价格上涨趋势明显，波动幅度增大。2000—2006 年全球农产品价格在平稳中上升，随着粮食危机和金融危机的爆发，2008 年全球农产品价格先剧增后骤降，到 2009 年又基本回落到 2007 年的水平。2010 年以来，农产品价格再次快速走高，其中糖类产品的价格已经达到历史最高水平（图 1）。

从月度价格看，糖类产品的价格波动一直较为剧烈，大涨大落交替出现。以 2002—2004 年价格为基准，近两年，价格指数先从 2009 年 1 月的 177 攀升到 2010 年 1 月的 375，随即又快速下滑到 5 月份的 215，之后再次走高，12 月达到 400，为历史最高水平。乳制品价格在波动中上涨，2010 年 12 月价格指数接近 200，比 2009 年初增长了 50%。谷物价格自 2008 年 7 月起开始在波动中快速下降，到 2010 年 6 月达到谷底，价格指数为 151，之后又快速上升，12 月达到 237，接近 2008 年初粮食危机时期

① 本文数据除特殊注明外，均来自 FAO。

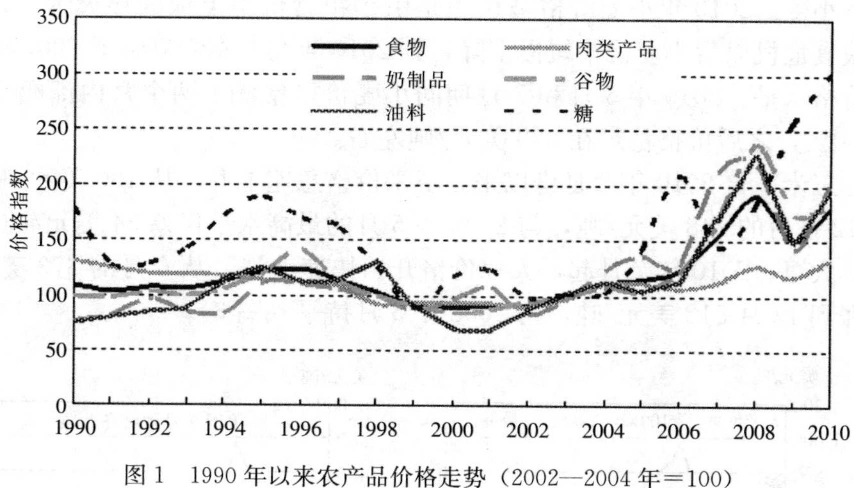

图 1　1990 年以来农产品价格走势（2002—2004 年=100）

的价格水平。2009 年 1 月以来，油料价格也在快速上升，2010 年 1 月达到 168，12 月已经攀升到 260，与 2008 年最高水平接近（图 2）。

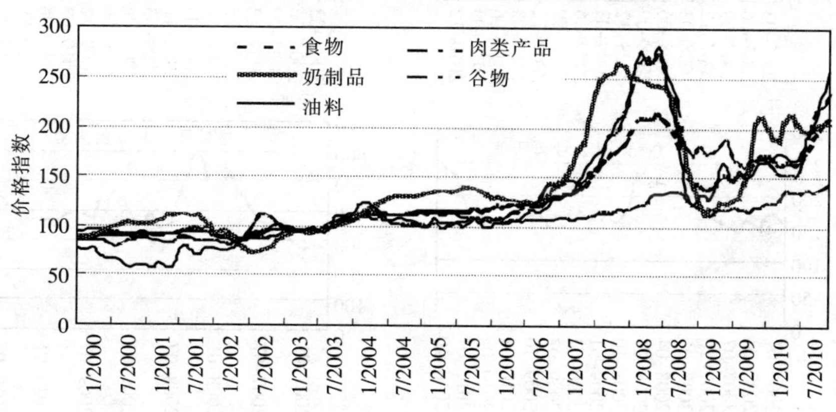

图 2　2000 年以来主要农产品月度价格走势（2002—2004 年=100）

（二）主要农产品国际价格走势

大米。全球粮食危机和金融危机过后，大米价格并没有像其他产品一样回落到 2007 年的水平，2009 年平均价格比 2007 年高 200 美元/吨。2010 年初，大米价格持续走低，7 月价格比 1 月份低 22%，达到 445 美元/吨；之后价格反弹，12 月达到 564 美元/吨，相当于 2009 年的平均水平。

小麦。2010 年小麦价格被认为是引领粮食价格上涨的导火索。2008 年粮食危机以后小麦价格缓慢下降，到 2010 年初基本恢复到了 2007 年初的价格水平。2010 年 6 月和 7 月期间小麦价格暴涨，两个月内涨幅超过了 50%，之后价格稳定在 300 美元/吨左右。

玉米。自 2010 年 8 月份以来，玉米价格急速上升，从 180 美元/吨涨到 12 月份的 248 美元/吨，与 2008 年 6 月的最高水平仅差 34 美元/吨。

大豆。2010 年 7 月起，大豆价格开始快速上涨，从 6 月的 373 美元/吨涨到 12 月 512 美元/吨，与 2008 年 5 月持平（图 3）。

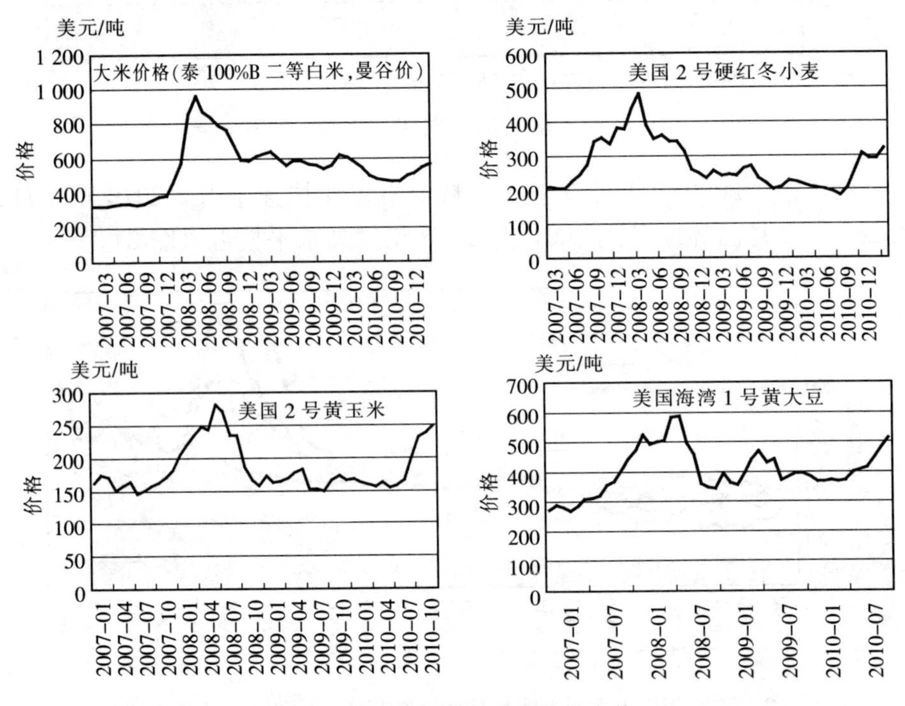

图 3　主要粮食产品月度价格走势

牛肉。受金融危机影响，牛肉价格在 2008 年 12 月达到最低，为 2 155美元/吨，低于 2007 年的平均水平。之后价格缓慢上升，2010 年 2 月涨至 3 125 美元/吨，比 2009 年初增长了 50%；从 3 月开始，价格快速上升，4 月和 5 月的平均价在 3 500 美元/吨左右；6 月份略有下降，7 月份以后价格再次缓慢上升，10 月份达到 3 412 美元/吨。

棉花。自 2009 年起棉花价格一直在缓慢上升，到 2010 年 4 月已经达到 2 800 美元/吨，接近 2008 年 3 月的最高水平；之后价格继续攀升，2010 年 10 月达到 2 458 美元/吨的历史新高（图 4）。

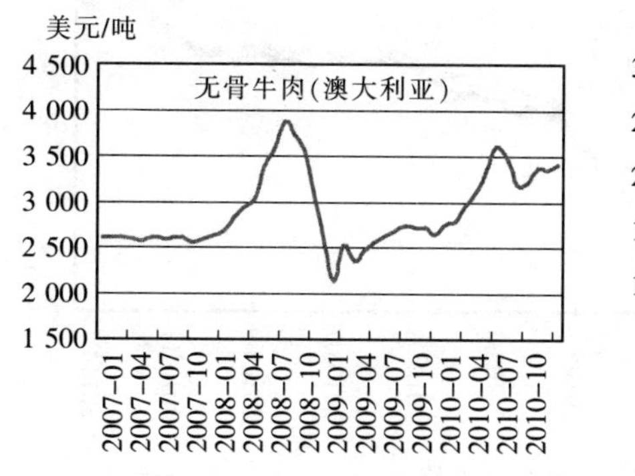

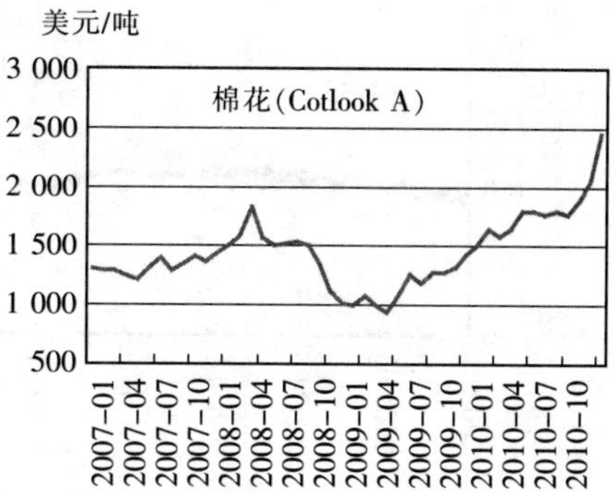

图 4　2007—2010 年牛肉、棉花月度价格走势

（三）我国粮食价格变化趋势

我国粮食自给率高，贸易量占总产出的比重小，因此国际市场对国内粮食价格的影响并不显著，甚至在发生重大事件时会呈现出截然相反的变化。例如，在 2008 年全球粮食价格高涨时期，我国粮食价格基本稳定。2009 年后国际价格回落到 2007 年的水平，我国粮食价格不落反涨，到 2010 年末，粮食价格已经比 2008 年高出 30%（图 5）。

我国各粮食产品的价格波动步调并不一致。小麦的价格波动可分为 4 个阶段：2009 年 1—7 月价格在波动中小幅上涨，7—12 月价格第一次快速上涨，比 2008 年增长了 10%，2010 年 1—9 月，价格指数稳定在 110 左右，10 月后价格开始快速上涨，到 2011 年 1 月 16 日，价格指数达到 115。

稻谷和玉米的价格变化趋势较为一致（图 6）。其中粳稻价格近两年上涨较快，成为拉动稻谷和粮食价格上涨的主要因素。2009 年 1—10 月，玉米和稻谷价格缓慢上涨，其中玉米价格上涨了 14%，粳稻价格上涨了 10%，早籼稻和中晚籼稻价格略有下降；2009 年 11 月至 2010 年 5 月中旬，玉米和稻谷价格双双上涨，其中粳稻价格上涨了 25%，玉米和早籼稻价格上涨了 10%，中晚籼稻价格也有所上涨，恢复到 2008 年基期水平；2010 年 5—9 月，玉米和稻谷的价格保持稳定，10 月之后再次快速上涨，到 2011 年 1 月 16 日，玉米、粳稻、早籼稻和中晚籼稻的价格指数分别达到了 130、153、121 和 116。

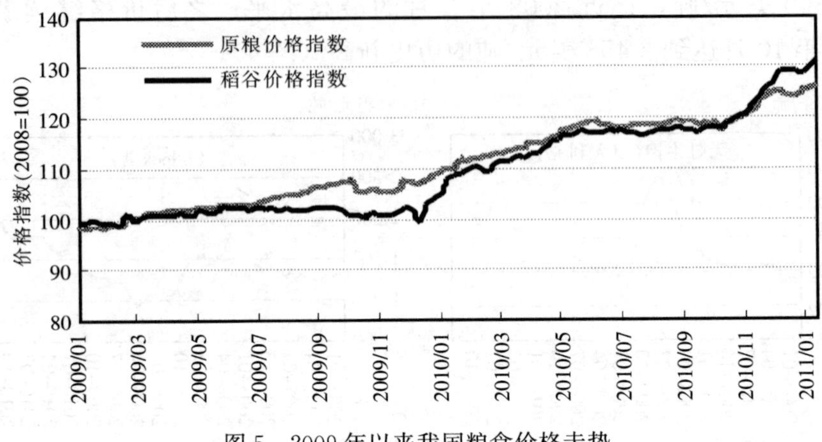

图 5　2009 年以来我国粮食价格走势

资料来源：中华粮网全国粮油价格监测系统的原粮收购周数据，2008 年价格为基期。

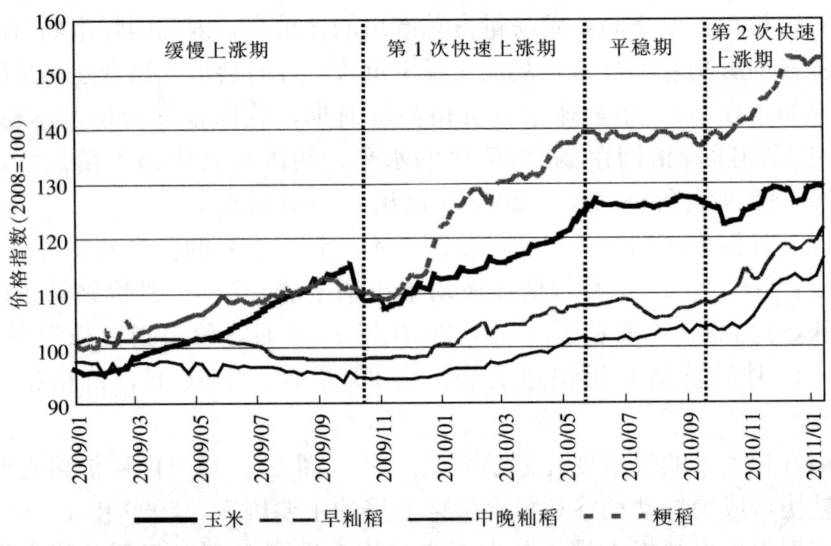

图 6　2009 年以来我国玉米和稻谷收购价格走势

资料来源：中华粮网全国粮油价格监测系统的原粮收购周数据，2008 年价格为基期。

我国大豆收购价格指数的变化趋势与国际农产品价格变化趋势较为接近。由于 2008 年基期价格较高，直到 2010 年 10 月，我国大豆收购价格一直低于 2008 年水平，但是之后价格开始快速上涨，2011 年 1 月 16 日价格指数达到 103，已经超过 2008 年的平均价格水平。

二、影响粮价波动的因素分析

供给和需求的变化会导致价格的变动。影响供给变动的因素主要包括农业生产环境的变化——自然灾害、农业投入、生产结构以及技术进步等因素，可以把前两个因素称为短期因素，后两个称为长期因素。对2010年的粮食价格波动，应重点分析自然灾害和农业投入变动的影响；影响需求的因素主要为长期因素，包括人均收入、产品的需求收入弹性以及需求结构变动等，本文假定近几年全球粮食需求并无大的变动。除了供求数量的变动会影响价格以外，通货膨胀率、汇率以及期货市场中交易合约水平（可以反映进入农产品期货市场的资金总额）等通过货币数量决定平均物价水平的因素，也会影响农产品价格。此外，现在国际粮食贸易越来越集中在少数大粮商手中，这会影响全球粮食贸易流向和价格决定。

（一）世界粮食整体供求呈现紧平衡，主要出口国的产量下降直接导致国际价格上涨

从供求角度来看，2010/2011年，三大粮食作物的库存都比2006/2007年粮食危机期间要高，世界粮食储备充足，市场供需基本平衡。从贸易角度来看，俄罗斯、乌克兰和哈萨克斯坦的小麦和大麦供给量下降，必然减少了可出口的数量，进而可能使得全球小麦和大麦贸易结构发生变化，加上各个进口国既定的难以在短期内调整的贸易需求结构，就必然导致短期内国际小麦价格和大麦价格的大幅度变化。

表1 世界粮食供需情况

单位：百万吨

时间	小麦			水稻			玉米		
	供给	需求	库存	供给	需求	库存	供给	需求	库存
2000/2001①	583.1	585.7	207.7	399.4	395.8	146.6	591.5	610.3	175.1
2001/2002	583.5	586.9	204.3	400.1	413.9	132.8	601.4	625.1	151.3
2002/2003	568.5	604.2	168.6	379.0	408.8	103.0	603.1	627.4	127.0
2003/2004	554.8	589.2	134.2	392.7	414.7	80.9	627.3	649.1	105.2
2004/2005	626.7	607.6	153.3	401.3	409.1	73.1	715.5	689.0	131.7
2005/2006	619.2	622.1	150.4	418.6	415.8	76.0	699.4	706.5	124.6
2006/2007	596.1	615.6	130.9	420.4	421.3	75.0	713.5	728.0	110.1

（续）

时间	小麦			水稻			玉米		
	供给	需求	库存	供给	需求	库存	供给	需求	库存
2007/2008	611.2	617.3	124.9	433.6	428.0	80.6	793.6	772.4	131.3
2008/2009	683.7	642.6	165.5	448.0	437.8	90.9	797.8	781.6	147.5
2009/2010	682.6	651.8	194.0	442.6	438.5	95.0	808.4	816.9	139.0
2010/2011②	661.1	667.0	187.0	—	—	—	—	—	—
2010/2011③	645.7	664.9	174.8	459.2	456.6	97.5	831.6	831.4	139.2
2010/2011④	645.8	665.3	178.0	452.4	452.8	94.4	816.0	836.1	127
2010/2011⑤	658.0	654.0	199.0	—	—	—	823	830	134
2010/2011⑥	644.0	657.0	184.0	456	450	97	829	837	135

说明：①2000/01—2009/10 是美国农业部 2010 年 8 月 12 日《世界农产品供需报告》中的结果。

②美国农业部 2010 年 7 月份的预测结果。

③美国农业部 2010 年 8 月份的预测结果。

④美国农业部 2011 年 1 月份的预测结果。

⑤国际谷物理事会（IGC）4 月份报告中的估计结果。

⑥国际谷物理事会（IGC）8 月份报告中的估计结果。

（二）自然灾害降低了世界粮食供给，是价格上涨的导火索

旱灾。2010 年全球各地灾害频发，对世界粮食产量造成了一定冲击。其中，对全球粮食产量影响最大的是俄罗斯。自 6 月份开始，持续的高温和火灾导致俄罗斯超过 1 020 万公顷的农作物绝收，这相当于全国农作物种植面积的 1/5。干旱不仅影响了 2010 年的作物产量，还延误了下一年作物的播种。年中，俄罗斯发布粮食出口禁令，直接导致了国际粮价上涨。

除俄罗斯外，乌克兰和哈萨克斯坦也遭遇了旱灾。2010 年 8 月 17 日，乌克兰决定将谷物出口减半，期限为 2010 年 9 月 1 日—12 月 31 日，成为继俄罗斯后第二个限制谷物出口的国家。根据联合国 Comtrade 数据库数据计算，2008 年俄罗斯、哈萨克斯坦和乌克兰的小麦出口总量占全球的 14%。

洪涝灾害。加拿大由于天气阴湿影响正常播种，2010 年小麦产量比上年减少 17%。2010 年 8 月，在播种季节之前，巴基斯坦遭受了历史罕见的洪涝灾害，导致超过 50 万吨的小麦种子受灾。FAO 预测，如果 2011

年巴基斯坦小麦产量仍然不能恢复，那么数百万人的食品安全将受到威胁。

（三）农业投入品价格呈上涨趋势，对粮食价格上升产生一定影响

农业投入品包括化肥、柴油、农机、农膜、种子等，根据购买各投入品的支出比重，常选择柴油（用原油价格代替）和化肥价格来代表农业投入品价格。

原油。2009 年 9 月至 2010 年 8 月，原油平均价格为 77.01 美元/桶，同比上涨 25%。

化肥。2010 年 4—8 月，世界化肥价格普遍呈现上涨趋势。与上年同期相比，除氯化钾外，2010 年的化肥价格远远高于上年。化肥价格上涨势必会推动农产品价格上涨。

（四）资本流入农产品期货市场，为现货价格上涨带来压力

农产品市场与证券市场、金融市场以及贵金属市场在本质上是不同的。后三个市场没有真正的最终消费者，其边际效用和需求曲线受流动性和预期的影响大，影响时间长，同时供给缺乏弹性，储存成本较低，外部因素很容易对其产生冲击，从而使得价格大幅度波动。农产品市场则不同，尤其是大宗初级农产品市场，因为它面对的是最终消费者，其边际效用和需求曲线受流动性和预期影响小、影响时间短，供给有一定弹性，而且储存成本高，所以长期来看，农产品市场并不具备任由资本随时随地操纵的条件。

农产品期货市场通过长短期合约的交易，在一定程度上屏蔽了农产品市场的周期性和波动，稳定了市场价格。在发挥这些有利作用的同时，期货市场也为资本的进入提供了平台，使得农产品或多或少具备了其他投资品所具备的可以被炒作的因素。

根据美国商品期货交易委员会公布的持仓报告，2010 年 7 月以来，小麦的资金流入较为显著，豆类、玉米等农产品也出现资金净流入现象，可见在资本逐利的驱动下，农产品价格的波动更受到了期货市场的影响。

从我国期货市场的情况来看，2010 年小麦和水稻的持仓量大幅上涨，玉米和大豆的持仓量也大幅波动，这四种期货品种的总持仓量从 2009 年 11 月的 708 万吨增加到 2010 年 8 月的 1 279 万吨，增幅在 80%以上。自 2010 年 6 月起，小麦持仓量占四种作物总持仓量的比重就开始不断上升，8 月底已经达到 15%，比 2009 年 11 月时增长了 50%，水稻增长了 19%，

相对来说，玉米和大豆的比重都有所下降（图 7)。

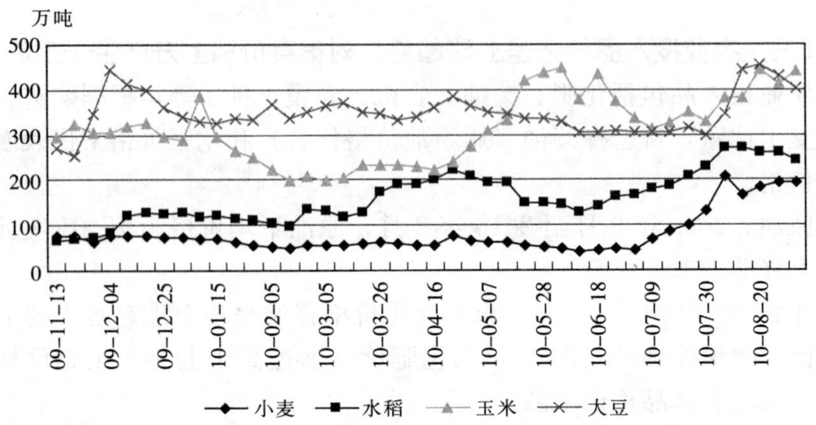

图 7　2009—2010 年我国期货市场粮食产品的周持仓量

资料来源：金鹏期货经纪有限公司。

我国期货市场与国际市场几乎完全接轨，国内期货资金净流入的大幅增加，不仅导致我国农产品期货价格大幅上涨，抬高人们对价格上涨的预期，还使得农民出现惜售粮食、加工商囤积原粮的行为，从而对现货市场价格造成上涨的压力。2010 年国有粮食企业的收购相对困难，政策性收购数量比上年减少了 60％以上。例如，部分南方市场早稻收购价格为每千克 1.9 元左右，最低保护价为每千克 1.86 元。由于收购主体多元化，农民预期价格高于市场价格，惜售现象严重。一些收购、加工企业开始在期货市场上频频买入小麦合约，为防止国内小麦价格随着国际价格暴涨做准备，同时为了应对小麦价格上涨态势，在期货市场买入的同时，也放缓小麦或面粉的出库。

（五）跨国粮商控制了国际粮食贸易，拥有价格操控力

粮食贸易的主体企业越来越集中化。根据不完全统计，世界 80％的粮食交易都垄断在阿丹米（A)、邦吉（B)、嘉吉（C)、路易达孚（D）四大企业手中，他们基本掌控了世界粮食市场的定价权。据报道，在 2007/2008 年粮价上涨中，这四大企业获得最大的盈利。

外资粮商已经开始进入我国的粮食收购和加工市场。2010 年，外资在我国北方抢购小麦，并且在南方高价收购稻谷，这些充分反映了外资粮商凭借着资金和管理经验在我国市场上拥有一定优势。2010 年 1—11 月

全国国有粮食企业累计收购粮食 1 095.5 亿千克，占全社会收购量的 46%。

三、结 论

从 2010 年 7 月开始，国际粮食价格再次开始快速上涨，截至年底，已经接近 2007 年粮食危机时期的最高价。可以说，新一轮粮价波动上涨趋势已经形成。

此轮国际粮价上涨的基本动因是 2010 年频发的自然灾害，引发了小麦供给减少，使得供求在一定程度上趋于紧张。与 2007/2008 年粮价上涨相比，此次粮价上涨受金融和投资的影响增强。粮食被作为金融产品使短期价格上涨反应过度，国际资本通过期货市场流向粮食等大宗农产品，并借机进一步推高了粮食价格，但这一变化多为短期表现。值得一提的是，跨国粮食企业对国际粮价的操控能力强，其积极进入发展中国家收购市场的战略意图需要得到关注。

从长期来看，粮食价格必然呈现波动上涨趋势。对于我国来说，短期内粮食价格上涨也是必然趋势，主要因为近年农业投入品价格的上涨以及农民从事农业机会成本的增加，粮食作物生产成本也在不断上涨。

2010年主要粮食产品市场变化及趋势展望

一、小　　麦

（一）2010年世界小麦市场

1. 世界小麦供需分析

2010年国际小麦产量下降，供需出现缺口。根据美国农业部2011年1月预测，2010/2011年度世界小麦产量为6.46亿吨，比2009/2010年度减少5.4%；单产水平为2.91吨/公顷，比2009/2010年度减少4%。2010/2011年度世界小麦消费量为6.65亿吨，比2009/2010年度增加2.1%，占世界粮食总消费的29.6%，小麦消费量高出产量1 944万吨，世界小麦期末库存为1.78亿吨，比2009/2010年度减少9.8%，世界小麦库存消费比为26.03%，比上一年度减少3.99个百分点。2010/2011年度世界小麦贸易量为1.26亿吨，比2009/2010年度减少7.4%。

2. 世界小麦市场价格

（1）现货市场。2010年国际小麦现货市场价格（以美国2号硬红冬小麦的墨西哥湾FOB价为例）呈现先抑后扬态势，全年价格涨幅为48.9%。2010年国际小麦现货市场运行呈现如下特症：1—6月现货市场价格以平稳下跌为主，但跌幅较缓；7—9月大幅上涨；10—12月继续上涨，但涨幅趋缓，年末出现翘尾（见图1）。

（2）期货市场。2010年，世界小麦期货市场表现为前半年震荡下跌、后半年大幅上涨。1—6月芝加哥期货交易所（CBOT）小麦期货价格震荡波动，但价格水平明显低于上年同期；7—10月CBOT小麦期货价格飙升，7月环比上涨37.7%；8—10月继续上涨，年末涨幅加大。

（二）2010年中国小麦市场

1. 国内小麦供需平衡分析

受国家最低收购价政策的影响，小麦播种面积稳中有增，我国小麦产大于需，国内小麦继续保持供需宽松格局。根据国家粮油信息中心2011

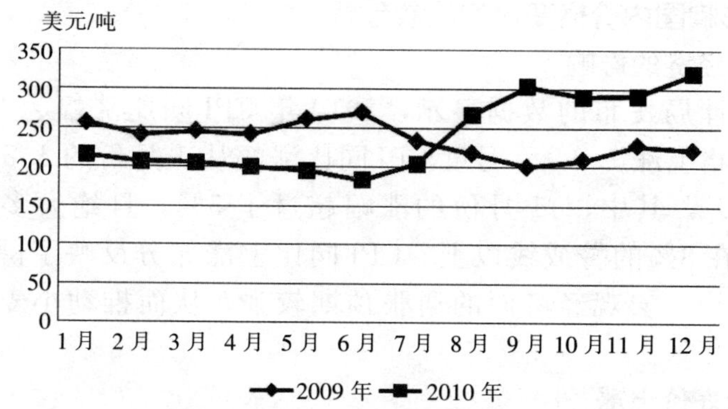

图1 2010年与2009年美国2号硬红冬小麦墨西哥湾FOB价格

资料来源：国家粮油信息中心。

年1月预估，2010/2011年度我国小麦产量为1.15亿吨，同比基本持平；2010/2011年度我国小麦供给量为1.16亿吨，同比基本持平；年度总消费为1.08亿吨，同比增长1.3%，但仍低于小麦产量。

2. 国内小麦进出口

根据海关统计，2010年我国累计进口小麦121.9万吨，比2009年增加36.4%，主要进口来源国为加拿大、澳大利亚和美国。2010年我国小麦出口微乎其微，仅在12月份出口了1.17吨。导致这种贸易格局的主要原因是：2010年上半年，国际小麦行情低迷，而国内小麦行情处于高位，再加上企业对进口小麦的需求不减，导致进口量增长；由于我国小麦价格在国际市场不具有优势，所以基本没有小麦出口。

3. 国内小麦市场价格

2010年国内小麦批发市场的价格表现为前半年平稳，后半年走高。2010年1—5月，普通小麦批发市场价格整体保持平稳；6月新小麦上市，价格小幅回落；7月之后，由于受到国际小麦价格大幅飙升的影响，国内小麦价格明显上涨，但涨幅远远低于国际水平。国家先后通过“定向销售”和“调整小麦交易细则”等方式对小麦市场进行调控。同年9月，国家调控政策效果显现，国内麦价涨幅趋缓，10月开始回落；进入11月，受到宏观经济因素、其他农产品行情以及冬小麦产区旱情的影响，在市场供应偏紧的情况下，山东、河北等部分主产区的小麦行情开始走高。

（三）影响国内价格变化的因素分析

1. 宏观经济的影响

国家统计局发布的数据显示，2010 年 CPI 同比涨幅为 3.3%，其中，食品价格上涨 7.2%；月度 CPI 同比涨幅从 1 月份的 1.5%涨至 12 月份的 4.6%，其中，11 月份的涨幅超过了 5%，且绝大多数月份的 CPI 涨幅都在 3%的警戒线以上。CPI 同比上涨充分反映了国内持续上升的通胀压力，宏观经济面的通胀预期较强，从而推动小麦市场价格上涨。

2. 国际麦价上涨

2010 年 6 月，异常天气导致全球多个主产地的小麦减产，特别是小麦出口大国俄罗斯发布出口禁令，导致国际市场小麦贸易量大幅度减少，引发 CBOT 小麦价格大幅上涨。根据国家粮油信息中心的数据，截至 2010 年 12 月 29 日，美国小麦到中国港口的完税价为 3 061 元/吨，较年初上涨1 046元/吨，涨幅达到 51.9%，这对国内小麦现货价格提供了支持。

3. 相关农产品价格连动

2010 年，不仅大蒜、绿豆、辣椒等小宗农产品价格轮番上涨，而且棉花、食糖等大宗农产品的价格也持续高位运行。国家统计局的数据显示，2010 年 1 月至 9 月，粮食价格同比增长 12.7%；棉花价格同比增长 32.0%；蔬菜价格同比增长 16.4%；水稻、玉米的市场收购价格也处于高位。在相关农产品价格大幅上涨的背景下，市场对小麦价格上涨预期也较为强烈。

4. 政策面影响

为了维护粮价的稳定，保持市场价格合理上涨，国家出台了对最低收购价小麦进行检查，停止托市收购，举行专场小麦销售会，增加市场投放量等相关政策措施。国家发展与改革委员会在 2010 年 9 月表示要提高 2011 年小麦托市收购价，并在 10 月宣布将 2011 年生产的白小麦（三等，下同）、红小麦和混合麦的最低收购价分别提高到每 50 千克 95 元、93 元和 93 元，比 2010 年分别提高 5 元、7 元和 7 元。受这些政策地影响，国内小麦价格呈现温和上涨局面。

5. 供需形势

我国小麦连年丰收，国家有充足的储备，市场投放量较大，小麦市场供应充裕，占全年粮食产量70%以上的秋粮生产形势良好，这些因素奠定了小麦市场行情基础。但是，2010年冬季小麦主产区出现持续的旱情。据农业部统计，我国小麦主产区中有八省的冬小麦受旱共640.73万公顷，占这8省冬小麦种植面积的35.1%，这造成了小麦的减产预期，从而推动小麦期货价格上涨。

（四）对后市的预测与展望

1. 国际小麦市场

2010年，全球多个小麦主产国受异常天气的影响大幅减产，例如俄罗斯、乌克兰等，导致7月以后国际小麦价格飙升。造成国际小麦行情波动的主要原因除了供需基本面的较大变化之外，国际经济环境变化和投机资金炒作在其中的作用也不容忽视。截止2010年12月底，影响国际小麦后市运行的主要因素有：一是受天气的影响，国际小麦供需偏紧。澳大利亚东部和北部受拉尼娜天气影响，小麦质量大幅下降，小麦进口需求转向美国，但是美国西部平原冬小麦产区的降雨严重不足，小麦产量前景堪忧。二是涨价造成的恐慌性购买可能会使粮食供求状况更趋紧张。印度等国正在酝酿粮食补库存计划，北非、中东和约旦等国家和地区的食品价格飙升，开始不计成本地抢购小麦。三是国际游资炒作。在供求趋紧的背景下，国际游资的炒作无异于火上浇油，推动价格进一步上涨。基于以上的分析，预计后期国际市场小麦价格将继续保持强势上涨态势。

2. 国内小麦市场

在国内小麦市场后市的影响因素中，利空因素相对匮乏，宏观经济形势、国际麦价上涨、农产品整体涨价预期较强、国内最低收购价的提高、部分品种炒作不断以及小麦主产区干旱天气持续等均为增加涨价预期的因素。但是，我国小麦连年丰收，小麦市场供需相对宽松，国家不断出台维护市场稳定政策，以及各地农业部门积极采取抗旱保丰收的措施，又限制了小麦价格的暴涨。综合分析来看，预计后期国内小麦现货市场易涨难跌，整体将呈现高位平稳态势。

二、稻　　米

（一）2010年世界稻米市场

1. 世界大米供需分析

根据美国农业部2011年1月预测，2010/2011年度世界大米产量为

4.52 亿吨，比上一年度增加 2.6%；大米单产为 2.85 吨/公顷，比上一年度增加 0.9%；2010/2011 年度大米总供给量为 5.76 亿吨，比上一年度增加 2.8%；大米总需求量为 4.82 亿吨，比上一年度增加 3.4%；大米期末库存 9 437 万吨，比上一年度减少 0.4%，库存消费比为 20.92%，比上一年度减少近 1 个百分点。2010/2011 年度世界大米贸易量为 3 028 万吨，比上一年度减少 0.32%。

2. 世界大米市场价格

（1）现货市场。2010 年世界大米市场价格（以泰国大米 100%B 级 FOB 报价为例）呈现 V 型变化。1—7 月，世界大米价格持续下跌，7 月比年初下跌 22.5%，8—12 月反弹上涨，半年涨幅达 21%。国际大米价格上涨主要是受到外围粮食品种价格上涨的推动以及部分主产区因自然灾害减产的影响。

（2）期货市场。2010 年，国际稻谷 CBOT 市场价格变化趋势与现货市场相似，总体变化早于现货市场 1 个月左右，1—6 月持续下跌，6 月跌幅最大，7—12 月开始反弹上涨。

（二）2010 年中国稻米市场

1. 国内稻谷供需分析

2010 年，国内稻米供需形势良好，处于近几年的较好水平。根据国家粮油信息中心 2011 年 1 月的预估，2010/2011 年度我国稻谷播种面积为 2 983 万公顷，较上年增加 20 万公顷；2010/2011 年度稻谷单产为 6.64 吨/公顷，较上年增加 0.055 吨/公顷，其中，早稻单产因灾降低，中稻和晚稻单产同比提高；2010/2011 年度全国稻谷产量为 2 亿吨，比上一年度增加 490 万吨，增幅为 2.5%，连续 7 年增产；2010/2011 年度稻谷的国内消费量为 1.89 万吨，同比小幅增长，其中，食用消费继续增长，但是对整个供求平衡关系影响不大，国内稻谷供需环境仍显宽松。

2. 国内大米进出口

根据海关的最新统计，2010 年全年我国累计进口大米 36.6 万吨，比上年增加 8.3%，主要进口国为泰国、越南；累计出口 59.6 万吨，比上年减少 21.6%，主要出口国为朝鲜、韩国。2009 年国家取消了大米出口暂定关税，但是 2010 年大米进出口依旧不活跃，主要原因如下：一是国内大米在国际市场上缺乏价格优势；二是世界大米主产国受到天气影响，产量不确定性增加，国际大米价格处于高位，加大了进口成本。因我国大米进出口量相对总产量较小，国际市场对国内影响不大，国内稻米价格仍延续自己的轨道运行。

3. 国内稻米市场价格

2010 年我国稻米市场运行特点为：总体保持上涨态势，其中粳稻先涨后稳，籼稻则相对较为平稳，在年末涨幅增大；国内稻谷市场依然保持“粳强籼弱”格局，大米市场涨幅小于稻谷，“稻强米弱”长期存在。

自 2009 年 11 月开始，由于东北粳稻减产导致粳稻粮源供应紧张，国内粳稻和粳米价格持续上涨，2010 年 1—5 月国内粳稻价格涨幅达 15.7%（全年涨幅为 17.9%）。到 2010 年 5 月，受国家政策调控和季节因素影响，国内粳稻米价格开始止涨趋稳，部分地区甚至出现小幅回落；10 月中旬至年底，受通胀预期以及“东北粳稻入关补贴”取消等因素影响，粳稻价格再次开始走高。

相对于粳稻而言，2010 年国内籼稻米价格整体保持平稳，这主要因为籼稻米市场供应充足，国家储备丰厚，不断通过临时储备竞价交易向市场增加投放数量，对籼稻市场有较强的调控能力。但是，进入 10 月中旬之后，国内籼稻米市场也出现了上涨态势，10—12 月国内籼稻涨幅为 6.25%（全年涨幅为 11.3%）。

（三）影响国内价格变化的因素分析

1. 政策面影响

（1）稻谷最低收购价继续提高。2010 年，国家继续提高了稻谷最低收购价水平，早籼稻（三等，下同）、中晚籼稻和粳稻的最低收购价分别提高到每 50 千克 93 元、97 元和 105 元，比 2009 年分别提高 3.3%、5.4%和 10.5%。稻谷最低收购价的提高总体提升了 2010 年稻谷价格底部，支撑了稻米市场价格。

（2）国家稻谷拍卖政策有利于稳定市场价格。国家每周定量定时地向市场投放粳稻 10 万吨、籼稻 200 万吨，拍卖底价明显低于市场价，保证了市场供应量，稳定了稻谷市场价格，对新季中晚稻尤其是中晚籼稻价格的上涨有抑制作用。

（3）国家对秋粮的宏观调控力度增大。2010 年 9 月以后，居民消费价格指数（CPI）同比上涨幅度加大，通胀预期加强，11 月秋粮价格高开高走。为促进粮价合理运行，国家连续出台措施平抑物价，使得国内稻米价格整体止涨企稳，调控效果显著。

2. 稻米供求形势较为复杂

近几年来，国内稻谷生产连年丰收，国家籼稻库存较为充裕，因此，国内稻米供需形势总体较好。但是，由于受到自然灾害的影响，2010 年稻谷生产形势变化较大，供需形势较为复杂。2010 年的稻米供需形势表现为粳稻前紧后松，籼稻前松后紧。2010 年上半年，受 2009 年东北粳稻减产影响，国内粳稻供需偏紧，下半年在国家宏观调控以及新粮上市的影响下，粳稻供需紧张形势得到缓解。国内籼稻市场在 2010 年上半年供大于需，下半年受到早籼稻、中晚籼稻减产的影响，农户惜售心理较强，籼稻收购困难，供需相对紧张。

3. 国际粮价攀升，间接传导国内市场

自 2010 年下半年开始，国际市场粮食价格不断上涨，特别是小麦出口大国俄罗斯发布出口禁令，导致国际市场小麦贸易量大幅度减少，推动价格快速上涨，涨幅近 50%。受小麦影响，泰国和越南的大米仅 8 月份就上涨了近 10%，对国内市场价格也起到间接的传递作用。

4. 市场主体形成对粮价上涨的心理预期

2010 年下半年，国家宏观经济形势以及国内粮油生产形势都导致人们对粮价上涨形成较强的心理预期。一是 11 月份 CPI 上涨 5.1%，其中，食品上涨 11.7%，猪肉价格连续上涨，截至 11 月上旬，猪粮比价回升到 6.32∶1 的水平；二是稻米市场结构性不平衡导致“粳强籼弱”格局，2010 年以来，粳籼稻价差大幅高于历史平均水平，在粳稻价格高位的支撑下，中晚籼稻价格存在上涨空间。

（四）对后市的预测与展望

1. 国际稻米市场

外围农产品价格的上涨和部分大米主产区的受灾加强了后市国际大米价格进一步上涨的预期；从供需层面看，根据美国农业部 2011 年 1 月稻米供需报告预测，2010/2011 年度全球大米产量为 4.52 亿吨，同比增加 1 042万吨；大米消费量为 4.51 亿吨，同比增加 1 577 万吨；大米库存为 9 437万吨，同比减少 40.2 万吨，库存消费比下降 0.85 个百分点。由此可见，世界大米供求形势偏紧。预计后期国际大米价格将呈上涨态势。

2. 国内稻米市场

受到国家政策利好以及通胀预期的影响，预计后期国内稻米市场将继续走高，但是由于稻米年度供需形势较好以及稻米市场已运行至高位，再加上国家稳定物价的调控政策，预计国内稻米价格上涨空间有限。粳稻方面，由于2010年东北粳稻增产明显，同时，由于运输补贴政策取消，粳稻销售优势下降，而粳稻价格已居高位，上涨空间有限，预计后市国内粳稻市场将保持高位窄幅震荡；籼稻方面，虽然2010年国内籼稻小幅减产，但是国家继续维持甚至加大政策性籼稻拍卖投放力度，稳定市场价格，抑制籼稻上涨势头，预计后期国内籼稻价格整体将保持高位运行，但上涨乏力，上涨空间有限。

三、玉　　米

（一）2010年世界玉米市场

1. 世界玉米供需分析

根据美国农业部2011年1月预测，2010/2011年度世界玉米产量为8.16亿吨，同比增加0.6%，为历史最高产量；世界玉米单产达到5.08吨/公顷，同比减少2.1%。2010/2011年度世界玉米总供给量为10.52亿吨，同比增加0.6%；总消费量为8.34亿吨，同比增加3.1%，其中食用、种用和工业消费达到3.42亿吨，同比增加4.7%，增幅较大，所占比例呈扩大趋势。由于小麦价格高涨，一些买家转向以玉米替代饲用小麦，导致玉米饲用消费量增加，2010/2011年度为4.92亿吨，同比增加2.1%。2010/2011年世界玉米贸易量为9 091万吨，比上一年度减少2.29%；世界玉米期末库存为1.27亿吨，同比减少13.7%；库存消费比为15.23%，比上一年度下降2.96个百分点，低于世界粮食供求指标17%～18%的警戒线水平。

2. 世界玉米市场价格

（1）现货市场。2010年世界玉米价格（以美国2号黄玉米墨西哥湾FOB价格为例）表现为两阶段运行态势：1—6月以平稳下跌为主，累计跌幅为8%；自7月开始大幅飙升，至12月全年涨幅为48.4%，其中后半年涨幅为61.3%。7月以后国际玉米市场大幅上涨的主要原因是黑海地区因干旱引起的减产和俄罗斯的谷物出口禁令，以及由于小麦价格的上涨促使一些买家转向购买玉米以代替饲用小麦。

（2）期货市场。CBOT市场玉米价格变化趋势与现货市场相似，总体变化早于现货市场1个月左右，2010年1—6月保持低位震荡，总体水平低于上年，自7月开始呈现大幅飙升态势。

（二）2010年中国玉米市场

1. 国内玉米供需分析

根据国家粮油信息中心2011年1月预测，2010/2011年度全国玉米产量为1.73亿吨，同比增加5.2%；玉米单产为5.31吨/公顷，较上年增0.05吨/公顷；总消费量1.71亿吨，同比增加7.1%，其中饲用消费用量为1.05亿吨，同比增长6.1%，工业消费用量为5 000万吨，同比增加11.1%。2010年玉米消费量的增幅大于产量的增幅，其中，工业消费用量增幅最大，玉米库存水平大幅下降，玉米供需呈偏紧状态。

2. 国内玉米进出口

海关数据显示，2010年我国玉米进口累计157.2万吨，比上年增长了1 783%，创下历史新高，主要进口来源国为美国、老挝和缅甸；累计出口玉米12.7万吨，比上年减少1.55%，主要出口目的地为朝鲜和日本。玉米进口量大幅增长的原因主要是：一方面，2010年上半年国内玉米供需紧张，饲料企业原料短缺，玉米价格持续上涨；另一方面，美国玉米价格低迷，进口玉米的到港价比国内价格有优势。

3. 国内玉米市场价格

在东北玉米减产、消费需求反弹、国内玉米供需紧张等背景下，2010年国内玉米产区及销区的价格呈现不断上涨的态势。从价格走势看，国内玉米价格受国家政策调控的影响较为明显。

2010年初，国家对南方饲料企业的运费补贴使得多元主体竞购的积极性提高，玉米价格从2010年3月开始出现大幅上涨。为了稳定玉米价格，国家于2010年5月下旬开始加大对玉米市场的调控力度，国内玉米市场价格一度小幅走弱。7月中旬之后，国内玉米价格再度开始上涨，并且突破了前期的高点，但涨幅远远低于国际水平。从9月开始，受玉米上市的季节性压力影响，价格出现小幅回落。新玉米上市之后，在外围商品涨价的带动之下，新玉米收购价格高开高走，呈现反季节的大幅度上涨行情。2010年11月末开始，受国家一系列不断加大的调控措施的影响，全国玉米价格开始回稳，局部地区玉米价格略有走弱，市场总体趋于稳定。

（三）影响国内价格变化的因素分析

1. 政策层面的影响

（1）国家临时储备玉米收购补贴政策使得收购主体竞争加剧。2010

年年初，国家对东北地区临时储备玉米的收购政策进行了调整，规定对南方16省区符合要求的饲料及养殖企业到东北产区收购玉米并运回所在省份的给予70元/吨的运费补贴，形成了东北地区收购市场多元主体竞争的局面，推动了东北地区玉米价格的上涨。

（2）国家将临时储备玉米纳入拍卖，保证玉米市场供应。2010年国家将中央储备玉米纳入每周的临时储备玉米拍卖。5月下旬，国家粮食局向社会发布“在临储玉米拍卖完后，如果市场有需求，则中央储备玉米将纳入临时储备玉米拍卖”的信息。6月，中央储备和临时储备玉米共同参与拍卖。截至9月末，2010年国家累计通过拍卖投放临时储备玉米约4 256万吨，累计成交2 245万吨。政策性玉米拍卖增加了国内玉米市场供应，稳定了玉米价格。

（3）取消了深加工企业出口退税。2010年6月，财政部、国家税务总局发出《关于取消部分商品出口退税的通知》，其中就包括取消酒精和玉米的出口退税。其主要目的在于抑制国内玉米制品的出口，降低国内深加工企业对玉米的需求，保证国内玉米供给。

2. 2009年东北玉米减产导致供需格局偏紧

2009年度，受到干旱等不利因素的影响，东北地区玉米减产。国家粮油信息中心统计数据显示，2009年国内玉米产量为1.64亿吨，减产290万吨。玉米减产导致国内供需格局偏紧，从而推动价格上涨。

3. 猪粮比价带动玉米饲用消费量

2010年上半年，受生猪存栏量高、需求不足的影响，生猪价格出现了较大幅度的下跌，生猪养殖行业处于亏损状态。为了稳定生猪生产，国家发展与改革委员会连续五次启动了冻猪肉收储政策。在政策调控下，生猪价格止跌回升，猪粮比价从7月中旬开始恢复在6∶1的盈亏点之上。生猪养殖业处于比较良性的发展状态，从而带动饲料玉米需求量的增加。

4. 国际市场玉米价格的大幅上涨带动国内玉米价格上升

国际市场玉米价格高位运行，较国内价格明显偏高。由于进口玉米数量强劲增长，国内外玉米价格联动性不断增强，这将使国内玉米价格居高难下。

（四）对后市的预测与展望

1. 国际玉米市场

影响国际玉米市场后期走势的因素主要有：一是国际玉米供求形势紧

张。根据美国农业部 2011 年 1 月预测，2010/2011 年度世界玉米库存消费比为 15.23%，比上一年度下降 2.96 个百分点，低于世界粮食供求指标警戒线水平（17%～18%）；二是阿根廷持续的高温干旱天气以及美国燃料乙醇消费继续增长。考虑到这些因素，预计后期国际玉米价格将继续大幅攀升。

2. 国内玉米市场

影响后期国内玉米市场的主要因素：一是国际玉米市场的高位运行对国内市场的传导；二是对玉米的需求特别是饲用需求和深加工需求处于非常旺盛的时期；三是出于国家调控玉米市场的需要，国储补库需求旺盛。因此，预计后期国内玉米市场价格将在旺盛需求的推动下走强。

2010年小麦加工与消费需求研讨会观点综述

2010年9月7日至8日，国家小麦产业技术研发中心产业经济研究室、产后加工研究室和农业部农业贸易促进中心共同在北京举办了“小麦加工与消费需求研讨会”。来自多家企业代表及专家学者围绕我国小麦加工、小麦种业、消费趋势、市场走向、托市收购等主题展开讨论。现将与会专家主要观点综述如下。

一、我国小麦加工行业的发展及外资企业进入加工领域的现状、问题及对策

小麦加工产业集中度进一步提高，但行业监管缺失竞争无序。目前，我国小麦加工业的行业集中度及区域集中度都较以往有所提高。据有关专家介绍，近几年小麦加工行业向小麦主产区转移的趋势明显，目前，我国小麦加工产能主要集中在黄淮海平原小麦产区，山东、河南、河北三地的产能合计达到5 752万吨，占49%。加工企业向主产区转移，不仅可以有效地降低加工企业的原料采购成本，提高加工企业利润，同时也可以提高主产区农民种植小麦收益，有效减少主产区农民抛荒造成的农业资源浪费。随着小麦加工产业的扩张，以往乡村小型加工厂数量正在逐渐减少，小麦加工产能正向资金实力雄厚、技术先进的大中型企业转移，产业集中度进一步提高。小麦加工向主产区集聚过程中由于缺乏监管而存在一定竞争无序性。据相关企业介绍，当地政府在招商引资时一般不考虑产区小麦供应与加工需求匹配问题以及原料和产品的物流问题，几家加工企业同时在一个主产区建立工厂，在收购小麦时经常为获得原料而竞相抬价，这种无序竞争造成了小麦加工行业的整体利润水平较低，销售收入利润率仅为1.77%。有关专家认为，政府应制定相关政策，通过管理来引导小麦加工企业有序发展，适当控制企业向主产区转移，促进小麦加工行业良性竞争，使产业区域化布局更加

合理。

外资加工企业扩张迅速，对中小加工企业冲击较大。近几年，一些大型外资加工企业在我国面粉行业扩张迅速。这些外资企业主要采取产品低价策略迅速扩大其市场占有率，这种策略对国内大型加工企业影响可能不大，但却明显挤压了国内中小加工企业的生存空间。外资企业之所以敢于实施这种战略，一方面源于其强大的资金实力和技术水平，另一方面也得益于其先进的管理理念和经营策略。与国内企业相比，外资企业的战略布局更加合理超前。据有关企业介绍，外资企业面粉加工厂布局非常合理，30%在产区，70%在销区，形成了内呼外应的格局。近几年新增的产区加工厂都选择在最重要的优质麦产区，如河北石家庄、河南周口等；新增的销区加工厂都选择在东南沿海的经济较发达地区，如深圳、浙江等。从主产区可以直接收购国内最好的小麦，沿海销区加工厂可以从国外进口小麦，为面粉加工厂提供充足的可靠的原料支撑。除主要产品外，专用粉及麸皮等其他产品同样以较低价格出售，对国内企业造成了全线的挤压和威胁。目前某外资企业年加工能力已达到 150 万吨，未来三年可能迅速扩大到 600 万吨，为此国内一些企业忧心忡忡，认为从国家战略与企业战略上都不可掉以轻心。也有企业认为，外资企业对国内食用油市场已经控制得很好，但对面粉市场形成控制力则较为困难，因为小麦相对于大豆较难掌控原料的来源。另有专家介绍，某外资企业在上海和石家庄等地成立研究所，研究产品的布局、品种、销售等；还投资建立种子公司，研究小麦的育种，以其雄厚的资金实力形成从育种到最终产品销售的产业链布局，以末端的利润弥补前端的投资，实现盈利。有企业认为，在国内企业与外资企业的竞争过程中，外资企业决策更灵活，反应更迅速。甚至拿大型中资企业与外资企业相比，前者受各种束缚较多，而后者决策链短效率更高，在原料收购等环节具有明显的灵活性，成为其快速发展的有力支撑。

面对外资企业迅速扩张，加快国内企业自身发展壮大具有更加积极的现实意义。在某些大型企业看来，外资企业迅速发展需要引起行业重视的是其业态发展和主产区原料收购。中小型加工企业则更加警惕外资企业对终端产品市场的占领。更多企业认为，外资进入对行业发展会有一定的带动效应，现在最重要的不是害怕外资企业的快速扩张，而是政府如何加强对小麦加工行业的有力调控和对外资的有效监管，如何尽快从生产、流通、加工等各个环节出台政策措施促使国内企业自身的发展壮大，如何尽快让我国面粉行业摆脱整体弱势的局面，减少各种内耗，全面应对外资企业的挑战。

二、我国小麦种业现状、问题及外资进入情况

小麦种质资源丰富，但企业育种、繁种、推广、服务环节问题较多。经过十几年的努力，我国在育种环节取得了显著成就，培育出了很多优秀的小麦品种，如济麦 17、豫麦 34、9023、河北 8901 等。但由于育种环节的技术含量高、周期长、利润低，再加上国内的知识产权保护不够，现阶段多数企业没有能力也没有兴趣从事新品种的选育。现阶段我国的小麦育种基本以农业科研院所为主。

就繁种环节，有专家认为我国小麦的繁种环节虽然利润不高，但是风险较小，繁育成功可以作为种子出售，繁育失败也可以作为粮食出售，因此很多农民大户、专业合作社及涉农企业都涉足繁种业务经营。但是，由于经营主体多、规模小，难以监管，因而繁种环节也是小麦种业问题最多的环节；贴牌、套牌现象严重，农民拿到的种子和包装标识不符的现象时有发生，既损害了农民利益，也在一定程度上加大了国家与企业收购的难度。

就推广环节，专家表示，小麦品种的推广是实现科技向生产力转化的关键环节，但是现阶段我国小麦推广环节还存在着诸多问题。以往新品种的推广基本上以政府为主体，随着种子法的实施，种子企业成为品种推广的主角，多种经营主体进入小麦种子推广环节，虽然加快了新品种的推广速度和品种的更新换代，但由于没有规划，造成了一定程度混乱。由于企业数量众多，推广品种各异，农民弄不清，因而经常出现一个县内同时种植几十个小麦品种的现象。这一方面不利于区域化种植，增加了小麦机械化作业的难度，另一方面也加大了国家和企业收购难度，使得小麦收购难以做到按质定价、按品种定价，一定程度上削弱了农民种植优质小麦的积极性和降低了我国小麦的品质竞争力。

就服务环节，专家指出，虽然规模较大的公司中能够经营小麦种子业务的公司很多，但由于利润空间较小，专门经营此业务的只有几家，且都是附带着做。由于没有形成规模化、专业化经营，服务体系自然不到位。

此外，与会专家还就良种补贴的问题展开了讨论。国家目前规定良种补贴可以招标也可以直接向农民发放现金，由于直接发放现金操作简单，没有政治风险，绝大多数省份都采取此种方式。专家认为，小麦和玉米、水稻不同，属于常规制种，无需年年换种，如果国家不强制换种，农民用种多以自留为主。直接补贴方式虽杜绝了招标环节的腐败问题，但农民拿到补贴后一般都没有购买良种，这不仅影响单产提高，更由于种植品种混杂影响了小麦整齐度等加工品质，严重削弱了良种补贴本应具有的促进品种改良的作用和意义。

小麦种业虽无近忧但需远虑，内忧大于外患。针对我国小麦种业的外资问题，与会代表认为，现阶段我国小麦种业可能不会像蔬菜、玉米等品种那样受到外资种业的冲击，其主要原因在于我国小麦种业的市场化程度不高，小麦还是以农民自留种为主，小麦种业利润率不高，外资没有动力进入。但我们也不应放松警惕，长远来看，我国小麦种业前景仍不容乐观。这一方面源于自身工作有待加强，比如目前我国小麦品质保障工作明显不足，就优质麦的品质而言，我国现有很多品种的品质都要好于美国、加拿大的品种，但由于品质保障问题未得到足够重视，品种退化非常严重。以 9023 为例，刚被研发出来时品质非常好，但经过几年的退化，品质大不如前，比较而言美国的杜伦麦由于品种保护做得好，经过几百年的发展，各方面品质仍然保持较好。另一方面外资企业正在为进军中国小麦种业积蓄力量。与会专家透露，个别外资企业已着手在中国建立小麦品种开发基地，从国内外招揽人才从事小麦新品种的研发。如果未来国家仍然不重视品质保障工作，国内小麦种子企业依然维持现状，那么 5～8 年后，等外资种子企业发展起来，将会对国内的小麦种子产业造成极大地冲击。

最后，就小麦种业未来发展问题，与会专家普遍认为，解决我国小麦种业现有问题的唯一的途径就是扩大规模，通过兼并提高国内种子企业的实力，只要企业发展到一定程度，具有了一定实力，企业就能具有育种能力。就新品种的推广问题，部分专家认为，以地方政府为主导，企业跟进是一个较好的推广模式，像江苏靖江的一个县只有 1～2 个品种，这样的推广模式有利于品质的统一，可以解决小麦收购过程中的品质混杂问题。

三、国内外小麦市场走势、消费现状及结构

国外市场供求基本平衡，价格上涨空间有限；国内供给充足，价格以稳为主。虽然2010年位居世界第三和第五位的小麦出口大国俄罗斯、乌克兰等国家由于气候异常导致小麦产量下降，但由于2008年以来世界小麦生产总体增长较快，库存逐年提高，目前世界小麦库存消费比仍然达26%以上，在过去十年处于中等水平，供给基本能够满足需求，因而有关专家判断，全球小麦价格在2010年7、8月份持续大幅上涨游资炒作的因素居多，未来国际小麦价格可能仍会处于较高水平，但价格上涨空间可能有限，具体走势会在澳麦收获之后逐渐明朗。就国内小麦市场而言，价格受政策的影响较大，由于国内粮食总体供给充足，小麦市场价格不具备大涨的基础，在政策支持及宏观调控之下，后期价格总体水平将以稳为主。

国内小麦口粮消费的比例逐年下降，工业消费的比例有所上升，饲料消费年度间差异较大。尽管目前我国小麦消费主要是口粮消费，但受居民饮食结构升级等因素影响，口粮消费在总消费中所占的比例有所下降。随着我国居民收入的增长，口粮消费的产品结构不断升级，方便面、挂面等加工品的消费需求日益旺盛，面食加工企业的面粉消费量逐年增加，每年方便面消耗的面粉大约为315万吨，折合小麦约为414万吨。此外，很多面粉加工企业在使用小麦生产面粉的同时，也向产业链下游延伸，将业务拓展到面食加工行业，生产馒头、湿面条以及挂面等产品。据河南一家面粉加工企业介绍，他们的馒头厂每天生产10万个馒头，直接配送到乡村进行销售，供不应求。工业消费方面，随着面粉深加工技术发展及工业需求的增长，用于生产小麦淀粉、谷朊粉、味精、酱油、工业乙醇和饮用酒精等工业消费使用的小麦量逐年增加。其中谷朊粉作为重要的食品添加剂，近年来国际需求旺盛，价格居高不下，由于生产谷朊粉的生产原料主要是三级面粉，因而加工成本较低，行业利润率较高，据国内有关企业估计，面粉生产谷朊粉的产出率大约是10%，目前全国的谷朊粉产量估计为2万～2.5万吨，其中80%用于出口。味精和酱油的生产原料主要为面粉，但消费量较少，主要是因为以面粉为原料生产的成本较高。有关企业和专家指出，国内用于白酒、

啤酒生产的小麦消费量具有一定规模，非常值得关注，尤其是四川地区，小麦用作酿酒的情况较为普遍。另有企业指出，以河南天冠为代表的加工企业成立初衷是消化陈化粮，但建成之后陈化粮已经基本被消耗完，企业就转向非陈化粮的消费，目前生产原料为玉米和小麦，但由于使用玉米可以获得补贴，玉米的比例较大。总的来看，目前工业消费在我国小麦消费中所占比例不是很高，但未来增长空间较大。饲料消费方面，据企业介绍，四川地区小麦的饲料消费量较大，小麦用于饲料行业消费的情况基本发生在玉米与小麦价格发生倒挂现象时，南方地区玉米价格上涨后，广州部分地区的某些饲料企业直接将芽麦粉碎生产饲料。

四、2010 年小麦抢购现象成因、国家托市粮收购、拍卖政策及后期政策演变

针对 2010 年小麦抢购现象，与会代表普遍认为，除了加工业产能扩大、农民惜售、收购主体增加等基本面因素外，最低收购价政策设计不合理及政府监管不力是导致小麦抢购的根本原因。从供需基本面来看，近年来，中外大型粮食加工企业加快全国战略布局步伐，小麦加工行业扩张速度明显加快，截至 2009 年底，中粮集团已拥有 8 个独资或控股面粉加工厂，年面粉加工能力达到了 180 万吨，益海嘉里拥有面粉加工厂 12 家，年加工能力已达 150 万吨。加工能力的扩张刺激了对小麦原粮的需求。此外，由于近几年国家连续大幅提高小麦最低收购价，加上俄罗斯、乌克兰等国家小麦减产，国际小麦价格飙升，在价格上涨预期的作用下，农民惜售、企业囤粮现象严重，即期市场供给减少。商品小麦供需缺口的拉大为本轮小麦抢购奠定了基调。但是总体来看，我国小麦供给并不紧张，由于连年丰收，我国小麦的库存较为充足，如果收储体系运作良好，完全能够稳定市场价格并满足加工企业的原粮需求。小麦抢购现象更多的归咎于以下几个方面：

一是收购主体增加，竞争加剧。相关专家分析，由于每收储 1 吨小麦政府补贴 50 元收购费用和 70 元保管费用，在小麦拍卖出库时，还可以向企业收取每吨 30 元的出库费用，托市收购主体本身就有扩大收购的冲动。随着 2010 年中粮集团、华粮物流集团也加入到托市收购中来，对有限粮源的竞争更加激烈。三家托市收购企业在小麦价格高于最低收购价时，都

参与了抢购，进一步推高了小麦价格。

二是拍卖小麦质量参差不齐以及出库成本高，迫使企业参与抢购。与会的多数加工企业表示，他们对拍卖小麦热情并不高。这一方面是由于拍卖的粮源不稳定，质量不透明，很多时候拍来的粮食质量较差，碎麦、芽麦比例较高，大多不符合企业生产要求；另一方面是由于企业拍到托市小麦后，除了要缴纳规定的出库费外，如果不向管理人员缴纳一定的附加费用，粮库人员就可能以种种理由拖延出库时间，影响了企业的生产进度，增加了粮食加工企业成本。由于加工企业对拍卖小麦热情不高，最终导致最低收购价小麦拍卖的成交率不高，2010 年 7 月 23 日和 8 月 6 日分别进行了两场专场拍卖，计划拍卖量 499.8 万吨和 500.08 万吨，但实际成交率仅为 10.16%和 2.56%。部分企业更倾向于从农民手里直接买粮，小麦抢购现象进一步加剧。

针对国家托市粮收购、拍卖政策问题，与会代表认为，国家的临时收储政策对于保障农民收入，稳定国内小麦价格，促进小麦产业发展都起到了很好作用。但是在收购及拍卖过程中仍然存在着很多问题。一是小麦最低收购价制度设计不合理。部分专家认为，收购主体目标与国家政策目标不一致是导致小麦最低收购价政策执行不力的关键因素。小麦最低收购价政策的初衷在于稳定小麦价格、保证农民种麦收益，从而激励农民多种粮、种好粮，保障我国粮食安全。而小麦最低收购价的执行主体基本以盈利为目的。在小麦收购过程中，收购主体为了加大收储量，赚取国家补贴，实现经济效益最大化，不惜违背收购价政策的初衷进入市场与企业抢粮，推高粮价。二是政府对收储、拍卖等环节监管不力。有些粮食加工企业表示，现在中储粮的委托收储库点占到了中储粮总库容的一半以上，这些库点的管理不善也是造成出库难的主要原因。由于不愿放弃国家可观的保管费，部分承储库粮点以种种理由不出库，少出库，或拖延出库；有些承储库粮点在交易细则规定的出库环节有关费用缴清之外，库点还向买方额外收取或索要其他费用。合同书上库点标榜的粮食质量与实际出库的粮食质量严重不符，粮仓的粮食有人故意掺沙，混土，掺粗壳，湿水等，以次充好增加库存。出库过磅短斤少两，申请调解收效甚微。

就未来小麦收购价政策走向问题，有些专家认为，小麦最低收购价是符合现阶段我国发展水平的次优政策选择，因为现实中没有理论上的最优选择，因此必须坚定实施。但未来小麦最低收购价的执行应该改进和加强管理，一方面限制收购主体的数量，最好市场上只有一个代表国家执行政策的收购主体，避免恶性竞争推高粮价波动；另一方面要严格控制收购价格和收购数量，收购价格要严格控制在国家规定的最低收购价水平，干预市场的量不宜太大，要给予市场调节充分的空间。

2011年小麦产业经济与政策研讨会观点综述

2011年8月20—22日，国家小麦产业技术体系产业经济研究室、农业部农业贸易促进中心农业贸易与发展政策研究所在北京共同召开了“2011年小麦产业经济与政策研讨会”。来自农业部科教司、国家小麦产业技术体系、农业部种植业司、畜牧业司、农业部贸促中心、国家粮油信息中心、中国粮油学会食品分会、中国粮食行业协会小麦分会等部门的专家学者，河北、安徽等省的麦农合作社和种粮大户代表，以及中粮集团、北京古船、天津康师傅、益海粮油等十多家企业代表出席了会议。会议围绕世界粮食产业发展特点及政策借鉴、我国小麦生产发展、市场形势、加工及消费现状、麦农合作社发展等主题进行了广泛交流和深入研讨。现将与会专家主要观点综述如下。

一、我国小麦生产发展特点、问题及建议

我国小麦实现“八连增”，增产主要来自单产提高。2011年，尽管北方冬小麦主产区遭遇特大干旱，在中央政府和各级农业部门的艰苦努力下，我国冬小麦产量达到11 079万吨，比上年增产212万吨，实现“八连增”，为保持国内市场稳定和控制通胀预期提供了有力支撑。我国小麦连年增产，一方面得益于惠农政策支持下种植面积增加，但更多的是得益于单产水平的提高。2003—2010年，小麦总产量增长33%，其中单产提高对总产量增加的贡献率达70%。

小麦是单产提高最快的品种，未来仍具有增产潜力。2003年以来我国粮食作物中小麦单产水平提高最快，增幅达21%，而同期玉米提高14%，稻谷提高8%，大豆提高7%。目前我国小麦单产虽高于世界平均水平，但与发达国家相比还有一定差距，约是英国的76%，法国的65%。此外，小麦单产的区域差异很大，中低产田数量较多，豫南、皖北亩产可达600千克，湖北、四川建有亩产500千克的高产示范田，而贵州、云南

等省亩产低于 150 千克。随着科技不断进步和农业基础设施的改善，未来我国小麦单产仍有一定的增长空间。

生产成本显著增加，农户种植收益减少。2011 年虽然小麦最低保护价水平继续提高，但受生产资料价格上涨、抗旱成本增加等因素影响，农民种植收益有所减少。2011 年上半年，我国尿素、磷酸二铵和复合肥价格同比分别上涨 12.3%、15.6%和 16.7%，农用柴油价格同比上涨 14.3%。据调查，山东因前期干旱导致小麦灌溉成本每亩增加约 50 元，生产成本每亩达到 460 元，较上年增加 80 元；每亩收益为 380 元（不计人工），比上年减少 56 元。

尽管我国小麦生产取得了“八连增”的巨大成绩，但仍存在以下突出问题：一是种植经营小而散，同一品种小麦很难形成规模；二是品种选用多且乱，科研部门推出的品种繁多但推广规模很小；三是优质不能优价，专用小麦供应不足；四是混收混储混售现象严重，加工品质明显下降。

专家建议：尽快回归良种补贴政策本意，通过统一供种推进小麦规模化种植和标准化生产；加快我国小麦品质分类，推进品种分类布局区域化；加大高产创建等科技转化，不断提高小麦单产水平；加快修改完善小麦收购标准，充分发挥最低收购价政策作用。

二、我国小麦市场形势特点、问题及建议

国内小麦价格继续上涨，质量差价明显扩大。近年来小麦最低收购价水平不断提高，2011 年白麦、红麦和混合麦较 2006 年分别提高 0.23 元/500 克、0.24 元/500 克和 0.24 元/500 克，对国内市场形成有力支撑，小麦价格不断上涨。7 月普通小麦价格为 2 068 元/吨，较年初上涨 1.25%，同比上涨 5.94%；优质麦价格为 2 534 元/吨，较年初上涨 8.52%，同比上涨 19.42%。由于优质麦价格涨幅明显，优普麦价差进一步拉大，从 1 月的 292.5 元/吨增加至 7 月的 466 元/吨，这将对未来小麦生产发挥更好的引导作用。

市场价格高于最低收购价，托市收购未能启动。由于河南、山东和河北等主产区新麦上市价格均高于 2011 年国家制定的最低收购价，因此 2011 年托市收购未能启动，小麦的销售进度相对缓慢。截至 8 月 15 日，11 个小麦主产省国有粮食企业通过市场价收购小麦 2 902.2 万吨，比上年同期减少 774.4 万吨，减幅达 36.4%。据国家小麦产业技术体系产业经

济研究室农户经济信息监测点调查，7 月农户小麦户均存量 1 451.5 千克，比上年同期增加 353.5 千克，增幅为 32.2%。

小麦与玉米价格倒挂，小麦饲用需求增加。近年来，与小麦价格上涨相比，玉米价格上涨更快，从 2011 年 5 月开始出现价格倒挂，饲料企业利用小麦替代玉米的动力增强，小麦的饲用需求明显上升。据农业部畜牧业司调查，2010 年我国直接用于饲料消费的小麦约 730 万吨，同比增加 1.5 倍。专家预计，2011 年直接用于饲料消费的小麦将超过 1 000 万吨。

尽管国内小麦市场形势总体向好，但需要密切关注以下两个问题：一是随着近两年托市收购数量减少、竞价交易量增加，以及 2011 年托市收购未能启动，国家掌握的粮源迅速减少，在一定程度上削弱了政府的市场调控能力；二是如果小麦与玉米比价持续倒挂，不仅不利于资源配置，也将影响我国口粮安全。

专家建议：在控制通胀预期的背景下，需要继续稳步提高小麦最低收购价水平，切实提高农民种麦积极性；通过玉米增产、其他谷物替代、非粮资源开发利用、饲料转化率提高、国际市场适度调剂等多种途径解决我国养殖业未来发展的能量饲料需求，避免小麦供求关系受到较大影响。

三、我国小麦加工业发展特点、问题及建议

加工能力迅速扩张，企业开工率不高。近年来，国内外资本纷纷进入我国小麦加工业，导致加工能力快速增长。据统计，2010 年全国入统企业小麦加工能力达到 1.6 亿吨，而国内小麦总产量仅为 1.15 亿吨，如果算上未进入统计的上万家小规模加工企业，小麦加工能力远远超过原料供给量和市场需求量。小麦加工能力严重过剩导致企业实际开工率较低，2009 年全国入统企业的开工率仅有 67.1%，较上年下降 0.5 个百分点，小规模企业的开工率不足 9%。

小麦加工业竞争激烈，行业利润率低下。由于产能严重过剩，市场处于无序竞争状态，面粉销售价格竞争十分激烈，小麦加工业的利润空间进一步缩小，全行业赢利水平非常低。2009 年和 2010 年行业利润总额分别为 26.3 亿元和 41.4 亿元，利润率仅为 1.70%和 1.84%，处于粮油食品行业中的最低水平。

加工企业规模化趋势增强，多元化加工格局逐步形成。在利润率很低的背景下，企业竞争的主要手段就是不断扩大规模，近年来我国小麦加工

企业规模化趋势不断加强。2009 年全国规模最大的十家面粉加工企业产能达到 4.76 万吨，较 2005 年增加 1.59 万吨，增长 50.2%。多元化加工格局日趋形成，涌现出一批大型国有和民营骨干龙头企业。2009 年国营及控股企业 259 家，民营企业 2 491 家，外资及港澳企业 37 家。

尽管我国小麦加工业快速发展，但仍存在制约其发展的关键问题：小麦生产和加工业发展脱节，品种品质不能满足实际食品加工需求；储备和托市粮收购不按专用小麦分类，影响加工企业的原粮采购以及加工品质提高；企业产品结构不够合理，大部分企业以生产通用粉为主，专用粉生产比例很低；小麦加工技术研究投入不足，企业自主创新能力较低。

专家建议：根据不同地区的饮食习惯培育开发专用小麦品种，适应小麦加工品质需求；进一步完善收储体制，确保小麦加工专用小麦的原料需求；加大小麦加工技术研究领域的投入，支持加工企业科技创新和高技术产业化；加快培育具有国际竞争力的加工龙头企业，提高产业集中度。

四、我国麦农合作社和种粮大户面临的问题及期盼

麦农合作社取得了长足发展，但在管理制度、资金筹措等方面面临诸多问题。据麦农合作社代表介绍，目前河北省农民合作社的数量不断增加，呈现快速发展态势。截至 2011 年 5 月，河北省农民合作社达到 2 万个，其中粮食类合作社仅占 1/6。粮食类合作社的发展对保障粮食安全、促进农民增收做出了一定贡献，但在管理制度、资金筹措等方面面临诸多问题：首先是合作社与社员的利益联结不够紧密，多数未能做到“利益共享、风险共担”；其次是合作社资金积累少，缺乏办工厂所需的厂房建设、设备投入等资金保障；三是多数合作社仍处于初级阶段，产业链短，产品深加工少；四是社会化服务水平不高，缺少信息服务和技术培训；五是文化程度较高的合作社经营管理人才严重不足，导致管理水平较低，服务能力不强等等。

种粮大户规模效益明显增加，但生产配套设施不完善、销售渠道单一。种粮大户代表表示，近年来通过土地流转形成规模种植后，生产上发生了明显变化。首先，更换了优质高产的小麦品种，面粉加工企业以高于小户的价格积极收购，议价能力逐步提高。其次，化肥等生产资料以低于零售价格直接从源头购进，质量更有保障。再次，耕种、收割等环节均雇用机械操作，作业成本低于小户，由于土地面积大且相对集中，操作更为

方便。同时，新品种和新技术更易于尝试和推广，例如大户在农技部门的帮助下实施测土配方施肥，有效节约化肥投入成本。据大户代表计算，每亩节省生产成本约 76 元，以较高价格出售小麦增收约 120 元，总体减支增收 196 元。但在种植规模扩大后，种植大户也遇到一些难以解决的新问题：生产配套设施不完善，缺少晾晒和存放场地，增加生产难度和费用；农村金融服务缺失，农业生产贷款困难；销售渠道单一，只能售给距离最近的面粉企业；土地流转不易协调，土地稳定性不强，不集中连片等。

针对发展中的突出问题，与会麦农合作社和种植大户代表建议：一是希望增大补贴力度，确保种麦有合理的利润空间，促进小麦增产；二是加强金融扶持，对达到一定规模、运作规范的合作社和大户给予贷款优惠，对改善农业基础设施及发展产业化等提供资金扶持；三是加强生产配套设施建设，为种植大户提供晾晒场地；四是加强与企业和科研单位的合作，实现产销对接，获得新品种和新技术，拓宽发展空间；五是增强社会化服务水平，提高种植规模经营效益等。

五、世界粮食、小麦产业发展特点及政策借鉴

世界谷物生产水平稳步上升，增产动力主要来自单产提高。1961—2011 年，世界谷物产量增加了 1.9 倍，其中种植面积仅增长 7.9%，而谷物单产水平显著提高，增加了 2 倍。中国、美国、欧盟、印度、俄罗斯是世界最大的谷物生产国（地区），美国、俄罗斯等发达国家所占份额下降，而中国、印度等发展中国家份额明显上升。分品种看，世界谷物生产越来越集中于水稻、小麦和玉米等三大作物，其中玉米的相对份额明显上升，小麦和水稻有所下降。

口粮和饲料用粮平稳增长，工业用粮成为新的增长点。世界谷物消费量平稳增长，2011 年消费量达到 23.11 亿吨，其中口粮消费仍是谷物最主要的消费途径，占总消费量的 46.3%，其次是饲料用粮占 34%和其他消费占 19.7%。口粮消费增长较为平稳，20 年来年均增长 0.9%；饲料粮消费增长缓慢，年均增长 0.7%；其他消费特别是工业用粮增长迅速，年均增长 3.6%。分品种看，玉米消费增速较快，占谷物总消费量的比重上升，而大米和小麦消费所占比重下降。

谷物贸易量增速快于产量增速，小麦占世界谷物贸易量的一半。世界谷物贸易发展迅速，贸易量增速快于产量增速，50 年增加了 2.4 倍，年

均增长 2.5%，较产量增速高 0.3 个百分点。大米、小麦和玉米三大作物中小麦是谷物贸易的主体，占谷物年贸易总量的 50%，其次是玉米占 30%，大米占 16%。世界玉米贸易增长迅速，50 年年均增长 3.8%，其次为大米 3.3%和小麦 2%。

长期看世界谷物供求偏紧，市场价格将震荡上行。21 世纪以来，世界谷物产量增长难以满足消费需求增长的需要，2000—2007 年间世界谷物产量仅有两年高于消费量，其他年份均需动用库存来平衡需求，2007 年世界谷物库存消费比降至 19.5%的低水平。国际市场粮价大幅上涨，小麦、玉米、大米价格相继在 2008 年和 2011 年创历史新高。据 FAO 预测，受世界人口增长、耕地和水资源约束以及农业生产投入不足等因素影响，世界谷物供求将长期趋紧。特别是受生物能源快速发展、极端气候日益频繁、美元汇率波动以及资本投机越来越明显等非传统因素影响下，未来国际谷物价格总体将继续上涨，但市场波动将进一步加剧。

总体来看，发达国家的粮食及小麦产业发展之所以明显强于发展中国家，主要得益于其完善的产业支持保护体系，这对我国粮食及小麦产业发展具有以下重要借鉴意义。

第一，发达国家小麦产业政策支撑体系完善，投入力度大，操作性强，政策效果明显。欧盟、美国、日本等发达国家均采取价格支持、直接补贴、作物保险、科技研发、灾害援助、关税保护等多种措施促进粮食产业发展，建立比较完备的政策支持保护体系。而且投入和支持力度非常大，例如欧盟对小麦生产者的直接补贴为 66 欧元/吨（608 元/吨），并且对传统产区硬粒小麦还有 285 欧元/公顷（175 元/亩）的特殊补贴，合计补贴额约合人民币 394 元/亩，远远高于我国麦农每亩 10 元的直接补贴水平。日本小麦生产者直接补贴标准更高，约为 4 370 日元/公亩（2 264 元/亩），此外日本进口小麦及其产品不仅有 25%的关税，而且在进入国内市场前还必须支付 860 美元/吨（5 495 元/吨）的政府提价，远远高于我国小麦及其产品的关税保护水平。

第二，发达国家粮食及小麦产业政策的首要目标是保证生产者收入水平，而且直接支付与价格政策、贸易保护等政策措施相互衔接紧密，有效地保护了国内产业发展以及生产者积极性。

第三，发达国家在利用国际贸易规则方面具有丰富的经验，逐步将越来越受限制的生产补贴和价格支持政策调整为隐蔽性更强的直接支付政策，并大幅度增加科技研发和资源保护等“绿箱”支持政策投入。

第四，从中长期看，受资源限制和消费习惯等因素的影响，我国粮食及小麦产业发展的方向更可能要走日本的发展道路，国内粮食及小麦价格将会明显高于国际价格，在未来的市场开放进程中一定要确保现有产业的关税保护政策空间。

第五，无论是小麦还是其他粮食作物，未来我国生产面积增加难度将越来越大，增产将更加依赖单产水平的提高，因此要不断加大科技投入，创新科技研发体制机制，要进一步强化各部门、各产业环节、各产业主体之间的联动，共同推进小麦产业发展。

大麦进口及对国内产业的影响及建议

大麦是世界广泛种植的谷物之一，也是我国第四大谷物类作物。我国大麦主产区集中在西北及东北等边疆贫困地区。大麦产业的健康发展对于发挥边疆贫困地区的资源优势、增加农民收入、促进区域经济发展、保障国内啤酒工业原料供给具有重要意义。20 世纪 90 年代中期，我国大麦产量一度保持在 400 万～450 万吨，播种面积占谷物播种面积的 1.8%左右。应该说我国大麦产业发展有基础，也有资源条件。但由于缺乏与我国竞争力（很大程度上取决于我国农业的小规模生产特征）相当的保护水平，在我国啤酒业快速发展、啤酒用大麦需求大幅增长的同时，我国大麦产业因受进口影响没有得到相应的发展和升级。大麦总产量不增反降，下降到目前的 300 万～350 万吨，而同期进口量增加到 237 万吨。本文在介绍世界大麦生产、消费与贸易状况的基础上，深入分析了我国大麦进口的特点及影响，总结了开放条件下农业产业发展应注意的问题，并为促进我国大麦产业健康发展提出了建议。

一、研究范围界定

联合国商品贸易统计数据库（UN COMTRADE 数据库）中的“大麦(100300)”包括“种用大麦”及“其他大麦”等，本文中“大麦”的范围与 COMTRADE 数据库中的界定相同。由于我国“种用大麦(10030010)”对外贸易非常少，可忽略不计，在研究我国大麦进口时，大麦主要指“其他大麦（10030090)”。一般来说，根据用途的不同可以将大麦分为种用大麦、饲料大麦、啤酒大麦等，我国的“其他大麦(10030090)”既包括饲料大麦也包括啤酒大麦等。

关于大麦的生产、消费和价格的数据在文献中非常少见，且数据的来源口径不一，连续性不强。本研究中最大的难点在于大麦的统计数据等信息资料不够完整。我们在认真验证的基础上，利用美国农业部等国际来源数据补充国内生产数据，利用所查阅的各种文献或研究的零散数据补充大麦消费及价格数据，将研究尽可能做得扎实和深入。虽然部分数据的连续性不强，可靠性也需进一步验证，但基本可以满足做描述性分析的需要。

二、世界大麦生产、消费和贸易

大麦是世界广泛种植的谷物之一。目前大麦产量在谷物类作物中仅次于玉米、小麦和水稻，排名第四，高于高粱、燕麦和黑麦（FAO，2006）。这一情形在近15年里未有变化。世界大麦的生产与各国的农业发展水平及大麦的用途联系非常密切，各国因生产条件和消费习惯的不同使得大麦用作各种用途的比重各不相同。

（一）世界大麦生产与消费特征

大麦适应性、耐盐力及抗旱性较强，种植范围非常广泛，自南纬40°至北纬70°都有分布，但对于世界大部分地区来说，大麦并不是主要的粮食作物，其播种面积和总产量无法与玉米、小麦和水稻相比。2009年世界大麦收获面积约5 406万公顷，总产量1.5亿吨（表1），大麦产量仅为玉米的18.6%，小麦和水稻的22%。

表1　2009年世界主要谷物生产状况

指　标	谷　物			
	玉米	小麦	水稻	大麦
收获面积（万公顷）	15 862.9	22 562.2	15 830.0	5 406.0
总产量（万吨）	81 882.3	68 561.4	68 524.0	15 212.5

资料来源：联合国粮农组织（FAO）。

世界各大洲因农业发展水平及对大麦的利用情况不一，各国对大麦生产的重视程度也不同，各地区大麦生产并不均衡。欧洲是大麦最大的生产区，约占世界收获面积的51%，总产量的64%；其次是亚洲，占世界大麦总产量的15%；北美洲约为10%；南美洲最少（见表2）。从单产情况看，欧洲与北美洲最高，其他各洲单产都低于世界平均水平。

大麦可供食用、饲用和酿造。欧洲、北美及大洋洲国家是传统的农业强国，有高度发达的专业化的大麦栽培技术及加工啤酒的部门，大麦播种面积、产量和质量都远高于其他地区。法国、美国和澳大利亚等是畜牧业大国，本身重视饲料大麦的生产；其他如德国、捷克和比利时等是啤酒的生产和消费大国，因此大麦的种植也非常普遍。欧洲最大的大麦种植国家是俄罗斯，种植面积约为 950 万公顷；其他大量种植大麦的国家有西班牙、法国和德国，种植面积在 180 万～350 万公顷之间；波兰、英国和丹麦的大麦种植面积在 70 万～120 万公顷之间。亚洲和非洲大都是发展中国家，农业发展水平较低，大麦单产水平不高，种植面积虽不小但产量相对较低，其大麦主要用于食用和饲用。

表 2　2009 年世界大麦生产情况

	收获面积（万公顷）	份额（%）	总产量（万吨）	份额（%）	单产量（千克/公顷）
欧洲	2 777.9	51.3	9 586.0	63.8	3 450.8
亚洲	1 161.7	21.5	2 232.4	14.9	1 921.6
大洋洲	416.6	7.7	853.3	5.7	2 048.4
北美洲	417.7	7.7	1 446.7	9.6	3 463
南美洲	103.2	1.9	240.8	1.6	2 333.4
非洲	506.6	9.4	593.3	3.9	1 171.2
世界	5 412.9	100.0	15 027.2	100.0	2 776.1

资料来源：联合国粮农组织（FAO）。

普通大麦都可用作饲料或供食品工业使用，而啤酒对大麦的要求比较特殊，高质量啤酒大麦的栽培条件则更为苛刻。因此在国际上，符合标准的啤酒大麦定价比饲料大麦贵很多（涅捷维奇等，1986），多年来，啤酒大麦价格约比饲料大麦价格高 30%～40%（中国酿酒工业协会啤酒分会，2003）。全球具有适于种植啤酒大麦的气候条件的土地面积约 1 000 万～1 200万公顷，大部分集中在欧洲，约 700 万～800 万公顷。最适宜种植啤酒大麦的地区是中欧和西北欧地区，包括奥地利、德国、瑞典、波兰、捷克、斯洛伐克等，而且这些国家只有部分地区适合生产高质量的啤酒原料大麦。北美啤酒大麦产区集中在美国和加拿大较湿润的地带。在亚洲，适合种植优质啤酒大麦的区域非常少，啤酒大麦仅占大麦总播种面积的 3%～7%，大多集中在雨量充沛的东南亚地区（涅捷维奇等，1986）。土耳其、叙利亚和伊朗等大陆性气候国家则主要栽培饲料大麦。

各国生产大麦主要是用于饲料，其次是酿造和食用。欧洲是啤酒大麦的主要生产区，不同国家啤酒大麦在大麦生产中所占比重也不相同：在啤酒生产大国德国和捷克等，啤酒大麦生产占大麦的比重比较高；在法国等畜牧业发达的国家，大麦主要用于饲料。在西亚和北非等伊斯兰国家，一方面受气候条件的限制不适合生产啤酒大麦，另一方面因宗教信仰不允许饮酒，基本不生产啤酒大麦。在摩洛哥和埃塞俄比亚等经济发展水平较低的国家，大麦是主要的粮食作物。

（二）世界大麦贸易格局

1. 世界大麦贸易特征

贸易规模平稳增长。整体来看，近 20 年来世界大麦贸易规模平稳增长。1996—2009 年，世界大麦贸易总额从 36.6 亿美元增长到 44.8 亿美元，增长了 22.4%，年均递增 1.6%。除 2007—2008 年世界粮食危机期间大麦贸易额大幅增长外，其余年份较为平稳。2009 年，随国际农产品价格下降，世界大麦贸易回到 2006 年的水平（见图 1）。

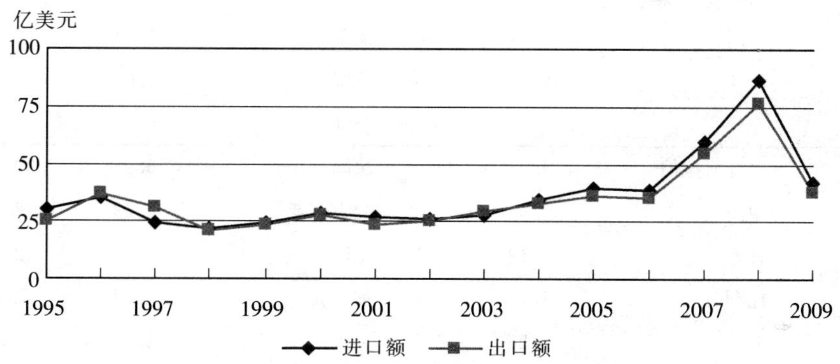

图 1　1995—2009 年世界大麦贸易规模

资料来源：UN COMTRADE 数据库。

贸易集中度较高。世界近 70%的大麦贸易集中在少数国家。沙特阿拉伯是最大的进口国，所占市场份额保持在 30%左右，除沙特阿拉伯外，中国、比利时、德国、日本也是主要进口国，2009 年这五个国家大麦进口额占世界大麦进口总额的 63.4%（见表 3）。2009 年，法国、乌克兰、澳大利亚、俄罗斯、加拿大是排在前五位的大麦出口国，出口额占世界大麦出口总额的 71.7%，其中法国出口额多年来稳居世界第一。

欧盟区域内贸易非常活跃。欧洲既是世界最大的大麦生产区，也是重要的大麦消费区。由于地理因素的便利及市场的统一，欧盟内部成员国之间大麦贸易非常活跃，法国、德国、比利时、荷兰、意大利等国既是主要的出口国，也是主要的进口国。

预计未来世界大麦贸易仍将稳定增长。随着世界经济的增长，特别是随着非洲和亚洲人们生活水平的提高，对大麦的饲料需求和工业需求（如酿造啤酒）旺盛，大麦总体贸易规模仍将平稳上升。

表 3　世界大麦贸易的市场分布

单位：亿美元，%

年份	进口			出口		
	进口国	进口额	份额	出口国	出口额	份额
1996	沙特阿拉伯	7.39	20.8	澳大利亚	6.70	18.3
	日本	3.34	9.4	法国	6.31	17.2
	比利时-卢森堡	3.23	9.1	德国	5.96	16.3
	中国	3.04	8.6	加拿大	5.77	15.8
	荷兰	2.35	6.6	英国	3.04	8.3
	合计		54.6	合计		75.9
1999	沙特阿拉伯	4.97	20.6	法国	6.98	30.0
	中国	2.94	12.2	澳大利亚	4.23	18.1
	日本	2.19	9.1	德国	2.92	12.5
	比利时	1.79	7.4	加拿大	1.73	7.4
	荷兰	1.26	5.2	英国	1.59	6.8
	合计		54.6	合计		74.8
2002	沙特阿拉伯	4.90	18.7	澳大利亚	5.45	21.6
	中国	2.91	11.1	法国	5.21	20.7
	日本	2.01	7.7	德国	2.70	10.7
	西班牙	1.78	6.8	乌克兰	2.33	9.3
	比利时	1.46	5.5	俄罗斯	2.14	8.5
	合计		49.8	合计		70.8
2005	沙特阿拉伯	10.48	26.8	法国	7.96	22.0
	中国	4.29	11.0	澳大利亚	5.67	15.7
	西班牙	3.08	7.9	乌克兰	4.44	12.3
	日本	2.70	6.9	德国	4.28	11.9
	比利时	2.08	5.3	加拿大	2.90	8.0
	合计		57.9	合计		69.9

（续）

年份	进口			出口		
	进口国	进口额	份额	出口国	出口额	份额
2008	沙特阿拉伯	29.19	33.7	法国	15.06	19.6
	日本	5.81	6.7	乌克兰	14.05	18.3
	比利时	5.10	5.9	澳大利亚	10.55	13.7
	中国	4.84	5.6	加拿大	6.89	9.0
	德国	4.16	4.8	德国	4.84	6.3
	合计		56.6	合计		66.9
2009	沙特阿拉伯	12.59	29.8	法国	10.48	23.4
	中国	4.35	10.3	乌克兰	7.30	16.3
	比利时	3.65	8.6	澳大利亚	6.01	13.4
	德国	3.26	7.7	俄罗斯	4.39	9.8
	日本	2.95	7.0	加拿大	3.88	8.7
	合计		63.4	合计		71.7

资料来源：作者根据 UN COMTRADE 数据库数据整理得到。

2. 主要贸易国的贸易状况

世界近70%的大麦贸易集中在少数国家。其中，亚洲是最主要的大麦进口地区，大洋洲和北美洲是主要的出口地区，欧洲既有出口国也有进口国，但出口占主导地位。下面具体分析。

（1）主要的进口国家。

沙特阿拉伯。沙特阿拉伯是世界上最大的大麦进口国，进口来源比较分散，但较为稳定。近 14 年来，沙特阿拉伯主要的进口市场为乌克兰、德国、澳大利亚和俄罗斯，这四个地区约占沙特阿拉伯大麦总进口的65%（见表 4）。主要进口国家变化不大，但各自所占份额变动较大。其中，德国份额近年来下降显著，乌克兰和澳大利亚的份额上升明显。除了从上述国家进口，沙特阿拉伯还从加拿大、法国、英国及荷兰等国家进口。

日本。日本大麦进口格局非常稳定，进口集中度非常高。日本大麦进口主要来自澳大利亚、加拿大和美国。2006 年之前，澳大利亚一家独大，占日本大麦进口份额的 55%～70%，只是在最近两年下降到 45%左右。与此同时，美国所占的市场份额增长，逐渐形成了澳大利亚、美国及加拿大三分天下的局面。

中国。中国也是世界重要的大麦进口国，进口来源高度集中。多年来基本只从澳大利亚、加拿大及法国进口，三者几乎垄断了中国大麦进口市场。

表 4 主要大麦进口国的市场分布

单位：%

沙特阿拉伯		中国		日本	
进口来源地	份额	进口来源地	份额	进口来源地	份额
乌克兰	20	澳大利亚	62	澳大利亚	58
德国	18	加拿大	27	美国	22
澳大利亚	17	法国	9	加拿大	18
俄罗斯	10				
合计	65	合计	98	合计	88

资料来源：作者根据 UN COMTRADE 数据库数据整理得到，这里的份额是 1996—2009 年份额的平均值。

（2）主要的出口国家。

法国。法国大麦出口市场比较分散，基本集中在欧盟各国之间，也有部分年份出口到沙特阿拉伯、中国等亚洲国家，但这些平均只占法国出口总额的 15%左右，其余基本向欧盟内部出口。法国大麦在欧盟的主要出口市场是比利时、荷兰、德国和意大利，这四国的比重在 60%左右（表 5）。其中，比利时所占比重最大，约为 26%，德国有所上升，意大利份额下降，其他出口市场所占份额变动不大。

德国、比利时、荷兰等其他欧盟国家。除了法国，德国、比利时及荷兰等其他欧盟国家也是主要的大麦出口地区，区域内贸易水平非常高。这些国家表现为同时进口和出口，产业内贸易水平非常高，进口来源地和出口目的地基本都是欧盟国家，贸易格局比较分散，各国所占份额变化也较大。其中，主要的进口来源有法国、德国、英国、丹麦等，主要的出口目的地有比利时、荷兰、意大利、德国等。

澳大利亚。澳大利亚出口市场较为集中，基本面向亚洲国家出口，中国、沙特阿拉伯、日本是其最主要的出口目的地，三者约占澳大利亚出口的 67%左右。其中，沙特阿拉伯是其最重要的出口目的地，所占比重从 20 世纪末的不足 10%上升到近年来的平均 30%左右。中国和日本的份额都经历了先上升再下降的过程，这几年稳定在20%左右，但澳大利亚仍是这两个国家最大的进口来源地。其他还有少量出口到伊朗、阿联酋等亚洲其他国家。

加拿大。加拿大出口市场集中度比较高，基本都向美国、中国、沙特阿拉伯、日本出口，占加拿大大麦出口总额的85%以上。其中对美国和中国的出口份额比较稳定，近15年来平均分别为31%和26%。沙特阿拉伯和日本所占比重波动则较大。也有少量出口到墨西哥和哥伦比亚等周边美洲地区。

乌克兰。沙特阿拉伯是乌克兰最重要的出口目的地，占乌克兰大麦总出口比重50%以上，近年份额越来越大。除了沙特阿拉伯，乌克兰其他的出口市场非常分散，分布在地中海沿岸、北非和西亚等地区，如塞浦路斯、利比亚、约旦、伊朗等国家。这些国家基本是世界大麦主要出口国很少涉及的地区，向这些国家的出口集中度很低，还不具有明显的规律性。

表5　主要大麦出口国的市场分布

单位：%

法国		澳大利亚		加拿大		乌克兰	
出口目的地	份额	出口目的地	份额	出口目的地	份额	出口目的地	份额
比利时	26	中国	22	美国	31	沙特阿拉伯	50
荷兰	14	沙特阿拉伯	19	中国	26		
德国	12	日本	16	沙特阿拉伯	16		
意大利	9			日本	13		
合计	61	合计	67	合计	86	合计	50

资料来源：作者根据UN COMTRADE数据库数据整理得到，这里的份额是1996—2009年份额的平均值。

三、我国大麦进口及其对国内产业的影响

（一）国内大麦生产情况

1. 产量

我国关于大麦的统计数据比较缺乏，我们仅在《中国农业统计资料》中找到了全国及各地区的大麦播种面积和产量，但部分年份有所缺失。全国各省的统计年鉴中只有江苏和新疆有各年大麦生产情况的数据。在数据

资料缺乏的情况下，我们通过不同渠道搜集大麦的数据，得到了 4 个统计口径的数据（见表 6）。从表 6 可以看出，4 个口径下的数据存在明显差异。我们认为统计口径 3 的大麦生产数据与中国实际情况更为吻合，该口径是参照中国公布的数据并结合笔者的估计做出，数据平稳性、连续性较好。但是口径 3 中的 1996—1997 年的产量数据与 1998 年的产量数据跨度较大，因此用口径 1 的数据替代。虽然不能得到国内大麦每年的精确产量及收获面积，但不影响判断整体的趋势状况。

表 6　我国大麦播种面积及产量

单位：万公顷，万吨

年份	统计口径 1		统计口径 2		统计口径 3		统计口径 4
	播种面积	产量	收获面积	产量	收获面积	产量	产量
1992	—	—	160.0	440.0	152.6	466.5	—
1993	—	—	150.0	415.0	135.5	432.7	—
1994	—	—	160.0	450.0	139.5	441.1	—
1995	—	—	170.0	442.0	128.3	408.9	—
1996	164.4	353.6	160.0	428.3	130.0	400.0	—
1997	161.9	319.8	160.0	431.3	130.0	400.0	—
1998	90.4	265.6	136.2	340.0	90.4	265.6	—
1999	86.8	297.0	132.0	330.0	86.8	297.0	—
2000	79.1	264.7	107.0	264.6	79.1	264.6	—
2001	—	—	77.0	289.3	77.0	289.3	150.0
2002	—	—	91.4	332.4	91.4	332.2	180.0
2003	77.5	271.7	77.5	271.7	77.5	271.7	218.0
2004	—	—	78.6	322.2	78.5	322.2	216.0
2005	—	—	83.1	344.4	85.0	340.0	229.0
2006	81.4	302.9	86.2	336.9	83.2	311.5	279.0
2007	77.3	278.5	92.2	345.1	77.3	278.5	235.0
2008	79.4	282.3	100.0	355.0	79.4	282.3	344.0
2009	—	—	—	—	71.5	250.0	—

资料来源："统计口径 1"的数据来源于《中国农业统计资料》，数据均为《中国农业统计资料》出版当年的数据，其中表中 1996—1999 年、2006—2007 年的数据来自《中国农业统计资料》相应年份下年的数据，这主要是考虑到对上年数据的调整，我们认为下一年的数据更加准确；"统计口径 2"的数据来源于联合国粮农组织（FAO）；"统计口径 3"的数据来源于美国农业部；"统计口径 4"的数据来源于白普一，杨利（2009）。

整体来看，我国大麦产量经历了一个显著下降的过程，总产量从1992年的466.5万吨下降到2009年的250万吨，降幅47%。分阶段来看，1992—1998年产量下降非常迅速，之后波动增长至2005年，近年来又开始连续收缩，下降趋势明显。2009年我国大麦产量仅为世界大麦总产量的1.6%，在我国谷物作物生产中所占的比重也很小，产量仅为小麦的2.2%，玉米的1.5%，水稻的1.3%。大麦种植面积不断下降是导致产量降低的主要因素。1997年前，我国大麦收获面积为130万公顷左右，近年来下降到70万公顷左右。这远低于其他主要的大麦生产国。如俄罗斯大麦播种面积已经超过1 000万公顷，其他主产国中加拿大、澳大利亚和乌克兰的面积达到400万公顷，欧盟一些国家如法国、德国等国的播种面积也达到180万公顷。

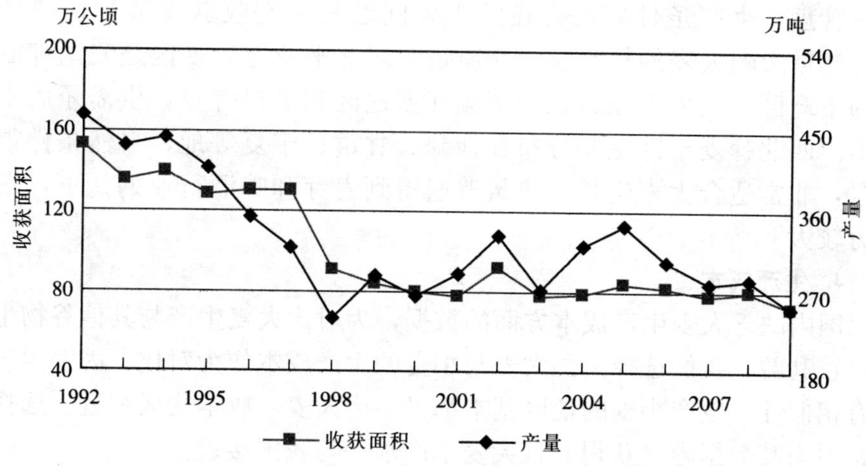

图2 1992—2009年我国大麦生产状况

资料来源：1996—1997年产量数据来源于《中国农业统计资料》。其余数据来源于美国农业部。

2. 单产

从单产情况看，近年来我国大麦单产有所提高。从20世纪90年代的3吨/公顷上升到近年来的3.5吨/公顷，但我国大麦单产水平仍与发达国家有明显差距。目前世界大麦单产较高的国家都集中在欧盟，其中德国、法国和比利时等国单产都已经达到了6吨/公顷左右的水平；加拿大、美国和中国均处于中等水平，平均大约为3～3.5吨/公顷左右。我国大麦单产与欧盟国家存在差距的原因之一是我国利用较劣的耕地种植大麦，而欧盟国家从事商品性生产，利用最适合的土地种植大麦。

3. 生产区域

从生产区域上看，我国大麦生产地区分布并不均衡，且不同地区大麦品质差异较大。根据中国农科院和浙江省农科院的初步研究，全国大麦产区可分为裸大麦区、北方春大麦区、南方冬大麦区，涉及的省份有江苏、甘肃、黑龙江、云南、新疆、内蒙古、浙江、四川、河南等。

啤酒大麦的生产对自然环境和生产技术等要求很高，我国幅员辽阔，各地自然条件、耕作制度、品种资源、栽培技术等差异很大，形成了西北、东北和江浙三个明显不同的栽培区域。其中，长江中下游江浙产区的主要优势在于农场、农垦系统，很多农场常年种植啤麦，统一种植，统一管理，生产条件好，存在的主要问题是大麦收获季节往往遇到雨水，严重影响大麦的外观及内在质量。东北平原春大麦区是我国啤酒工业的主产区，但大麦原料长期依赖江浙地区和进口啤麦，供需矛盾十分突出。西北啤麦产区主要分布在新疆、甘肃、宁夏等地，自然条件得天独厚，非常适合大麦生长，质量普遍得到麦芽和啤酒行业的认可，发展潜力较大①。

4. 生产成本

国内缺乏大麦生产成本方面的数据，为对比大麦生产与其他谷物生产的比较利益，我们选择美国大麦与小麦的生产成本作为对比。因麦类生产具有相似性，生产小麦的地区基本都可生产大麦，成本构成相近。选择美国是因为其数据容易获得，且大麦单产水平与我国接近。

由表 7 可以看出，美国大麦生产成本高于小麦，近年来利润率也远低于小麦，更无法与大米和玉米等其他谷物类作物相比。据此推断，在我国也有类似情况，否则大麦种植面积不会持续下降，只有生产大麦的比较利益不如其他谷物，农民才会选择放弃种植大麦。张宇萍、韩一军（2007）认为，我国大麦生产成本相比其他作物偏高，而大麦市场价格相对偏低，农民因此调整种植结构，大麦播种面积不断下降。另外，根据他们的调查显示，生产 1 吨啤酒大麦的成本，甘肃省农场为 918.75～1 014.75 元，而法国二棱春麦为 727.50 元，澳大利亚为 698 元。可见，国产大麦在生

① 资料来源：中华粮网 . 2001. http：//www.cngrain.com/Publish/data/200105/32648.htm。

产成本方面不具有竞争优势。

表 7　美国大麦与小麦生产成本比较

单位：美元/英亩，%

年份	大麦		小麦	
	生产成本	利润率	生产成本	利润率
2003	230.89	−25.19	191.12	−31.97
2004	237.35	−28.64	190.60	−25.25
2005	258.27	−44.24	207.45	−36.04
2006	268.15	−46.33	216.78	−33.57
2007	297.40	−36.54	234.73	−13.04
2008	350.54	−14.10	288.02	15.91

资料来源：作者根据美国农业部数据整理得到。其中，“生产成本”对应的是“成本合计”数据，“利润率”为成本利润率。

5. 质量水平

一般来说，普通大麦都可作为食用或饲用，但啤酒大麦品质的优劣影响啤酒的口感和档次，对质量要求较高，对种植条件的要求较严格。虽然大麦是我国的传统种植作物，但啤酒大麦是近三十年来才发展起来的，属于新兴产业，尚处于发展的初级阶段，经营方式比较落后，种植和加工脱节，收购混乱，产品质量参差不齐。

（二）国内大麦消费情况

我国啤酒产量自 20 世纪 90 年代起一路攀升，2002 年后我国超过美国成为世界最大的啤酒生产国，2009 年啤酒产量约为 416.2 亿升，比 1990 年增长了 5 倍，平均每年增长 8.9%（见图 3）。我国啤酒生产几乎全部供应国内消费。近 10 年来我国啤酒进口量不超过 4 万吨，出口量最多在 20 万吨左右，啤酒出口占总产量比例不到 0.5%。我国人均啤酒消费量增长很快，从 1997 年的 15.2 升增长到 2009 年的 30.2 升，但啤酒消费存在地域分布的不均衡性，即使在啤酒业较发达的山东地区也如此：青岛人均每年消费 150 升左右，济南只有 38 升，山东其他地区平均 28 升①。随着人们收入及生活水平的提高，预计我国啤酒生产和消费还有上升空间。

① 资料来源：中国报告网 . 2010. http：//www.chinabgao.com/freereports/22818.html。

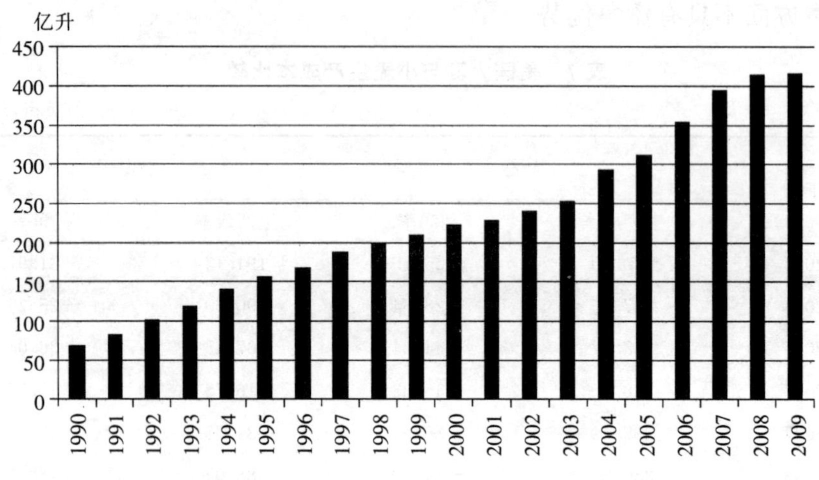

图 3　1990—2009 年我国啤酒产量

资料来源：《中国统计年鉴》。

啤酒产业的快速发展带动了对啤酒大麦的消费需求。进入 21 世纪以来，我国啤酒大麦消费量稳定在 400 万吨左右，2005 年一度达到 456.8 万吨，较 1990 年增长了 1.9 倍。

（三）我国大麦进口特征

我国在 1995 年取消了对大麦的进口配额管理，入世后实行 3%的单一关税，总体看对大麦的保护程度很低。20 世纪 90 年代中期以来，我国大麦进口主要呈以下特点。

大麦进口量较大，是主要的进口谷物产品。1995—2010 年，我国大麦进口量从 127.4 万吨增至 236.8 万吨，增长了 85.9%，进口额由 2.4 亿美元增至 5.4 亿美元，增长了 123%（见图 4 和图 5）。2000 年以来，我国大麦进口量基本在 170 万～230 万吨间上下浮动，进口金额保持在 3 亿美元左右，近三年来保持在 4 亿美元以上。在 1995 年以来的绝大多数年份，大麦都是我国进口量和进口额最大的谷物产品。

进口产品主要是啤酒大麦，所占比重不断上升。在现有海关统计中，大麦下仅有两个八位税目，分别为种用大麦（10030010）和其他大麦（10030090），因此无法从相应的官方贸易统计中确定进口大麦的具体类别。据有关专家调研分析，我国进口的大麦主要是供酿造用的啤酒大麦，而且其在我国大麦进口中所占比重不断上升。

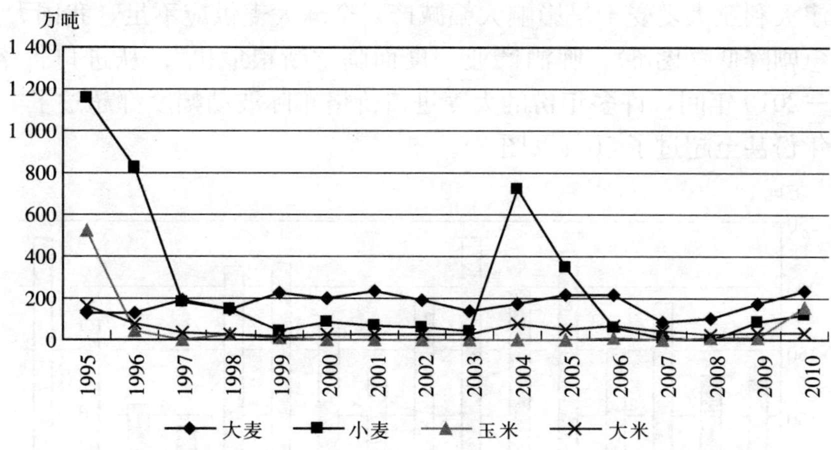

图 4　大麦及其他主要谷物品种的进口数量

资料来源：海关数据库。

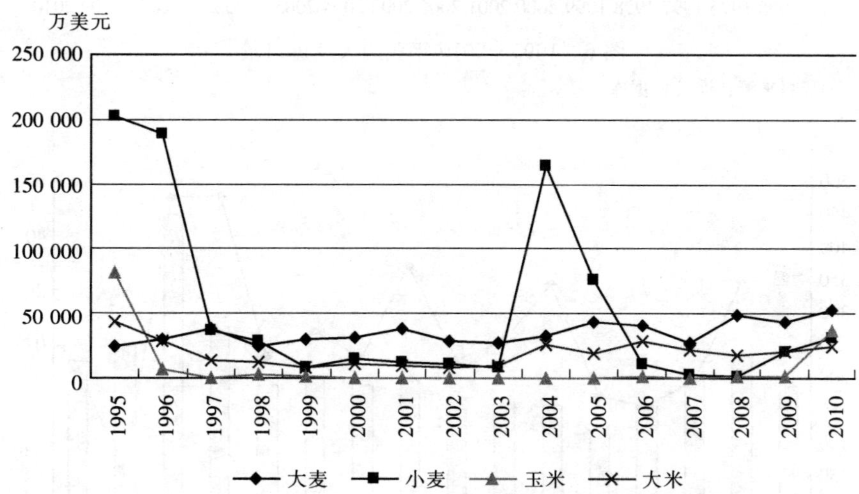

图 5　大麦及其他主要谷物品种的进口金额

资料来源：海关数据库。

来源地高度集中，大麦进口受来源地产量影响波动较大。自澳大利亚、加拿大和法国的进口占我国大麦进口总额的 95%以上，其中自澳大利亚的占进口总额的 50%以上，这种格局十几年来几乎没有变化。进口来源地的高度集中使得我国大麦进口受供应国产量的影响较大，进口量和进口价格大幅波动。从进口量看，2002—2003 年度和 2006—2007 年度，由于澳大利亚大麦受干旱影响大幅减产，全球大麦供应不足，我国大麦进口量急剧降低（图 6），啤酒产业一度面临“断粮危机”。从进口价格看，1995—2010 年间，许多年份的大麦进口价格年际波动幅度都超过了 20%，有些年份甚至超过了 50%（图 7）。

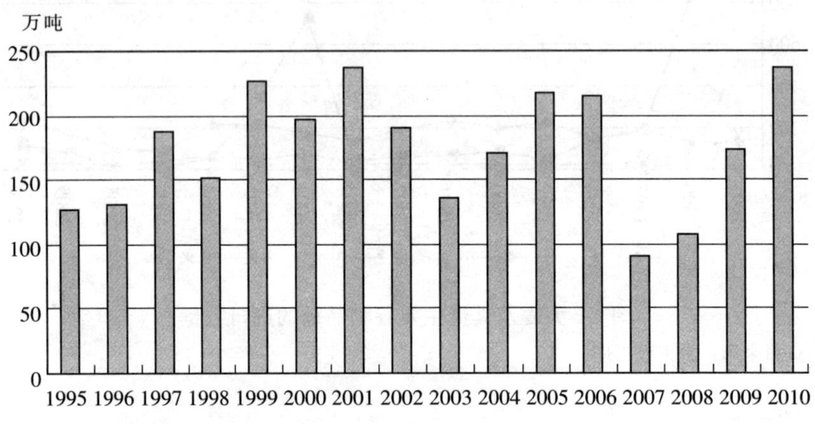

图 6　1995—2010 年我国大麦进口量

资料来源：海关数据库。

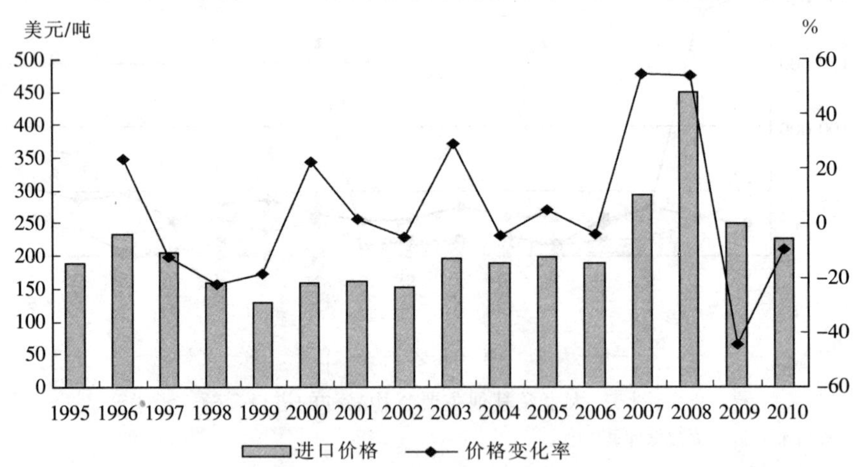

图 7　我国大麦进口价格波动情况

资料来源：经海关数据库数据整理得到。

世界大麦贸易比较集中，我国进口大麦的可获性和定价权不足。世界大麦贸易集中度非常高，且比较稳定，澳大利亚、法国、加拿大等前五位出口国占世界出口总额的 70%左右，沙特阿拉伯、中国、日本等前五位进口国占世界进口总额的55%左右。我国与其他进口大国尤其是日本都主要从澳大利亚和加拿大进口，在获取大麦资源、影响进口价格方面存在着竞争。如果未来我国大麦进口需求持续增长，进口大麦的可获性可能存在问题。在定价权方面，由于与其他进口大国形成竞争，加上国内啤酒产业较为分散，在进口时难以形成合力，尽管是世界第二大大麦进口国，我国在进口大麦时对价格缺乏影响力，往往是国际价格的被动接受者。

(四) 大麦进口对国内产业的影响

大麦进口在满足国内啤酒工业快速增长的原料需求方面起到了积极作用，但由于保护度过低，进口大麦也抢占了国产大麦的市场空间，打压了大麦趋势价格，增加了产业面临的风险，限制了产业升级的空间，影响了大麦产业的健康发展。

进口大麦挤占了新增市场需求，抑制了国内生产。我国啤酒产业的快速发展带动了对啤酒大麦的消费需求，然而，新增市场需求主要被进口大麦所挤占，进口大麦在国内市场不断扩张的情况下始终占据了50%左右的市场份额，在部分年份甚至将近60%（见图8)。国内迅速增长的啤酒大麦消费需求未能充分转化为国产大麦的发展机遇，大麦生产发展缓慢，在部分年份甚至出现萎缩。从1995—2001年，我国大麦种植面积由170万公顷减少至77万公顷，之后虽略有回升，但仍徘徊在80万～100万公顷之间。

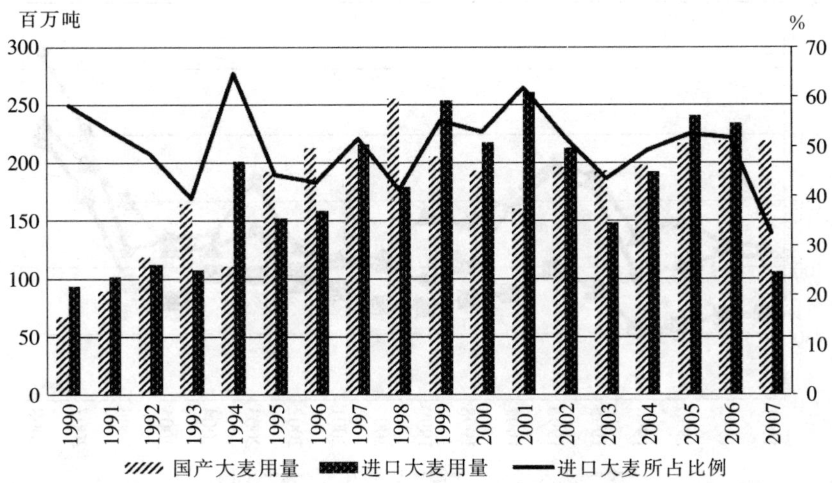

图8　1990—2007年我国啤酒产业中进口大麦与国产大麦使用情况

资料来源：FAO。

打压了国产大麦趋势价格，影响了种植收益。我国大麦主要是小规模生产，单位成本较高，需要有较高的价格水平才能使农民有足够的利益激励。澳大利亚、加拿大大麦主要是规模化生产，成本较低，在 3%的关税水平下，进口大麦的完税价格相对较低，抑制了国产大麦的趋势价格，使得国产大麦价格难以提高到与其生产成本上升和国内需求增长相匹配的水平，有些年份甚至出现下降。1996—2002 年，随着大麦进口快速增长，国内大麦价格从 1 474 元/吨下降到 732 元/吨，下跌了 50%，之后虽由于主要出口国减产大麦价格有所回升，但幅度有限。在 2005 年，我国大麦丰产，但仍然进口了 217.9 万吨，造成国产大麦滞销，种植收益降低。

增强了国内外市场的联动性，加大了市场经营风险。由于大麦进口量较大、在国内市场的份额较高，且仅实行 3%的单一关税，缺乏必要的贸易调节手段，大麦进口增强了国内外市场的联动性。例如，我国与澳大利亚、加拿大的大麦价格变化具有很强的一致性（图 9）。在国内外市场相互联动的情况下，国际大麦供需和价格波动极易传导到国内，加大了经营主体面临的市场风险：在进口来源国大幅减产时，我国啤酒产业面临原料危机；在国际市场价格大幅下跌时，国内大麦生产遭受严重冲击。

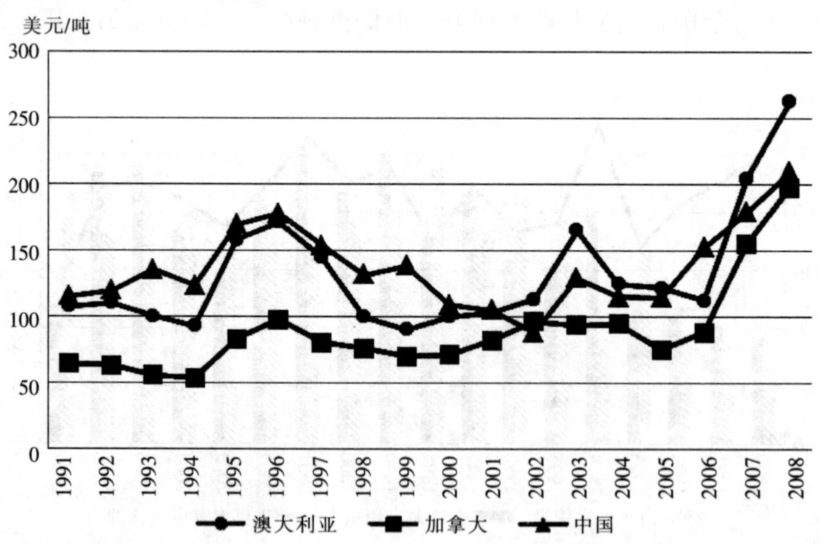

图 9　1991—2008 年澳大利亚、加拿大、中国大麦价格

资料来源：FAO。

弱化了经营主体提升产业层次的利益激励，限制了大麦产业升级的空间。在我国，啤酒大麦起步较晚，属于新兴产业，与澳大利亚等已经发展得比较成熟的大麦产业相比存在着差距。另外，我国啤酒企业主要分布在东部沿海，使用西北产区的大麦需要支付高昂的运输成本。由于上述情况，加上进口大麦关税较低，当前国产大麦在竞争中处于弱势地位。我国发展啤酒大麦在资源上还有不小潜力、技术上也有很大的提升空间，如果有必要的政府支持和保护，啤酒企业等相关经营主体将有利益激励去培育大麦生产基地、改进产业链运营模式。然而，由于大麦市场高度开放，啤酒企业能够以相对较低的成本获得进口大麦，目前缺乏推进大麦产业化经营的动力。

四、启示与建议

受进口大麦的影响，我国大麦产业没有抓住啤酒工业迅速发展带来的机遇，反而陷入收益低、风险大、生产徘徊不前的不利境地，主产区尤其是西北边疆贫困地区农民未能从种植大麦中充分获益，啤酒工业也缺乏稳定的原料来源，这种“多输”的局面不得不引起我们的反思。展望未来，在多双边谈判中，许多与大麦相似的作物在“保与放”中应如何选择？已经高度开放的大麦产业未来将何去何从？我们从大麦的困境得到一点启示，并提出如下建议。

（一）要着眼长远，加强对重要小作物的支持和保护

虽然大麦是仅次于水稻、小麦和玉米的第四大谷物，但远不如前三大谷物品种那样受重视，长期以来一直被当作小杂粮看待，入世时也被完全放开市场。然而，随着啤酒工业的发展，大麦这个当初的小杂粮已经成为重要的轻工业原料，并在一些边疆地区发展中发挥着重要作用。我们要吸取大麦产业的教训，学会用战略的眼光看农业产业发展问题。在未来的多双边谈判中，对那些当下看起来不重要但未来生产与消费潜力较大甚至会产生战略影响的小作物要给予高度重视，预留必要的政策空间，加强支持和保护，为其提供公平的竞争环境。

（二）统筹考虑“两个市场、两种资源”，科学地确定主要农产品的自给率

世界大麦贸易集中度较高，高度依赖进口使国内产业发展面临较大风险。而我国大麦种植面积仅占谷物种植面积的1%左右，完全可以适当条

件其他作物、增加大麦的种植面积。我国农业发展面临的资源约束日益增强，为满足持续扩大的农产品需求，利用“两个市场、两种资源”是必然的选择。那么，哪些产品主要靠进口，哪些产品主要立足国内实现自给，究竟以怎样的作物开放度的组合才能在利用国外市场和资源的同时有效避免风险和不缺定性、实现整体效益和长远效益的最大化？这需要我们在统筹考虑国内外的资源状况、供给潜力、市场结构等因素的基础上进行规划。

（三）考虑资源、市场等综合因素，未来我国大麦产业要走“少而精”之路

在高度开放背景下，由于在资源、规模、组织化以及产业化方面都存在着很大的劣势与问题，我国大麦产业明显缺乏国际竞争力。但考虑我国大麦生产已有基础以及大麦生产对增加主产区尤其是西北边疆贫困地区农民收入、保障啤酒工业原料安全供给方面的重要作用，我们不能完全放弃这个产业。在考虑资源、市场等综合因素的基础上，我们认为未来我国大麦产业再不能通过盲目扩大面积实现发展，而是要聚焦适宜的主产区，通过采取多种支持政策提高产业竞争能力，走“少而精”的发展道路。

（四）制定产业支持政策，促进国内大麦产业健康发展

第一，继续支持优质品种选育和引进。优良的专用大麦品种是提高我国大麦单产和质量的基础，国家要继续加大对良种选育和引进的支持。第二，优化区域布局。根据自然条件和种植条件尽快出台大麦优势区域发展规划，对优势产区重点给予技术支持与资金扶持。第三，引导大麦的产业化经营。积极扶持大麦专业合作社的发展；对企业建设大麦生产基地、与科研院所联合开展相关技术研发等进行补贴。第四，实行大麦良种补贴政策。为调动农民使用良种的积极性，建议在主产区实行大麦良种补贴政策。第五，减免大麦运输中的铁路建设基金。国家曾经减免水稻、小麦等农产品运输中的铁路建设基金，但未把大麦列入减免范围，建议对大麦进行减免。第六，在未来多双边谈判中确保大麦仅剩的3%的关税不再被削减。

2010年主要食用油产品市场变化及趋势展望

一、豆　　油

（一）2010/2011年度世界豆油市场

1. 世界大豆供需形势分析

从2010年7—10月，芝加哥期货交易所（CBOT）大豆价格逐月上涨，7月份突破1 000美分/蒲式耳，9月份更是上涨到1 180美分/蒲式耳。据美国农业部2011年1月预估，2010/2011年度世界大豆产量为25 553万吨，同比下降1.9%；总需求量25 549万吨，同比增长7.1%。

2. 世界豆油供需形势分析

世界豆油产量保持增长态势，但增速放缓。据美国农业部2011年1月份预估，2010/2011年度，世界豆油产量为4 188万吨，比上年度增加312万吨，同比增长8.1%，但低于2009/2010年度8.4%的增速。

世界豆油消费量触底反弹，增速有所加快。2008年，受国际金融危机的影响，2008/2009年度世界豆油消费量仅为3 117万吨，下降了140万吨，同比下降幅度达到4.3%。随着世界经济的复苏，世界豆油消费量在2009/2010年度触底反弹，消费量达到3 212万吨。据美国农业部2011年1月份预测，2010/2011年度世界豆油消费量将达到4 180万吨，超过金融危机前的世界豆油消费量，同比增速达到9.1%。

世界豆油库存量低位反弹，库存消费比持续下降。据美国农业部2011年1月份的预测，2010/2011年度世界豆油期末库存量为280万吨，同比下降7.9%，库存消费比也同比下降2.3个百分点。

世界豆油贸易量继续在低位徘徊，略有增长。据美国农业部2011年1月份预估，2010/2011年度世界豆油进出口总量为1 872万吨，同比增长5.6%，尚未达到国际金融危机前的水平。其中，预计世界豆油进口量为920万吨，出口量为952万吨，总体上处于恢复增长阶段。

3. 世界豆油价格

世界豆油价格先降后升，下半年上涨较快。从 2010 年 2 月到 6 月，芝加哥商品交易所（CBOT）豆油期货价格持续小幅下降，由 39.3 美分/磅下降到 37.2 美分/磅，但仍高于上年同期水平。受美元走弱、需求增长及市场炒作等因素影响，豆油期货价格从 7 月份开始强劲反弹，并持续快速上涨，到 12 月达到 58.5 美分/磅（图 1）。

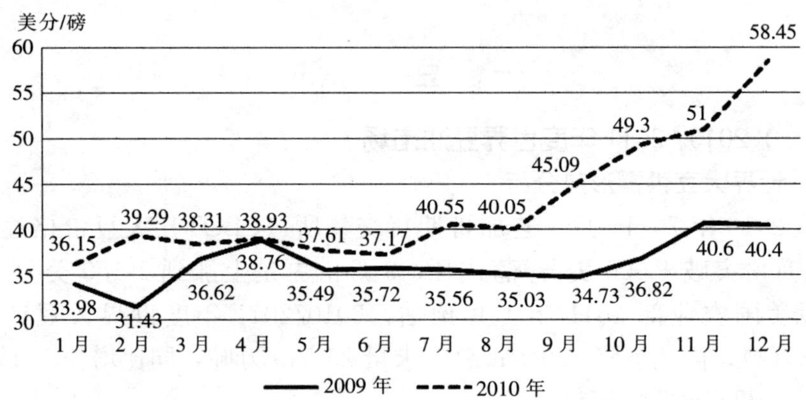

图 1　2009/2010 年 CBOT 豆油期货价格走势

资料来源：国家粮油信息中心。

（二）2010/2011 年度国内豆油市场

1. 国内大豆和豆油产销情况

国内大豆产需均有增长，但需求量增幅更大。据国家粮油信息中心 2011 年 1 月份的预估，2010/2011 年度我国大豆产量为 1 520 万吨，增长 1.5%；大豆需求量将达到 6 759 万吨，同比增长 12.9%。大豆压榨量将达到 5 700 万吨，增幅为 14.0%，与 2009/2010 年度的增幅相比有所降低。大豆榨油消费中包含 500 万吨的国产大豆及 5 200 万吨的进口大豆，进口大豆占榨油消费的主导地位。预计 2010/2011 年度大豆节余量为 161 万吨，同比减少 70.4%。

国内豆油供需持续增加，需求增速低于供给。据国家粮油信息中心预估，2010/2011 年度我国豆油新增供给量 1 242 万吨，同比增长 16.5%。其中，豆油产量 1 042 万吨，较 2009/2010 年度增加 127 万吨，同比增幅达 13.9%；豆油进口量 200 万吨，增幅达 32.1%。2010/2011 年度国内豆油总消费量达到 1 098 万吨，同比增加 10.1%。其中，豆油食用消费量将达 1 000 万吨，同比增加 9.9%；工业及其他消费将达 90 万吨，同比增加 12.5%。

2. 国内豆油市场价格

豆油期货价格震荡上行。国内豆油市场在经历了 2007 年底至 2008 年上半年的高价格之后一路走低。到了 2010 年第三季度，随着世界经济稳定复苏迹象的出现，世界豆油价格快速攀升，并迅速传导到我国。到 9 月末，在美国大豆强劲上涨的带动下，大连商品交易所大豆期货价格突破前期振荡区间创出了 4 254 元/吨的年内新高，期货价格的上行通道被打开。

豆油批发价格向高位拉升。与上年同期相比，2010 年上半年国内豆油批发价格偏高，除 6 月份以外，其他月份的批发价格都高于上年同期价格。到第三季度，随着国际豆油价格的上涨，国内豆油价格也开始上扬，8 月、9 月和 10 月这三个月的国内豆油（国标四级）批发价格几乎是直线上升，9 月份黑龙江豆油批发价格突破 8 000 元/吨，11 月份更是达到 9 612元/吨的高位（图 2）。

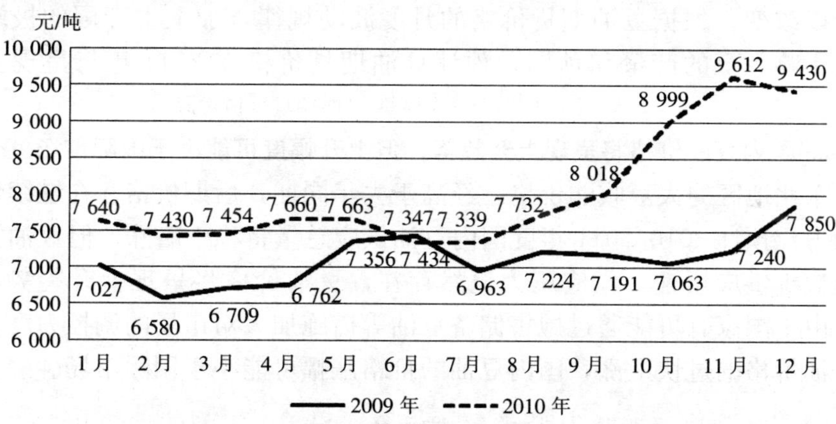

图 2　2010 年国产黑龙江豆油市场批发价格走势

资料来源：国家粮油信息中心。

（三）国内豆油价格主要影响因素

1. 国际市场的影响

受气候影响，美国、巴西大豆产量有所减少，世界大豆供给有所降低，价格上行压力较大。由于我国为大豆进口大国，国际市场大豆价格的上涨对国产大豆价格形成了利多影响。据海关总署的统计，从 2010 年 7 月份起，我国进口大豆在短短三个月内每吨上涨 590 元，国产大豆价格也在短短的一个月内涨幅达到12%，生产成本的提高导致豆油价格上涨。

2. 国内新大豆收购价格上涨

黑龙江省农委公布的数据显示，到2010年10月中旬，随着大豆收获的结束，大豆上市量也开始增加，东北地区的大豆收购价格已经高于上年同期价格，加上对国内通胀的预期，种植大豆的农民仍存在一定惜售心理。大豆收购价格的上涨推动了国内豆油价格上涨。

3. 政策面支持

国家的农业政策往往会考虑到农民的收益情况。由于2010年大豆种植成本有所提高，大豆收储价格为3 800元/吨，较上年3 740元/吨提高60元/吨。对大豆市场价格形成支撑，并进而影响豆油价格。

（四）后市预测与展望

1. 国际豆油价格将呈现上升态势

随着世界经济复苏势头的日益巩固，世界豆油产量、消费量都将保持增长态势。同时，美国、阿根廷作为世界豆油产销大国的地位短期内也难以改变。根据豆油期货价格的月度波动规律，加上主产国的极端天气会影响大豆的产量和预期，预计豆油期货价格在2011年将呈现上升态势。

2. 国内豆油价格将呈现上升趋势，但上升幅度可能小于国际市场

东北地区的大豆收购价格已经高于去年同期，后期价格存在继续走高的动力。预计2010/2011年度国内豆油供应总量将稳中略涨，但豆油需求增速快于供应增速，供应压力仍然存在，豆油价格将呈现上升趋势。但是，由于国家有可能通过抛售储备豆油等措施加大对市场的调控力度、抑制豆油价格的过快上涨，国内豆油的价格涨幅可能小于国际市场。

二、花 生 油

（一）2010/2011年度世界花生油市场

世界花生产量和需求量双双上升，市场供大于求。据美国农业部2010年11月份预测，2010/2011年度世界花生种植面积和产量都有所增加。2010/2011年度，世界花生收获面积2 123万公顷，同比增加5.8%；生产量为3 441万吨，同比增加4.3%。2010/2011年度世界花生总供给量为3 759万吨，总需求量为3 641万吨，市场供大于求；花生压榨需求量1 543万吨，同比增加7.5%。

世界花生油产消费量迅速回升，产量增幅明显高于消费量。据美国农业部2011年1月份的预测，2010/2011年度世界花生油总产量为490万吨，同比增加5.2%，占世界植物油总产量的3.4%；世界花生油消费量将达486万吨，同比增长0.7%。世界花生油产量增幅明显高于消费量增幅，但从绝对量来看，产量略大于消费量，供需基本平衡。

世界花生油贸易量持续下降，处于历史低位。据美国农业部2011年1月份的预测，2010/2011年度世界花生油进出口总量为32.2万吨，同比下降6.5%；其中，进口量为16.1万吨，出口量为16.1万吨。从2002/2003年度至今，2003/2004年度的进出口量最高，达到37.9万吨；此后总体保持了下降的态势，2010年的进出口总量已经处于历史低位。

世界花生油库存量低位反弹，库存消费比上升。据美国农业部2011年1月份的预测，2010/2011年度世界花生油期末库存量为10.7万吨，同比增长57.4%，库存消费比为2.2%，同比提高0.8个百分点，触底反弹的趋势明显。

（二）2010/2011年度中国花生油市场

1. 国内花生及花生油生产和消费情况

国内花生供给和需求都有所增加。我国是花生生产大国，花生基本自给自足。据国家粮油信息中心2011年1月份预测，由于花生种植面积比上年有所增加，2010/2011年度我国花生供应量为1521万吨，增长3.35%；花生榨油消费量将达到701万吨，增长2.79%。与上年度相比，我国花生榨油消费量增速有些放慢。

国内花生油供给和需求持续增加。据国家粮油信息中心2011年1月份预测，2010/2011年度我国花生油产量为220万吨，同比增长2.79%；消费量将达到215万吨，增长10.26%，其中绝大多数为国产花生油，而且都为食用消费，无工业消费。年度节余量预计为9.8万吨，供需基本持平。

2. 国内花生油价格

花生油批发价格高位运行。2010年，国内花生油批发价格明显高于2009年。从国内批发市场花生油月度平均价格的走势来看，花生油价格在2010年5月至9月份略有下降，但在10月份快速攀升，由9月份的13 326元/吨上升到10月份的14 963元/吨，11月份更是突破16 000元/吨（图3）。

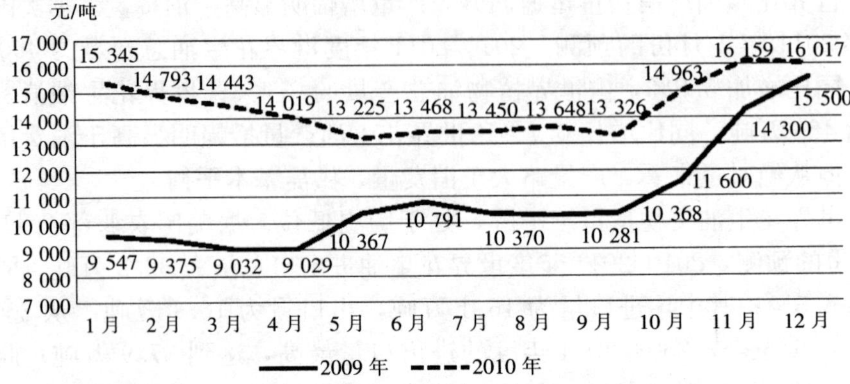

图 3　2010 年我国山东花生油市场批发价格走势

资料来源：国家粮油信息中心。

(三) 国内花生油价格主要影响因素

1. 供需基本面

虽然中国的花生油几乎完全自给，对外无依赖性，但是外围因素仍然间接影响着花生油价格。2010 年世界花生油产需相对稳定，我国花生油的产消量也比较稳定。

2. 替代品影响

替代食用油品种的价格走势对花生油的价格走向具有重要影响。花生油价格与豆油、菜籽油、棕榈油等食用油价格有较大的关联性，豆油等食用油价格的上涨将推动花生油价格上升。

3. 市场预期

随着国际和国内的通胀预期加强，市场通胀的压力逐渐在农产品上呈现。在这种背景下，花生油价格易涨难跌。

(四) 后市预测与展望

1. 国际花生油价格将逐渐攀升

随着宏观经济形势的好转，世界花生油产量将在高位徘徊，消费量将随着经济复苏的加快和人们生活水平的提高保持增长态势。尽管花生油库存量已经上升，库存消费比亦有所恢复，但供求关系仍不宽松。在豆油价格趋涨，国际通胀预期加强的情况下，世界花生油价格也将逐渐上涨。

2. 国内花生油价格将走高

随着近期国内消费价格的走高预期，花生上市后行情有可能高走。此外，花生油作为高端用油，有其自身相对独立的行情，大部分是通过小包装油的方式进入消费领域，消费的季节性很强，一般集中在春节和中秋节。因此，国内花生油价格将会随着节日的临近和国内物价的持续攀升而上升。

三、菜 籽 油

（一）2010/2011年度世界菜籽油市场

世界油菜籽种植面积有所上升，但产量下降。据美国农业部2011年1月份的预测数据，2010/2011年度世界油菜籽收获面积为3 214万公顷，增幅为3.3%；生产量为5 831万吨，同比减少3.8%；总供给量为7 566万吨，总需求量为7 001万吨，其中油菜籽压榨需求量5 754万吨，增长1.5%。

世界菜籽油产量及供给持续增加，但增速放缓。据美国农业部2011年1月份的预测数据，2010/2011年度世界菜籽油产量为2 265万吨，同比增加1.5%，占世界植物油总产量的15.3%，总供给为2 691万吨，同比增加2.3%。2002/2003年度至2010/2011年度，世界菜籽油产量总共增长了86.5%，年均增速高达8.2%，2010/2011年度的产量增速低于这一平均增速。

世界菜籽油需求量稳步增长，产需缺口逐步扩大。根据美国农业部2011年1月份的预测数据，2010/2011年度世界菜籽油需求量将达到2 615万吨，同比增长5.1%。2002/2003年度至2010/2011年度，世界菜籽油消费量由1 325万吨增长到2 338万吨，增长了92.4%，年均增长率达到8.6%，比生产量的年均增速高0.4个百分点，产需缺口不断扩大。

世界菜籽油库存量有所减少，库存消费比拉低。根据美国农业部2011年1月份的预测数据，到2010/2011年度末，世界菜籽油库存量将达到76万吨，同比减少66万吨，减幅为46.2%；库存消费比为3.37%，比上一年度降低3.13个百分点。世界菜籽油库存量与库存消费比均处在调整阶段。

世界菜籽油进出口总量变化不大，进口量数据高于出口量。根据美国农业部2011年1月份的预测数据，2010/2011年度世界菜籽油进出口总量为560万吨，仅比2009/2010年度增加2万吨，但进出口的结构有所变化。其中，进口284万吨，同比减少2.2%；出口276万吨，同比增加 2.7%。

世界油菜籽价格从下半年开始快速上涨，价格创下新高。从 2009 年 6 月至 2010 年 6 月，国际上油菜籽价格基本上维持在 400 加元/吨左右，但是，从 2010 年 7 月份开始，世界油菜籽价格快速上涨；主产国加拿大的油菜籽价格在 10 月份突破 500 加元/吨，12 月份达到 588.7 加元/吨，创下近两年来的新高。

(二) 2010/2011 年度中国菜籽油市场

1. 油菜籽及菜籽油供需形势

国内油菜籽供给和需求大幅减少。根据国家粮油信息中心 2011 年 1 月份的预估，2010/2011 年度中国油菜籽播种面积 730 万公顷，增幅为 1.39%。但是，预计 2010/2011 年度中国油菜籽产量仅为 1260 万吨，减少 7.7%。预计该年度我国油菜籽供给量下降至 150 万吨。由于产量和进口量的双双下降，预计 2010/2011 年度我国油菜籽较上年度减少 223 万吨，新增供给量预计为 1 410 万吨。预计该年度油菜籽榨油消费量为1 350 万吨，较上年度下降 280 万吨。

国内菜籽油供给减少、需求增加。根据国家粮油信息中心 2011 年 1 月份的预测，2010/2011 年度，我国菜籽油总供给量预计为 575 万吨，比上年度减少了 96 万吨。其中，菜籽油产量预计为 485 万吨，和上年度相比减少 104 万吨；进口量预计为 90 万吨，比上年度增加 36 万吨。2010/2011 年度菜籽油国内消费量预计为 520 万吨，较上年度增加 70 万吨。

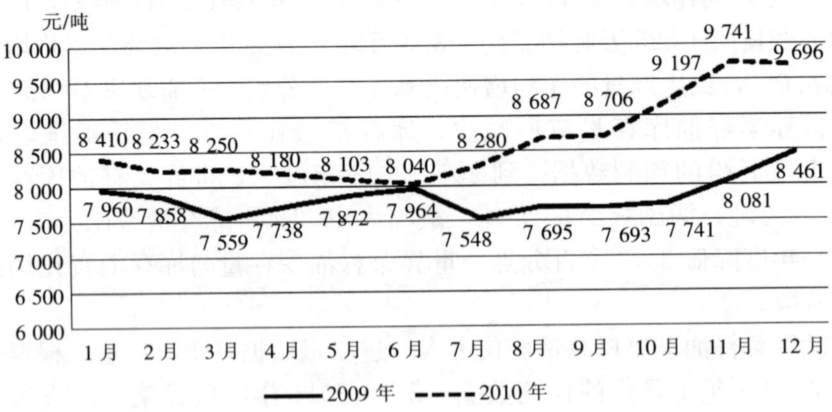

图 4 2010 年我国安徽菜籽油批发市场四级菜籽油批发价格走势

资料来源：国家粮油信息中心。

2. 国内菜籽油市场价格

菜籽油期现货市场价格趋于走高。郑州商品交易所（CZCE）2010年6月30日菜籽油的现货均价为8 261元/吨，而9月30日的均价为8 809元/吨；6月30日的期货指数价格为8 122元/吨，而9月30日指数价格为8 810元/吨。国内四级菜籽油批发价格在上半年一直走低，但与上年同期相比仍处于高位运行状态。进入下半年，菜籽油批发价格快速上升。2010年10月份，安徽菜籽油批发价格达到9 197元/吨，创24个月以来的新高，到12月份更达到9 696元/吨（图4）。

（三）国内菜籽油价格主要影响因素

1. 供需基本面

2010年世界油菜籽产量有所降低，我国国内菜籽油供给也出现减少，但国内需求持续增长，菜油供应紧张的局面较为突出。10月份以后，随着气温的下降，棕榈油消费减少，菜籽油消费增加，推动菜籽油价格进一步上升。

2. 国内外价差压力

2010年7月份以后，进口菜籽与国产三等菜籽的质量价差在500元/吨左右。由于国内外油菜籽价差较大，国内菜籽油价格还有进一步上涨的空间。另外，豆油价格的上升也对菜籽油价格产生较大拉动作用。

（四）后市预测与展望

1. 国际菜籽油市场

菜籽油市场将出现上升趋势。世界菜籽油产量将继续保持缓慢增长态势，但增速不会太快。世界菜籽油的需求量预计将保持快速增长的态势。由于菜籽油需求量增速快于产量增速，预计菜籽油价格上涨压力较大。

2. 国内菜籽油市场

短期内菜籽油市场价格将在高位运行。2010年新季油菜籽市场收购价格普遍高于国家规定的最低收购价，国家临时存储油菜籽收购量明显低于上年同期，国家调控菜籽油市场的能力受到削弱。由于各种植物油品种的消费具有相互替代性，国内菜籽油价格将在国内外植物油整体涨价的影响下保持高位运行。

世界油菜籽产业发展分析

一、世界油菜籽生产

（一）世界油菜籽生产发展

油菜籽是世界上仅次于大豆和棕榈仁的重要油料作物。油菜籽产量和消费量均占世界油料产量和消费量的12.9%，贸易量占世界油料贸易量的10%，是仅次于大豆（贸易量占世界油料贸易量的85%）的贸易油料（2005—2010年均值，下同）①。以油菜籽为原料生产的菜籽油占世界食用油产量的14.9%，仅次于棕榈油（占世界食用油产量的31.8%）和大豆油（占世界食用油产量的28.5%）。菜籽粕产量占世界蛋白饼粕产量的12.6%，仅次于占世界蛋白粕产量67%的豆粕。

20世纪60年代以来，世界油菜籽生产稳步发展，近年来呈快速发展趋势。油菜播种面积从1965年的683万公顷增加到2010年的3 110.2万公顷，年均增长率3.4%；同期油菜籽产量由451万吨增加到6 053万吨，年均增长5.9%（图1和图2）。世界油菜籽生产快速发展的重要原因是油中芥酸含量低和菜饼中硫代葡萄糖甙含量低油菜品种的推广（加拿大称Canola，中国和欧盟称"双低"油菜）。进入21世纪以来，技术进步带来的单产水平的提高是推动油菜籽生产快速发展的重要原因。20世纪油菜籽产量的增长主要依靠面积的扩张推动，单产对油菜籽产量的贡献率低于面积对产量的贡献率。2001年以来，世界油菜籽的播种面积年均增长率低于历史平均增长率，单产对产量的贡献率超过了面积对产量的贡献率（表1）。

---

① 数据来源：报告中没有特别注明的数据都来自美国农业部数据库（PSD Online），2010数据是2010年11月份更新结果。报告中的油料作物包括干椰子肉、棉籽、棕榈仁、花生、油菜籽、大豆和向日葵等七种油料作物。

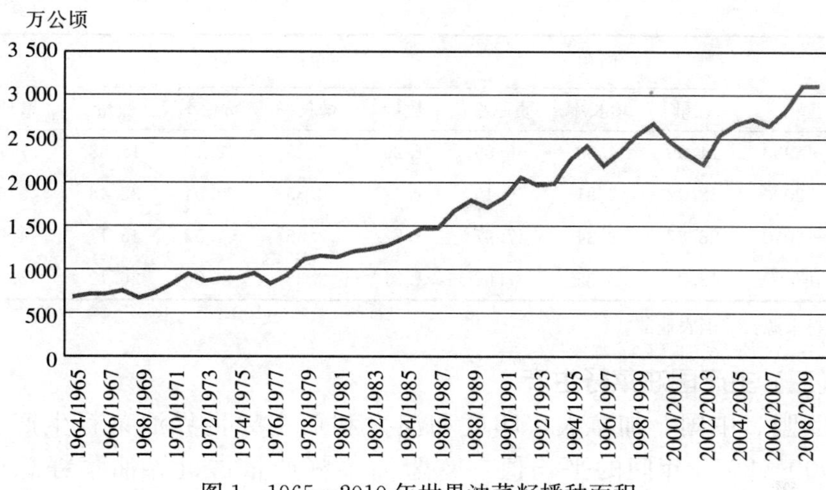

图 1　1965—2010 年世界油菜籽播种面积

资料来源：美国农业部。

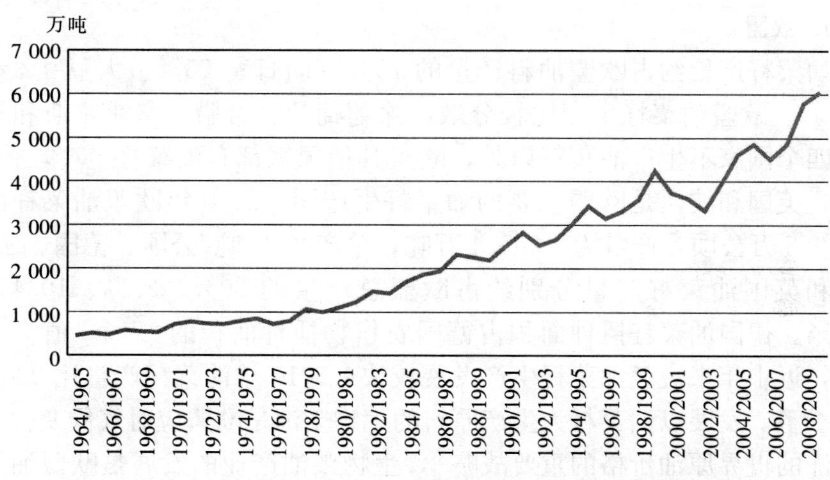

图 2　1965—2010 年世界油菜籽产量

资料来源：美国农业部。

表 1　世界油菜籽面积、单产、产量增长率及其贡献率

单位：百万公顷、百万吨、%

	面积			单产			产量	
	数量	增长率	贡献率	数量	增长率	贡献率	数量	增长率
1964—1980	8.74	3.06	56.46	0.83	2.28	42.07	7.21	5.42

（续）

	面积			单产			产量	
	数量	增长率	贡献率	数量	增长率	贡献率	数量	增长率
1981—1990	14.99	4.33	56.09	1.26	3.25	42.10	18.88	7.72
1991—2000	22.92	2.81	76.15	1.42	0.85	23.04	32.48	3.69
2001—2010	26.87	2.34	47.27	1.72	2.55	51.52	46.17	4.95
均值	18.38	3.35	57.66	1.31	2.38	40.96	26.19	5.81

资料来源：美国农业部。

（二）主产国油菜籽生产

欧盟、中国、加拿大、印度和澳大利亚主导世界油菜籽生产。根据 2000—2010 年间的平均值，欧盟油菜籽产量占世界油菜籽总产量的 33.6%，居第一位；其次是中国和加拿大，分别占 25.9% 和 18.8%。

1. 欧盟

油菜籽产量约占欧盟油料产量的 75%（向日葵 25%、大豆 4%和棉籽 3%）。欧盟油菜籽生产比较分散，除葡萄牙、希腊、塞浦路斯和马耳他等四个国家不生产油菜籽以外，欧盟其他国家都有油菜籽生产，德国、法国、英国和波兰是欧盟主要的油菜籽生产国。2010 年欧盟油菜籽面积为 610.5 万公顷，产量为 2 005.4 万吨，单产 3.29 吨/公顷。德国、法国、波兰和英国油菜籽产量分别约占欧盟总产量的 30%、25%、10.4%和 11.2%。德国油菜籽播种面积占德国农作物播种面积的 12%。值得注意的是，近十年来波兰油菜籽生产发展较快，2010 年油菜籽产量比 2000 年翻了一番。发展以油菜籽为生产原料的生物柴油是欧盟应对气候变化和不断上涨的世界原油价格的重要战略①，生物柴油产业的发展是欧盟油菜籽生产发展的最大推动力。

2. 中国

中国是世界油菜籽生产大国，油菜栽培历史悠久，中国油菜籽种植面积和产量均占世界的 30%左右。中国油菜播种面积仅次于大豆，2009 年

① 欧盟柴油产业发展迅猛，是世界最大的生物柴油生产区域，欧盟生物柴油产量占欧盟生物质能源产量的 75%、占世界生物柴油总产量的 65%。2009 年，欧盟生物柴油产量为 900 万吨，同比增长了 16.6%。

播种面积为 727.8 万公顷，占油料作物总播种面积的 33.6%[①]，产量 1 365.7万吨，单产 1.88 吨/公顷。中国几乎每个省都种植油菜[②]，有春油菜和冬油菜两种类型。春油菜主要集中于内蒙古海拉尔地区、青海、新疆等地，在 4 月底种植，9 月底收获。冬油菜主要集中于长江流域，与印度相同，秋季或冬季播种，属早春作物。中国油菜生产以冬油菜为主，冬油菜面积和产量均占 90%以上。中国油菜主产省区主要有江苏、湖北、江西、安徽、湖南、四川、贵州、浙江、河南和内蒙古，十个主产省区占全国油菜播种面积的 98%。其中，长江中下游区域相对集中，江苏、湖北、江西、安徽和湖南 5 个省油菜播种面积约占总播种面积的 55%，四川和贵州两省油菜播种面积约占总播种面积的 20%。

中国油菜籽播种面积呈阶段性增长，单产稳步提升。20 世纪 90 年代，中国油菜籽播种面积在 650 万公顷左右波动。2000 年以后，油菜籽播种面积在 700 万公顷左右徘徊。20 世纪 90 年代，中国油菜籽平均单产为 1.4 吨/公顷，2000 年以来，随着“双低”油菜籽优良品种推广面积的扩大，平均单产增加到 1.8 吨/公顷，增长了 2.9%。尽管如此，目前中国油菜单产仍然低于世界平均单产，只有欧盟的 53.6%，略高于加拿大。

3. 加拿大

油菜籽约占加拿大农作物种植面积的 65%，占油料作物种植面积的 73.5%，产量约占油料作物总产量的 71.4%（2009 年，加拿大统计数据）。油菜籽主要产区在加拿大西部平原的马尼托巴、阿尔伯达和萨斯喀彻三省，安大略、西北太平洋和中北部地区也有种植[③]。2000—2009 年，加拿大油菜籽收获面积由 493.7 万公顷增加到 655.6 万公顷，年均增长 2.9%；产量由 720.5 万吨增加到 1 182.5 万吨，年均增长 5.1%；单产由 1.5 吨/公顷增加到 1.8 吨/公顷，年均增长 2.2%。

4. 印度

油菜籽是花生之外的第二大油料作物，油菜籽面积占油料作物播种面积的 23.2%（近 10 年均值，印度农业部数据）。1986 年，印度出台了关

---

① 中国油料作物统计中不包括大豆，而按照国际统计惯例油料是包括大豆的，为了便于与国际比较，本报告中把大豆计入了油料。

② 现有统计资料表明，中国有 27 个省区种植油菜。

③ 加拿大油菜籽（Canola）有严格的定义，不同于一般定义上的油菜籽（Rapeseed），目前只能得到加总的统计数据。

于油料作物生产的科技计划，以满足不断增长的油料需求。油菜籽生产在20世纪80年代末期发展到500万公顷左右，随后基本在500万到600万公顷之间波动，2005年曾达到725万公顷。

印度油菜籽的生产比较集中，主要种植在北部和中部的小麦生产带。拉贾斯坦邦的油菜籽产量约占印度油菜籽总产量的40%。其他的主要油菜籽生产区域是Uttar Pradesh，Madhya Pradesh和Haryana（哈里亚纳邦），分别占印度油菜籽产量的18%、10%和11%。由于油菜在印度是早春作物，在冬天播种，主要种植在非灌区，干旱和市场条件的变化对总产和单产影响很大。2000—2009年，印度油菜籽平均产量约为620万吨。近年来，印度油菜籽单产获得显著增长，2000年以来平均单产略高于1吨/公顷，2010年单产达到1.2吨/公顷。

二、世界油菜籽消费需求

（一）世界油菜籽的消费需求

世界油菜籽消费相对集中。欧盟、中国和印度是前三大油菜籽消费国，分别占世界的34.6%、28.5%和12.9%。加拿大和日本的油菜籽消费量分别占世界总消费量的8.5%和5.0%。美国、墨西哥、巴基斯坦、孟加拉等国家消费量相对较小。近年来，世界油菜籽消费需求迅速增长。20世纪90年代，世界油菜籽消费年均增长4.7%；2001年以来，世界油菜籽消费需求迅速扩大，年均增长6.6%，仅次于20世纪80年代年均7.5%的发展速度，而同期大豆的年均消费增长速度只有3.4%。压榨需求是油菜籽消费需求的主体。2009年油菜籽的消费需求量达到5 934.9万吨，其中压榨量为5 669.4万吨，占总需求的94.2%。

菜籽油消费占世界植物油消费的15.3%（2006—2010年均值）。近年来，工业用油的消费增长速度较快，特别是欧盟生物柴油产业发展，带来了菜籽油消费结构的变化。工业消费的比例不断上升，食用消费的比例不断下降。2001—2009年，食用消费年均增长速度为3.5%，而工业消费的年均增长率为23.5%（表2）。2009年工业用油消费量671.2万吨，比2001年增加了6倍多。2009年世界菜籽油的消费量是2 229.6万吨，其中，食用消费占菜籽油消费量的70%，工业用油占菜籽油消费量的30%。2000年以来，饲料用菜籽粕消费年均增长7.1%，而工业用菜籽粕的消费比较稳定，大约在 80 万吨左右，饲用菜籽粕消费是拉动菜籽粕消费需求的重要力量。2009 年世界菜籽粕消费量是 3 387.4 万吨，其中饲用菜籽粕消费占菜籽粕消费总量的 97.4%。

表 2 油菜籽及其产品需求年均增长率

单位：%

年份	油菜籽	菜籽粕	菜籽油	
			工业	食用
1964—1970	5.1	4.7	3.8	4.4
1971—1980	4.3	4.6	3.9	3.6
1981—1990	7.5	7.3	10.2	7.7
1991—2000	4.7	4.6	6.0	4.9
2001—2009	6.6	6.9	23.5	3.5

资料来源：美国农业部。

（二）主要油菜籽消费国的需求增长及其结构变动

1. 欧盟

2001—2009 年，欧盟油菜籽消费需求量年均增长 10.3%，压榨需求年均增长 10.6%。2006 年起，油菜籽的压榨量已经超过大豆的压榨量（2009 年大豆的压榨量为 1 250 万吨）。2009 年欧盟油菜籽消费量 2 353.4 万吨，其中压榨需求 2 255 万吨，压榨需求占总需求的 95.8%。

欧盟油菜籽主要用来生产生物柴油和菜粕（用于动物饲料），用于食用油消费的油菜籽所占比例不高。2001 年到 2009 年，欧盟菜籽油的消费量从 405.8 万吨增加到 971.5 万吨，年均增长 12%，其中，菜籽油的工业消费需求从 117.4 万吨增加到 671.2 万吨，年均增加 24.2%，而同期食用菜籽油的消费量年均增加只有 0.3%（图 3）。2010 年欧盟用于食用植物油消费的油菜籽为 315 万吨，只占欧盟菜籽油产量的 33.6%。欧盟 80% 的生物柴油产量来自菜籽油，2009 年欧盟生物柴油产量 904.6 万吨，比 2001 年增加了 814.1 万吨，年均增加 31.43%。工业用菜籽油已成为决定欧盟油菜籽供求状况的重要因素。2010 年欧盟油菜籽压榨量为 2255 万吨，生产菜籽油 791.4 万吨，菜籽粕 1102.2 万吨，油菜籽压榨量已经超过区域内的产量。加拿大将很可能是欧盟油菜籽进口的来源国，这取决于欧盟对转基因农产品的贸易政策。

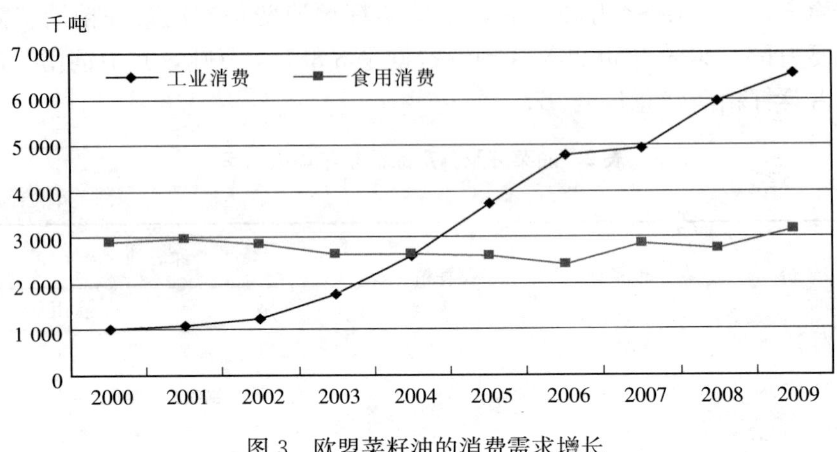

图 3　欧盟菜籽油的消费需求增长

资料来源：美国农业部。

生物柴油产业的发展将使欧盟成为具有输出菜籽粕能力的区域。欧盟粕类消费以豆粕为主，占欧盟粕类消费总量的 65.2%，菜籽粕消费占欧盟粕类消费的 20%（欧盟统计数据库，2008 年值）。2001—2008 年，欧盟菜籽粕的产量年均增长 11.44%，超过同期菜籽粕消费量年均 9%的增速。2008 年菜籽粕消费量占菜籽粕产量的 92.4%，生产量已经超过了需求增长。随着欧盟生物柴油产业的发展，菜籽粕的供给将不断增加，欧盟将成为一个菜籽粕供给过剩的区域，有能力向国际市场出口豆粕。事实上，欧盟正在为产量不断增加的油菜粕寻找出路。

尽管欧盟食用菜籽油消费的年均增长率只有 0.3%，但是菜籽油在欧盟食用油消费中的比例不断上升（图 4），欧盟食用油消费结构由以大豆油、葵花油为主向以菜籽油为主的方向转变。2008 年欧盟食用油消费量为 2 036.9 万吨，食用菜籽油消费量 785.6 万吨，占总消费量的 38.6%，同期，大豆油和葵花油的消费量占总消费量的比例分别为 15.1%和 15.2%。而 2000 年食用菜籽油占欧盟植物油消费的比例只有 30%，1990 年和 1980 年这一比例分别为 19.9%和 11.3%。

2. 中国

2000—2009 年，中国油菜籽消费年均增长 2.44%，而 1981—1990 年和 1991—2000 年油菜籽消费分别年均增长 4.13%和 7.57%，相比之下，2000 年以来中国油菜籽消费增长速度较慢。与生产相比较，中国油菜籽

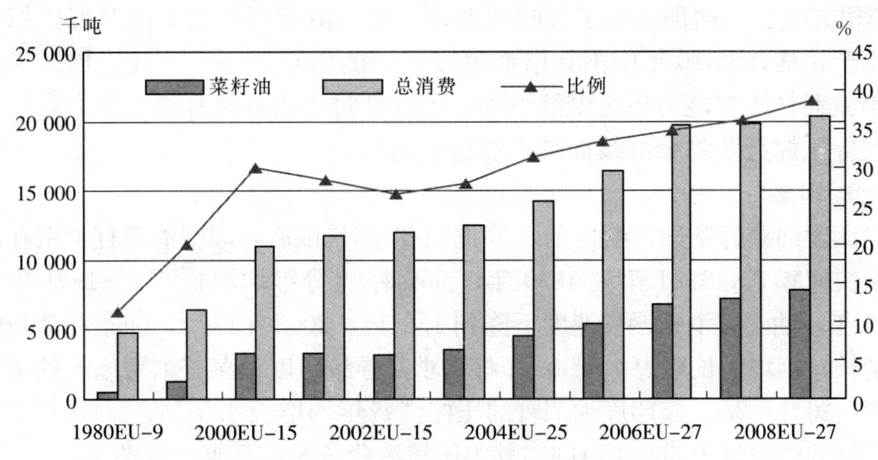

图 4　菜籽油占欧盟食用植物油消费的比重

资料来源：欧盟统计数据库（http//epp. eurostat. ec. europa. eu）。

消费的发展速度一直高于生产的增长速度。1981—1990 年中国油菜籽产量的增长速度是 4.1%，1991—2000 年的增长速度是 4.5%。在产不足需的情况下，贸易是弥补供求缺口的一个重要途径。

中国油菜籽除了 5%左右用作种子之外，其余全部用来榨油。2009 年中国油菜籽压榨量 1 324 万吨，生产菜粕 832.5 万吨，菜籽油 556.2 万吨。中国菜籽油消费完全是食用消费。2000 年之前，菜籽油是中国最主要的植物油消费品种，消费量占食用油消费总量的 40%；2000 年之后，随着大豆和棕榈油进口的激增，菜籽油在中国食用油消费结构中的比重不断下降。目前，菜籽油在中国食用油消费中所占的份额约为 20%，低于棕榈油和大豆油。但从绝对数量看，中国食用油消费量是不断增长的。2001 年到 2009 年，菜籽油的消费量由 421.3 万吨增加到 564.1 万吨，年均增长 3%。中国菜籽粕需求由工业需求和饲料需求构成，饲料需求为主。2009 年中国菜籽粕需求量为 1 002.2 万吨，其中饲料粕需求为 962.2 万吨，占需求总量的 96%。值得注意的是，2001 年以来，中国菜籽粕的消费年均增长 3.9%，而同期国内产量增长幅度只有 2.7%，逐渐开始进口菜籽粕。

中国共有规模以上油菜籽压榨企业 300 多家，但规模普遍较小，仅 20 多家年产能在 15 万吨以上。近年来，中国油菜籽压榨能力迅速增加。截至 2009 年底，中国油菜籽有效压榨能力已超过 3 500 万吨，而全国油菜籽产量约 1 300 万吨左右，产能严重过剩。2010 年初至 3 月底，又新增

7 个相关项目，增加 100 多万吨油菜籽产能。由于新建大型油菜籽压榨项目投产，估计 2010 年中国新增油菜籽压榨能力超过 180 万吨。预计未来几年油菜籽压榨能力还会继续增加，远远超过国内油菜籽供应能力，国内油菜籽压榨行业将会继续面临产能过剩局面。

3. 印度

印度油菜籽基本自给自足。20 世纪 80 年代以后，印度油菜籽消费在波动中快速增长。1981 年到 1990 年，油菜籽消费年均增长 9%。1991 年到 2000 年，油菜籽消费增长速度下降到 1.64%。2000 年以后，油菜籽消费快速增长，年均增长率为 4.1%。压榨需求是导致印度油菜籽消费增长的主要因素。2001—2009 年印度油菜籽的压榨消费年均增长 4.53%。2009 年印度油菜籽的消费量为 666.1 万吨，其中压榨消费量 590 万吨，占 88.6%。

印度食用油供求缺口较大，油菜籽压榨主要是用来满足其国内食物植物油的需求。印度菜籽油全部用于食用，菜籽油消费占印度食用植物油消费总量的 18.3%。2001—2009 年，印度菜籽油消费量由 150.2 万吨增加到 2007 年的 224.7 万吨，年均增加 4.4%，产量与消费量基本持平，部分年份有少量贸易。印度菜粕全部用于饲料消费。2001—2009 年，菜粕需求年均增长 3.4%。2009 年印度菜粕需求量为 283.8 万吨，需求量占国内产量的 48.7%，有少量菜粕出口国际市场。

与中国的情况类似，印度油脂压榨部门主要由分散的小型压榨工厂组成。税收优惠和地方政府的其他激励政策导致压榨工厂过度投资，生产能力过剩，油厂开工率低。世界银行（1997）的研究表明，印度传统的作坊式的和小型的压榨工厂的实际利用产能只有设计产能的 30%，即使 600 家较先进的大型压榨企业，平均实际产能也不超过设计能力的 40%。印度也有一些开工率较高的跨国压榨企业，由于印度禁止油料原料进口，国内原料生产不足，跨国公司在印度的发展并不快。

4. 加拿大

2000 年以后，加拿大油菜籽的国内需求快速增加。2001—2009 年，加拿大国内油菜籽需求量从 260.7 万吨增加到 491.4 万吨，年均增长 8.6%，而 1991—2000 年消费需求年均增长率是 6.3%，1981—1990 年消费需求年均增长率是 5%。压榨需求增长是加拿大油菜籽消费需求快速增长的重要原因。2001—2009 年，加拿大油菜籽的压榨需求年均增长 9.2%。2009 年油菜籽压榨消费量是 476.6 万吨，压榨消费量占总消费量的 97%。

国际油菜籽及其相关产品需求增长是加拿大油菜籽产业发展的重要动力。2009年，加拿大油菜籽产量为1 241.7万吨，需求量占总产量的39.6%，其余的用于出口。除了油菜籽以外，加拿大国内压榨生产的菜籽粕和菜籽油也依靠国际消费市场。油菜籽产业每年为加拿大创造约130亿加元的产值，油菜籽、菜籽油和菜粕每年出口值约为30亿加元。加拿大有ADM、BUNG和Cargill等5个油菜籽加工企业，13个油菜籽加工厂，分布在6个省，年压榨能力400万吨。2009年加拿大压榨油菜籽416.9万吨，压榨量占国内油菜籽产量的57.9%；生产菜籽油181.1万吨，菜籽粕238.6万吨。2009年加拿大油菜粕的需求量是80.8万吨，本国需求量占总产量的29.1%，70.9%的菜籽粕用于国际市场消费。加拿大本国对菜籽粕的消费主要用于饲料，2001—2009年加拿大用于饲料的菜籽粕消费年均增长6.5%。

加拿大食用植物油消费以菜籽油为主。2001—2009年，加拿大菜籽油消费呈下降趋势，年均下降1.3%。2009年菜籽油消费量为101.6万吨，占食用油消费需求的41.8%，占国内植物油产量的23.5%。2007年以前，食用消费需求是加拿大菜籽油唯一的需求，2007年加拿大工业用植物油开始起步，2009年工业用菜籽油的消费量是20万吨。加拿大用油菜籽生产生物柴油发展缓慢，目前政府正在加快推进以油菜籽为原料的生物柴油生产。

三、世界油菜籽产品贸易

（一）世界油菜籽产品贸易概况

世界油菜籽贸易在20世纪70年代之后逐渐活跃，贸易量约占世界油料贸易量的14%，在油料作物中仅次于大豆。

1. 油菜籽贸易

近年来，油菜籽贸易增长速度不断加快。1971—1980年、1981—1990年、1991—2000年和2001—2009年油菜籽贸易量的年均增长速度分别为4.5%、7.9%、11.9%和12.5%。2009年世界油菜籽贸易量为1 071万吨，约占世界油菜籽产量的18%。

世界油菜籽出口贸易集中度高。一般年份，加拿大油菜籽出口量占世界出口量的70%，且有稳定的供给能力；澳大利亚占12%，生产不稳定；其余国家占18%。世界油菜籽进口贸易相对分散，中国油菜籽进口量占世界油菜籽进口总量的17.2%，日本占24.9%，墨西哥占13.7%，美国占 7.7%，阿联酋和巴基斯坦在 8%左右，这 6 个国家占世界油菜籽进口贸易的 80%。

2. 菜籽油贸易

菜籽油贸易在 20 世纪 90 年代经历了短暂的低潮后在 2000 年以来快速发展，贸易量年均增长 13.7%，是历史上增长最快的时期。2009 年菜籽油贸易量 268.8 万吨，占产量的 11.5%。

菜籽油的出口贸易集中在加拿大、美国和欧盟。目前，加拿大菜籽油出口占世界总出口的 73.1%，出口量大且有不断增长的趋势。20 世纪 80 年代，欧盟菜籽油出口量占世界菜籽油出口贸易量的比重为 70%，正如现在的加拿大；之后，加拿大菜籽油产业兴起，欧盟在世界菜籽油出口贸易中的地位逐年下降，特别是 2000 年以来，欧盟生物柴油产业的发展消耗了过剩的菜籽油供给，2009 年欧盟菜籽油的出口贸易量只占世界总出口贸易量的 5.5%。值得注意的是，美国菜籽油的出口量逐年增加，有每年出口 23 万吨的能力，出口量占世界菜籽油市场份额的 12%。

美国、中国、欧盟和墨西哥是菜籽油的主要进口国，这几个国家进口量占世界菜籽油贸易的 87%。近三年，美国进口菜籽油都在 100 万吨以上，占世界的 39.7%，且呈稳定增长的态势。中国是仅次于美国的第二大菜籽油进口国，2009 年进口菜籽油 78.5 万吨，占世界的 29.2%，但中国菜籽油的进口量不稳定。生物柴油产业的发展使得欧盟从净出口区转变为净进口区，2009 年欧盟进口菜籽油 44.1 万吨，占世界的 16.4%。

3. 菜籽粕贸易

与菜籽油类似，世界菜籽粕贸易在 20 世纪 90 年代经历了一个低潮期，1991 年到 2000 年世界菜籽粕贸易量年均下降了 1.4%，2000 年之后，菜籽粕贸易以年均 11%的速度增长，仅次于增长速度最快的 20 世纪 80 年代（年均增加 13.8%）。2009 年世界菜籽粕的贸易量为 337 万吨。

加拿大和印度是主要的菜籽粕出口国家，两个国家出口量占世界出口贸易总量的 79.5%。加拿大菜籽粕出口量占世界出口总量的 57.2%，菜籽粕出口呈稳定增长趋势，2009 年出口菜籽粕 192.7 万吨。印度菜籽粕出口量占世界出口总量的 22.3%，但出口量不稳定，2009 年出口菜籽粕 75 万吨，2007 年曾出口 117.7 万吨。欧盟在 20 世纪 80 年代是世界主要的菜籽粕出口方，近年来其菜籽粕出口占世界贸易的比重不断下降，2009 年出口菜粕 21.3 万吨，占世界贸易总量的 6.3%。

美国和中国是主要的菜籽粕进口国，两个国家菜籽粕进口量占世界菜籽粕进口总量的60%。美国菜籽粕进口呈稳定增长的趋势，2001年到2009年，年均增加5.7%。受油菜籽进口限制的影响，2009年中国进口菜籽粕99.3万吨，进口量占世界贸易量的29.5%。除了中国，亚洲其他国家也进口菜籽粕，但进口国家比较分散，印度尼西亚、越南和泰国等都有菜籽粕的进口（表3）。

表3 世界油菜籽、菜籽油和菜籽粕贸易流向

单位:%

油菜籽		菜籽油		菜籽粕	
进口	出口	进口	出口	进口	出口
日本（24.9）	加拿大（70）	美国（39.7）	加拿大（73.1）	美国（47.1）	加拿大（57.2）
中国（17.2）	澳大利亚（12）	中国（29.2）	美国（12）	中国（12.8）	印度（22.3）
墨西哥（13.7）	其他（18）	欧盟（16.4）	欧盟（5.5）	其他（41.1）	其他（20.5）

资料来源：作者根据美国农业部数据计算而得。数据是2005—2009年平均值，括号里的数据表示市场占有率。

（二）主要油菜籽贸易国进出口情况

1. 日本

日本基本上不种植油菜，长期以来主要靠进口满足国内需求，一直是世界最大的油菜籽净进口国家，但进口的菜籽油和菜籽粕较少。2009年日本进口油菜籽227.5万吨，占世界油菜籽贸易量的31.2%。2001年到2009年油菜籽进口年均增长5.4%，增长较快。但是，与20世纪90年代相比，2001年以来油菜籽进口贸易的波动性较大。日本主要从加拿大进口油菜籽，从加拿大进口油菜籽量占其油菜籽进口总量的92.4%。日本是一个高度成熟的市场，市场结构难以发生明显变化，未来油菜籽的进口需求不大可能出现显著增长或者下滑。

2. 加拿大

加拿大是第一个大面积商业化种植转基因油菜的国家，也是唯一的在油菜籽、菜籽油和菜籽粕方面均呈净出口的国家。

1990—2000年和1981—1990年，加拿大油菜籽出口量的年均增长速度分别为5.9%和4.4%。2000年以后，加拿大油菜籽贸易发展迅速。2001—2009年，加拿大油菜籽出口年均增长9.2%，到2009年，加拿大油菜籽出口达到 776.8 万吨（图 5）。日本、中国、墨西哥、美国、孟加拉国和巴基斯坦是加拿大油菜籽的主要出口目的地，2009 年这几个国家从加拿大进口油菜籽的数量占加拿大油菜籽出口总量的 94.1%。

2000 年以后，加拿大菜籽油出口进入了快速发展时期。2001—2009 年，加拿大菜籽油出口量年均增长 14.8%，而 1990—2000 年、1981—1990 年出口贸易的增长速度分别为 11.8%和 3.8%。加拿大菜籽油出口相对集中，中国和美国是其主要出口市场。2009 年加拿大菜籽油出口量为 154.8 万吨，中国和美国分别占加拿大菜籽油出口市场份额的 64%和 18%。中国香港和韩国也是加拿大菜籽油的出口地，2009 年分别占其菜籽油出口市场份额的 1.7%和 2.5%。

2001—2009 年加拿大菜籽粕出口量年均增长 10.6%，而 1990—2000 年和 1981—1990 年的出口增长速度分别为 5.4%和 13%。加拿大菜籽粕出口非常集中，主要出口到美国，出口到其他国家的量很小。2009 年加拿大菜籽粕出口量 175.2 万吨，出口到美国的菜籽粕占加拿大菜籽粕总出口量的 94.4%。

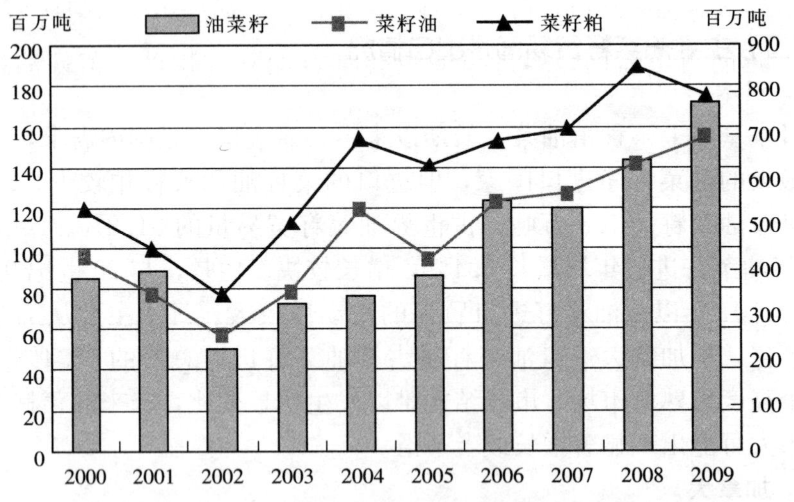

图 5　2000—2009 年加拿大油菜籽、菜籽油和菜籽粕出口量

资料来源：加拿大统计。

3. 中国

中国油菜籽产品贸易主要是油菜籽和菜籽油贸易，菜籽粕贸易量较少。中国在 20 世纪 80 年代成为菜籽油的净进口国；20 世纪 90 年代中期

成为油菜籽的净进口国；2005 年成为菜籽粕的净进口国。

近年来，中国油菜籽进口量迅速增加。中国油菜籽进口量在 2000 年达到 297 万吨之后曾快速下滑，直到 2006 年才出现缓慢回升，但也仅保持在 100 万吨左右。进入 2008 年末之后，随着国家在油菜籽主产区实行油菜籽托市政策，国内外价差扩大，最高差价达到 1 400 元/吨左右，油菜籽进口数量开始增多。2009 年中国油菜籽进口量猛增到 329 万吨，进口总值也迅速增加到近 14 亿美元。

中国油菜籽进口来源非常单一，主要集中在加拿大。澳大利亚虽然也是主产国之一，但其产量极不稳定，与中国贸易量较少。2003 年，自加拿大进口的油菜籽占中国油菜籽进口总量的比重达到 99.3%，之后基本趋于稳定，只是在 2005 年由于加拿大油菜籽减产、欧盟生物柴油对油菜籽需求猛增等因素，中国自加拿大进口的油菜籽所占比例下降到 86.2%，不过很快得到恢复，截至 2009 年一直保持在 99%左右。由于中国油菜籽进口主要来自加拿大，容易受其产量、价格等各方面因素影响，贸易风险较大。

进入 21 世纪以来，随着中国对植物油需求的增长、入世以来中国植物油市场开放程度的提高以及世界油料作物生产的变化，中国植物油进口规模不断创历史新高，但进口的主要是豆油和棕榈油，菜籽油进口自 2005 年开始才迅速增长。虽然菜籽油在中国植物油进口中所占比重仍然很低，但却逐年增长。2009 年中国菜籽油进口量达到 72 万吨，在植物油进口中位居第三，占植物油进口量的 7.4%（表 4）。

表 4　中国主要植物油进口结构与变动

单位：千吨

	2005	2006	2007	2008	2009
棕榈油	4 975	5 139	5 223	6 118	6 350
花生油	0	11	6	20	50
菜籽油	44	330	277	453	720
豆油	1 516	2 404	2 727	2 494	1 600
葵花油	11	94	2	125	180
其他	418	524	523	563	830
总计	6 964	8 502	8 758	9 773	9 730

资料来源：美国农业部。

中国油菜籽和菜籽油的出口规模一直很小。相对于进口，中国油菜籽出口微不足道，即使在出口量最高的 2003 年，油菜籽出口量也不足 3 000 吨。中国油菜籽的出口目的地主要集中在尼泊尔和日本，其次是蒙古、智利和韩国，也有少量出口到其他亚洲国家。在 2005 年以前，中国菜籽油主要出口到香港地区和澳门地区；从 2005 年开始，有一部分菜籽油出口到了荷兰、德国和意大利这些欧洲国家。另外，还有一小部分出口到日本和马来西亚。

（三）世界油菜籽产品贸易发展趋势

美国密苏里州州立大学食物及农业政策研究所（FAPRI）2010 年的预测表明，未来十年，世界油菜籽的贸易量将从 2010 年的 962.1 万吨增长到 2020 年的 1 140.2 万吨，年均增长 1.9%，低于 2001 年到 2010 年年均 5.7%的增长速度；贸易量占世界油菜籽产量的比重为 16%，与 2001 年到 2010 年相比，增加了 2 个百分点。

未来十年，油菜籽出口仍然以加拿大为主导，澳大利亚稳步发展，乌克兰油菜籽出口量将明显增加，从 2010 年的 161.5 万吨增加到 2020 年的 215.7 万吨，年均增长 2.8%。油菜籽进口贸易格局将发生显著改变，日本、中国和美国仍是主要的净进口国家，但欧盟在世界油菜籽贸易中的地位将更加突出。预计 2010—2020 年间欧盟油菜籽进口量年均增长 4.7%，到 2020 年欧盟油菜籽进口量占世界油菜籽贸易量的比重将达到 24.3%，届时欧盟将变成世界最大的油菜籽进口区域。

加拿大仍然主导菜籽油出口贸易，约占世界菜籽油出口贸易量的 85.9%。中国、美国和欧盟都将是重要的进口国。欧盟生物柴油产业的发展将带动菜籽油进口量的增加，到 2020 年欧盟菜籽油的进口量将占世界菜籽油贸易总量的 34.7%，与美国的市场份额相当。

菜籽粕出口贸易仍然以加拿大为主导，加拿大出口量占世界菜籽粕出口量的 64%；印度菜籽粕出口迅速增长，从 2010 年的 77.2 万吨增加到 2020 年的 117 万吨，年均增长 4.5%。进口贸易方面，美国仍然是世界最大的菜籽粕进口国家，其次是中国，中国菜籽粕进口量将从 2010 年的 6.3 万吨增加到 2020 年的 68.1 万吨，增长 10 倍多。

外资进入对国内油菜籽产业的影响

油菜是中国重要的油料作物，既是重要的食用植物油来源，也是仅次于豆粕的大宗饲用蛋白来源。菜籽油约占中国食用植物油消费量的35%，菜籽饼粕约占中国植物饼粕消费量的25%。因此，油菜产业发展对保障中国食用植物油脂和饲用蛋白的有效供给、促进油脂加工业和养殖业健康发展具有重要意义。近年来，中国油菜籽进口迅速增长，引起了人们对于油菜籽是否会重蹈大豆覆辙的疑虑。本文介绍了世界油菜籽生产与贸易情况、中国油菜籽进口和外资进入情况，分析了油菜籽进口和外资进入对中国油菜籽产业的影响。

一、中国油菜籽贸易政策与进口趋势

（一）中国油菜籽贸易政策的演变

很长一段时间，中国通过统购统销和国营贸易体制管理油料和食用油市场。1978年以来，中国油料和食用油贸易政策不断改革，从统购统销到合同定购，直到1993年中国才完全取消实行了40年的统购统销政策。1985年，中国取消菜籽油贸易许可证管理制度，除国有粮食部门外，凡是有粮油外贸经营权的外贸公司都可以自行组织进出口贸易。

1993年以后，为了入关（后来是入世），中国主动降低油料进口关税。1994年用差别税率管理油料进出口，对进口油菜籽和菜籽油征收13%的增值税。1996年，中国对包括大豆在内的油料采用关税配额管理制度，油菜籽配额内关税率为12%，配额外优惠关税率为40%，配额外普通关税率为80%；菜籽油配额内税率为20%，配额外优惠税率为100%，配额外普通关税率为170%。

根据中国加入世界贸易组织的承诺，2001年取消对油菜籽的进口关税配额，实行单一关税，关税率为12%，2006年入世过渡期结束后油菜籽进口关税降至9%，并一直延续至今。入世后，中国对菜籽油的开放程度不断提高，降低了配额内关税，并不断扩大关税配额数量，降低国营贸易比例。2006年中国取消了菜籽油的关税配额，实行9%的单一关税管理。总的来说，中国油菜籽产品的市场开放程度较高，缺乏必要的贸易调节手段。但是，从油料内部比较看，油菜籽产品的市场开放程度略低于大豆。

（二）中国油菜籽进口的影响因素

除了贸易政策，还有一些因素影响未来中国油菜籽及其产品的进口。一是中国市场和国际市场油菜籽价差，直接影响当期油菜籽的进口规模；二是中国经济发展，农户选择能力的增强和从事油菜生产机会成本的增加影响农户的生产意愿，最终影响国内供求平衡；三是开放贸易条件下，中国农业生产的资源禀赋决定了油菜籽及其产品贸易的长期趋势。

1. 国内外市场价格差

在开放贸易条件下，国内外市场价格差包括油菜籽产品的直接价格差，也包括油菜籽替代品市场的价格差。由此带来两种效应，一是直接效应，影响油菜籽加工企业的利润空间，进而影响进口多少与何时进口的决定；二是间接效应，国内外市场大豆价格差，影响中国大豆进口规模，最终影响油菜籽及其产品的进口数量。

从直接效应看，长期以来，中国油菜籽价格低于国际市场[①]，特别是低于主要贸易伙伴加拿大的出口价格，使得在国内压榨进口油菜籽利润空间小，油菜籽的进口量一直很少。近几年，随着油菜生产成本的增加，国内油菜籽价格已经显著高于国际市场，如果持续下去，必将影响中国油菜籽进口量。2008年以来的油菜籽国家收储价格显著高于世界市场价格，导致2009年江苏和浙江的油菜籽企业大规模进口加拿大油菜籽，这就是一个最好的例证。

从间接效应看，近年来中国大豆进口规模不断扩大，在某种程度上抑制了对油菜籽的消费需求和进口需求。已有的研究表明，大豆油需求价格弹性较菜籽油敏感，菜籽油消费易受大豆油消费的影响，大豆油和菜籽油存在明显的替代关系，补偿交叉价格弹性为0.18（沈琼，2006；赵丽佳，2009）。2010年中国大豆进口量达5480万吨，占国内油料需求量的72%，大豆油占食用油市场的41.6%。中国大豆进口规模将影响油菜籽的需求和进口量，这种情形正在发生并将持续一段时间。

---

① 除了直接的价格差异外，质量不同会带来隐形的价格差异，在价格相同的情况下，中国油菜籽和加拿大油菜籽的出油率不同，每加工1吨油菜籽的利润也会有区别，这会影响加工企业的选择。

2. 油菜生产成本

生产成本是产业竞争力的基础。市场经济条件下，农户种植油菜的意愿取决于成本收益的比较。中国经济发展对农业的一个直接影响是农户选择能力的增强导致农产品生产的机会成本的增加。油菜生产成本中，物质费用所占的比例为42.5%；机会成本（包括劳动力成本和土地成本）占57.5%，其中劳动力成本占75%。2001—2009年，油菜生产的机会成本(包括劳动力成本和土地成本）从131元/亩增加到203.9元/亩，年均增长6.3%；物质费用增加的幅度远远小于劳动力成本和土地成本增加的幅度，这期间，物质费用年均增加1.1%，而机会成本年均增加7.1%。2001年以来，农户种植油菜的净利润69元/亩，9年中有4年是亏损的。扣除土地和劳动力成本，2007年之前，全国平均每亩油菜的利润也只有175.2元。

在湖北、安徽等油菜主产省，小麦是油菜的竞争作物。2001年以来，多数年份农户种植小麦的收益都高于种植油菜（图1）。从趋势看，多年来农户种植小麦的收益呈稳定增长趋势，年际之间净收益的波动幅度远远小于种植油菜收益的波动，与油菜相比，小麦市场相对稳定。也就是说，农户种植小麦的收益预期要高于种植油菜，这会显著影响农户生产投资、作物种植选择和油菜生产能力的持续提高。

随着生产成本的提高，中国油菜的竞争力趋于下降，有可能促使油菜籽产品进口的增加。

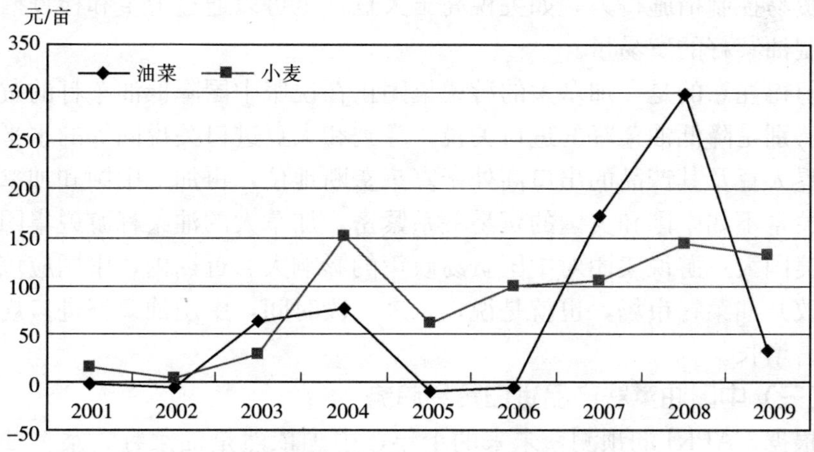

图1　全国油菜和小麦平均净利润比较

资料来源：历年《中国农产品成本收益资料汇编》。

3. 比较优势

贸易的基础是比较优势。中国在土地密集型产品生产上不具有比较优势，入世以来农业结构的调整已经证实了这个判断。在有限的土地资源下，中国的政策选择是保持较高的粮食自给率，而对于油料始终没有一个明确的政策选择，目前已经没有了选择，中国主要油料及食用油市场已经高度开放。作为本来就不具有比较优势的土地密集型作物，随着贸易市场的开放和农业生产要素机会成本的增加，油菜籽的竞争优势将呈显著下降趋势。2001 年以来，无论是显示性比价优势指数，还是国内资源成本系数，油菜籽的贸易劣势都很明显（表 1）。

表 1　中国油菜生产比较优势变动

	2000	2001	2002	2003	2004	2005	2006
显示性比较优势（RCA）	0.00	0.01	0.01	0.00	0.00	0.00	0.00
国内资源成本系数（DRCC）	−0.43	−0.37	−0.34	−0.29	−0.21	−0.59	−0.69

资料来源：《中国农产品贸易发展报告》2008 年，第 226～227 页。

油菜籽进口之所以没有呈现大豆进口的剧增局面，最主要的有三个方面的原因：一是进口大豆挤压了国内油菜籽的需求空间。二是菜籽油消费具有明显的区域性，消费者对价格的敏感度低于大豆，市场变化不会明显地影响油菜籽消费。其三，最主要的是油菜籽的贸易开放度低于大豆，目前的贸易控制措施得力，如关税高于大豆，也可以通过卫生和检疫措施临时控制油菜籽的贸易量。

值得注意的是，加拿大的游说集团正在说服中国降低油菜籽的贸易壁垒，特别是降低油菜籽的进口关税，降到和大豆进口关税同等的水平。鉴于世界大豆及其产品的出口商处于寡头垄断地位，再加上中国和加拿大的贸易关系不如中国和美国的贸易关系紧密，加拿大的油菜籽游说集团应该没有美国大豆游说集团对中国贸易政策的影响大。近期内，中国应该不会完全放开油菜籽市场，也就是说，未来一段时间，中国油菜籽进口规模不会显著增长。

（三）中国油菜籽产品进口贸易趋势

根据 FAPRI 的预测，未来的十年，中国依然是油菜籽、菜籽油和菜籽粕的净进口国，其中菜籽粕进口增长迅速。由于中国大豆进口的增加和国内加工能力的增强，油菜籽进口增速将低于世界平均水平（表 2），比

2001 年到 2010 年的平均增速显著下降。预计年均进口量不超过 100 万吨（图 2），进口量占世界贸易量的 8.2%，贸易依存度为 5.3%，低于 2000 年到 2010 年间的 9.4%。菜籽粕进口将增长迅速，年均增加 23.8%，高于历史年均增长水平，也远远高于世界平均增长水平。菜籽粕进口量将从 2010 年的 11 万吨增加到 2020 年的 68.1 万吨，年均增长 23.8%，进口量将占世界菜籽粕贸易量的 9.2%。2010—2020 年间，中国菜籽油贸易年均增长 14.6%，低于历史增长速度，但高于世界年平均增长率。预计 2020 年中国将进口菜籽油 24.6 万吨，进口量占世界贸易总量的 8.4%（图 3）。

表 2　油菜籽及其产品贸易年均增长速度预测

	油菜籽		菜籽油		菜籽粕	
	中国	世界	中国	世界	中国	世界
2001—2010 年	28.7	11.2	22.6	13	4.1	10
2011—2020 年	−0.2	1.9	14.6	3.6	23.8	4

资料来源：2011 年之前的数据是作者根据美国农业部数据库计算；2011 年以后的数据是作者根据 FAPRI 的数据计算。

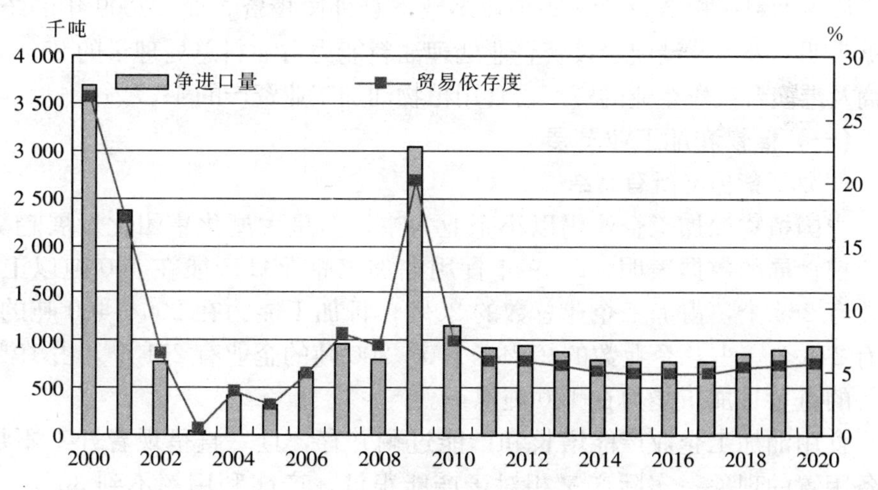

图 2　油菜籽进口贸易趋势

注：图中 2001—2010 年的进口数量与中国统计数据略有差别。

资料来源：FAPRI（http：//www. fapri. iastate. edu）。

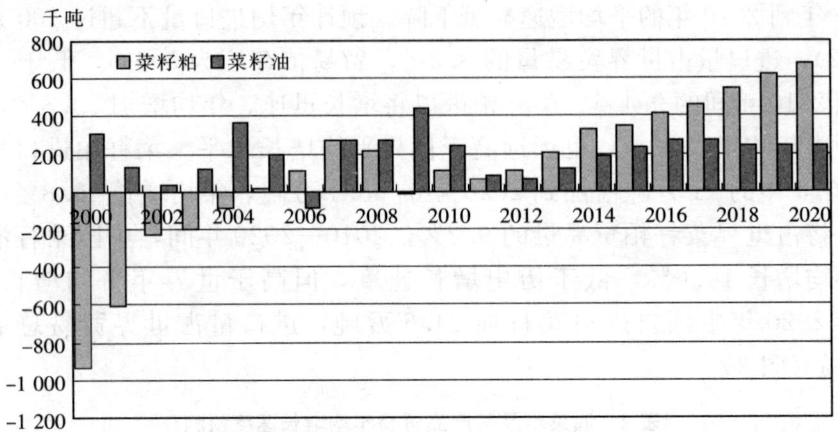

图 3　菜籽粕和菜籽油进口贸易趋势

资料来源：FAPRI（http：//www. fapri. iastate. edu）。

二、外资进入油菜籽压榨业情况

农业一直是中国鼓励外资投入的一个重要领域，中国也是国际资本在农业投资的一个重要目的国。粮油加工业特别是食用油加工业是中国吸引外资最多的行业之一。20 世纪末期，中国消费能力最强的东部沿海投资新建了许多油料压榨企业，这些企业多数都是外国投资企业。2009 年的统计数据表明，外商及港澳台投资企业处理油料能力占油料总处理量的 25.8%，外商及港澳台投资企业的资产占食用植物油加工业资产的 41.7%。

（一）植物油加工业发展

1. 加工能力与所有制结构

中国植物油加工企业仍以小企业为主，但呈大型化集团化发展趋势。国家粮食局的数据表明，2009 年食用油加工企业日产能在 400 吨以上的企业有 269 个，占加工企业总数的 20%；日加工能力在 200～400 吨的企业有 278 个，占总企业数的 21%；100～200 吨的企业有 251 个，占 19%；40%的企业日加工能力在 100 吨以下。

食用油加工企业产能增长和产能过剩并存，且一直呈现着开工不足、设备闲置的现象，实际产量相对于产能很低，产能利用率不到 30%。外商及港澳台投资企业的油料加工利用率明显高于其他类型企业。2009 年民营企业产能高达7 098.8万吨，属于三种企业中产能最高的，但是实际产量却只有 1 271.1 万吨；国有及国有控股企业实际产量有 240.4 万吨，产能利用率 24.5%；外商及港澳台投资企业食用油实际产量 1 255.8 万吨，产能利用率 44.5%。

2. 产品与区域结构

近年来，大豆油产量增长最快，菜籽油波动不大，在食用油中的比重位于第二，不到大豆油的三分之一。菜籽油在食用油产量结构中所占的比重越来越低。随着大豆进口和压榨量的增加，菜籽油在食用植物油中的比重会不断下降。在产量增长的同时，食用油产品结构不断优化。2009 年，一级油已经占到 61%，四级油比重下降到 27%。但菜籽油仍以四级油为主，占 51.6%，一级油只占 27.4%。这也反映了菜籽油生产企业的现状，产区的菜籽油生产企业以小型企业为主，只生产四级油或毛油，并不直接向市场销售，而是作为大型油脂企业的生产车间。

从产能的地域分布看，食用油加工业主要集中在江苏、黑龙江、山东、湖北和新疆等省区。2009 年，这 5 个省区植物油加工企业个数、精炼能力和植物油产量分别占全国的 44.3%、43.96%和 44.08%，油料加工能力占全国的 52.88%。值得注意的是，黑龙江是大豆的主产区，湖北是油菜籽的主产区，新疆是棉花主产区，主要加工棉籽油，这几个省区的产能利用率都很低。相反，非油料主产区的产能利用率相对较高，背后的原因可能为：中国油料产区分散的小农不能形成大型加工企业所要求的持续和标准化的原料供给能力，加工企业大多分布在东北沿海地带，可以通过海运贸易获得符合企业要求的原料，并且，东部沿海人口密集，消费市场大，对产品的需求高（表 3）。

表 3　中国植物油企业的区域结构

	江苏	黑龙江	山东	湖北	新疆	合计
企业个数	98.00	160.00	95.00	117.00	113.00	583.00
	(7.42)	(12.11)	(7.19)	(8.86)	(8.55)	(44.13)
油料加工能力（万吨）	1 473.30	1 463.90	1 421.60	746.50	682.60	5 787.90
	(13.46)	(13.37)	(12.99)	(6.82)	(6.24)	(52.88)
精炼能力（万吨）	577.20	197.80	321.80	244.40	149.00	1 490.20
	(17.03)	(5.83)	(9.49)	(7.21)	(4.40)	(43.96)
植物油产量（万吨）	511.00	100.50	367.50	182.60	64.30	1 225.90
	(18.38)	(3.61)	(13.22)	(6.57)	(2.31)	(44.08)

注：括号内的数据表示占全国的比重。

资料来源：中国植物油信息网。

（二）油菜籽加工企业生产能力、产业布局与外资进入

1. 企业布局和结构

长江流域是中国油菜籽主产区，又是菜籽油的主要消费地区，菜籽油加工企业主要分布在长江流域，约占到全国总量的 90%以上，其中又以长江中下游最为集中，占总加工企业总数的 76%。

长江上游的四川、贵州、云南和重庆的油脂加工企业主要生产菜籽油，当地油菜籽只能满足压榨能力的 60%，长期需要从长江中游收购油菜籽原料。长江中游五省（湖北、湖南、安徽、江西和河南）是中国油菜籽生产最为集中的区域，该地区油脂加工企业主要生产菜籽油、豆油、花生油和棉籽油等，其中菜籽油产量占全国年产量 50%以上。长江中游五省还是上游和下游加工企业的重要原料供给来源地，据估计大概有 40%的油菜籽被长江上游和下游加工企业收购，60%左右在本地加工。例如，第一主产省湖北省油菜籽大约有 2/3 在省内加工，1/3 左右则被省外加工企业收购，尤其多销往西南省份，而主产省安徽省的油菜籽则大部分被江苏和浙江加工企业收购。菜籽油加工企业尤其集中分布在盐城、南通、南京、湖州和嘉兴等地。该地区所生产的油菜籽基本以满足本地加工企业为主，不足部分大多从长江中游和东北地区收购，或从国外进口。

中国油菜籽加工企业规模小、数量多，且比较分散，统计数据不完整，难以对不同省区油菜籽压榨业结构进行分析，但是可以利用中国补贴油菜籽收购企业的统计数据进行推断。据初步推断，油菜籽加工企业数量最多的是湖北省，2010 年总共有 71 家规模较大的油菜籽收购企业得到补贴，这 71 家企业的总日产能为 20 080 吨；其次为安徽省，企业数量为 38 家，总日产能为 8 000 吨；然后就是江苏省，企业数量为 25 家，总日产能为 6 660 吨。内蒙古、湖南、陕西和新疆的企业平均产能较高，每个企业的产能平均达到 300 吨以上。

尽管大多数菜籽油加工企业就地加工、区域销售，正如前文分析所指出的，不同省区之间油菜籽有贸易流通。菜籽油日处理千吨以上的加工企业主要分布在湖北荆州、重庆、安徽芜湖和浙江新市等地。东海（张家港）粮油工业有限公司、中粮瑞祥粮油工业（荆门）有限公司、江苏南通家惠油脂发展公司、安徽丰原油脂有限公司年加工能力都在 10 万吨以上。

2. 产能增长和企业扩张

中国菜籽油加工企业取得了长足发展，整个加工业已初具规模。国家

粮油信息中心的数据表明，截至2007年底，具备四级菜籽油生产资质的企业有400多家，在工商注册的菜籽加工企业约有2 500家，年加工菜籽能力超过3 000万吨。目前油菜籽加工产能已超过3 500万吨；加工企业压榨能力多在100吨/日，绝大多数是20～30吨/日的小型榨油厂，日加工能力超过300吨的企业不超过30家。中国共有规模以上油菜籽压榨企业300多家，但仅20多家年产能达到15万吨以上。

与大豆压榨业集团化发展的特征不同，菜籽油加工业中小企业众多，缺乏有市场优势的龙头企业，行业集中度低、无领导性品牌，除了一些油脂企业附带加工或经营菜籽油，专门加工菜籽油的大型企业极少。例如，湖北省进入统计的油菜籽加工企业就有300多家，还不包括遍布村镇的作坊式油菜籽加工厂。目前，国有、民营、外资油厂和个体油商都可以自由收购、加工、销售油菜籽和菜籽油，而龙头企业一年油菜籽压榨能力也不过数万吨，一般加工企业的收购和销售范围都非常小，收购半径在150公里左右（冯中朝，2009）。

近年来，油菜籽加工企业正在重组和兼并，呈持续产能扩张的态势。压榨业实际开工率约为1/3，很少有企业开工超过7个月，绝大多数加工企业在6—9月份集中加工，大多数小型加工厂只生产2～3个月。由于豆油、棉籽油等加工设备与菜籽油生产设备之间转换成本不高，油菜籽压榨企业采取范围经济的模式维持企业运转。一般在9月份棉籽和大豆上市后，菜籽油加工企业开始生产棉籽油和大豆油，安徽等地加工企业还生产花生油。

尽管油菜籽的压榨能力已经严重过剩，油菜籽新增压榨项目有增无减。2009年，新投产、开工或待建项目达16个，增加近400万吨的年产能。截至2009年底，中国油菜籽有效压榨能力已超过3 500万吨。2010年中粮集团与重庆江津区签署合作协议，拟建立日处理能力1 600吨的油菜籽压榨厂，2011年建成投产，每天可压榨菜籽油600万吨。2010年中国年新增菜籽压榨能力超过180万吨，是最近4年新增压榨能力最大的1年。

3. 外资进入情况

目前外资企业参与中国植物油生产主要通过三种方式：一是进行原料进口贸易，如大豆、棕榈油等；二是直接建立合资或独资企业；三是进行资金参股。实际中，跨国粮商参与中国植物油生产往往是三种方式并用。

由于菜籽油消费市场增长缓慢、国内原料供给不稳定等诸多原因，调研发现，目前国内还没有一家完全靠加工油菜籽生存的外资压榨企业，国有或民营企业占据了油菜籽压榨产能的90%以上；进入油菜籽收购和加工的外资企业基本以压榨大豆为主，但是，从战略布局的角度看，国内主要的外资大豆压榨企业已经进入到油菜主产区（表4），外资企业在南通和盐城等地建立了一系列大豆油和菜籽油加工和精炼工厂，也开始向湖北、山东和四川等地建立油菜籽、大豆和花生等多功能加工厂。由于油菜籽供给不稳定，企业之间原料抢购非常激烈，外资的扩张将使得单靠油菜籽生存的中小型加工企业经营困难。

表4　2007年主要外资企业在油菜籽主产区的加工厂

集团名称	加工厂名称	合资比例	加工大豆能力（吨）
新加坡丰益集团	武汉新元粮油工业有限公司	独资	1 300
	岳阳鲁良新元粮油工业有限公司	独资新	800
	益海（四川）粮油有限公司	独资	1 200
美国嘉吉公司	南通统一嘉吉蛋白饲料有限公司	独资	5 000
美国邦基公司	邦基三维油脂有限公司	美国邦基、山东三维公司、山东大海公司	5 500
新加坡来宝集团	张家港江海粮油工业有限公司	租赁	2 800
	南通宝港油脂发展有限公司	独资	4 000
	重庆新涪食品公司	独资	3 000
德国托福（国际）公司	河南阳光油脂有限公司	河南省粮油、托福公司	1 500

资料来源：国家粮油信息中心。

三、外资进入对中国油菜籽产业的影响

国外资本进入中国油料压榨行业的载体主要是跨国公司。跨国公司在人力资本、信息、金融、技术、物流管理、品牌、市场运作能力等方面具有突出优势，可以据此实现对产业链关键环节的控制，形成适合自身利润最大化的农产品加工布局和贸易模式，影响产业发展和政策调控效果。中国大豆产业的遭遇已经证实了这一点。在中国大豆压榨和食用油流通领域具有了强大的控制力后，大型跨国公司正在此基础上逐渐向油菜籽产业渗透。无论原料环节的生产成本、产品质量，还是压榨环节企业规模和能

力，抑或贸易环节的企业国际化的能力，中国油菜籽产业都不具有竞争优势。外资进入中国油菜籽产业固然可以带动压榨技术和工艺的进步、促进产业升级，但也可能对中国油菜籽产业造成严重负面影响。

一是加剧产能过剩，加大产业风险。在油菜籽压榨产能已经严重过剩的背景下，外资在国内大举建厂扩建，不仅造成社会资源严重浪费，而且进一步加剧了产能过剩，加大了产业面临的风险，给民族企业发展造成巨大压力。以油菜大省湖北为例，加工企业有 500 多家，实际利用的产能仅有 30%，其余 70% 的产能长年闲置。为收购到足够的原料加工，近几年，油菜籽上市后，几乎每年都出现不同程度的抢购现象。外资企业在原料采购方面具有优势，而中小民族企业通常面临原料不足压力。

二是使产业布局向沿海集中，强化了进口油菜籽的优势。外资油脂加工企业大都建在沿海地区和离海港不远、交通运输方便的内地，进一步强化了进口油菜籽的优势，有可能增加对油菜籽的进口需求。实际上，沿海地区已经成为进口油菜籽的主要流入地。2009 年，江苏省进口油菜籽 211.6 万吨，占当年全国油菜籽进口量的 64.4%。油菜籽进口的话语权有可能向外资企业转移，进口的时间、数量和价格主要由外资企业掌控，增加了进口油菜籽对国内产业形成冲击的可能性。

三是滥用市场势力，危害民族企业的发展。如前所述，进入到油菜籽压榨行业的外资企业都是在大豆压榨和食用油生产领域有较高市场势力的企业。对美国嘉吉公司、美国邦基公司和新加坡丰益集团等国际巨头而言，中国是一个非常关键的市场，他们在中国的投资和扩张是其世界战略的重要组成部分，目的绝不仅仅是增加销量和利润，而是要巩固其对世界大豆甚至油料产业链的控制。这些跨国企业为了实现其自身的战略布局，往往会利用在市场上的优势地位和雄厚的资金，通过扩大生产规模，压低利润水平，甚至进行恶性竞争，扼杀竞争对手。由于食用油品种之间具有可替代性，菜籽油市场受豆油市场的影响较大，外资有可能利用其在大豆市场的优势地位影响菜籽油市场，以实现其战略目的。在实行油菜籽临时收储时期，在部分地区曾出现菜籽油价格受限于豆油价格难以上升、菜籽油价格和成本倒挂的现象。在这种背景下，外资有可能通过其他业务弥补油菜籽压榨业务的损失，而民族企业则处于被动和无助的状态，很多企业被迫停产。

四、政策建议

针对中国油菜籽进口和外资进入油菜籽产业的现状及存在问题，为更好的统筹利用两个市场两种资源、促进产业健康发展，提出以下建议：

（一）密切关注产业资本和金融资本之间的复杂关系，加强对油菜籽领域的外资进入行为的监管

继占据中国大豆及其压榨市场之后，外资企业在油菜籽产业的渗透也在加快。外资有可能表现为产业资本，也有可能表现为金融资本，而二者之间的关系错综复杂，尤其是私募股权，他们的投资是控股型的，而且背后往往有大型跨国公司的影子，通过获取行业垄断地位影响农产品价格是有可能的。中国应密切关注油菜籽产业内产业资本和金融资本之间的复杂关系，并通过立法等手段对外资在油菜籽领域的行为进行监管，保障产业安全。

（二）严格控制国内油菜籽加工企业生产能力扩张，规范市场竞争

中国油菜籽压榨产能有增无减，实际压榨能力已达 3 500 万吨左右，压榨能力的利用率仅约为 40%。此外，国务院发布的《轻工业调整和振兴规划》提出，2009—2011 年将新增 100 万吨菜籽油生产能力，这意味着将至少增加 300 万吨的菜籽压榨能力，未来几年国内菜籽压榨能力将会继续提高。压榨能力的盲目扩张，刺激了中国进口油菜籽需求的增加，进一步减少内资油菜籽加工企业的生存空间。建议严格控制国内油脂加工企业生产能力扩张，规范市场竞争。

（三）加快油菜籽产业化进程，提高产业集中度，扶持国内油菜籽压榨企业的发展

鼓励国内大型粮油加工企业通过兼并控购和交叉持股等重组方式，淘汰过剩和落后产能，扩大生产和经营规模，培育行业领导品牌，促进资源向技术先进、综合利用程度高的大中型企业集中，严格控制非油菜籽产区加工企业的发展，健全销售网略，提高产业集中度，扩大规模效益。此外，油料的种植和加工环节密切相关，政府应该鼓励粮油加工企业与油菜生产者建立对接关系，加强原料基地建设，实现产业链条的延伸，建立油菜生产者、加工企业、菜籽油销售企业和消费者的共同体，真正实现产业化经营。

（四）灵活运用国际规则，加大对油菜籽产业的支持和保护，建立健全市场预警系统和进口调控机制

一是充分利用WTO的政策空间，扶持国内油菜产业的发展。二是顶住加拿大等发达国家的施压，在油菜籽的关税政策消减上不让步。三是要求发达国家消除扭曲油菜籽贸易的国内支持政策。四是加强对加拿大、欧盟和澳大利亚等主要油菜籽生产和消费国家的市场动态监测，密切关注江苏和浙江等主要港口的油菜籽采购频率和到港情况，及时进行预警。五是寻找贸易调控手段，建立健全油菜籽进口调控机制。例如，可以对油菜籽和菜籽油建立完整的技术标准、技术规范和评定体系，适时启动技术性贸易保护措施。又如，可以加强转基因食品法制建设，从法律的角度规范转基因油菜的安全性，充分尊重消费者的知情权和选择权。

乳制品进口对国内奶业的影响

牛奶营养丰富，被誉为"最接近完美的食物"，许多国家都把发展奶业作为提高国民营养水平和身体素质的重要战略来抓。在我国国情下，发展奶业具有特殊意义。奶业是经济、节粮、高效型的养殖业[①]，由于我国人均耕地有限、粮食供求趋紧，通过发展奶业以最小的精料投入换取动物蛋白就成为现实选择。另外，奶业发展受耕地、气候和地理环境的制约较小，对资源条件的适应性较强，可以广泛带动农民就业和增收。我国具有发展奶业的条件和潜力，且已经具有较好的发展基础。但是，随着我国奶业对外开放程度的不断提高，奶粉等乳制品进口迅速增长，对我国奶业造成了较大冲击。本文在介绍我国和世界奶业基本情况的基础上，分析了我国奶粉进口的主要特点及进口乳制品对我国奶业的影响，并提出相关政策建议。

一、世界及中国奶业基本情况

(一) 世界奶业发展现状

1. 生产情况

2009 年，全球奶类总产量为 7 亿吨，其中牛奶产量为 5.8 亿吨，约占奶类产量的 83.1%（表 1 和表 2)。世界奶业生产大国主要包括欧盟、印度、美国、中国、巴基斯坦、俄罗斯、巴西、新西兰、阿根廷、澳大利亚等。欧盟的奶类生产一直较为稳定，近年来奶类总产量基本维持在 1.5 亿吨的水平。欧盟奶业生产结构较为单一，主要为牛奶。2009 年，欧盟牛奶产量为 1.47 亿吨，占奶类总产量的 96.7%。印度奶类总产量仅次于欧盟，为 1.1 亿吨，其中牛奶为 4 514 万吨，占总量的 40.3%，其余基本

---

① 从节粮角度看，奶业节粮效益明显。生产 1 千克牛奶只需 0.4～0.5 千克精料，生产 1 千克可食的猪肉、牛肉、羊肉分别需精料 10～12 千克、5.6 千克、4.0 千克，生产 1 千克活肉鸡也需用 2.3～2.6 千克精料。

为水牛奶，约为6 000万吨，占总量的55%，羊奶的比重很低，不足4%。美国奶类总产量为8 585.9万吨，几乎全部是牛奶。巴基斯坦奶类总产量为3 436.2万吨，其中牛奶产量为1 198.5万吨，占总产量的35%，水牛奶产量为2 162万吨，占总产量的63%，其余为羊奶，占总产量的2%。

表1 全球主要国家的奶类产量

单位：万吨

	2005年	2006年	2007年	2008年	2009年
全球	64 770.7	66 608.3	68 068.5	69 611.0	70 213.7
欧盟	15 397.4	15 350.5	15 294.1	15 447.3	15 226.0
印度	9 561.9	9 934.8	10 328.0	10 900.0	11 211.4
美国	8 025.5	8 246.3	8 418.9	8 616.0	8 585.9
中国*	3 202.3	3 647.2	3 982.4	4 020.0	3 994.6
巴基斯坦	2 943.8	3 121.4	3 221.9	3 325.6	3 436.2
俄罗斯	3 114.7	3 143.6	3 217.5	3 234.7	3 256.2
巴西	2 552.9	2 633.2	2 627.4	2 771.9	2 925.6
新西兰	1 463.8	1 517.3	1 561.8	1 521.7	1 540.0
阿根廷	990.9	1 049.4	982.2	1 032.0	1 036.6
澳大利亚	1 012.7	1 008.9	958.3	922.3	938.8

注：* 这里的数据来自FAO，与前文来自《中国统计年鉴》的数据有出入。

资料来源：联合国粮农组织（FAO）。

表2 全球主要国家的牛奶产量

单位：万吨

	2005年	2006年	2007年	2008年	2009年
全球	54 376.3	55 983.2	57 118.4	58 042.8	58 340.2
欧盟	14 908.1	14 851.5	14 799.0	14 939.0	14 726.2
印度	3 975.9	4 114.8	4 347.7	4 410.0	4 514.0
美国	8 025.5	8 246.3	8 418.9	8 616.0	8 585.9
中国*	2 783.7	3 225.7	3 557.4	3 587.4	3 551.0
巴基斯坦	884.8	1 072.6	1 113.0	1 155.0	1 198.5
俄罗斯	3 089.3	3 118.6	3 191.5	3 210.0	3 232.6

（续）

	2005 年	2006 年	2007 年	2008 年	2009 年
巴西	2 538.4	2 618.6	2 613.7	2 757.9	2 911.2
新西兰	1 463.8	1 517.3	1 561.8	1 521.7	1 540.0
阿根廷	990.9	1 049.4	982.2	1 032.0	1 036.6
澳大利亚	1 012.7	1 008.9	958.3	922.3	938.8

注：* 这里的数据来自 FAO，与前文来自《中国统计年鉴》的数据有出入。

资料来源：联合国粮农组织数据库。

从奶牛养殖规模来看，新西兰养殖场的平均规模最大，全国大约有 1.2 万个奶牛场，平均每个养殖场的养殖规模为 337 头。澳大利亚位居第二，约有 8 100 个奶牛场，平均规模为 215 头。美国位居第三，约有 7.2 万个奶牛场，平均规模为 128 头。加拿大、荷兰、日本、韩国的平均养殖规模大致相当，在 60～70 头之间。德国的牧场数量为 10 万个，平均养殖规模为 40 头。而我国的平均养殖规模仅为 5 头，与发达国家相比，我国奶牛养殖规模普遍较小，但是参与生产的劳动力总量却较为庞大。

乳制品主要包括液态奶、奶粉、干酪、奶油等。国际乳制品生产以液态奶为主，欧盟、巴西、美国和中国的液态奶产量较大。奶粉生产大国主要有中国、新西兰、欧盟、巴西、阿根廷、澳大利亚等。中国是全球最大的全脂奶粉生产和消费国，2009 年我国全脂奶粉产量为 97.7 万吨，约占全球产量的 27%。新西兰的奶粉居世界第二位，2009 年产量为 75.4 万吨，其生产的全脂奶粉几乎全部用于出口（表 3）。干酪生产集中度很高，且比较稳定，生产大国主要有欧盟、美国、巴西、阿根廷、俄罗斯。奶油生产大国主要有欧盟、美国、新西兰、俄罗斯、澳大利亚。

表 3　主要国家全脂奶粉生产量

单位：万吨

	2005	2006	2007	2008	2009	2010
中国	91.8	103.0	115.0	112.0	97.7	103.0
新西兰	58.5	61.1	67.1	65.1	75.4	76.0
欧盟	85.8	80.0	77.6	84.0	79.0	74.5
巴西	44.0	46.5	52.6	57.2	47.3	51.8

（续）

	2005	2006	2007	2008	2009	2010
阿根廷	25.5	26.0	18.6	20.0	22.2	23.5
澳大利亚	18.9	15.2	13.5	14.2	14.8	13.0
俄罗斯	8.5	9.0	9.5	9.5	7.0	9.5

资料来源：美国农业部，《中国奶业年鉴 2010》。

2. 贸易情况

国际贸易中的乳制品包括奶油、奶粉和干酪等。2000—2008 年，乳制品的贸易量总体呈先缓慢上升、后略有下降的趋势。奶油出口量由 2000 年的 70 万吨增加到 2004 年的 88 万吨，之后开始下降，到 2008 年回落到 75 万吨；脱脂奶粉出口量变化不大，一直在 108 万～125 万吨之间波动，最高与最低出口量相差 17 万吨。全脂奶粉出口量从 2000 年的 141.5 万吨增加到 2004 年的 173 万吨，然后基本稳定在 170 万吨左右。干酪出口量由 2000 年的 122.7 万吨增加到 2007 年的 153 万吨，2008 年降为 140 万吨（表 4）。

表 4　2000—2008 年世界乳制品出口量

单位：万吨

	2000	2001	2002	2003	2004	2005	2006	2007	2008
奶油	70	76	88	85	88	84	84	80	75
脱脂奶粉	123	118	122	108	118	110	115	110	125
全脂奶粉	142	157	173	160	173	168	170	158	168
干酪	123	129	135	135	145	145	148	153	140

资料来源：《中国奶业年鉴 2010》。

国际乳制品出口集中度很高，主要集中在新西兰、欧盟、美国和澳大利亚等国家和地区。分品种看，按 2008 年出口量大小排序，上述几国或地区因品种不同先后顺序不一：①奶油。依次为新西兰 33 万吨、欧盟 15 万吨、美国 8.9 万吨和澳大利亚 5.9 万吨，分别占全球奶油出口总量的 44％、20％、11.9％和 7.9％，合计占奶油出口总量的 83.8％。②脱脂奶粉。依次为美国 40.3 万吨、新西兰 24.8 万吨、澳大利亚 17.8 万吨和欧盟 17.7 万吨，出口量合计占世界同类产品出口总量的 80.5％。③全脂奶粉。依次为新西兰 60.7 万吨、欧盟 49.1 万吨、澳大利亚 16.3 万吨，前三大出口国出口量合计占世界全脂奶粉出口量的 75.1%。④干酪。欧盟、新西兰、澳大利亚、美国前四大出口国出口量合计占世界同类产品出口总量的 76.1%，其中欧盟和新西兰是最主要的干酪出口国，出口量分别为 55.5 万吨和 24.7 万吨，合计占世界干酪出口总量的 57.3%。

与乳制品出口相比，世界乳制品进口较为分散。分品种看，除干酪按 2008 年进口量数据外其余均按 2006 年以来进口量大小排序，因品种不同主要进口国有很大差异：①奶油。主要进口国为俄罗斯和欧盟，年进口量分别保持在 12 万吨左右和 8 万吨左右，其他国家的进口量基本在 5 万吨以下。②脱脂奶粉。主要进口国为墨西哥、阿尔及利亚、菲律宾、印度尼西亚，年进口量分别保持在 15 万吨左右、10 万吨、10 万吨和 8 万吨左右，四国进口量合计约占世界脱脂奶粉进口总量的 1/4。③全脂奶粉。最大的进口国是阿尔及利亚，进口量基本保持在 17 万吨左右，占全球进口总量的 10%，其他国家的进口量基本在 8 万吨以下。④干酪。主要进口国为俄罗斯、美国和日本，2008 年进口量分别为 35 万吨、16.5 万吨和 18.7 万吨，三国进口量合计约占世界干酪进口总量的 50%。

（二）我国奶业发展现状

20 世纪末以来，我国把奶业作为农业结构调整的重要内容加以鼓励和扶持，中央和地方政府从各方面给予了大力支持。在市场导向和政策支持下，奶业作为我国一个新兴的“朝阳产业”步入了快速发展轨道，产业规模不断扩大，发展水平不断提高。

1. 近年来我国奶业迅速发展

产业规模不断扩大，质量稳步提升。2009 年，我国奶牛养殖户（场）238 万个，年末奶牛存栏达 1 260 万头，比 2000 年的 488.7 万头增加 1.6 倍。奶类产量达 3 732.6 万吨，居世界第三位，仅次于印度和美国。其中牛奶产量为 3 518.8 万吨，比 2000 年的 827.4 万吨增加 3.3 倍；人均牛奶占有量为 26.4 千克，比 2000 年的 6.6 千克增加 3 倍。在规模扩大的同时，奶业发展水平得到了提高，区域化生产格局基本形成，规模养殖、机械化挤奶稳步发展。奶牛养殖形成了东北内蒙古产区、华北产区、西部产区、南方产区、大城市周边产区五大产区。2009 年，内蒙古、黑龙江、河北等 13 个优势省（区、市）奶牛存栏占全国的 83.9%，牛奶产量占全国的 86.5%；100 头以上的奶牛规模养殖比例达到 26.8%，奶牛单产水平达到 5 543 千克，挤奶机械化水平提高到 66%。中国奶业已经恢复到三氯氰胺事件之前的水平，进入一个新的快速发展阶段。

乳制品加工业飞速发展，城乡居民乳制品消费量不断增长。2009 年，我国共有乳制品企业 803 个，实现工业产值 1 668.1 亿元，比 2005 年增长 87.2%；利税总额为 177 亿元，比 2005 年增加 1.1 倍；液态奶产量达到 1 641.6万吨，干乳制品产量达到 293.5 万吨。市场上巴氏杀菌奶、超高温灭菌奶、酸奶、奶粉、干酪、奶油、炼乳等产品种类齐全，基本满足了城乡居民多样化的消费需求。从 2000—2009 年，我国农村居民年人均鲜奶及制品消费量由 1.1 千克增加到 3.6 千克，增加 2.3 倍；城镇居民年人均鲜奶消费量由 9.9 千克增加到 14.9 千克，酸奶消费量由 1.1 千克增长到 3.9 千克，分别增长 50.5%和 2.5 倍。

2. 未来我国奶业仍有较大发展潜力

国家对奶业的管理和扶持措施日趋完善，奶业发展的政策环境不断优化。国家相继出台了《国务院关于促进奶业持续健康发展的意见》、《乳制品质量安全监督管理条例》、《奶业整顿和振兴规划纲要》、《乳制品工业产业政策》等政策措施，开展了奶牛良种补贴、保费补贴、牧业机械和挤奶机械补贴；农业部制定了《全国奶牛优势区域布局规划（2008—2015）》，对奶牛生产优势区域进行重点建设；各级政府把发展奶业摆在重要位置，加大政策落实和资金扶持力度，支持标准化规模养殖。2008—2010 年，国家累计投入 12 亿元用于支持 1 944 个奶牛标准化规模养殖场改扩建。2005—2010 年，国家奶牛良种补贴项目累计安排资金 7.15 亿元，共计改良奶牛 2480 多万头，目前全国荷斯坦奶牛的良种覆盖率已经达到 100%。管理制度的逐步规范和支持政策的日趋完善为我国奶业的进一步发展提供了良好的政策环境。

我国乳制品消费有很大的增长空间，为奶业发展提供了市场驱动力。2008 年，我国年人均各种乳制品消费量分别是黄油 0.1 千克、奶酪 0.2 千克、液态奶 8.6 千克和脱脂奶 0.1 千克，这一消费水平不仅与发达国家存在很大差距（同期，与我国饮食结构相似的日本年人均乳制品消费量分别是黄油 0.7 千克、奶酪 2.1 千克、液态奶 35.4 千克和脱脂奶 1.6 千克），也与印度等不少发展中国家存在差距。从其他国家的经验来看，乳制品消费与经济发展水平两者之间存在着很强的正相关性，随着人均 GDP 的提高，人均乳制品消费量也在增加。即使扣除膳食习惯对我国乳制品消费影响，随着我国经济的不断发展和人均收入水平的不断提高，从中长期看，乳制品的消费还存在很大的增长潜力。

我国资源和技术条件足以支撑奶业发展，奶业仍有较大发展空间。一是具备适宜的养殖资源。我国适合奶牛养殖的区域巨大，北至黑龙江，南至云南、西至新疆，不仅拥有大面积的草原，而且还拥有广大的农区，为奶牛养殖提供了强大的自然承载力。农区有大量可用作饲料的农作物秸秆，饲草产业稳步发展，牧区生态逐步恢复，为奶业发展提供了饲料资源。二是改进饲养方式仍具提高单产潜力。我国奶牛单产在不同地区以及同一地区不同的饲养方式都存在很大的差异，大城市郊区养殖的奶牛单产水平明显高于农区，规模化养殖场的奶牛单产水平明显高于散户饲养，通过改进饲养方式可以提高奶牛单产。三是奶牛品种改良潜力巨大。我国奶牛单产整体水平远低于发达国家和世界平均水平，在奶牛品质改良方面蕴藏着巨大潜力。在奶牛品种资源利用方面，目前我国奶牛绝大多数是适合北方农区饲养条件的荷斯坦奶牛，北方牧区和南方农区的奶牛养殖潜力尚未被充分开发。我国已经培育出适合北方牧区放牧条件的乳肉兼用奶牛品种，澳大利亚等国家已经培育出适合我国南方农区饲养的奶牛品种，如果这些品种能得到推广，我国北方牧区和南方地区的奶业将取得较大发展。另外，奶牛之外的其他奶类动物资源具有较大的开发潜力，如牦牛、水牛、奶山羊等。

二、我国乳制品进口特点及其对国内奶业的影响

入世过程中，我国在乳制品市场开放方面做了较大程度的让步，对乳制品进口没有实行关税配额管理，而是实行单一关税，并且承诺逐步下调关税税率，大幅度开放了乳制品市场。液态奶、全脂奶粉、脱脂奶粉、黄油、奶酪关税税率分别由 2001 年的 25%、25%、25%、50%、50%降至 2005 年的 15%、10%、10%、10%和 12%。2008 年 10 月中国—新西兰自由贸易协定实施以来，我国进一步下调了从新西兰进口乳制品关税。在这种背景下，我国乳制品进口逐步增长，尤其是 2008 年以来，受三聚氰胺事件的影响，以及金融危机导致乳制品价格下跌，我国乳制品进口增长尤为迅速。由于国内奶业起步较晚，仍属新兴产业，加之由于资源条件等方面的原因，我国乳制品在竞争力方面与新西兰等奶业强国存在较大差距，乳制品进口对我国奶业造成了较大冲击。

（一）我国乳制品进口的主要特点

乳制品进口尤其是奶粉进口迅猛增长。2008 年我国乳制品进口量为 35.1 万吨，进口额为 8.6 亿美元，到 2010 年乳制品进口量达到 74.5 万吨，进口额达到 19.7 亿美元，分别增加 1.1 倍和 1.3 倍。进口的产品主要是奶粉、乳清粉和鲜奶。2010 年，奶粉进口量为 41.7 万吨，占乳制品进口总量的 56%，进口额达 14 亿美元，占进口总额的 70.5%，奶粉的进口量和进口额均居首位；乳清进口量为 26.3 万吨，进口额为 3.4 亿美元；鲜奶进口量为 1.6 万吨，进口额为 0.3 亿美元。乳制品进口的增长主要表现为奶粉进口的增长。与 2008 年相比，2010 年奶粉进口量增加了 31.6 万吨，增加 3 倍多，进口额增加 9.9 亿美元，增加了近 2.5 倍；奶粉进口增量占乳制品进口增量（39.4 万吨）的 80%，进口额增量占乳制品进口额增量（11.1 亿美元）的 89.2%。进口的奶粉以工业大包粉为主，这些原料粉广泛用于婴幼儿配方奶粉、成人奶粉、酸奶、冰品等多种产品中。黄油和乳酪等其他乳制品由于国内没有消费习惯，进口较少，但近年来增长迅速。2001 年我国奶油进口量为 873 吨，到 2009 年增长到 17 568.9 吨，2010 年虽有所下滑，但下滑幅度不大，进口量仍达到 14903.6 吨，年均增幅 37.1%。奶酪进口量则由 2001 年的 2 029.6 吨迅速增加到 2010 年的 22 921.4 吨，年均增幅 30.9%。

乳制品进口来源主要集中于新西兰等国。我国乳制品进口集中度很高，新西兰、澳大利亚、美国、德国和法国是我国乳制品尤其是奶粉进口主要来源地。2010 年自上述 5 国进口乳制品达 65 万吨，占我国乳制品进口总量的 87.2%。其中从 5 国进口奶粉 38.6 万吨，占我国奶粉进口总量的 92.5%。上述国家中，新西兰为我国最大的乳制品进口来源国，2010 年从新西兰进口乳制品达 38.1 万吨，约占进口总量的 51.1%。其中进口奶粉达 33.7 万吨，占我国奶粉进口总量的 80.7%。2005 年以来的数据显示，我国从新西兰进口奶粉占奶粉进口总量比例最低的年份为 2008 年，约为 50%，其余年份均保持在 70%以上。我国乳清粉进口主要来自美国，2008 年以来自美国乳清粉进口量占同类产品进口总量的 40%以上，2010 年更是达到 53.8%。

我国在进口乳制品定价方面缺乏话语权。一方面，我国乳制品进口价格整体呈上涨态势。2002 年以来，除 2009 年因受国际金融危机影响国际乳制品价格大幅下滑外，其余年份我国乳制品进口均价整体呈上涨态势。

2010 年乳制品进口均价为每吨 2 642.4 美元，比 2002 年上涨 1.6 倍。奶粉进口均价由 2002 年的每吨 1 446.8 美元上涨到 2010 年的 3 343.8 美元，上涨 1.3 倍，2008 年更是达到每吨 3 939.8 美元的高位。另一方面，我国进口奶粉价格总是跟随国际市场价格变动，是价格的被动接受者。对比奶粉国际市场价格与我国进口奶粉的到岸价，可以看到进口到岸价一般滞后于国际市场价格三个月左右，这固然有装运、海运、奶粉交易规则所产生的时滞等方面的因素，但也意味着国际市场价格对国内价格具有示范效应，引导国内奶粉价格变动。因此，尽管我国是奶粉进口大国，奶粉国际市场价格仍然由国际市场机制决定，我国在进口奶粉定价方面缺乏话语权。

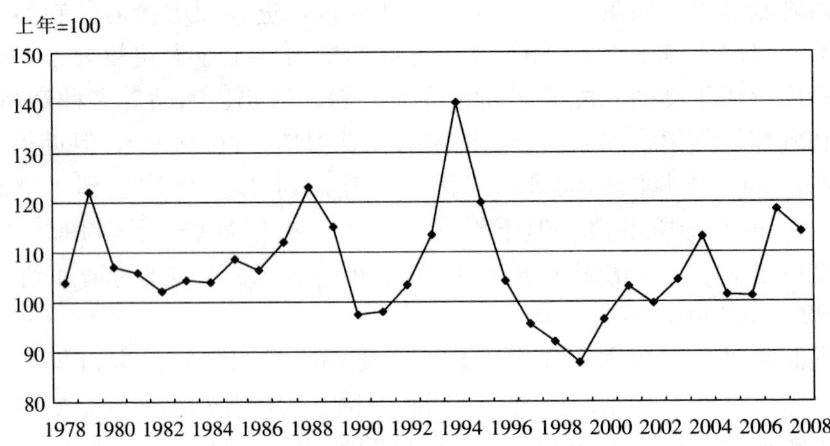

图 1　我国奶粉进口价格变动

资料来源：进口到岸价根据海关数据计算得出；国际市场全脂奶粉价格数据来自 FAO。

（二）乳制品进口对我国奶业的影响

进口乳制品为消费者提供了多样化的选择，原料粉、乳清粉等工业原料的进口解决了部分企业在消费旺季原料不足的问题，丰富了产品种类，在一定程度上推动了我国乳制品产品结构的调整和质量水平的提升。但是，由于乳制品进口的关税较低，且缺乏其他进口调控措施，再加上我国奶业起步较晚，仍属于新兴产业，乳制品进口也对我国奶业造成了冲击。

1. 加剧了国内奶业的竞争

除了牧区一些少数民族有食用乳及乳制品的习惯外，我国绝大部分居民没有消费乳制品的传统习惯，对乳制品的消费非常有限。随着人们对乳制品营养价值认识的提高，乳制品消费呈增长态势，但这是一个缓慢的过程，远远落后于乳制品加工能力的快速扩张，20 世纪 90 年代中期以来我国乳制品市场一直是买方市场，市场竞争非常激烈。乳制品企业竞相使用降价促销等方式争夺市场，压低了乳制品价格，甚至出现了“奶比水贱”的现象。在这种情况下，乳制品进口使得本已非常激烈的竞争进一步白热化。一方面，乳制品关税的下调削弱了国产乳制品的价格优势，再加上和进口产品在品牌价值等方面的竞争力差距，国产乳制品在竞争中处于弱势地位；另一方面，一些企业把低价进口奶粉加工成还原奶出售，对以国产奶源生产乳制品的企业形成了很大的冲击，许多奶制品企业处于微利或亏本经营状态。无序的市场竞争导致乳制品企业正常经营难以获得合理的利润，为了收回前期投资或得以维持经营，一些企业和奶农不惜采取各种违法手段，促成了乳制品质量安全事件的发生，严重影响了我国奶业健康发展。

2. 挤占了国内乳制品的市场空间

新西兰等国拥有得天独厚的草地资源，奶业生产条件十分优越，奶牛饲养规模化程度高，成本优势非常明显。与之相比，由于资源禀赋方面的原因，我国乳制品生产成本较高，WTO 框架下以及中国—新西兰自由贸易协定框架下乳制品关税的下调使得国产乳制品直接面对来自新西兰等奶业强国的竞争。再加上我国奶业主产区主要分布在北方，距离南方销区较远，国产乳制品的竞争优势进一步受到削弱。有时进口原料奶粉的到岸价格甚至低于国产奶粉的成本价格，这样的倒挂局面使得大量食品企业将订单转向进口奶粉，导致国内奶粉生产企业库存积压，效益下降。近年来，在政府和企业的引导下，人们对乳制品消费的认识不断提高，乳制品市场有了很大的增长，但市场空间的很大一部分被进口乳制品所占据，国内企业和奶农未能从乳制品消费市场的扩大中充分获益。2010 年，我国进口奶粉 41.7 万吨，相当于进口 350 多万吨牛奶，约占当年国内牛奶产量的 10%，再加上进口的乳清粉、半成品、成品等其他乳制品，进口乳制品等量的牛奶占国内牛奶产量的比例会更高。在配方粉方面，2010 年进口奶粉在婴幼儿奶粉市场上的份额达到 50%，在高端婴幼儿奶粉市场上的份额几乎达 90%。在占据高端奶粉市场之后，一些外资品牌已经开始转战中端市场，这将对我国中小奶粉品牌造成较大冲击。

3. 抑制了奶业的升级

由于我国对乳制品的保护程度较低，企业能够以较低的成本获得进口乳制品，其建设和发展国内奶源基地的动力受到削弱。进口原料奶粉在短期内对于乳制品制造企业有一定的经济合理性，但国际奶粉市场的波动性及容量的有限性决定了其难以为我国乳制品企业的发展提供稳定、充裕、可靠的原料供给，我国乳制品企业发展的根基仍在于自有奶源基地，原料奶粉进口及其所导致的对国内奶源建设的忽视不利于我国奶业的长远健康发展。婴幼儿配方奶粉的进口占领了高端市场，直接挤压了国内奶粉产业升级增值的空间。此外，从国际经验看，牛奶消费一般经过奶粉、液体奶及奶油、奶酪三个阶段，随着乳制品消费结构的成熟，奶粉、液体奶等传统乳制品的消费量会越来越低，而奶油、奶酪等高附加值产品的消费量会逐渐增加，这些高附加值产品具有较好的发展前景和潜在市场。目前，我国奶油、奶酪产业刚刚起步，奶油、奶酪的进口将抑制我国这些高附加值产品的发展。

4. 加剧了乳制品市场的波动

许多国家非常重视对本国乳制品市场的保护，在通过各种干预政策努力实现本国乳制品市场稳定的同时把波动性因素传递到国际乳制品市场。另外，国际乳制品出口的集中度很高，某个出口国产量和出口量的变动都会对国际乳制品市场产生较大影响。在这些因素的作用下，国际乳制品市场的波动性比较高。随着进口乳制品在我国乳制品市场上所占份额的不断扩大，大量的奶粉进口有可能把国际市场的价格波动引入国内，成为国内原料奶市场价格波动的一个重要影响因素。在金融危机时期，世界对乳制品的需求下降，乳制品国际市场价格大幅下跌。2009 年我国从新西兰进口大包奶粉到岸价是每吨 1.7 万元，而当时国产奶粉的生产成本是每吨 2.2 万～2.3 万元，巨大的差价导致国内许多乳制品加工企业和食品企业大量使用进口奶粉，进口奶粉到岸价成为国内奶粉生产企业出厂价的参照价格。一些奶粉生产企业根据进口奶粉价格倒推原料奶收购价格，使得冲击向乳制品供应链的上游传导，许多散养户亏损，不得不退出奶牛养殖领域。

（三）乳制品关税进一步降低对我国奶业的潜在影响

根据中国—新西兰自由贸易协定，从新西兰进口乳制品从 2008 年 10 月 1 日开始逐年降税，到 2019 年新西兰出口到中国的奶粉将实现零关税。

本文利用 GTAP 模型模拟中国—新西兰自由贸易协定框架下的奶粉进口关税下降对国内奶业的影响。

表 5　中国新西兰自由贸易区我国奶粉进口税率变化

单位：%

税号	基础税率	2008	2009	2010	2011	2012	2013	2014	2015	2016	2017	2018	2019
04021000	10	9.2	8.3	7.5	6.7	5.8	5	4.2	3.3	2.5	1.7	0.8	0
04022100	10	9.2	8.3	7.5	6.7	5.8	5	4.2	3.3	2.5	1.7	0.8	0
04022900	10	9.2	8.3	7.5	6.7	5.8	5	4.2	3.3	2.5	1.7	0.8	0
04029100	10	9.2	8.3	7.5	6.7	5.8	5	4.2	3.3	2.5	1.7	0.8	0
04029900	10	8	6	4	2	0	0	0	0	0	0	0	0

资料来源：《中华人民共和国政府和新西兰政府自由贸易协定》。

鉴于中国—新西兰自由贸易区的奶粉关税为梯级降税，在 GTAP 模型中采用递推动态方法来模拟降税效果。根据模拟结果，通过中国—新西兰自由贸易区的建立，新西兰对中国的奶粉出口每年可增长 3%，在 2010—2019 年间可累计增长 30%；与此同时，我国原料奶产量将因此每年下降 0.5%。按照 2009 年的产量计算，大致使得我国生产者每年少生产 16 万吨，大约冲击 1.3 万农户。与加入 WTO 的影响不同的是，中国—新西兰自由贸易区的建立将在降税期每年都带来如此的影响。因此，从 2010 年到 2019 年的 10 年间，从新西兰进口奶粉将使我国生产者共少生产原料奶近 160 万吨，约 13 万农户退出奶牛养殖。

三、启示与建议

发展奶业对于优化农业结构、增加农民收入、改善居民膳食结构等具有重要意义。为此提出以下建议：

（一）理念上，在对外开放过程中应注重对新兴重要产业的支持和保护

一个产业没有合理的利润是难以实现持续发展的，更谈不上质量安全。与我国高度开放乳制品市场形成鲜明对比的是，欧盟、美国、日本、挪威、瑞士等奶业强国普遍对乳制品实行高度保护，乳制品关税分别高达 264%、139%、661%、528%和 900%。由此及彼，对于那些与其他国家竞争力差距较大的产业，要实行与竞争力差距相当的支持和保护，使国内

产业在相对公平的条件下与国外产业进行竞争，给产业长远发展预留必要的发展空间和发展条件。

（二）政策选择上，应采取支持和保护措施促进我国奶业健康发展

乳业是关系国计民生的产业，产业关联度高，产业链条长，基地需长期培育，一旦产业链失衡，将很难在短期内恢复，当销售市场回暖时将出现奶源极大短缺。这一方面会造成市场的极大不稳定，另一方面也会导致在进口奶粉时受制于人。奶业的地位和作用决定了我们不能大量依赖进口，消费者长远利益的根本保障仍应立足国内奶业的健康发展。当前，在政府和企业的共同努力下，我国奶业已经恢复到三氯氰胺事件之前的水平，正处在从单纯的数量扩张向整体优化结构、全面提高产业素质和竞争力转变的关键时期。在这种背景下，更要加强对奶业的支持和保护，努力为我国奶业发展创造良好的环境。一是在中澳自贸区谈判中坚持仅存的已经非常低的乳制品关税不再降低；二是积极构建非关税措施来调控进口；三是加强对企业引进优良奶牛品种、建设奶源基地、实行一体化经营等先进经营方式的支持；四是借鉴美国和我国台湾省的做法，提高乳制品特别是液态奶中要求使用本地产鲜奶的比例；五是探索实行对奶农的直接补贴制度，根据奶牛养殖成本和合理利润确定目标价格，当市场价格低于目标价格时对奶农实行直接补贴；六是加强对乳制品进口的监测预警，及时启用保障措施，减缓乳粉进口冲击，开展产业损害调查，建立补偿机制；七是搞好民族品牌乳制品的公益性宣传，加强正面报道，宣传国产奶源、奶粉的优势，客观公布加强乳制品质量安全监管的政策措施和乳制品质量安全状况，主动引导舆论，科学回应社会关切，提高消费信心。

我国水产品贸易发展面临的形势及对策

渔业是我国农业中具有较强比较优势和发展潜力的行业，水产品出口在我国农产品出口中占据重要地位。2002—2010年，我国水产品出口连续8年位居世界第一，约占世界水产品贸易总额的10%。目前，我国形成了以国内自产水产品出口为主、来进料加工相结合的水产品国际贸易格局，渔业国际化程度明显提高。但是，2008年以来，我国水产品对外贸易面临着许多挑战：全球金融危机的蔓延导致发达国家对水产品的消费需求下降，国际水产品原料价格持续走高，人民币加速升值以及饲料、燃油和用工工资等生产成本不断上升，中小企业融资难度加大等，致使我国水产品出口困难重重，出口下降，出口企业利润降低。本文重点分析了我国水产品贸易发展特征、面临的危机与困难，在借鉴国外经验的基础上提出了促进我国水产品贸易发展的对策建议。

一、我国水产品贸易发展特征分析

（一）我国水产品贸易迅速回暖

2008年底发生的国际金融危机席卷全球，许多国家经济发展缓慢，收入减少，对水产品的消费能力下降。但是，由于消费者特别是发达国家的消费者早已认知水产品的营养价值，所以对水产品仍有较强的消费意愿。在这种背景下，水产品消费的层次降低，低档水产品受到市场欢迎。而我国出口的水产品主要是低档产品，适合金融危机期间人们的低档消费倾向。由于上述因素的作用，再加上国家为帮助企业应对金融危机出台了调整出口退税等支持政策，我国水产品贸易得以从金融危机中迅速恢复。

1. 2009年下半年我国水产品出口恢复至金融危机前水平

金融危机发生一年后，我国水产品贸易基本经历了半年迅速下滑（2008年11月—2009年4月）、半年逐步回升（2009年5—10月）的过程。在2008年第四季度，我国水产品贸易开始受到金融危机的影响。

2009 年春节过后，我国水产品出口订单锐减。同年 2 月全国水产品出口额仅 6 600 万美元，比上年同期大幅下降 23.7%。经过多方努力，水产品出口下降的势头从 4 月开始得到有效控制，水产品出口在波动中出现回暖迹象。5 月份水产品出口额降幅开始有所收窄，9 月、11 月和 12 月水产品单月出口额分别达到 10.5 亿美元、10.5 亿美元和 12.4 亿美元，涨幅较大，最终实现 2009 年全年水产品出口额正增长。

2. 2010 年我国水产品贸易迅速回暖

2010 年上半年我国水产品对外贸易进入恢复性增长阶段（表 1）。2010 年 1—2 月，水产品出口量 47.7 万吨，出口额 18.6 亿美元，同比分别增长 25.2%和 39%，超过金融危机爆发前 2008 年的同期水平；同期进口量为 53.2 万吨，进口额 8.3 亿美元，同比分别增长 25.8%和 47.5%，主要是来进料加工贸易恢复性增长。2010 年我国水产品进出口总量 716.06 万吨，进出口总额 203.64 亿美元，同比分别增长 6.8%和 26.8%。其中，水产品出口量 333.88 万吨、出口额 138.28 亿美元，同比分别增长 12.6%和 28.1%；进口量 382.2 万吨、进口额 65.36 亿美元，同比分别增长 2.2%和 24.2%。2010 年贸易顺差 72.92 亿美元。

表 1　我国水产品进出口贸易的量值变化（2008—2010 年）

单位：万吨、亿美元、%

时间	出口				进口			
	出口量	同比增长	出口额	同比增长	进口量	同比增长	进口额	同比增长
2008 年 1—12 月	296.5	−3.2	106.1	8.9	388.4	12.1	54	14
2009 年 1—4 月	83.5	−2.7	29.5	1.0	112.6	−9.3	15	−6.4
2009 年 1—6 月	131.1	−6.2	46.9	−0.9	173.4	−6.8	23.3	−3.9
2009 年 1—12 月	294.2	−0.6	107	1.0	373.7	−3.8	52.6	−2.6
2010 年 1—3 月	67.1	11.7	26.5	24.9	91.6	16.0	14.4	37.5
2010 年 1—6 月	146.0	10.4	59.4	25.3	186.3	7.3	30.2	29.7
2010 年 1—12 月	333.9	12.6	138.3	28.1	382.2	2.2	65.4	24.2

资料来源：中国海关。

（二）我国水产品出口分析

1. 近两年我国水产品出口占农产品出口总额比重不断提高

我国水产品出口在困境中稳步发展，出口额持续位居大宗农产品首位，占农产品出口总额的比重在1/4—1/3之间。2008年水产品出口额占农产品出口总额的26.2%，与上年基本持平。2009年水产品出口额占农产品出口总额的27%，2010年占28%。

2. 七大名优养殖水产品仍是主要出口品种

2008—2010年，我国对虾、贝类、罗非鱼、鳗鱼、淡水小龙虾、大黄鱼和斑点叉尾鮰等七大名优养殖水产品仍是主要出口品种，出口额占水产品一般贸易出口总额的50%左右（表2）。上述品种中，有的出口价格上涨，如鳗鱼，由于鳗鱼制品库存减少、苗种投放量不足，2010年下半年出现供不应求现象，出口价格持续上涨，2010年鳗鱼出口均价比上年上涨42.3%，出口额增长近50%；有的品种出口量增加，如淡水小龙虾，2009年出口量为2.8万吨，比上年增长21.7%，尽管出口价格下跌，但出口额仍比上年增长12.5%。

表2　2008—2010年我国七大名优养殖水产品出口情况

单位：万吨、亿美元、美元/千克

出口品种	2010年			2009年			2008年		
	出口量	出口额	单价	出口量	出口额	单价	出口量	出口额	单价
对虾	21.6	15.4	7.1	18.8	12.3	6.5	19.4	11.9	6.1
贝类	26.1	11.6	4.4	22	8.3	3.8	26.5	9.7	3.7
罗非鱼	32.3	10.1	3.1	25.9	7.1	2.7	22.4	7.3	3.3
鳗鱼	4.5	7.9	17.5	4.3	5.3	12.3	4.3	5.4	12.6
淡水小龙虾	2.8	1.8	6.4	2.3	1.6	7.0	2.4	1.5	6.3
大黄鱼	5.0	2.1	4.1	4.8	1.45	3.0	4.4	1.4	3.2
斑点叉尾鮰	0.8	0.3	4.3	1.7	0.66	3.9	1.9	0.7	3.7
合计	93.1	49.1	5.3	79.8	36.7	4.6	81.3	37.9	4.7

资料来源：中国海关。

3. 主要出口市场基本格局变化不大

日本、美国、欧盟、韩国依然是我国最重要的出口市场，但是这四个市场占我国水产品出口总额的比重有所下降，其中日本和韩国市场份额降幅最为明显。由于对新兴市场开发力度加大，水产品出口市场多元化步伐加快，对新兴市场出口呈增长趋势，其中对东盟和和中国台湾出口增幅较大。

(三) 我国水产品进口分析

俄罗斯、秘鲁、美国、智利、东盟和日本依然是我国水产品主要进口来源地。水产品进口主要呈如下特点：

1. 供国内食用水产品进口增加（不含远洋自捕鱼运回）

我国进口食用水产品的主要品种有鱿鱼、鳕鱼、鲑鱼、带鱼、鳙鲽鱼类以及其他未列明冻鱼等。2010 年食用水产品进口量和进口额由上年的 114 万吨和 17.3 亿美元分别增加到 148.6 万吨和 24.3 亿美元，分别增长 30.2%和 40%（表 3）。食用水产品为满足国内不同消费需求、丰富国内水产品市场发挥了重要作用。

表 3　2009—2010 年我国水产品进口结构与量值变化

单位：万吨、亿美元、%

进口分类	2009 年				2010 年			
	进口量	比上年增长	进口额	比上年增长	进口量	比上年增长	进口额	比上年增长
供居民食用	114.0	1.0	17.3	1.8	148.6	30.2	24.3	40.0
来进料加工	128.9	−8.4	22.3	−3.5	129.8	0.5	24.5	9.7
鱼粉	130.8	−3.0	13.0	−6.9	103.8	−20.6	16.6	27.8

资料来源：中国海关。

2. 水产品来进料加工贸易依然有困难

我国水产品来进料加工贸易企业长期处于价值链的最薄弱环节，既没有原料收购的定价权，也没有产品销售的议价权，金融危机的爆发使得原料的采购和商品的销售均出现困难。在原料方面，由于俄罗斯等国家以防止资源外流为由限制其原料水产品出口，2009 年国际水产品原料价格波动较大。在商品销售方面，由于受金融危机影响，主要出口市场经济低迷、消费需求下降，我国来进料加工水产品的出口依然有困难。2009 年我国水产品来进料加工产品出口量、出口额分别比上年下降 8.4%和 3.5%，2010 年上半年该类产品开始出现恢复性增长，全年来进料加工原料进口量 129.76 万吨、进口额 24.45 亿美元，分别比上年增长 0.5%和 9.7%（表 3）。

二、我国水产品贸易发展面临的形势

(一) 人民币升值

我国自 2005 年 7 月 21 日起人民币汇率改革以来，至 2010 年 12 月人民币大约升值20%，并且升值趋势一直在延续。人民币升值使进口国家的进口成本上升，我国出口产品竞争力减弱，企业经营利润大幅度减少。我国水产企业需要积极采取措施缓解人民币升值带来的不利影响。例如，采取更有利的结算方式和币种，以规避人民币汇率风险。出口业务尽量采用即期结算方式，而进口业务应尽量采用远期结算方式。在出口贸易方面，要逐步改变目前以美元为主要结算币种的局面，而对于进口贸易，继续选择美元为结算币种是比较明智的选择。此外，还可以利用外汇金融产品规避汇率风险，比如出口押汇和贴现等。

（二）贸易壁垒盛行

为缓解国内的种种压力，一些进口国通常会采取贸易保护措施，对我国产品的出口形成壁垒。近年来，这些贸易壁垒日益隐蔽和多样化，更加难以应对。除了使用各种技术性贸易措施，一些进口国还滥用WTO反倾销、反补贴和保障措施条款，对我国水产品出口形成了较大限制。例如，2004年美国商务部对原产于我国的暖水虾进行反倾销调查，并作出反倾销仲裁，裁定我国涉案企业的倾销幅度为0.07%～112.81%，非强制应诉企业中39家获平均加权税率55.23%，有18家应诉企业被拒绝加权税率，未参加应诉企业获112.81%的税率。虽然美国商务部在2005年、2006年、2010年对终裁结果先后进行了两次修改，但仍有39家企业获得53.68%的税率，对未应诉企业保持了112.81%的税率。美国对我国对虾实行反倾销调查与制裁后，我国对美出口虾类产品整体上呈下降趋势，出口量从2003年的8.2万吨下降到2009年的4.4万吨，年均下降10.9%。2011年3月15日，美国国际贸易委员会发布公告，对原产于我国的对虾作出反倾销日落复审产业损害终裁，继续对对虾实行反倾销，对我国对美对虾出口构成严重障碍。政府部门应该采取相应的措施，帮助企业应对贸易壁垒。必须充分利用《技术性贸易壁垒协议TBT》给予发展中国家的特殊优惠待遇，争取发达国家在技术、质量、认证、检验等方面的信息及援助。通过世贸组织咨询机构获取技术性贸易壁垒的信息，建立TBT预警机制，并有效利用多边贸易争端解决机制，消除歧视性的贸易壁垒。

（三）水产品出口质量风险

近年来，中国加大对水产品质量的监管和宣传，各渔业主管部门也相当重视，企业更是严把质量关，但中国水产品仍屡遭质量通报，被拒出口。例如2003年的恩诺沙星事件、2004年的孔雀石绿事件、2005年的硝基呋喃代谢物事件等。目前，一些质量安全事件依然引人关注。例如，美国阿拉巴马州检出了喹诺酮类药物的残留，其中来自中国的 8 个斑点叉尾鮰样本和 1 个鲶鱼样本呈阳性反应。而决定停止进口及销售来自亚洲印度尼西亚、泰国、柬埔寨、越南和中国的鲶鱼（catfish）和巴沙鱼（basa）类产品。另一方面，目前欧美等发达国家不断修订与调整食品法案的标准和要求，对我国水产品出口提高了门槛。例如，美国开始执行《FDA 食品安全现代化法案》。美国立法机构对《联邦食品、药品、化妆品法》做出了重大修正，形成了《FDA 食品安全现代化法案》，并于 2011 年 1 月份生效。该法案要求出口到美国的食品也达到与美国国内食品相同的标准，且进口商与每个境外食品企业必须经过认证与定期检查。国外日益严格的食品安全标准将增加我国水产品的出口成本，削弱水产品的国际竞争力，我们仍要努力提高水产品的质量安全水平。

（四）欧盟 IUU 条例

欧洲理事会于 2008 年 9 月 29 日正式通过、自 2010 年 1 月 1 日起实施《关于建立共同体系统以预防、阻止和消除非法、不报告和不管制捕捞条例》（欧盟理事会第 1005/2008 号条例，简称 IUU[①] 条例），条例的要点是对进入欧盟的渔获物（包括加工水产品）进行溯源、认证以及在国际或区域性渔业组织规定的海域对渔业捕捞活动进行合法性检查。按照 IUU 条例，从 2010 年开始，进入欧盟的海洋捕捞产品除须出具原产地证明、卫生证书外，还需附加合法捕捞证明文件。合法捕捞证明文件包括合法捕捞证明和加工厂声明两种形式。合法捕捞证明是指为本国渔船（含远洋渔船）合法捕捞产品输欧出具的证明，加工厂声明是指为本国企业加工来自其他国家的原料后产品输欧出具的证明。如果是用进口原料加工的水产品，还必须获得原料生产国的相应证明。针对欧盟 IUU 条例的实施，中国政府采取积极的应对措施，以确保将冲击减少到最低限度。2010 年我国共为近 2 万批次、货值 100 亿元（人民币）的水产品出具了合法来源证明。欧盟对与我国农业部渔业局的合作情况表示满意。

（五）渔业资源危机

世界范围水产品供应稀缺的现象必须引起我国水产业界的重视。现在世界海洋水产资源衰退，海水捕捞水产品产量逐年受限。同时，世界可以

① IUU 即 Illegal（非法的），Unreported（不报告的）and Unregulated（不管制的）。

发展水产养殖的水域也是有限的。随着人们生活水平提高，各国水产品的需求也在提高，国际市场部分水产品供应必然是相对稀缺的。目前我国也进口冻带鱼等国内市场需求旺盛的水产品，进口冻海水虾等加工急需的水产品原材料。在世界水产品供应较为稀缺的背景下，我国在进口水产品时面临着一些困难。例如，俄罗斯是我国最大的水产品原料供应商，金融危机发生后，俄罗斯政府认为将水产品原料出口到中国，加工后再到俄罗斯市场销售，是利用俄罗斯的资源帮助中国解决就业问题，因此提出了一系列管制措施：如 2010 年俄罗斯对出口水产品提高关税，同时也提高由中国加工再进口到俄罗斯的水产品关税等。此外，俄罗斯对利用贷款购买鱼类加工原料的企业给予贷款补贴，旨在发展水产品加工产业集群，提升俄罗斯渔获物的附加值。水产业界需要积极应对水产品进口价格不断上扬的问题，同时努力改变水产品贸易中“高买低卖”的不正常现象。

（六）发展中国家水产品出口同构竞争

发展中国家的同构竞争日趋激烈，对我国水产品出口提出挑战。近年来，泰国、印度尼西亚、越南、厄瓜多尔、巴西、智利等发展中国家相继开始实施与我国相类似的“出口导向型渔业发展策略”。这些国家与我国产业结构相似，部分出口品种相同，目标市场一致，造成部分水产品国际市场供给急剧增加，使我国出口水产品价格急剧下降，出口企业受到很大冲击。例如，越南湄公河鲶鱼是和罗非鱼相同档次的鱼品，但其生产成本仅为我国海南生产罗非鱼的 50%，加上越南对出口企业实行零关税扶持政策，欧盟等对从越南进口的门槛较低，对我国罗非鱼加工出口冲击较大。又如，泰国等东南亚国家在对虾产品上更具资源优势，劳动力低廉，生产成本比中国低，对虾出口企业竞争力相对较强。2009 年泰国对美国出口虾类产品 19.3 万吨，是美国第一大进口来源地。中国仅出口 4.4 万吨，成为美国第五大进口来源地，比泰国少 77.2%。随着水产品出口竞争加剧，我国在巩固传统市场和开拓新市场方面的压力都进一步增大，亟需加大政策扶持力度和转变水产品出口发展方式。

（七）世界一些国家或者地区积极开辟我国水产品市场

2010 年中国城市人口人均水产品消费量为 22 千克，农村人口为 13 千克，仍有较大的消费潜力。随着居民收入和生活水平的提高，中国水产品市场面临巨大的发展机遇，世界一些国家或者地区纷纷努力开拓中国水产品市场。

日本在开拓我国水产品市场方面实行“物美价高”策略。日本认为“物美价高”的鲫鱼、高体鲫、鲣鱼、多耙银带鲱等在中国消费市场大有潜力。“倍增计划”实施以来，日本各地商家争先恐后开拓中国市场。例如，日本在上海成立了“石狩水产品（上海）有限公司”，已经在上海“第一八佰伴”设立了“石狩水产”专柜，鲑鱼、鲐鱼、秋刀鱼销路良好；日本鹿儿岛县在上海设立了办事处，主要负责收集中国有关水产品进口政策、标准和当地水产品市场信息；日本“双日”也在中国大连设立了分公司，开辟金枪鱼、秋刀鱼、扇贝等消费市场。

澳大利亚提升其在我国市场的销售量。澳大利亚方面将首先向上海、北京、广州及其他城市的120家高端西式餐厅引进野生鲍鱼产品。澳大利亚鲍鱼协会会长Jonas Woolford相信只要能够确保不间断地向中国地区运输澳大利亚野生鲍鱼，其在中国市场的销售量及声望必将得到提升。Jonas强调，自2008年中国成功举办奥运会后，中国消费者越来越多地接受和喜爱西方饮食，特别是上海消费者，他们对西方产品始终保持着开放并接受的态度，为西方国家提供了良好的商机。有数据统计，2008—2009年期间，澳大利亚向中国出口鲜活及加工鲍鱼共计1 800吨。

我国台湾渔业界要协助业者进军大陆市场。近年来中国台湾渔业养殖发展很快，石斑鱼产量都翻了几番。据台湾省农会参展代表介绍，来自台湾屏东县的石斑鱼，在运送大陆市场参展时大的重达10多千克，售价在每千克150元人民币左右，吸引了很多大陆消费者的注意。两岸经济合作架构协议（ECFA）签订后，活石斑鱼、生鲜冷藏乌鱼等共计18种纳入《海峡两岸经济合作框架协议》大陆方面早期收获降税产品清单的台湾农产品，未来在大陆会大受欢迎。由于大陆市场很有潜力，台湾渔业界要协助业者进军大陆市场，促进台湾渔业的发展。

随着人们收入的增长、消费结构的优化和消费理念的转型，中国水产品消费将会迎来长期增长。水产品外贸企业也应该注意开发国内水产品市场，由只关注出口转变为兼顾内销和外销。

三、我国水产品出口市场及其主要变化

（一）美国水产品消费结构有所改变

美国是水产品消费大国。由于金融危机的影响，2009年美国主要水

产品的进口量和进口额都有所下降。根据美国商务部的统计，2009 年美国水产品进口量为 106.1 万吨，比上年下降 0.6%，进口额为 66.4 亿美元，下降 5%。与此同时，美国水产品消费结构也有所改变，主要表现为对高价水产品的需求降低，对低价水产品的需求反而增加。2009 年美国海鲜产品消费排名为对虾第一、金枪鱼第二、鲑鱼第三、螃蟹第四、鲶鱼第五、罗非鱼第六，而四年前低值鱼类的罗非鱼、鲶鱼排名仅仅是第九、第十位。又如，在金融危机的背景下，中国出口到美国的罗非鱼还是保持着比较高的增速，但价格迅速下降，呈量增额降的局面。美国水产品的高端市场主要是虾类产品，而中国对美出口最多的就是虾类，稳定这一高端市场对中美水产品贸易而言至关重要。中国需要继续开拓美国水产品高端市场、稳定低端需求。

（二）日本国内水产品生产量逐年降低

日本渔业经销商曾经警告：日本民族对鱼类的贪婪耗尽了海洋资源，未来 20 年内日本周边海域将无鱼可捕。20 世纪 90 年代以来，由于日本渔业资源状况的恶化和渔业从业人员的老龄化程度加深，日本国内水产品生产量逐年降低。例如，1991 年日本竹荚鱼的产量是 7 万吨，而现在下降到 2 万吨。为了满足国内需求，日本增加了对水产品的进口，并开始从中国上海、浙江省舟山市进口冰鲜马鲛鱼、鲳鱼等。日本人大量食用鳗鱼，2004 年鳗鱼消费量超过 14 万吨，而日本国内年生产量基本为 2 万～3 万吨，不足部分主要从我国内地和台湾进口。福建是我国最大的烤鳗出口基地之一，每年有 60%～70%的烤鳗出口日本。但是如果鳗鱼超量流入日本市场，影响到其国内产品价格，也会遭到日本入关过严检查并导致“命令检查”等一系列措施的限制。

（三）俄罗斯鱼类产品市场发展前景被看好

2009 年俄罗斯联邦水产品产量达到 370 万吨，创历史新高。虽然俄罗斯捕鱼船队的折旧率已经高达 80%，但 2009 年其捕鱼量还是增长了 13%，渔业税收增加了 5 倍多。2009 年俄罗斯出口水产品达 137.2 万吨，出口额 21.9 亿美元，进口量为 95.1 万吨，进口额 16.9 亿美元。人们普遍看好俄罗斯鱼类产品市场的发展前景。俄罗斯计划在每一个大区域或者中心城市建设一处鱼市，据专家估算，全国将建 47 个。俄罗斯政府的贷款补贴将帮助俄罗斯鱼类加工企业在市场上与中国同行竞争。

四、我国水产品出口存在的问题与日本经验借鉴

(一) 中国水产品出口存在的问题

1. 水产品出口市场无序竞争

水产品出口竞争激烈，一些企业压低报价，造成报价混乱，严重扰乱正常的出口市场秩序，导致诚信的加工出口企业在拓展业务时举步维艰。由于国外采购商压价，国内企业为了多出口而抢订单，压低原料收购价，使养殖环节无利可图甚至亏本，激烈的价格竞争使得养殖户和加工出口企业面临巨大的压力，为水产品产业的持续健康发展埋下了隐患。

2. 水产品出口成本呈上升趋势

近年来，进口鱼粉价格不断上扬，玉米、小鱼等饲料价格也相继上涨，直接导致养殖水产品的价格上涨。受原材料价格上涨、用工成本上涨、检测费用增加、物流费用较高、出口退税调整等因素影响，出口加工企业的综合成本增加，企业利润大幅度缩水，我国水产养殖产品出口面临严峻挑战。

3. 水产品外贸人才储备不足

作为典型的劳动密集型产业，我国水产品出口企业中有相当一部分是中小企业，在资金、人才和技术上处于劣势，特别是水产品外贸人才储备不足，出口营销管理人员、国际商务谈判人员、跟单员、单证员、报关员、外贸业务员等存在不同程度的缺口。

4. 中国水产品加工整体素质还需提高

我国水产品企业的自主品牌意识不强，品牌不多，在全国具有较高知名度和影响力的品牌则是凤毛麟角。出口产品绝大多数集中于水产品初级加工及来样加工，产品竞争力不强，抗风险能力不足，应对瞬息万变的市场的能力不强。中国水产品出口整体规模大，但小规模分散式的经营方式仍占主体，水产品质量安全方面仍存在不少隐患。

5. 出口退税政策执行缺乏严肃性

面对新的出口退税政策，2009 年一些企业常常采取调整产品报关种类的办法出口去获得更加多的退税，这导致难以反映加工方式的实际变化情况。一些地级市没有认真落实退税政策，导致企业到邻近省海关报关出口，因此 2009 年数据与往年数据可比性不强。另外，也有一些企业为了

获取出口订单，常常将“退税额”让给国外进口经营商，以此作为谈价的一种优惠条件。

（二）日本农林水产品出口额“倍增计划”

日本于2005年6月推出了以水产品为主的“农林水产品5年出口额倍增行动计划”（以下简称“倍增计划”），具体制定了2004—2009年5年农林水产品出口目标及措施。“倍增计划”的目标是到2009年实现农林水产品出口额比2004年翻一番，突破6 000亿日元。“倍增计划”的目的是通过扩大农林水产品出口，促进农林水产业、食品产业以及相关产业的全面发展，其措施主要有以下几方面：

1. 扩大销售途径、开辟海外市场

从2002年开始，日本连续4年以中国内地为中心，对中国台湾、中国香港、韩国、泰国等国家和地区的农林水产品消费市场和消费习惯进行了全方位的调查。在此基础上，通过各种方式对海外市场的流通、需求和消费市场信息进行充分调查，长期而有计划地促进出口，扩大市场；通过国际农交会、渔博会以及开设海外专卖店等，宣传日本饮食文化，扩大日本品牌产品的海外知名度；配合访日游客“2010年超1 000万人”行动计划，向访日海外游客渗透日本饮食文化，以期得到对日本农林水产品出口的潜在支持；积极与水产品加工、物流等产业配合，扩大销售途径、开辟海外市场。

2. 促进农林水产品出口对象国进口制度的改变

为了促进农林水产品畅通出口，通过各种可能的途径收集并分析有关国家农林水产品进口制度，集中力量收集并整理影响出口的一切因素，通过国际谈判等平台，促进出口对象国进口制度的改变，积极争取出口品种的市场准入，同时完善检疫制度，以符合出口对象国的要求。

3. 保护知识产权和名牌产品

加强日本国内产品的商标管理，保护日本名牌产品；为了防止日本国内培育品种的权益受到侵害，促进亚洲各国建立有关新品种培育者权益保护机制；邀请国外企业参加日本国内举办的国际渔业博览会，并提供有关免费服务；支持日本企业在国外举办水产品贸易洽谈会，设立专卖店等活动。

4. 建立以出口为目的的生产和流通体制

日本根据出口对象国市场需求、标准要求等进行生产，建立特色产品的生产机制；支持“为出口生产，为出口流通”，建立以出口为目的的生产和流通体制，引进以出口为目的的技术。为了提高产品质量，降低生产成本，促进出口产品包装、保鲜体系、流通手段共有化，建立并完善出口流通方式。鼓励企业参加出口对象国举办的农交会、渔博会，扩大其影响。

5. 政府的资金支持

日本厚生劳动省调整了向中国内地、中国香港、中国台湾以及新加坡等亚洲经济发达国家和地区出口水产品的有关政策。2005 年度（2005 年 4 月 1 日至 2006 年 3 月 31 日）日本政府投入开辟海外出口市场的经费 7 亿日元，比前年度（2004 年 4 月 1 日至 2005 年 3 月 31 日）增加了 3 亿日元，使日本水产品出口在政策上和经费上得到了前所未有的支持。

五、促进我国水产品贸易良性发展的对策建议

我国水产品出口的快速增长主要是依靠大规模要素投入、数量增长和价格优势来提升竞争力的，虽然获得了巨大利益，但也付出了资源与环境等方面的代价。水产品贸易发展不仅是为了出口创汇，更重要的是提高资源利用效率，提升经济效益，带动我国渔业经济发展与渔民增收。当前我国水产品出口面临着资源持续短缺、国际竞争日益加剧等多重压力，为促进水产品贸易良性发展，必须坚持转变贸易发展方式、讲究内涵提升、提高出口的经济效益，必须坚持充分利用“两个市场、两种资源”并不断提高利用国外市场与资源的能力。在具体措施上，要重点关注以下几个方面：

（一）强力推进自主品牌建设

品牌是企业产品和企业形象的明信片。目前我国 80%以上的水产品出口采取贴牌出口模式，难以利用自主品牌提升企业的国际知名度、美誉度。在当前国际品牌竞争日趋激烈的严峻形势下，我国水产品行业必须迅速全面进入品牌竞争时代，通过品牌建设提升水产品外贸企业形象和企业竞争力，扩大出口市场份额，提高出口产品附加值。必须加快水产品品牌建设，鼓励出口企业创名牌，全方位、多层次地推动自主品牌的发展。必须建立和完善水产品品牌评价认定、品牌促进、品牌保护和品牌推广体系，制定科学合理的评价标准和认定办法，组织开展一系列品牌宣传、推广和保护活动。

（二）提高出口水产品加工增值程度

我国加工出口的水产品常常工艺简单，技术含量低，市场价格低，在美国、俄罗斯、墨西哥等传统市场大多是低消费人群购买。水产企业及经营者应当改变靠低价优势抢占市场的做法，努力提高水产品的附加值。水产品加工出口企业应加大产品精深加工的研发力度，不但要巩固原有的出口品种，也要不断开发适应国内和国际市场中高端要求的加工制品，如鱼糜制品、调味产品、烘烤产品、保健产品、休闲产品、美容产品、传统糟醉腌干产品等，在加工品种、规格、质量、品味、包装等方面向国际水准靠拢，缩短与世界各国的差距。企业必须重视产品结构调整，开发先进的加工技术与设备，积极发展有中国特色的品种，特别是开发淡水产品深加工出口产品。

（三）稳定并发展来料加工产业

目前中国进口原料加工再出口占出口总额的36%左右，稳定并发展来料加工产业是我们扩大水产品出口的重要途径。要着力提高渔业组织化程度，创建一批规模大、水平高、有国际影响力的水产品出口加工园区，引进国外水产品初级原料，重点开展代理出口的精深加工出口，加强自主创新、自主研发能力建设，通过精细加工、超值加工和综合利用，提高水产品的加工档次和产品质量。

（四）提高我国水产品质量安全水平

水产品出口企业应该及时跟踪了解进口国对水产品质量的要求，及早应对，以符合出口市场的质量标准。各级政府应该切实履行主导作用，严格按照《食品安全法》规定，加强对企业的质量安全意识培养和对产品的质量安全管理。强化水产品质量安全标准体系、检验检测体系和认证认可体系建设，鼓励企业开展水产品国际认证。要完善出口水产品追溯体系，从多个环节严格把关，切实保证出口水产品的质量。健全完善应急工作机制，提高妥善应对突发事件的能力。

（五）国内市场与出口市场并进开发

我国经济持续高速发展，社会总体富裕程度提高，人们可支配收入大幅增加，对水产品的消费需求明显增强，内销水产品有很大的市场空间。国内消费市场的繁荣会给水产品出口企业提供无限商机。现在越来越多的出口企业已认识到这一点并正在积极调整经营思路，大力开拓国内市场，这无疑是明智之举，也是企业生存与发展的长久之计。不仅依赖出口拉动，还将通过内销促进，这将是我国渔业经济增长的新形式之一。

（六）重视水产业的“走出去”战略

当前，我国水产品加工企业“走出去”的重点是控制国外水产品资源，掌握国外市场，彻底改变外商垄断我国水产品收购价格、控制我国出口水产品销售渠道的局面。要鼓励龙头企业走出去，变被动接受订单为积极主动地在出口国家建立自己的终端销售网络。

（七）加强对水产品贸易的政策扶持

一是要提供信息服务、建立水产品进出口预警和防御机制。二是要研究和制定应对贸易壁垒的措施，积极运用经济、外交等方式和途径，妥善处理贸易摩擦。三是要建立健全长期稳定的出口贸易保障激励机制。充分利用税收、信贷和财政补贴等手段，支持企业技术改造，鼓励企业自主创新。四是要借鉴发达国家的经验，增加对水产品营销设施建设的补贴，包括对水产品加工、储藏和运输的补贴，补贴资助新发展起来的各种渔业合作组织，支持相关行业协会的发展，支持企业参加国内外举办的各种水产品贸易博览会。

（八）发挥行业协会桥梁纽带作用

第一，行业协会应充分发挥行业自我协调、自我管理、自我约束的作用，规范水产品贸易行为，维护正常出口秩序和企业自身利益。第二，行业协会应发挥自身在政府部门和企业间的桥梁和纽带作用，使信息在政府和企业间更为有效地传递。一方面，向政府提供水产行业的企业信息需求、国外的标准和法规实行的情况，另一方面，为企业生产经营提供咨询服务，避免恶性竞争，特别是价格战，建立良性竞争机制。第三，行业协会要加强对企业的服务，帮助企业提升核心竞争力。要制定和完善出口商品生产技术标准，加强对出口商品的质量监控；建立和完善快速、高效的进出口预警系统，引导出口企业规避风险。第四，行业协会要加强与国外贸易伙伴的沟通与对话，以尽量避免和减少水产品遭遇的技术壁垒。

（九）创新水产品对外贸易机制

一是建立出口风险保值基金。在行业协会与政府的协调下建立水产品出口风险保值基金，当国际市场某些水产品价格大幅下降，企业遭受巨大损失时，通过“出口风险保值基金”回收储存多余的出口产品，防止不理性的价格竞争，缓解临时的困境，当国际市场这些水产品价格明显上升时再考虑出口。因为我国水产品在世界上是有相当的地位的，出口量大幅下降后将导致价格的上升。二是出口可追踪系统的泛化应用。我国出口产品可追踪系统正在建设与推广中，应该研究追踪技术，推进出口可追踪系统的泛化应用，实现我国水产品出口“明确数量，提高质量”的科学发展。积极开展几种功能与应用：实现数字化报关；实现出口产品质量追踪；实现出口品名类别的真实性，防止报关品种的随意性。

葡萄酒进口对国内产业的影响

近年来，随着居民收入水平提高和消费观念转变，我国葡萄酒消费不断增长，葡萄酒产业在我国作为新兴产业得到了快速发展。葡萄酒生产不仅带动了葡萄种植、酿造、运输、贸易等相关产业的发展，还促进了旅游观光等配套产业的成长，对发展主产区经济、增加当地农民收入起到了重要促进作用。国内巨大的葡萄酒消费市场为我国葡萄酒产业的发展提供了广阔的发展空间，但由于我国葡萄酒产业起步较晚、基础薄弱，产业整体实力与世界葡萄酒传统强国相比还有较大差距。入世以后，随着进口关税水平下降，我国葡萄酒进口规模迅速扩大，给我国葡萄酒产业造成了一定压力。本文在介绍世界和我国葡萄酒贸易格局的基础上，分析了葡萄酒进口对国内产业的影响，提出了促进我国葡萄酒产业健康发展的政策建议。

一、世界葡萄酒贸易格局

（一）世界葡萄酒贸易的主要特点

1. 贸易规模不断扩大

1988—2009 年，世界葡萄酒贸易额从 69 亿美元增至 254.6 亿美元，增加 2.7 倍，年均递增 6.4%。其中，静止葡萄酒、汽酒和烈性酒白兰地的贸易额分别增加近 3 倍、2.1 倍和 2.4 倍，而且所占比重较大，对世界葡萄酒贸易总额和结构影响显著；味美思酒和抑制发酵酿酒葡萄汁的贸易额分别增加 1.6 倍和 3.9 倍，但所占比重很小（表 1）。

表 1　1988—2009 年世界各类葡萄酒贸易额及其比重

单位：亿美元、%

葡萄酒类型	1988		2003		2008		2009	
	贸易额	比重	贸易额	比重	贸易额	比重	贸易额	比重
葡萄汽酒	12.10	17.5	27.5	13.6	52.2	16.1	37.5	14.7
静止葡萄酒	44.67	64.7	146.3	72.7	218.6	67.5	176.8	69.4

（续）

葡萄酒类型	1988		2003		2008		2009	
	贸易额	比重	贸易额	比重	贸易额	比重	贸易额	比重
烈性酒白兰地	10.47	15.2	22.9	11.4	46.1	14.2	35.3	13.9
味美思酒和加香葡萄酒	1.59	2.3	3.5	1.7	5.2	1.6	4.2	1.7
抑制发酵的酿酒葡萄汁	0.17	0.2	1.1	0.5	1.6	0.5	0.8	0.3

注：本文中葡萄酒的范围为HS统计口径下的葡萄汽酒（220410）、静止葡萄酒（220421，220429）、抑制发酵的酿酒葡萄汁（220430）；味美思酒和加香葡萄酒（220510，220590）；烈性酒白兰地（220820）。

资料来源：根据联合国商品贸易统计数据库（UN Comtrade）数据整理而得。

2. 贸易集中度较高但呈下降趋势

世界葡萄酒贸易主要集中在少数发达国家，2009年前五大进口国依次为美国、英国、德国、加拿大和比利时，合计占世界葡萄酒进口总量的52.3%；前五大出口国分别是法国、意大利、澳大利亚、智利和德国，合计占世界葡萄酒出口总额的72.2%。1988—2009年，世界葡萄酒贸易集中度呈下降趋势，前五大进口国所占比重从68.4%下降到52.3%，前五大出口国所占比重从95.4%下降到72.2%（见表2、表3）。

表2　1988—2009年主要进口国葡萄酒进口量占全球比重

单位：%

排名	1988		1998		2003		2008		2009	
	国家	比重	国家	比重	国家	比重	国家	比重	国家	比重
1	英国	25.5	英国	18.8	美国	19.9	美国	16.3	美国	16.7
2	德国	20.9	美国	14.6	英国	18.6	英国	15.9	英国	15.3
3	比利时	7.9	德国	13.8	德国	11.0	德国	9.6	德国	10.4
4	荷兰	7.1	日本	10.0	日本	5.3	比利时	6.2	加拿大	5.2
5	瑞士	7.0	比利时	4.8	比利时	4.5	加拿大	4.7	比利时	4.7
合计		68.4		61.9		59.3		52.7		52.3

资料来源：根据联合国UN Comtrade数据库数据整理而得。

表 3　1988—2009 年主要出口国葡萄酒出口量占全球比重

单位：%

排名	1988		1998		2003		2008		2009	
	国家	比重	国家	比重	国家	比重	国家	比重	国家	比重
1	法国	61.8	法国	44.6	法国	40.7	法国	36.6	法国	36.7
2	意大利	15.2	意大利	15.9	意大利	16.4	意大利	16.1	意大利	19.2
3	西班牙	7.7	西班牙	8.9	西班牙	9.2	西班牙	8.6	澳大利亚	6.8
4	德国	5.9	澳大利亚	3.8	澳大利亚	7.6	澳大利亚	7.6	智利	5.2
5	葡萄牙	4.8	智利	3.3	智利	3.3	智利	3.9	德国	4.2
合计		95.4		76.5		77.3		72.8		72.2

资料来源：根据联合国 UN Comtrade 数据库数据整理而得。

3. "新世界"国家出口贸易发展迅速

世界葡萄酒出口国一般被划分为"新世界"和"旧世界"两大阵营。"旧世界"以法国、意大利、西班牙等欧洲国家为代表，特点是葡萄酒生产历史长、品质好，但产量较低。"新世界"国家主要包括美国、澳大利亚、智利、阿根廷和南非，葡萄酒生产历史不长，但规模很大，价格相对较低。作为"旧世界"国家代表，法国、意大利和西班牙三国的出口市场份额呈下降趋势，从 1988 年的 85%降至 2008 年的 61%，西班牙在 2009 年已被挤出前五。而澳大利亚、智利等"新世界"国家所占出口市场份额逐年上升，正在挤占"旧世界"国家的市场份额。

(二) 主要贸易国的贸易状况

1. 主要进口国家

美国。美国是世界最大的葡萄酒进口国，也是世界上最大的烈性酒白兰地进口国。2008 年其葡萄酒进口总额约为 55.8 亿美元，主要从法国、意大利等欧洲国家和澳大利亚进口静止葡萄酒、烈性酒白兰地和葡萄汽酒，但不进口抑制发酵的酿酒葡萄汁。同时，美国出口静止葡萄酒到英国、加拿大、意大利和日本等地，其中 80%为瓶装静止酒。

英国。目前，英国是世界第二大葡萄酒进口国，是汽酒和静止葡萄酒第一大进口国。2008 年，英国葡萄酒进口总额为 54.7 亿美元，其中 96.8%为汽酒和静止葡萄酒，进口葡萄酒中 40%来自法国，其次为澳大利亚和意大利。

德国。2008 年，德国葡萄酒进口额为 32.8 亿美元，出口额 12.6 亿美元。静止葡萄酒和汽酒是其主要的进出口葡萄酒产品。德国是世界第三大葡萄酒进口国，主要从欧洲地区进口葡萄酒，2008 年，从意大利和法国进口葡萄酒的比重约为 67%。德国葡萄酒主要出口市场是英国、美国、荷兰，对三国的出口额占德国出口总额的 40%以上。

日本。日本主要进口静止葡萄酒和汽酒，静止葡萄酒中 96%为瓶装酒，主要进口来源地为法国、意大利和美国。

比利时。2008 年，比利时葡萄酒进口额为 21.4 亿美元，50%左右是静止葡萄酒，其次为烈性酒白兰地和汽酒。比利时的葡萄酒主要来自欧洲老牌葡萄酒生产国，如法国、意大利、西班牙、葡萄牙等。

加拿大。进口最多的葡萄酒产品是静止葡萄酒，占进口总额的 90%以上，绝大部分是瓶装酒。加拿大主要从法国、荷兰、德国等欧洲国家进口静止葡萄酒，此外，也从澳大利亚、美国和智利等进口少量葡萄酒。

2. 主要出口国家

法国。是世界上最大的葡萄酒出口国，2008 年出口额达 128 亿美元，主要出口市场为英国、比利时、美国和德国，四国合计占法国出口总额的 90%以上。传统上法国喜欢进口散装酒并与国内葡萄酒进行混合，是静止葡萄酒、味美思酒和加香葡萄酒的主要进口国，进口主要来自欧洲国家。

澳大利亚。20 世纪 80 年代初期，由于国内销售衰退转而重视出口贸易，澳大利亚逐渐成为“新世界”葡萄酒生产国的代表，主要出口静止葡萄酒到英国、美国和加拿大，其中 90%以上是瓶装酒。在英国和美国市场上，产自澳大利亚的葡萄酒均被定位为上等葡萄酒。同时，澳大利亚也是中国进口静止葡萄酒的主要来源地。

智利和阿根廷。智利葡萄酒出口在 20 世纪 80 年代末期开始大幅增长，主要出口静止葡萄酒，出口市场为英国、美国和加拿大。阿根廷的葡萄酒出口贸易大约与智利同时发展起来，但很快停滞不前，直到 1995 年实现大飞跃，此后阿根廷葡萄酒出口贸易发展速度慢于智利但比较平衡。阿根廷主要出口静止葡萄酒到美国、加拿大、英国以及俄罗斯和巴西。虽然阿根廷出口的静止葡萄酒仅 20%左右为散装酒，但这一比例仍高于其他国家。

意大利。意大利是世界第二大葡萄酒出口国，2008 年出口额约为 56 亿美元，是世界出口抑制发酵的酿酒葡萄汁、味美思酒和加香葡萄酒最多的国家。在世界范围内，这两种葡萄酒产品出口额相对较小，其出口份额仍低于该国静止葡萄酒和汽酒的出口。意大利的葡萄酒主要出口到美国、德国和英国。

西班牙和葡萄牙。2008 年西班牙葡萄酒出口额为 31.9 亿美元，是世界第三大葡萄酒出口国，主要对德国、英国、美国等国家出口静止葡萄酒和汽酒。葡萄牙主要出口静止葡萄酒，其出口市场主要为法国、英国和安哥拉。

二、我国葡萄酒贸易格局

（一）出口规模较小，进口快速增长

近年来，我国葡萄酒出口呈增长趋势，出口额由 1995 年的 1 048 万美元增至 2010 年的 8 802 万美元，年均增幅 15%，但出口规模仍然较小。与出口相比，我国葡萄酒进口增速更快，进口规模更大。1995—2010 年，我国葡萄酒进口量从 3 387 吨增至 30.5 万吨，增加 89 倍，年均增幅 35%；进口额从 1 852 万美元增至 13.3 亿美元，增加 72 倍，年均增幅 33%，入世后年均增速更快，达 44%。

（二）进出口产品集中，主要是烈性酒白兰地和静止葡萄酒

1995 年以来（除 1997 年外），烈性酒白兰地和静止葡萄酒进口额占我国葡萄酒进口总额的比重超过 90%，2002 年更是高达 98.5%。从品种看，烈性酒白兰地所占比重逐年下降，而静止葡萄酒所占比重逐步上升，2009 年烈性酒白兰地和静止葡萄酒进口额所占比重分别为 47.3% 和 50.8%。我国出口的葡萄酒产品主要也是静止葡萄酒和烈性酒白兰地，近两年二者出口额占葡萄酒出口总额的比重超过 95%。

表 4　1995—2009 年我国各类葡萄酒进口额及其比重

单位：万美元，%

葡萄酒类型	1995		2003		2007		2009	
	进口额	比重	进口额	比重	进口额	比重	进口额	比重
葡萄汽酒	36.0	1.9	157.5	1.7	1 352.0	2.2	1 566.0	1.8
静止葡萄酒	182.1	9.8	3 185.2	34.0	24 344.3	39.5	44 169.7	50.8
抑制发酵的酿酒葡萄汁	0.2	0.0	0.9	0.0	3.4	0.0	1.1	0.0
味美思酒和加香葡萄酒	12.0	0.7	8.7	0.1	19.6	0.0	18.2	0.0
烈性酒白兰地	1633.5	87.6	6 006.2	64.2	35 869.9	58.2	41 138.9	47.3

资料来源：根据联合国 UN Comtrade 数据库数据整理而得。

表 5　1995—2009 年我国各类葡萄酒出口额及其比重

单位：万美元，%

葡萄酒类型	1995		2003		2007		2009	
	进口额	比重	进口额	比重	进口额	比重	进口额	比重
葡萄汽酒	88.0	8.0	19.1	3.8	96.3	1.5	118.9	3.5
静止葡萄酒	355.9	32.3	297.6	58.8	2734.1	43.1	562.5	16.7
抑制发酵的酿酒葡萄汁	0.1	0.0	12.8	2.5	20.2	0.3	0.0	0.0
味美思酒和加香葡萄酒	53.3	4.8	151.7	30.0	90.7	1.4	55.4	1.7
烈性酒白兰地	604.4	54.9	24.9	4.9	3399.5	53.6	2630.3	78.1

资料来源：根据联合国 UN Comtrade 数据库数据整理而得。

（三）进口来源地集中，出口市场集中化趋势明显

我国葡萄酒进口来源地主要是法国、澳大利亚、智利、美国等国家。近年来，自上述四国葡萄酒进口额占我国葡萄酒进口总额的比重基本维持在 90%左右，其中法国是我最大的进口来源国，自法国进口额所占比重超过 70%，稳居第一。新世界葡萄酒国家特别是澳大利亚对我国的出口呈现出强劲势头。我国葡萄酒主要出口到中国香港、日本、新加坡、中国台湾等亚洲国家或地区。2002 年对上述四大市场的出口额占葡萄酒出口总额的 48%，到 2009 年，这一比重上升至 90%。

三、葡萄酒进口对国内产业的影响

1996 年以前，我国葡萄酒进口关税大多为 150%，之后税率逐步下调，在 1997—2000 年下调到 60%和 70%之间，入世后关税税率进一步下降，到 2004 年瓶装静止酒和散装静止酒的税率分别降为 14%和 20%，烈性白兰地的税率降为 19.2%，并在 2005 年降至 10%，此后维持在低水平上。随着关税的下调和国内葡萄酒消费需求的快速增长，在国内葡萄酒产业尚未充分发展起来的背景下，我国葡萄酒进口急剧增长，对国内产业发展造成了一定的影响。在消费需求快速扩张的背景下，葡萄酒进口对国内产业的影响尚不明显，但随着国内葡萄酒市

场的成熟和市场容量的饱和，葡萄酒进口对国内产业发展的影响将会日益突出。

（一）进口葡萄酒抑制了国内葡萄酒产业的升级增值

一是占据了我国葡萄酒高端消费市场。由于我国葡萄酒产业起步晚，酿酒葡萄质量及酿造技术与国外相比差距较大，国产葡萄酒市场上以干型红酒为主，产品单一，品质雷同，大部分葡萄酒质量处于普通葡萄酒等级，与法国等葡萄酒传统强国的产品品质尚有不小差距。再加上国内葡萄酒消费市场尚不成熟，消费者对进口葡萄酒盲目推崇，利润丰厚的高端葡萄酒消费市场基本全部被国外品牌葡萄酒占领。从长远看，这种局面将抑制国内中高档葡萄酒的发展。二是削弱了国内葡萄酒企业建设原料基地的动力。优质的酿酒葡萄生产基地是未来我国葡萄酒产业发展的基础，当前我国酿酒葡萄生产尚处于初步发展阶段，在葡萄品种、栽培技术等方面与世界主要葡萄酒生产国存在差距，随着葡萄酒进口关税的降低，进口原酒的成本优势开始显现，国内葡萄酒企业更倾向于选择进口原酒来满足生产而不愿培育自有的葡萄生产基地，这不利于国内葡萄酒产业的长远发展。

（二）进口葡萄酒开始挤占我国中低端葡萄酒市场空间

由于文化差异，国外葡萄酒所崇尚的品牌营销在中国市场屡屡碰壁，进口葡萄酒只能通过高档宾馆、会所等渠道进入中国高端消费市场，中低档市场难以打开销路。随着人们消费观念的发展、对葡萄酒认知的逐步深入，葡萄酒作为健康饮品的价值被广泛认同，是未来饮料酒的消费潮流，不仅在城市中广泛饮用，而且逐步向富裕的农村地区扩散，我国葡萄酒市场还有较大增长空间。但我国葡萄酒进口关税的下调降低了国外葡萄酒进入国内市场的门槛，国内葡萄酒产品在缺乏品质优势的形势下，价格优势受到进一步削弱，面临着进口葡萄酒质量和价格的双重竞争。许多进口葡萄酒已经进入我国超市，而且价格已接近国产中档葡萄酒价格，我国中低端葡萄酒市场也面临着被进口产品逐渐蚕食的危险。

四、我国葡萄酒进口需求实证分析

我国葡萄酒对外贸易主要表现为进口贸易，在当前开放的条件下，随着国内葡萄酒消费需求的持续增长，葡萄酒进口也将呈继续扩大态势。这里将构建进口需求模型和不同来源地的AIDS模型，通过对两个模型的估计来判断价格、收入等因素对我国葡萄酒进口的影响程度和方向，为判断我国葡萄酒进口的未来发展方向提供依据。

（一）进口需求模型

构建的葡萄酒进口需求模型如下式所示：

$$\ln M = \beta_0 + \beta_1 \ln Y + \beta_2 \ln P_M + \beta_3 \ln P_D + \beta_4 \ln T \qquad (1)$$

M代表葡萄酒进口额，Y代表收入，P_M代表进口葡萄酒价格，P_O代表国内葡萄酒价格，T代表我国葡萄酒进口关税税率；β_i为待估计参数，其中，β_1为进口收入弹性，预期值为正，意味着进口随收入的增加而增加；β_2为进口价格弹性，预期值为负，说明进口量与进口价格之间是反向的关系；β_3的预期值为正，β_4预期值为负。

模型中使用的数据为1996—2008年的年度数据。各国葡萄酒进出口贸易数据由作者根据联合国COMTRADE数据库中的数据整理得到；葡萄酒进口价格为葡萄酒进口额与进口量的比值；收入数据为我国GDP，由《中国统计年鉴》获得；国内市场葡萄酒价格数据无从获得，故用我国36个大中城市长城干红（11度，750ml/瓶）的零售价格来代替，由历年《中国物价年鉴》可获得1998—2005年、2007年和2008年的价格数据，对于缺失的1996和1997年的数据采用1998—2005年价格的年均增长率计算得到，2006年数据为2005年和2007年价格的平均值；我国各税目下的葡萄酒进口关税税率可由历年《中华人民共和国海关进出口税则》获得，因不同税目的葡萄酒的进口关税税率不同，本文用各税目下的葡萄酒进口额占进口总额的比重为权重，计算得出加权税率，用以替代我国葡萄酒进口关税。

模型估计结果见表6：

表6　我国葡萄酒进口需求模型估计结果

项目	GDP	进口价格	国内价格	关税	常数项
系数值	2.69***	−0.70	1.66	−0.51***	−19.42 ***
t统计值	10.18	−5.99	3.86	−3.26	−6.16
R^2	0.99	DW	3.03		

注：*** 表示在0.01的水平上显著。

从估计结果可以看出：

我国葡萄酒进口受国内收入水平、葡萄酒进口价格、国内价格以及进口关税的影响均比较显著。收入弹性、进口价格弹性、国内价格以及关税对葡萄酒进口额的弹性分别是 2.69、－0.70、1.66 和－0.51，这表明，我国 GDP 每上升 1%，我国葡萄酒进口额将增加 2.69%；我国葡萄酒进口价格每下降 1%，进口额将增加 0.70%；国产葡萄酒价格每上升 1%，葡萄酒进口额将增加 1.66%；葡萄酒进口关税提高 1%，进口额将下降 0.51%。可见，我国葡萄酒进口额对国内居民的收入水平和国产葡萄酒价格比较敏感，对葡萄酒进口价格和进口关税税率相对不太敏感。

我国葡萄酒进口需求模型假设来自不同国家的进口葡萄酒均为同质产品，并没有考虑国内葡萄酒和进口葡萄是否具有同质性。这里采用 Wald 检验方法，通过检验进口葡萄酒价格和国产葡萄酒价格的系数之和是否为零来判断两种产品的同质性。若为零，表明产品具有同质性，说明进口和国产葡萄酒是完全相互替代的，反之，说明国产葡萄酒和进口葡萄酒是可分的，可以运用“近似理想的需求系统模型”（即 AIDS 模型）做进一步的研究。检验结果见表 7。

表 7　对进口葡萄酒价格和国产葡萄酒价格的 Wald 检验结果

检验统计量	统计量值	自由度	显著性概率
χ^2 值	4.87	1	0.03

从对进口葡萄酒价格和国产葡萄酒价格的 Wald 检验结果可以看出，在 0.05 的显著性水平下，χ^2 检验拒绝原假设，即进口价格和国产葡萄酒价格系数之和不为零，说明进口葡萄酒和国产葡萄酒是非同质的，消费者对这两种葡萄酒的需求存在很大差异，两者不能完全相互替代。从我国葡萄酒进口需求模型估计结果也可以看出，两种产品价格的变化对我国葡萄酒进口的影响程度是不同的，这与 Wald 检验结果得出的结论是一致的。

（二）不同来源地的 AIDS 模型

下面本文将通过构建 AIDS 模型来估计我国对不同进口来源地葡萄酒

的进口需求，分析不同产地葡萄酒价格对我国葡萄酒进口的影响，进而得出从法国、智利和其他国家葡萄酒进口的相互替代关系以及我国消费者对不同产地葡萄酒的偏好。

我们构建的 AIDS 模型形式如下式所示：

$$W_i = \alpha_i + \sum_j \gamma_{ij} \ln (p_j) + \beta_i \ln \left(\frac{E}{P}\right) \tag{2}$$

式中，i 和 j 表示进口来源地，i，$j=1$，…，m；α、β 和 γ 是待估计参数，W_i 代表从 i 地的葡萄酒进口在我国进口总额中所占比重，p_j 是从 j 地进口葡萄酒的价格，E 是我国进口葡萄酒的总支出，P 为综合价格指数，以 Stone 价格指数表示，$\ln P = \sum_{i=1}^{n} w_i \ln (P_i)$。根据需求理论，这一模型同时满足加总性、齐次约束性和对称性。支出弹性（η_i）和价格弹性（ε_{ij}）计算公式为：

$$\eta_i = 1 + \frac{\beta_i}{w_i} \tag{3}$$

$$\varepsilon_{ij} = -1 + \frac{\gamma_{ii}}{w_i} - \beta_i,\ \varepsilon_{ij} = \frac{\gamma_{ii}}{w_i} - \beta_i \left(\frac{w_j}{w_i}\right) \tag{4}$$

估计结果如表 8 所示，根据模型估计结果，利用式（3）和（4）计算得到弹性值如表 8 所示。

表 8　我国葡萄酒进口 AISD 模型估计结果

来源地	来源地			支出系数	R^2	DW 值
	法国	智利	其他国家			
法国	0.15*** (3.94)	−0.09*** (−3.65)	−0.07	0.03 (0.85)	0.85	1.52
智利		−0.01 (−0.36)	0.10	−0.06** (−2.67)	0.61	1.92
其他国家			−0.03	0.03		

注：括号中的数值为所估计参数的 t 统计值，*** 表示在 0.01 的水平上显著，** 表示在 0.05 的水平上显著。

表 9 基于 AISD 模型的我国葡萄酒进口价格弹性和支出弹性估计

来源地	来源地			支出弹性
	法国	智利	其他国家	
法国	−0.77	−0.14	−0.12	1.04
智利	−0.69	−1.10	1.63	0.15
其他国家	−0.30	0.33	−1.14	1.11

对不同来源地的 AIDS 模型估计结果及弹性值进行分析，得到如下结论：

(1) 自价格系数方面。法国的自价格系数为正，表明在其他条件不变的情况下，法国葡萄酒价格的上升，会增加其在我国葡萄酒进口额中的份额。智利和“其他国家”的自价格系数都为负，表明在该地区葡萄酒价格上升时，其在我国进口额中的份额会减少，但智利的自价格系数不显著。

(2) 交叉价格系数方面。智利与“其他国家”的交叉价格系数为正，也就是说从“其他国家”进口葡萄酒的价格提高，会提高智利在我国的葡萄酒进口额中的份额，可以说从智利和“其他国家”的葡萄酒进口存在一定的替代关系。法国与智利以及“其他国家”之间的交叉价格系数均为负，表明法国葡萄酒与智利葡萄酒以及“其他国家”的葡萄酒之间存在一定的互补关系。

(3) 支出弹性。在中国葡萄酒进口市场上，各地区的支出弹性值均为正，表明从各地区的进口量与进口总支出同方向变动，数值代表了受影响的程度。法国和其他国家葡萄酒富有弹性，智利的葡萄酒缺乏弹性。在支出逐渐增加的情况下，从各地的进口量都增加，但与法国和“其他国家”相比，智利的受益有限。

(4) 自价格弹性。在中国葡萄酒进口市场上，各地区的自价格弹性均为负，表明进口与进口价格反向变动。中国从法国、智利和“其他国家”进口葡萄酒的自价格弹性分别是−0.77、−1.10、−1.14，这说明，中国从法国的葡萄酒进口是缺乏弹性的，进口价格对从法国进口葡萄酒影响不大，而从智利和“其他国家”的葡萄酒进口需求是有弹性的，从这些国家的葡萄酒进口对进口价格的变化非常敏感。

(5) 交叉价格弹性。中国葡萄酒进口的交叉价格弹性除了智利和“其他国家”大于0外，其他的都小于0，这可以说明，中国从法国和智利进口葡萄酒之间是互补关系。其中法国对智利的交叉价格弹性为−0.14，而智利对法国的交叉价格弹性为−0.69，说明法国葡萄酒价格的变化对从智利进口葡萄酒数量的影响较大，这与我国自法国进口葡萄酒占比重较大有关。

五、主要结论与政策建议

本文介绍了世界以及我国葡萄酒对外贸易格局，分析了葡萄酒进口对我国产业的影响，估计了我国葡萄酒进口需求函数，并通过构建AIDS模型估计了我国对不同进口来源地葡萄酒的进口需求以及相互之间的影响。根据以上研究工作，得出如下主要结论和政策建议。

(一) 主要结论

(1) 世界葡萄酒贸易规模不断扩大，且贸易集中度较高。各类葡萄酒贸易规模均有增长，静止葡萄酒在世界葡萄酒贸易中所占比重最大，其次是汽酒和烈性酒白兰地，抑制发酵的酿酒葡萄汁、味美思酒和加香葡萄酒的比重较小。世界葡萄酒贸易区域集中在欧洲，此外，还有美洲、亚洲和大洋洲。主要进口国有美国、英国、德国、比利时、加拿大和日本；主要出口国有法国、意大利、西班牙、澳大利亚和智利。而澳大利亚等新世界国家葡萄酒的贸易份额目前呈上升趋势。

(2) 我国葡萄酒贸易以进口为主，出口较少。我国主要进口烈性酒白兰地和静止葡萄酒，进口规模呈扩大趋势，对国际市场依赖较大。进口葡萄酒中70%以上来自法国，其他主要进口来源地有智利、澳大利亚、意大利、西班牙，新世界葡萄酒国家特别是澳大利亚对我国的出口呈现出强劲的势头。从出口流向看，我国大部分葡萄酒出口到亚洲国家或地区，在一定程度上是由于我国葡萄酒竞争力低，仅仅依靠地理优势进入周边市场。

(3) 进口葡萄酒抑制了国内产业的升级增值，并开始挤占中低端葡萄酒市场空间。我国葡萄酒产业发展时间短，优质原料缺乏保障，生产技术相对落后，产品单一，大部分葡萄酒属于普通葡萄酒等级，高端葡萄酒尚未发展起来，来自法国等葡萄酒传统强国的进口占据了我国高端消费市场，抑制了国内中高端葡萄酒的发展。低价的进口原酒削弱了企业建设国内原料基地的积极性，不利于产业的长远发展。关税税率的下调降低了国外葡萄酒进入国内市场的门槛，进口葡萄酒开始挤占我国中低端葡萄酒市场空间。

（4）我国葡萄酒进口受收入水平、国内葡萄酒价格、进口价格以及进口关税的影响比较显著。并且，进口葡萄酒和国产葡萄酒是非同质性的，二者难以相互替代。随着经济的增长和消费者收入的提高，我国葡萄酒消费还有很大的增长空间，我国葡萄酒进口仍会持续增长。

（5）不同来源地葡萄酒价格以及国内消费者实际支出的变化对我国从该国进口葡萄酒规模的影响方向和程度是不同的。从法国和智利进口的葡萄酒价格上升，会提高其在我国葡萄酒进口额中的比重；其他国家进口价格的提高则会造成其份额下降；消费者实际支出的增加对来自法国和世界其他国家的葡萄酒进口份额的增大影响较大，对智利的影响较小。就不同来源地进口的葡萄酒之间的关系而言，法国葡萄酒与智利葡萄酒具有互补关系，智利与其他国家的葡萄酒具有一定的竞争关系。

（二）政策建议

葡萄酒在我国属于朝阳产业，市场空间巨大，葡萄酒产业的健康发展对于我国提高主产区农民收入、满足国内日益增长的消费需求具有重要意义。由于我国葡萄酒产业发展时间较短，无论是技术上还是产业基础上均无法与葡萄酒传统强国相抗衡。在这种背景下，由于缺乏对国内葡萄酒产业的有效保护，进口葡萄酒使国内产业面临质量和价格方面的双重竞争，产业的升级增值受到抑制，市场空间受到挤占。

为促进我国葡萄酒产业的健康发展，建议采取如下政策措施：一是在多双边谈判特别是在中澳自贸区谈判中要高度关注葡萄酒的敏感性。由于澳大利亚葡萄酒生产规模较大、价格较低，如果在中澳自贸区谈判中大幅减让葡萄酒进口关税，将使国内葡萄酒产业面临更加激烈的竞争压力，挤占产业发展必需的市场空间和利润空间。二是加强对葡萄酒进口的调控。加强对葡萄酒进口的监测预警，建立产业损害预警机制，适时采取反倾销、反补贴、保障措施等贸易救济手段，保护国内产业发展。三是加大对葡萄酒产业的支持。我国葡萄酒一直被视为工业品而非农产品，不但享受不到政府补贴支持政策，反而需要缴纳税收，在与进口葡萄酒的竞争中处于不利境地。建议减免葡萄酒企业的税收，鼓励企业和科研院所对葡萄品种、种植和葡萄酒酿造技术的引进和研发。

国别篇

2010

美国农产品生产贸易与农业政策分析

美国国土面积居世界第四位，土地资源丰富。高度发达的农业机械化生产，先进的农业科学技术，加上美国政府的大力支持使美国成为世界上农业最发达的国家之一，许多重要农产品产量和出口量都居世界首位，在世界农产品市场上占有非常重要的地位。

一、农业概况

美国自然资源丰富，发展农业有着得天独厚的条件。耕地面积约为1.92亿公顷，约占国土面积的20%，而且以平原为主，土地肥沃，有利于农业机械化耕作和规模经营。此外，还有永久性草地2.4亿公顷，森林和林地2.65亿公顷。气候温和，雨量充沛，而且分布比较均匀，平均年降雨量为760毫米。土地资源丰富，为美国农业经济发展提供了物质基础。

美国农业生产以家庭农场为主。据2009年统计，大约有209万个农场，其中家庭农场约占总数的87%。分散的农场主以农业合作社为主要形式，以企业经营为依托，进行集约化、专业化和规模化生产，依靠专业化分工获得市场竞争优势。

美国农作物以玉米、小麦、大豆、棉花为主，其次为烟草、马铃薯、燕麦、稻米、柑橘、甜菜。畜牧业主要包括牛、羊、猪、火鸡等，其中以养牛为主，牛的存栏数在1亿头以上，居世界前列。美国畜牧业的机械化程度在世界上居于领先地位，从20世纪60年代开始，主要畜牧品种的饲养由传统的放牧形式转变为向大型工厂化发展。此外，美国现在有渔民约25万，每年渔业收入价值达几十亿美元。

美国农产品交易市场有三种：产地批发市场、销地批发市场（车站批发市场）和零售市场。由于农业生产区域化程度高，且绝大部分农产品由少数大农场生产并供给全国各地以及海外市场，这使得美国农产品的产地市场比较集中。因此，在整个农产品流通中，产地批发市场与零售商之间的交易量占了绝大多数。有关数据显示，全美近 80%的农产品是从产地经物流配送中心直接到达零售市场的，车站批发商的销售量仅占农产品总交易量的 20%左右。但车站批发市场对农产品价格形成具有主导作用。

根据不同产品类型，农产品营销主要有以下三种形式。第一，果蔬生产营销，主要是农场主、生产合作社、产地生产商与大型超市或批发企业签约进行销售（占销售量的 98%）；第二，主要大宗农产品的销售，主要依托现货批发市场和期货交易市场进行；第三，鲜活农产品销售，主要以农产品批发市场为主，如洛杉矶鲜花拍卖批发市场。

二、农产品贸易

美国是农产品生产大国，农业生产能力远远超出了国内需求，为避免农业部门生产能力过剩，必须保持和扩大向其他国家出口农产品。美国也是农产品消费大国，农产品进口额排在欧盟之后，居世界第二位。

（一）农产品出口

20 世纪 90 年代以来，美国农产品出口快速增长，从 1989 年的 400 亿美元增长到 2009 年的 986 亿美元，增加了 1.5 倍，年均增速 5%（图 1）。由于美国拥有丰富的土地资源，且农业生产的资本密集度高，因此大宗农产品出口一直保持着很强的竞争优势，在农产品出口总额中占有很大比重。但从图 1 能够看出，近 20 年来，美国农产品的出口结构正在发生变化，高附加值农产品的出口增长较快，在农产品出口额中所占比重稳步上升。目前，高附加值农产品出口额已占农产品出口总额的近 60%。

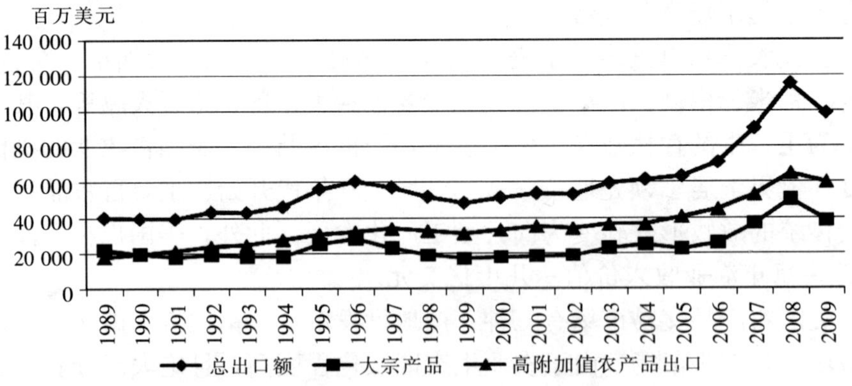

图 1　1989—2009 年美国农产品出口额及构成变化情况

资料来源：美国农业部（USDA）。

高附加值农产品出口增长较快的主要原因是美国非常注重初级产品的深度加工和精度加工。2009 年美国出口前 25 位农产品中有 20 种属于加工和半加工产品，相比 1989 年增加了 3 种；其中，加工产品在 2009 年有 13 种，而在 1989 年只有 8 种（表 1）。

表 1　1989 年和 2009 年美国出口前 25 位农产品类别及出口额

单位：百万美元

序号	2009 年			1989 年		
	农产品	类别	出口额	农产品	类别	出口额
1	大豆	大宗	16 454	玉米	大宗	657
2	玉米	大宗	8 775	小麦，未碾磨	大宗	5 867
3	小麦，未碾磨	大宗	5 374	大豆	大宗	3 942
4	其他饲料	半加工	4 028	不含棉绒线的棉花	大宗	2 249
5	大豆粗粉	半加工	3 484	牛肉和小牛肉，新鲜或冷藏	加工	1 391
6	混合谷物产品	加工	3 414	整张牛皮革	半加工	1 343
7	不含棉绒线的棉花	大宗	3 383	豆粕	半加工	1 240
8	猪肉，新鲜或冷藏	加工	3 178	水稻/大米	大宗	970
9	鸡肉，新鲜或冷藏	加工	3 132	高粱	大宗	937
10	其他谷物制品	加工	2 619	其他草料及饲料	半加工	800
11	牛肉，新鲜或冷藏	加工	2 481	烤烟	大宗	785
12	谷物粉	大宗	2 174	玉米副产品	半加工	751
13	杏仁	未加工	1 923	种子基地/苗圃	未加工	509
14	其他菜油和蜡	半加工	1 319	杏仁	未加工	491
15	精华油	加工	1 264	园艺产品	加工	435
16	种子基地和苗圃	未加工	1 142	鸡肉，新鲜或冷藏	加工	427
17	其他蔬菜，经处理或冷藏	加工	1 082	非食用牛脂	半加工	390
18	相关糖制品	加工	1 052	不包括果汁的饮料	加工	389
19	豆油	半加工	1 049	豆油	半加工	358
20	不包括果汁的饮料	加工	963	浅色晾烟	大宗	339
21	巧克力及配制食品	加工	891	牛副产品	加工	301
22	其他牛奶制品	加工	831	猪肉，新鲜或冷藏	加工	298

（续）

序号	2009年			1989年		
	农产品	类别	出口额	农产品	类别	出口额
23	酒	加工	830	其他谷类制品	加工	291
24	苹果，新鲜	未加工	751	精油	加工	276
25	马铃薯，冷藏	加工	705	小麦粉	半加工	261

资料来源：USDA。

由于北美自贸区的存在，加拿大和墨西哥是美国农产品重要的出口市场，为美国第一和第三大出口市场。2009年美国出口到这两个国家的农产品出口额分别为157亿美元和130亿美元，占美国农产品出口总额的15.9%和13.1%。中国是美国农产品出口的第二大市场，2009年美国向中国出口农产品132亿美元，占美国农产品出口总额的13.3%（表2）。

从主要大宗农产品来看（表2），中国是美国大豆、棉花等农产品出口的最大市场，其中美国出口大豆的50%以上都到了中国；日本是美国小麦和玉米的主要出口市场。墨西哥所需的玉米、小麦、大豆、棉花等大宗产品都已经大量从美国进口，本国产品已经渐被美国产品取代。

表2　2009年美国四类大宗农产品出口额排前十位的目标市场

单位：%

排序	小麦		玉米		大豆		棉花	
	国家和地区	占总出口份额	国家和地区	占总出口份额	国家和地区	占总出口份额	国家和地区	占总出口份额
1	日本	0.15	日本	0.31	中国	0.56	中国	0.31
2	尼日利亚	0.14	墨西哥	0.18	墨西哥	0.07	土耳其	0.18
3	墨西哥	0.09	韩国	0.14	欧盟	0.07	墨西哥	0.12
4	菲律宾	0.07	中国台湾	0.07	日本	0.06	印度尼西亚	0.05
5	韩国	0.06	埃及	0.05	中国台湾	0.04	泰国	0.05
6	中国台湾	0.04	加拿大	0.04	印度尼西亚	0.04	越南	0.04
7	委内瑞拉	0.03	委内瑞拉	0.02	土耳其	0.02	中国台湾	0.04
8	哥伦比亚	0.03	多米尼加共和国	0.02	韩国	0.02	韩国	0.03
9	埃塞俄比亚	0.03	秘鲁	0.02	埃及	0.02	秘鲁	0.03
10	印度尼西亚	0.03	哥伦比亚	0.02	泰国	0.01	巴基斯坦	0.03

资料来源：USDA。

(二) 农产品进口

长期以来，美国主要进口的农产品都是高附加值产品，占农产品进口总额的90%左右；大宗农产品进口比重很低，约占10%。大宗农产品和高附加值产品各自所占比重比较稳定（图2）。

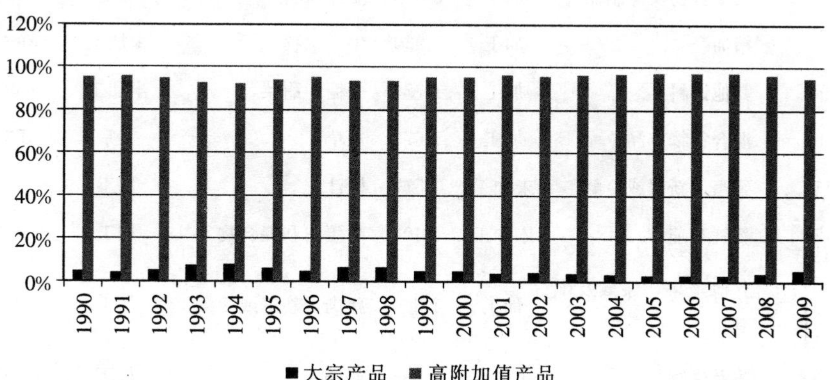

图2　1990—2009年美国大宗农产品及高附加值农产品进口额所占比重

资料来源：USDA。

前25位进口产品中，除烟草属于大宗商品外，其他进口产品都是加工和半加工的高附加值产品，且前10位进口农产品都是加工产品（表3）。

表3　1989年和2009年进口前25位农产品类别及进口额

单位：百万美元

序号	2009年			1989年		
	农产品	类别	进口额	农产品	类别	进口额
1	咖啡及其制品	加工	4 065	咖啡及制品	加工	2 432
2	酒	加工	4 020	牛肉和小牛肉，新鲜或冷藏	加工	1 468
3	可可及制品	加工	3 476	可可及制品	加工	976
4	麦芽糖饮料	加工	3 338	橡胶和树脂	未加工	957
5	牛肉，新鲜或冷藏	加工	2 367	酒	加工	929
6	饼干和威化饼	加工	2 175	香蕉/芭蕉，新鲜或冷藏	未加工	856

（续）

序号	2009 年			1989 年		
	农产品	类别	进口额	农产品	类别	进口额
7	其他谷物及配制品	加工	2 056	麦芽饮料	加工	854
8	精油	加工	1 930	牛，牛犊	未加工	661
9	其他饮料	加工	1 776	蔗糖，甜菜	半加工	592
10	混合谷物产品	加工	1 673	烟草	大宗	531
11	香蕉，新鲜或冷藏	未加工	1 577	橙汁	加工	443
12	新鲜番茄	未加工	1 403	酪蛋白和混合物	加工	402
13	其他水果，保藏及配制品	加工	1 350	猪肉，新鲜或冷藏	加工	394
14	牛及牛犊	未加工	1 298	奶酪	加工	380
15	橡胶和树脂	未加工	1 273	猪肉配制品	加工	358
16	甘蔗和甜菜	半加工	1 200	饼干及薄脆饼	加工	339
17	甜食制品	加工	1 181	杂项园艺产品	加工	338
18	天然药材	加工	1 079	鲜切花	未加工	315
19	新鲜葡萄	未加工	1 048	谷物和不包括饼粕在内的饲料	半加工	246
20	奶酪	加工	1 004	天然药材	加工	236
21	谷物和不包括饼粕在内的饲料	半加工	1 000	其他水果，保藏及配制品	加工	236
22	菜籽油	半加工	937	羊毛服装	半加工	231
23	橄榄油	半加工	911	新鲜西红柿	未加工	229
24	其他奶制品	加工	902	其他香料和草药	半加工	220
25	烟草	大宗	863	新鲜葡萄	未工	220

资料来源：USDA。

加拿大和墨西哥既是美国农产品重要的出口市场又是重要的进口来源地。加拿大、欧盟和墨西哥是美国排名前三位的农产品进口来源地，并且从近几年情况来看，这三个进口来源地非常稳定。从这三个进口来源地进口的农产品占美国农产品进口额的一半以上。2009 年从加拿大、欧盟、墨西哥分别进口农产品147亿美元、134亿美元和114亿美元，分别占美国农产品进口总额的20.5%、18.7%和15.9%。

表4 2009年前15位美国农产品出口市场地和进口来源地

单位：亿美元、%

排序	出口市场	出口额	占总出口份额	进口来源地	进口额	占总进口份额
1	加拿大	157.0	15.9	加拿大	147.1	20.5
2	中国	131.5	13.3	欧盟	133.9	18.7
3	墨西哥	129.5	13.1	墨西哥	113.8	15.9
4	日本	111.2	11.3	中国	28.7	4.0
5	欧盟	74.6	7.6	巴西	24.4	3.4
6	韩国	39.2	4.0	澳大利亚	23.2	3.2
7	中国台湾	29.9	3.0	智利	21.5	3.0
8	中国香港	20.5	2.1	印度尼西亚	17.9	2.5
9	印度尼西亚	18.0	1.8	哥伦比亚	17.7	2.5
10	土耳其	15.0	1.5	新西兰	16.1	2.3
11	俄国	14.4	1.5	泰国	15.7	2.2
12	埃及	13.5	1.4	危地马拉	13.0	1.8
13	菲律宾	12.9	1.3	马来西亚	13.0	1.8
14	泰国	10.5	1.1	印度	12.4	1.7
15	委内瑞拉	9.6	1.0	哥斯达黎加	10.9	1.5

资料来源：USDA。

（三）农产品贸易平衡

美国农产品贸易一直处于顺差地位，但大宗农产品和高附加值农产品对农产品贸易顺差的贡献不同（图3）。大宗农产品一直保持顺差，贡献了美国农产品顺差额的绝大部分；而高附加值农产品则多数处于逆差，即使少数年份出现顺差，规模也很小。

2008年美国在农产品贸易中实现贸易顺差350多亿美元，刷新了1995年的历史记录，其中，大宗农产品贸易顺差额达到了460多亿美元。2008年顺差大幅增加的主要原因就是大宗农产品价格飚升，带动了美国农产品出口额大幅增长，而美国进口农产品中大部分是最终加工品，进口额受大宗商品价格上涨影响较小。

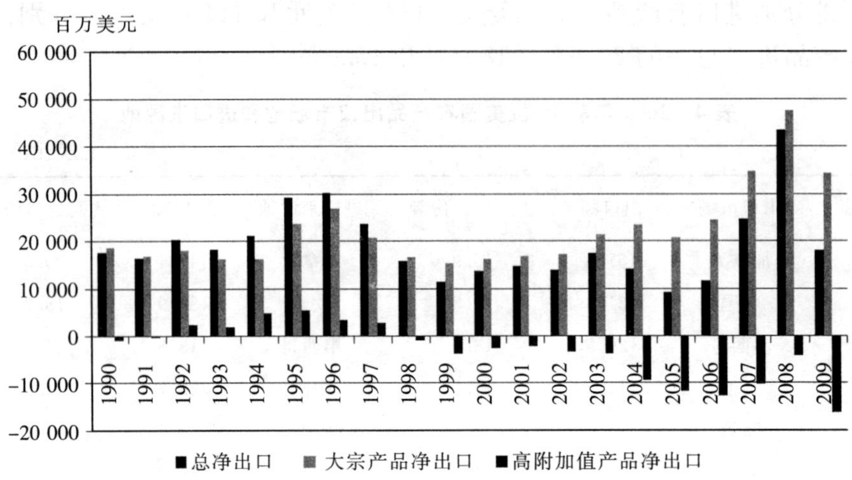

图 3　1990—2009 年美国农产品贸易平衡情况

资料来源：USDA。

三、农业政策

经过 200 年左右的发展，美国农业政策已经形成了一个非常复杂的政策体系。最初美国制定农业法是为了解决农产品过剩和农场收入下降难题，主要是通过法律来调整农场主、农村金融机构、农作物保险机构、农场合作社等利益集团的利益，所以参加法律制定的主要是涉农利益集团。随着农场经济的发展和越来越多的其他利益集团介入，农业法由主要涵盖农产品生产和水土保持等方面向综合立法转变。从《1933 年农业调整法》开始，每隔一年或者数年颁布一个短期农场立法（也叫农产品立法）。

乌拉圭回合之前，美国农业政策始终是以价格支持结合供给管理为中心而展开的。乌拉圭回合协议达成后，美国农业政策出现了较大的变化。这些变化主要有：①取消了供给控制；②脱钩支付取代了旧的收入支持计划；③市场化导向；④政策涵盖面越来越广。

1996 年的《联邦农业改进与改革法案》（或称《1996 年农业法案》）的最大亮点在于实施脱钩直接补贴。美国对农民实行的直接定额补贴，补贴数额只与基期的产品种类、面积和单产有关，而与现在的种植产品种类、产量和价格均没有直接关系。《1996 年农业法案》对种植小麦、玉米、高粱、大麦、燕麦、水稻和棉花等农作物的农民，按照基期（1991—

1995 年的平均值）的生产数量进行直接收入补贴。

2002 年 5 月 13 日，美国出台了《2002 年农场安全与农村投资法案》（或称《2002 年农业法案》）。该法案的核心内容是增加对农业的补贴，尤其是增加对农民的直接定额补贴，这违背了美国自身将逐步削减农业补贴的承诺，因而激起了世界各国的强烈反对。《2002 年农业法案》对直接定额补贴的规定依然延续《1996 年农业法案》的做法，并提高了原有补贴对象农产品的直接支付率。《2002 年农业法案》规定，新增补贴对象中种植产品的基期面积为 1998—2001 年四年的平均值，支付单产指的是 1995 年确定的水平。支付面积和支付单产一经确定，便保持不变，与以后每年生产什么和生产多少无关，也与市场价格无关。因此，该补贴又被称为“固定支付”。

《2008 食品、保护与能源法案》于 2007 年提出，并在 2008 年 6 月正式生效，它将在 2008—2012 年支配美国农业和相关计划的大部分内容。《2008 食品、保护与能源法案》共包括 15 个部分，涵盖了以下主要内容：收入和农产品价格支持的政府计划，农村信贷和风险管理；以水资源和耕地资源保护为基础的资源和环境保护；食品援助和发展海外市场以促进美国农产品市场发展；食品券计划，国内食品分发和营养行动；农村社区和经济发展，农村能源效率，供水和污水处理设施，以及宽带接入；重点农业区域和食品部门的研究；森林的利用和持续发展；鼓励农业可再生能源的生产和使用；对于社会贫困农民的吸引和支持等。根据 2008 农业法案估计，2008—2017 年农业总支出将达到 7 810 亿美元，其中营养计划将占据 68%。《2008 食品、保护与能源法案》在过去的政策基础上提供了新的反周期收入计划和对农民的持久灾害补助，调整了一些支付水平和要求，并引入了一种全新的农作物平均收入计算规则，对于处于低收入阶层的农民和雇工在法案中也得到了更大的支持。

欧盟农产品生产贸易与农业政策分析

欧盟是世界重要的农产品生产、消费和贸易经济体。2010 年欧盟 27 国人口约为 5 亿，2009 年经济总量（GDP）为 11.8 万亿欧元，人均 GDP 为 2.3 万欧元。随着经济增长，农业在国民经济中所占比重从 1998 年的 2.6%下降到 2008 年的 1.8%。但一些中东欧国家农业所占比例还比较高，如保加利亚和罗马尼亚，2008 年农业占其国内生产总值的比例分别为 7.3%和 7.2%，比欧盟平均水平高出 5 个百分点以上。

一、农业概况

欧盟具有丰富的农业资源，农业生产率高，农产品贸易发达。战后初期，欧洲处在粮食供给不足状态。经过多年的努力，尤其是在共同农业政策作用下，欧盟农业生产力有了较大提高，粮食供给迅速恢复，食品生产不仅可以满足人口增长以及对食品结构升级的需要，而且出现了过剩。但近几年来，欧盟的农业生产出现了较大波动，农业收入也随之起伏。

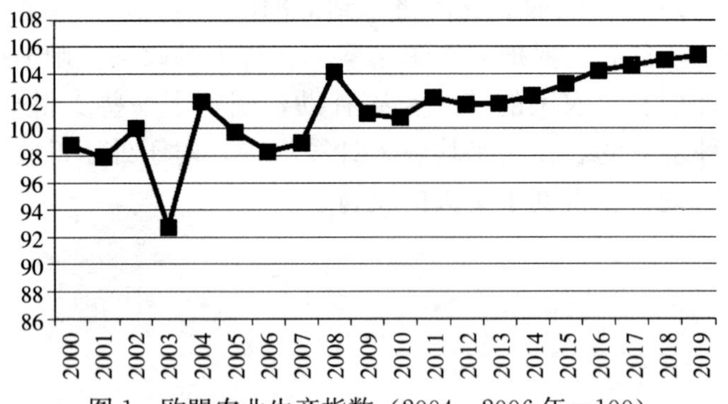

图 1　欧盟农业生产指数（2004—2006 年=100）

注：2000—2010 年为实际值，2010 年以后为预测值。

资料来源：经济合作与发展组织—联合国粮农组织（OECD - FAO）。

从欧盟农业生产指数看，2003 年欧盟农业在经历了一次低谷之后，出现了回升态势。2006 年再次进入谷底，之后反弹并在 2008 年到顶点后，又出现了 2009 年的下跌，2010 年则小幅上扬（图 1）。

二、农产品生产

（一）谷物

欧盟谷物种植面积相对稳定，除个别年份外，大体在 6 000 万公顷左右，生产品种以小麦、大麦和玉米为主。从 2009 年收割面积结构来看，小麦占 43%，大麦占 23%，玉米为 14%，燕麦、裸麦和裸小麦各为 5%，大米不足 1%。小麦、大麦和玉米占谷物面积的 3/4 以上（表 1）。

表 1　1999—2009 年欧盟谷物收割面积

单位：万公顷

	大麦	荞麦	玉米	小米	混合谷物	燕麦	大米	裸麦	高粱	黑小麦	小麦
1999	1 452	8	902	2	163	315	40	374	10	166	2 477
2000	1 420	10	934	2	171	306	41	375	11	185	2 656
2001	1 433	11	962	2	168	306	41	357	13	207	2 641
2002	1 427	9	926	2	157	324	41	291	12	224	2 689
2003	1 403	10	974	3	169	318	41	257	11	230	2 433
2004	1 370	12	1 006	4	169	291	43	276	11	247	2 660
2005	1 383	15	899	3	164	288	42	248	10	259	2 645
2006	1 376	16	856	3	177	293	41	234	11	244	2 492
2007	1 370	14	803	3	170	297	42	257	10	252	2 483
2008	1 452	14	881	3	162	299	41	275	10	267	2 649
2009	1 394	14	835	3	153	288	46	278	12	287	2 564

资料来源：联合国粮农组织（FAO）。

从产量来看，目前欧盟谷物产量在 3 亿吨的水平。2009 年收获谷物中，小麦占 46.5%，大麦占 20.9%，玉米为 19.8%，三者合计占谷物产量的 85%以上（表 2）。

表 2 1999—2009 年欧盟谷物产量

单位：万吨

年份	大麦	荞麦	玉米	小米	燕麦	大米	裸麦	高粱	裸小麦	小麦	总计
1999	5 891	10	5 935	3	851	272	1 147	59	691	12 315	27 648
2000	6 017	14	5 155	2	864	249	1 026	65	742	13 243	27 770
2001	5 925	15	6 163	3	856	258	1 195	67	877	12 659	28 496
2002	5 887	14	6 021	4	965	264	921	72	919	13 363	28 896
2003	5 559	16	5 276	6	901	271	693	43	811	11 167	25 213
2004	6 430	23	7 200	7	931	290	1 002	54	1 115	14 940	32 543
2005	5 482	23	6 324	7	793	267	769	49	1 046	13 543	28 800
2006	5 604	16	5 597	7	777	261	655	57	880	12 674	26 969
2007	5 798	24	4 887	8	877	277	764	52	960	12 026	26 202
2008	6 543	20	6 291	8	891	261	926	52	1 102	15 030	31 593
2009	6 240	22	5 778	8	841	303	988	61	1 206	13 873	29 815

资料来源：FAO。

从谷物种植的地区结构来看，欧盟的谷物生产主要分布在法国（23%）、德国（17%）、英国（7%）、西班牙（6%）、意大利（6%）、波

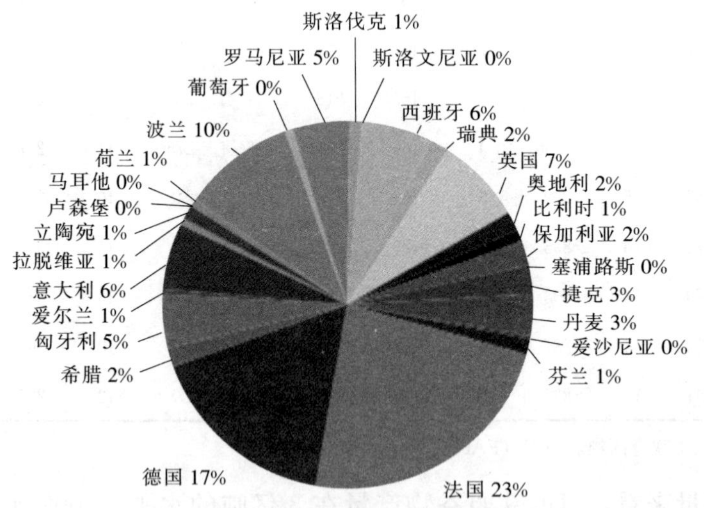

图 2 欧盟谷物产量分布

资料来源：FAO。

兰（10%）、罗马尼亚（5%）等国（图2）。

从谷物供求状况来看，欧盟在二战后农业生产力有了很大提高，很快就实现了谷物自给，这种状况一直持续到现在。以2008/2009年度的谷物部门供求状况来看，欧盟产量2.9亿吨，进口1 400万吨，出口2 300万吨，消费2.7亿吨，保持了自给有余的状态。但各谷物产品的供求状况不尽相同。以2008/2009年度为例，小麦、大麦、裸麦、燕麦的产量均超过消费数量，维持着自给有余的状态，硬质小麦、玉米、高粱和裸小麦则处于生产不足的状态，需要进口和库存来弥补。由于欧盟人口规模、收入增长和消费模式在今后一段时间中难以出现明显变化，因此，从整体来看，欧盟谷物自给有余的状况将继续维持下去。

1. 小麦

小麦是欧盟最主要的谷物产品，其生产面积维持在2 600万公顷左右，单产处在较高水平，超过5吨/公顷，比经济合作与发展组织（OECD）国家的平均水平高1.5吨/公顷。由于库存增加（曾达到2 700万吨）、恶劣天气等原因，小麦生产在2006—2007年曾一度出现下降，收割面积不足2 500万公顷，单产在2007年也下滑到5吨之下。2008年受国际粮食价格上涨等因素的影响，欧盟小麦生产出现了恢复性增长，收割面积恢复到原有水平，良好气候也使得单产达到了5.67吨/公顷，取得了产量超过1.5亿吨的好收成。2009年欧盟小麦产量为1.39亿吨。

欧盟小麦进口数量相对稳定，目前为年均600万吨（其中硬质小麦200万吨）。进口小麦只是欧盟小麦供给的一个辅助来源，主要用于品种调剂，满足多样化的需求。欧盟的小麦需求构成中，欧盟内消费相对稳定。小麦年消费1.2亿吨，其中食用消费为4 600万吨，饲料消费为5 600万吨，人均消费硬质小麦17千克，普通小麦90余千克。小麦是欧盟的主要出口谷物，2009年小麦出口超过2 000万吨。整体来看，欧盟小麦除了个别年份之外，一直保持着自给有余的状况。但硬质小麦自给率在80%～90%，普通小麦的自给率通常超过100%，丰年能达到120%的水平。

根据经合组织和粮农组织（OECD-FAO）的预测，未来欧盟的小麦生产将继续维持现有种植面积，总产量则会随着单产的提高而逐步小幅上升，预计2019年产量将达到1.5亿吨。随着欧盟人口的小幅增长，欧盟小麦消费总量今后也会逐步增加，预计到2019年将到达1.4亿吨 。因此，总体上还将处在供给有余的状况。但今后欧盟的小麦出口数量会有所下降，大概维持 1 000 万吨的水平（图 3）。

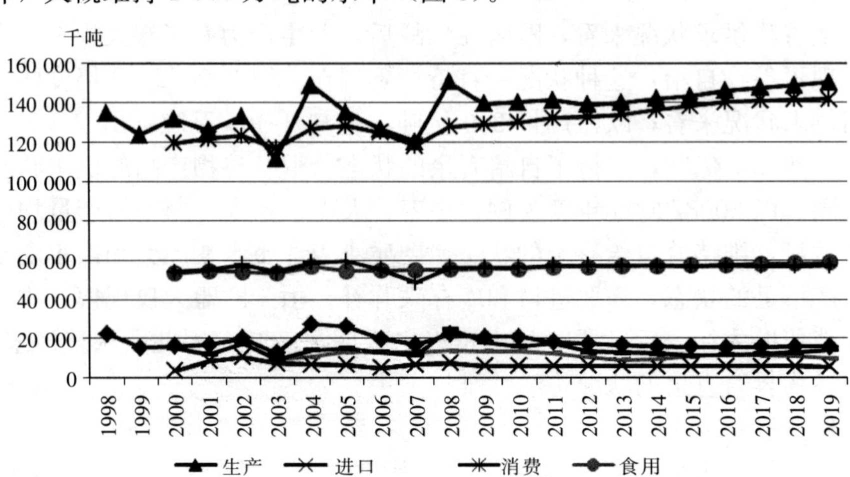

图 3　1998—2019 年欧盟的小麦供求状况

资料来源：OECD-FAO。

2. 粗粮

欧盟的粗粮收割面积目前为 3 200 多万公顷，产量约为 1.5 亿吨。除个别歉收年份外，可以满足欧盟自身的需求，最近 5 年的平均消费生产比例为 0.987，处在自给略有结余的状态。欧盟的粗粮以大麦和玉米为主，大麦和玉米产量占整个粗粮产量的 2/3 以上，主要用于满足畜牧业的饲料需求。从变动趋势来看，粗粮收割面积呈波动下降态势，但由于粗粮的供求状况整体接近平衡，预计今后收割面积不会继续下降，将保持在 3 200 万公顷的水平上。受 2008 年高粮价的刺激，欧盟粗粮种植面积扩大，产量曾达到 1.6 亿吨的高点，但目前已经恢复到 1.5 亿吨的水平上。在现有收割面积基础上，预计今后粗粮的产量会在 1.5 亿～1.6 亿吨之间。

对于粗粮的需求主要来自于畜牧业的消费。由于欧盟畜牧业生产基本稳定，畜牧业对粗粮的需求也相对稳定在 1.1 亿吨的规模。粗粮的食用消费则随着人口增长、消费偏好、健康指向等因素，出现小幅增长。欧盟的粗粮进口，通常不足 500 万吨，极端状况下也有 2 000 万吨的进口纪录。在粗粮出口方面，欧盟目前只处在 600 万吨的水平，其中，大麦是欧盟出口的主要粗粮品种，对于世界大麦市场有一定影响。总体而言，除个别极端年份外，欧盟今后可以继续保持粗粮自给有余的状况（图 4）。

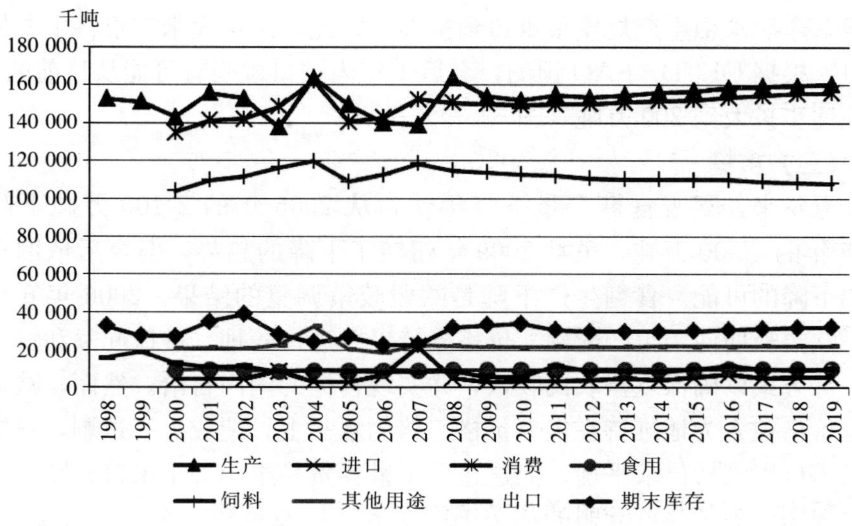

图 4　1998—2019 年欧盟的粗粮供求状况

资料来源：OECD－FAO。

3. 大米

欧盟水稻种植面积长期维持在 40 万公顷左右，占谷物种植面积的 1%，单产约为 6.5 吨/公顷。近 5 年欧盟稻谷产量平均为 260 多万吨，消费量在 420 万吨左右，自给率约为 65%。由于欧盟发展水稻生产的资源

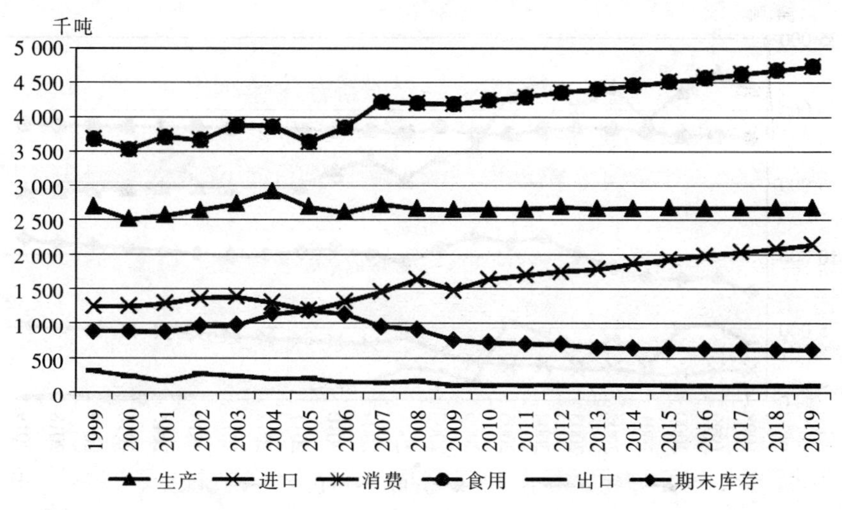

图 5　1999—2019 年欧盟大米供求状况

资料来源：OECD－FAO。

有限，今后水稻生产规模很难得到扩大。因此，满足大米需求将主要依靠进口。根据 OECD-FAO 预测，今后十年内进口规模有可能从目前的 160 万吨逐步扩大到 200 万吨（图 5）。

（二）食糖

近年来，欧盟食糖产量下降很快，从 2005 年的 2 100 万吨下降到 2008 年的 1 500 万吨，虽然 2009 年扭转了下降的趋势，但今后依旧存在小幅下降的可能。食糖生产下降是欧盟政策调整的结果。2006 年 6 月以前，欧盟长期使用生产配额、价格支持以及进口管理（进口配额和特惠关税）等方式以确保欧盟农民收入，并实现食糖的国内自给。然而，欧盟的食糖价格被人为地维持在世界价格三倍的水平上，造成生产过剩，只能靠补贴出口以维持供求平衡。但这违反了世界贸易组织关于出口补贴措施的相关规则。为了履行欧盟的相关国际义务，以及重建一个适应市场竞争、可持续发展的食糖产业，2006 年 6 月欧盟开始了政策改革。主要改革措施包括大幅度降低食糖价格、削减并调整了成员国的食糖生产配额，减少出口补贴数量，并增加来自不发达国家的进口；对于农民的收入损失则通过脱钩直接补贴等形式予以部分补偿。在此背景下，欧盟的食糖生产和出口数量下降，而进口数量上升，欧盟已经从净出口地区转变为净进口地区。

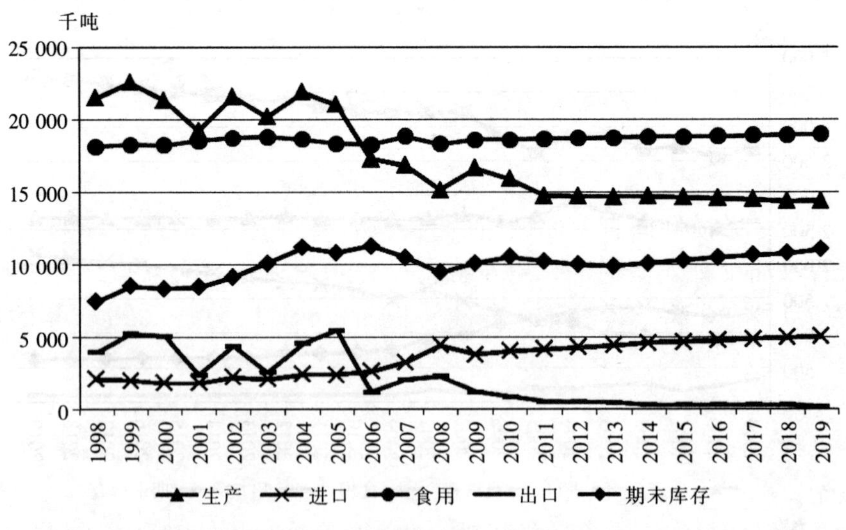

图 6　欧盟食糖供需状况（1998—2019）

资料来源：OECD-FAO。

预计今后欧盟的食糖生产将会继续调整，而进口则会继续增加；食糖需求方面，食用消费的增长仅为 0.2%，而出口则会进一步下降。因此，目前基本格局不会出现过大的变化（图 6）。

（三）油料

油料作物的分布具有典型的地域特征，欧盟油菜籽主要生产国为德国、法国、波兰、英国、捷克等国；橄榄油生产分布在意大利、西班牙、葡萄牙、希腊等国；而葵花籽生产则分布在法国和东欧的保加利亚、匈牙利、罗马尼亚（表 3）。

表 3　欧盟主要油料作物的生产量

单位：万吨

	棉籽	亚麻籽	芥菜籽	橄榄	油菜籽	籽棉	大豆	葵花籽
1999	91.6	59.8	7.8	1 000.9	1 432.7	169.4	147.0	612.0
2000	85.1	23.1	3.8	1 056.7	1 129.8	159.8	125.9	520.4
2001	89.1	14.4	4.9	1 243.6	1 159.6	169.6	138.1	505.6
2002	83.8	12.1	6.1	1 051.5	1 168.7	162.0	106.5	536.8
2003	73.4	17.7	9.9	1 343.7	1 106.5	139.3	89.0	633.8
2004	79.3	18.7	8.2	1 229.6	1 546.2	152.7	110.5	683.0
2005	82.4	23.8	4.3	1 063.3	1 564.9	157.7	119.3	602.2
2006	58.0	16.4	3.4	1 193.7	1 611.3	118.7	121.5	681.5
2007	55.0	10.2	3.0	1 195.3	1 842.1	116.8	76.5	483.2
2008	46.8	8.0	5.3	1 165.8	1 892.8	100.6	65.5	704.8
2009	40.0	10.4	7.4	1 253.0	2 141.8	86.2	84.0	695.5

资料来源：FAO。

油菜、橄榄和向日葵是欧盟的三大油料作物。从最近十年的生产变化来看，油菜籽、橄榄油、葵花籽生产趋于扩大，而大豆和纤维类油料作物产量则在下降。欧盟油料作物种植面积和单产分别从 2001 年的 850 万公顷和 2.2 吨/公顷扩大到 2009 年的 1 100 万公顷和 2.5 吨/公顷。由于单产的提高和收获面积的扩大，欧盟油料作物的总产量不断增长，目前已经到达 2 800 万～2 900 万吨规模，比 2001 年提高了近 900 万吨。

由于对油料作物需求增长旺盛，油料生产远远不能满足需求增长，缺口高达约 1 600 万吨，尤其是大豆，欧盟的自给率极低（约为 2%），主要依靠进口。虽然今后油料作物生产有望进一步增加，但消费也会继续增长，因此这一缺口还会长期存在。

欧盟的植物油消费处在较快增长之中，最近十年间，消费年均增加103万吨，但由于生产增长远低于消费的增长，需要依靠进口来满足需求。近十年，欧盟植物油进口规模每年扩大约60万吨，自给率也从1999—2001年的76%下降到2007—2009年的61%。由于植物油消费扩大的趋势仍将继续，因此，欧盟的进口将进一步扩大，自给率会继续下降。但橄榄油是一个例外，橄榄油生产是欧盟具有优势的部门，自给率达120%，保持着大量出口。

欧盟畜牧业发达，对蛋白粕需求数量庞大，年消费量在5 300万吨左右。但欧盟蛋白粕生产相对不足，不及需求数量的一半，尤其是豆粕自给率仅为2%～3%。因此蛋白粕消费主要依靠进口，年进口数量达2 900万吨，其中，豆粕的进口一直位居欧盟农产品进口的首位。由于油料作物生产难以出现根本性改观，这一状况将长期存在（表3、图7）。

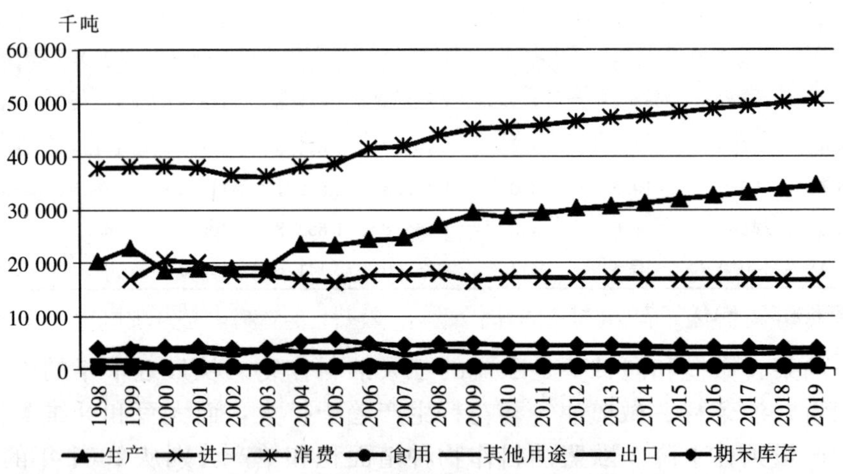

图7　1998—2019年欧盟油料作物供求状况

资料来源：OECD-FAO。

（四）肉类

欧盟是肉类生产大国，也是消费大国。2009年欧盟共生产各种肉类达4 300万吨，比1985年3 700万吨生产水平提高了600万吨，但和十年前相比，总产量并没有明显变化，出现了总量增长停滞的状态（表 4）。

表 4　欧盟的肉类生产

单位：万吨

	牛肉	肉鸡	鸭肉	山羊肉	猪肉	兔肉	绵羊肉	火鸡肉	其他	总计
1999	867.4	811.6	38.5	10.7	2 263.5	51.9	121.6	186.6	60.5	4 412.2
2000	839.8	819.2	40.1	9.4	2 177.9	52.4	120.0	195.0	59.1	4 312.9
2001	822.5	854.7	41.1	9.2	2 158.0	52.9	106.7	203.6	59.7	4 308.4
2002	826.3	880.0	45.9	9.3	2 182.2	53.4	109.0	213.5	57.0	4 376.7
2003	824.4	845.3	44.9	9.4	2 214.5	52.0	105.5	185.8	53.9	4 335.5
2004	825.4	855.5	42.0	10.3	2 179.5	45.7	106.3	192.8	56.8	4 314.4
2005	805.9	853.2	43.4	9.9	2 180.3	44.9	105.6	181.4	54.3	4 278.9
2006	810.7	822.1	42.4	9.6	2 180.5	45.7	101.8	170.7	53.3	4 236.8
2007	818.6	873.5	45.7	9.5	2 269.7	45.9	100.2	162.7	52.3	4 378.1
2008	806.6	871.6	45.7	9.1	2 238.8	45.1	93.2	168.1	50.8	4 328.9
2009	792.4	967.0	46.7	8.6	2 188.8	45.4	85.9	169.9	52.2	4 356.9

资料来源：FAO。

从肉类生产结构变化来看，受 20 世纪 90 年代以来疯牛病等因素的影响，牛肉产量从 1984 年的 1 000 万吨下降到 2009 年的 800 万吨，在整个肉类产量中所占比重也从 27%下降到 18%。由于鸡肉和猪肉消费受到追捧，鸡肉产量从 1984 年的 570 万吨上升到 2009 年 800 万吨，所占比重也相应提高了 6 个百分点；猪肉产量从 1984 年的 1 800 万吨提高到 2009 年的 2 200 万吨，所占比重提高 3 个百分点。

从人均消费来看，欧盟的人均肉类消费已经达到 80 千克水平，再难以出现明显增长，甚至可能小幅下降，消费已经难以成为激励生产增长的主要因素。

从主要肉类的供求状况来看，猪肉和鸡肉处在供给有余的状态；牛肉则存在一定的缺口（自给率 95%）；羊肉和马肉的供给缺口较大，自给率仅为 70%和 60%。

1. 牛肉

欧盟的牛肉产业，从 20 世纪 90 年代出现了较大的变动，在供给和消费两方面都受到过冲击。从供给的角度，疯牛病的出现给肉牛产业带来了不小的困扰，由于疯牛病、蓝舌病等疫病而导致的扑杀直接冲击了肉牛生产；在消费方面，对食品安全的担心以及健康指向促使部分消费者择其他肉类甚至远离肉类。在上述因素的影响下，牛肉生产处在衰退之中，目前产量已经在 800 万吨之下。与生产动向不同的是，欧盟牛肉消费虽然出现过波动，但没有出现明显滑坡，目前仍处在 800 万吨水平，生产消费缺口约为 20 万～30 万吨。由于生产的萎缩，目前欧盟的一部分牛肉需求已经不得不依靠进口。在牛肉出口方面，欧盟生产规模的缩小削弱了满足海外需求的能力，而海外消费者安全意识的加强也对欧盟产品敬而远之。曾一度高达 80 万～90 万吨/年的牛肉出口不断缩小，目前出口规模在 10 万吨左右。根据 OECD－FAO 的预测，欧盟的牛肉生产和牛肉消费均有可能进一步小幅下降，出口规模将保持现有的水平，而进口规模有可能进一步扩大（图 8）。

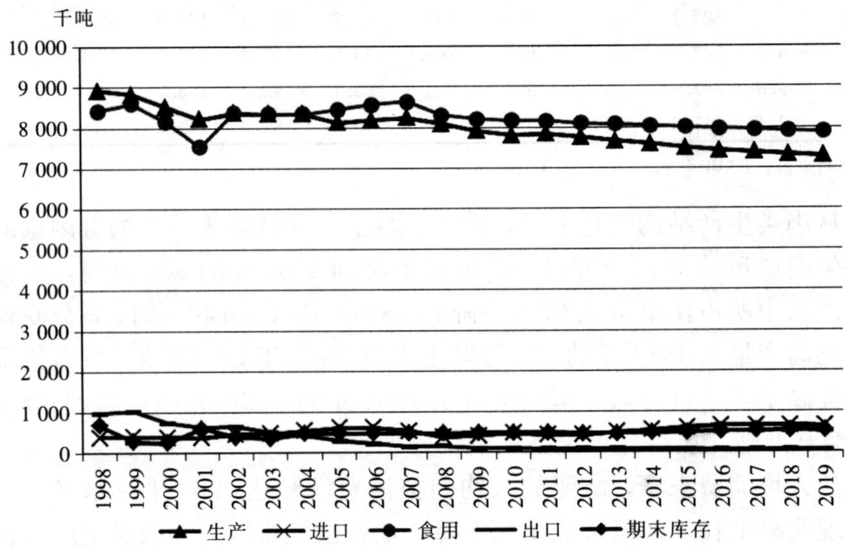

图 8　1998—2019 年欧盟牛肉供求状况

资料来源：OECD－FAO。

2. 猪肉

欧盟的猪肉生产与牛肉生产趋势可谓截然相反。在牛肉生产滑坡之时，猪肉生产却得到扩张，目前猪肉生产规模已达到 2 200 万吨水平。欧盟人均猪肉消费约 43 千克左右。2005—2008 年欧盟猪肉产量一直可以满足需求，而且每年都有大量猪肉出口，出口猪肉数量在 100 万吨之上（图 9）。

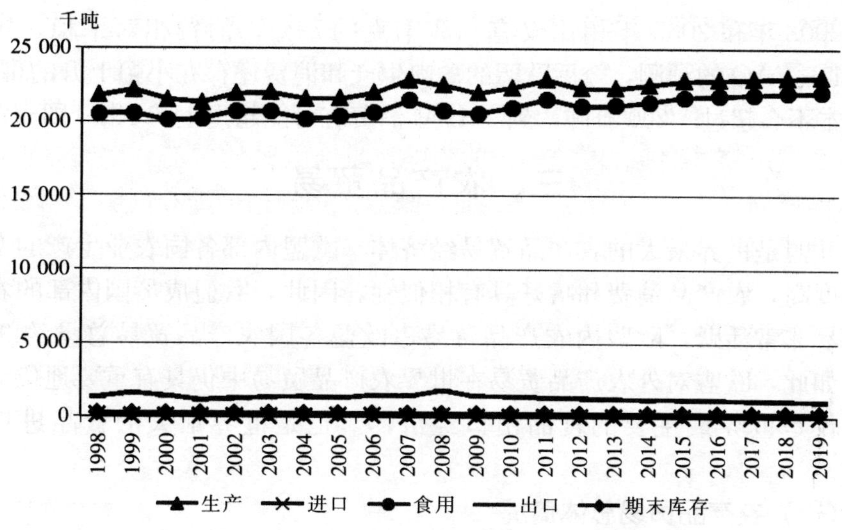

图 9　1998—2019 年欧盟猪肉供求状况

资料来源：OECD-FAO。

3. 禽肉

欧盟家禽生产处在生产和消费基本平衡并略有节余的状态。2005—2008 年的自给率分别在 100%～103%。近年出口数量在逐步减少，2005—2008 年仅在数万吨至 30 万吨区间。从欧盟人均消费禽肉数量来

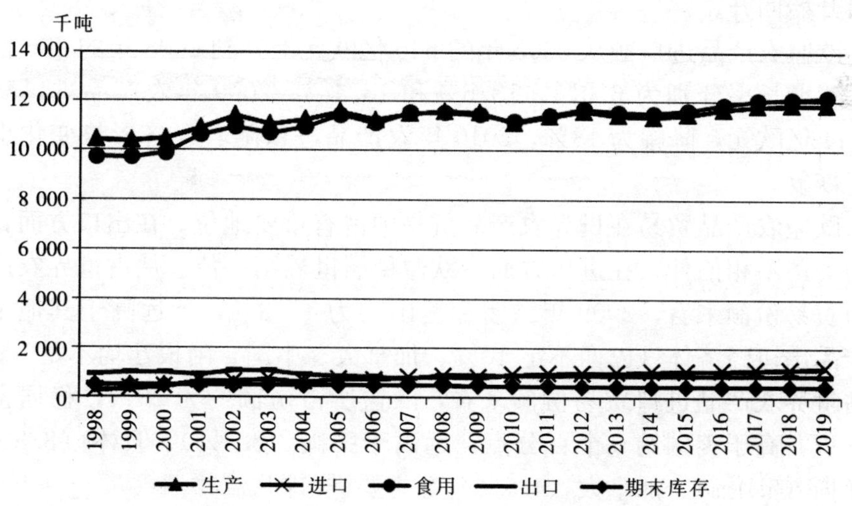

图 10　1998—2019 年欧盟禽肉供求状况

资料来源：OECD-FAO。

看，2008 年和 2005 年相比仅有 0.3 千克的差异，消费相对平稳。根据 OECD-FAO 的预测，今后欧盟的禽肉生产和消费还存在小幅上升的可能，但基本不会超过 1 200 万吨，到 2019 年消费有可能超出生产 1%（图 10）。

三、农产品贸易

欧盟是世界最大的农产品贸易经济体。欧盟内部各国农业生产的专业化程度高，农产品消费和嗜好具有相似性，因此，欧盟成员国内部的农产品贸易非常活跃，欧盟内农产品贸易占欧盟各国农产品贸易总量约 3/4。尽管如此，欧盟对外农产品贸易在世界农产品贸易中仍具有重要地位。欧盟不仅是世界最主要的食品出口经济体，也是世界最大的食品进口经济体。

（一）农产品贸易总体情况

到 2008 年，欧盟农产品贸易经历了连续五年增长，但金融危机的爆发导致形势出现逆转。2005—2008 年欧盟农产品出口额不断扩大，从 2005 年的 640 亿欧元上升到 2008 年的 880 亿欧元，三年的出口增长幅度分别为 12.8%、2.8%和 10.6%。受金融危机的影响，2009 年农产品出口出现了负增长（−8.3%），出口总额仅为 746 亿欧元。2010 年，随着世界经济的逐步复苏，欧盟农产品贸易出现了比较好的发展势头，农产品出口开始回升。

欧盟农产品进口额从 2005 年的 646 亿欧元上升到 2008 年的 886 亿欧元，年增长率分别为 6.3%、13.6%和 13.4%。2009 年农产品进口额下降 114 亿欧元，降幅为 13%。2010 年农产品进口随着经济形势变化也出现了恢复。

欧盟农产品贸易在世界农产品贸易中占有重要地位。在出口方面，欧盟与美国不相伯仲；在进口方面，欧盟稳居世界第一位。从占世界农产品出口贸易份额来看，2009 年欧盟和美国均为 17.8%，远远高于其他主要农产品出口经济体（巴西不足 10%、加拿大、中国、阿根廷均不足 6%）。从占世界农产品进口贸易份额来看，欧盟所占份额约为 20%，稳居世界第一位，高于美国约 6 个百分点，远高于中国（8.5%）、日本（8.8%）、俄罗斯（5.0%）、加拿大（4.1%）等主要进口国。

（二）主要进出口产品和贸易伙伴

欧盟出口的大宗产品主要为小麦、大麦、植物油等；而进口的大宗产品有大豆、棕榈油等。大宗商品在进出口中所占比重的差异不仅反映了资源禀赋的差异，也反映出农业结构的差异。

欧盟农产品贸易的产品特征来看，以最终产品为主。最终产品在出口中占 68%，在进口中占 54%；中间产品在出口中占 23%，在进口中占 27%；而大宗产品在出口中仅占 9%，在进口中占 19%。

从具体产品来看，按 2007—2009 年三年的平均出口额计算，欧盟最主要的 15 种出口产品分别为葡萄酒、精制油脂、加工食品、小麦、威士忌、啤酒、奶酪、猪肉、烈性酒、烟草、发泡酒、牛奶和奶油、加工饲料、儿童加工食品和巧克力。其中 12 种产品属于最终产品，只有小麦、奶粉和精制油脂三种不是最终产品。这 15 种产品占了整个农产品出口的近 40%。其中葡萄酒年平均出口额达 44 亿欧元，为欧盟出口额最大商品，占农产品出口额的 5%，之后依次为精制油脂、加工食品、小麦、威士忌，这 5 种产品出口额占农产品出口总额的 20%。不难看到，欧盟发挥了自身优势和特色，使得欧盟出口的农产品具有加工程度高、大宗产品少的特点。

从主要出口市场来看，以前五位商品为例，葡萄酒主要出口到美国、瑞士、加拿大、日本和俄罗斯，这五国进口占欧盟出口的 74%。精制油主要出口到美国、俄罗斯、澳大利亚、土耳其、墨西哥，五国进口占欧盟出口的 62%。加工食品主要出口到俄罗斯、瑞士、美国、沙特阿拉伯，五国占欧盟出口的 34%。小麦主要出口到阿尔及利亚、摩洛哥、埃及、土耳其、利比亚，占出口的 50%。威士忌主要出口到美国、新加坡、韩国、南非和委内瑞拉，占出口的 48%。

欧盟农产品进口与出口相比，更具有多样性，且进口的大宗商品所占比重较高。从具体产品来看，排在前 15 位的产品有：豆粕、咖啡、大豆、香蕉、可可豆、葡萄酒、棕榈油、烤烟、玉米、甘蔗、小麦、加工食品、新鲜葡萄、牛肉、切花等。其中，豆粕是欧盟最大的进口产品（59 亿欧元，中间投入），之后依次为咖啡（48 亿欧元，最终产品），大豆（43 亿欧元，大宗商品），香蕉 28 亿欧元，可可豆 25 亿欧元，前五位产品进口额占农产品进口总额的 25%。豆粕进口主要来自阿根廷、巴西、美国、挪威、印度，占豆粕进口额的 99%；咖啡进口主要来自巴西、也门、哥伦比亚、秘鲁、洪都拉斯，占咖啡进口额的 67%；大豆进口主要来自巴西、美国、巴拉圭、加拿大、阿根廷，占大豆进口额的 97%；香蕉进口主要来自哥伦比亚、厄瓜多尔、哥斯达黎加、喀麦隆、巴拿马，占香蕉进口额的 82%；可可豆进口主要来自科特迪瓦、加纳、尼日利亚、喀麦隆、多哥，占可可豆进口额的 89%。

（三）全球金融危机对欧盟农产品贸易的影响

受经济危机影响，欧盟农产品贸易在 2009 年出现负增长。出口额下降了 8%，进口额下降了 13%。在农产品贸易收缩过程中，由于进口较出口收缩更为强烈，欧盟的农产品贸易逆差得到实质性的改善，2008 年农产品贸易创下 70 亿欧元的逆差纪录，2009 年逆差减少到 25 亿欧元。

从对欧盟农产品出口的影响来看，经济危机中，欧盟出口额的减少主要来自两方面的因素：一是大宗初级产品和中间产品价格的下降；二是最终产品出口数量减少。以具体产品为例，2009 年尽管欧盟小麦出口数量增加了 14%，但价格较 2008 年下降了 30%，贸易额出现负增长；最终消费品中，葡萄酒（金额－13%，数量－8%）、烈性酒（金额－8%，数量－7.5%）的出口数量均有所下降。从欧盟农产品的主要出口目的地来看，除中国外，对其他国家和地区的农产品出口额都有不同程度的降低。

从对欧盟农产品进口的影响来看，经济危机改变了欧盟农产品进口扩大趋势。2009 年欧盟农产品进口额减少了 110 亿欧元，下降幅度达 13%。根据欧盟的分析，动植物油脂、其他谷物、大豆、油粕、小麦、热带水果、水果、羊毛蚕丝、蔬菜和咖啡茶叶等是进口额减少的主要产品。从产品类型来看，大宗产品和中间产品进口分别下降 20%和 18%，而最终产品进口只下降了 8%。从进口来源地来看，来自美国和阿根廷的进口分别下降了 24%和 29%；巴西自 2003 年以来一直是欧盟最大进口来源国，但也出现了 13%的下降。由于自然地理和历史渊源（包括殖民地与宗主国关系）等因素，欧盟国家与部分发展中国家有着较为密切的贸易关系。欧盟农产品进口大部分来源于发展中国家，2007—2009 年来自发展中国家的农产品平均进口额为 830 亿美元，约占欧盟农产品进口总额的 70%以上。

2010 年随着世界经济和贸易的逐步恢复，欧盟农产品贸易出现回升。但应该注意到的是，欧盟农产品出口的恢复，远远好于进口的恢复。这一情况表明，欧盟农产品贸易的恢复主要依靠外部市场的作用；而欧盟内需求的恢复相对滞后和乏力，使得农产品进口的增长缓慢。

四、农业政策

（一）共同农业政策

自1957年《罗马条约》签订以来，共同农业政策（Common Agricultural Policy，CAP）就一直是欧洲共同体（EC）和现在欧盟（EU）的核心政策之一，也是最初实施的共同政策。它的实施不仅有力地推动了成员国国内农业生产的迅速发展，使得欧共体国家从供给不足逐步发展成为世界农产品的重要出口地区，而且也为欧共体的扩大奠定了基础，支撑了一体化的进程。自1962年共同农业政策正式生效开始，以1992年为界可以区分为两个阶段：其中前30年是以价格支持机制为中心的阶段；而1992年之后则是逐步向农村发展为中心的政策转向阶段。

1. 1992年以前的共同农业政策

20世纪50年代，第二次世界大战刚刚结束，由于战争的破坏，西欧各国的农业几近荒废，农业生产不能保障基本粮食的供应。因此，最早制定共同农业政策的主要目标是增加粮食供给和稳定农产品价格。

1962年共同农业政策正式生效，由三个支柱原则和两个主要的实施机制构成。三个支柱原则是单一市场、财政预算统一和内部优先。单一市场原则要求消除成员国间的交易壁垒，并且意味着区域内统一的价格水平；财政统一则是共同农业政策的价格支持经费均由共同体预算承担；内部优先意味着只有共同体无法满足需求时才从非共同体国家进口，在实践中转变为共同外部关税和边境价格这些边境措施。两个实施机制则是共同市场组织以及欧洲农业保证和指导基金。从1962年达成谷物、猪肉、禽肉、蛋类、水果和蔬菜、葡萄酒的相关协议之后，先后建立了21个共同市场组织，负责实施市场和价格政策；欧洲农业保证与指导基金（EAGGF）则是共同体提供农业政策资金保障的机构，为农产品市场干预和价格支持提供全部资金。

这一时期共同农业政策的核心是价格政策，建立对外统一的农产品关税壁垒和对内统一的农产品价格体系。通过目标价格（target price; indicative price）、干预价格（intervention price）和门槛价格（threshold price）等措施对共同市场价格实行统一管理，维护市场平衡，保护生产者利益。市场干预则在上述价格体系的基础上进行。在国内则通过收购、处置产品来稳定市场；在对外方面则通过征收差额关税和出口补贴予以调整。完全的价格支持应用于谷物、糖、牛奶、牛肉。部分价格支持的产品有：橄榄油、硬质小麦、油料作物、烟草。只受到国境措施保护的产品：禽肉、蛋类、葡萄酒、水果蔬菜园艺作物。

1992 年以前，市场价格政策一直是共同农业政策的核心。通过设定高于国际市场的价格，不仅有利于鼓励农业生产的发展和新技术的应用，而且也能保障农民收入的提高。共同农业政策下的农产品贸易政策也保护了共同体农业的发展。

共同农业政策的内容当然并不局限于上述内容，共同体早期就曾有过农业社会政策的提案，涉及家庭农场的社会问题、农业工人的工资问题、职业流动性、佃农、农村地域的教育和文化生活等。但这些大多只停留在信息收集、开展研究以及确立最低水平的层次上，直至 20 世纪 70 年代以后才有所展开。

共同农业政策实施之后，农产品短缺的问题很快得到了解决。20 世纪 60 年代末主要农产品已经开始出现生产过剩，欧共体开始着手对这一政策进行微调。1968 年欧共体委员会公布了《共同农业政策改革备忘录》即"曼斯霍尔特计划"，试图减少农业就业人口，创办有足够经济规模的农业企业。1972 年又推行了农业结构改革。针对农业市场干预费用过大，财政难以承受的局面，1988 年欧共体理事会通过了一份包括"农业开支指导"原则的一揽子改革措施，来限制共同农业政策在整个共同体预算中的开支比例。

2. 1992 年以后的共同农业政策改革

1992 年之后，共同农业政策出现了急剧的改变，这些改革的趋势可以归纳为以下几点：①从价格支持为中心的政策，转向价格支持和直接支付并用的政策；②农村发展成为共同农业政策的第二支柱；③环境、食品品质、动物福利等多种目标成为政策目标；④政策干预重点也从直接干预转向更多的间接干预，甚至利用生产者组织等组织干预；⑤政策运转的单一化、分权化。

改革既出于欧盟农业本身和国际环境变化的要求，也由于共同农业政策本身存在的内在矛盾。从国际上来讲，乌拉圭回合、多哈回合的进行以及相关承诺的实施等都要求欧盟改革。如从价格支持转向直接支付的动向，有力地支持了欧盟在谈判中的立场以及承诺的实施。但改革最主要的推动力还是来自于欧盟内部。由于价格支持政策将市场价格维持在均衡价格水平之上，导致产出以高于消费增长的比例增长，出现生产过剩问题。为了维持市场出清，政府不得不增加市场干预成本，产生了巨大的财政负担。此外，欧盟成员国内发生的一系列食品安全问题、环境问题等也促使政策理念发生了改变。这样的背景下，欧盟农业政策改革呼之欲出。1992年以后，欧盟农业政策的改革主要有1992年改革、1999年改革（或称"2000年议程"）和2003年改革。

1992年5月21日，欧共体理事会通过了共同农业政策自确立以来最为激进的一次改革协议，内容包括大幅降低国内支持价格的水平，使内部市场价格更加接近世界市场价格；变原来的价格支持为中心的实施机制为价格和直接补贴并用的机制；控制农产品生产和财政预算开支的过度增长等等。由于当时共同体农业委员会的执行主席为马克萨里，因此这一改革也被称为"马克萨里改革"。1992年改革的重要步骤是在实质性削减谷物和牛肉价格的同时导入了直接支付。根据1991年报告的建议，在1994—1996年的三年间，谷物支持价格水平下降35%，使得其价格更接近世界市场价格。由于补贴减少和价格下降所引起的收入减少通过直接支付来予以弥补。直接支付考虑到新旧支持水平的差异、历史的地区平均产量、历史的平均种植面积等因素，因此是一种与现有生产进行部分挂钩的收入支持。

"2000年议程"决定沿着1992年的改革方向推进，从价格支持进一步转向直接补贴，将农村发展作为农村战略的核心，并约束了农业支出。据此，欧盟共同农业政策的目标确定为：改善欧盟农业在欧盟和国际市场上的竞争力；确保食品安全和食品品质；确保农村公正的生活水平，稳定农民收入；将环境目标结合进农业政策之中，发展农户在管理乡村中的作用；援助为农民及其家庭制造其他就业选择机会的创新活动；有助于欧盟经济凝聚力；简化欧盟立法。在价格支持方面，进一步降低支持价格水平，扩大削减范围。在直接支付方面的新措施包括：确立交叉遵从的原则；直接支付的最高限额及其削减目标；确立了按照社会经济标准的削减补贴原则（modulation），但最高上限和直接补贴削减的问题最终被推迟至中间评估时确定。

2003年改革起源于对"2000年议程"的中间评估，涵盖了2006—2013年这一时期。因为这是农业委员会执行主席费谢尔任内的第二次改革，故称为费谢尔第二改革。2003 年共同农业政策改革的一般目标为五个：通过强化市场导向和增加食品安全、食品品质，提升欧盟农业的经济生存能力；通过收入支持实现社会均衡；防止农场集中到损害环境均衡；在农户中实现更为公平的直接援助分配；将共同农业政策支持体系更好地与环境、健康、动物福利关注结合起来；通过增加基金和关注最为脆弱地区，强化农村发展政策。

2003 年共同农业政策改革的支柱有三个：脱钩的直接补贴、农村发展的强化、市场支持的进一步修改。

（1）脱钩直接补贴（单一农场支付计划）。这是 2003 年改革中最具有实质性意义的制度。这一制度下，直接支付不再和产品的任何形式与数量挂钩，但直接支付的金额决定的依据是接受补贴的历史记录和作物面积的历史记录。计算方式主要有两种：根据基期获得补贴的计算方式（历史纪录）；根据基期地区获得补贴的计算方式（flat-rate）。

（2）农村发展的强化。2003 年改革计划中强调食品品质改善计划、应对标准计划、农场管理咨询体系、动物福利以及青年人农业支持、森林措施等。利用削减的直接支付经费对这些计划予以支持。

（3）市场支持的进一步修改。欧盟大幅度地削减了价格支持，使得农产品市场进一步迈向市场化。

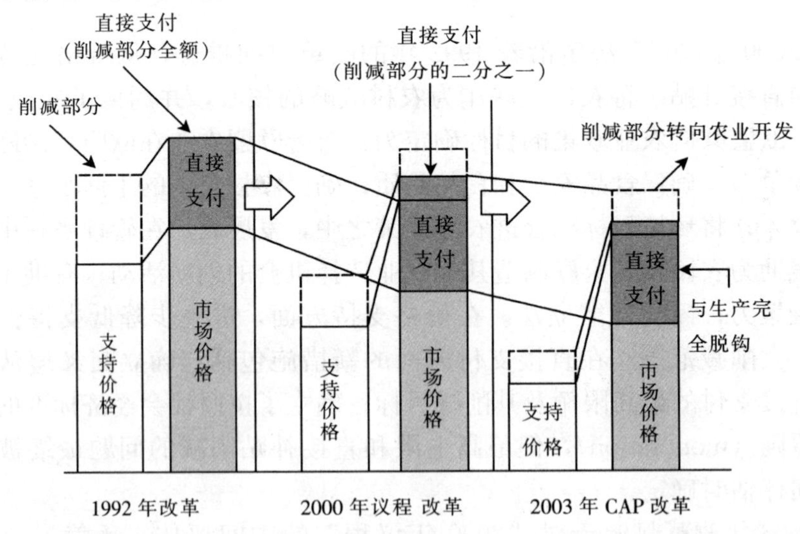

图 11　1992 年以后共同农业政策改革的基本框架示意图

（二）贸易政策和措施

1992 年改革以后，共同农业政策下的贸易措施有了不小的改变。原有的以门槛价格为中心的贸易措施，在实施乌拉圭回合承诺之后，不得不大幅度修改。目前的边境措施主要是有许可证制度、进口关税、配额、保证措施、特殊保障措施等构成的。以下将分别从进口和出口两个方面叙述相关措施。

1. 进口

进口方面的措施主要有进口许可证制度、进口税和差价税、附加进口关税和进口配额，此外还有一些特殊安排与保障措施等。

（1）进口许可证。目前，谷物、大米、食糖、种子、橄榄油、麻纤维、香蕉、活植物、牛肉、奶和奶制品、猪肉、羊肉、禽蛋、禽肉、农业酒精原料等产品的进口实施进口许可证制度，几乎涵盖了所有农产品。进口许可证由各成员国发放，在共同体内有效。为保证进口，需交纳许可保证金。

（2）进口关税和差价税。原有的以目标价格为基础计算的门槛价格，以及以门槛价格为基础计算的差价税制度不复存在。目前，欧盟的进口关税适用共同关税税率，但并不一定是固定税率。以谷物进口为例，进口征税的计算公式为：干预价格的 155％－到岸价格＝征收关税额，这在实际上依旧为可变关税。

（3）附加进口关税。附加进口关税的适用产品：谷物、大米、食糖、牛肉、奶和奶制品、猪肉、羊肉、禽蛋、禽肉、香蕉等。根据欧盟向世界贸易组织通报的“触发价格”或“触发数量”，可征收附加进口关税。

（4）进口关税配额管理。目前实施关税配额的产品见欧盟通报。配额的分配可以采用“先申请先获得”、“根据申请数量按比例分配”、“考虑传统厂商因素”等方法。

（5）其他措施。进口措施还包括特殊进口关税税率、对食糖进口的优惠安排、食糖议定书承诺、对大麻和啤酒花进口的规定以及对保障措施和暂停加工进口的规定。

2. 出口

出口管理主要包括出口许可证、出口补贴（退款）、出口配额等措施构成。

（1）出口许可证。出口许可证的适用的产品范围：谷物、大米、食糖、橄榄油和食用橄榄油、牛肉、奶和奶制品、猪肉、羊肉、禽蛋、禽肉、农业酒精原料。

（2）出口补贴（退款）。出口补贴适用的产品范围：未进一步加工的谷物、大米、食糖、牛肉、奶和奶制品、猪肉、禽蛋、禽肉。相关加工产品的出口也可以得到补贴，但不得超过对未加工产品的出口补贴。出口补贴金额在共同体内统一，根据出口目的地有所差异。确定某个产品的补贴金额时，主要考虑下列因素：该产品在欧盟和世界市场上的价格以及欧盟供给的当前状况和未来的趋势；欧盟市场组织的目标；共同体内部需求等因素。

（3）出口配额管理。欧盟对牛奶和奶制品部门的出口实施配额管理。

（三）市场价格干预政策

价格支持政策是共同农业政策最主要和最先实施的政策，在共同农业政策中具有重要的地位。价格支持政策在共同农业政策中通常被称为“第一支柱”，在以农村发展为核心的“第二支柱”出现之前，价格支持政策无疑挑起了共同农业政策的大梁。1992 年改革以来，欧盟的价格支持政策变化很大，市场干预的范围、程度也出现了不小的变化。目前，欧盟实施的价格干预措施包括价格政策、干预收购、鼓励私人贮藏、特殊干预措施、限制生产措施、补贴计划以及产品标准、支持生产者组织等。

1. 现行价格体系

欧盟自 1992 年改革之后，欧盟对农产品市场的政策性介入不断减少，农产品价格日益趋向市场化。尽管原有的目标价格、干预价格和门槛价格等价格体系不复存在，但现有价格体系或多或少能带有原有价格体系的痕迹，在不同的场合有时还使用着过去的名称。按照欧盟现有的相关规定，参考价格（reference prices）居于国内价格体系的中心地位。对于实施市场干预收购的产品，欧盟分别确定了产品的参考价格。目前具有参考价格的产品有：谷物、稻谷、糖（白糖、原糖）、牛肉、奶制品（黄油、脱脂奶粉）、猪肉。但是干预收购时使用的是另一种价格——干预价格。无论是参考价格还是干预价格，都并不一定是保证农场收入的最低价格。

2. 政府干预收购

干预性收购可以直接调整市场的供需平衡。当市场供给过剩、价格水平下降时，通过政府的干预收购，可以直接减少市场供给数量，维持价格水平；而在市场供给不足、价格上涨时，则可以通过放出贮藏产品，稳定价格水平。经过多次改革，目前列入欧盟干预收购的产品有：普通小麦、硬质小麦、大麦、玉米、高粱、稻谷、白糖和原糖、牛肉、黄油和脱脂奶粉、猪肉。

（1）干预收购的开放期间与暂停。为了防止政府干预收购成为产品销售的主要出路，欧盟就干预收购设立了开放时期，并就干预收购的暂停设置了相应的条件和规定。谷物收购期限在各成员国不同。其中，希腊、西班牙、意大利和葡萄牙为8月1日至次年4月30日；瑞典为12月1日至6月30日；其他成员国为11月1日至次年5月31日。

（2）干预收购的价格。干预收购价格因产品不同而异，形成方式也不同。有的等于参考价格，有的等于参考价格的一定比例，有的部分与参考价格联系，部分通过招标形成。具体来看，谷物的干预收购价格等于参考价格；食糖的干预收购价格相当于食糖参考价格的80％；牛肉的干预收购价格通过招标形成；黄油的干预收购价格干预额度内为参考价格的90％，额度外则通过招标形成；脱脂奶粉的干预价格在干预额度内等于参考价格，额度外则通过招标形成；猪肉的干预价格在参考价格的78％～92％之间。

（3）干预收购产品的处置。干预产品的处置应该避免干扰市场，保证平等的申请机会和平等地对待购买者。

3. 私人贮藏补贴

欧盟还通过私人机构的贮藏谋求实现市场平衡。这主要是针对那些市场供求处在不平衡状态，但这种状况通过季节性库存调整可以避免或减轻的产品。在一定的条件下，欧盟对私人贮藏给予补贴。补贴主要是弥补贮藏成本，补贴时间长短由贮藏合同确定。

对于私人贮藏的补贴（援助）可以区分为强制性补贴（ Mandatory Aid）和选择性补贴（Optional Aid）。强制性私人贮藏补贴的适用产品有：奶油、未加盐黄油、加盐黄油和特定的奶酪；选择性私人贮藏补贴的使用范围更广一些，适用产品有白糖、橄榄油、新鲜和冷冻牛肉、顶级脱脂奶粉、需长期保存的奶酪以及羊奶酪、猪肉、羊肉。欧盟可以根据情况的需要，修改产品范围。

4. 限制生产体系

生产过剩是欧盟共同农业政策面临的一大难题，为解决这一问题，欧盟实施了生产配额、休耕等共同农业政策措施。目前，生产配额主要应用于牛奶和奶制品、食糖部门。

5. 援助计划

共同农业政策之下，还存在多项援助计划。主要包括：对干草饲料和亚麻的纤维的加工补贴；对淀粉和食糖的生产补贴；对牛奶和奶制品的补贴；对橄榄油和食用橄榄油的补贴；烟草基金和养蜂、养蚕补贴。

6. 特殊干预措施

欧盟还制定了相关规则，就一系列特殊情况下的政府介入作了相应规定。

(四) 直接支付政策

直接支付政策源于 1992 年共同农业政策改革，这一政策向农民提供与农产品生产和价格不挂钩的直接收入补贴，以替代对农民提供的各种类型的直接补贴，减少对农产品市场的扭曲，与 WTO 规则保持一致。

直接支付政策尽管不再与生产挂钩，但却与遵守环境、食品安全、动物健康和动物福利标准等方面的法规要求相联，即所谓交叉遵从。如果农民没有很好地达到有关要求标准，则视情况按比例削减给予该农民的直接补贴额。

澳大利亚农产品生产贸易与农业政策分析

一、国家概况

(一) 地理环境

澳大利亚位于南半球，四面临海，是一个与世界其他国家相隔的大陆岛国。澳大利亚幅员广阔，南北距离约 3 700 公里，东西距离约 4 000 公里，海岸线全长 36 735 公里，国土面积 774.1 万平方公里，居世界第 6 位。澳大利亚的地形相对平坦，平均海拔不到 300 米，大部分国土处于温带，北部沿海地区属于热带。澳大利亚是最为干燥的大陆，2008 年的平均降雨量仅为 534 毫米。整个国土有 31%年降雨量在 250～500 毫米之间，39%年降雨量不足 250 毫米，沙漠和半沙漠占到 1/3。澳大利亚的森林面积约为 1.6 亿公顷，森林覆盖率 21.3%。

(二) 人口状况

2009 年，澳大利亚的总人口为 26 187 万人，人口密度为每平方公里 2.8 人。绝大多数人口居住在悉尼、墨尔本等几个沿海的大城市，内陆地区人口极为稀少，目前乡村人口占总人口的 11%。在过去的 10 年中，澳大利亚人口增长率在 11.6‰到 20.5‰之间波动，吸收外来移民是使人口保持增长的重要因素。

(三) 宏观经济

澳大利亚是由英国移民开发的殖民地，因而在历史上与英国及欧洲长期保持着密切的经济贸易联系。这一格局在第二次世界大战结束后开始发生变化，澳大利亚将经贸合作的重点从欧洲逐步转向环太平洋地区，特别是 20 世纪 70 年代以后东亚经济的崛起使这一进程进一步加快。澳大利亚实行的“面向亚洲”的政策调整已经取得实质性成效。2009 年，中国、日本、韩国和印度分居澳大利亚出口市场的前四位，新加坡和泰国也进入前十名，而美国、英国和新西兰等三个传统贸易伙伴只排在第五到第七位。

澳大利亚的经济发展受益于上述经贸战略的转变。在 2000—2009 年期间，澳大利亚的国民生产总值（GDP）年平均增长 3.2%，属于发达国家中经济增长绩效最好的国家之一。特别是 2008 年的全球金融危机导致发达国家出现不同程度的经济衰退，而澳大利亚仍得以实现 1.3%的速度增长，这与亚洲经济继续保持增长和进口需求增加密不可分。

表 1　2005—2009 年澳大利亚的主要宏观经济指标变化情况

指标	单位	2005	2006	2007	2008	2009
名义 GDP	亿美元	6 960.3	7 493.2	8 568.2	10 394.2	9 248.4
人均名义 GDP	美元	34 128.0	36 202.5	40 660.4	48 498.7	42 278.7
商品和劳务出口额	亿美元	1 380.6	1 580.0	1 829.2	2 343.0	—
商品和劳务进口额	亿美元	1 508.9	1 667.3	2 001.1	2 423.1	—
通货膨胀率	%	2.7	3.5	2.3	4.4	1.8
失业率	%	5.0	4.8	4.4	4.2	5.6
政府总负债占 GDP	%	10.7	9.8	9.5	11.6	17.6

资料来源：国际货币基金组织（IMF），2010 年；世界贸易组织（WTO），2010 年。

澳大利亚是一个经济发达国家，以现价计算的 2009 年 GDP 为 9 248 亿美元，人均 GDP 为 42 279 美元。澳大利亚也是一个开放程度较高的经济体，近年来贸易依存度一直保持在 35%左右，但存在持续性贸易赤字。由于澳大利亚近年的经济发展势头良好，失业率一直保持在较低水平，政府的债务负担也较轻，宏观经济绩效优于大多数其他发达国家。

二、农业概况

（一）农业资源

澳大利亚的国土广阔，但从自然气候条件看发展农业的条件并不是十分理想。澳大利亚的农牧业用地总面积约为 4.6 亿公顷，约占国土面积的 59%。受水资源的制约，农用地中仅十分之一用作耕地，且耕地面积在年际间波动较大，进入 21 世纪以来最高时为 2001 年的 4 981 万公顷，最低时为 2007 年的 4 418 万公顷。耕地中仅有约 5%为可灌溉农田，主要集中在马累河和达令河流域。气候变化是导致澳大利亚的农作物产量和出口量年际间频繁出现大幅波动的重要原因。

澳大利亚拥有世界上面积最大的天然草原，总面积约为4.4亿公顷，但大多数处于干旱地区，生产力在较大程度上也取决于气候条件。20世纪70年代以来，过度放牧导致草原退化的问题受到高度关注。澳大利亚政府制定了严格的法规，在加强对草原保护的同时改进畜牧业生产技术，以实现可持续的畜牧业发展。由于澳大利亚公众保护环境的意识不断强化，这影响到草场利用模式，对澳大利亚的畜牧业生产发展产生了重要的影响。

今后澳大利亚的农业发展仍将高度依赖于水资源供给状况。可以预期，未来农业与非农业在水资源上的竞争会越来越激烈，城市扩展、维持生态系统、发展工矿业等都会加大对水资源的需求。进入21世纪以来，澳大利亚联邦政府和各州政府均积极采取措施改革水资源管理，特别是推进水资源配置的市场化改革，以提高水资源利用效率。这些措施在一定程度上会影响到农业用水的可获得性和成本。因而，未来澳大利亚的农业发展势必面临在水资源管理上的巨大挑战。

（二）农业发展

随着国民经济的不断发展，农业部门在澳大利亚国民经济中占的比重趋于下降。自1990年以来，农业部门占GDP的比重在2.4%～4.9%之间波动，比20世纪80年代平均值5.8%显著下降。近年农业部门的经济活动人口仅44万人，农业就业人数占就业总人数的3.4%。

受自然环境条件影响，澳大利亚的农业具有很强的地域差别。降雨量高的东部沿海地带是各种经济作物和园艺作物的主要产区，农作物生产较为集约化。在年降雨量400～600毫米的过渡带，相对粗放的农牧兼营模式占主导地位，是小麦、牛、羊等产品的主要产区。在降雨量更低的内陆干旱地区，粗放型畜牧业成为主要经营模式，毛用羊饲养成为该地区的主导产业。

澳大利亚农业的商品化程度非常高，由于国内市场相对狭小，大多数产品出口到国际市场，这使得国际市场行情成为影响澳大利亚农业产出水平和结构的一个重要因素。一方面，随着亚洲经济的迅速崛起，该地区对农产品和其他初级原料的需求显著增长，这对澳大利亚农业生产发展起到一定拉动作用。另一方面，国际市场农产品供给相对充裕导致价格低廉，以及澳元升值降低了澳大利亚产品竞争力，对农业生产起了抑制作用。

澳大利亚的农业生产以家庭农场为基础。从20世纪90年代开始，澳大利亚的农业经营单位数量维持在 14 万～15 万个之间，农业从业人员则缓慢下降，平均每个农场仅 2.5 个劳动力。澳大利亚的农场具有土地规模大、资本集约度高、商品率高、外向性程度高和劳动生产率高等特点。2008—2009 年度，澳大利亚平均每个农场使用的土地面积接近 6 000 公顷，牧业区平均每个农场使用的土地面积更高达 7.6 万公顷；接近 70%的农场拥有的资产价值超过 150 万澳元。澳大利亚农场经营者老龄化情况也很突出，平均年龄已经达到 57 岁。

表 2　2008—2009 年澳大利亚按财务指标分类的农场结构

单位：万澳元，%

农场现金收入	<−2.5	−2.5～0	0～2.5	2.5～5	5～10	>10
占全部农场比例	11.9	17.2	21.6	12.6	15.4	21.2
农场经营利润	<−5	−5～−2.5	−2.5～0	0～2.5	2.5～5	>5
占全部农场比例	33.5	20.8	13.3	9.5	6.5	16.4
农场资产价值	<50	50～75	75～100	100～150	150～300	>300
占全部农场比例	1.3	5.4	8.	16.2	30.8	38.3

注：1 澳元约为 1.08 美元（2011 年 7 月 25 日汇率）

资料来源：ABARE，2010。

根据澳大利亚农业和资源经济局做的农场调查，在 2008—2009 年间，有将近 30%的农场现金收入为负值；有将近 2/3 的农场经营利润为负值。实际上，这种情况在过去 3 年间并无大的差异。这些数据表明，澳大利亚农场的经营绩效并不十分理想，未来农场结构势必会不断调整，大型农场在农业生产中的作用会得到进一步增加。

三、农产品贸易

澳大利亚是世界重要的农产品生产国，但受气候影响，农业生产波动较大。在 1990—2009 年间，澳大利亚的农作物生产呈现波动上升态势，几次大的自然灾害导致产出显著下降。畜牧业生产虽然未出现大幅波动，但增长速度非常缓慢（图 1）。澳大利亚农产品贸易以出口为主。2009 年澳大利亚农产品出口额为 234.5 亿美元，占世界农产品出口总额的 2.0%，居第八位（不包括欧盟）。农产品出口额占其商品出口总额的比重一直很高，20 世纪 80 年代初期高达 45%，其后逐渐下降，目前占全部商品出口额的 15%左右。澳大利亚大约 70%的农产品出口到海外市场，主要出口品种有小麦、大麦、糖、牛肉、羊毛、乳制品等。

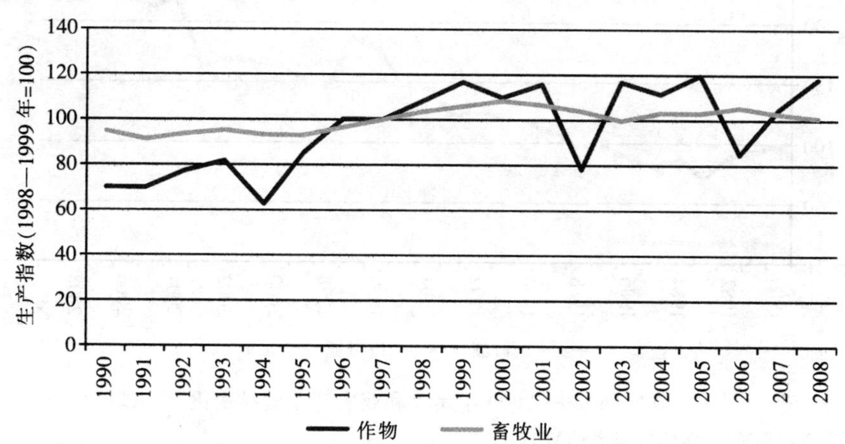

图 1　1990—2008 年澳大利亚农作物业和畜牧业生产发展情况

资料来源：澳大利亚农业和资源经济局（ABEAR），2010。

（一）农产品贸易发展总体情况

20 世纪 80 年代以来，澳大利亚的农产品贸易额呈现波动上升趋势（图 2）。出口额波动既有国内因灾减产因素，也有海外市场经济衰退而导致需求萎缩的因素，如 1997 年发生的亚洲金融危机和 2009 年的全球金融危机。虽然澳大利亚面临东亚和东南亚地区农产品需求迅速增长这一有利机遇，但农业生产由于受到不利气候的影响而未能增长，在国际市场上也面临与巴西等拉美国家农产品的激烈竞争，在全球占有的市场份额实际上呈现下降趋势，从 20 世纪 90 年代初的 3%降低到近年的 2%左右。2008—2009 年，澳大利亚农产品的前五大出口市场依次为日本、中国、美国、印度尼西亚和韩国，合计占总出口额的一半。从变化趋势看，澳大利亚对亚洲贸易国的出口呈现较快增长，而对美国、欧盟的出口额趋于下降。澳大利亚农产品进口规模很小，但近年的增长势头较为强劲。分品种看，进口额最大的商品是水果、蔬菜等园艺作物，2000 年以来增长较快的有大米、葡萄酒和猪肉（澳大利亚农业和资源经济局 ABARE，2010）。

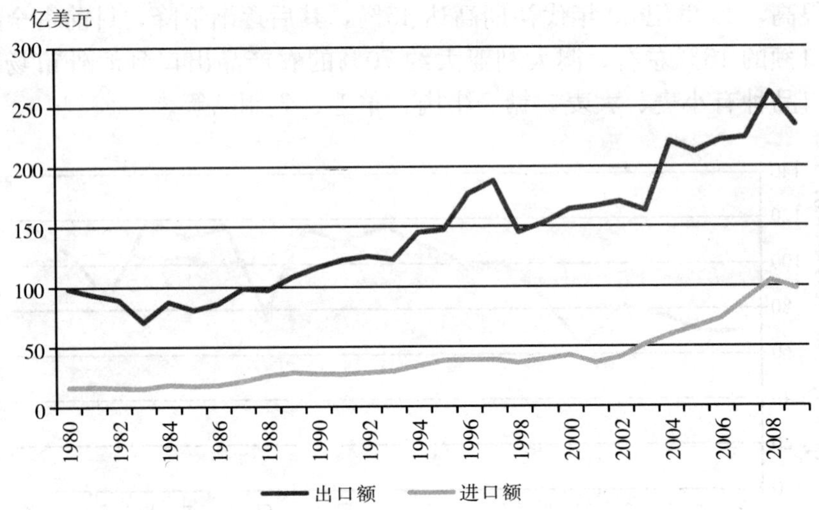

图 2　1980—2009 年澳大利亚农产品贸易变化

资料来源：世界贸易组织（WTO），2010。

进入 21 世纪以后，随着国际市场供求发生变化，澳大利亚的农产品出口结构发生了较为显著的调整（图 3），其中最突出的变化是肉类产品出口额增加，而羊毛皮类产品出口额下降。在历史上，羊毛皮类产品曾经是澳大利亚出口额最大的商品，但从 20 世纪 80 年代后期开始，羊毛皮类产品出口呈现波动下降局面，国际市场对羊毛的需求相对萎缩是一个重要

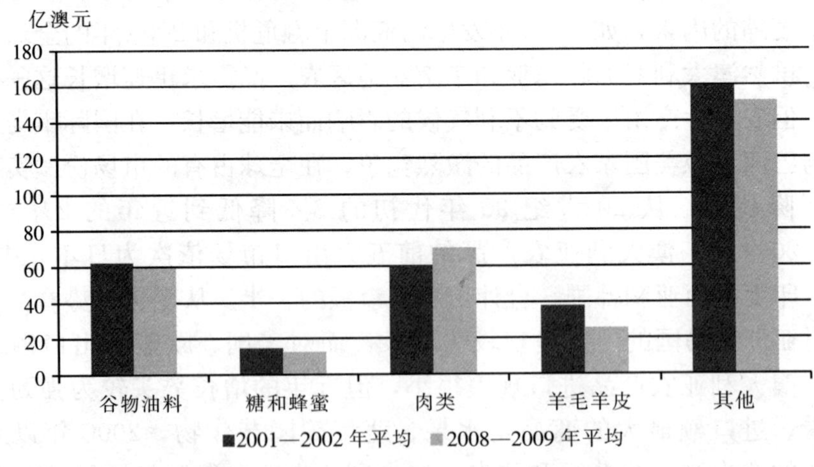

图 3　澳大利亚农产品出口结构变化

资料来源：ABARE，2010。

原因，澳大利亚出于保护环境的考虑压缩羊存栏数量也是一个因素。相比之下，国际市场肉类产品需求增长较快，引起澳大利亚草地牧业生产从以毛为主的模式转向以肉为主的模式。

（二）主要出口产品

1. 小麦

澳大利亚是世界上重要的小麦生产国和出口国之一，将近 80%的小麦出口到国际市场。澳大利亚采用相对粗放的方式生产小麦，其产品具有较强的价格竞争力。然而，受气候条件影响，澳大利亚的小麦产量非常不稳定，进而影响到出口，这使得澳大利亚难以成为一个稳定的供货来源，这是不利于澳大利亚拓展海外市场的一个重要因素。从今后发展看，尽管澳大利亚有可供开发的耕地资源，但受到水资源的制约，扩种小麦的难度较大，提高小麦单产主要靠改善品种的抗逆性，而不能靠增加物质投入，因而短期内小麦产量和出口量很难在目前的水平上进一步提高。

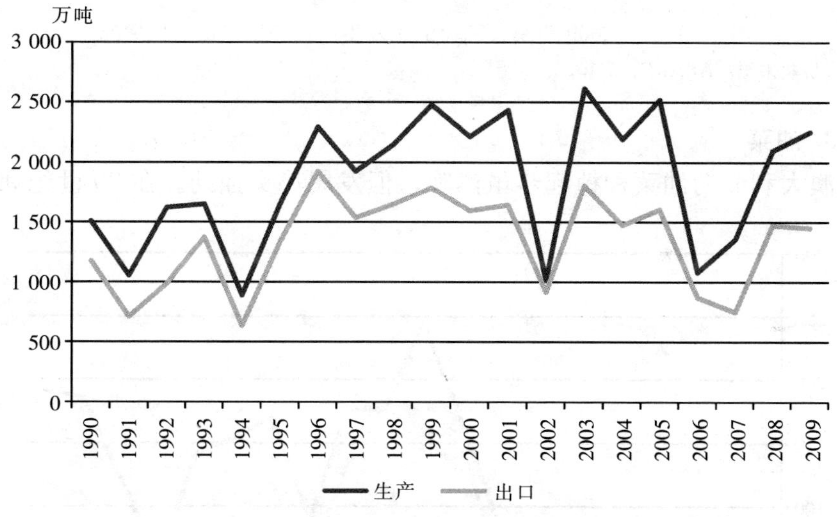

图 4　1990—2009 年澳大利亚的小麦生产量和出口量变化情况

资料来源：ABARE，2010。

2. 大麦

澳大利亚也是世界上主要的大麦生产国和出口国之一，2009 年总产量 830 万吨，排世界第四位；出口量 340 万吨，排世界第二位。与小麦类似，澳大利亚的大麦生产也频繁发生剧烈波动，进而影响到出口。澳大利亚出口的大麦主要为啤酒大麦，需求对价格较敏感，几个主要出口国之间存在激烈的竞争。澳大利亚大麦的优势在质量上，但供给不稳定是一个限制因素。

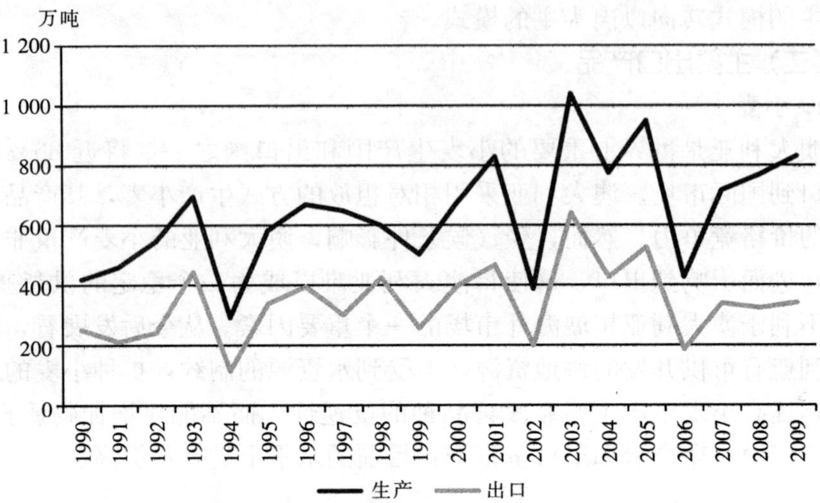

图 5　1990—2009 年澳大利亚的大麦生产量和出口量变化情况

资料来源：ABARE，2010。

3. 油菜

澳大利亚的油菜种植起步虽然晚，但发展势头强劲。在 20 世纪 90 年

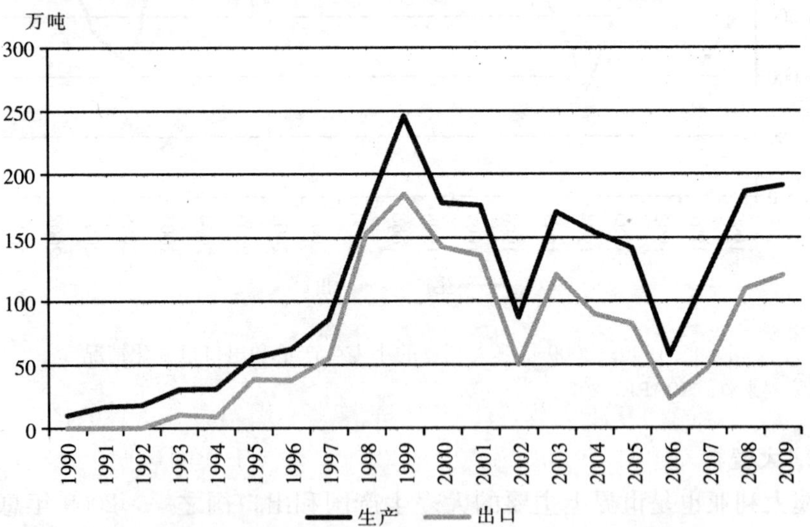

图 6　1990—2009 年澳大利亚油菜籽产量和出口量变化情况

资料来源：ABARE，2010。

代后期，澳大利亚曾跃居世界第二大油菜籽出口国，其后油菜生产受自然灾害影响出现剧烈波动，近年来，油菜生产再度呈现回升势头。油菜是一个较为适合澳大利亚粗放耕作条件的农作物，其生产规模主要取决于与替代作物之间的比较利益，在国际市场有需求的条件下有很大发展潜力。

4. 棉花

棉花曾经是澳大利亚重要的出口农产品之一。由于澳大利亚劳动成本高昂，国内纺织业生产规模很小，生产的棉花基本上全部出口。2000 年，澳大利亚的棉花生产达到 370 万吨的峰值，其后迅速下滑，近年的产量仅在 150 万吨左右。澳大利亚发展棉花生产也受到水资源的制约，从长期发展前景看缺乏潜力。

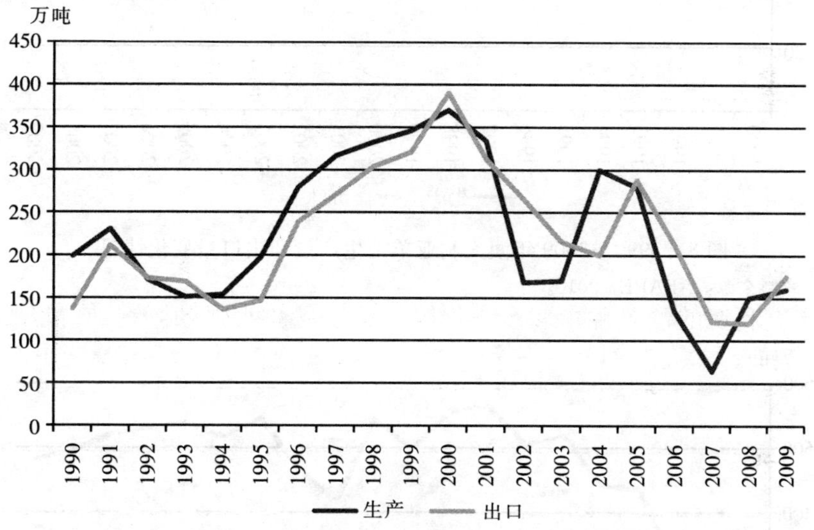

图 7　1990—2009 年澳大利亚的棉花生产量和出口量变化情况

资料来源：ABARE，2010。

5. 羊毛

澳大利亚是世界最大的羊毛生产国，产量约占世界的 1/4，出口量占 70%～80%，因而在很大程度上主导世界羊毛供给。在 20 世纪 80 年代，澳大利亚曾经对全球羊毛市场发展前景有过非常乐观的预期，认为收入提高会引起人们更多地消费羊毛织物。然而，随后的实践表明，羊毛面临与棉花和人造纤维的激烈竞争，其市场需求增长比预期要缓慢得多。与此同时，澳大利亚养羊业还面临日益增强的环境保护压力，羊肉价格相对上升则进一步降低了毛用羊饲养的比较效益。在这一背景下，澳大利亚绵羊的饲养量在 20 世纪 90 年代转为下降趋势，在 20 年的时间里由 1.7 亿只减少到不足 0.8 亿只，含脂羊毛产量也由当时的 100 万吨下降到近年的 40 万吨。

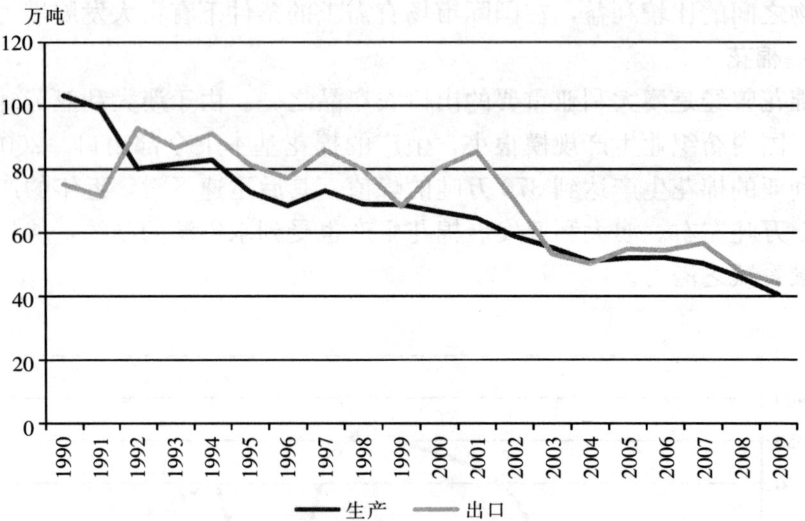

图 8　1990—2009 年澳大利亚羊毛生产量和出口量变化情况

资料来源：ABARE，2010。

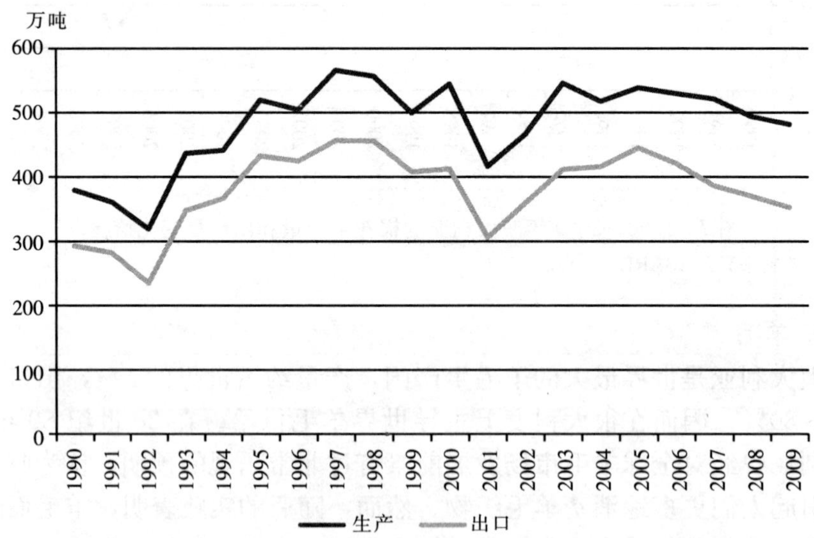

图 9　1990—2009 年澳大利亚的糖生产量和出口量变化情况

资料来源：ABARE，2010。

6. 糖

澳大利亚蔗糖生产集中在北部具有热带、亚热带气候的昆士兰州。由于这一地区温度适宜，雨量丰沛，生产受气候的影响远小于其他农作物产品。澳大利亚的甘蔗品种好，生产技术先进，每公顷产糖量超过 12 吨，在国际市场上具有较强的竞争力。2009 年，澳大利亚的蔗糖出口量排在巴西和泰国之后，位居世界第三位。但澳大利亚适合种植甘蔗的区域有限，此外还面临巴西、泰国、印度及一些中美洲产糖国的有力竞争，进一步扩大甘蔗生产的可能性不大。

7. 乳品

由于奶牛品种优良、生产技术先进、饲料资源丰富、生产成本低廉，澳大利亚乳品业具有突出竞争优势。澳大利亚的奶牛头数并不很多，2009 年为 170 万头，在世界上排第十位；鲜奶产量 967 万吨，也居世界第十位。随着亚洲国家居民逐步习惯消费奶和乳制品，澳大利亚也面临极好的出口机会，主要出口奶粉。1991—2002 年，澳大利亚的鲜奶产量呈波动增长态势，之后出现下滑，奶粉的产量也呈现相似的变动。目前国际乳制品市场仍存在非常严重的扭曲，若农产品贸易开放进程得到推进，澳大利亚在扩大奶粉及其他乳制品出口上尚有很大潜力。

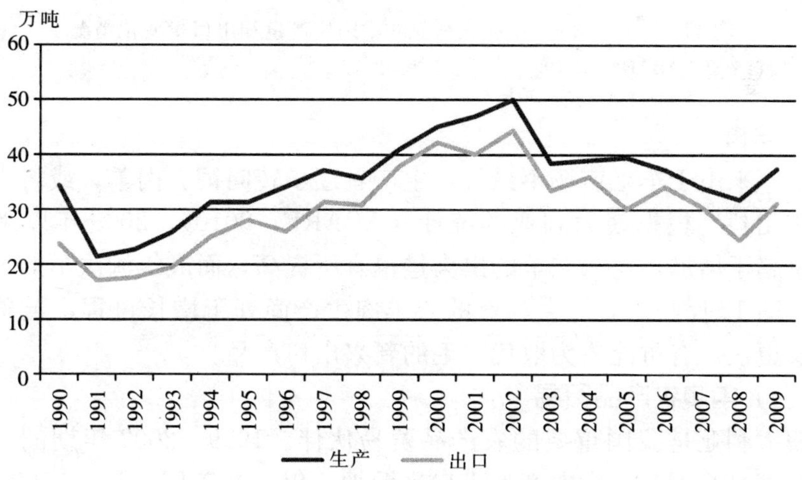

图 10　1990—2009 年澳大利亚的奶粉生产量和出口量变化情况

资料来源：ABARE，2010。

8. 牛肉

澳大利亚草场辽阔，饲料资源丰富，在发展肉牛产业方面具有得天独厚的条件。近年来，澳大利亚肉牛业发展得益于亚洲国家在需求增加的同时逐步降低牛肉进口的贸易壁垒，这使得澳大利亚产品能够更多地出口到亚洲市场。与美国相比，澳大利亚的牛肉生产主要采用放牧模式，生产成本低，产品安全性高，因而有很强的竞争力，特别是在中档产品市场上。牛肉是澳大利亚有潜力扩大出口的主要肉类品种。

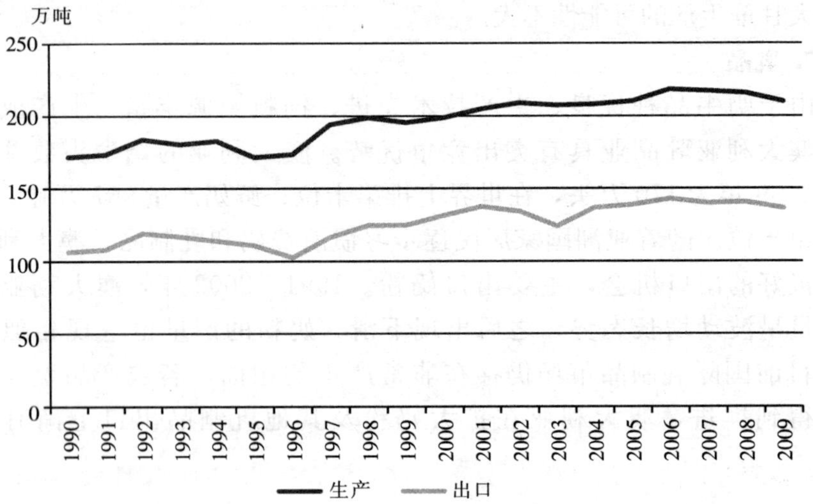

图 11 1990—2009 年澳大利亚的牛肉生产量和出口量变化情况

资料来源：ABARE，2010。

9. 羊肉

近年来由于羊毛市场不景气，生产者逐步转向饲养肉羊，或将当年羊羔育肥出栏。根据澳大利亚的统计（ABARE，2010），2003 年以来羔羊出栏量趋于增加，每只羔羊的出肉量也有所提高，而成年淘汰羊的出栏数下降。图 12 反映出，澳大利亚的羔羊肉生产尚处于增长过程，羔羊肉出口增长更快，有可能成为取代羊毛的新兴出口产品。

（三）中澳农产品贸易

澳大利亚是我国重要的农产品贸易伙伴。1999—2002 年期间，澳大利亚一直是我国第二大农产品进口来源地，仅排在美国之后。2002 年后，随着我国进口大豆和油脂数量急剧增加，巴西、阿根廷和马来西亚陆续跃居澳大利亚之前。与这些国家相比，澳大利亚的竞争优势在于科技水平和

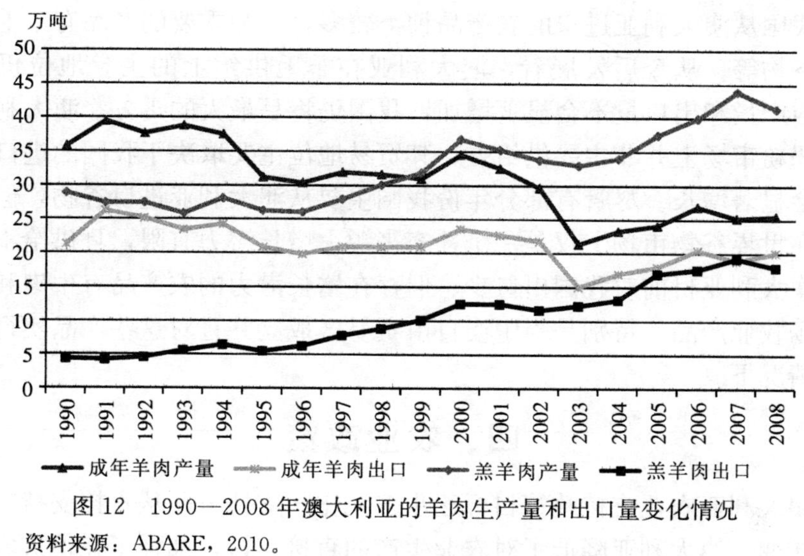

图 12　1990—2008 年澳大利亚的羊肉生产量和出口量变化情况

资料来源：ABARE，2010。

管理水平先进，而劣势则是资源环境方面的限制和较高的劳动成本。从长期看，澳大利亚进一步提高农业产出的前景并不十分乐观，其主要出口产品均面临对手的有力竞争；水资源短缺对农业的影响日益明显，农业在社会经济发展中的重要性趋于降低。从这些角度看，中澳农产品贸易虽然仍有扩大潜力，但澳大利亚作为我国进口农产品来源地的重要性会逐步降低。

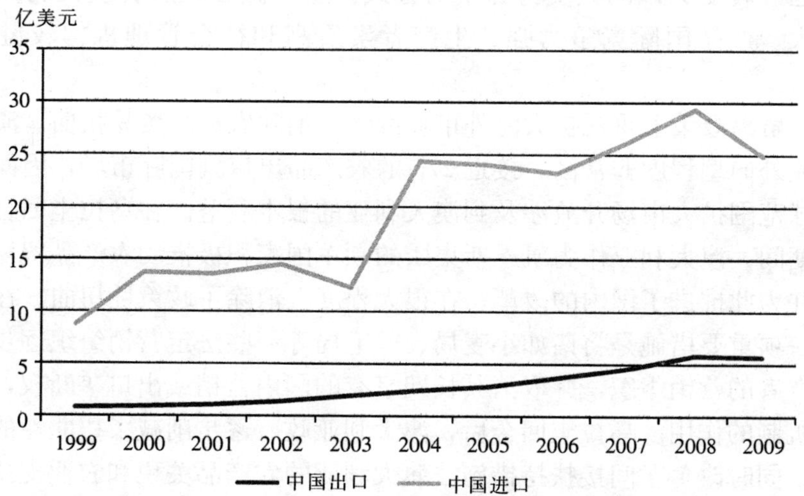

图 13　1999—2009 年我国—澳大利亚双边农产品贸易变化情况

资料来源：ABARE，2010。

我国从澳大利亚进口的农产品种类较多，较为重要的产品有羊毛、奶粉、谷物等。从今后发展看，澳大利亚在羊毛供给上的主导地位仍将保持，但产量和出口量不会显著增加，我国仍将是最大的买方。澳大利亚在我国奶粉市场上并非主要供给方，其贸易地位主要取决于我国的进口需求是否会显著增长。尽管有部分年份我国主要从澳大利亚进口谷物，但澳大利亚在世界谷物市场上仅是一个补充来源，增长潜力有限，且供给不够稳定。澳大利亚目前对我国出口少、但存在增长潜力的农产品有牛肉和羊肉等草场牧业产品，特别是当中澳自由贸易区成立并且对这些产品实行低关税的情况下。

四、农业政策

澳大利亚农业支持政策目标逐步多元化，支持方式从直接支持向间接支持转变。澳大利亚降低了对农业生产的直接支持，加强了在促进农业结构调整、自然资源和环境保护、维持农村景观和文化、应对全球气候变化等方面的支持力度。政府通过税收优惠引导生产者合理利用和保护资源，同时针对近年严重自然灾害频发的情况加强了救济措施；针对国际市场竞争日益激烈的情况，澳大利亚政府重视通过提高生产力和改进供应链效率来提高本国农产品的国际竞争力。从总体上看，澳大利亚对农业的支持已经转变为以间接支持为主的方式，这一做法较适合澳大利亚农场规模大、产品国际竞争力强、生产者素质高和社会管理机构较健全的条件。

在贸易政策上重视扩大海外市场准入，消除农产品贸易扭曲。澳大利亚农业外向型程度非常高，接近 2/3 的农产品出口到国际市场，因而能否在全球范围扩大市场开放涉及到澳大利亚的根本利益。在乌拉圭回合谈判进行期间，澳大利亚作为凯恩斯集团的领军国家积极推动农产品贸易自由化，并为此推进了国内的改革，在很大程度上消除了政策性扭曲。在这方面的一项重要措施是将诸如小麦局、羊毛局等一些法定营销组织逐步改造成生产者的营销组织，并取消其长期享有的国内营销或出口垄断权，扩大市场机制的作用。乌拉圭回合后，澳大利亚政府逐步削减了扭曲性的农业支持，同时改善了间接扶持措施。澳大利亚的农产品关税和农业支持水平都相当低，2009 年农产品最惠国算术平均关税仅为 1.3%，有 75%的农产品为零关税；农业生产者支持估计值（PSE）在 OECD 国家中一直处于较低水平，并且在乌拉圭回合后显著下降，目前仅为3%左右，远低于OECD国家的平均水平。但另一方面，澳大利亚实行极为严格的动植物检疫措施，在很大程度上限制了农产品的进口规模。

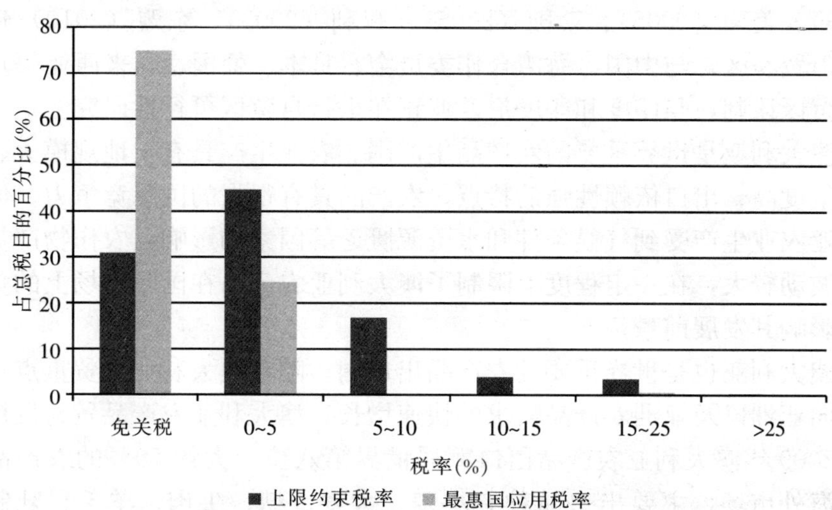

图14　2009年澳大利亚农产品进口关税税率分布情况

资料来源：WTO，2010。

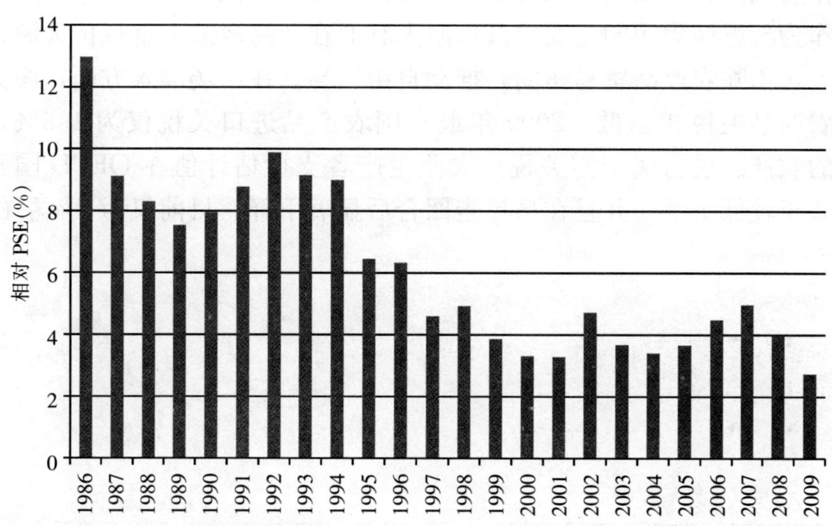

图15　1986—2009年澳大利亚的农业生产者支持估计（PSE）变化

资料来源：经济合作与发展组织（OECD），2010。

澳大利亚加强了双边和区域性自由贸易谈判，试图通过自贸区等方式拓展海外市场。鉴于多哈回合谈判进展极为缓慢，澳大利亚试图通过自贸区等方式来扩大农产品出口。近年来，澳大利亚已经先后与新加坡(2003)、美国（2005)、泰国（2005)、智利（2009)、东盟（2010）建立了自由贸易区，与中国、海湾合作委员会、日本、韩国、马来西亚等正进行自贸区谈判，与印度和印度尼西亚正在进行自贸区可行性研究。

澳大利亚是世界重要的农产品生产国。农业生产具有土地规模大、资本密集度高、出口依赖性强的特点，农产品具有很强的国际竞争力。但澳大利亚农业生产受到气候条件和水资源匮乏等因素的影响，农作物产量年际间波动较大，在一定程度上限制了澳大利亚农产品在国际市场上的竞争力，影响其发展前景。

澳大利亚也是世界重要的农产品出口国。随着澳大利亚经贸重点从欧洲转向亚洲以及亚洲农产品需求的快速增长，澳大利亚农产品贸易发展很快。2009 年澳大利亚农产品出口额居世界第八位，大约 70%的农产品出口到海外市场，主要出口品种有小麦、大麦、糖、牛肉、羊毛、乳制品等。农产品进口规模很小，但近年的增长势头较为强劲。中国和澳大利亚是重要的贸易伙伴，我国已成为澳大利亚第二大农产品出口市场，但澳大利亚作为我国农产品进口来源地的重要性在逐步降低。

作为凯恩斯集团的主要成员，澳大利亚在贸易政策上重视扩大海外市场准入，消除农产品贸易扭曲，推动自由贸易。在市场准入方面，澳大利亚的农产品关税相当低，2009 年最惠国农产品进口关税仅为 1.3%，有 75%的农产品税目属于零关税；农业生产者支持估计值在 OECD 国家中一直属于较低水平，并且在乌拉圭回合后显著下降，目前仅为 3%左右。

加拿大农产品生产贸易与农业政策分析

一、国家概况

（一）地理环境

加拿大位于北美洲北部，陆地面积998.5万平方公里，居世界第二。西、北、东三面分别毗邻太平洋、北冰洋和大西洋，海岸线长达24.4万公里。内陆地区的地形、气候条件和生态环境多种多样，有众多河流、湖泊、天然森林、草原、湿地、冻土地等。

（二）人口状况

加拿大是一个由欧洲移民建立的国家，劳动力相对匮乏，因而对于人口流入一直采取较为宽松的政策，由此形成了其多元化的文化和消费模式。从20世纪70年代以来，亚裔人口成为向加拿大移民的主要群体，这一方面增大了对亚洲产品的需求，另一方面加强了加拿大与亚洲国家的社会经济联系。

2009年，加拿大人口约为3 374万，平均每平方公里仅3.7人。北部地处寒带，居住环境较差，人烟稀少，南部地区环境条件较好，全国超过2/3的人口居住在多伦多、温哥华等大城市，目前人口的城市化率已经超过80%。由于移民的不断流入，加拿大人口得以保持增长，21世纪以来，人口增长率在8.8‰～12.8‰之间波动。年轻移民的流入在一定程度上减缓了加拿大人口的老龄化进程。

（三）宏观经济

加拿大属于经济发达国家，2009年以现价计算的国民生产总值（GDP）为13 361亿美元，居世界第11位；人均GDP为39 599美元，居世界第16位（表1）。作为一个相对成熟的经济体，加拿大GDP增长速度相对较慢。在2000—2009年期间，除了全球金融危机导致其增长率在2008年和2009年分别下滑到0.5%和2.5%外，其余各年的平均增长率为

3.2%。

加拿大是世界上重要的贸易国，2008 年商品和服务出口额为世界第 8 位，进口额为第 11 位，国际贸易收支多年保持盈余状态。与美国长期互为最大的贸易伙伴。2009 年加拿大 75%的商品出口到美国，64%的商品自美国进口；美国 14%的商品出口到加拿大，19%的商品自加拿大进口。

自 20 世纪 90 年代以来，加拿大物价水平基本保持稳定，消费价格指数增长率均未超过 2%。2000 年以来，失业率一直控制在 8%以下，略低于美国。然而，同期年轻人的失业率却居高不下，一直处在 11%～14%之间。在一定程度上，加拿大失业率低于美国是由于受到较好教育的年轻人到美国寻找收入较高的工作，从而缓解了加拿大自身面临的就业压力①。加拿大政府债务负担较重，特别是 2009 年为应对全球金融危机而采取的财政刺激措施更加重了政府债务。

表 1　加拿大主要宏观经济指标变化情况

指　　标	单位	2005	2006	2007	2008	2009
名义 GDP	亿美元	11 337.6	12 786.1	14 240.7	14 991.1	13 360.7
人均名义 GDP	美元	35 087.9	39 162.3	43 184.9	45 002.8	39 599.0
商品和劳务出口额	亿美元	4 277.7	4 606.0	4 974.2	5 308.3	3 837.6
商品和劳务进口额	亿美元	3 744.3	4 164.6	4 554.6	4 884.6	3 918.9
通货膨胀率	%	2.2	2.0	2.1	2.4	0.3
失业率	%	6.8	6.3	6.0	6.2	8.3
政府总负债占 GDP	%	71.6	69.4	65.1	69.8	81.6

资料来源：国际货币基金组织（IMF），2010；世界贸易组织（WTO），2010。

二、农业概况

（一）农业资源

加拿大幅员辽阔，气候、土壤条件和地理环境差异较大。全国地势呈西高东低状态，西部雨量较少，气候较温暖，东部大西洋各省则相反。耕地面积只有 4 600 万公顷左右，不足国土面积的 5%；永久性放牧地约 2 800万公顷。造成这一情况的部分原因是加拿大处于高纬度地区，寒冷的

① 美国就业者人均创造的 GDP 比加拿大高 15%左右，年轻人失业率在 10%左右。

气候条件对农业生产构成了限制，特别是种植业只能在局部地区发展，并且只适宜生产适合寒冷气候的动植物产品。林业资源则居世界前列，森林面积约 4.4 亿公顷，森林覆盖率达到 45%以上。淡水资源极为丰富，马更歇河（Mackenzie River）全长 4 241 公里，是北美洲第二大河；与美国接壤的五大湖（苏必利尔湖、密歇根湖、休伦湖、伊利湖、安大略湖）为世界上最大的淡水湖群；7.5%的领土为淡水水面，占世界淡水水面的 15%。

（二）农业发展

加拿大农业生产集中在南部地区，特别是在位于北纬 49°～53°与美国毗邻的 400 多公里狭长地带。主要农业区有：

（1）大草原地区。包括阿尔伯塔、萨斯喀彻温和马尼托巴三个省，土壤以肥沃的棕壤和黑土为主，保肥性状良好。该地区是加拿大粮食主产区，其耕地占全国的 3/4，小麦产量占全国的 95%，大麦产量占全国的 90%，出口小麦和大麦几乎全部产自这三个省。

（2）中部地区。包括安大略和魁北克两省，是加拿大人口最为密集的工业区。农业集中在河流盆地，以种植粗粮为主，其中靠近美国玉米带的安大略省西南部地区（属于五大湖区）是玉米主产区，种植的其他主要作物还有燕麦、大麦、大豆、甜菜、烟叶和葡萄等。中部地区也是加拿大畜牧业最发达的地区，牧场规模大，饲养的牲畜品种优良，饲料资源丰富，其畜产品具有很强的竞争力。

（3）大西洋沿岸地区。农业生产集中在海岸附近，主要生产饲料作物、马铃薯、蔬菜等，养牛业相对发达。

（4）太平洋地区。包括不列颠哥伦比亚省，大部分土地是高山和森林，耕地只占全省面积的 2%；农业生产集中在温哥华周边，园艺产业发达，是全国最大的苹果生产基地。

（5）北部地区。位于北纬 55°以北，气候偏冷，目前商业性农场数量不多，据估计有 120 万公顷可供开垦的耕地和辽阔的牧地，农业发展有巨大的潜力。

加拿大拥有漫长的海岸线，渔场面积估计为 50 多万平方公里，约有 10 万多人从事渔业生产和渔业加工。水产业虽然规模并不算很大，但高度依赖出口，约 90%的产品销售到海外市场，特别是对优质水产品需求大的美国、日本和欧盟等市场。

加拿大建立了发达的农业生产和服务体系，农业劳动生产力非常高，以2000年美元不变价格计算的2006年人均农业增加值高达46 000美元（世界银行，2010）。作为一个发达国家，加拿大农业在国民经济中的地位已经降到非常低的水平，农业劳动力占全部劳动力的比例在20世纪80年代中期尚为5%，到2007年已经降低到2.5%；同期农业增加值占GDP的比例也由3.5%下降到2%。包括农业生产资料供应、农产品加工和物流在内的全部涉农产业增加值占国家GDP的8%。

由于加拿大国内市场对农产品的需求数量相对有限，因此农业生产发展高度依赖国际市场环境。乌拉圭回合以来，全球经济增长和贸易壁垒的降低对加拿大农产品出口产生了积极影响，特别是亚洲新兴经济体进口规模急剧扩大给加拿大农业发展带来新的机遇。

（三）农业生产经营方式

加拿大农业生产过去建立在家庭农场基础上，然而受市场条件和政策环境变化的驱动，传统家庭农场逐步向合伙经营或公司化经营转变，总体趋势是农场数量逐步减少，土地和经营规模逐步增大，适合高收入消费者偏好的有机农业、环境友好型农作技术、满足动物福利标准的畜牧技术得到日益广泛的采用。根据加拿大农业普查数据，从1981年到2006年，农场数量从31.84万个下降到22.94万个，平均每个农场的土地面积由207公顷上升到295公顷，家庭农场占的比例由86.6%下降到57.1%，各种形式的合伙经营农场比例由9.32%上升到26.7%，采用公司制的农场比例由3.8%上升到16%。根据加拿大政府发布的财务调查数据，2008年，年收入超过10 000加元[①]的农场共15.64万个，农场经营者约33万人，平均每个农场拥有总资产158万加元，其中土地和建筑的价值占60%，机械设备价值占15%。

不同规模、不同行业的农场在经济实力方面差异巨大。大型商业化农场能够广泛应用先进的农业科技，生产力非常高，小型农场的财务状态则非常差。根据2008年农场财务调查数据，全部农场平均毛收入30万加元，其中1.7万加元为政府补贴，净现金收入约4万加元。从不同农场规模来看，收入超过100万加元的农场仅占农场总数[②]的5.5%，但创造了

① 1加元约等于1.04美元（2011年7月28日汇率）。

② 2008年加拿大农场财务调查仅包括了年收入超过1万加元的农场。

44%的农场总收入；而占农场总数 31.2%的收入在 5 万加元以下的农场仅创造了 2.6%的农场总收入。分产品类型看，平均净现金收入谷物和油料农场为 5.26 万加元，乳业农场为 10.9 万加元，猪场为 1.0 万加元，肉牛场为 0.5 万加元，肉禽和蛋禽农场为 12.7 万加元。

美国等其他发达国家相似，加拿大农场经营者也出现老龄化态势。2006 年和 2001 年农业普查数据相比，年龄小于 35 岁的农场经营者减少了 25%，35～54 岁之间的农场经营者减少了 11.5%，55 岁以上的农场经营者增加了 10.2%。2008 年，53%的农场经营者年龄在 55 岁以上，小于 40 岁的农场经营者仅占 8%。由于一半以上的农场经营者将在 10 年左右退休，加拿大农业发展面临高技能劳动减少和农场代际交接的问题。其中，在面临代际交接的农场中，仅有 1/5 是由两代人共同经营的，因而大部分农场将面临后继乏人的问题。

加拿大农业的组织化程度很高，农民成立了多种全国性的农业专业协会，如奶牛协会、谷物协会等，一方面作为农民利益的代表参与国家政治决策过程，另一方面为农民提供各种社会化服务。对于大规模农场，政府也便于实行严格的体系化和标准化管理，使产品质量监管体系具有很高的效率。这些因素是加拿大得以将农产品大量出口到国际市场，农民的收益也得到较好的保障。

三、农产品贸易

加拿大是世界上最重要的农产品生产国和贸易国之一。20 世纪 90 年代以来，加拿大农作物产量增长相对缓慢，平均年增长率在 1%左右，主要生产和出口的产品是小麦、大麦和油菜；畜牧业生产增长速度相对较快，且波动幅度较小，主要产品有牛肉和禽肉，其中家禽产业近年发展非常迅速。根据世界贸易组织 2010 年的统计，2009 年加拿大农产品出口额为 436.4 亿美元，占全球农产品出口额的 13.8%，居世界第三位（不包括欧盟）；进口额为 234.4 亿美元，占全球农产品进口额的 8.9%，居世界第五位。

（一）农产品贸易发展总体情况

20 世纪 90 年代以来，对加拿大农业生产和贸易产生重大影响的两个因素是乌拉圭回合谈判成功达成协议和加拿大与美国、墨西哥达成北美自由贸易协定。乌拉圭回合农业协议的实施使得全球农业市场开放程度提高和扭曲程度下降，改善了加拿大农产品出口的外部环境；加、美、墨三国根据北美自由贸易协定相互间开放市场则增加了区域内贸易。根据 WTO（2010）数据，在 2000—2009 年期间，加拿大农产品进口额由 152.7 亿美元增加到 234.4 亿美元，年均增长 7.2%，其中从美国的进口额年均增长 6.3%，从墨西哥的进口额年均增长 14.9%，从美国和墨西哥进口额占农产品进口总额的 65%左右；农产品出口额由 347.9 亿美元增加到 436.4 亿美元，占全球农产品出口额的比重由 12.6%上升到 13.8%，北美是加拿大最大的农产品出口市场，占加拿大农产品出口总额的 50%以上（图 1）。

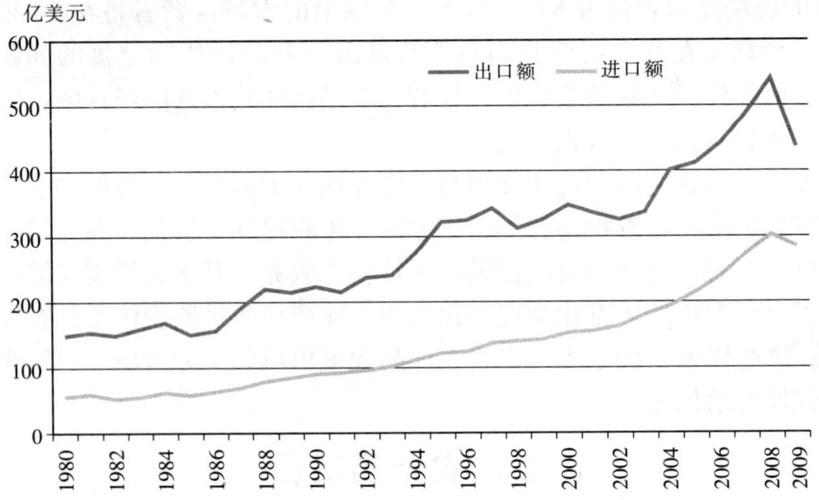

图 1　1980—2009 年加拿大农产品进出口额变化

资料来源：世界贸易组织（WTO），2010。

（二）主要出口产品

1. 小麦

加拿大生产的小麦平均近 70%出口到国际市场。1990—2002 年期间，小麦种植面积明显下降，总产量和出口量均呈现波动下降态势，之后受国际市场小麦价格回升的影响，小麦生产转为波动上升。无论是从扩大小麦面积还是从提高单产看，加拿大都存在巨大的潜力，生产规模和出口规模在很大程度上取决于国际市场行情（图 2）。

2. 大麦

2009 年，大麦产量为 952 万吨，排在俄罗斯和乌克兰之后居第三位；出口量为 150 万吨，排在乌克兰、澳大利亚和俄罗斯之后居第四位。1990

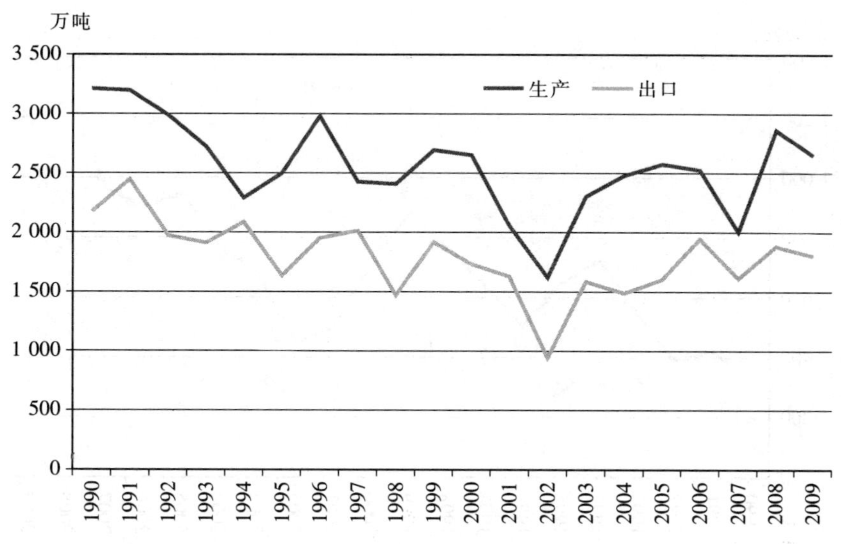

图 2　加拿大小麦产量和出口量变化情况

资料来源：加拿大统计局（Statistics Canada），2010。

年以来，大麦生产呈现波动起伏，总产量最高的 1996 年达到 1 556 万吨，最低的 2002 年为 749 万吨；出口量则呈现先下降后波动上升的局面，1990 年的出口量高达 466 万吨，2002 年最低时仅为 40 万吨。

3. 油菜

国际市场对油脂的需求增长和“双低”油菜（canola）开发取得成功，推动了油菜种植业快速发展。1990—2009 年期间，加拿大油菜籽产量呈现波动上升态势。2009 年产量达到 1 180 万吨，是 1990 年的近 4 倍，是排在我国之后的第二大生产国。同期油菜籽出口量也增加了近 4 倍，2009 年的出口量为 650 万吨，居世界第一，出口量是第二大出口国乌克兰的 3.6 倍（图 3）。

4. 畜牧业

加拿大是一个畜牧业强国，拥有丰富的饲料资源和牧场、先进的畜牧科技和高效的畜产品质量管理制度，畜产品在国际市场上具有较强竞争力。1990 年以来，牛肉产量增长缓慢，2004 年达到 150 万吨的峰值后有所下滑，近几年产量维持在 120 万吨左右。同期，出口量由从最初的十几万吨迅速增加，2002 年最高时达到 65.7 万吨，近几年有所回落，2009 年出口量 48 万吨。

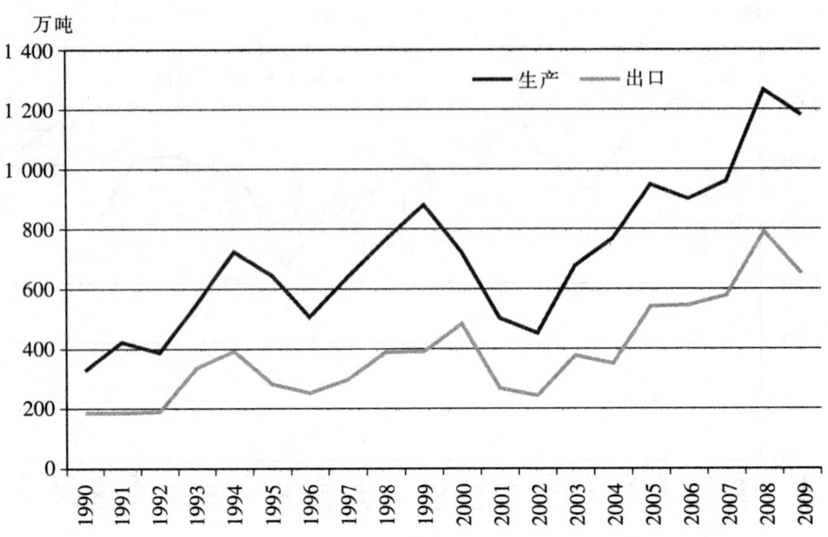

图 3　1990—2009 年加拿大油菜籽产量和出口量变化情况

资料来源：加拿大统计局（Statistics Canada），2010。

受国内市场消费需求拉动，加拿大禽肉生产发展较快，2009 年总产量比 1990 年增加了 1 倍，但进出口贸易规模较小。加拿大农场财务调查资料表明，肉牛和猪饲养的经济效益非常低，家禽饲养业的收益较高，家禽业将会继续保持较快发展速度。

总体看，加拿大和美国在农产品上的竞争优势非常类似，两国的出口市场也基本相同，因而两国在农产品贸易上更多地表现为竞争对手，即两国都向区域外国家出口土地密集型大宗农产品，同时从墨西哥及区域外国家进口劳动密集型农产品。由于美国的经济实力更为雄厚，农业生产能力也更强，并且实际上为国际市场价格形成中心，使加拿大农产品市场在较大程度上处于美国市场的从属地位，影响加拿大农业发展。

（三）中加农产品贸易

加拿大是我国重要的农产品贸易伙伴，双边贸易以我国从加拿大进口为主，对加拿大的出口规模较小。入世前的 1999—2001 年期间，加拿大分别为我国的第三、第四和第五大农产品进口来源地。我国加入世贸组织后，虽然从加拿大进口的农产品金额呈现快速增长，但加拿大作为我国农产品进口来源地的重要性在降低，2002—2009 年期间，仅两次处于第五大来源地，其余年份在第七到第十名之间波动。在我国市场上，加拿大不仅面临与美国、澳大利亚等发达国家的激烈竞争，而且还存在与巴西、阿根廷、马来西亚、印度尼西亚等发展中国家的竞争。在我国进口的农产品中，加拿大竞争优势较为突出的仅有油菜一项，其余产品或是面临其他对手的竞争（如小麦、大麦），或是在我国市场的需求相对有限（如牛肉）。在今后相当长一段时间内，加拿大在我国农产品市场上的地位难以明显提高。但考虑到气候变化和发展中国家需求增长的前景，加拿大在保障全球农产品供给上的作用会变得越来越重要，对此我国在制定未来农产品贸易战略时必须给予高度重视（图 4）。

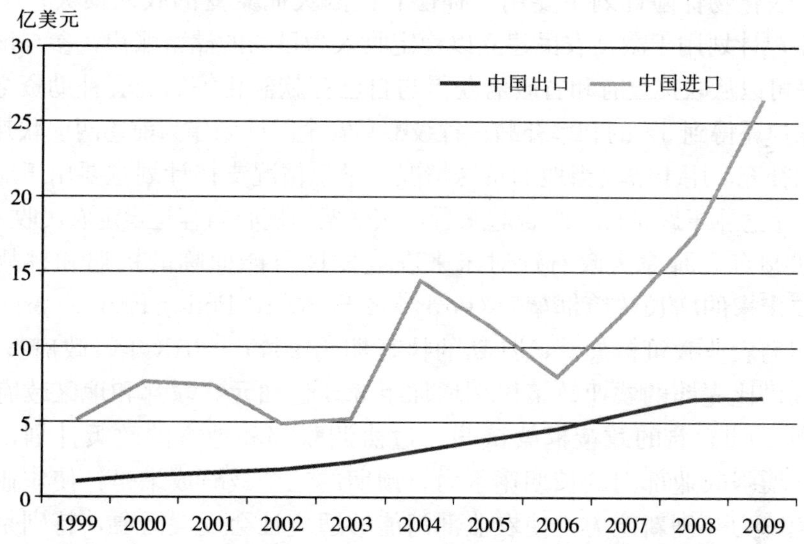

图 4　1999—2009 年我国—加拿大双边农产品贸易变化情况

资料来源：我国海关。

四、农业政策

加拿大农业政策制定过程高度法制化，政策措施相互配套，具有很强的连续性和系统性。政策措施制定过程中，各利益集团均可以表达自己的意见，通过充分磋商奠定共同的利益基础；政策实施后由各方对政策效果做深入评估，识别存在的问题和提出改进意见。加拿大农业立法有三个重要特点：一是基本法规和专业法规配套；二是政府部门有专门机构负责重要法规的实施，如根据《加拿大谷物法》设立的加拿大谷物委员会，根据

《加拿大小麦局法》设立加拿大小麦局等等；三是政府直接参与农业立法。这一做法的好处在于法律制定后容易通过行政部门的工作加以贯彻落实，并且法律一经制定并实施后不需要频繁修订，特别是政府更替不会引起基本政策的变动。

2003 年，加拿大政府制定并实施了农业政策框架（Agricultural Policy Framework，APF）。该政策框架主要包括农作物保险、净收入稳定账户计划、省级配套安全网计划和紧急情况下的收入支持计划四方面内容，其目的是实行一种更为全面和综合的长期性农业政策，以提高农业部门的盈利能力。农作物保险计划主要用于补偿农民因灾而蒙受的收入损失；净收入稳定账户计划用于激励农民建立以稳定收入为目的的储蓄账户，参与该计划的农民可以从联邦政府和省政府获得与自己存款额相等的配套补助资金，该储蓄账户还得到 3%的利率补贴；省级配套安全网计划作为前述两项联邦政府政策的补充，用于解决当地的特殊情况；紧急情况支持计划主要用于应对农产品价格急剧下跌情况。综合起来看，该框架的核心内容是稳定农民收入。

2008 年，加拿大政府针对未来农业发展可能面临的机遇和挑战，制定了“未来的增长政策框架”（Growing Forward Policy Framework），接替之前的农业政策框架。该计划的执行期为 2009—2013 年，政府拨款 13 亿加元，比先前的农业政策框架增加了 3.3 亿加元，联邦和地区政府配套比例为 6∶4。新的政策框架试图通过协调联邦和地方的政策计划，共同致力于增强农业部门的长期竞争力，预期的三个战略成果是：使农业部门具有竞争力和创新能力；使农业部门能够适应社会发展需要，特别是满足消费者对于健康和环境的要求；使农业部门具有积极管理风险的能力。该框架也强调要根据地方需要灵活地予以实施，以更好地为农业部门提供公共服务。该框架考虑的措施涉及多个方面，如加强在知识创新上的投资、应用新技术的推广、对消费者进行食品科技知识的教育、实施有效保护生产者和消费者利益的管制、环境绩效的改善、新市场和扩大原有市场的开拓、对消费者需求做出更快和更好的反应等。

贸易政策方面，加拿大属于农业生产成本较低的国家，因而在多边贸易谈判中一直是强力主张扩大贸易开放的凯恩斯集团成员。2009 年加拿大农产品进口的最惠国平均关税率为 10.7%，比非农产品 3.5%的平均关税高出两倍；以贸易额加权的平均关税率差别更大，农产品为 11.4%，非农产品仅为 2.7%。加拿大有相当数量的农产品实行进口关税配额管理

（12%的税目），并且有将近6%的税目受到特殊保障机制的保护。加拿大还大量存在农产品的“关税高峰”，有多种农产品的关税率在200%以上，动物产品的最高税率高达539%（图5）。

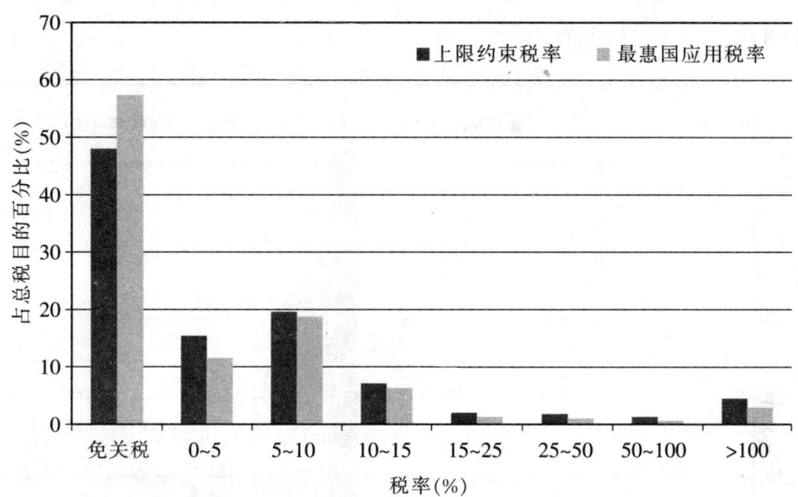

图5　2008年加拿大农产品进口关税税率分布情况

资料来源：WTO，2010。

根据经济合作与发展组织（OECD）报告的数据，加拿大相对农业支持估计（PSE）呈现波动下降态势，由20世纪80年代后期的30%左右降低到近年的20%左右，目前的PSE大体上相当于OECD国家的平均水平（图6）。

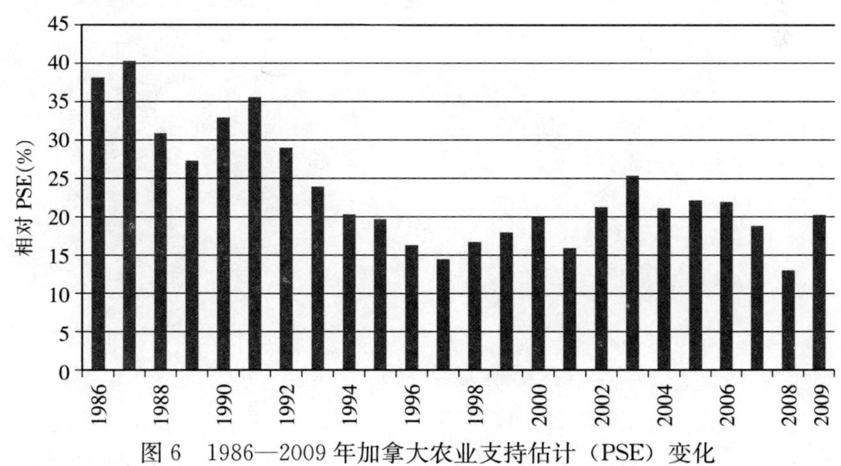

图6　1986—2009年加拿大农业支持估计（PSE）变化

资料来源：OECD，2010。

加拿大对不同农产品的扶持力度差别很大。从 OECD 统计的对生产者单一商品转移支付指标可以看出，扶持力度最大的商品是奶制品，这是美国、欧盟等西方发达国家共同的现象。对其他商品的扶持力度要低得多，禽肉是一个例外（图 7）。

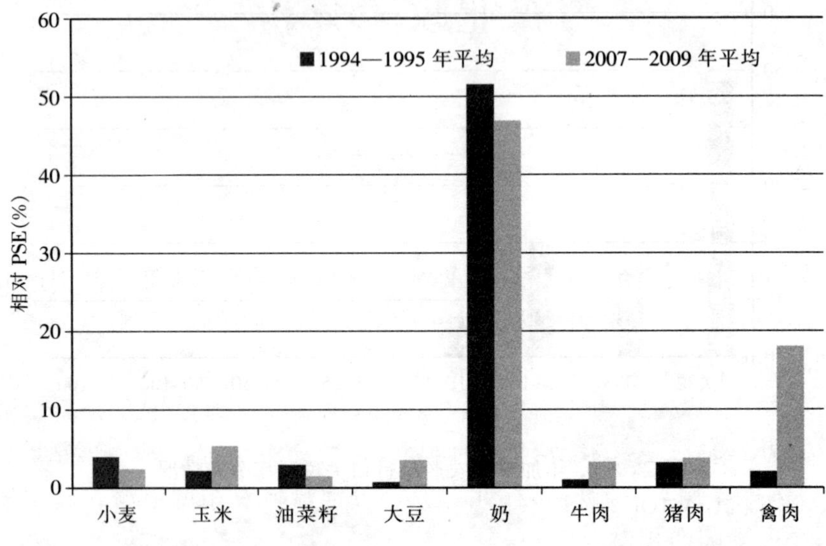

图 7　加拿大对典型农产品的生产者单一商品转移支付

资料来源：OECD，2010。

巴西农产品生产贸易与农业政策分析

一、国家概况

（一）地理环境

巴西位于南美洲东部，大西洋西岸，大部分国土位于赤道和南回归线之间，是世界上占有热带面积最广的国家。国土面积851万平方公里，占南美洲总面积的一半，是南美洲面积最大的国家，居世界第五位。其中，内陆水域面积555万公顷，陆地面积8.46亿公顷。地形主要分为两大部分，一部分是海拔500米以上的巴西高原，分布在南部；另一部分是海拔200米以下的平原，主要分布在北部亚马逊河流域和东南沿海，其中亚马逊平原约占全国面积的1/3。

（二）人口状况

2009年，巴西人口为1.91亿，居世界第五位，90%以上的人口分布在东南沿海地带。进入21世纪以来，人口增长率显著回落，年增长率由2000年的14.6‰逐步下降到2008年的9.7‰。从年龄结构看，人口相对年轻，受教育程度较高。优越的自然资源与良好的人力资本结合在一起，使未来巴西的经济发展具有巨大的潜在优势。

（三）宏观经济

巴西曾是葡萄牙的殖民地，其社会经济发展走过多年曲折的道路，面临政治不稳定、社会动荡频繁发生、经济结构严重扭曲等问题，国民经济长期发展缓慢。20世纪90年代中期以来，巴西政府开始采取积极务实的社会经济政策，在保障社会稳定的基础上推动国民经济发展。由于历任总统一直保持了经济政策的延续性，增强了国内外投资者的信心，因此投资大幅增加；而投资的增加又进一步推动了国民经济发展和居民收入提高，进而拉动消费。进入21世纪以来，尽管巴西先后受到2001年拉美经济危机和2008年全球金融危机的冲击而出现经济增长滑坡，但2000—2009年期间的实际国民生产总值（GDP）平均增幅仍达到 3.3%，显著高于 20 世纪 90 年代的平均水平（国际货币基金组织 IMF，2010）。2009 年，巴西 GDP 为 15 740 亿美元，占拉丁美洲和加勒比海地区总 GDP 的 37.8%，居世界第 8 位；人均 GDP 为 8 220 美元，属于拉美地区发展水平较高的国家之一。2009 年商品和劳务进口 1746.8 亿美元，占拉丁美洲和加勒比海地区总进口额的 21.8%，居世界第 17 位；商品和劳务出口 1 807.2 亿美元，占拉丁美洲和加勒比海地区总出口额的 27%，居世界第 25 位（表 1）。

巴西宏观经济发展也面临一些难题，突出表现为失业率较高、物价水平上升较快和收入分配差距巨大。进入 21 世纪以来，失业率一直在 7.1%～12.3%之间波动，而年轻人失业问题更为突出，有时甚至接近 20%，比总失业率高出一倍。与多数南美国家相类似，巴西历史上也多次发生过恶性通货膨胀，例如：从 20 世纪 80 年代初到 1994 年，年通货膨胀率持续超过 100%，最高时达到 2 948%。进入新世纪以来，巴西政府通过政策改革，成功地抑制了恶性通货膨胀，消费者价格指数上涨幅度处于 3.6%～14.8%之间。巴西的基尼系数在 20 世纪 80 年代后期曾高达 62%，卢拉政府上台后在抑制收入差距方面取得了明显成效，近年的基尼系数已经下降到 55%左右。巴西政府债务负担相对平稳，这也是宏观经济发展的一个有利因素。

表 1　2005—2009 年巴西主要宏观经济指标变化情况

指标名称	单位	2005 年	2006 年	2007 年	2008 年	2009 年
名义 GDP	亿美元	8 900.5	10 934.9	13 662.2	16 355.2	15 740.4
名义人均 GDP	美元	4 832.4	5 892.8	7 281.0	8 625.6	8 220.4
商品和劳务出口额	亿美元	1 343.6	1 572.7	1 846.0	2 283.9	1 807.2
商品和劳务进口额	亿美元	979.6	1 204.7	1 577.9	2 202.5	1 746.8
通货膨胀率	%	6.9	4.2	3.6	5.7	4.9
失业率	%	9.8	10.0	9.3	7.9	8.1
政府总负债占 GDP 的比重	%	69.2	66.7	65.2	64.1	68.9

资料来源：国际货币基金组织（IMF），2010；世界银行（World Bank），2010。

作为南美地区最大的经济体，巴西成为该地区经济一体化最重要的推动者。1995年，巴西、阿根廷、乌拉圭和巴拉圭四国共同建立了南方共同市场（MERCOSUR），委内瑞拉于2006年7月加入该共同体。MERCOSUR自建成以来取得了令人瞩目的成绩，目前已成为世界第四大经济集团。2008年，南方共同市场的总出口额达到2 783亿美元，总进口额达到2 590亿美元。目前，该共同体仍在积极推进与智利等其他南美国家及区域外国家的经济贸易合作，有望成为一个具有全球影响的区域一体化组织。值得关注的是，MERCOSUR是一个内部非常不平衡的区域性贸易组织，仅巴西一个国家就占据了该组织全部产出的3/4，其中90%的贸易额发生在巴西和阿根廷两国之间。

二、农业概况

（一）农业资源

巴西农业资源非常丰富，在土地质量、气候、水资源等方面都具有突出的优势。80%的国土位于热带，北部的亚马逊平原属于热带气候，年均气温27～29℃；南部地区属于亚热带气候，年平均气温16～19℃；两地的气候条件均非常适合农业生产。根据联合国粮农组织（FAO）发布的数据，巴西的农业用地面积2.64亿公顷，其中耕地面积5 950万公顷，占国土面积的7.03%；永久性草地和牧场1.97亿公顷，占23.29%；森林面积4.71亿公顷，占55.67%。巴西的可耕地资源高达5.27亿公顷，土地开发潜力极大（FAO，2010）。

巴西水资源极为充沛，年均降雨量达到1782毫米，人均淡水拥有量高达2.9万立方米。境内有亚马逊河、巴拉圭河和圣弗朗西斯科河三大河系，亚马逊河横贯西北部，巴拉圭河流经西南部，圣弗朗西斯科河流经东北部，为发展农业生产提供了丰富的灌溉水源。目前灌溉用水占用水量的70%，而总用水量仅占水资源总量的1%，因而农用水资源开发利用仍存在巨大的潜力。

（二）农业发展

巴西作为葡萄牙殖民地时期形成了依赖宗主国的殖民地经济模式，早期的农业发展主要受殖民者需求的驱动，形成较单一的农业生产结构，主要产品为蔗糖、棉花、咖啡等面向宗主国出口的经济作物，由殖民者建立的大型种植园长期占有重要地位。

农业在巴西国民经济中占有重要地位。20世纪90年代以来，巴西农业受国际市场需求增长的拉动实现了持续增长。根据世界银行（worlkbank，2010）的数据，巴西农业增加值从 1992 年起一直保持增长，年均增长率超过 4%。农业部门增加值占全国 GDP 的比例基本稳定在 5%～7%之间，并没有呈现下降趋势。尽管农业生产活动创造的 GDP 所占的份额较低，但农产品加工和物流部门各自创造了大约 10%的 GDP，使得涉农企业在全国 GDP 中的比例一直维持在 30%左右。巴西在农产品贸易上长期保持顺差，农产品出口是其外汇的主要来源之一，这对巴西外贸收支平衡和国际储备起到重要作用。

得益于丰富的农业资源和较大的生产规模，巴西农业劳动生产率水平在发展中国家中处于前列。2008 年，巴西农业人口占其总人口的比重为 15%左右，农业劳动力占总劳动力的比率为 12.3%，农业劳动力人均增加值为 3 858 美元。巴西人均拥有耕地 0.31 公顷，平均每个农业劳动力拥有耕地 5 公顷，虽然比不上阿根廷，但其生产规模与多数发展中国家相比要大得多。由于历史原因，巴西的土地占有极为不平等，大部分土地为数量很少的大农场所占有。2005 年，农用地超过 800 公顷的大型农场仅占农场总数的 3%，但其占有 60%的农用地面积；农用地不足 50 公顷的小型农场占农场总数的 62%，但只占有 7%的农用地面积。

作为一个地域辽阔的大国，巴西农产品的竞争力高度依赖运输效率。尽管巴西的基础设施在不断改善，但内陆地区生产的农产品仍主要依赖卡车运输，水运和铁路运输能力有限。此外，农村地区农产品贮藏设施也远远不足，例如农场的谷物贮藏能力仅相当于产量的 9%，这使得农场难以根据市场行情变化调整出售时间。从未来发展看，改善运输和贮藏基础设施仍是巴西政府面临的一个重要任务，但环境保护主义者对天然森林区进行人类活动持有强烈的反对意见，有可能阻碍这一发展。

巴西的农作物生产仍相对粗放，这一方面使得巴西在国际市场上具有成本优势，另一方面也显示巴西在适当的市场条件下有能力通过提高集约度来大幅增加产出。目前巴西 65%的国土仍为天然森林所覆盖；农业用地 75%为牧地，在适当的市场环境下可以轻易地转变为耕地；尽管巴西有非常丰沛的水资源，但发展农田灌溉尚未受到重视，耕地中仅有 1%具有灌溉条件。因而从今后发展看，巴西无论是通过开垦土地还是通过提高现有土地的灌溉率，都可以大幅提高农作物产量，是世界上增加农作物生产潜力最大的国家。

总体来看，巴西畜牧业和种植业分别占农业增加值的40%和60%。近年来，随着巴西扩大大豆、玉米等大宗农作物生产，部分牧场被开垦为耕地，使采用放牧方式的动物饲养业受到不利影响。但种植业生产扩大增加了能量和蛋白饲料供应，为发展集约式动物饲养创造了更好的条件。从这个角度看，巴西的种植业与畜牧业之间既存在竞争关系，也存在互补关系，比较利益成为影响农业产业结构的重要因素。

（三）农业生产经营方式

巴西农业中存在的典型经营实体包括公司农场、产业化私营农场和小农户，前两者构成农业生产的主体。这些大型农场普遍采用现代化生产技术，资本密集度很高，这使得巴西在土地密集型产品及资本密集型经济作物生产上都形成突出的竞争优势。小农场通常通过合作社将产品出售给从事加工或物流的涉农企业，而大中型农场则主要通过订单方式与大型涉农企业形成一体化联营。

根据巴西过去的农业普查资料，20世纪90年代中期巴西有480万个农场，其中330万属于家庭农场，其余为商业性农场。尽管商业性农场占农场总数不足30%，但其提供了超过3/4的产值，是巴西农业生产的主体。在家庭农场中，约60%属于自给性的生产单位，收入很低，巴西严重的贫困现象在很大程度上与这类农场相关。

20世纪90年代以来，巴西农业产出快速增长在较大程度上由不断开垦土地所支撑，特别是在亚马逊流域林区。从生产模式演变看，这种开垦常常表现为小农户在砍伐无明确归属的林地后获得土地产权，随后将其出售给商业性农场，然后转到新的地区重新开始这一过程。从土地利用方式看，表现为首先将砍伐后的林地用于放牧，经过一段时间后再开垦为耕地，即土地逐步由低产值用途转向高产值用途。这样一种开发过程形成大量地权不清的农业经营单位，也导致对亚马逊流域生态环境的破坏。

20世纪80年代以来，巴西政府在农业发展方面采取了相当开放的政策，包括外资企业在内的各类经营主体均可以通过市场竞争来扩大经营规模，从而形成明显的集中化趋势。由于巴西实行对外高度开放的政策，外资参与农业产业链的情况非常普遍，大豆产业链在很大程度上已经被发达国家的跨国公司所控制。2006年，以销售额排序的前30家最大的涉农企业中，18 家为跨国公司，1 家为本国企业与跨国公司合资兴建的企业。近年来，随着国际市场能源价格上升，生物能源加工设施成为外国企业的新投资热点。巴西尚存在数量较多但规模较小的合作型农业企业，主要从事面向当地市场的农产品初加工，其市场份额在激烈竞争中正在逐步缩减，产业的集中化趋势日益明显。巴西学者认为，这一变化并未产生消极影响，相反大企业能够更好地发挥出规模经济优势，使得涉农企业的经营效率得以改善，农业生产者也从中受益。

三、农产品贸易

20 世纪 90 年代中期以来，国际市场对谷物、油料、棉花等大宗农产品的需求显著增加，给巴西扩大农业生产和出口提供了良好的市场机会。1990—2007 年间，巴西耕地面积由 5 068 万公顷增加到 5 950 万公顷，是世界上极少数耕地面积显著增长的国家之一。与此同时，随着生产技术水平提高和投入增加，巴西农作物单产也得到提高，其中谷物单产提高最为明显，由 2000—2001 年平均每公顷 2.9 吨上升到 2007—2008 年的平均 3.7 吨。受面积扩大和单产提高双重因素影响，巴西的大豆、棉花、大米、小麦、甘蔗等主要作物的产量大幅增加。根据 FAO 的统计数据，在主要农产品产量的世界排名中，巴西的棉花和牛奶位居第五位，玉米、猪肉和禽肉位居第三，大豆和牛肉位居第二，甘蔗、蔗糖、柑橘和咖啡长期保持第一，是国际市场上具有重要地位的农业生产大国和出口大国。

（一）农产品贸易发展总体情况

1980—1993 年，巴西农产品出口基本维持在 100 亿美元左右，从 1993 年开始出口额逐渐扩大，2000 年后出口呈现迅速增长，2009 年出口额达 537.5 亿美元。主要出口产品既包括大豆、玉米、棉花、糖等大宗农作物产品，也包括咖啡、可可、橙汁等园艺产品及其加工品，牛肉、禽肉等畜牧业产品在国际市场上也占有重要地位。巴西农产品进口规模较小，从 1996 年开始连续十多年下滑，2005 年后再度开始增长，2009 年受金融危机影响进口额下滑至 76.7 亿美元。主要进口产品有小麦、大米、乳制品和麦芽等。随着出口贸易的不断扩大，农产品贸易顺差快速增长，2001 年为 142 亿美元，2008 年超过 510 亿美元，2009 年略有缩小，变为

458.8亿美元（图1）。

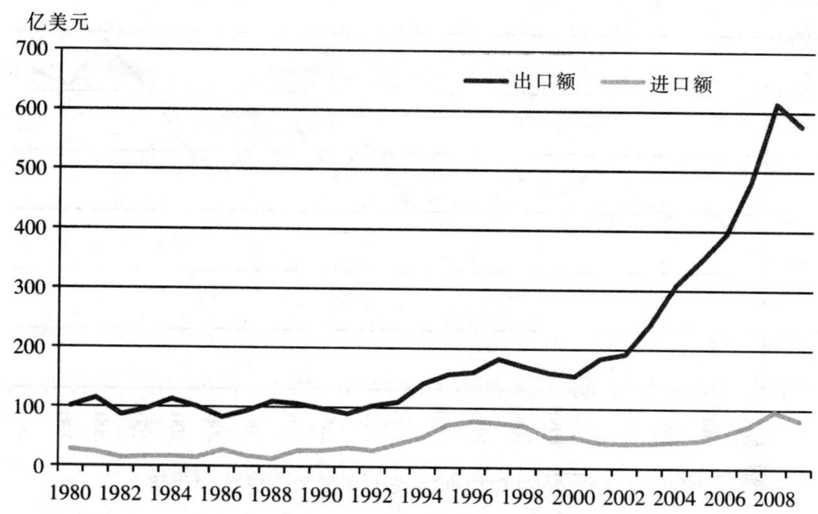

图1　1980—2009年巴西农产品进出口贸易变化

资料来源：世界贸易组织（WTO），2010。

2009年，巴西农产品主要出口市场有中国、荷兰、俄罗斯、美国和德国，其所占比重分别为14%、8%、5%、5%和5%。主要进口来源有阿根廷、美国、乌拉圭、巴拉圭和智利，所占比重分别为40%、8%、7%、6%和5%。巴西农产品贸易格局明显表现为出口主要面向区域外国家，近年来对亚洲国家的出口增长最快；农产品进口则主要来自区域内国家。

（二）主要农产品贸易

1. 谷物

巴西生产的最主要谷物为玉米。在最近的20多年中，玉米产量逐步提高，进入21世纪以来在满足国内市场需求后还能够大量出口，已成为排在美国和阿根廷之后的第三大出口国（图2）。水稻生产规模较小，尽管20世纪90年代以来总产量有所增长，但在多数年份仍不能满足国内需求，需要从国际市场进口。主要小麦产区在南部温带地区，受自然灾害和锈病的影响，小麦产量很不稳定，也需要通过进口来满足国内需求，阿根廷是其最主要的进口来源地。

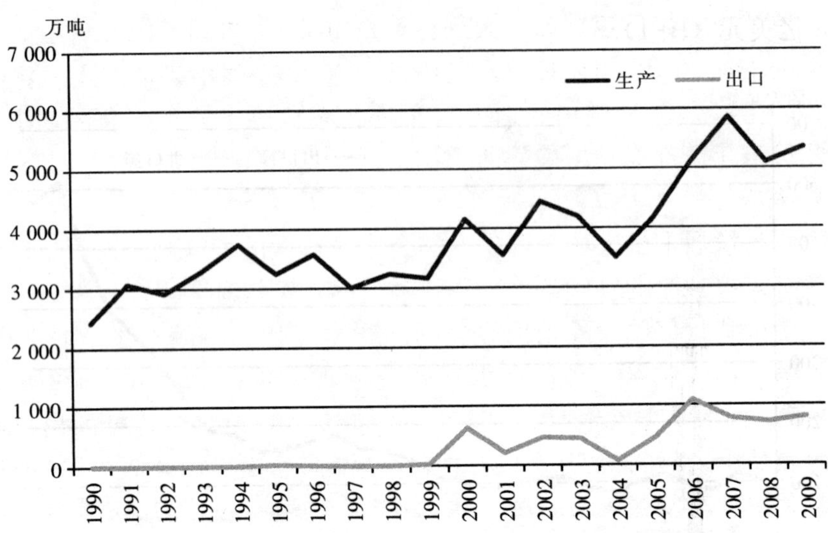

图 2　1990—2009 年巴西玉米生产量和出口量变化情况

资料来源：美国农业部（USDA）。

2. 大豆

巴西是全球第二大大豆生产国和出口国，大豆及其加工品的出口是其重要的外汇来源。巴西有大量适宜大豆生长的可耕地。1990 年以来，大豆种植面积不断扩大，同时由于推广应用适合热带、亚热带气候特点的新

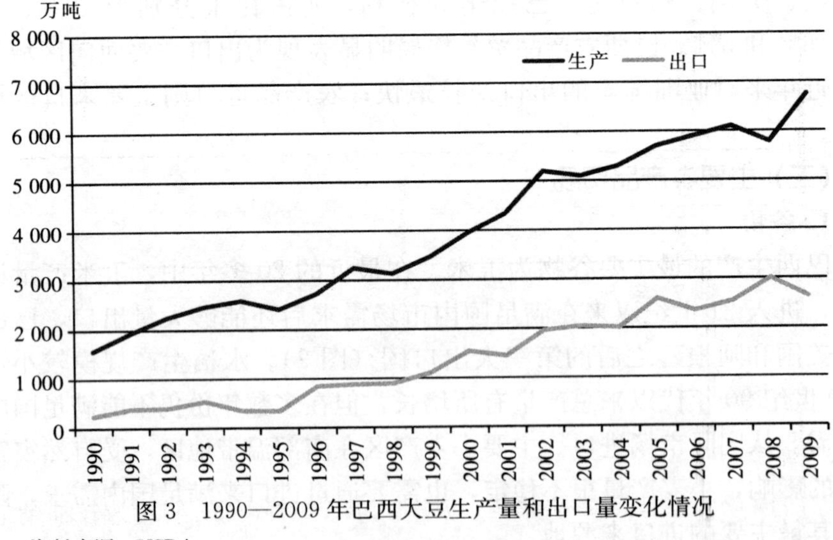

图 3　1990—2009 年巴西大豆生产量和出口量变化情况

资料来源：USDA。

品种，单产也得到迅速提高，大豆总产量在 20 年内翻了两番（图 3）。随着生产的增加，大豆出口量也迅猛增长，在 20 年间出口量扩大了将近 10 倍。2009 年，大豆和饼粕分别为巴西第二大和第六大出口商品，出口额合计超过当年全部商品出口额的 10%。

3. 蔗糖

巴西是世界上最大的甘蔗生产国，也是最大的蔗糖制造大国。巴西种植甘蔗有得天独厚的气候条件，联邦政府非常重视甘蔗生产技术研究和应用，这使得其甘蔗单产处于世界前列。2009 年巴西蔗糖产量 3 185 万吨，居世界第一位，比第二位的印度产量高了近一倍；蔗糖出口量 2 155 万吨，是第二大出口国泰国出口量的 4 倍（图 4）。2009 年，糖的出口额位居巴西商品出口额的第四位，超过当年全部商品出口额的 5%。巴西很早就开始利用甘蔗发展生物能源，到 2008 年全国有 350 多个以甘蔗为原料的生物乙醇生产企业，国内乙醇消耗量增加到 225 亿升左右，这大幅拉动了对甘蔗的需求。甘蔗的利用结构受到蔗糖价格和能源价格相对变化的影响，当糖价高时甘蔗会更多地用于生产食糖。

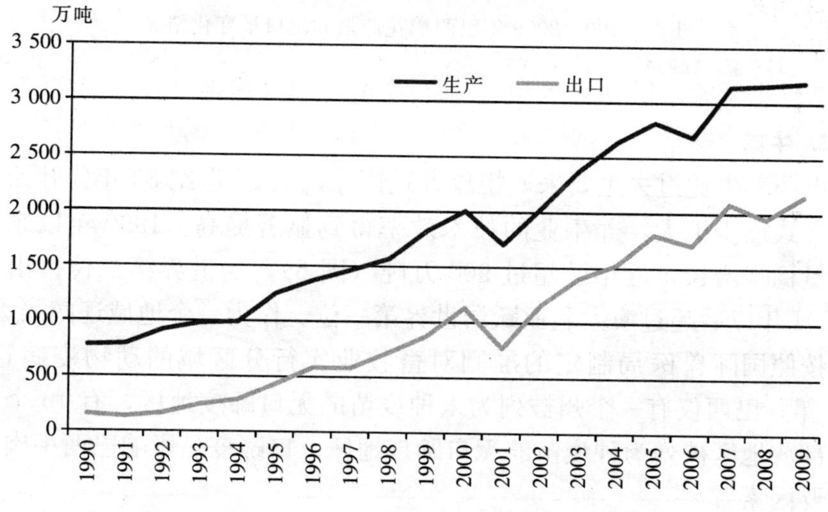

图 4　1990—2009 年巴西蔗糖产量和出口量变化情况

资料来源：USDA。

4. 棉花

巴西棉花产量长期波动起伏，从 20 世纪 90 年代后期转为较强劲的波动上升态势，棉花贸易也从持续多年的净进口转变为净出口（图 5）。目前巴西已经成为世界上最重要的棉花生产国和出口国之一，近年生产量居世界第五，出口量居世界第三或第四位。

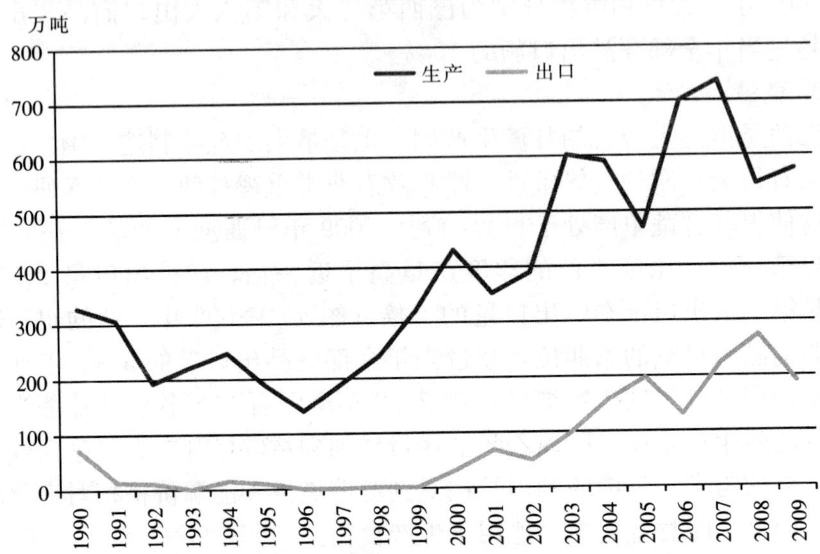

图 5　1990—2009 年巴西棉花产量和出口量变化情况

资料来源：USDA。

5. 牛肉

巴西养牛业过去主要采取粗放方式饲养，从 20 世纪 80 年代开始集约饲养方式逐步扩大，养牛业的技术效率得到显著提高。1990 年以来，牛肉产量稳步增长，近年已超过 900 万吨（图 6），居世界第二位；出口量自 2004 年以后超过澳大利亚跃居世界第一位。作为一个地域辽阔的大国，巴西按照国际兽医局制定的准则对畜牧业实行分区域的动物疫病管理。2007 年，巴西仅有一个州被列为未种疫苗的无口蹄疫地区，有 16 个州全部或部分地区被列为种疫苗的无口蹄疫地区。口蹄疫是影响巴西牛肉出口的重要因素。

6. 猪肉和禽肉

近年来，巴西的生猪和家禽饲养业均得到较快发展。在 1990—2009 年间，猪肉产量从大约 100 万吨增加到 300 万吨，位中国和美国之后，居世界第三位；出口量从 2 万吨上升到 70 多万吨，位美国和加拿大之后，也居世界第三位。同期鸡肉产量从 240 万吨增加到 1 100 万吨，位美国和

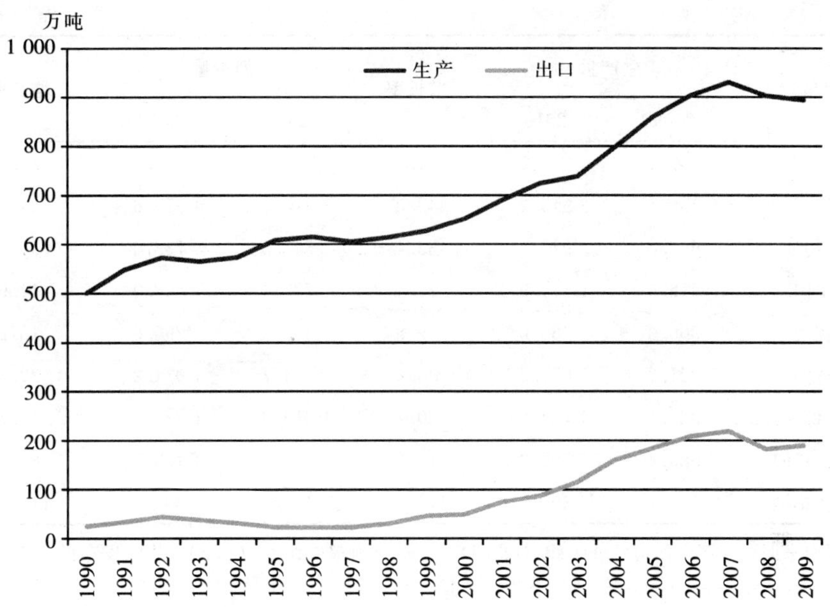

图 6　1990—2009 年巴西牛肉产量和出口量变化情况

资料来源：USDA。

中国之后，居世界第三位；出口量从 30 万吨上升到 320 万吨，超越美国，居世界第一位。

7. 主要农产品贸易展望

巴西不仅有大量可开发的农业资源，而且在提高生产率方面也存在巨大潜力。根据 OECD 和 FAO 发布的 2010—2019 年农业展望，巴西的主要农作物产品和畜产品生产都有望显著增加，其中油料、植物油、禽肉等产品的产量增长前景最为乐观。未来小麦仍需要大量进口，水稻供求基本平衡，其余品种均有扩大出口的潜力。生物能源生产预期会得到快速发展，这势必会影响到糖、油料和植物油的出口前景。

表 2　2010—2019 年巴西部分农产品生产和消费量预测

单位：万吨，%

产品	生产量		增长率	消费量		增长率
	2009	2019		2009	2019	
小麦	525.1	670.3	27.7	1 127.3	1 405.2	24.7

（续）

产品	生产量		增长率	消费量		增长率
	2009	2019		2009	2019	
水稻	857.1	953.5	11.2	856.2	958.3	11.9
油籽	6 198.5	8 915.2	43.8	3 996.7	4 959.6	24.1
植物油	693.8	925.7	33.4	541.3	738.6	36.4
牛肉	918.0	1 114.9	21.4	721.4	828.9	14.9
猪肉	306.0	366.6	19.8	250.9	296.6	18.2
禽肉	1 221.9	1 671.2	36.8	874.7	1 074.2	22.8
糖	3 920.1	4 732.8	20.7	1 319.9	1 474.4	11.7
生物乙醇	2 580.4	5 502.0	113.2	2 216.4	4 168.1	88.1
生物柴油	143.7	305.7	112.7	143.7	305.7	112.7

资料来源：经济合作与发展组织（OECD）和联合国粮农组织（FAO）共同发布的《农业展望2010—2019年》，2010。

（三）中巴农产品贸易

我国与巴西之间的农产品贸易呈现以我国进口为主的格局，进口的主要品种是大豆和豆油，两项合计占我国从巴西进口农产品总额的90%左右。加入世界贸易组织以来，我国从巴西进口的农产品额急剧增加，2001年进口7.83亿美元，占当年中国农产品进口总额的6.6%，2009年进口额增长到84.42亿美元，占当年我国农产进口总额的16.1%。在2002—2009年的8年中，巴西有3年居我国农产品进口来源地第三位，5年居第二位。我国对巴西的农产品贸易逆差额急剧增长，特别是2008年由于国际农产品价格暴涨，逆差上升到85亿美元的历史最高水平。我国已成为巴西农产品最大出口市场，2009年巴西对我国的农产品出口占巴西农产品出口总额的14%，而10年前只占1.6%。

尽管巴西不是我国农产品的重要出口市场，但其重要性在近年也有所提升。我国出口巴西的农产品主要为蔬菜、水果等园艺产品，近年占对巴西农产品出口额的50%。我国作为巴西农产品进口来源地的重要性也有所提高，2008年巴西自我国进口的农产品占其农产品进口总额的3.88%，而10年前仅为0.83%。总体上看，我国和巴西在农产品贸易上相互依赖程度有所提高。

从未来发展前景看，随着我国经济不断增长和城镇化快速推进，我国在大宗农产品生产上的比较优势会逐步弱化，而巴西则受益于其优越的自然资源条件，有望在这些产品上长期保持优势。实际上，从全球范围看，拉美地区非常可能成为未来世界农产品供给增加的希望之地。巴西有潜力对我国大量出口的农产品除大豆和植物油外，还可能有棉花、烟叶、糖、牛肉、禽肉等，这些产品的需求均有较高的收入弹性，会随着居民收入提高而显著增长。巴西经济增长虽然也会拉动对我国特色农产品的需求，但运输距离遥远对鲜活产品出口构成制约，并且在适当的市场环境下巴西完全有能力自行生产这类产品。因而，我国和巴西的农产品贸易将长期呈现以我国单方面进口为主的格局。

四、农业政策

20 世纪 80 年代以前，巴西实行的是向工业和服务业倾斜的经济发展战略，在一定程度上限制了农业生产比较优势的发挥。随着“进口替代”工业化推进战略显露出诸多问题，巴西政府对政策做了调整，开始重视农业发展。20 世纪 80 年代期间，巴西政府通过实施土地改革、给从事家庭农业的农户提供低息生产信贷、减免土地税等措施，减轻了农业生产的许多负担。20 世纪 90 年代初期，巴西政府通过对国营农产品企业实行私有化、取消最低支持价格、停止对小麦和牛奶等农产品的国家收购、撤销咖啡和糖以及小麦的垄断销售等方式，减少了政府对农产品市场的干预力度，使市场竞争机制能够更好地发挥作用。20 世纪 90 年代中后期，政府通过实施经济稳定计划抑制了恶性通货膨胀，为巴西农业生产提供了稳定的经济环境。期间，政府进一步推进对国营企业的私有化改革，取消了对外资进入农业生产领域的限制。目前巴西的政策取向是加强对小农户的收入支持，但农业的整体发展则基于有效参与国际竞争，而不依赖对农产品生产和出口的政策扶持。

在农产品贸易政策方面，由于巴西农业具有非常强的国际竞争力，巴西在多边贸易谈判中一直大力支持开放农产品市场。巴西在 20 世纪 80 年代单方面对进口关税进行削减，并取消了农产品出口关税。在乌拉圭回合中作为凯恩斯集团的重要成员积极参与了谈判；乌拉圭回合后，巴西的农业贸易政策趋于更积极地争取消除农产品贸易壁垒。在多哈回合中则进一步起着二十国集团（G20）领头人的作用，其在多边贸易谈判中的影响力已明显显现。巴西在坚持要求发达国家有效削减扭曲性政策措施的同时，也关注发展中国家扩大市场开放，从而创造有利于进一步扩大本国农产品出口的环境。巴西积极拓展与周边国家及区域外国家的经贸合作，如巴西与阿根廷、乌拉圭、巴拉圭共同组成南方共同市场，对外按统一规则征收进口关税。南方共同市场分别在 2002 年 7 月、2003 年 8 月、2003 年 12 月与墨西哥、秘鲁、安第斯共同市场签订了经济合作协定，并与欧盟等一些区域外贸易集团就组建更大范围的贸易集团展开谈判。巴西也积极在双边框架下与区域外的潜在进口经济体进行自由贸易协议谈判，目标包括印度、南非、埃及、非洲葡语国家、海湾合作委员会等。

巴西在乌拉圭回合做出的上限约束关税水平较高，多数在 35%～55%之间，但实际应用关税水平很低，平均为 10.2%，略低于非农业产品的平均关税（10.5%）。更重要的是，巴西从其他南方共同市场成员进口的农产品占到总额的 60%，而这一部分农产品的进口关税为零。此外，巴西还给予其他一些南美国家贸易优惠。由图 7 可以看出，按照巴西在乌拉圭回合做出的承诺，有将近 90%的农产品税目落在税率高于 25%的区间，但在 2008 年的实际贸易中，对接近 70%的税目征收的税率低于 10%，对其余 30%的税目征收的税率也在 25%以下。巴西只对很少几个农产品税目（2003 年为 6 个）实施关税配额（TRQ）管理，其中包括大米、苹果和梨，但从 1998 年后并未对苹果和梨实施关税配额。

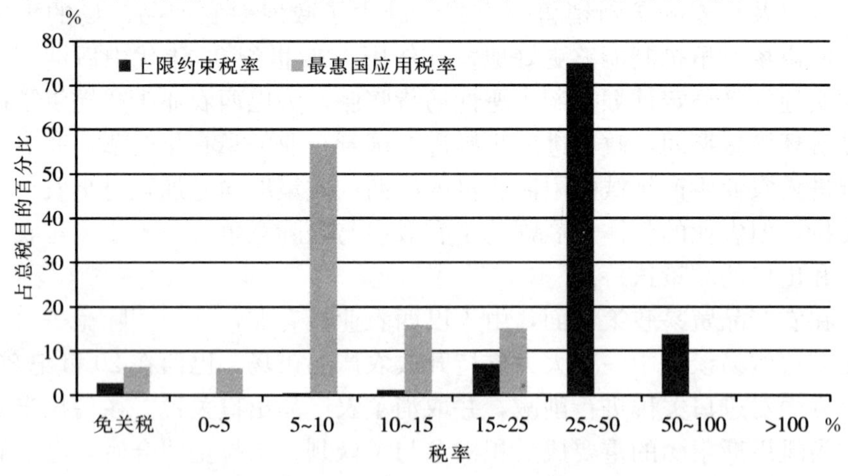

图 7　2008 年巴西农产品进口关税税率分布情况

资料来源：WTO，2010。

巴西对农业的支持水平较低。根据 OECD 报告，相对生产者支持估计值（PSE）在 1997 年之前为负值，其后虽然变为正值，但始终都低于 7%（图 8）。2007 年，巴西的相对 PSE 为 5%，我国为 8.6%，OECD 国家平均为 22%，日本为 47.5%，韩国更高达 52.3%（OECD，2010）。

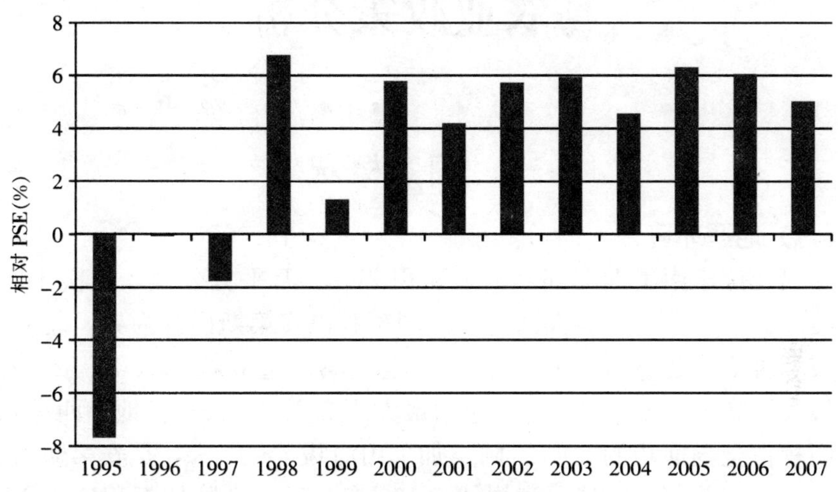

图 8　1995—2007 年巴西农业生产者支持估计变化

资料来源：OECD，2010。

生物质能源方面，在 2007 年 6 月发布的“2007/2008 年度农业计划”中，巴西政府首次将“供应能源”作为巴西农业发展目标之一。政府对乙醇生产的支持政策主要有：强制所有汽油中乙醇含量必须达到 20%～25%；对乙醇生产给予税收优惠，以保证乙醇价格低于汽油价格的 70%。巴西政府还实施了“国家生物柴油生产计划”，该计划允许利用多种技术来生产生物柴油，并提供了多项免税优惠。

阿根廷农产品生产贸易与农业政策分析

一、国家概况

（一）地理环境

阿根廷位于南美洲南部，国土面积 277.8 万平方公里，仅次于巴西，是南美洲第二大国。东濒大西洋，西同智利以安第斯山脉为界，北部和东部与玻利维亚、巴拉圭、巴西、乌拉圭接壤。边界线总长 25 728 公里，南北最大距离为 3 693.8 公里，东西最大距离 1 460 公里。地势西高东低，山地面积占全国面积的 30%。阿空加瓜山海拔 6 964 米，是安第斯山脉最高峰，也是南美第一高峰。海岸线 5 000 多公里，大陆架面积近 100 万平方公里。主要河流是拉普拉塔河（最宽处达 220 公里）及其上游的巴拉那河和乌拉圭河、巴拉圭河。

（二）人口状况

2009 年，阿根廷人口为 4 013 万，是南美第二大人口大国。全国人口分布很不均衡，大约 1/3 的人口集中在首都布宜诺斯艾利斯及其周边地区。其中，首都布宜诺斯艾利斯的居民人数为 289.1 万人，是全国人口密度最高的地区，平均每平方公里人口达到 1.4 万人。其余地区，特别是南部，人口密度较低。

阿根廷城镇化进程从 20 世纪 40 年代就已经起步，迄今农村居民向城镇的流动仍在持续。目前城镇化率已经超过了 90%，预期今后一段时期内仍会进一步提高，2015 年可望达到 92.5%。

（三）宏观经济

阿根廷摆脱西班牙殖民统治以来，国内政局长期不稳，国民经济大起大落。根据国际货币基金组织（IMF）发布的数据，1980 年以来，阿根廷先后发生过 5 次较严重的经济衰退，年际间实际国内生产总值（GDP）增长率最低时为－10.9%（2002 年），最高时为 10.5%（1991 年），呈现大幅波动。进入21世纪以来，阿根廷政府采取务实的经济政策，致力于改善经济发展环境，国民经济实现了快速增长。据IMF统计，在2003—2008年间，阿根廷的实际GDP年均增长率高达8.5%。2009年，全球金融危机导致阿根廷GDP比上年下跌0.9%，为3 101亿美元，人均7 725美元，在拉美地区处于前列①（表1）。

表1　2005—2009年阿根廷主要宏观经济指标变化情况

指标名称	单位	2005年	2006年	2007年	2008年	2009年
名义GDP	亿美元	1 830.0	2 140.4	2 620.4	3 280.3	3 100.6
名义人均GDP	美元	4 742	5 492	6 658	8 253	7 725
商品和服务出口额	亿美元	470.2	545.7	663.4	820.9	667.0
商品和服务进口额	亿美元	349.3	411.1	534.0	676.5	488.4
通货膨胀率	%	9.6	10.9	8.8	8.6	6.3
失业率	%	10.1	8.7	7.5	7.3	8.4
政府总负债占GDP比重	%	86.8	76.5	67.9	59.6	59.0

资料来源：货币基金组织（IMF），2010；世界贸易组织（WTO），2010。

历史上，阿根廷货币币值极不稳定，曾多次出现恶性通货膨胀，例如1989年的通货膨胀率高达3 079%，2002年也高达25.9%。这表明，稳定货币仍是阿根廷政府面临的一大挑战。阿根廷失业现象较严重，失业率经常超过10%，在拉美经济危机期间甚至接近20%。阿根廷收入分配格局具有典型的拉美国家特征，2001年基尼系数为52.2%，属于世界上收入分配非常不公平的国家之一（世界银行，2008）。

21世纪初，阿根廷也曾出现政府债务率居高不下的局面。例如，2002年拉美经济危机爆发时，阿根廷政府总债务率高达164.4%。近年来，阿根廷政府债务随着经济形势好转而逐步下降，债务率在60%左右，是拉美国家中政府债务负担较低的国家之一。

阿根廷贸易开放程度相对较高，总贸易额占GDP的比例超过40%。阿根廷对于扩大多边和区域经贸合作一直持积极态度，1995年巴西、阿根廷、乌拉圭和巴拉圭四国共同建立了南方共同市场（MERCOSUR）。

① 根据国际货币基金组织的数据，2009年阿根廷以购买力平价计算的总GDP和人均GDP分别为5 830亿美元和14 525美元，后者高于巴西。

近年来，南方共同市场积极推进与智利等其他南美国家及区域外国家的经济贸易合作，逐步成为一个具有重要影响的区域一体化组织。2002 年以来，阿根廷扭转了过去持续存在的高额外贸赤字，国际收支状况得到改善。

二、农业概况

（一）农业资源

阿根廷主要农业区处于温带，土壤肥沃，雨水充沛，适合于农牧业的发展。根据联合国粮农组织（FAO，2009）数据，阿根廷农用土地总面积 1.3 亿公顷，其中耕地 3 250 万公顷，永久性草地和牧场 9 985 万公顷，森林面积 3 272 万公顷，分别占国土面积的 11.9%、36.4%和 11.9%。国内众多的河流湖泊为阿根廷提供了丰富的水资源。

目前阿根廷适合种植业的优质土地已大部分得到利用，若进一步扩大耕地，就需要开垦质量较差的土地。根据阿根廷国家农业研究所估计，在现有技术下仍有近 700 万公顷的土地可以开垦利用。除此之外，阿根廷还可以将目前用于粗放型畜牧业的部分牧地转变为耕地。因而在市场环境适合的情况下，阿根廷仍有扩大农作物生产的潜力。

（二）农业发展

农业是阿根廷经济中的重要产业，目前仍提供了近 10%的 GDP 和近一半的出口额。2000—2005 年期间，初级农产品产值占农业总增加值的比例由 45%提高到 53%，而加工食品和饮料产值所占比例由 37%下降到 32%。

阿根廷农业人口占其总人口的比重并不高，2007 年为 8.2%；农业经济活动人口 143.6 万，占总劳动力的 7.9%。全国人均拥有耕地 0.8 公顷，每个农业劳动力耕作的耕地面积平均高达 22.6 公顷，这使阿根廷农业生产具有规模优势，农业劳动生产率相对较高，2008 年劳均农业增加值高达 1.2 万美元（World Bank，2010）。

阿根廷东部和中部的潘帕斯草原是著名的农牧区，聚集了全国 80%的农业经济活动和 70%的人口。由于气候条件适宜，阿根廷大部分种植谷物、油料和棉花等作物的地区实行雨养农业。根据 2002 年农业普查，全国灌溉面积仅为 136 万公顷，主要用于生产园艺作物。近年来，阿根廷政府高度关注改善粗放农业区的水资源使用技术，如推行免耕法。灌溉地区主要利用地表水源，多为由地方政府兴建和管理的水利项目。

阿根廷农民采纳新技术的速度非常之快（Regúnaga，2007）。例如，在大豆转基因品种商业化仅 5 年后，其种植面积就达到全部大豆种植面积的 90%以上，玉米和小麦也普遍采用了新型品种。

在阿根廷农产品流通和贸易中，大型跨国公司起着重要的作用，邦吉、嘉吉和路易达孚三家跨国公司控制了大约 45%的植物油和饼粕出口。值得关注的是，阿根廷也有一些竞争力很强的本国私营农业企业，例如在植物油和饼粕出口上，本国的三家企业占据的市场份额与前述三家跨国公司大体上相当。阿根廷开展农产品期货交易的历史很长，两家主要的期货市场均有超过百年的历史。

（三）农业生产经营方式

根据 2002 年农业普查，阿根廷有 33.4 万个农场，与 1988 年进行的农业普查相比下降 21%，农业生产存在集中化趋势。在全部农场中，有 29.7 万个明确划定了使用的土地范围，其余农场存在地权不清的情况。土地范围明确的农场拥有的土地总面积达 1.78 亿公顷，其中用于种植农作物的面积为 3 350 万公顷。其余农用地包括 9 200 万公顷天然草场，3 400万公顷天然森林。

阿根廷农业生产单位存在多种组织形式。2002 年农业普查显示，私人农场在数量上最多，但平均规模相对较小，而农业公司数量虽然较少，但平均规模要大得多（表 2）。

表 2　2002 年阿根廷农业生产组织类型

组织形态	数量（万个）	使用土地面积（万公顷）	平均土地面积（公顷）
私人农场	24.23	9 692.7	400.0
未注册的社团	3.94	3 616.7	917.9
公司	1.39	3 979.4	2 862.9
合作社	0.024	10.7	445.8
公共机构	0.047	42.1	895.7
其他	0.109	139.1	1 276.1
合计	29.74	17 480.9	587.8

资料来源：阿根廷学者 Regúnaga 的研究成果，2007。

阿根廷农场规模存在巨大差异，使得土地占有极不均衡，占农场总数尚不到1%的土地规模大于1万公顷的农场使用了接近36%的农用地，而占农场总数46%的土地规模小于50公顷的农场只占有1.3%的农用地（表3）。此外，阿根廷还存在农业公司等经营单位通过从私营农场租地等方式从事大规模农业生产的情况，因而农业总产出向大规模经营单位集中的程度要比土地集中程度更高。调查显示，超过80%的油料和谷物种植面积集中在大中型商业农场，小农场①仅在经济作物上占的比重稍微高一些。大中型农场拥有占总数81.2%的牛，87.3%的乳牛，51.4%的猪，88.3%的蛋鸡，54%的肉鸡。整体上看，阿根廷农业经营单位分化非常之大，产出高度集中在大中型商业农场。

表3　2002年阿根廷农业经济单位规模分布

农场土地规模（公顷）	农业经营单位		农用土地面积	
	数量（万个）	占总数比例（%）	数量（万公顷）	占总数比例（%）
5～50	13.72	46.1	229	1.3
50～200	6.95	23.4	781	4.5
200～500	4.02	13.5	1 311	7.5
500～2 500	3.81	12.8	4 172	23.9
2 500～5 000	0.63	2.1	2 253	12.9
5 000～10 000	0.34	1.1	2 451	14.0
大于10 000	0.28	0.9	62 81	35.9
合计	29.74	100	17 481	100

资料来源：Regúnaga（2007）。

三、农产品贸易

阿根廷生产的农产品主要有谷物、油料、糖、牛、猪、禽、水果和蔬菜等。进入21世纪以来，受国际市场需求拉动，阿根廷农业生产快速增长，特别是国际市场需求旺盛的初级农产品生产增长非常迅速。2000—2007年间，阿根廷农作物产出增长了40%，食物生产增长了25%，畜牧业生产则仅增长9%。目前，阿根廷种植业产值占农业总产值的2/3，其中26%来自于谷物生产；畜牧业则占总产值的1/3。农产品是阿根廷最重

① 该研究定义的小农场总数为21.8万个，拥有农用土地2350公顷，平均土地规模高达107公顷。这些小农场占总数的66%，但只提供了19%的农业产值。

要的出口产品，出口额占商品贸易总额的一半左右，油料、油脂和谷物是阿根廷最主要的出口农产品。

(一) 农产品贸易发展总体情况

阿根廷是世界上重要的农产品出口国之一。根据世界贸易组织（WTO，2010）统计，阿根廷农产品出口额在乌拉圭回合结束后快速增长，其后虽然出现波动，但上升趋势日益强劲。农产品出口额从1994年的86.4亿美元上升到2008年的375亿美元，2009年出口额受全球金融危机影响下滑到281.7亿美元，居世界第五位（不包括欧盟）。农产品是阿根廷最重要的出口产品，农业部门具有非常突出的出口导向特征，农产品出口额占商品总贸易额的比例在20世纪70年代初期高达87%，之后尽管这一比例逐步降低，但近年仍在50%左右。油料油脂产品和谷物是阿根廷最主要的出口农产品，2009年饼粕（HS2304）、豆油（HS1507）、玉米（HS1105）和小麦（HS1001）的出口额分别位居全部商品的第二、第三、第五和第七位。

阿根廷大部分农产品实现自给自足，进口农产品数量很少，主要进口来源地是巴西等其他南美国家。农产品进口额则长期处于非常低的水平，最高的2008年仅为32.4亿美元，尚不到全部商品进口额的10%。阿根廷在农产品贸易上始终保持高额顺差，农业出口创汇对国民经济发展起到重要的支撑作用。

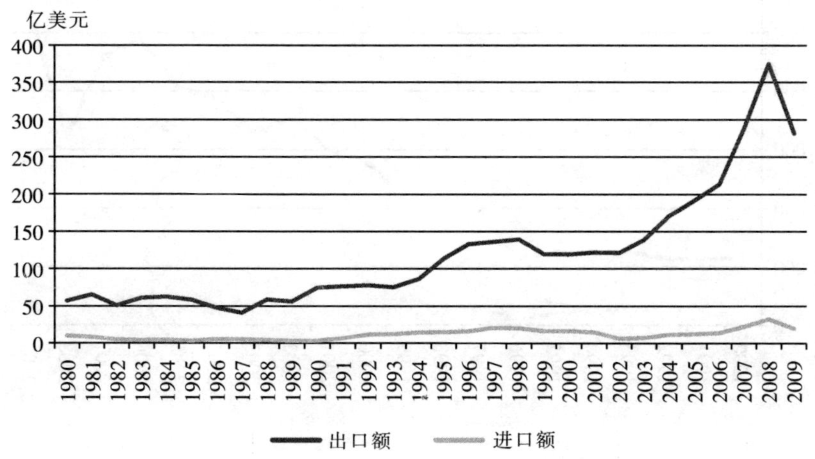

图1　1980—2009年阿根廷农产品进出口贸易变化

资料来源：世界贸易组织（WTO），2010。

（二）主要农产品贸易

1. 大豆和豆油

大豆是阿根廷最重要的出口农产品。阿根廷发展大豆生产的历史虽然仅有 30 多年，但很多地区都具有适合大豆生长的气候条件和土壤条件。近年来在国际市场大豆需求快速增长的拉动下，阿根廷大豆生产迅猛发展，收获面积从 1995 年的 598 万公顷迅速增加到 2009 年的 1 880 万公顷，同期总产量由 1 248 万吨增加到 5 400 万吨，出口量则由 210 万吨增加到 700 万吨，最高的 2007 年曾达到 1 384 万吨（图 2）。在大豆产品贸易上，阿根廷政府采取了鼓励在本地加工后出口豆油和豆粕的策略。随着国内榨油工业不断发展，阿根廷成为全球最大的豆粕和豆油出口国（图 3），产品主要销往中国和印度。2009 年豆粕出口额 71.3 亿美元，比第二位的巴西整整高出一倍；豆油出口额 49 亿美元，比第二位的巴西多将近两倍。这一发展模式导致阿根廷从国际市场进口部分大豆，最近几年的平均进口量在 200 万吨左右。从目前的情况看，阿根廷在大豆生产上不仅具有资源优势，而且在大豆加工、营销和出口等环节上也形成很强的国际竞争力，尽管这一发展在很大程度上由跨国公司所主导。

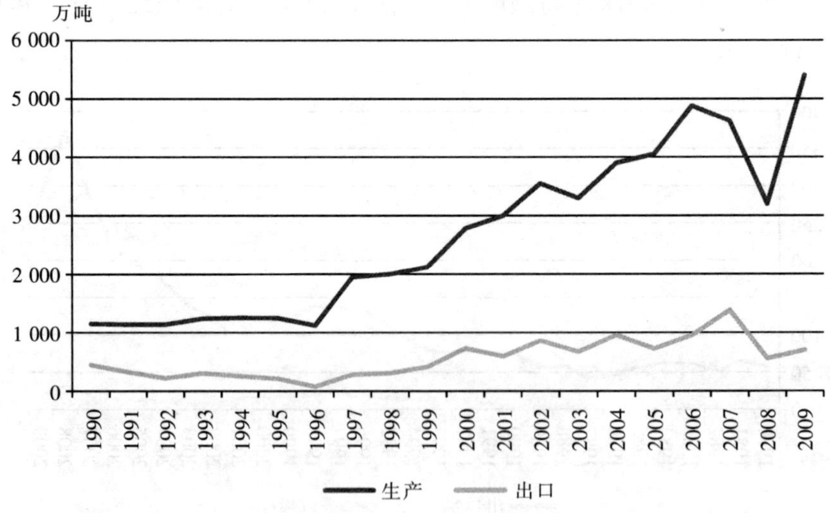

图 2　1990—2009 年阿根廷的大豆总产量和出口量变化情况

资料来源：美国农业部（USDA）。

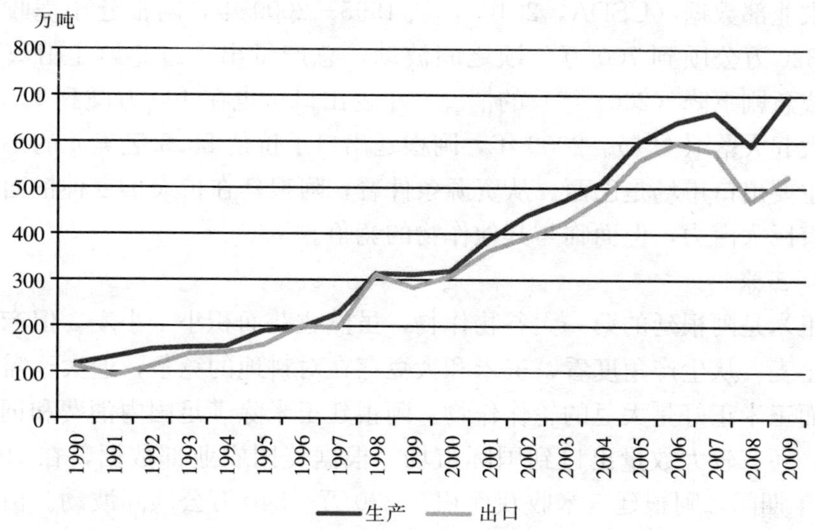

图 3　1990—2009 年阿根廷豆油总产量和出口量变化情况

资料来源：USDA。

2. 小麦

阿根廷种植小麦的历史很长，目前的总产量在拉美国家中位居第一，通常产量的一半以上用于出口，但在国际市场上占有的份额仍较小。根据

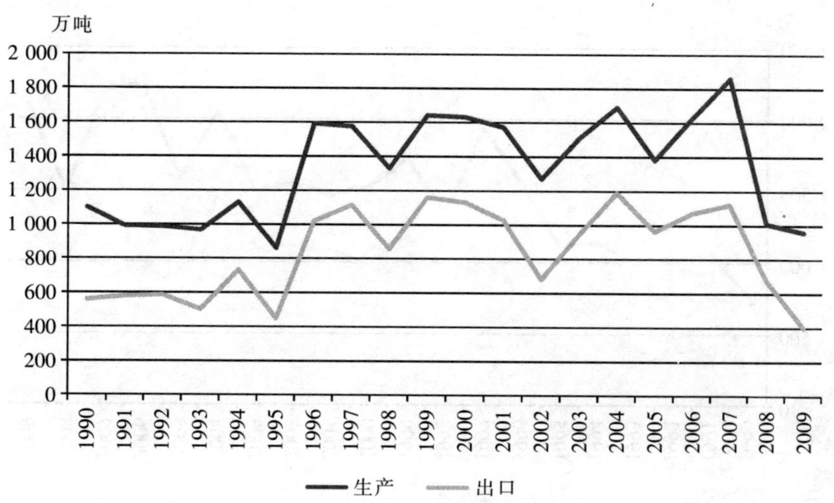

图 4　1990—2009 年阿根廷小麦生产量和出口量变化情况

资料来源：USDA。

美国农业部数据（USDA，2010），从 1995—2009 年，阿根廷小麦收获面积在 320 万公顷到 700 万公顷之间波动，总产量出现过急剧上升（1996 年）或急剧下降（2008 年）的情况，小麦出口量也在 400 万吨到 1 100 万吨间大起大落（图 4）。2009 年，阿根廷出口了价值 25.5 亿美元的小麦产品，主要出口市场是巴西。从资源条件看，阿根廷在扩大小麦种植面积方面仍有巨大潜力，但面临与其他作物的竞争。

3. 玉米

玉米是阿根廷的第一大谷物作物，虽然收获面积小于小麦，但产量却大于小麦。从生产角度看，玉米和大豆存在对耕地的竞争，但大豆需要轮作，而玉米正好是大豆的轮作作物。阿根廷玉米除满足国内消费和饲料需求外，还有较大数量出口到国际市场。根据美国农业部数据，在 1995—2009 年期间，阿根廷玉米收获面积在 230 万～340 万公顷间波动。由于单产显著提高，玉米总产量呈现波动上升态势，2005 年最高时达到 2 250 万吨，出口量在 750 万～1 530 万吨之间波动（图 5）。近年来阿根廷一直是世界第二大玉米出口国，仅次于美国，2009 年玉米出口额高达 35.3 亿美元。从今后发展看，阿根廷扩大玉米生产有巨大潜力，主要取决于与大豆相比的经济收益高低。总体来看，玉米出口规模有可能会进一步扩大。

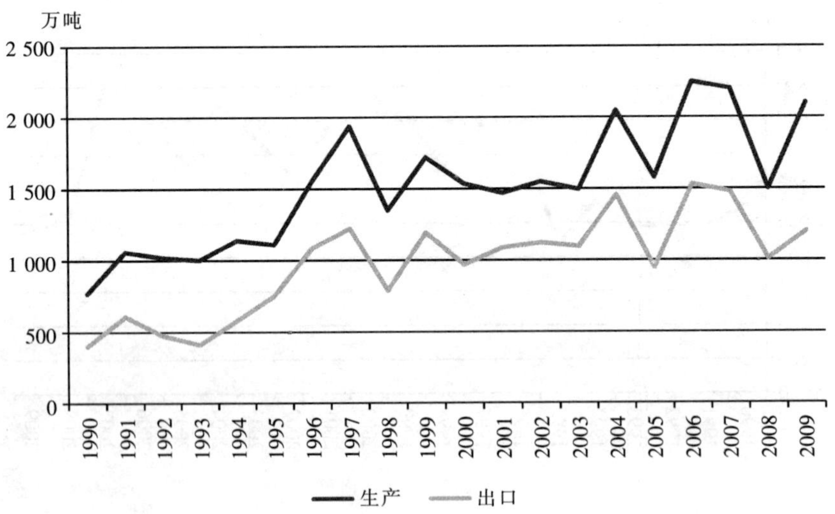

图 5　1990—2009 年阿根廷玉米生产量和出口量变化情况

资料来源：USDA。

4. 畜产品

阿根廷国内草地资源丰富，并且有大量可用作饲料的谷物和植物蛋白，具有发展畜牧业的良好条件。然而迄今为止，其畜产品主要用于满足国内市场需求，出口量较小。阿根廷主要畜产品有牛肉、奶、家禽和猪肉。1995 年以来，阿根廷牛肉产量呈现增长趋势，从 260 万吨上升到 340 万吨，出口量较小并且大幅波动，最低时仅 17 万吨（2001 年），最高为 75 万吨（2005 年）。鲜奶产量缓慢上升，1995 年为 850 万吨，2009 年上升到 1 010 万吨。猪肉产量很小，仅 20 多万吨，尚不足以满足国内市场需求。值得关注的是，阿根廷鸡肉生产实现了稳定和快速发展，总产量从 1995 年的 69 万吨上升到 2 009 年的 150 万吨；出口也随之扩大，从 1995 年的 2 000 吨上升到 2009 年的 18 万吨，进口则从 2 万吨下降到 5 000 吨。在适当的政策下，阿根廷可望在集约型畜牧业上形成较强的国际竞争力，从而成为畜产品的重要出口国。

从今后发展看，阿根廷在根据国际市场价格调整生产结构方面有很大空间。从近期看，在价格有利的情况下，大豆和玉米增产的潜力较大，其面积扩张部分来自替代其他谷物种植，部分来自开垦牧地和林地。在畜牧业中，发展家禽业的潜力较大。尽管阿根廷在肉牛饲养上有得天独厚的优势，但出口牛肉受到口蹄疫的困扰，难以进入发达国家市场。

（三）中阿农产品贸易

由于阿根廷农产品有很强的竞争力，中阿双边农产品贸易呈现以中国进口初级农产品为主的格局。中国加入 WTO 前，阿根廷对中国的农产品出口已经在快速增加，在中国进口来源地排序中由 1999 年的第五位上升到 2000 年和 2001 年的第三位。中国加入 WTO 以来，阿根廷对中国的农产品出口进一步扩大，出口额由 2001 年的 10.5 亿美元上升到 2008 年最高时的 84.1 亿美元，2009 年受到全球金融危机和阿根廷农业生产因灾减产双重影响而大幅下降到 34.9 亿美元。随着中国与巴西经贸合作关系不断加强，阿根廷对中国的农产品出口面临与巴西的激烈竞争，两国在中国市场上的地位不相伯仲。除 2002 年外，阿根廷一直是中国农产品第二或第三大进口来源地的。2009 年，阿根廷农产品占中国农产品进口额的 6.6%。

中国从阿根廷进口的主要农产品为大豆和豆油，2009 年两项进口额合计超过中国从阿根廷进口农产品总额的 90%。2000 年和 2001 年时，阿根廷是我国第二大的大豆进口来源地，2002 年后巴西跃居阿根廷之前。由于阿根廷采取鼓励油料当地加工后出口油脂的策略，阿根廷的油脂出口规模大于巴西。2009 年，中国从阿根廷进口油脂价值 15.3 亿美元，略低于大豆进口额。

从今后发展看，阿根廷除了在大豆和植物油等产品上保持优势外，玉米、禽肉、牛肉等一些农产品也有对中国出口的良好前景，今后需要给予适当的关注。中国对阿根廷出口农产品的可能性相对较小，但我国应考虑扩大在阿根廷的农业投资，利用国外资源发展农业，通过提高全球农业生产力来改善粮食安全状况。

四、农业政策

20 世纪 90 年代初，阿根廷政府对农业生产和贸易实行私有化，取消了各种负责农产品营销的政府机构（Marketing Board），但保留了对牛肉和小麦等一些重要农产品出口的控制，其目的主要是控制通货膨胀。农业信贷利率完全由市场决定，金融机构很少提供长期贷款，也没有针对涉农行业的利率补贴。农业投资主要由私人资本进行，大部分农业基础设施和服务由私营企业负责管理，政府在基础设施建设上的公共投资数量有限。20 世纪 90 年代，农产品流通体系实行了私有化改革，产区贮存、公路和铁路运输、港口处置等大宗农产品流通设施转由私营机构管理，政府则负责实施大型公路和铁路建设项目。农业科研由政府研究机构和大学进行，但在种子、机械、投入品生产、加工等很多方面的研究越来越依赖私营企业。

从 20 世纪 90 年代开始，阿根廷政府就积极鼓励推广应用生物技术，为此对种子法进行了修订，建立了转基因作物的引进、田间试验、审批和商业应用等有关规则，并加强了对作物品种的知识产权保护。近年来，阿根廷政府对于转基因作物采取了相当开放的政策，大豆和玉米已经大量使用转基因品种，成为提高其竞争力的重要因素。

阿根廷政府对农业实行高度市场化的政策，生产者根据市场条件独立制定农业生产决策，政府对于提高自给率或提高农业收入并没有明确的政策要求。由于阿根廷在农产品上有很强的国际竞争力，政府对于农产品实行自由化程度较高的贸易政策。阿根廷在乌拉圭回合做出的平均上限约束关税水平为 35%，但实际应用关税水平很低，2009 年平均为 10.2%，低于非农业产品13%的平均关税。阿根廷在多边和双边框架下对部分进口农产品实行零关税，特别是对其他南方共同市场成员的进口。由图6可以看出，按照阿根廷在乌拉圭回合的承诺，有将近90%的农产品税目税率为25%～50%，但在2008年的实际贸易中，对接近70%的税目征收的税率低于10%，仅有0.5%的税目适用于25%以上的税率。此外，阿根廷没有对任何一个农产品税目实行进口关税配额管理、特殊保障措施或从量税。

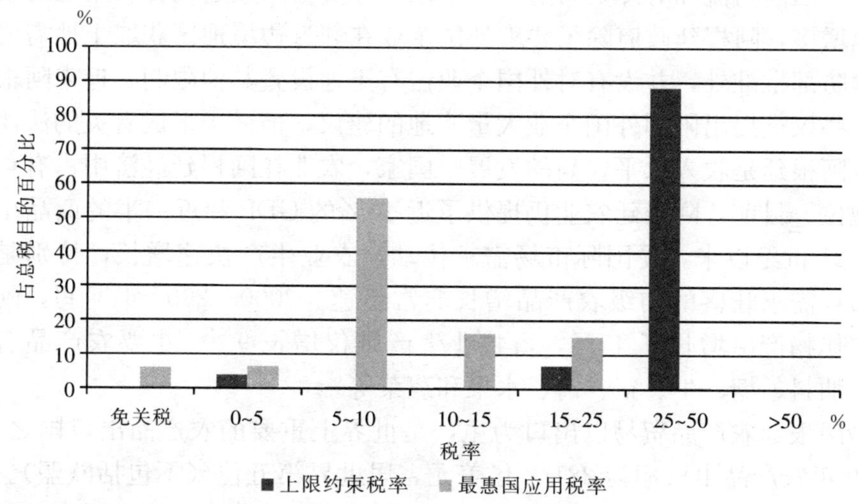

图6　2008年阿根廷农产品进口关税税率分布情况

资料来源：WTO，2010。

由于阿根廷政府既没有对农业实行收入支持，也没有投入补贴，并且对出口农产品和进口农业投入品征税，这使得对农业的扶持实际上成为负值。根据Regúnaga（2007）提供的信息，2007年，阿根廷对出口农产品征收的税率如下：大豆为27.5%，豆粕和豆油为24%，玉米、小麦及其制品为20%，大米和糖为5%，牛肉为15%，禽肉为5%。阿根廷是南方共同市场成员，进口产品实行该组织的对外统一关税，平均税率为14%，原料进口的关税率较低，加工产品税率较高。

阿根廷积极参与多边和区域性贸易协议。在乌拉圭回合中，阿根廷是凯恩斯集团成员，致力于推动全球农产品自由贸易。在多哈回合中，阿根廷加入二十国集团（G20），从发展中国家的立场出发推动全球贸易改革。

1991 年，阿根廷、巴西、乌拉圭和巴拉圭建立了南方共同市场，实施统一对外关税。随后，南方共同市场又与其他拉美国家分别签署了一系列以建立自由贸易区为目标的合作协议，推动南美地区经济一体化不断取得进展。南方共同市场也与印度签署了类似的协议，目前尚有多个与发达国家或发展中国家的谈判仍在进行之中。

阿根廷对于外资也采取非常开放的政策，包括农业生产和加工领域。目前外资企业在整个农业产业链上占有非常重要的地位，特别是在农产品加工、国内物流和对外贸易上。近年来，外资在阿根廷购置农用地的情况迅速增多，阿根廷政府除了要求外国企业在邻近边境地区获取土地需要得到国防部批准外，并没有对外国企业占有土地设置其他限制。近来阿根廷有一些议员提出限制外国企业大量购地的建议，但尚未形成有关的法律。

阿根廷是收入水平较高的发展中国家，农业在阿根廷经济中占有重要的地位。目前，阿根廷农业仍提供了近 10%的 GDP 和近一半的商品出口额。21 世纪以来，受国际市场需求拉动，农业生产快速增长，特别是国际市场需求旺盛的初级农产品增长非常迅速。2000—2007 年期间，阿根廷农作物产出增长了 40%，畜牧业生产则仅增长 9%。主要农产品有谷物、油料、糖、牛、猪、禽、水果和蔬菜等。

阿根廷农产品贸易以出口为主，是世界上重要的农产品出口国之一。2009 年农产品出口额为 281.7 亿美元，居世界第五位（不包括欧盟）。农产品出口额占阿根廷商品贸易总额的一半左右，油料、油脂和谷物是最主要的出口农产品。中国是阿根廷重要的贸易伙伴，中阿双边农产品贸易以中国进口为主。入世以来，阿根廷作为中国农产品进口来源地的重要性在逐步提高。未来，阿根廷除了在大豆和植物油等产品上保持优势外，玉米、禽肉、牛肉等一些农产品也有对中国出口的良好前景。

阿根廷政府对农业实行高度市场化的政策。在 20 世纪 90 年代，阿根廷在农业生产和流通领域进行了大规模的私有化改革，减少了政府对农业生产和流通的干预，生产者根据市场条件独立制定农业生产经营决策。由于对农业生产的支持和保护水平很低，而且农产品竞争力很强，阿根廷在贸易政策上积极推动自由贸易和扩大国外农产品市场开放。

日韩印东盟农产品生产贸易与农业政策分析

一、2010 年中国与日本、韩国、印度和东盟的农产品贸易

中国是世界上最大的农产品生产和消费大国，也是世界主要的农产品贸易大国之一。根据海关统计数据，2010 年中国农产品贸易总额达到 1207.7 亿美元，是 2000 年的 5 倍。2010 年农产品出口额为 488.7 亿美元，进口额为 719 亿美元，分别是 2000 年的 3.3 倍和 7.6 倍。亚洲一直是中国农产品进出口的传统地区和主要市场，日本、韩国、印度和东盟都是中国重要的农产品贸易合作伙伴。

(一) 中日农产品贸易

1. 日本农产品生产和贸易概况

日本人多地少、农业资源贫瘠，农产品生产主要集中在北海道等几个地区。日本的农产品消费严重依赖进口，农产品进口数量逐年增加，国内食品自给率则逐年下降。日本国内食品热量自给率已从 1965 年的 73%锐减到 2008 年的 40%，日本已经成为世界发达国家中农业自给率最低的国家。日本的传统种植业以水稻种植为主，稻米生产除了满足国内消费外，还有部分优质稻米出口。日本的主要农产品还包括优质小麦、苹果、梨等等。日本是世界食鱼最多的国家，鱼虾贝类农产品在日本人的饮食中占有重要地位。日本的鱼虾贝类产品在农产品生产和贸易中也占有重要的地位。

日本是农产品净进口国，也是世界上最大的农产品进口国之一。日本进口的农产品主要包括玉米、大豆、小麦、油脂类产品和畜肉产品等。蔬菜、水果和水产品的进口量也增加较快。日本的前五大农产品进口来源分别为美国、欧盟、中国、澳大利亚和加拿大。日本的前五大农产品出口市场分别为中国香港、美国、中国台湾、中国和韩国。日本出口的农产品主

要包括精致大米、精致小麦粉、鱼贝类水产品、苹果、梨、奶粉、花卉、绿茶等。日本主要向中国香港出口奶粉、水产品、精致小麦粉、牛肉和苹果；向美国主要出口鱼贝类水产品、香油、绿茶和稻米；向中国台湾主要出口水果和稻米；向中国主要出口鱼贝类水产品、奶粉和稻米；向韩国主要出口鱼贝类水产品、绿茶和鸡蛋。除以上出口市场之外，欧盟和澳大利亚也是日本农产品的重要出口市场，以出口鱼贝类水产品、绿茶、稻米和花卉为主。日本农产品出口在世界农产品贸易中所占比重很小，但随着各国高收入人群的不断增多和人们对健康和环保的关注越来越强烈，日本的优质农产品，如大米、小麦和水果等从长远来看将具有很大的市场潜力。

日本无论是农产品进口还是出口都高度依赖美国、欧盟以及中国等亚洲国家。2009 年，中国超过美国成为日本农产品最大的进口来源地和出口市场。中国在蔬菜、水果、鲜活冷藏冷冻的水产品等农产品的生产方面具有比较优势。中国应该充分利用本国地缘和国内农产品物丰价廉的优势，积极扩大对日农产品出口。

2. 2010 年中日农产品双边贸易情况

日本多年来都是中国农产品的净进口国。2010 年，中国与日本农产品双边贸易总额为 97.4 亿美元，其中中国向日本出口农产品金额为 91.5 亿美元，环比平均增幅为 4.1%，进口农产品金额为 5.9 亿美元，环比增幅为 9.4%，顺差为 85.6 亿美元。

2010 年，中国向日本出口鱼、甲壳动物、软体动物及其他水生无脊椎动物（HS03）和肉、鱼、甲壳动物、软体动物及其他水生无脊椎动物的制品（HS16）合计 41.7 亿美元，比重为 55.3%，位居出口首位；出口食用蔬菜、根及块茎和蔬菜、水果、坚果或植物其他部分的制品（HS20 和 HS07）24.8 亿美元，比重为 32.9%，位居第二；出口食品工业的残渣废料和配制的动物饲料（HS23）5.79 亿美元，位居第三；出口含油子仁及果实、果仁等（HS12）3.06 亿美元，位居第四。

中国从日本进口鱼、甲壳动物、软体动物及其他水生无脊椎动物（HS03）2.98 亿美元，比重为 60.5%，位居进口首位；进口杂项食品（HS21）1.03 亿美元，比重为 20.8%，位居第二；进口谷物、粮食粉、淀粉或乳的制品，糕饼点心（HS19）2 900 万美元，占进口总额的 5.8%，位居第三；进口含油子仁及果实、果仁等（HS12）3 347 万美元，位居第四；出口饮料、酒和醋（HS22）2 070 万美元，位居第五；进口动植物油脂类产品（HS15）960万美元，位居第六。

（二）中韩农产品贸易

1. 韩国农产品生产和贸易概况

韩国在历史上就是一个传统的农业国家，传统种植业以水稻和旱稻为主，其他作物还包括大麦、小麦等。韩国的水果生产以梨、柑橘类、葡萄为主。畜牧业以牛为主。韩国除了部分谷物能够基本自给自足外，多数农产品，如玉米、小麦、大豆等要大量依赖进口。除此之外，韩国还进口禽肉、蔬菜水果、水产品、油籽类、咖啡、茶叶等。谷物是韩国进口的最大宗的农产品之一，美国、中国和澳大利亚是前三大进口来源地。

美国是韩国传统的农产品进口来源地。韩国从美国进口的农产品主要包括玉米、小麦、大豆、兽皮、猪牛肉等。韩国主要从中国进口水产品、蔬菜及其制品、大豆、油籽类食品、食品工业废料及配制的动物饲料等。澳大利亚向韩国出口小麦。欧盟主要对韩国出口猪肉、红酒、奶制品等。东盟的马来西亚、菲律宾、印度尼西亚、泰国和越南也是韩国的主要农产品进口来源国，主要向韩国出口的农产品有棕榈油、香蕉、油脂类产品等。日本主要向韩国出口蔬菜和水果。

2. 2010年中韩农产品双边贸易情况

1992年韩国与中国建交之后，两国农产品双边贸易增长快速。中国入世之后，中国对韩国农产品出口增长迅猛。2010年，中国向韩国出口农产品35.3亿美元，环比平均增幅5.5%，是1992年出口额的450倍，占出口总额的7.2%，中国从韩国进口农产品4.2亿美元，环比平均增幅为9.4%，占进口总额的0.6%。2010年，中韩两国农产品双边贸易总额为39.5亿美元，中国处于净出口国的位置，农产品贸易顺差为31.1亿美元。

中国向韩国出口的农产品以水产品、蔬菜及其制品和谷物为主。在出口的水产品中，以鲜活冷藏冷冻的鱼和甲壳软体为主。2010年中国向韩国出口鱼、甲壳动物、软体动物及其他水生无脊椎动物（HS03）和肉、鱼、甲壳动物、软体动物及其他水生无脊椎动物的制品（HS16），如冻黄鱼、冻带鱼等总额为13.5亿美元，占农产品出口总额的50.3%，位居首类。中国向韩国出口食用蔬菜、根及块茎和蔬菜、水果、坚果或植物其他部分的制品8.4亿美元（HS07和HS20），占农产品出口总额的31.4%，位居第二，其中冷冻蔬菜比重不断上升。此外，中国还向韩国出口食品工业的残渣废料和配制的动物饲料（HS23）2.39 亿美元，出口含油子仁及果实、果仁等（HS12）2.50 亿美元。以上六大类农产品占对韩出口农产品金额的比重为 75.6%。

中国从韩国进口的农产品中，水产品也排在首位。2010 年，中国从韩国进口鱼、甲壳动物、软体动物及其他水生无脊椎动物（HS03）9 900 万美元，虽仅为中国出口到韩国水产品总额的十分之一，但却占中国从韩国进口农产品总额的 43.1%；进口糖及糖食（HS17）1.07 亿美元，占进口总额的 30.8%，且进口比重整体呈上升趋势；除 1 月和 2 月外，其他月份糖及糖食进口数量均为 1 万吨以上；进口饮料、酒和醋（HS22），杂项食品（HS21），谷物、粮食粉、淀粉或乳的制品，糕饼点心（HS19），其他动物产品（HS05）金额分别为 2 890 万美元，2755 万美元，2 628 万美元和 768 万美元。以上六大类农产品占从韩进口农产品金额的比重为 82.7%。

（三）中印农产品贸易

1. 印度农产品生产和贸易概况

印度是一个土地资源和水资源丰富、劳动力充足的农业大国，直接和间接从事农业生产的人口超过印度人口的一半。但印度农业生产力低，农作物单产不高。随着印度国内小麦、稻米和豆类等供需差距不断增大，印度把小麦和稻米的自给率定为该国“十一五”规划中确保国家粮食安全的重要指标。考虑到满足主要农产品的国内供应，印度也一直控制小麦、稻米和植物油等重要农产品及制品的出口。印度是世界上牛奶、水果、干果的最大生产国之一。香蕉和芒果是印度种植面积最大的两种水果。由于历史原因，印度也一直是烟草的重要生产国和消费国之一。印度的渔业资源丰富，不仅有长达 6 000 多公里的海岸线，而且陆上水域广阔，河道纵横，近几年水产业发展迅猛，水产品出口不断增加。

随着居民消费水平的不断提高，印度农产品进口也在逐步扩大，主要进口产品包括植物油、小麦、豆类、干果、棉花、羊毛、兽皮、蔬菜和水果等。印度农产品进口中份额最大的是植物油，植物油进口占该国农产品进口额的 2/3。印度是世界上第一大大豆油进口国和第二大棕榈油进口国，主要从东盟进口。印度是世界上最大的豆类（包括菜豆、扁豆和豌豆）农产品进口国，主要从美国进口豆类。印度是世界上第三大小麦进口国，主要从澳大利亚、乌克兰等国家进口小麦（印度不从美国进口小麦）。

印度年人均食糖消费为2300万吨，是世界上第一大食糖消费国。虽然印度也是世界上第二大食糖生产国，但2008—2009年期间，印度国内食糖生产量低于消费量，造成食糖部分进口。从2010年起，印度将扩大生产并力争满足国内食糖市场需求，减少食糖进口。

印度政府对国内农产品出口有很多限制，主要出口的农产品有棉花、食糖、茶叶、咖啡、水产品、干果、油粕等。印度是世界上第二大棉花生产国、消费国和出口国。作为世界上第一大棉花生产国和消费国，2010年中国进口了印度出口棉花一半以上的份额。印度的茶叶产量居世界首位，占全世界茶叶产量的30%，印度同时也是世界上最大的茶叶消费国和出口国。作为劳动密集型行业，茶行业给印度带来超过110万个就业岗位，茶叶出口也是印度外汇创收的重要方面之一。印度南部盛产咖啡，虽然2009年印度的咖啡产量仅占世界总产量的4.5%，但80%的咖啡均用于出口。29%的咖啡出口到意大利，其他的主要咖啡输出市场包括欧盟、美国、日本等。

2. 2010年中印农产品双边贸易情况

中印两国同是农业生产大国和农产品消费大国，在双边贸易合作上有广阔的市场发展空间。2010年中国与印度农产品双边贸易总额接近30.5亿美元，其中中国向印度出口农产品5.2亿美元，环比平均增幅为5.6%，中国从印度进口农产品25.4亿美元，环比平均增幅为22.6%；中国为净进口国，农产品贸易逆差为20.2亿美元。中印两国的农产品进出口贸易集中度很高，中国主要向印度出口蚕丝，从印度进口棉花。随着中印自贸区建立工作的逐步推进，中国向印度出口的农产品中，蚕丝、苹果汁、大蒜等具有很大的出口空间；印度向中国出口的农产品中，棉花、豆粕、水产品、热带水果等具有很大的发展潜力。

2010年，中国向印度出口蚕丝（HS5001-5003，以下简写为HS50）2.12亿美元，位居首位，占向印度出口农产品总额的50.2%。中国向印度出口食用蔬菜、根及块茎和蔬菜、水果、坚果或植物其他部分的制品（HS07和HS20）为8 100多万美元，占出口总额的19.3%。出口食用水果和坚果（HS08）为6 524万美元，占出口总额的15.4%，但水果出口季节性明显，例如，4月份中国出口水果1 394万美元，6月份跌至169万美元，下跌近九成，12月份出口则回升到近900万美元。中国出口印度水果以苹果、梨等寒带温带水果为主，而印度出口中国水果以热带水果为主，双方互补性强。出口虫胶、树胶和树脂等（HS13）4 214 万美元，占出口总额的 10%，出口咖啡、茶、马黛茶及调味香料（HS09）2 191 万美元，虽然月度间涨跌不等，但整体呈上升趋势，月度平均增幅为 16%。以上六大类农产品占对印农产品出口金额的比重为 81.4%。

2010 年中国从印度进口棉花（HS5201－5203，以下简写为 HS52）17.4 亿美元，位居首位，是 2006 年进口棉花金额的 2.27 倍。2010 年前 11 个月中国从印度进口棉花整体呈现减少趋势，12 月份进口棉花则骤增至 6.5 亿美元，环比增加 300%。此外，中国从印度进口蓖麻油等植物油（HS15）2.6 亿美元，比重为 10.7%。进口食品工业的残渣废料和配制的动物饲料（HS23）1.9 亿美元，比重为 7.7%。进口鱼、甲壳动物、软体动物及其他水生无脊椎动物（HS03）1.6 亿美元，进口含油子仁及果实、果仁等（HS12）5 347 万美元，进口编制用植物产品等（HS14）3 994 万美元。以上六大类占从印度进口农产品金额的 93.5%。

（四）中国和东盟农产品贸易

1. 东盟农产品生产和贸易概况

东盟创建于 1967 年，是亚太地区成立最早、发展最完善的地区性经济集团。目前东盟 10 国人口 5.84 亿，土地面积为 443.6 万平方公里。2009 年，东盟农产品贸易总额为 1 008.32 亿美元，其中出口农产品 703.2 亿美元，进口农产品 305.1 亿美元，农产品贸易顺差为 398.1 亿美元。东盟是世界最重要的农产品贸易区之一，农产品贸易占全部商品贸易比重为 8.0%，其中农产品出口所占比重为 10.3%，农产品进口所占比重为 5.3%，农产品出口优势明显。

从农产品贸易结构来看，东盟对外出口的前八大类农产品依次为：动植物油脂类产品（HS15），谷物（HS10），鱼、甲壳动物、软体动物及其他水生无脊椎动物（HS03），鱼、甲壳动物、软体动物及其他水生无脊椎动物的制品（HS16），含油子仁及果实、果仁等（HS12），制粉工业产品、麦芽、淀粉、菊粉和面筋（HS11），咖啡、茶、马黛茶及调味香料（HS09），蔬菜、水果、坚果或植物其他部分的制品（HS20）。东盟进口的前八大类农产品依次为：食品工业的残渣废料和配制的动物饲料（HS23），谷物（HS10），鱼、甲壳动物、软体动物及其他水生无脊椎动物的制品（HS16），乳品、蛋品、天然蜂蜜和其他食用动物产品（HS04），含油子仁及果实、果仁等（HS12），饮料、酒和醋（HS22），肉及食用杂碎（HS02），食用水果及坚果（HS08）。综合进出口贸易，以棕榈油及其榨取品（HS1501）为主的动植物油脂类产品（HS15）农产品占东盟农产品贸易比重为23.0%，以大米（HS1006）为主的谷物类（HS10）农产品占东盟农产品贸易比重为11.7%。鱼、甲壳动物、软体动物及其他水生无脊椎动物和肉、鱼、甲壳动物、软体动物及其他水生无脊椎动物的制品（HS03和HS16）进口和出口贸易呈现两旺势头。

表1　东盟对外贸易前八类农产品

出口		进口		进出口	
HS编码	商品名称	HS编码	商品名称	HS编码	商品名称
15	动、植物油、脂及其分解产品；精制的食用油脂；动、植物蜡	23	食品工业的残渣及废料；配制的动物饲料	15	动、植物油、脂及其分解产品；精制的食用油脂；动、植物蜡
10	谷物	10	谷物	10	谷物
03	鱼、甲壳动物、软体动物及其他水生无脊椎动物	03	鱼、甲壳动物、软体动物及其他水生无脊椎动物	03	鱼、甲壳动物、软体动物及其他水生无脊椎动物
16	肉、鱼、甲壳动物、软体动物及其他水生无脊椎动物的制品	04	乳品；蛋品；天然蜂蜜；其他食用动物产品	16	肉、鱼、甲壳动物、软体动物及其他水生无脊椎动物的制品
12	含油子仁及果实；杂项子仁及果仁；工业用或药用植物；稻草、秸秆及饲料	12	含油子仁及果实；杂项子仁及果仁；工业用或药用植物；稻草、秸秆及饲料	12	含油子仁及果实；杂项子仁及果仁；工业用或药用植物；稻草、秸秆及饲料
11	制粉工业产品；麦芽；淀粉；菊粉；面筋	22	饮料、酒及醋	23	食品工业的残渣及废料；配制的动物饲料
09	咖啡、茶、马黛茶及调味香料	02	肉及食用杂碎	11	制粉工业产品；麦芽；淀粉；菊粉；面筋
20	蔬菜、水果、坚果或植物其他部分的制品	08	食用水果及坚果；甜瓜或柑橘属水果的果皮	08	食用水果及坚果；甜瓜或柑橘属水果的果皮

东盟的农产品贸易伙伴主要包括中国、美国、欧盟、日本、印度、澳大利亚等国家和地区。中国是东盟最重要的合作伙伴之一，东盟从中国进口的农产品主要包括蔬菜及其制品，例如蘑菇、块菌，水果、坚果及其制品，如苹果、梨，葵花籽，动物毛等。东盟向美国主要出口天然蜂蜜，从美国进口冷、鲜、冻肉，油饼油粕，未加工人发等。东盟向欧盟主要出口葡萄酒渣，黑麦和冷、鲜、冻肉，从欧盟进口啤酒花，花卉和橄榄油。东盟向日本主要出口废丝，动物骨、角柱等其粉末和废料。东盟从澳大利亚主要进口活动物，冷、鲜、冻肉，动物脂肪和燕麦。

2. 2010 年中国和东盟农产品双边贸易情况

2010 年中国—东盟自由贸易区（CAFTA）成立的一年间，中国与东盟农产品贸易总额超过 181.7 亿美元，其中出口为 74.6 亿美元，环比平均增幅为 6.3%，进口为 107.1 亿美元，环比平均增幅为 3.4%。在中国和东盟农产品贸易中，中国是净进口国，2010 年我国与东盟农产品贸易继续保持逆差，贸易逆差额全年呈先减后增趋势。

按照海关 HS 两位数编码划分，中国向东盟出口的前八大类别农产品是：食用蔬菜、根及块茎（HS07），食用水果及坚果（HS08），鱼、甲壳动物、软体动物及其他水生无脊椎动物（HS03），肉、鱼、甲壳动物、软体动物及其他水生无脊椎动物的制品（HS16），蔬菜、水果、坚果或植物其他部分的制品（HS20），糖及糖食（HS17），烟草及其制品（HS24）和杂项食品（HS21）。其中食用蔬菜、根及块茎所占比重最大，比重为 30.6%，是中国出口东盟最有优势的产品；食用水果及坚果位居第二，比重为 16.0%，鱼、甲壳动物、软体动物及其他水生无脊椎动物位居第三，比重为 9.1%。中国向东盟出口农产品的集中度很高，前五类农产品占出口金额的比重为 65.7%，前八类农产品占进口金额的比重为 78.3%。

和十年前相比，中国向东盟出口农产品大类变化很大。2000 年，中国出口东盟最大类别为谷物（HS10），占当年出口额的 1/4，而 2010 年谷物出口比重已降至 0.5%，出口数量和金额均大幅减少。十年间，中国出口到东盟的烟草数量和金额均增长超过一倍，但由于贸易总额增幅更大，烟草出口占农产品出口金额的比重已从 2000 年的 11.0%降到 2010 年的 4.2%。

中国从东盟进口的前八大类别农产品是：动植物油脂类产品（HS15），食用蔬菜、根及块茎（HS07），食用水果及坚果（HS08），谷物、粮食粉、淀粉或乳的制品，糕饼点心（HS19），制粉工业产品，麦芽，淀粉，菊粉和面筋（HS11），鱼、甲壳动物、软体动物及其他水生无脊椎动物（HS03），谷物（HS10）和食品工业的残渣废料和配制的动物饲料（HS23）。其中，动植物油脂主要以从马来西亚和印度尼西亚等国进口的棕榈油、椰子油等植物油为主，该类农产品进口所占比重过半，为53.4%；食用蔬菜、根及块茎位居第二，比重为12.1%；食用水果及坚果位居第三，比重为10.2%。前三类农产品进口比重为75.6%。中国从东盟进口农产品集中度高于向东盟出口农产品。

中国从东盟进口的农产品大类变化不大。2010年中国从东盟进口动植物油脂类产品（HS15）的金额是2000年的9.5倍，比重从2000年的49%增加到53.4%。十年间，中国从马来西亚、印度尼西亚和新加坡等国进口的可可及可可制品（HS18）比重变化不大，但进口额已从3 000万美元增加到1.79亿美元。由于资源禀赋差异的原因，这两类农产品是东盟出口中国最有优势的农产品，预期未来进口额会持续增加。中国从东盟进口的谷物以从泰国进口籼米精米为主，十年间进口数量和金额上均有减少，2010年比重已降至2.5%。

中国和东盟农产品贸易中贸易额排在前四位的农产品是：动植物油脂类产品（HS15）为57.7亿美元，比重为31.8%，位居第一；食用蔬菜、根及块茎（HS07）为35.7亿美元，比重为19.6%，位居第二；食用水果及坚果（HS08）为22.8亿美元，比重为12.6%，位居第三；鱼、甲壳动物、软体动物及其他水生无脊椎动物（HS03）为10.2亿美元，比重为5.6%，位居第四。这四类农产品占贸易总额的比重为69.6%。除在动植物油脂类农产品上东盟具有长期优势外，中国与东盟在蔬菜和水产品贸易上均同时具有竞争性和互补性。而对于水果来说，由于中国的温带水果出口具有比较优势，东盟的热带水果出口具有比较优势，双方互补性明显。

表2　2010年中国与东盟农产品贸易前八大类产品

HS	商品名称	中国出口至东盟		HS	商品名称	中国从东盟进口	
编码		金额（百万美元）	比重（%）	编码		金额（百万美元）	比重（%）
07	食用蔬菜、根及块茎	2 278	30.55	15	动植物油脂	5 723	53.43

（续）

HS 编码	商品名称	中国出口至东盟 金额（百万美元）	比重（%）	HS 编码	商品名称	中国从东盟进口 金额（百万美元）	比重（%）
08	食用水果及坚果	1 196	16.03	07	食用蔬菜、根及块茎	1 290	12.05
03	鱼、甲壳动物、软体动物及其他水生无脊椎动物	681	9.13	08	食用水果及坚果	1 088	10.16
16	肉、鱼、甲壳动物、软体动物及其他水生无脊椎动物的制品	376	5.04	19	谷物、粮食粉、淀粉或乳的制品；糕饼点心	473	4.42
20	蔬菜、水果、坚果或植物其他部分的制品	370	4.97	11	制粉工业产品；麦芽；淀粉；菊粉；面筋	348	3.25
17	糖及糖食	316	4.24	03	鱼、甲壳动物、软体动物及其他水生无脊椎动物	344	3.21
24	烟草及其制品	313	4.19	10	谷物	269	2.51
21	杂项食品	307	4.11	23	食品工业的残渣及废料； 配制的动物饲料	219	2.05
		合计	78.26			合计	91.07

分国别来看，中国在与马来西亚、泰国、印度尼西亚、缅甸和老挝的农产品贸易中处于净进口国地位，在与越南、菲律宾、新加坡、柬埔寨和文莱的农产品贸易中处于净出口国地位。在与东盟的农产品贸易中，中国与马来西亚、印度尼西亚和泰国的双边农产品贸易额排在前三位，三者之和占农产品贸易总额的比重为 73.7%；中国出口到印度尼西亚、马来西亚和越南农产品在出口额方面位居前三位，三者之和占中国出口到东盟的农产品金额的比重为 64.4%；中国从马来西亚、印度尼西亚和泰国进口的农产品在进口额方面位居前三位，三者之和占中国从东盟进口的农产品

金额的比重为81.9%。中国与东盟的农产品贸易集中在马来西亚、印度尼西亚、泰国和越南四国，保持并加强与该四国的农产品贸易往来将对促进中国与东盟农产品贸易全面可持续发展起到重要作用。

表3　2010年中国与东盟各国农产品双边贸易总额和差额

国家	贸易总额（百万美元）	国家	贸易差额（百万美元）
马来西亚	5 107	马来西亚	−1 754
印度尼西亚	4 685	泰国	−1 249
泰国	3 621	印度尼西亚	−1 132
越南	2 088	缅甸	−158
菲律宾	1 172	老挝	−15
新加坡	1 059	越南	610
缅甸	357	菲律宾	371
老挝	45	新加坡	45
柬埔寨	26	柬埔寨	18
文莱	10	文莱	10

表4　2010年中国与东盟各国双边贸易额比重

贸易总额比重		出口额比重		进口额比重	
国家	比重（%）	国家	比重（%）	国家	比重（%）
马来西亚	28.37	印度尼西亚	23.82	马来西亚	32.02
印度尼西亚	25.27	马来西亚	22.48	印度尼西亚	27.15
泰国	20.07	越南	18.09	泰国	22.73
越南	11.56	泰国	15.90	越南	6.90
菲律宾	6.41	菲律宾	10.34	新加坡	4.73
新加坡	5.91	新加坡	7.40	菲律宾	3.74
缅甸	1.98	缅甸	1.33	缅甸	2.40
老挝	0.24	柬埔寨	0.30	老挝	0.28
柬埔寨	0.14	老挝	0.20	柬埔寨	0.04
文莱	0.06	文莱	0.14	文莱	0.001

二、2010 年日本、韩国、印度和东盟农业政策变化

（一）日本农业政策变化

2010 年，为了促进农产品出口，加快农业发展，日本政府出台了一系列农业政策，集中体现在以下四大方面：

1. 强化农产品质量安全管理，加大对农产品进口的限制力度，尤其是针对来自中国的农产品

如采用 DNA 技术防止牛肉产地造假；发布对美国德克萨斯州禽肉进口禁令；与中国签署食品安全协议；连续几个月加强对中国产花菇及其加工品、毛豆及其加工品、葱（包括繁殖洋葱）及其加工品、银耳、白水母、菜花及其加工品以及猪肉等产品的监控和检查；缩减关税优惠规模；发布台湾养殖鳗鱼命令检查通知；修订 8 种农药和 2 种兽药限量标准；发布泰国产软甲龟强化监控检查通知等；提高 400 多种中国货进口税，其中涉及大量农产品；加强对进口越南虾的检测力度；发布韩国产草莓、意大利产胡萝卜、俄罗斯产蜂蜜、印度产洋茴香种子、越南竹荚鱼及其加工品、印度尼西亚豌豆角儿（嫩豌豆等）及其加工品、阿曼扁豆角儿及其加工品、荷兰产韭葱、坦桑尼亚小豆及澳大利亚产芒果等的强化监控检查通知；对水果标签提出新要求等。这类政策一方面是为了保护本国食品质量安全，另一方面则是以此为借口，设置贸易壁垒，保护本国农产品市场。

2. 鼓励、支持国内农业的全方位发展

日本政府从多方面入手，加大政策扶持力度，包括向国内稻农提供补贴、提高国内粮食产量、减少进口等，以保障本国粮食安全；对国内农产品导入碳足迹制度，鼓励人们生产和消费环保农产品；规范鲍鱼交易准则；振兴农村“第六产业”，促进城乡交流共生；制定新农业增长战略，重点培育新产业发展，提出了重点支持黑金枪鱼的完全人工养殖等 6 个领域的研究开发项目等。

3. 加强对海洋资源的管理与控制

这方面政策主要有：成立全球第一档渔业投资基金，投资范围扩及泰国和巴西等国家、捕捞或养殖上市公司、渔具及渔船引擎制作等渔业相关公司、水产品行业等；引进渔业所得补偿制度；参与世界鱼资源管理研究；设渔禁区域保护濒危鲑鱼鱼种；缩减资源管理及渔业补贴金额；建立渔船卫星监视管理系统等。

4. 扩大农业国际交流与合作，从国际市场上攫取农业利益

如与伊朗签署农业合作项目协议；援助柬埔寨650万美元发展水产养殖业；与中国、韩国发布2020合作展望，全面提升伙伴关系；与印度签署扩大贸易协议；计划进口缅甸新鲜水果；引进适合栽培的中国蔬菜品种，并在山梨县大月市进行试栽培；首次正式对华出口大米；与东盟、中、韩加强农林发展和粮食安全合作；与中国国家农业发展集团总公司签署协议，增加对中国的农产品出口，加强农业、林业和渔业技术方面的交流等。

（二）韩国农业政策变化

在延续2009年政策的基础上，2010年韩国农业政策着重于以下三个方面：

1. 贸易壁垒力度加强，尤其是针对中国农产品

从1月份开始，韩国相继推出一系列限制农产品进口的贸易保护主义措施，包括全面加大进口水产品检查，力度之大、范围之广预示着出口韩国水产品将面临更高的门槛；对进口的春节食品实行强化检查；实施水产品特别检查计划；对中国产蜂蜜和大豆，以及所有进口的肉干类食品实施强化检查；从2月23日起，以中国属于香蕉穿孔线虫疫区为名，对中国广东、广西、海南三省区出口的生姜、马铃薯等各类植物实行禁运等。

2. 大力发展渔业养殖业、水产业及畜牧业

一方面通过设置各种贸易壁垒限制国外水产品进口，以保护本国相关产业的发展，如实施水产品特别检查计划等措施；另一方面积极寻求与其他国家合作，拓展其国内渔业养殖和水产业的发展空间，如到缅甸投资渔业养殖和水产业；举办水产国际会议以掌控捕捞许可；严格管制黄海“非法捕捞”；和俄罗斯发展双边渔业贸易等措施。畜牧业方面的政策主要有：向畜牧业提供补贴，以消除FTA的不利影响；将牛肉问题排除在韩美自贸协定谈判范围之外，以保护本国牛肉产业；对12家协商涨价的乳企实施重罚；寻求采取新的畜牧业管理认证体系；修改有害饲料范围和标准等。

3. 严格食品质量安全管理

如召回狭鳕鱼产品；对中国产人参粉末发通报；对美国某公司产含黑胡椒的产品强化检查；发布2010年度韩国食品中有害物质监测计划等，主要目的都是为了保障韩国食品质量安全。

（三）印度农业政策变化

2010 年印度农业政策变化主要集中在粮食和食糖方面。

粮食方面，除了计划种植高产小麦外，印度政府吸取了 2009 年的教训，在粮食贸易方面实行较为保守的政策。例如到 5 月份时，印度小麦库存激增，虽然已经是目标水平的 7 倍左右，但政府仍禁止出口，等待 6、7 月期间的季风降雨结束后再决定小麦出口禁令是否解除；印度农业部支持大米免税进口期限再延长一年，至 2011 年 9 月 30 日；与欧盟协商解决印度香米出口问题。这些政策措施都是为了保证印度国内粮食供给安全，以免出现供不应求、粮价上涨及更坏的情况。

2010 年印度在食糖方面推行了一系列较为积极和开放的扩张型政策，鼓励国内贸易，扩大出口，重要举措有：印度内阁于年初同意 2010 年 12 月 31 日前免税进口白糖；10 月 1 日起，印度取消食糖期货交易禁令；放宽用糖企业库存限制，由原来规定的企业库存必须控制在 10 天用糖水平，放宽至 15 天，8 月中旬又出台相关政策，同意软饮料厂家和糖果厂家等大宗用糖户可储备 30 个月的生产用糖；年底政策收紧，开始酝酿征收食糖进口关税，并对原产于中国的糖精进行反倾销日落复审立案调查。

（四）东盟农业政策变化

2010 年，东盟农业政策变化主要呈现出以下方面的特点：

1. 大力发展大米产业

由于东盟所处的地理位置适合水稻种植，大米产业成为了东盟一些国家如柬埔寨、泰国等的重要支柱产业。2010 年以来，柬埔寨出台了一系列促进大米产业发展的政策，主要包括：投入 2 100 万美元用于研发新型杂交水稻，改善灌溉设施，以提高稻米单产潜力，并将种植面积提高 5 个百分点；将中国提供的 3.1 亿美元贷款主要用于改善其灌溉系统，提高水稻出口量；提高对欧洲大米出口，并积极推动向中国出口大米，同时撤销垄断牌照，扫除大米出口障碍；出台《促进大米生产及出口》草案，成立促进稻米生产出口委员会，加强对大米生产及出口的管理等。2010 年泰国大米产业政策主要包括：采取严厉措施，限制大米进口，将东盟自由贸易协定的影响降到最低；推出大米期货合约；实施新的大米价格参考标准；提高国内稻米种植面积；推出 3 年稻米种植计划，提高国际市场的竞争能力；与越南合作提高米价，增加两国农民收入，同时联合拟定最低出口价格等。菲律宾方面，菲律宾新政府计划在 2013 年实现大米自给；推行进口大减粮计划，以解决前政府遗留的进口粮食订单过多的问题；计划实施“食物替代报酬”以处理过剩的大米库存等。

2. 加强农业国际合作

2010年，为了充分发挥农业资源优势，增强农业国际合作，东盟各成员国出台了大量政策，主要包括，东盟与中日韩在第10届农林部长会议上表示将加强农林发展和粮食安全合作。自2010年1月1日起，马来西亚、文莱、印度尼西亚、菲律宾、新加坡、泰国，即“老东盟”六国，将取消所有关税，成为一个完全的自由贸易区，同时，柬埔寨、老挝、缅甸、越南四国将东盟内部贸易中98.86%的产品的关税降至0～5%，并将在2015年取消所有关税。柬埔寨方面：和马来西亚加强双边经贸合作，双方签署了一系列投资合作协议，包括马在柬投资建设养殖场，生产加工出口清真食品等；与日本签署《西洞里萨区农业发展技术合作计划》，以提高马德望省、菩萨省和磅清扬省农业生产力和市场行销技术；柬、老、缅、泰、越合作促进大米出口；柬国会通过《东盟与澳、新建立自由贸易区协议》。老挝加强同中国农业交流与合作，并与越南签署进出口关税优惠商品协议。马来西亚与日本丰田公司联手成立粮食公司，交易饲粮，启动与欧盟的自贸协议谈判。泰国拟在昆明建设国际水果加工交易中心。越南方面：与日本签订越南—日本经济伙伴协定，从2010年起，越南对日本出口享受零关税的农产品有784种，水产品有64种；加强与瑞典的农业合作，双方签署农业合作备忘录，优先加强农业与农村领域的信息、经验和学术交流，优先加强国家水产管理机关之间、水利、食品安全、兽医、农业新品种的开发、林业管理和研究等方面的合作；与菲律宾签署渔业合作协议，双方将在资料互换、养殖、研究、培训、产后加工、食品安全等方面加强合作；柬、越、缅三国合作开发棉花种植等。泰国与德国合作促进泰北橙、龙眼和桑纸加工产业发展等。

3. 促进农产品进出口贸易

东盟在大米、糖、水果和水产品等方面具有较明显的比较优势，2010年，东盟各成员国大力推动与其他国家的农产品贸易，主要表现在，越南方面：抓住印度限制大米出口、泰国政局不稳的契机，加大对南美市场的大米出口；积极推动农产品对我国出口，采取措施帮助越南农产品在边贸中的通关出口，主要在谅山省和老街省的口岸实施，并组织对我国出口农产品的越南商家进行法律、商品产地、结算等业务培训，以便扩大对中国广西和云南的出口；多次调整大米出口最低价，促进大米出口增收；扩大水产品出口，由于越南水产品产量和质量具有一定竞争优势，因此扩大水产品出口有利于增加水产品企业收入，增加越南外汇储备。马来西亚方面：为满足春节期间当地华人对猪肉的需求、稳定国内猪肉价格，暂时放宽从欧盟、泰国和中国等国进口猪肉的限制；与中国交换鸡蛋及制品进出口协议书，双方交换了《鸡蛋及鸡蛋制品进出口协议书》，拟向中国出口鸡蛋及鸡蛋制品。菲律宾方面：向韩国、阿联酋和新加坡出口鸡肉，为家禽养殖者开拓海外市场，并努力恢复对新加坡的猪肉出口；菲律宾政府日前已经解除从西班牙进口牛肉和牛肉制品的禁令。老挝政府鼓励橡胶种植和加工出口，重点鼓励产品的加工出口等。

4. 全面推进农业相关产业的发展

如柬埔寨方面：开放国内橡胶业，大力引进外资；拟撤销 7%的蚕丝进口税，并在未来三年取消蚕丝 10%的增值税，以降低业者的生产成本；严厉打击禽类产品走私，保护国内家禽养殖业；批准亚洲 4 个国家提出的超过 2 亿 3 千万美元总额的农业投资方案，包括橡胶、棕榈油和白糖的生产和加工；出台政策规定捕鱼季渔民持证作业，以切实有效地管理鱼类保护区，实现渔业可持续发展。缅甸方面：计划自主养殖鳝鱼，首家商业鳝鱼养殖业定于 5 月开始启动 6 个养殖池；为增加出口扩大软蟹养殖；利用越南的技术支持养殖寒带鱼。泰国方面：采取措施加强砂糖销售监管力度，解决偷运砂糖问题；出台 4 项措施严管糖价，虽然国际市场上砂糖价格高出国内售价，但不会调高国内售价；扩大橡胶种植面积 80 万莱，提高橡胶出口关税；促进泰国柚进军日本市场；制定 2010—2014 年泰国菠萝产业战略规划，力保世界第一；促进渔业加快扩展国内外市场，制定发展尼罗罗非鱼出口策略，以提升尼罗罗非鱼产品达到出口标准和拓展国内外市场；加大力度促进棕榈油产业进一步发展，将原种植橡胶的大片土地改种油棕，作为激励机制，泰国橡胶种植者如果改种油棕，政府将依据每公顷 1 088 泰币奖励给种植者；为蔗农提供 11%的蔗款补贴。印度尼西亚方面：促进与巴基斯坦签订协定，提振棕榈油出口；限制毛棕榈油出口，发展下游产业，带动经济增长等。

5. 设置贸易壁垒，减少国外农产品进口，保护本国农业利益

印度尼西亚方面：限制进口澳洲牛肉；限制大豆进口，并计划停止进口白糖；对进口商品实施标签壁垒，从 2010 年 9 月 1 日起，要求所有进口食品或非食品类商品标签上必须用印度尼西亚语注明商品成分、副作用等内容，以此作为非关税壁垒，加大外国商品进入印度尼西亚市场的难度；将印度尼西亚12月份毛棕榈油出口关税上调到15%。越南方面：检查、限制非必需的农产品进口，制定限制非必需农产品、食品进口的商品名录，加强对通过贸易、边贸、边民互市进口商品的检查；提高部分消费品进口税率，对非必需品和非鼓励进口消费品调高其优惠进口税率，如兔肉、灵长目动物肉、包括蛇和龟等爬行动物肉的税率由现行的10%调到14%，大蒜、种子蒜、洋葱及辛辣味的蔬菜，该类新鲜和冷冻产品的进口税由现行的15%调到20%，蔬菜进口税率由现行的20%调到23%；颁布关于对进口动物食品进行卫生安全检查及相关指标限额的两项新规定；收紧动物产品进口政策，从9月1日起正式实施进口冷冻动物产品检查措施，规定进口到越南的包括家禽和家畜等肉类动物产品，必须出具出口国颁发的符合食品卫生安全规定的证书，进口产品须经越南职能机构在口岸或集结地检查并颁发符合食品卫生安全证书后，才可用于生产或在内地市场销售。出口国须将登记出口越南的经营出口商名录、出口国对食品卫生安全监督的管理系统信息和机构权限通报越南职能机关。马来西亚实施抑制蓝色保鲜箱措施，在全国各地暂停从泰国和印度尼西亚进口海产，大约有1 000吨海产受影响等。

三、简要总结

日本、韩国、印度和东盟是我国重要的农产品贸易伙伴。2010年我国与这些国家之间的农产品贸易继续沿着比较优势的轨迹在运行，相关国家的农业政策亦不断地体现出强化自己优势、努力规避劣势的倾向。由于各个国家与我国贸易的品种差异，需要我们进一步根据我国农业参与国际分工的具体方向创造不同的贸易和政策环境。

第一，日本、韩国为我国农产品的净出口国，重点集中在蔬菜和水产品等具有比较优势的领域。而日韩两国近年来不断通过加强农产品质量安全管理等措施来提高进口产品的质量要求，从而一定程度上抑制进口的过快增长。为了通过促进农产品出口来增加农民收入，我们的相关产业和企业需要瞄准日韩市场，不断加强技术进步、提高质量安全水平。另一方面，迫切需要进一步研究我国农产品在日本和韩国进口市场上竞争力的变化，诸如我们在日本市场上面对哪些国家的竞争对手、我们的市场占有率究竟如何变化、其变化的原因是什么，这些竞争对手所在国家的政策有哪些变化，为确保乃至提高我国优势农产品出口提供可靠的信息，从而为制定相关的政策、创造良好的贸易环境提供决策支持。

第二，印度是一个快速发展中的人口大国，目前我们对印度的农产品贸易表现为逆差，出口蚕丝而进口棉花。但是，随着印度经济发展和人口的不断增长，印度的农产品需求呈现出快速扩张的趋势，对世界主要农产品市场都会带来深远的影响。例如近年来出现的对粮食等农产品出口的限制措施，直接影响国际市场，从而进一步影响我国的农产品市场。因此，我们需要从整体上研究印度经济快速崛起可能对国际农产品市场乃至我国农业贸易环境的影响，而不是仅仅局限在已有的双边贸易产品。要持续关注印度农业政策的演变动向，以便对其可能带来的长期影响作出预判。

第三，东盟是我国农产品第二大进口来源地，我国与东盟农产品贸易呈逆差态势。随着 2010 年中国东盟自由贸易区的生效，中国与东盟的贸易联系将不断加强。一方面，我们主要从印度尼西亚和马来西亚等国家进口棕榈油，另一方面我们跟东盟各国从事着蔬菜和水果等产品的互补贸易，进口本国缺乏优势的产品、出口本国具有优势的产品。考虑到贸易规模的差异，我们需要进一步加强对马来西亚、印度尼西亚、菲律宾和泰国等国家农业政策和贸易政策的跟踪研究，为促进双边贸易的发展和贸易环境的改善提供及时的信息支持。